华夏国学经典文库【全文解读本】

马恒君 著

庄子正宗

珍藏经典

华夏出版社
HUAXIA PUBLISHING HOUSE

图书在版编目（CIP）数据

庄子正宗/马恒君编著.—北京：华夏出版社，2014.3

（华夏国学经典文库）

ISBN 978-7-5080-7880-9

Ⅰ.①庄… Ⅱ.①马… Ⅲ.①道家②《庄子》－通俗读物 Ⅳ.①B223.5-49

中国版本图书馆CIP数据核字（2013）第258342号

庄子正宗

作　　者	马恒君
责任编辑	刘淑兰
责任印制	刘　洋
出版发行	华夏出版社
经　　销	新华书店
印　　刷	三河市李旗庄少明印装厂
装　　订	三河市李旗庄少明印装厂
版　　次	2014年3月北京第1版　2014年3月北京第1次印刷
开　　本	720×1030　1/16开
印　　张	25.75
字　　数	600千字
定　　价	35.00元

华夏出版社　地址：北京市东直门外香河园北里4号　邮编：100028
　　　　　　　网址：www.hxph.com.cn　电话：(010) 64663331（转）

若发现本版图书有印装质量问题，请与我社营销中心联系调换。

前　言

　　《庄子》这部书，无论是语言还是文学，无论是宗教还是哲学，对我国都产生了巨大的影响。因此，对它的解释就格外地丰富，尤其是魏晋南北朝时期，当时玄学盛行，为《庄子》作注的人相当多，有晋人司马彪、崔譔、向秀、郭象、李颐等。这在唐人陆德明的《经典释文·庄子音义》里还时见称引。除此之外，《经典释文》里还收有晋人孟氏的注，李轨和徐邈的注音。南北朝时期在士大夫的口里，几乎是无人不谈《庄子》，并以此而知名。梁简文帝也作过《庄子讲疏》。这在《世说新语》里也可见其一斑。但这些注疏的原书大多没有流传下来。只有郭象的注，据说是基本上采用了向秀的说法保存了下来（见《世说新语·文学》）。隋唐时期，注解《庄子》的也不少，但因为《庄子》不属儒家经典，与仕途无关，被保存下来的，只有道家法师成玄英的《注疏》。宋明义理之学盛行，林希逸的《庄子口义》、褚伯秀的《南华真经义海纂微》、焦竑的《庄子翼》、方以智的《药地炮庄》，都是侧重研究《庄子》哲学思想的著作。清朝王夫之有《庄子通》，也是以研究哲学为主。对《庄子》一书，着重于校勘、训诂进行考证的要数王先谦的《庄子集解》和郭庆藩的《庄子集释》。尤其是《庄子集释》，除收集了能见到的前人注释之外，还摘引了清人王念孙、俞樾等人的训诂成果。理解不同的，还附有郭嵩焘和他自己的意见，可以看成是集大成之作。

　　本书主要是以《庄子集释》为底本，参考他书进行译注。古注对我们理解《庄子》原文帮助很大，但也时有误解之处。不应通假时通假了，应当通假时又不通假；不应求深时求深了，该求深时又不求深，这也时有发生。比如《天道》篇里的"此之谓辩士，一曲之人也"。辩通办（辦）。办士指具体去做的人，而旧注则以为是"苟饰华辞浮游之士"，这是本为通假而不讲通假。在《马蹄》篇里，说马的习性是"翘足而陆"，"陆"指马的习性是生活在陆地上，同篇还有"夫马，陆居则食草饮水"可证。而旧注却说："陆，跳也，字书作踛。"认为"陆"是"踛"的通假字，又是不是通假的说成是通假了。《天运》篇里批评大禹为家天下始作俑，说"自为种而天下"，"种"指子孙，而旧注却说是"人人自别"，这是本来浅近的道理讲深了。在《天下》篇里，提到"数度",本指古人计算天地运行的数据,数是大数,度是零数。比如周年的大数是三百六十天,零数是五又四分之一日。原文里就有"本数"、"末度"的说法,甚至还有一二三四,而旧注却说数度是仁义名法。古人用观测到的数据计算天地运行的周期,按周期确定运数,与"仁义名法"没有关系,这又是本来深的道理讲浅了。如上误解,不一而足。今人读《庄子》,全依旧注也不可取。

　　本书试图把《庄子》的原意说清楚,尽量利用旧的说法,对一些明显的误解,也只好以《庄子》来证《庄子》。《庄子》一书,因为原文有脱误,又无足够的文献可征,有些钉子似的问题古今都没有做出令人满意的解释。比如《人间世》里的"会撮"、"五管",《大宗师》里的"与有足者至于丘也",《天道》里的"若击鼓而求亡子",《庚桑楚》里的"有生黬也,披然曰移是",《徐无鬼》里的"蹢子于宋",《寓言》里的"卮言"等等。我在原来的讲稿里都是抱着闻疑阙疑的态度做了回避。这次公开出版,觉得没有一个肯定的说法有避重就轻之嫌,于是放胆地做出了推论。然而,一己之见难以全面,诚望读者批评指正。

马恒君

2004 年 9 月

目 录

内 篇

第一篇	逍遥游	1
第二篇	齐物论	12
第三篇	养生主	35
第四篇	人间世	40
第五篇	德充符	57
第六篇	大宗师	69
第七篇	应帝王	87

外 篇

第八篇	骈拇	95
第九篇	马蹄	102
第十篇	胠箧	106
第十一篇	在宥	114
第十二篇	天地	127
第十三篇	天道	146
第十四篇	天运	159
第十五篇	刻意	174
第十六篇	缮性	178
第十七篇	秋水	183
第十八篇	至乐	199
第十九篇	达生	208

第二十篇	山木	223
第二十一篇	田子方	236
第二十二篇	知北游	249

杂　篇

第二十三篇	庚桑楚	266
第二十四篇	徐无鬼	282
第二十五篇	则阳	303
第二十六篇	外物	319
第二十七篇	寓言	329
第二十八篇	让王	337
第二十九篇	盗跖	350
第 三 十 篇	说剑	366
第三十一篇	渔父	370
第三十二篇	列御寇	377
第三十三篇	天下	388

内篇

第一篇　逍遥游

逍遥,得道后无所依赖,进入自由王国的一种境界。字面的意思是自由自在、无拘无束的样子。"游",泛指人的一切活动。在《庄子》的书里,有时指人的外在活动,有时指内心活动。真正的"逍遥游"指的是文章中"若夫乘天地之正,而御六气之辨,以游无穷者,彼且恶乎待哉"的至人等。至于提到的大鹏与蜩、鸴的对比,常人与宋荣子、列子的对比,都是在分层次说明获得逍遥的程度,都不是真正意义上的逍遥游。庄子展示这些不同层次获得逍遥的人物,意在引导人们逐步摆脱对外物的依赖,渐次进入逍遥游的境界,从而指导自己的一切活动,达到得道的目的。

北冥有鱼①,其名为鲲②。鲲之大,不知其几千里也;化而为鸟,其名为鹏③。鹏之背,不知其几千里也;怒而飞,其翼若垂天之云④。是鸟也,海运则将徙于南冥⑤。南冥者,天池也⑥。

【译文】　北海有一种鱼,它的名字叫做鲲。鲲鱼身躯的庞大,不知道有几千里,它变化成为鸟,名字就叫做鹏。大鹏的背脊也不知道有几千里长。它奋起飞行时,展开的翅膀像垂挂在天上的云层一样大。这种鸟,当北海发生沧桑变化时就迁徙到南海。南海是个天然的大池。

【注释】　①冥(míng明):又作"溟"(见《释文》),指"大海"。　②鲲(kūn昆):传说中的海中大鱼。　③鹏:传说中的大鸟。　④怒:奋起的样子。垂天之云:垂挂在天上的云层。原文可通,不烦通假。　⑤是:指示代词这。海运:指大海的沧桑巨变。《神仙传·麻姑》:"麻姑自说云,接待以来,已见东海之为桑田。"　⑥南冥:南海。天池:天然的大池。

《齐谐》者①,志怪者也②。《谐》之言曰:"鹏之徙于南冥也,水击三千里③,抟扶摇而上者九万里④,去以六月息者也⑤。"野马也,尘埃也,生物之以息相吹也⑥。天之苍苍⑦,其正色邪⑧?其远而无所至极邪⑨？其视下也，亦若是则已矣⑩。

【译文】《齐谐》是专门记载怪异之事的一部书。这部书里就说："大鹏向南海迁徙时，拍击起来的水花达三千里，两翼涡旋出来的旋风直上几万里的高空，离开北海飞行六个月才停歇下来。"大地上（野马成群驰骤似的）雾气，涌动的尘埃，都是被生物的气息吹拂着在空中游荡，就是天上那苍苍的蓝色，那究竟是天的真正颜色呢，还是因为无限高远而呈现出的颜色呢？大鹏在九万里的高空向下看，（颜色）也不过如此而已。

【注释】 ①齐谐(xié 邪)：古代记载怪异诙谐内容的书，今不传。盖为齐人所作，类似《齐东野语》之类的书。庄子这里引用《齐谐》中的话和下文引用"汤之问棘"的话，意在说明自己所言非虚，有文献可证，不是内容的重复。 ②志：记载。"志怪"是说，《齐谐》是一本记载怪异之类内容的书。 ③徙：迁徙。击：拍打。 ④抟(tuán 团)：涡旋的意思。扶摇："飙"的分解音，指龙卷风之类的大旋风。 ⑤息：止息。句谓，飞行六个月才止息。 ⑥野马：像万马奔腾扬起的滚动雾气。息：这里指呼吸的气息。 ⑦苍苍：天的颜色。 ⑧正色：真正的颜色。邪：疑问语气词，一般作"耶"。句谓，是天的真正颜色呢？ ⑨无所至极：高远得没有极端。句谓，还是因为无限高远而呈现出的颜色呢？ ⑩其：指大鹏。"其视下"是一个主谓结构作主语，"亦若是"是谓语。句谓，大鹏飞上九万里高空，从上面向下看，也如同人们从下向上看到的天的颜色一样。

且夫水之积也不厚，则其负大舟也无力①。覆杯水于坳堂之上②，则芥为之舟③；置杯焉则胶④，水浅而舟大也。风之积也不厚，则其负大翼也无力⑤。故九万里则风斯在下矣，而后乃今培风⑥，背负青天而莫之夭阏者⑦，而后乃今将图南⑧。

【译文】 再说，水如果聚积得不够深厚，那么它就没有足够的浮力漂载大船。在堂屋的小坑里倒一杯水，可以漂起小草似的船，如果把杯子当船放进去，就会漂不起来粘在泥底上，这就是因为水浅而船太大了。（空气的浮力也是如此，）风如果积聚得不够强劲，那么它就不会有足够的浮力托载大的翅膀。所以要高飞到九万里之上，这样才会有足够的风力在下边。然后才能凭借风的力量，背上边像挨着青天，没有任何阻拦，然后才能向南飞。

【注释】 ①且：递进连词。在庄子的书里一般可理解为"再说"，有时可灵活理解为"而且"、"况且"等。夫：发语词，用在句首一般相当于"要说……"的意思。负：托载。这句话的整体结构是"水之积也不厚"作主语，"其负大舟也无力"作谓语。句谓，水如果积聚得不够深厚，那么它漂载大船就没有足够的浮力。 ②覆：倒出来。坳堂：堂的低洼处。 ③芥：草芥。这里指小草。 ④置：放置。胶：粘住。句谓，把杯子放在水里，杯子就会沉到水底被泥粘住。 ⑤这句的句法结构与注①句相同，见注①。句谓，风（空气）如果积聚得不够深厚,那么它飘浮大鸟就没有足够的浮力。　⑥培:凭借。培风:凭借风的浮力。　⑦背负:背靠。夭阏:即"厄"的分解音,阻塞。莫之夭阏:没有什么东西阻挡了。　⑧图:图谋打算。"将图南"是说才要打算往南飞。

蜩与学鸠笑之曰①:"我决起而飞②,抢榆枋③,时则不至而控于地而已矣④,奚以之九万里而南为⑤?"适莽苍者⑥,三飡而反⑦,腹犹果然⑧;适百里者,宿舂粮⑨;适千里者,三月聚粮⑩。之二虫又何知⑪?

【译文】　蝉与斑鸠讥笑大鹏说:"我奋起而飞,上冲到榆树、檀树的枝头上也就足够了,有时还用不着飞那么高,落在地上就是了,哪里用得着冲上九万里那么高才能往南飞?"到郊野旅游的人,带上三顿饭的干粮就足够了,返回来肚子还饱饱的。如果是到百里以外去旅游,(恐怕带三顿干粮就不行了,)往往要头天夜里就得舂捣出干粮做好准备。如果是到千里之外去旅游,(恐怕头天夜里准备干粮又不行了,)往往要花三个月的时间积攒干粮。蝉和斑鸠这两种小虫鸟又懂得什么呢?

【注释】　①蜩:成玄英疏(以下简称成疏)"蝉也"。学鸠:成疏"即今之斑鸠是也"。　②决起:腾跃而起。　③抢:冲上。榆:榆树。枋:成疏"檀木也"。　④控:成疏:"投也,引也,穷也。"这里相当于落下来。　⑤奚:何。奚以:即何以。为:这里相当于表疑问的语气词。　⑥适:往。莽苍:郊野的景象,这里代郊野。　⑦飡:同餐。三飡指一日。反:通"返"。　⑧果然:肚子饱的样子。　⑨宿舂粮:夜里舂捣粮食,指准备出门所带的干粮。　⑩三月聚粮:用三个月时间准备干粮。　⑪之:这。二虫:指蜩与学鸠。

小知不及大知①,小年不及大年②,奚以知其然也?朝菌不知晦朔③,蟪蛄不知春秋④,此小年也。楚之南有冥灵者⑤,以五百岁为春,五百岁为秋;上古有大椿者⑥,以八千岁为春,八千岁为秋。而彭祖乃今以久特闻⑦,众人匹之⑧,不亦悲乎?

【译文】　小智比不上大智,寿命短的比不上寿命长的。怎么知道会是这样的呢?活不了一天的朝菌,就不知道早晨与晚上是什么样,活不了一年的寒蝉就不知道春天与秋天是什么样,就是因为寿命短的限制。楚国的南部有一种灵龟,把五百年当做一个春天,五百年当做一个秋天;上古时代有一种大椿树(活得时间更长),把八千年当成一个春天,八千年当成一个秋天。而人们把只活了八百岁的彭祖就当成长寿星到处流传,人们都愿和他相比,这岂不是太可怜了吗?

【注释】　①知:智。句谓,小智慧比不上大智慧知道的多。　②小年:年寿短。大年:

年寿长。句谓,年寿短的比不上年寿长的见识广。 ③朝菌:一种朝生暮死的菌类植物。成疏:"朝菌者,谓天时滞雨,于粪堆之上,热蒸而生,阴湿则生,见日便死。亦谓之大芝,生于朝而死于暮。"晦朔:月初为朔,月末为晦,这里用如早晚。 ④蟪蛄:寒蝉。成疏:"夏蝉也,生于麦梗,亦谓之麦节,夏生秋死,故不知春秋也。" ⑤冥灵:大龟。古以龟为灵。《外物篇》宋元君得神龟,"七十二钻无遗筴",也以龟为灵。冥为海,冥灵即大海龟。旧说不确。 ⑥大椿:椿树。 ⑦彭祖:古代传说的长寿老人,成疏:"彭祖者,姓钱名铿,帝颛顼之玄孙也。善养性,能调鼎。进雉羹于尧,尧封于彭城……历夏经殷至周,年八百岁矣。"特:独。以久特闻:因为活得长,独擅长寿之名。 ⑧匹:比。匹之:与他相比,向他看齐,即以他为长寿的标准。

汤之问棘也是已①:"穷发之北②,有冥海者,天池也。有鱼焉,其广数千里,未有知其修者③,其名为鲲。有鸟焉,其名为鹏,背若太山④,翼若垂天之云;抟扶摇、羊角而上者九万里⑤,绝云气⑥,负青天,然后图南,且适南冥也。斥鴳笑之曰⑦:'彼且奚适也?我腾跃而上,不过数仞而下⑧,翱翔蓬蒿之间,此亦飞之至也⑨。而彼且奚适也。'此小大之辩也⑩。

【译文】 在商汤王与棘的问答里也有这样的记载:"极北不毛之地有一片大海,就是传说中的天池。海里有一种大鱼,身宽几千里,没有人知道它有多么长,它的名字叫做鲲。有一种大鸟,它的名字叫做鹏,大鹏的背脊像泰山,翅膀像垂挂在天上的云层,涡旋出来的旋风直上几万里高空,超出云气之上,背挨着青天,然后才能向南飞翔,要飞到南海去。鴳雀讥笑它说:'它要往哪儿飞呢?我向上飞腾,也不过几仞高就落下来了,自由翱翔在蓬蒿草棵之间,这也就足够了,而它要往哪儿飞呢?'这就是小和大的不同啊!"

【注释】 ①汤:商朝开国之君商汤王。成疏:"汤是帝喾之后,契之苗裔,姓子名履,字天乙。母氏扶都,见白气贯月,感而生汤。丰下兑上,身长九尺。仕夏为诸侯,有圣德,诸侯归之。遭桀无道,囚于夏台,后得免。与诸侯同盟于景亳之地,会桀于昆吾之墟,大战于鸣条之野,桀奔于南巢。汤既克桀,让天下于务光,务光不受,汤即位。乃都于亳,后改为商,殷开基之主也。"棘:商汤王的贤臣。成疏:"棘者,汤时贤人。亦云汤之博士。《列子》谓之夏革。革棘声类,盖字之误也。而棘既是贤人,汤师事之,故汤问于棘。"是已:就是这样说的。已:通"矣"。 ②穷发:犹言不毛之地。 ③修:长。 ④太山:今作泰山。 ⑤羊角:旋风。龙卷风上广下尖,形似羊角。 ⑥绝:横绝穿越。这里是超出的意思。 ⑦斥鴳(yàn燕):鹌鹑之类的小雀。 ⑧仞:古代长度单位,一般以八尺为一仞。 ⑨飞之至:飞翔的最高度。 ⑩辩:通"辨",区别。

故夫知效一官①、行比一乡②、德合一君③而征一国者④,其自视也,亦若此矣⑤。而宋荣子犹然笑之⑥。且举世而誉之而不加劝⑦,举世非之而不加沮⑧,定乎内外之分⑨,辩乎荣辱之境⑩,斯已矣⑪。彼其于世,未数数然也⑫。虽然,犹有未树也⑬。夫列子御风而行⑭,泠然善也⑮,旬有五日而后反⑯。彼于致福者⑰,未数数然也。此虽免乎行,犹有所待者也⑱。若夫乘天地之正⑲,而御六气之辩⑳,以游无穷者㉑,彼且恶乎待哉㉒?故曰:至人无己㉓,神人无功㉔,圣人无名㉕。

【译文】 所以说,(人们才智大小的不同也会有类似的情况,)那些才智仅能胜任一官之职,行为仅能符合一乡人的要求,或者德行符合一个国君的要求,能取得全国信任的人,他们看待自己也会如此感觉良好。但在宋荣子的眼里,他们还是免不了受到嗤笑。(在宋荣子看来,人的德行如何根本不能以此为标准,)就是天下的人都称赞你,那也不能为此而更加勤勉;天下的人都非议你,那也不能为此而沮丧,(因为这些都是外来的影响,关键是)要守定内我与外物的分寸,辨别清楚光荣与耻辱的界限,如此而已。他对于世俗的荣辱毁誉,从来就不当回事。尽管宋荣子这样(高了一个档次,)但他(在道德修养方面)还是有未曾树立到的方面。列子能驾着风游行,飘飘然轻妙呵,能遨游半个月后回来。他对于世俗上祈求幸福之类的行为,从来不放在心上。这虽然可以免除徒步行走的劳苦,(又上了一个档次,)但他还是有所依赖,(算不上绝对的自由自在。)至于说到那些能顺着自然的正性,驾御不同的六气,遨游无穷宇宙的人,他又何必有什么依赖呢?(他已经与自然融为一体了,)所以说最高档次的人没有自己,神化的人不求什么功效,圣人不会去追求名声。

【注释】 ①知:智慧。效:功效,这里用如动词。句谓,他的智慧是可以担任一官之职并能取得相应的功效。 ②"比"与下句"合",都是满足、符合的意思。句谓,品行能满足一乡人的愿望。 ③德:道德。句谓,道德符合一国之君的要求。 ④征:信,这里是取信。句谓,他的领导能力可以取得全国人的信任。 ⑤自视:自己看待自己,自我评价。此:指上文提到的"斥鴳的自视"。全句的意思是说,这些具有胜任一官、领导一国的智慧能力的人,他们自己看待自己,实际上与斥鴳自己看待自己同样可笑,只不过是自己感觉良好罢了。 ⑥宋荣子:宋国贤人。成疏:"子者,有德之称,姓荣氏,宋人也。"一说即《天下篇》中提到的名家代表人物宋钘,近是。犹然:还要这样。笑:认为他可笑。 ⑦举:全。举世:全世的人。誉:赞扬。劝:勉,努力。 ⑧非:非难,批评指责。沮:沮丧,消极。 ⑨定:守定不变。内:指自我内心确立的道德标准。外:指外界的评价影响。分:分际区别。全句是说,因为能认清哪些是自己该持守的道德,哪些是外来的影响,所以能不受影响而坚定不移。　⑩辩:通"辨",区分。境:境地,这里指界限。句谓,能明确区分光荣与耻辱应当在什么地方划清界限。　⑪斯:这样。已:止。斯已矣:如此罢了。　⑫数数(shuò朔)然:频频多次的样子,犹言急切。　⑬树:立。犹有未树:还有没有树立起来的道德。　⑭列子:即战国时道家著名代表人物之一列御寇。成疏:"姓列,名御寇,郑人也。与郑儒公同时,师于壶丘子林,著书八卷。得风仙之道,乘风游行,泠然轻举。"郑儒公一作郑绣公。御:驾御,乘。　⑮泠(líng铃)然:轻妙的样子。　⑯旬:十天。有:又。旬有五日:十五日。反:返。　⑰致福:使福来到,犹言求福。　⑱待:依赖。　⑲天地之正:自然的正常运行。　⑳六气:一般以阴、阳、风、雨、晦、明为六气。辩:通"辨",区别。这里与上句"正"对文,可当"变"来理解。　㉑无穷:无穷无尽的宇宙,包括时间与空间。　㉒恶:何。恶乎待:依赖什么呢? 王先谦《庄子集解》:"无所待而游于无穷方是逍遥游一篇纲要。"　㉓至人:道德最高的人。无己:没有自己,指完全与自然相合。　㉔神人:从至人之道的作用方面讲即为神人。无功:不求有功。　㉕圣人:从至人的名分方面讲即为圣人。成疏:"至言其体,神言其用,圣言其名。故就体语至,就用语神,就名语圣,其实一也。诣于灵极,故谓之至;阴阳不测,故谓之神;正名百物,故谓之圣也。一人之上,其有此三,欲显功用各殊,故有三人之别。"无名:不求有名。

尧让天下于许由①,曰:"日月出矣,而爝火不息②,其于光也,不亦难乎? 时雨降矣③,而犹浸灌,其于泽也④,不亦劳乎? 夫子立而天下治⑤,而我犹尸之⑥,吾自视缺然⑦,请致天下⑧!"许由曰:"子治天下,天下既已治也,而我犹代子,吾将为名乎? 名者,实之宾也,吾将为宾乎⑨? 鹪鹩巢于深林⑩,不过一枝;偃鼠饮河⑪,不过满腹。归休乎君,予无所用天下为! 庖人虽不治庖⑫,尸祝不越樽俎而代之矣⑬!"

【译文】　唐尧要把天下让给许由,说:"有你这样太阳月亮般的光明出来了,我这点烛火,如果还不熄灭(再与日月争光),这对于光明来说,不是太没意思了吗? 有你这样的及时雨已经普降了,像我这样还要提水浇灌,这对于滋润万物来说,岂不是徒劳吗? 先生如果立为天子,天下就会大治,而我还占着这个位置,我自己觉得不够资格,请允许我把天下交给你!"许由说:"您治理天下,天下已经治理得不错了,我还要来代替您,我难道是为了名声(地位)吗? 名声,那不过是事实的代号,难道我就是要做代号吗? 鹪鹩在大森林里筑窠,顶多不过只是占一个树枝;偃鼠到大河里喝水,顶多不过喝满肚皮。国君啊,你还是回去歇着吧,天下对我来说没有什么用处! 厨师即使不去做祭祀的饭菜,掌管祭典的人总不能超越自己的职责去替他做饭吧!"

【注释】　①尧:古代帝王。成疏:"尧者,帝喾之子,姓伊祁,字放勋。母庆都,感赤龙而生(尧),身长一丈,兑上而丰下,眉有八彩,足履翼星,有圣德。年十五封唐侯,二十一,代兄登帝位,都平阳,号曰陶唐。在位七十二年,乃授舜。年百二十八岁崩,葬于阳城,谥曰尧。依谥法'翼善传圣曰尧',言其有传舜之功也。"许由:尧时隐士。成疏:"隐者也,姓许名由,字仲武。颍川阳城人也。隐于箕山,师于啮缺,依山而食,就河而饮。尧知其贤,让以帝位。许由闻之,乃临河洗耳。巢父饮犊,牵而避之,曰'恶吾水也'。死后,尧封其墓,谥曰箕公,即尧之师也。" ②爝火:烛火。古代烛火指火把。 ③时雨:按季节应时而来的雨。 ④泽:滋润。 ⑤夫子:古人对男子的尊称,相当于先生。 ⑥尸:古代用活人替被祭祀者受祭的人称尸主。这里是主持的意思。 ⑦缺然:指没有资格或能力不足的样子。 ⑧致:送给。 ⑨名:名称。实:实物。宾:代号。句谓,名称是所指实物的代号。因由实物派生而出,故言宾。 ⑩鹪鹩(jiāoliáo 焦僚)。一种鸟。成疏:"巧妇鸟也,一名工雀,一名女匠,亦名桃虫,好深处而巧为巢也。" ⑪偃鼠:一种大田鼠。 ⑫庖人:厨师。这里指为祭祀烹制供品的厨师。 ⑬尸祝:祭祀中充任神主的人为尸,执祭版对尸主祷祝的人为祝。樽俎:古代祭祀礼器。樽为酒器,俎为盛牲肉的礼器。樽俎称代祭器。句谓,即使庖厨不做祭祀用的供品,尸祝也不会越局替他去做。

　　肩吾问于连叔曰①:"吾闻言于接舆②,大而无当,往而不返。吾惊怖其言,犹河汉而无极也③;大有径庭④,不近人情焉。"连叔曰:"其言谓何哉?""曰:'藐姑射之山⑤,有神人居焉。肌肤若冰雪,淖约若处子⑥,不食五谷,吸风饮露,乘云气,御飞龙,而游乎四海之外。其神凝⑦,使物不疵疠而年谷熟⑧。'吾以是狂而不信也。"连叔曰:"然。瞽者,无以与乎文章之观⑨;聋者,无以与乎钟鼓之声。岂唯形骸有聋盲哉?夫知亦有之!是其言也,犹时女也⑩。之人也⑪,之德也,将旁礴万物以为一⑫,世蕲乎乱⑬,孰弊弊焉以天下为事⑭!之人也,物莫之伤⑮:大浸稽天而不溺⑯,大旱金石流⑰、土山焦而不热。是其尘垢秕糠,将犹陶铸尧舜者也⑱,孰肯以物为事⑲?"

【译文】 肩吾问连叔说:"我听到接舆的一番议论,宏大而不切实际,说开去拢不起来。我惊奇他的言论,像天河一样无边无际,与常理大相径庭,太不近人情了。"连叔说:"他说了些什么呢?"肩吾答道:"他说在藐姑射的山上有神人住在那里,肤色洁白如同冰雪,姿态柔婉如同处女,不吃五谷,吸风饮露,乘着云气,驾着飞龙,遨游于四海之外。精神专一凝聚,使万物不受灾害,五谷自然成熟。我因此认为他说得狂放而不可信。"连叔说:"是啊!瞎子是不会看到文采的美观,聋子是不会听到钟鼓的乐声。难道仅仅是形体上才有聋瞎吗？在智能方面也是有的。他说的这些，犹如妙龄少女一般(得人去求他，他不会来求人)。这样的人，这样的道德，将会充塞万物并与万物合为一体。世人期求他来治理，谁肯劳心费力地把治天下当回事。这样的人，没有什么东西可以伤害他，洪水滔天淹不着他，大旱热化了金石，烤焦了土山，也热不着他。他的尘垢秕糠，也能陶冶出尧舜来，谁又肯把世务当成一回事。"

【注释】　①肩吾、连叔：人名，相传为古代贤人。成疏："并古之怀道人也。"　②接舆：古代隐士。成疏："接舆，姓陆名通，字接舆，楚之贤人隐者也。与孔子同时，而佯狂不仕，常以躬耕为务，楚王知其贤，聘以黄金百镒，车驷二乘，并不受。于是夫负妻戴，以游山海，莫知所终。"　③河汉：银河。　④大有径庭：相差太远。《庄子集解》引宣颖注："径，门外路；庭，堂外地。大有谓相远之甚。"　⑤藐姑射(yè 夜)：传说中的仙山。据下文"汾水之阳"，当在今山西临汾境内。　⑥淖(chuò 啜)约：柔婉的样子。处子：处女。　⑦凝：凝聚不散，神情专一。　⑧疵疠(cī 刺例)：病灾。年谷：庄稼。　⑨瞽(gǔ 古)者：盲人。与：参与加入。文章：文采。　⑩时女：妙龄少女。这里是一种比喻用法，意思直贯下文"世蕲乎乱，孰弊弊焉以天下为事"。"犹时女也"意为，如同妙龄少女一般，得人们去求她，她不会来求人。故郭象注云："谓此接舆所言者，自然为物所求。"成疏云："时女，少年处室之女也。指此接舆之言，犹如窈窕之女，绰约凝洁，为君子所求。"向秀注："时女虚静柔顺，和而不喧，未尝求人而为人所求也。"近注读"女"为"汝"，"时"成了"汝"的定语。在人称代词前加定语，古无此法，不可从。　⑪之：指示代词，用如这。之人也：这种人，这样的人。指前面说的神人。　⑫磅礴：广大充塞。　⑬蕲(qí 其)：求。乱：治。　⑭弊弊：劳心费力的样子。　⑮物莫之伤：没有什么东西能伤害他。⑯大浸：大水淹没。稽天：至天。溺：淹没。　⑰金石流、土山焦：天气热得金石融化，土山烤焦。　⑱尘垢秕糠：比喻精华之外的糟粕。陶铸：制造陶器和铁器。这里作动词用，意思是造就。句谓，神人的糟粕也能造就出尧舜那样的圣人来。　⑲孰：谁。以物为事：把外物当一回事，物在这里指治理天下之事。

宋人资章甫而适诸越①，越人断发文身②，无所用之。尧治天下之民，平海内之政。往见四子藐姑射之山③，汾水之阳④，窅然丧其天下焉⑤。

【译文】　宋国有人贩运中原的礼服礼帽到越国去卖，越国人剪去头发，身上刺满花纹(很少穿衣戴帽)，这些高帽大衣，对他们一点用处都没有。唐尧治理天下的百姓，四海之内政治清平，于是就到藐姑射山，汾水的北岸，去见四位得道的真人。登时心里怅然若悟，一下子就把天下抛在脑后了。

【注释】　①资：资取，这里是进货的意思。章甫：一种礼帽。适：到。诸：相当之于。②越：周代诸侯国，大约在今浙江一带。断发：剪剃头发。中原一带，古人一般蓄长发，越国天热不留长发。文身:用针在人体上刺花纹,南方天热,衣着较为裸露,有文身的习俗。 ③四子:传说中尧时的四位高人。司马彪注:"王倪、啮缺、被衣、许由。" ④汾水:水名,在今山西中部。成疏:"汾水出自太原,西入于(黄)河。"阳:水的北岸。成疏:"水北曰阳,则今之晋州平阳县,在汾水北,昔尧都也。" ⑤窅然:深远寂寥的样子。丧:遗忘。句谓,尧受到四位高人的感染,顿时洗去了尘世的嚣烦,心境变得宁静深远,忘掉了天下。

惠子谓庄子曰①:"魏王贻我大瓠之种②,我树之成而实五石③。以盛水浆,其坚不能自举也④。剖之以为瓢,则瓠落无所容⑤,非不呺然大也⑥。吾为其无用而掊之⑦。"庄子曰:"夫子固拙于用大矣⑧!宋人有善为不龟手之药者⑨,世世以洴澼絖为事⑩。客闻之,请买其方百金⑪。聚族而谋曰:'我世世为洴澼絖,不过数金;今一朝而鬻技百金⑫,请与之。'客得之,以说吴王⑬。越有难,吴王使之将。冬,与越人水战,大败越人,裂地而封之⑭。能不龟手一也,或以封,或不免于洴澼絖,则所用之异也。今子有五石之瓠,何不虑以为大樽⑮,而浮乎江湖,而忧其瓠落无所容?则夫子犹有蓬之心也夫⑯!"

【译文】 惠子对庄子说:"魏王送给我一种大葫芦的种子,我把它种在地里,结出的葫芦能装五石东西。用它来盛水,葫芦不结实,提起来就会破。把它割开当瓢用,豁豁落落没有什么东西好装,并不是不够空荡庞大。我因为它没一点用处,就把它砸了。"庄子说:"这本来就是先生太笨拙,不会使用大的东西。宋国有一个人,善于配制一种防治冻裂手的药物,世世代代以漂洗丝絮为业。有个客人听说了,请求用百金来收买他的药方。他把家里人召集在一起商量,我们家世世代代以漂洗丝絮为业,总共算起来得到的也不足几两银子。现在一下子就能把药方卖出百金的好价钱,不如卖给他吧!"客人得到药方,去游说吴王,正遇上越国对吴国发难,吴王就派他做吴军的统帅。冬天,与越兵水战,(吴军因为有防治不冻裂手的秘方,)大败越国,吴王为此划分出一方土地封赏他为侯王。能防治不冻裂手的秘方是一样的,有人用它封侯拜将,有人却只会用它漂洗丝絮,这就是使用方法不同造成的。现在先生有能装五石东西的大葫芦,为什么不考虑用它做个大的腰舟,到江湖里兴意漂游,却发愁它豁豁落落没的可放,可见你的心还是有乱草蓬塞,没有完全开通吧!"

【注释】 ①惠子:即与庄子同时代的惠施。成疏:"姓惠,名施,宋人也,为梁国相。"

②魏王:梁惠王。魏国都在大梁,故魏又称为梁。贻:赠送。瓠:葫芦。种:种子。　③树:种。实:装满,这里是装的意思。石(dàn):容量单位,古以十斗为石。　④坚:指葫芦的硬度。自举:举起自己。句谓,葫芦的硬度承受不了水的重量。　⑤瓠落:连绵词,大而空的样子。无所容:没有什么东西能装。　⑥呺(xiāo 消)然:虚大的样子。　⑦掊(pǒu 剖上声)击破。　⑧固:本来。拙于用大:在使用大东西上笨拙。　⑨龟:今作皲(jūn 军),皮肤因寒冷干燥而破裂。　⑩洴澼(píngpì 平辟):连绵词,漂洗。纩(kuàng 况):通"纩",棉絮。　⑪方:药方。金:货币单位,古代金、银、铜都可称金。这里是夸张用法,百金言出价很高,不必确指。　⑫鬻(yù 育)技:卖出配制药方的技术。　⑬说(shuì 税):游说,用语言劝说别人,使他采用自己的意见。吴:周代诸侯国,大约在今江苏和安徽、浙江各省一带,与越接壤。　⑭裂地:分出一块地方。封:封赐。　⑮大樽:形似酒樽的腰舟。可缚在腰上漂浮在水里,作用与今救生圈相似。　⑯蓬:乱草,这里用如动词,意同蓬塞。句谓,你的心被乱草蓬塞而不通。

惠子谓庄子曰:"吾有大树,人谓之樗①。其大本拥肿而不中绳墨②,其小枝卷曲而不中规矩,立之涂③,匠者不顾④。今子之言,大而无用,众所同去也⑤。"庄子曰:"子独不见狸狌乎⑥?卑身而伏,以候敖者⑦;东西跳梁,不辟高下;中于机辟⑧,死于罔罟⑨。今夫斄牛⑩,其大若垂天之云。此能为大矣,而不能执鼠。今子有大树,患其无用,何不树之于无何有之乡,广莫之野⑪,彷徨乎无为其侧⑫,逍遥乎寝卧其下。不夭斤斧⑬,物无害者,无所可用,安所困苦哉⑭?"

【译文】　惠子对庄子说:"我有一棵大树,大家都叫它樗树,树根疙疙瘩瘩庞大臃肿,不合墨线,长出的小枝弯弯曲曲,不合规矩,长在大路旁,路过的木匠都不看它一眼。现在你说的这些空话大而无用,大家谁都不愿听的。"庄子说:"先生没见过狸猫、黄鼠狼吗?压低身子爬伏在那里,专心等待出来游荡的小动物,东跑西跳不避高低,常常踩上了捕兽的夹子,死在罗网之中。再说斄牛,庞大的身体像垂挂在天上的云层,这个子也算够大了吧,但它不能抓老鼠。现在先生有大树,发愁它没有用,为什么不把它栽在什么也没有的乡土上,广阔无际的旷野里,悠然自得地在它旁边徘徊,逍遥自在地躺在它的浓荫之下。不用担心斧头来砍伐它,也不用担心有东西来侵害它,正因为它没有用处,哪里会有人来祸害它呢?

【注释】　①樗(chū 初):臭椿树。　②大本:大树根部。拥肿:臃肿。绳墨:木匠用以取直的墨线。　③涂:通"途",道路,这里指长在路边。　④匠:木匠。顾:看。　⑤众所同去:大家一起都抛弃。　⑥狸:野猫。狌:黄鼠狼。　⑦敖:通"遨",遨游。　⑧跳梁:跳跃。机辟:装有机关的捕兽用具,如虎夹子一类的捕兽器。 ⑨罔罟(gǔ古):这里指捕兽的网。 ⑩斄(lí梨)牛:即牦牛。 ⑪无何有:无有何,什么也没有。广莫:今作广漠,广大辽阔。 ⑫彷徨:犹徘徊。无为:无所事事。 ⑬夭:夭折早死。斤:大斧。 ⑭困苦:这里是使动用法,使它困苦。句谓,因为没有一点用处,所以不会有人来砍伐它,它怎么会受到困苦呢?

第二篇　齐物论

　　齐,均同。齐物论,用今天的话说就是统一论。庄子认为,人们常常接触到的万物都是一种既对立又统一的存在。具体到万物个体的存在上说,主要表现为对立性、差异性。而这种对立性、差异性,在万物共同的道那里则是统一的、均齐的。因为万物都是暂时的、有所依赖的(有条件的),那么这种对立性就是相对的,而道则是永恒的、无所依赖的(无条件的),因而它的统一性就是绝对的。庄子主张,人们应当抛弃对万物这种暂时的、有所依赖的相对性的认识,而去把握对道的永恒的、无所依赖的绝对性的真知,宇宙最终起制衡作用的不是对立斗争,而是大道的统一,万物都毫无例外地生于同一又向同一回归,所以提出了齐物论的主张。因此,我们可以看到,如果站在万物的角度去看,庄子提出的是相对论;如果站在道的角度去看,庄子提出的是绝对论。在文章里,庄子主要是通过对实例的思辨来说明他的观点。

　　南郭子綦隐机而坐①,仰天而嘘②,荅焉似丧其偶③。颜成子游立侍乎前④,曰:"何居乎⑤? 形固可使如槁木,而心固可使如死灰乎⑥? 今之隐机者,非昔之隐机者也。"子綦曰:"偃,不亦善乎而问之也⑦? 今者吾丧我⑧,汝知之乎? 女闻人籁⑨而未闻地籁,女闻地籁而未闻天籁夫?"子游曰:"敢问其方⑩。"子綦曰:"夫大块噫气⑪,其名为风。是唯无作⑫,作则万窍怒呺⑬,而独不闻之翏翏乎⑭? 山林之畏佳⑮,大木百围之窍穴,似鼻,似口,似耳,似枅⑯,似圈⑰,似臼⑱,似洼者⑲,似污者⑳。激者,謞者,叱者,吸者,叫者,譹者,宎者,咬者㉑。前者唱于而随者唱喁㉒,泠风则小和㉓,飘风则大和㉔。厉风济则众窍为虚㉕。而独不见之调调之刁刁乎㉖?"子游曰:"地籁则众窍是已,人籁则比竹是已㉗,敢问天籁。"子綦曰:"夫吹万不同㉘,而使其自已也㉙。咸其自取㉚,怒者其谁邪㉛?"

【译文】 南郭子綦倚着书案坐着,仰面向天缓缓地吐气,全身心放松像没有了自己似的。颜成子游站在他的前面,陪侍着自己的先生问道:"咋会这样待着呢?形体可以像个干枯的树桩子,心灵可以像一片死灰吗?现在倚着书案的先生,不是我以前的先生了吗?"南郭子綦说:"颜成偃,你问的问题不也很好吗?现在我才修炼到丧失了自己,你懂得吗?你听说过人籁,没有听说过地籁,你听说过地籁没有听说过天籁吗?"颜成子游说:"请先生给讲讲三籁的道理!"子綦说:"大地吞吐出的气叫做风。风不发作则已,发作起来千万种的孔窍都会怒吼起来,你没有听到这长风呼啸的翏翏声吗?山陵里高低参差形成的弯环洞穴,百围大树上的窟窿,有的像鼻孔,有的像嘴巴,有的像耳朵,有的像瓶口,有的像圈杯,有的像舂米的臼,有的像洼地,有的像泥坑。发出的声音,有的像激流,有的像飞箭,有的像怒吼,有的像长啸,有的像叫喊,有的像哭嚎,有的像大笑,有的像咬叫。前边发出呼呼呼的声音,后边发出呜呜呜的声音,徐风时就小唱和,暴风时就大唱和。烈风吹过去了,所有的孔窍也就空寂无声。你不见草木还在摇摇晃晃地摆动着吗?"颜成子游说:"如先生所说,地籁就是孔窍发出的声音,人籁是排箫吹出来的声音,请问天籁又是什么呢?"南郭子綦说:"风吹千万种孔窍各自发出不同的声音,又使各种不同的声音自行停止。发声止声都取决于孔窍它们自己,又有谁来使它们发出怒号呢?(自生自灭的自然声音就是天籁。)

【注释】 ①南郭子綦(qí 其):悟道者的人名,即下文颜成子游的师傅。成疏:"楚昭王之庶弟,楚庄王之司马,字子綦。古人淳质,多以居处为号,居于南郭,故号南郭。亦犹市南宜僚、东郭顺子之类。其人怀道抱德,虚心忘淡,故庄子羡其清高而托为论首。"隐:凭靠。机:通"几",古代席地而坐所用的几案,作用类似于后代的桌子。隐机:犹言靠着桌子。 ②嘘:呼气。 ③荅(tà 踏)焉:全身放松像没有骨头的样子。丧其偶:丧失对立面。庄子认为人的精神与形体是对立统一的存在。"丧其偶"是说形体脱离了精神的状态。 ④颜成子游:南郭子綦的弟子。 ⑤居:居处。何居乎:怎么会这样待着呢?颜成子游见师傅怪模怪样,故发问。 ⑥固:本来,这里引申为应该。句谓,应该使形体如同槁木,应该使心如同死灰吗? ⑦不亦善乎而问之也:是谓语提前句,一般的顺序为"而问之也不亦善乎"。而:你。句谓,你提的问题不也很好吗? ⑧丧:失去。吾丧我:我丧失了我自己,指失去了形体拘限而精神进入道的境界。 ⑨女:汝。籁:古代的乐器排箫。成疏:"长一尺二寸,十六管,象凤翅,舜作也。" ⑩方:道理。 ⑪大块:大地。噫气:吞吐气息。 ⑫是:这。指风。作:发作。 ⑬万窍:指各种各样的孔眼洞穴。 ⑭翏翏(lù 路):刮风的象声词。 ⑮畏隹(cuī 崔):高大参差的样子。 ⑯枅(jī 鸡):疑为瓶之误。旧注以为"柱上方木"难通。成疏:"枅,柱上木也,今出斗楂是也。"

⑰圈:《释文》:"'似圈',起权反,郭音权,杯圈也。"郭象注合情理。 ⑱臼:舂米的凹器。 ⑲洼:低洼地。 ⑳污:泥坑。 ㉑从"激者"至"咬者"都是模拟众窍怒号的声音。"激者"如同说"激流奔腾的哗哗声"。"謞(xiāo肖)者"如同说像飞箭的嗖嗖声,成疏"謞者,如箭镞头吼声"。"叱者"如同说怒斥时的嚷嚷声。"吸者"如同说像呼吸时的嘘嘘声。"叫者"如同说像叫喊声。"譹(háo豪)者"如同说像号哭声。"宎(yǎo咬)者"疑为"笑者"之误。旧说晦涩难通。"咬者"如同说像咬叫声。 ㉒于、喁(yú鱼):相应和的象声词。 ㉓泠(líng零)风:清风,即小风。 ㉔飘风:大风。 ㉕厉风:烈风。济:停下来。虚:无声。 ㉖调调、刁刁:形容草木在风过之后摇动的象形词。 ㉗比竹:多支竹管并列而成的乐器,即排箫。 ㉘吹万不同:风吹千万孔窍发出不同声音。 ㉙已:止。自已:指孔窍发出的声音自行停止。 ㉚咸:都。自取:指孔窍自己去吸纳风而发声。 ㉛怒者其谁也:这是一个反问句,意思是说又有谁来使它们怒号呢?也即没有谁来使它们怒号。天籁指的是万物自取自止的自然而然的声音。郭象注:"夫天籁者,岂复别有一物哉!即众窍、比竹之属,接乎有生之类,会而共成一天耳。"天籁不同于天道,但可以通过天籁感知天道。天道是自然而然的主宰者,这个主宰者从形象上说类同于无,但从道理上去推,应该有一个主宰自然而然的道存在。所以道是无,又是存在。而天籁则是有声的。下面进一步探讨这个主宰者也即"真君"在道理上应当存在的理由。

大知闲闲①,小知间间②;大言炎炎③,小言詹詹④。其寐也魂交⑤,其觉也形开⑥;与接为构⑦,日以心斗⑧,缦者,窖者,密者⑨。小恐惴惴,大恐缦缦⑩。其发若机栝⑪,其司是非之谓也⑫;其留如诅盟⑬,其守胜之谓也⑭;其杀若秋冬⑮,以言其日消也;其溺之所为之,不可使复之也⑯;其厌也如缄,以言其老洫也⑰;近死之心,莫使复阳也⑱。喜怒哀乐,虑叹变慹⑲,姚佚启态⑳。乐出虚,蒸成菌㉑。日夜相代乎前,而莫知其所萌㉒。已乎㉓,已乎!旦暮得此,其所由以生乎㉔?

【译文】 有大智慧的人恢宏宽闲,有小智慧的人细碎辩白;讲大道理的话雄壮旺盛,讲小道理的话,絮叨委靡。睡入梦中的人神魂交合在一起,醒来之后形体不就各自分开了吗?人们与交往的人事接触,成天勾心斗角,瞒着,捂着,藏着。提心吊胆的小恐惧惴惴不安,惊心怵惕的大恐惧万念俱灰。有时发出的机心像利箭般快地置人死地,专门钻对方的空子。有时像发过誓一样地不动声色,一心等待取胜的机会。(机关算尽,耗心费力,)如同在秋冬的肃杀中过日子,自己也就一天天消亡。成天陷入其中就这样干下去,拉都拉不回来。沉溺于物欲的束缚之中,比绳子捆得还结实,越老越不能自拔。一门心事地往死地里钻,没法让他恢复生气。成天在喜怒哀乐、苦思冥想、悲叹无常、纵逸作态中讨生活——就像是声音会从空窍里产生,蘑菇会从湿蒸之气中长出来一般。(萌生的私心杂念)日日夜夜在眼前翻腾,都不知道它怎么长出来的。算了吧,算了吧!从早到晚就这样活着,这还怎么呵护自己的生命呢?

【注释】 ①大知:大智慧。指具有大智慧懂得大道理的人。闲闲:宽闲从容,博大恢宏的样子。 ②小知:小智慧。指仅具有小智慧明白小道理的人。"间间"与"闲闲"对文,细碎狭隘急于辩白的样子。 ③大言:讲大道理的语言。炎炎:雄壮旺盛的样子。 ④小言:讲小道理的语言。詹詹:与"炎炎"对文,絮叨委靡的样子。以上四句说明得道者与仅知道一些常识的普通人之间的区别。 ⑤寐:睡着的时候。魂交:灵魂在梦中与人的交往。 ⑥觉:醒来的时候。形开:形体与梦中的人物分开。以上两句用人在梦中精神活动的虚幻来类比下文人在现实中精神活动的虚幻。 ⑦与接为构:与自己接触到的人物周旋应酬。构:交合,这里指在交合来往中的关系。 ⑧日以心斗:整天权衡谋划,勾心斗角。 ⑨缦(màn 慢):盖住,今作瞒。窖:藏起来。密:隐密不露。"缦者、窖者、密者"都是用来形容人们在与他人的交往中掩饰自己真实心理的做法。 ⑩惴惴:提心吊胆,惴惴不安的样子。缦缦:与"惴惴"对文,惊心怵惕、万念俱灰的样子。成疏:"缦缦,沮丧也。"这两句用来类比人在现实中遇到的恐惧与做噩梦的相似之处,两者只有大梦与小梦的区别,没有什么实质上的不同。 ⑪机栝(kuò 括):射箭的机弩。机是弩上发射的机关,栝是箭端扣弦的部位。句谓,发出的机心如利箭般快。 ⑫司:今作伺,伺察。是非:对错,这里用的是偏义。句谓,盯着对方的错误,给他来一箭。 ⑬留:与上句"发"对文。留而不发:指在行动上不表现出来。诅盟:誓约。句谓,如同发了誓立了约似的不动声色。 ⑭守胜:等待胜利的机会。句谓,等待取胜的时机,不轻易泄露自己的真实目的。 ⑮杀:肃杀。消:消亡。句谓,无情地耗损自己的精神,同在秋冬的肃杀中过日子,一天天消亡下去。 ⑯溺:沉溺不能自拔。复:返回。句谓,沉溺在这种损耗之中长期去做,拉不回来。 ⑰厌:通"压",闭藏。缄:密封。洫(xù 序):蓄备。老洫:老谋深算。句谓,把自己的真心紧闭得像密封起来,正是说他的老谋深算。 ⑱复阳:恢复生气。 ⑲蛰(zhé 哲):心理上的蛰伏不动。司马彪注"不动貌"。这里指吓得蛰伏不动。 ⑳姚:轻浮。佚:通"逸",安逸。启:开放,这里是放荡的意思。态:忸怩作态。以上三句都是描写人们在社会交往中的心态感情复杂变化。成疏:"凡品愚迷,则执违顺。顺则喜乐,违则哀怨。然哀乐则重,喜怒则轻。故喜则心生欢悦,乐则形于舞忭。怒则当时嗔恨,哀则举体悲号,虑则抑度未来,叹则咨嗟已往,变则改易旧事,蛰则屈服不伸,姚则轻浮躁动,佚则奢华纵放,启则开张情欲,态则矫淫妖冶。众生心识,变转无穷,略而言之,有此十二。" ㉑乐出虚:乐音都是从空虚处发出来的,指乐器都有一个空的共鸣腔。蒸成菌:菌类植物(如磨菇)都是从湿蒸之气中生出来的。古人没有发现菌类植物也有种子,认为它是从湿蒸之气中凭空生出来的。这两句类比人们在现实中的喜怒哀乐等,都是虚幻的,与前文提到的梦幻相同,是一种空虚的变幻。如同乐音与菌类植物一样,看来有形有象,实际上都是一种不实的虚幻而已。 ㉒代:替代。萌:萌芽始生。句谓,这些虚幻的现实景象,日夜不停地在人们的眼前走马灯似的变来变去,但它们究竟是怎么产生的却谁也不知道。 ㉓已乎:算了吧。 ㉔其所由以生乎:还怎么能得生呢? 其:句首表推测的语气词。句谓,早早晚晚都这样过日子,还用什么来呵护自己的生命呢?

非彼无我,非我无所取①。是亦近矣②,而不知其所为使③。若有真宰④,而特不得其朕⑤,可行已信⑥,而不见其形,有情而无形⑦。百骸、九窍、六藏⑧,赅而存焉⑨,吾谁与为亲? 汝皆说之乎⑩? 其有私焉⑪? 如是皆有为臣妾乎⑫? 其臣妾不足以相治乎⑬? 其递相为君臣乎? 其有真君存焉⑭? 如求得其情与不得⑮,无益损乎其真⑯。一受其成形⑰,不亡以待尽。与物相刃相靡⑱,其行尽如驰而莫之能止,不亦悲乎? 终身役役而不见其成功⑲,苶然疲役而不知其所归⑳,可不哀邪? 人谓之不死,奚益㉑? 其形化㉒,其心与之然,可不谓大哀乎? 人之生也,固若是芒乎㉓? 其我独芒,而人亦有不芒者乎?

【译文】 没有那些心理活动,就没有我。没有我,那些心理活动也不会产生。这样看待两者的关系就接近真实了,但人们还是难以理解这种关系是由谁主使的。如同有一个真正的主宰者,但又找不到任何痕迹,它确实在运行也可以得到证明,但就是看不见它的形象,它是真实的但没有形象。(一个人)百骸、九窍、六脏是俱全的,这其中哪一样是最贴近的我呢? 你都喜欢它们吗,还是有所偏爱呢? 它们都是供你驱使的臣妾吗? 臣妾之间它们是不能互相驱使的吗? 它们是轮流着做主宰呢,还是有一个真正的主宰者存在呢? 无论你找得到还是找不到它,这都无损于它的真实存在。人一得到自己的形体,活着渐渐走向完结。与外物不断地相互伤害,没有人能阻止他奔向死亡,不也太可悲了吗? 一辈子辛辛苦苦,也不能得到生命的真谛,疲倦不堪地忙乎着不知道自己的归宿,能不为此而悲哀吗? 人们还要说自己活得很有意思,究竟有什么好处呢? 形体一死,心也就跟着死了,这不能说是极大的悲哀吗? 人活在世界上,就应该这么茫然无知吗? 难道是我一个人是这样茫然无知,别人有不茫然无知的吗?

【注释】 ①彼:对方,指上面的种种心理活动。我:我方,指产生心理活动的自我。无所取:无所资取,失去凭借依赖的意思。这两句是庄子对相对论的重要论述。意思是说,彼此是非的对立是相互依赖的关系,没有绝对的不相容的界限。没有对方,我方就不可能存在;没有我方,对方也失去了存在的依据。 ②是:这,这里指的是对彼此是非相互依赖关系的这种认识。近:接近,这里指的是接近道。句谓,这种认识就接近真实了。 ③所为使:为谁所使。指对立双方相互对立又相互依存的关系是由谁来决定的。

④若有真宰:好像应当有一个真正的主宰者。这一句是庄子从对立双方具有相互依

存关系上推论,既然具有这样一种微妙关系的存在,就应当有一个维持这种微妙关系的主宰者存在,这个主宰者就是庄子说的道。 ⑤朕(zhèn 振):迹象。 ⑥可行:可以见到它的运行。指道的运行可以在万物身上体现出来。信:证明。已信:也已得到证明。指道的存在可以在万物的规律中得到证明。这一句是说,道无形无象,但它确实是存在的,可以得到证明。庄子认为道的存在是个不争的事实。既然宇宙有秩序、有规律、有制约,那就应该有一个维系这种秩序、规律、制约等的主宰者,即使它仅仅是一种力或能,也应当存在,否则这一切都无法解释。 ⑦情:实。句谓,道确实存在,但确实又无形无象。 ⑧百骸:指人体的百多块骨骼。九窍:指人体的九个孔窍,两眼、两鼻孔、两耳、一口与前后阴。六藏:即六脏,指人体的内脏,心、肝、脾、肺、肾、命门。李桢说:"按《难经》三十九难,五藏亦有六藏者,谓肾有两藏也。其左为肾,右为命门。命门者,谓精神之所舍也,其气与肾通,故藏有六也。" ⑨赅(gāi 该):全备。 ⑩说(yuè 月):今作悦。 ⑪私:偏爱。 ⑫臣妾:被主宰者。 ⑬治:主宰。句谓,臣妾都是被主宰者支配的,都是臣妾不就没人主宰了吗? ⑭递相:相互轮流。真君:主宰者。句谓,它们是轮流着做主宰者呢,还是有一个真正的主宰者呢? ⑮求得其情:找到它的真实情况。不得:找不出它的真实情况。 ⑯真:主宰者的真实存在。句谓,无论找出还是找不出它们的真实关系,都无损于主宰者的真实存在。 ⑰受其成形:禀受自然给予的人的形体。 ⑱相刃相靡:互相伤害磨砺。靡通"磨"。 ⑲役役:忙碌劳苦的样子。 ⑳苶(nié 捏阳平)然:疲惫不堪的样子。 ㉑奚:何。奚益:有何益处。 ㉒形化:形体变化。指人由少及老到死的变化。 ㉓芒:今作茫,茫然无知,愚昧。

夫随其成心而师之①,谁独且无师乎?奚必知代而心自取者有之②?愚者与有焉③。未成乎心而有是非,是今日适越而昔至也④。是以无有为有。无有为有,虽有神禹且不能知⑤,吾独且奈何哉?

【译文】 (人为什么会这样自己戕害自己的生命?那还不是自己心里的是非观念驱使的吗?人的是非观念又是怎么形成的呢?)人要是按照个人心里的主观成见作为判断是非的标准,那么谁心里会没有成见作为标准呢?何必一定要懂得取消主观成见让心灵直接从自然中感受的人才会有呢?愚蠢的人也会有的。如果说心里没有成见就对事物有了是非观念,那如同说"今天到越国去而昨天已经到达了"一样不可能。这是把没有看成有。把没有当成有,就是神明的大禹也无法理解,我又有什么办法呢?

【注释】 ①随:按照。成心:自己心里形成的主观见解,即主观成见。师:师法标准。句谓,按照自己的主观见解作为判断是非的标准。 ②奚:何。代:取代。心自取者:心灵自己从自然中感受到的。句谓,何必一定要知道取消主观成见让心灵直接从自然中感受的人才呢?也即何必一定要得道的人才会有呢? ③与有:一起有,同样会有。 ④成乎心:心里形成见解。今日适越而昔至:今天动身到越国去,昨天就到达了。这是战国时期名辩家提出的著名诡辩论题之一(见《天下篇》,惠施部分)。因为今天、昨天只是个相对的概念,在动身到越国去的那天说"今日适越"可以成立,到了越国的第二天说"昔至"也可以成立,两个都能成立的命题加在一起就推导出"今日适越而昔至"可以成立的结论。这显然是一种把相对概念当成绝对概念使用的诡辩。 ⑤神禹:神圣的大禹。大禹是墨家推崇的圣人,战国时期墨家是参与百家争鸣的重要一家,说"神禹且不能知"犹言祖师也不能知或圣人也不能知。

夫言非吹也①,言者有言②,其所言者特未定也③。果有言邪?其未尝有言邪④?其以为异于鷇音⑤,亦有辩乎?其无辩乎⑥?道恶乎隐而有真伪⑦?言恶乎隐而有是非⑧?道恶乎往而不存?言恶乎存而不可⑨?道隐于小成⑩,言隐于荣华⑪。故有儒墨之是非,以是其所非而非其所是⑫。欲是其所非而非其所是,则莫若以明⑬。

【译文】 再说,人们说出的话那可与风吹出的声音不同,说出的话总是有是非判断内容在其中的,然而所说的是非判断决定它的标准并不能靠得住。那么你说出的是非究竟是有呢,还是根本就不存在呢?(这样看来,把自己的话)当成是与刚脱壳的小鸟毫无意义的叫声不同,那究竟是有区别呢,还是没有区别呢?是什么把大道隐蔽住而出现了真伪?又是什么把话隐蔽住而有了是非?大道在什么地方能不存在?话怎么说能不行呢?大道是被个体的小成隐蔽住的,话是被个人华而不实的语言隐蔽住的。所以才会有儒家墨家的是非争辩,肯定对方所否定的东西而否定对方所肯定的东西。真的想要肯定对方否定的东西,否定对方所肯定的东西,那就不如用镜子一般的明鉴去进行观照。

【注释】 ①吹:风吹。句谓,说话与吹风不同。即说话是表达意义的,吹风不表达意义。 ②有言:有语言所表达的内容。 ③特未定:还不能确定。句谓,语言所表达的意义它的正确性还不能得到证明。庄子认为语言只能表达相对的意义,不能表达绝对的真理,因为说话人本身就是相对的存在,所以他说出的每一句话都带有相对性。 ④言:指被证明了的正确语言。果:当真。句谓,既然语言中所含的意义还没有得到证明,那么说出的话是真的有意义呢,还是没有意义呢? ⑤鷇(kòu扣):刚出壳的小鸟。句谓,认为自己说的话与刚出壳的小鸟的没有意义的叫声不同。 ⑥辩:通"辨",分别。句谓,是有区别呢,还是没有区别?也即能得到证明呢,还是不能得到证明? ⑦恶(wū乌):何。隐:被蒙蔽而不显。句谓,道被什么所蒙蔽而产生了真伪? ⑧是非:对错。句谓,言论被什么所蒙蔽而产生了对与错。 ⑨句谓,道在什么地方不存在?话怎么说能不行呢?庄子认为道无处不在,话怎么说都可以。 ⑩小成:相对的个体。庄子认为万物都是由大道中禀受了相对的一个方面而形成的,故称个体事物的认识为小成。

⑪荣华:华而不实。指没有被证实的语言。　⑫是其所非:是,对,这里是意动用法,即以其所非为是,把他认为是错的看作是对的。非其所是:把他认为是错的看作是对的。　⑬明:自然观照。即上文说的"心自取"与下文说的"照之于天"。庄子认为人心应当像止水一样明静地去观照自然,不应存有是非的成心,这就是"明"。

物无非彼,物无非是①。自彼则不见,自知则知之②。故曰:彼出于是,是亦因彼③,彼是方生之说也④。虽然,方生方死,方死方生;方可方不可,方不可方可⑤;因是因非,因非因是⑥。是以圣人不由而照之于天⑦,亦因是也⑧。是亦彼也,彼亦是也⑨。彼亦一是非,此亦一是非⑩。果且有彼是乎哉?果且无彼是乎哉⑪?彼是莫得其偶,谓之道枢⑫。枢始得其环中,以应无穷⑬。是亦一无穷,非亦一无穷也⑭。故曰:莫若以明。

【译文】　(因为站的角度不同,)没有任何事物不可以说成是那个的,也没有任何事物不可以说成是这个的。从那一方看这一方就会有见不到的地方,自己了解自己则会知道。所以说,事物的那一面是出自事物的这一面,事物的这一面也起因于事物的那一面,事物对立的这那两个方面是并存相生的。尽管如此,事物都是生的同时就存在着死,死的同时就出现生;对的同时就出现错,错的同时就出现对;是依赖于非,非依赖于是。正是因为这样,圣人不从是非中去找真实,而是去观照自然,也不过顺应它的这个样子而已。这一方同时也是对方的那一方,那一方同时也是对方的这一方。那一方也有它的是与非,这一方也有它的是与非。果真有彼此的区别吗,还是原本就没有彼此的区别呢?只有消除了彼此的对立让它们统一起来,那才是大道的关键。掌握了关键才是掌握了环链的中心,可以顺应无穷的变化。是的变化是一个无穷的过程,非的变化也是一个无穷的过程。所以说,不如用镜子一般的明鉴去观照。

【注释】　①彼:那。是:这。物无非彼:没有任何事物不可以说成是那一方的。物无非是:没有任何事物不可以说成是这一方的。因为这、那是个相对的概念,站在对方的角度看这一方,这一方就成为那一方。　②自彼则不见:从那一方来认识这一方的道理,就有认识不到的地方。自知则知之:从自己一方认识自己的道理就能明白。　③彼出于是:"那"是从"这"的相对意义上产生的。是亦因彼:"这"也是依赖"那"的相对意义才产生的。　④方生:并生,并存。也就是相互依存的。　⑤这几句是说,生与死、可与不可都是相对的、相互依存的,不是绝对的。　⑥因:依赖。是与"彼"对文是"此",即"这"的意思,与"非"对文,是对的意思。"因是因非"是说,对是依赖错作为相对条件才能存在的,没有错也就没有对。"因非因是"是说,错是依赖对作为相对条件才能存在的。

⑦不由:指不从是非中寻找。照:观照。天:自然。句谓,圣人不从是非中去寻找道(真理),而是从对自然的客观观照中去寻找。　⑧因:在这里单用,是按照、顺应的意思。亦因是也:就按照它自然的这个样子去反映它。　⑨是亦彼也:这一方同时也是对方的那一方。彼亦是也:那一方同时也是对方的这一方。　⑩彼亦一是非:站在那一方也就会有那一方的是与非。此亦一是非:站在这一方也就会有这一方的是与非。　⑪果且有彼是乎哉:当真有绝对意义上的彼此之别吗? 果且无彼是乎哉:当真无绝对意义上的彼此之别吗?　⑫偶:对立。彼是莫得其偶:消除了彼此的对立。谓之道枢:才叫做道的关键。枢:关键。也即把对立的双方统一起来才是道的关键。　⑬环中:道的中心。庄子认为道的运行是无始无终、无头无尾的螺旋式循环,这个循环的中心就是环中。句谓,得到了道的关键那才是得到了循环的中心。"无穷"包括时间的无穷、空间的无穷、万物的无穷。"以应无穷"是说,掌握了循环的中心去应对无穷的事物,那才是真理。⑭是亦一无穷:对的变化是一个无穷的过程。非亦一无穷:错的变化也是一个无穷的过程。

以指喻指之非指①,不若以非指喻指之非指也②。以马喻马之非马③,不若以非马喻马之非马也。天地一指也④,万物一马也⑤。

【译文】　用概念去说明概念不是概念所指的东西,就不如用所指的实物去说明概念不是概念所指的东西。用马的概念说明马的概念不等于具体的马,就不如用具体的马来说明马的概念不等于具体的马。(要是从具体的与类概念的一致性上去看,)天地就如同是一个类概念,万物就如同是具体的马。

【注释】　①"指"与"马"是战国时期名辩家名实之争中的重要命题之一(见《天下篇》)。名辩家提出"指非指"的观点。前一个"指"是事物的名称概念,后一个"指"是这个名称概念所指的实物。比如提出的"白马"非"马","白马"是具体的马,而"马"是所有马的类概念,从内涵与外延上说两者并不相等,所以"白马非马"。反过来说马所指的内涵与外延远远大于一匹具体的马,所以马这个概念所指的内容不等于它所指的一匹匹具体的马。这就是"指非指"。也就是说,任何概念都具有抽象概括性,因此概念与它所指的具体事物不相等。显然名辩家如果是用以区别个性与共性,是符合逻辑的,如果是用个性来否定共性,或者反过来用共性否定个性,就成了逻辑上的诡辩。"以指喻指之非指"是说,用事物的名称概念来说明这个名称概念不是它所指的实物,也即名称概念与实物是两样东西。　②非指:非名称概念。句谓,不如用非名称概念去说明名称概念与实物是两样东西。庄子认为所有的名称概念都是人们对客观事物的抽象概括,因此都带有人们的主观性,用它来说明事物就不如用事物本身来说明事物,而脱离了名称概念的事物本身是无法交流的,所以庄子提出了"以明"的思维方法。也就是说人的思维要不带任何主观色彩,像镜子一样直接去观照事物本身。　③参见注①、②。马之非马:马的名称概念不是实际的马。非马:非马的概念,即实物的马。　④天地一指也:如果从名称概念与它所指实物之间的关系上去看,天地也不过是个包罗一切的类概念。 ⑤万物一马也:如果从名称概念与它所指实物之间的关系去看,所有的万物都是它的名称概念所指的实物。如马这个概念所指的一匹匹具体的马。

可乎可①,不可乎不可②。道行之而成③,物谓之而然④。恶乎然? 然于然⑤。恶乎不然? 不然于不然⑥。物固有所然,物固有所可⑦;无物不然,无物不可⑧。故为是举莛与楹、厉与西施、恢恑憰怪,道通为一⑨。

【译文】 要承认它可以认同的一面,要否定它不能认同的一面。道路本来就是人走出来的,事物的名称本来就是人们叫出来的。为什么会这样? 这样有这样的道理;为什么又不是这样? 不这样也有不这样的道理。事物本来就存在着应当这样,也存在不可以这样的两面,(从一致性的角度去看,)没有什么东西不是这样,没有什么东西不可以这样。故可以说草棍与庭柱一样,丑丫头与西施一样,一切千奇百怪的东西,纳入大道的角度去看,都是相通为一的。

【注释】 ①可乎可:前一个"可"是意动用法,意为认可。后一个"可"是名词,指可以认可的内容。句谓,要承认它可以认同的东西。因为共性是从个性中抽象出来的,个性的某些方面被共性所涵盖,共性与个性之间存在着一致性,两者本身就具有一致的合理性,故应当认可它合理的部分。(下面的句式相同,可类推。) ②不可乎不可:否定它不应当认同的一面。这是指共性与个性不一致的方面。 ③道行之而成:道路都是人走出来的。 ④物谓之而然:事物的名称都是人给起的。以上两句是庄子对概念名称与它所指实物之间关系的论述。庄子认为,从客观实际的本来面目上去看,任何事物都是没有名称概念的,就如同世界上原来是没有道路一样。名称概念的出现实际上是人们对事物的一种规定,这种规定得到社会的认同,名称概念就形成了。如同走的人多了就成了道路。因此名称概念与它所指实物之间既有被认同的合理成分,也有人为规定的成分。所以就应当认可它的合理成分,不认可它的非客观成分。 ⑤恶:何。然:这样。句谓,为什么会这样? 这样有这样的原因。 ⑥句谓,为什么又不是这样? 不这样有不这样的原因。这是指,名称概念既然是人对事物共性的抽象概括,事物本身又存在着共性,名称概念与事物本身就存在着一致的合理性,因此可以这样。但名称概念有人为的规定性,它与它所指的实物并不存在什么必然性,两者之间又有不一致的非客观性,因此又可以不这样。 ⑦固:本来。句谓,事物本来就有它应当这样的一面,就有它可以认同的一面。 ⑧无物不然:没有任何事物不可以这样。无物不可:没有任何事物不可以认可。这是指彼此之间相对性的存在和名称概念与事物本身共性和个性之间统一性的存在,从而导致人们在认知上的合理性,故得出"无物不然,无物不可"的结论。 ⑨故:所以。为是:因此。莛(tíng 廷):草棍。楹(yíng 迎):柱子。厉:丑陋的人。西施:春秋时越国美女,这里是泛指美丽的人。恢:大。恑(guǐ 鬼):多变。憰(jué 决):伪诈,这里是令人认识不清的意思。怪:奇怪。恑憰怪:犹言千奇百怪各种大不相同的事物。句谓,因此,举起草棍与举起房柱,丑女与美女,各种千奇百怪大不相同的事物,纳入大道的角度去看,都是相通为一的。也就是说,去掉对立比较,从统一的角度去看它们是统一的。庄子认为,道是万物之源,所以它必须具备取消相对的统一性。

其分也,成也①;其成也,毁也②。凡物无成与毁,复通为一③,唯达者知通为一④。为是不用而寓诸庸⑤。庸也者,用也⑥;用也者,通也⑦;通也者,得也⑧;适得而几矣⑨。因是已⑩,已而不知其然谓之道⑪。劳神明为一而不知其同也⑫,谓之朝三⑬。何谓朝三?狙公赋芧曰⑭:"朝三而暮四⑮。"众狙皆怒。曰:"然则朝四而暮三。"众狙皆悦。名实未亏而喜怒为用⑯,亦因是也⑰。是以圣人和之以是非而休乎天钧⑱,是之谓两行⑲。

【译文】 从大道中分离出来,就成了具体事物。具体事物的分离形成,同时也就是一致性的毁坏。万物无所谓是成了还是毁了,纳入大道的统一整体中去看都是相通为一的,只有通达的人才能了解万物是相通为一的。正因为如此,所以把不用包含在用里。用就是使用,这样去用才能相通,相通了才是得到了大道。得到了大道就差不多了。任由万物的变化,随着顺应它就是了。已经这样了但并不知道为什么会这样,其实这就是道。靠人的神思明见用逻辑推理的方法使对立双方归于同一,而不知道事物本来就是相通为一的,这就如同人们说的"朝三暮四"。什么是人们说的"朝三暮四"呢?养猴人喂猴子橡子,对猴子说:"我每天早晨给你们三升,晚上给你们四升。"猴子听了非常生气。养猴人改口说:"那么早晨给你们四升,晚上给你们三升。"猴子听了都很高兴。其实在名与实上都没有损失什么,只不过是按猴子的喜怒来做,也是这样随着它顺应罢了。所以圣人总是由着它把是非调和统一起来,回归到自然运转中去,这就是是与非各得其所的两行。

【注释】 ①分也,成也:即前文讲的"小成"。指万物从道那里分出来,形成了带相对性的个体。 ②成也,毁也:意为,带相对性的个体一分离形成,它身上原有的道的统一性就同时被破坏了。 ③凡物无成与毁:意思是说,要是从大道的角度去看,所有的事物其实是无所谓成也无所谓毁的。复通为一:意思是说,当万物回到大道就又相通为一了。庄子认为,万物都是道本身运动变化的产物,实质上是道的变化过程展开的存在状态,最终仍然要回到大道中去,因此万物的分离以及它相对性的存在都是短暂的,易逝的,不稳定的,在认知上应当对它们忽略,从而去把握大道。 ④达者:明达于道的人。 ⑤不用而寓诸庸:把不用寄寓在用里。用是人为的作用。庄子认为,人在认知真理时所应发挥的作用就是主动地去体认道,而体认道的惟一途径是随着道的运动去认识,这就是"用";不能老是在万物上纠缠不休、另辟蹊径,这就是"不用";这样去体认反而可以得道,这就是"不用而寓诸用"。庸:常。因为是常态才可用。 ⑥庸:常。句谓,道才是万物的常态,即永恒态、稳定态、绝对态。所以认识了它才是认识的根本,这才有用。 ⑦句谓,最根本的有用才能通达一切。 ⑧句谓,通达一切才算得道。 ⑨适:到达。几:近,差不多。句谓,到达得道这一步,才认识到差不多的地步。 ⑩因:顺应。句谓,人对真理的认识方法就是随着道的运动去认知。 ⑪已:已然。然:这样。句谓,已经这样但不知道它为什么会这样就叫做道。庄子认为,道是完全脱离人的主观而独立存在的自由自在的客体,它丝毫不受人的主观认识的约束,人只能在它发展变化的展开过程中去体认它,而不可能对它得而占有。道在发展变化中的展开过程就是所谓的"已",不受人们主观认识的约束,又不能得而有(庄子称做"汝身非汝有也,汝何得有夫道"。《知北游》),就是所谓的"不知其然"。 ⑫神明:神思明见。一:道的同一性。句谓,调动人的神思明见用逻辑推理的方法使对立双方归于同一,而不知道道本身的同一性。庄子认为,道本身的同一性是真实的、可靠的。而人调动神思明见所得到的同一性,往往是在对立双方意见不统一时,靠逻辑推理的论辩后得出的同一性的结论,这个结论虽然是同一的,但并非来自于客观的道,因此远不如使对立双方认识到道的同一性而消除矛盾。 ⑬谓之朝三:这可以称做是如同"朝三暮四"的寓言一样。在这个寓言里,猴子比喻不懂得道的同一性的对立双方,也即当时处在争辩中的各家学说。狙公比喻劳神明为一的人。 ⑭狙:猴子。狙公:养猴人。赋:给予。芧(xù序):橡子。句谓,养猴人发给喂猴子的橡子。 ⑮朝三而暮四:早晨发给三升,晚上发给四升。 ⑯未亏:没有损失。句谓,在名称与实物上都没有什么不同,只不过是按猴子的喜怒调整了一下做法。 ⑰因:随顺。句谓,也是随顺着这样做。 ⑱和之以是非:调和是非。休:止。天钧:天的自然运转。"钧"是陶工制陶器所用的转盘。庄子认为天的自然运转与陶工的转盘相似,故称为天钧。句谓,圣人总是调和是非,让自己的做法停留在道的运转上。 ⑲两行:对立双方并行不悖。对立双方都不能认识道的同一性,圣人要把矛盾统一起来,就要用道的均衡使对立双方并行不悖,也即阴阳并行。

古之人,其知有所至矣①。恶乎至?有以为未始有物者②,至矣,尽矣,不可以加矣③。其次以为有物矣,而未始有封也④。其次以为有封焉,而未始有是非也⑤。是非之彰也,道之所以亏也⑥。道之所以亏,爱之所以成⑦。果且有成与亏乎哉⑧?果且无成与亏乎哉?有成与亏,故昭氏之鼓琴也⑨。无成与亏,故昭氏之不鼓琴也⑩。昭文之鼓琴也,师旷之枝策也⑪,惠子之据梧也⑫,三子之知几乎,皆其盛者也⑬,故载之末年⑭。唯其好之也以异于彼⑮,其好之也欲以明之⑯。彼非所明而明之⑰,故以坚白之昧终⑱。而其子又以文之纶终,终身无成⑲。若是而可谓成乎⑳,虽我亦成也;若是而不可谓成乎,物与我无成也。是故滑疑之耀㉑,圣人之所图也㉒。

为是不用而寓诸庸,此之谓以明。

【译文】 古时候的人,他们的认知有达到至高境界的。什么样的认知是至高境界呢?认为宇宙的初始没有任何具体的物质,这是最彻底的认知,认识到头了,无以复加了。次一等的认知,认为宇宙的初始就存在着物质,但这种物质是浑然一体没有分界的。再次一等的认知,认为宇宙的初始物质就有分界,但不存在是与非的不同。正是是非的显现,才损伤了大道。损伤了大道,偏爱也就随之而形成。当真有成与损吗,还是当真就没有成与损呢?如果说有成与损,昭文就成了鼓琴的专家。如果说没有成与损,昭文就成不了鼓琴的专家。昭文能鼓琴,师旷通音律,惠施能辩论,这三个人的技艺都算得上登峰造极了,所以名声流传到现在。正因为他们在某一方面的特长远远超出了常人,就想把这种特长向别人显示出来。常人并不能彻底了解他们的技艺而勉强要人们了解,因此惠施终身迷昧于"坚白论"的论辩里。昭文的儿子为继承其父的琴艺花费了毕生精力,最终还是没有学成。如果这也算做成功的话,那么我也可以算做成功;如果说这不能叫做成功的话,他们与我都是没有成功。所以迷乱世人,对自己特长的炫耀,圣人总是要抛弃的。正因为如此才要把无用寄寓在有用之中,这就叫做用镜子一般的明鉴观照真知。

【注释】 ①知:认知。至:顶点。句谓,古人的认知有达到顶点的。 ②未始有物:宇宙的初始没有万物的存在,即无极状态。 ③不可以加:无以复加。指这是人认知的极限,最彻底的认知。 ④封:界限。句谓,次一等的认知,认为宇宙的原初是有物的存在,但物是混一而没有分别的,即浑沌的太极元气状态。 ⑤句谓,再次一等的认知,认为宇宙的原初是有分界的,但不存在是非之别。即太极分化的阴阳两仪状态。 ⑥彰:彰显。句谓,是与非显示出来就是绝对统一的道被破坏的根源。 ⑦爱:偏爱。句谓,大道的统一性受到破坏,就形成了人们的爱与憎。有了是非观念就会形成爱是而憎非。 ⑧果:当真。句谓,当真有什么成与亏呢,还是没有成与亏呢?也就是说,从道本身来说没有成与亏,从物或人们对道的认识来说才有成与亏。 ⑨昭氏:古代著名的鼓琴高手。成疏:"姓昭,名文,古之善鼓琴者也。"句谓,从成与亏这一方面去看,昭文擅长鼓琴。"成"指昭文有成熟的鼓琴技艺,"亏"指昭文有了鼓琴的爱好就必然地失去了对其他事物的爱好,一技之长造成他技之短。 ⑩句谓,从没有成与亏这一方面去看,昭文就得失去对鼓琴的爱好而不鼓琴。 ⑪师旷:古代著名音乐大师。成疏:"师旷,字子野,晋平公乐师,甚知音律。"枝:柱。策:打鼓棒。枝策:用策击鼓打出节奏。句谓,师旷擅长演奏。 ⑫惠子:名辩家惠施。可参见《天下篇》。梧:梧木几案。据梧:靠着几案辩论。成疏:"以梧几而据之谈说。"《德充符》说他"据槁梧而瞑","槁梧"即几案。句谓,惠施擅长辩论。 ⑬几乎:差不多,接近。盛:强。句谓,以上三人的才智差不多是最强的了。 ⑭载:记载流传。末年:后世。句谓,被记载在书里流传到后世。 ⑮彼:与自己相对的别人。句谓,自己的爱好特长与别人不同。　⑯明:显耀出来。句谓,想把自己的特长显耀出来。　⑰句谓,别人并不能理解你显耀的东西而硬要显耀给他。　⑱坚白:名辩家论辩的命题之一。公孙龙认为视觉只能看到石头的白色,触觉只能摸到石头的坚硬,所以石头是坚白分离的。墨子认为坚、白都是石头的属性,石头的坚白是不能分离的。惠子也参与了辩论。(可参见《天下篇》)　⑲其子:昭文之子。纶:琴弦,指代琴。句谓,昭文想把自己的鼓琴技艺传给他的儿子,而他的儿子因为理解不了其父的技艺,最终也没有学成。　⑳是:这些,指惠施的坚白之昧与昭文不能传子。句谓,如果这也可以叫做成的话,即使是我也可以算是有成。　㉑滑(gǔ骨):乱。滑疑:迷惑。耀:显示。句谓,向人显示迷惑世人的一技之长。　㉒图:打算图谋,这里是图谋去掉的意思。句谓,这是圣人打算去掉的,也就是圣人不要的,也不会去做的。

今且有言于此,不知其与是类乎①?其与是不类乎?类与不类,相与为类,则与彼无以异矣②。虽然,请尝言之③。有始也者,有未始有始也者,有未始有夫未始有始也者④。有有也者,有无也者,有未始有无也者,有未始有夫未始有无也者⑤。俄而有无矣⑥,而未知有无之果孰有孰无也⑦。今我则已有谓矣⑧,而未知吾所谓之其果有谓乎?其果无谓乎⑨?

【译文】　现在我们在这里说了一番话,不知道这些话与上面讲的道理相同呢,还是不同呢?无论是相同还是不同,既然说了出来那就与所有的话同为一类了,与别的话没有差异了。虽然如此,我们还是试着把它说清楚些。宇宙应当有一个开始,开始之前也应当有一个还没有开始的阶段,还应当有一个连还没有开始也没有的阶段。应当有一个有了万物的阶段,有了万物之前也应当有一个没有万物的阶段,在这之前还应当有一个连无也没有的阶段,再往前推,还应当有一个没有无也没有的阶段。忽然间有了无,不知道当真是"有"有了呢,还是"无"有了呢?现在我在这里有了一个说法,不知道这个说法,当真是有意义呢,还是没有意义呢?

【注释】　①是:指上面讲同一性的道理。　②类:相同。后一"类"字是同一类的意思,即同一性。句谓,无论是与上面讲的道理相同还是不同,也即同意以上看法还是反对以上看法,然而是与非是具有同一性的,所以还是与上面讲的道理一样的。　③尝言:试着说一说,犹言探讨一下。　④始:指物质世界的产生。有始:物质世界的产生。未始有始:未曾产生。未始有夫未始有始:未曾产生以前的阶段。　⑤有、无:指物质。有有:有物质存在的阶段。有无:有无物质存在的阶段。有未始有无:有未曾有无物质阶段的存在。有未始有夫未始有无:有没有无也没有的阶段。　⑥俄而:突然间一下子。有无:有了无,即出现了无。　⑦孰:哪一样。句谓,不知道有与无之中哪一样是真有呢,哪一样是真无呢?　⑧有谓:有所说的意义,即有一种说法。　⑨句谓,不知道这种说法究竟是有意义呢,还是没有意义呢?这是指有无都确定不了,有谓与无谓就更确定不了。

  天下莫大于秋豪之末,而太山为小①;莫寿于殇子②,而彭祖为夭③。天地与我并生④,而万物与我为一⑤。既已为一矣,且得有言乎⑥?既已谓之一矣,且得无言乎⑦?一与言为二,二与一为三⑧,自此以往,巧历不能得⑨,而况其凡乎⑩?故自无适有,以至于三⑪,而况自有适有乎?无适焉,因是已⑫。

【译文】 (如果失去参照标准的话,可以说)秋天的毫毛是天下最大的东西,而泰山是小的;夭折的孩子寿命最长,彭祖是短命的。天地与我是同生的,万物与我为一体。既然是同为一体了,那么还能说在一体之外又有了称言吗?既然是称做一体了,还能说在一体之外没有称言吗?一体是一样东西,称言又是一样东西,合起来就成了二,二再加两者的合一就成了三,照此推算下去,数学家也算不清,更何况是平常人?从无到有就可以一直推出三,更何况是从有到有呢?用不着再往后推算了,还是顺其自然发展吧。

【注释】 ①秋毫:秋天动物身上换的新毛,即绒毛。这里比喻最小的东西。庄子在这里强调的是大与小是在对比中存在的。如果失去对比的对象,也就无所谓大小,大小是同一的。如果孤立地看一个事物,什么东西都可以说成是大的,也可以说成是小的,故说秋毫之末是天下最大的,而泰山是天下最小的。太山即泰山。　②殇子:夭折的孩子。　③彭祖:古代传说中活了八百岁的寿星老人。夭:早死短命。　④天地与我并生:天地与我同生。庄子认为人是万物之一,都是道的产物,天地也是道的产物,人在天地之间只不过是道的运化。　⑤万物与我为一:万物与我是一体。庄子认为万物包括我在内都是道的物化状态,故为一体。　⑥既已为一矣:既然已经为一体了。且得:还能够。言:对事物的称言,即事物的名称。"且得有言乎"是说,还能够有称言吗?也就是说,从统一的角度去看,名称与名称所指的事物是相同的,名称是虚的,这就等于没有言了。　⑦既已谓之一矣,且得无言乎:意思是说,既然已经说它是一了,还能够说没有称言吗?这是从实物与实物的名称分开的角度去看,一是指存在的实物一,言是指这个实物的名称。就是说既然都把它叫做一了,能说没有名称吗?即即名称也是有的。　⑧一与言为二,二与一为三:意思是说,一这个实物加上指称这个一的名称就成了两种不同的东西,这两种不同的东西再加上两者的统一,就成了内涵不同的三种东西。一指的是实物,二指实物和它的名称,三指实物、名称再加上两者的统一。　⑨自此以往:从这里往后推下去。巧历:最擅长计算历法的人。古代历法是最难计算的数学题,所以"巧历"犹如说数学家。　⑩凡:一般人,平常人。　⑪自无适有:从无到有。庄子认为道(即一)就是无,故言从无到有。　⑫无适焉:无须推算下去了。意谓,三之后又会出现三者全含的概念,于是有了四,四之后又会出现四者全含的概念,于是有了五,再推下去六、七、八、九层出不穷,没完没了。适:往后。因是已:顺其自然吧。因:随顺。

夫道未始有封,言未始有常①,为是而有畛也②。请言其畛:有左有右,有伦有义③,有分有辩,有竞有争,此之谓八德④。六合之外⑤,圣人存而不论;六合之内,圣人论而不议⑥;春秋经世先王之志⑦,圣人议而不辩⑧。

故分也者,有不分也⑨;辩也者,有不辩也⑩。曰:"何也?"圣人怀之⑪,众人辩之以相示也⑫。故曰:"辩也者,有不见也⑬。"夫大道不称⑭,大辩不言⑮,大仁不仁⑯,大廉不嗛⑰,大勇不忮⑱。道昭而不道,言辩而不及,仁常而不周,廉清而不信,勇忮而不成⑲。五者圆而几向方矣⑳。故知止其所不知,至矣㉑。孰知不言之辩、不道之道?若有能知,此之谓天府㉒。注焉而不满,酌焉而不竭㉓,而不知其所由来,此之谓葆光㉔。

【译文】（从绝对的意义上讲,）大道是浑一而没有封界的,而言语是没有定准的,这样就出现了差异。请允许我说出它的差异:说了左就有了右;说了道理,就有了是非;说了不同,就有了辨别;说得压倒了别人,就有了争辩。这就叫做八德。天地之外,圣人存而不论;天地之内,圣人有论说但不评议;古代记载先王治理天下的历史书里,圣人有评议但不争辩。

所以说,天下的事理有区分就有它不能区分的成分,能分辨就有它不能分辨的成分。为什么这样说呢?圣人就是把它包容在一起,而常人才争辩着显示区别。所以说,争辩这一面的区别就掩盖了不能区别的那一面。大道是无法称说的,大辩是不必言说的,大仁是没有仁爱的,大廉是不会显示清白的,大勇是用不着忌恨发怒的。把道完全说清楚了那就不是大道了,话辩论清楚了那就远不及大辩了,把仁爱当成标准那就不能成其为大仁了,把显示清白当成清廉那就不可信了,把忌恨发怒当成勇敢那就不成其为大勇了。这五者本来都是圆通的,这样一来几乎给搞得方棱不通了。所以说人要懂得要停止在人不可能知道的地方,这就算到头了。谁能明白不去言说的大辩、无法称说的大道呢?如果真有人能懂得了,那就可以称得上天然的府库。注入多少也不会满溢,酌取出多少也不会枯竭,而且这些取用不竭的东西也不知会从何而来,这就叫做永葆的灵光。

【注释】 ①封:界限。常:这里指确定不变。这两句是说,从道的本体上讲,它是浑然一体没有分界的。但指称它的名称(言)就因为站在不同的角度而出现了差异,并不是确定不变的。比如关于"道"的名称,从它无所不包的角度去看可以叫做大,从它的浑然一体的角度去看可以叫做一,从它本体虚无的角度去看可以叫做无,从它通向真理的角度去看可以叫做道,从它的运化规律角度去看可以叫做常。总之,不管怎样叫都是带着分界的不可能浑然一体地全面去说明它,这就是庄子指的"言未始有常",言指称言。 ②为是:为此。畛:分界。 ③伦:道理。义:合宜。有了是否合宜,等于有了是非。 ④德:指语言的特点。八德指上面提到的左右、伦义、分辨、竞争。这是就语言的局限性说的。 ⑤六合:上下四方,即天地之间。存而不论:放在一边不论述。 ⑥论而不议:论述而不评议。论是对事物的客观反映,议是对事物的主观评价。 ⑦春秋:古代的史书可泛称春秋,不是单指孔子编的《春秋》。经世:治理天下社会。志:志书的记载。 ⑧议而不辩:有评论但不争辩。 ⑨分也者,有不分也:从对立的角度去看可分,从对立双方统一的角度去看又不可分。 ⑩辩也者,有不辩也:从对立的角度去看可争辩,从统一的角度去看又不可争辩。 ⑪怀之:全部容。即圣人心里装的是整体。 ⑫相示:相互显示区别。 ⑬辩也者,有不见也:争辩的人都是站在对立双方的一方面看问题,就看不到对方。 ⑭大道不称:大道是无法指称的,一指称出来就只能是从某个角度说。参见注①,下文"道昭而不道"可证。 ⑮大辩不言:最完满的辩论就应当不说话。因为一说就必然站在一个方面。见下"言辩而不及"。 ⑯大仁不仁:最完满的仁就应当没有仁爱。因为任何仁爱都是针对某一对象的,不可能全面。见下"仁常而不周"。 ⑰嗛(qiān谦):清白,见下文"廉清而不信",可互证。大廉不嗛:最完满的廉洁就是不显示清白。清廉与贪婪也是相对待而存在,某处清廉必显示出以外的贪婪,不能成为全面的清廉。见下"廉清而不信"。 ⑱忮(zhì至):忌恨发怒,指人在勇猛时的心理状态。大勇不忮:最完满的勇敢是不因忌恨愤怒而伤害人。见下"勇忮而不成"。 ⑲周:原作"成",据江南古藏本改。勇忮而不成:带着忌恨愤怒的勇敢必然是针对某事某物的,不可能全面,不能成为最全面的勇敢。 ⑳五者:指上面的道、辩、仁、廉、勇。圆而几向方:本来都是圆通完整的,如果带有称、言、爱、嗛、忮,就几乎扞格不通了。方:方棱。这里是不圆通的意思。 ㉑知止其所不知,至矣:意为,智慧停止在自己所不知道的地方就到头了。庄子认为万事万物都是对立的存在,人的智慧也不能例外。有我方就必有对方,我方的智慧不可能完全了解对方的智慧,因此人的智慧都毫无例外地会停止在对我方的所知中,这就到头了。 ㉒天府:天然的府库,这里比喻圣人的心胸。 ㉓注:流灌。酌:舀取。 ㉔葆光:隐藏的灵光。这里比喻圣人的善藏。

故昔者尧问于舜曰:"我欲伐宗、脍、胥敖①,南面而不释然②,其故何也?"舜曰:"夫三子者③,犹存乎蓬艾之间④,若不释然⑤,何哉?昔者十日并出⑥,万物皆照,而况德之进乎日者乎⑦?"

【译文】 当年尧问舜说:"我想要讨伐宗、脍、胥敖三个小国,南面临朝的时候,总是觉得心里不安,这是为什么呢?"舜回答说:"这三个小国的国王,就如同生长在蓬蒿之间的乱草一般平庸,您要讨伐他们为什么心里总会不安呢? 从前十个太阳升起在天上,普照万物,何况(您这样)道德的光芒远远超过太阳的人呢?(更不会抛弃任何平庸的东西,所以心里总是不安。)"

【注释】 ①宗、脍(kuài 快)、胥敖:唐尧时代的三个小藩国。 ②南面:古代帝王的座位面向南,所谓"向明而治",故南面是临朝听政的意思。释然:开心的样子。 ③三子:指宗、脍、胥敖三国的国君。古代诸侯分公侯伯子男五等爵位,三国国君当属第四等子爵。 ④蓬艾:蓬蒿、艾蒿。句谓,这三个小国国君就如同生长的野草一样平庸。 ⑤若:你。 ⑥十日并出:十个太阳升在天上。古代传说天上原有十个太阳,后羿射下九个,留下一个。 ⑦德之进乎日者:道德的光芒超过太阳的人。这里比喻尧的道德之高。句谓,太阳尚且不弃万物,更何况胜过太阳的你更不会抛弃万物,现在要讨伐三国国王,所以心里不安。

　　啮缺问乎王倪曰①:"子知物之所同是乎②?"曰:"吾恶乎知之③!""子知子之所不知邪?"曰:"吾恶乎知之!""然则物无知邪④?"曰:"吾恶乎知之!虽然,尝试言之,庸讵知吾所谓知之非不知邪⑤?庸讵知吾所谓不知之非知邪?且吾尝试问乎女⑥:民湿寝则腰疾偏死⑦,鳅然乎哉?木处则惴栗恂惧⑧,猿猴然乎哉?三者孰知正处⑨?民食刍豢⑩,麋鹿食荐⑪,蝍蛆甘带⑫,鸱鸦耆鼠⑬。四者孰知正味⑭?猿猵狙以为雌⑮,麋与鹿交⑯,鳅与鱼游。毛嫱丽姬,人之所美也⑰,鱼见之深入,鸟见之高飞,麋鹿见之决骤⑱。四者孰知天下之正色哉⑲?自我观之,仁义之端⑳,是非之涂㉑,樊然淆乱㉒,吾恶能知其辩㉓?"啮缺曰:"子不知利害,则至人固不知利害乎?"王倪曰:"至人神矣!大泽焚而不能热,河汉冱而不能寒㉔,疾雷破山、飘风振海而不能惊㉕。若然者,乘云气,骑日月,而游乎四海之外。死生无变于己,而况利害之端乎㉖?"

【译文】 啮缺向王倪提问说:"先生知道万物都认同的正确道理吗?"王倪回答说:"那我怎么知道!"啮缺又问道:"先生能知道哪些是自己真正不知道的东西吗?"王倪回答说:"那我怎么知道!"啮缺又问道:"这样说来,万物是不可知的吗?"王倪回答说:"那我怎么知道!虽然如此,我们不妨尝试着探讨探讨,我们靠什么去确定我所谓的知道就不是自己不知道的东西呢?又靠什么去确定我所谓的不知道就不是自己知道的东西呢?再说,我试着问你几个问题:人长期躺在潮湿地上睡觉就会腰痛或半身不遂,水里的泥鳅会这样吗?人上了树就会提心吊胆惴惴不安,猴子会这样吗?人、泥鳅和猴子三者,他们究竟谁知道什么是正确的居处地方呢?人吃豢养的动物,鹿吃草,蜈蚣爱吃蛇,猫头鹰却喜欢吃耗子。人、鹿、蜈蚣和猫头鹰四者,他们究竟谁知道什么是真正的美味呢？猿猴把猵狙当妻子，麋喜欢与鹿交配，泥鳅又与鱼相好。毛嫱与丽姬是人们公认的美女，然而鱼看见她们就吓得深潜到水里，鸟看见她们就高飞入云，麋鹿看见她们就急速逃去。猿猴、麋、泥鳅和人四者，他们究竟谁知道什么是真正的美貌呢？依我看来，人类讲仁义的开始就堕入了是非的泥途，错杂混乱，我怎么能确定利害与否呢？"啮缺说："先生不能确定利害，那么至人就应当不知道利害吗？"王倪说："至人那就神了，大泽丛林燃烧起来也热不着他，大江大河冻成冰也冷不着他，疾雷劈破山岳，狂风卷起海潮，也不会让他感到惊恐。像这样的人，驾着云气，骑着日月，畅游在四海之外。生死的变化对他都没有影响，更何况是造成利害这些小问题呢？"

【注释】　①啮缺、王倪：尧时贤人。据《天地》篇，尧的老师叫许由，许由的老师叫啮缺，啮缺的老师叫王倪。　②子：先生。物之所同是：万物都认同的道理，也即放之四海而皆准的真理。"是"认为是对的。　③恶(wū 乌)：何，哪里。　④无知：无法认知。　⑤庸：用。讵(jù 巨)：何。庸讵犹言何以。　⑥女：汝，你。　⑦民：人。湿寝：睡在潮湿的地方。腰疾：腰痛。偏死：半身不遂。　⑧鳅：泥鳅。　⑨惴栗(zhuìlì 坠利)：害怕发抖。恂(xún 旬)惧：恐惧害怕。本句承上省略民，犹言"民木处则惴栗恂惧，猿猴然乎哉"？　⑨三者：指民、鳅、猿猴。正处：真正舒适的处所。　⑩刍豢(chúhuàn 除患)：豢养的动物。刍：喂牲口的草，这里作状语，"刍豢"即用草喂养的动物之肉。　⑪荐(jiàn 践)：草。　⑫蝍蛆(jiéjū 拮居)：蜈蚣。甘：可口。带：蛇。　⑬鸱(chī 痴)：猫头鹰。耆：通"嗜"，爱好吃。　⑭正味：真正可口的味道。　⑮猵狙(piànjū 片居)：猕猴的一种。句谓，猿与猵狙雌雄相配。　⑯交：交配。　⑰毛嫱(qiáng 墙)：春秋时期越王的美姬。丽姬：晋献公宠妃。两人都是古代出名的美人。人之所美：人共同认为的美女。　⑱决骤：迅速奔跑。　⑲正色：真正悦目的美色。　⑳端：开端。仁义之端：是说从有了仁义开始。　㉑涂：道路。是非之涂：就走上有了是非的道路。　㉒樊然：杂乱的样子。淆(xiáo 崤)：混杂。　㉓辩：通"辨"，辨别。　㉔冱(hù 互)：冻结。　㉕飘风：暴风。"飘"字原缺，据《阙误》引江南李氏本补之。　㉖无变于己：不能使自己发生变化，意为对自己没有影响。端：头绪，事情。

瞿鹊子问乎长梧子曰①："吾闻诸夫子②，圣人不从事于务③，不就利④，不违害⑤，不喜求⑥，不缘道⑦，无谓有谓，有谓无谓⑧，而游乎尘垢之外⑨。夫子以为孟浪之言⑩，而我以为妙道之行也，吾子以为奚若⑪？"长梧子曰："是黄帝之所听荧也⑫，而丘也何足以知之？且女亦大早计⑬？见卵而求时夜⑭，见弹而求鸮炙⑮。予尝为女妄言之⑯，女以妄听之。奚旁日月⑰，挟宇宙⑱，为其吻合⑲，置其滑涽⑳，以隶相尊㉑？众人役役㉒，圣人愚芚㉓，参万岁而一成纯㉔，万物尽然,而以是相蕴㉕。予恶乎知说生之非惑邪㉖?予恶乎知恶死之非弱丧而不知归者邪㉗?丽之姬,艾封人之子也㉘。晋国之始得之也,涕泣沾襟,及其至于王所,与王同筐床㉙,食刍豢,而后悔其泣也。予恶乎知夫死者不悔其始之蕲生乎㉚?梦饮酒者,旦而哭泣;梦哭泣者,旦而田猎。方其梦也,不知其梦也,梦之中又占其梦焉,觉而后知其梦也。且有大觉而后知此其大梦也㉛,而愚者自以为觉,窃窃然知之㉜,君乎,牧乎,固哉㉝!丘也与女皆梦也,予谓女梦亦梦也。是其言也,其名为吊诡㉞。万世之后而一遇大圣知其解者,是旦暮遇之也㉟。

【译文】 瞿鹊子向长梧子请教说:"我听孔夫子讲过,有人说圣人不从事琐碎的事务,不贪图利益,不躲避灾害,不喜欢获取,不走现成的路,不说实际上是说了,说了又好像是没有说,畅游在尘俗世界之外。孔夫子认为这些都是轻率荒诞的言论,而我认为这正是精妙大道的行为,先生认为如何呢?"长梧子回答说:"这些话是黄帝听了也会疑惑不解的,孔丘怎么会理解呢?再说,真正理解这些话那要有个长时间的修炼过程,你也未免替自己打算得太早些了吧?刚见到一个鸡蛋就想让它打鸣报晓,刚见到一个打鸟的弹丸就想着吃到烧鸟肉。现在我姑且试着说一说,你不妨随便听一听。怎么才能与日月并明,怀抱宇宙,与万物吻合为一体,任其错杂混乱,把尊卑贵贱等同起来?众人是苦苦追求,圣人反而显得愚钝无知,参悟万年的变化成为纯一,万物都会这样归于纯一之中,就是用这个纯一的大道把它包容起来。我怎么知道贪生不是胡涂做法呢?我又怎么知道怕死就如同是幼年丧家而不知道应该返回家园呢?丽姬是丽戎国边界艾地官吏的女儿。晋国灭掉丽戎时俘获了她,刚一俘获的时候,她哭得泪水浸透了衣襟,等她到了晋国进入王宫做了王妃,与晋王同睡一个床,同吃鱼肉美味,这才后悔当初哭得没道理。我怎么知道那些死去的人不会同样后悔当初的贪生呢?睡梦里饮酒作乐的人,早晨醒来可能会哭泣;睡梦里哭泣的人,早晨起来可能会有一场欢快的围猎。当人在梦里的时候,不知道自己是在做梦,甚至在梦中还去占梦,醒来之后,才知道是一场梦。照此说来,有更大的觉醒才能知道更大的梦,愚蠢的人却自以为清醒,高兴地自以为什么都知道,君啊,民啊,贵啊,贱啊,实在是固陋极了!孔丘和你都是在做梦,我说你们在做梦,其实我也在做梦。这些话,可以称得上是荒诞诡怪。然而过万世之后遇到一个能解透的大圣人,这些都不过是像早晨晚上梦中醒中常遇到的事。

【注释】 ①瞿鹊子:据下文可知为孔子的学生。长梧子:人名。《释文》:"居长梧下,因以为名。" ②夫子:先生。这里指孔子。 ③务:世务,事情。 ④就利:趋就追逐利益。 ⑤违害:躲避灾害。句谓,圣人能面对困难灾害,不害怕。 ⑥喜求:热衷于获取。 ⑦不缘道:不沿着现成的路走。即不按常人的做法去做。郭象注"独至者也"。 ⑧无谓有谓,有谓无谓:意思是说,没有说实际上是说得更全面,说了反而没有说明什么。因为称说出来就带了片面性,圣人要说明的是全面的道。 ⑨尘垢:指世俗。 ⑩孟浪:轻率荒诞。 ⑪吾子:对人亲切的敬称。奚若:若何。 ⑫是:这,指上面关于圣人的说法。黄帝:古代五帝之一,即轩辕氏,时人心目中的圣人。听荧:听了感到迷惑不解。 ⑬大早计:打算得太早了。 ⑭卵:鸡蛋。时夜:雄鸡报晓。句谓,见到鸡蛋就盘算得到鸡。 ⑮弹:打鸟的弹丸。鸮(xiāo)器:成疏:"鸮即鹏鸟……大小如雌鸡,而似斑鸠,青绿色,其肉甚美,堪作羹炙,出江南。"炙:烤肉。句谓,看见弹丸就盘算得到鸮鸟的烤肉吃。 ⑯尝:试。女:汝。妄言之:姑且随便说说。 ⑰奚:何如。旁:傍日月:依随着日月。 ⑱挟:挟带。挟宇宙:犹言怀抱宇宙。 ⑲为其吻合:与宇宙万物吻合为一体。 ⑳置:听任。滑涽(hūn昏):昏乱。句谓,任其错杂昏乱。 ㉑以隶相尊:把下贱的看得同样尊贵,即等贵贱的意思。隶:奴仆。 ㉒役役:忙碌奔波的样子。 ㉓愚芚(chūn春):愚钝。 ㉔参:参悟。句谓,参悟万年的变化成为纯一。 ㉕蕴(yùn运):包藏。 ㉖说:悦。说生:犹言贪生。 ㉗恶(wù务)死:犹言怕死。弱丧:幼年出去流亡。 ㉘丽之姬:即丽姬,晋献公宠妃。艾:丽戎国地名。封人:守封疆之人。 ㉙筐床:《释文》:"本亦作匡。"方正的大床。 ㉚蕲(qí其):求。 ㉛大觉:大的觉悟。指领悟了大道而觉醒。 ㉜窃窃然:自己私心所想的样子。 ㉝君:这里表示尊贵的身份。牧:牧竖,这里代表低贱的身份。固:固陋。 ㉞吊诡:荒诞诡怪。 ㉟知其解者:能解透的人。旦暮遇之:早早晚晚遇到的平常事情。

  既使我与若辩矣,若胜我①,我不若胜②,若果是也③,我果非也邪?我胜若,若不吾胜,我果是也,而果非也邪?其或是也,其或非也邪④?其俱是也,其俱非也邪?我与若不能相知也。则人固受其黮暗⑤,吾谁使正之?使同乎若者正之,既与若同矣,恶能正之?使同乎我者正之,既同乎我矣,恶能正之?使异乎我与若者正之,既异乎我与若矣,恶能正之?使同乎我与若者正之,既同乎我与若矣,恶能正之?然则我与若与人,俱不能相知也,而待彼也邪?

  "何谓和之以天倪⑥?"曰:"是不是,然不然⑦。是若果是也,则是之异乎不是也亦无辩⑧;然若果然也,则然之异乎不然也亦无辩。化声之相待⑨,若其不相待⑩。和之以天倪,因之以曼衍⑪,所以穷年也⑫。忘年忘义⑬,振于无竟⑭,故寓诸无竟⑮。"

【译文】 倘若我和你展开了一场辩论,你胜了我,我没有胜你,那么你真的就对了,我真的就错了吗?我胜了你,你没有胜我,我真的就对了,你真的就错了吗?或者说你我是一部分对了,一部分错了呢,还是都对了,都错了呢?我和你都无从知道。任何人一生下来都会有暗昧不明的一面,那么我又去找谁来判断对错呢?找与你观点相同的人来判断,既然已经与你观点相同了,他怎么能做出正确的判断?找与我观点相同的人来判断,既然已经与我观点相同了,他怎么能做出正确的判断?让不同于你的观点也不同于我的观点的人来判断,既然已经不同于你我的观点了,他怎么能做出正确的判断?让与你我观点相同的人来判断,他既然已经与你我的观点相同了,他又怎么能做出正确的判断?这样说来,我和你以及其他的人都不能知道,还用等待别人(来做出正确的判断)吗?

"什么叫做用自然运转把它调和起来呢?"可以这样说:"是又不是,对又不对。是如果真的是是,那么是不同于非的正确性无法得到证明;对如果真的是对,那么对不同于错的正确性也无法得到证明。依赖别人的说法来证明,其实与不依赖别人的说法来证明是一样的。(都证明不了,事物本来就是有对也有错,天运转到这里就对了,运转到别处又错了,所以)要用自然运转,把它调和起来,任由它去漫衍变化,随物应变而尽其天年。忘掉岁月的流逝(等同生死),忘掉合适不合适(齐同是非),畅达无穷的境地,这样就把自己寄寓在无穷无尽里了。"

【注释】 ①若:你。 ②不若胜:不胜若,即不能胜你。 ③果是:必定就对。 ④或:有的。或是:有的地方对了。或非:有的地方错了。 ⑤固:本来。黮(tàn 叹)暗:黑暗不明。句谓,人一生下来本来就有暗昧不明的一面。庄子认为人是天生具有片面性。参见《知北游》"人生黮也"。 ⑥和:调和。天倪:自然运转。参见《寓言》篇,"天钧者,天倪也"。天钧是自然生化万物的运转,如同制陶器的钧轮,故言天钧。 ⑦是不是,然不然:是又不是,对又不对。庄子认为自然运转就是否定之否定,当令应时是对的,时过境迁就会被否定。站在我方看是这样,站在对方看就不是这样。故言"是不是,然不然"。 ⑧辩:通"辨"。无辩:无法辨别。 ⑨化声:不同的声音,即评判是非的第三者说法。化声之相待:犹言等待别人来证明正确与否。化声即上文"而待彼邪"的彼,"我谁使正之"中"正之"的说法。 ⑩若:如同。句谓,依赖别人来证明与不依赖别人证明同样都是靠不住的。 ⑪曼衍:漫衍,自然展开。 ⑫穷年:尽年。句谓,用随物应变的做法尽其天年。 ⑬忘年:不计岁月。忘义:不计较合宜不合宜。义:宜。 ⑭振于无竟:畅游在无穷尽的境地。成疏:"振,畅也。" ⑮寓诸无竟:寄身在无穷尽的境地。

罔两问景曰①:"曩子行②,今子止;曩子坐,今子起,何其无特操与③?"景曰:"吾有待而然者邪④?吾所待又有待而然者邪⑤?

吾待蛇蚹、蜩翼邪⑥？恶识所以然？恶识所以不然？"

【译文】 阴影问人的影子说："刚才你还在走,现在你又停住了;刚才你还坐着,现在你又站起来了,你怎么会这样没有自己独立的操守呢？"人的影子说："我是因为有所依赖于人才这样的吗？我所依赖的人又有所依赖才这样的吗？那么我所依赖的是蛇皮蝉蜕一类的东西吗？我怎么知道为什么会这样？我又怎么知道为什么不会这样？"

【注释】 ①罔两:不动之物的阴影。郭象注:"罔两,景外之微阴也。"景:今作影,这里特指人的影子。 ②曩(nǎng囊上):从前。 ③特操:独自的操守。 ④有待:有所依赖。指影子随人而动。 ⑤吾所待又有待:我所依赖的人又有所依赖。庄子认为,人是道的物化,依赖于道。 ⑥蛇蚹(fù付):蛇蜕的皮。蜩翼:蝉蜕的壳。句谓,我所依赖的人就像蛇皮、蝉蜕一类的东西?

昔者庄周梦为胡蝶,栩栩然胡蝶也①,自喻适志与②,不知周也。俄然觉,则蘧蘧然周也③。不知周之梦为胡蝶与？胡蝶之梦为周与？周与胡蝶则必有分矣,此之谓物化④。

【译文】 过去庄周梦见自己变成了一只蝴蝶,活生生的一只蝴蝶,自己觉得快意啊,不知道自己是庄周。不一会醒过来了,忽然一下又变成庄周了。不知道是庄周做梦变成蝴蝶了呢,还是蝴蝶做梦变成庄周了呢？庄周与蝴蝶肯定是有分别的,这就叫做物化。

【注释】 ①栩栩(xǔ许)然:活生生的样子。 ②喻:知晓,觉得。适志:适意快活。 ③俄然:不一会。觉:醒。蘧蘧然:疑怪的样子。周:庄周。 ④分:不同。物化:物的转化。

第三篇　养生主

　　本篇是讲养生之道的,"主"指的是道。文中提出"缘督以为经"的养生方法。缘是沿着,督是中,经是常道的意思。意思是说,养生要坚持中间路线,不要走极端。庄子认为人与其他万物一样,都是道的展开,道的物化,生死不过是一种转化,无须大惊小怪。人要维持自己的生命就应当顺其自然,遵道而行。所谓"安时而处顺,哀乐不能入"。抛弃那些生不带来、死不带去的名利荣辱,按自己的天性去生活。

　　吾生也有涯,而知也无涯①,以有涯随无涯,殆已②。已而为知者③,殆而已矣。为善无近名④,为恶无近刑⑤,缘督以为经⑥,可以保身,可以全生,可以养亲,可以尽年⑦。

【译文】　我们的生命是有限的,然而知识却是无限的,用有限的生命去追求无限的知识,这就陷于困境了。既然如此却还要学习所有的知识,只能陷入更大的困境罢了。(那么我们该怎么办呢？在你有限的生命里,)做好事不要贪图名声,办坏事不要触犯刑法,把上限、下限之间的通道作为日常行为的范围,就可以保全身体,保全生命,奉养老人,平安地享尽自己的寿数。

【注释】　①涯:限。知:知识。　②随:追随,探求。殆:危险,意为不可能。已:同"矣",了。　③已:既然如此。为知:探求知识。　④为善:做好事。无近名:不要追求好名声。　⑤为恶:做坏事。无近刑:不要触犯刑法。　⑥缘:沿着。督:中。古人称人体前后正中的经络为督任二脉。经:路线,这里指常道。　⑦亲:双亲,一般指父母。引申为所有的亲人。尽年:享尽天年。

　　庖丁为文惠君解牛①,手之所触,肩之所倚,足之所履,膝之所踦②,砉然响然③,奏刀騞然④,莫不中音⑤,合于桑林之舞⑥,乃中经首之会⑦。文惠君曰:"嘻,善哉! 技盖至此乎⑧!"庖丁释刀对曰⑨:"臣之所好者道也,进乎技矣⑩。始臣之解牛之时,所见无非全牛者⑪,三年之后,未尝见全牛也⑫。方今之时,臣以神遇而不以目视⑬,官知止而神欲行⑭。依乎天理,批大郤⑮,导大窾⑯,因其固然⑰,技经肯綮之未尝⑱,而况大軱乎⑲?良庖岁更刀,割也⑳;族庖月更刀,折也㉑。今臣之刀十九年矣,所解数千牛矣,而刀刃若新发于硎㉒。彼节者有间,而刀刃者无厚㉓,以无厚入有间,恢恢乎其于游刃必有余地矣㉔。是以十九年而刀刃若新发于硎。虽然,每至于族㉕,吾见其难为,怵然为戒㉖,视为止,行为迟㉗,动刀甚微。謋然已解,如土委地㉘,提刀而立,为之四顾,为之踌躇满志,善刀而藏之㉙。"文惠君曰:"善哉!吾闻庖丁之言,得养生焉㉚。"

【译文】 庖丁替文惠君宰牛,手所触及的地方,肩所倚到的地方,脚所踩着的地方,膝所顶住的地方,发出乒乒乓乓一片的响声,运起刀子来哗哗啦啦,没有一处不合音节,与桑林舞的节奏合拍,与经首歌曲的韵律一致。文惠君见到说:"嘻嘻,好啊!宰牛的技术这可以说是顶尖了吧!"庖丁放下屠刀回答说:"我爱好的是道,已经超过技艺了。刚开始我宰牛的时候,眼里看到的都是整个的牛,宰了三年以后,再看那个整个的牛就变成了组合的零件了。到现在我不是用眼睛去看而是用心神去会意了,不依赖感官的作用,是心神的欲念在运行。顺着牛体自然的生理结构,拉开大一点的缝隙,导向大一点的骨节空窍,顺着牛体本来的结构,枝枝杈杈的经脉、附在关节上的韧带脆骨都未曾碰到过,更何况是大骨头?好的厨子,一年才换一把菜刀,因为人家是用刀子去割;一般的厨子,一个月就得换一把菜刀,因为他们是用刀子往断砍。现在我的这把刀使用了十九年,解剖过几千头牛了,而刀刃仍然像刚磨出来的。牛的关节处总会有间隙,而刀刃却没有厚度,用没有厚度的刀刃划入有间隙的关节,宽宽松松游动的刀刃肯定会大有余地呀。正因为如此,使了十九年的刀仍然像刚磨出来一般锋利。虽然如此,每当遇到筋骨盘结的地方,我见它不好下手,还是得警惕起来,眼睛得盯着它,手动慢一点,运用起刀来动作就很小了。等到哗啦一声牛体分解,像一堆土似的瘫在地上,这时我(才松一口气),提着刀站在一旁,四处看看,感到心满意足,把刀收拾好收藏起来。"文惠君说:"好啊!我听了庖丁的一番话,从中懂得了养生的道理。"

【注释】 ①庖丁:厨师。文惠君:梁惠王。解牛:解剖牛,指宰牛剔骨。 ②踦(yǐ椅):靠,抵住,顶住。 ③砉(huā花):象声词。砉然:动刀的声音。 ④騞(huō豁):象声词。騞然:犹言哗哗啦啦。 ⑤中(zhòng众)音:合乎音节。 ⑥桑林:商汤时的乐曲名。 ⑦经首:是尧时乐曲咸池中的一章。会:这里指节奏处。 ⑧嘻:感叹词。盖:表推测的语气词,大概。句谓,技术的高超,大概就到此吧!下句"进乎技矣"可证。正因为有"到此为止"的提问,才有下句又超过此的回答。 ⑨释刀:放下刀。 ⑩进乎:超过。 ⑪全牛:整体的牛。"全"字原缺,据下文及赵谏议本补。 ⑫未尝:未曾。未尝见全牛:见到的牛都是由一个个部件组合起来的,而不只是一个整体的牛。说明庖丁对牛体的结构了如指掌。 ⑬神遇:用心神去接触。 ⑭官知:五官的感觉。神欲:精神的活动。 ⑮批:拉开。郤(xì隙):指骨节间的空隙。 ⑯导:引向。窾(kuǎn款):洞穴,指骨节间的穴窍。 ⑰因:顺着。固然:本然结构。 ⑱技:俞樾"技疑枝字之误,枝经犹言经络也。"肯:附在骨上的肉。綮(qìng庆):筋骨连结处。句谓,刀刃未曾碰到过经脉、韧带软骨等稍有窒碍处。 ⑲軱(gū孤):大骨。 ⑳良庖:好厨师。岁更刀:一年换一把菜刀。割也:拉割。说明一年换一把刀的原因,是不去硬砍。 ㉑族:众。族庖:一般的厨师。月更刀:一个月换一把菜刀。折也:往断砍。 ㉒硎(xíng刑):磨刀石。新发于硎:刚从磨石上磨过。 ㉓间:间隙。无厚:没有厚度,极言其薄。 ㉔恢恢乎:宽绰的样子。游刃:刀刃运转。 ㉕族:用如簇,骨头聚结处。 ㉖怵(chù触)然:小心提防的样子。 ㉗视为止:眼睛因此盯住。行为迟:动作因此缓慢。 ㉘謋(huò霍):象声词,牛体解散落地的声音。委地:散落在地。 ㉙踌躇(chóuchú酬厨):从容自得。满志:心满意足。善刀:收拾好刀。 ㉚得养生焉:领悟到养生的道理了。

公文轩见右师而惊曰①:"是何人也,恶乎介也②?天与,其人与③?"曰:"天也,非人也。天之生是使独也,人之貌有与也④。以是知其天也⑤,非人也。"

泽雉十步一啄⑥,百步一饮,不蕲畜乎樊中⑦。神虽王⑧,不善也。

【译文】 公文轩见到右师,惊奇地说:"这是个什么人,怎么会长了一条腿?是天生如此呢,还是人为造成的?"继而想了想说:"呵!是天生的,不是人为造成的。天生让他长了一条腿,要是人来修正他的形貌,那肯定会给他再安一条假腿。(你看他就是一条腿,还能跳着走。)因此知道他是天生的,不是人为如此的。

沼泽地里的野鸡,走出十步才能啄到一口吃的,走出去一百步才能喝到一口水,但它不会因为生存的艰难就愿意让人养在笼子里。(养在笼子里,)虽然样子好看,但并不好。

【注释】 ①公文轩:成疏:"姓公文,名轩,宋人也。"右师:古代乐官名,这里是指做过右师官的一个人。按下文"介也"的说法,盖指舜的乐官夔。《书·舜典》:"帝曰:夔,命汝典乐,教胄子。"《说文》:"夔,神魖也。如龙,一足。"《吕氏春秋·察传》:"夔一足,非一足也。""夔一足"是古代传说,庄子取以寓言。 ②恶乎:何以。介:《方言》:"特也。"下文云"独也"可证,介是一只足的意思。 ③天与:是天生的呢?人与:人为造成的呢?

④有与:指有与一只足相配的另一只足。句谓,如果是人为造成的,一只足就会再给他配上另外的一只足。 ⑤以是:因此。庄子认为,养生要顺乎天理,即使是生了一条腿,也不必大惊小怪,像右师那样也活得很好,无须人为改变。 ⑥泽雉:生活在草泽中的野鸡。十步一啄:走出十步才找到一粒草籽吃。 ⑦蕲:求。樊:笼子。句谓,尽管生存艰难,也不愿让人关在笼子里养起来。 ⑧神:神态,样子。王(wàng 旺):旺,旺盛。

老聃死,秦失吊之,三号而出①。弟子曰:"非夫子之友邪?"曰:"然!""然则吊焉若此可乎?"曰:"然。始也吾以为其人也,而今非也②。向吾入而吊焉③,有老者哭之,如哭其子;少者哭之,如哭其母。彼其所以会之④,必有不蕲言而言,不蕲哭而哭者⑤。是遁天倍情,忘其所受⑥,古者谓之遁天之刑⑦。适来,夫子时也;适去,夫子顺也⑧。安时而处顺⑨,哀乐不能入也,古者谓是帝之县解⑩。"

指穷于为薪,火传也⑪,不知其尽也⑫。

【译文】 老聃死了,秦失去吊丧,大哭了三声就走了出来。弟子问他说:"老聃不是先生的好朋友吗?"秦失说:"是啊!"弟子又问:"既然是好朋友,哭这么三声就算是吊丧,这合适吗?"秦失说:"合适。刚开始我以为来吊唁的人都是他的真传弟子,现在看来不是。刚才我进去吊唁的时候,见到哭他的老人像哭自己的孩子似的,年轻人哭他像哭自己的亲娘似的。他们聚集到这里来哭,肯定有用违心的话来吊唁,用假哭来哭的。这违背天生的情感,失掉了天生的东西,古人把它称作是在遭受违背天然的刑罚。他生下来,那是老子的时运;他死去了,是老子顺应自然。安于自己的时运,顺应自然的变化,哀乐不往心里去,古人把死称作天帝给人解开了倒悬的绳子。

油脂做火把是会烧完的,但火种却流传下去,没有穷尽的时候。

【注释】 ①老聃(dān 丹):即老子。姓李,名耳,字聃。秦失:据下文可知是老子的朋友。吊:吊丧。号:哭。三号:哭了三声。 ②其人:他的人,指老子的真传弟子。成疏:"谓哭者是方外门人"。 ③向:刚才。 ④会:聚在这里,指都来为老子吊丧。 ⑤不蕲言而言:不是出自真心想来吊唁而来吊唁。意谓,不过是一种礼节性的吊唁。不蕲哭而哭:不是真心想哭而哭。意谓,不过是一种礼貌性的假哭。 ⑥遁天:失去天性。倍情:背情,违背真情。所受:指禀受的本性。 ⑦遁天之刑:失去天性所受到的刑罚。庄子认为,违背天性而拘于世俗去不得已地生活是活受罪,故谓之"遁天之刑"。 ⑧适:正好。适来:该他生下来活在世上。时:应时。去:死去。顺:顺应时势。 ⑨安时处顺:安于自己的时命,顺应自然的变化。 ⑩帝:天帝。县:今作悬,倒悬。县解:解除了倒悬的绳索。庄子认为,顺应自然,安于时命,就是天帝给解除了倒悬的绳索而逍遥自在了。　⑪指:朱桂曜《庄子内篇证补》认为是"脂"字之误。穷:尽。薪:闻一多说:"古无蜡烛,以薪裹动物脂肪而燃之,谓之曰烛,一曰薪。"指穷于为薪:是说油脂做成的火把燃烧尽了。火传也:是说又接着点上一只火把,把火种传下来。　⑫不知其尽也:并没有穷尽。庄子认为,人的形体可以死亡,但生命并没有死,传下去了。如同火把可以烧尽,但火种不灭。

第四篇　人间世

　　人间世即人世间，也就是人间社会。庄子在本篇里意在探讨一种正确的处世方法，按庄子自己的话说，正确的处世方法应该坚持两条原则，一是"虚己"，二是"顺物"，这就升华为一种处世哲学。郭象注说："与人群者，不得离人。然人间之变故，世世异宜，唯无心而不自用者，为能随变所适而不荷其累也。"意思是说，人生活在社会群体里，离不开人，然而世间的变化，不同时世就会有不同的处世标准和要求。但无论怎样变化，都应当坚持虚己无心（也就是不带成见和主观愿望）和顺物随变（也就是不固执己见而随物变化），这样就可以摆脱世事的困扰而立于不败之地。所以最后庄子又提出了以不用为用的主张。

　　颜回见仲尼①，请行②。曰："奚之③？"曰："将之卫④。"曰："奚为焉⑤？"曰："回闻卫君⑥，其年壮，其行独⑦；轻用其国，而不见其过⑧；轻用民死，死者以国⑨，量乎泽若蕉⑩。民其无如矣。回尝闻之夫子曰：'治国去之⑪，乱国就之⑫，医门多疾⑬。'愿以所闻思其则⑭，庶几其国有瘳乎⑮！"

　　仲尼曰："嘻！若殆往而刑耳⑯。夫道不欲杂⑰，杂则多，多则扰⑱，扰则忧，忧而不救⑲。古之至人，先存诸己而后存诸人⑳，所存于己者未定，何暇至于暴人之所行㉑？

　　"且若亦知夫德之所荡而知之所为出乎哉㉒？德荡乎名㉓，知出乎争㉔。名也者，相轧也㉕；知也者，争之器也㉖。二者凶器，非所以尽行也㉗！

　　"且德厚信矼㉘，未达人气㉙；名闻不争，未达人心。而强以仁义绳墨之言术暴人之前者㉚，是以人恶有其美也㉛，命之曰菑人㉜。菑人者，人必反菑之。若殆为人菑夫㉝！且苟为悦贤而恶不肖㉞，恶用而求有以异㉟？若唯无诏㊱，王公必将乘人而斗其捷㊲。而目将荧之㊳，而色将平之㊴，口将营之㊵，容将形之㊶，心且成之㊷。是以火救火，以水救水，名之曰益多㊸。顺始无穷㊹，若殆以不信厚言㊺，必死于暴人之前矣！

"且昔者桀杀关龙逢㊻，纣杀王子比干㊼，是皆修其身以下伛拊人之民㊽，以下拂其上者也㊾，故其君因其修以挤之㊿。是好名者也。昔者尧攻丛枝、胥敖㉛，禹攻有扈㉜，国为虚厉㉝，身为刑戮㉞，其用兵不止，其求实无已㉟。是皆求名实者也，而独不闻之乎？名实者，圣人之所不能胜也，而况若乎？虽然，若必有以也㊱，尝以语我来！"

【译文】 颜回去谒见孔子，向孔子辞行。孔子问："你要到哪儿去呀？"颜回说："我要到卫国去。"孔子问："为什么要去卫国？"颜回说："我听人们说，卫国国王正在青壮年时期，办事独断专行；随便动用国力，认识不到自己的错误；轻易地送掉百姓的生命，因为卫王乱用民力而送了命的百姓多极了，就如同从大泽中量取草芥似的。老百姓无可奈何了。我曾经听先生说过：'治理好了的国家就该离开，危乱的国家就该前去，正如医生的家里病人才多。'我想按先生的教导，给卫国想个办法，或许会把他们国家的病治好。"

孔子说："嘻！你去了恐怕只能受到刑处。道是不能杂的，一杂了就多起来，多了就乱套，乱套了就会产生忧虑，忧虑了就会多疑，多疑就没法救治了。古代的至人都是先把自己修炼好了，然后才推行到别人身上，自己修炼得还不到家，哪里还有闲空推及到一个暴君的行为上呢？

"而且，你知道道德如何会败坏和智诈是怎么产生的吗？道德是因为争名败坏的，智诈是从争斗中产生的。名声这种东西，其实就是相互倾轧；智慧这种东西，其实就是争斗的工具。两者都是凶器，不是可以拿来完善自己行为的！

"况且，道德淳厚、信誉实在，就难以与外人的情意沟通；不争名声，别人心里也难以理解。（在这种条件下，）硬要把仁义约束的话当成治国的法术摆在一个暴君的面前，这是用别人的丑恶来换取自己的美名，人们把这种人称作灾人。给别人带来灾害的人，别人必然会反过来祸害他。你恐怕只能去受到他人的祸害吧！再说，卫君如果是个喜欢贤才而讨厌无能的人，哪里用得着物色到你的头上才能改正错误？除非你不去谏诤，否则他的王公大臣们就会抓住你话里的漏洞与你辩论，争着表现自己反映有多么快。你就会眼花缭乱，气色上想求得缓和，嘴上只顾得上忙着辩解，态度上就会表现出退让,心里会想着妥协迁就。你这等于是用火去救火,用水去救水,可以称做是火上浇油。如果你按照自己的初衷没完没了地谏诤下去,你恐怕会因为没人相信的啰啰唆唆,定然死在暴君的面前!

"再说,当年夏桀王杀关龙逢,商纣王杀王子比干,都是因为他们修身自好,谦恭地爱抚暴君的百姓,以在下的职位违逆了上面暴君的猜忌之性,所以君王就嫉恨贤臣的修为自好而排挤他们。这就是爱好名声的结果。当年尧攻打丛枝和胥敖,禹攻打有扈,国都人口灭绝成了废墟,国王受到刑杀,他们用兵不止,没完没了贪求人口土地。这都是贪名求实的结果,你没有听说过吗?虚名实利就是尧禹那样的圣人也不能超越,更何况是你呢?虽然如此,你肯定设想了应对的方案,不妨讲给我听听!"

【注释】 ①颜回:孔子弟子,姓颜,名回,字子渊,鲁国人,孔子最得意的弟子。仲尼:孔子的字。 ②请行:辞行。 ③之:去往。奚之:何往,到哪里去? ④卫:春秋时的诸侯国,在今河南汤阴南。 ⑤奚为:为何,意为干什么去。 ⑥卫君:成疏认为是卫灵公之子卫庄公蒯聩。郭庆藩认为,案《左传》,卫庄公以鲁哀十五年冬始入国,时颜回已死,不得为庄公,盖是出公辄也。 ⑦独:独断专行。 ⑧轻:轻易。过:过错。 ⑨死者以国:这里是指因为国王轻易使用百姓而致死的人。 ⑩量:量取。蕉:草芥。句谓,轻易送命的人很多,如同从大泽中量取草芥一般。 ⑪治国去之:治理好的国家无须再治理了,就离开它。去:离开。 ⑫乱国就之:没有治理好的国家需要治理,就去治理。就:即,去往。 ⑬医门多疾:医生的家里病人多。疾:病人。 ⑭所闻:指所听到的孔子教诲。则:法,指救治卫国的方法。 ⑮瘳(chōu 抽):病愈。 ⑯若:你。殆:大概,差不多。刑:受到刑罚。耳:限止语气词,罢了。 ⑰欲:要。句谓,道不能杂。 ⑱扰:乱。 ⑲忧而不救:忧则多疑,多疑就无法救治。 ⑳存诸己:道要先在自身上确立起来。存诸人:然后才能在别人身上确立起来。 ㉑何暇:哪里来得及。暴人:这里指暴君卫王。 ㉒德之所荡:道德从何败坏。知之所为出:智慧从何而出。 ㉓德荡乎名:道德是从争名中败坏的。 ㉔知出乎争:智慧是在争夺中产生的。 ㉕轧:倾轧。句谓,争名就会引起相互倾轧。 ㉖器:利器。句谓,智慧是争夺的工具。 ㉗尽行:完善自己的行为。 ㉘矼(kòng 空):实在。信矼:信誉实在。 ㉙未达人气:难以与他人的情意沟通。道德纯厚、信誉实在的人不趋世俗,故难沟通。人气:人情世故。 ㉚绳墨:木匠用的墨线。因为常用以取直,所以引申为法度约束的意思。术:显示。《阙误》引江南古藏本"术"作衒,衒是显示的意思。 ㉛是:这。以人恶有其美:用别人的丑恶来显现自己的美德。 ㉜命:称,叫做。菑人:给别人带来灾害的人。菑:今作灾。 ㉝殆为:恐怕会成为。 ㉞苟:如果。悦贤而恶不肖:喜爱贤才而讨厌无能的人。 ㉟有以异:有所不同,也就是改正错误。这两句都是针对卫君说的。句谓,卫君如果是个喜爱贤才而憎厌小人的国王,哪里还用得着去求外人,然后才能改变自己的做法呢? ㊱若:你。唯:只有。诏:谏诤。 ㊲王公:指卫君的王公大臣。乘人:凌驾人。这里指抓住话里的漏洞,压倒对方。斗其捷:争着表现他们敏捷的辩才。句谓,他的王公大臣就会抓住你话里的漏洞,争着辩倒你。 ㊳而:你。荧:闪烁。目将荧之:目光会眼花缭乱。 ㊴色将平之:气色上想求得缓和。 ㊵口将营之:嘴里要找出很多理由为自己辩解。 ㊶容将形之:面容上要表现出退让的样子。 ㊷心且成之:心里会想着妥协迁就。 ㊸以火救火,以水救水:都是帮倒忙的意思。益:增益。益多:犹言火上浇油。 ㊹顺始无穷:顺着这种开始的状况发展下去。 ㊺若:你。厚言:多言。不信厚言:不能取得信任的很多话。 ㊻桀:夏朝末代暴君。关龙逢(páng 旁):夏桀的贤臣。成疏:"姓关,字龙逢,夏桀之贤臣,尽诚而遭斩首。" ㊼纣:商朝末代暴君。王子比干:商纣的贤臣。成疏:"比干,殷纣之庶叔,忠谏而被割心。" ㊽伛拊(yǔfǔ 羽抚):爱抚。人之民:国君的人民。 ㊾拂:违逆。 ㊿因其修以挤之:因为他们修身自好而排挤他们。上例是用以证明"以人恶有其美"会招致杀身之祸。 (51)丛枝、胥敖:尧时小国名。 (52)有扈(hù 户):禹时小国名。成疏:"丛枝、胥敖、有扈,并是国名。有扈者,今雍州鄠县是也。" (53)虚厉:灭绝成了废墟。成疏:"宅无人为虚,鬼无后为厉。" (54)刑戮:刑杀。 (55)求实:指求实利,如国土、财富、民众等。 (56)有以:有原因。这里指有所考虑。

颜回曰:"端而虚,勉而一①,则可乎?"曰:"恶,恶可②!夫以阳为充孔扬③,采色不定④,常人之所不违⑤,因案人之所感,以求容与其心⑥,名之曰日渐之德不成⑦,而况大德乎?将执而不化⑧,外合而内不訾⑨,其庸讵可乎⑩?"

"然则我内直而外曲⑪,成而上比⑫。内直者,与天为徒⑬。与天为徒者,知天子之与己,皆天之所子⑭,而独以己言蕲乎而人善之,蕲乎而人不善之邪⑮?若然者,人谓之童子⑯,是之谓与天为徒。外曲者,与人之为徒也⑰。擎跽曲拳⑱,人臣之礼也,人皆为之,吾敢不为邪?为人之所为者,人亦无疵焉⑲,是之谓与人为徒。成而上比者,与古为徒⑳。其言虽教㉑,谪之实也㉒,古之有也,非吾有也。若然者,虽直而不病㉓,是之谓与古为徒。若是则可乎?"仲尼曰:"恶,恶可!大多政法而不谍㉔,虽固,亦无罪㉕。虽然,止是耳矣㉖,夫胡可以及化?犹师心者也㉗。"

【译文】 颜回说:"我行为端正,内心谦虚,积极努力,专一不移,这样可以吗?"孔子说:什么呀,这怎么可以!那种表面上显得理直气壮很了不起的人,喜怒无常,平常人都不愿惹他,所以才能压抑别人的感受,求得自己随心所欲,(你去感化这种人,)这叫做,每天逐渐地用一点一点的小德向他渗透都做不到,更何况是大德呢?他会固执己见半点也不开化,即使表面上投合你,内心里也不以为然,这怎么可以呢?"

颜回说:"这样的话,那么我就内心正直,外表屈从,用现成的结论与前人相比。内心正直,指的是与天为类。与天为类,就是懂得天子和我自己,都是天所生养的孩子,那么又何必计较自己的主张得到别人的支持呢,还是反对呢?这样做,人们就会把我当成是童言无忌的孩子,这就叫做与天同类。外表曲从,指的是与人为类。捧着朝笏躬身跪拜,这是人臣应尽的礼节,大家都这么做,我敢不这么做吗?做大家都做的事,人们也就不会指责我,这就叫做与人为类。用现成的结论与前人一样,指的是与古为类。说出的话虽然对人有实在的教正指责,因为是古人就有的说法,不会理解为我影射现实说出来的。这样做,虽然话讲得直率,人家也不会挑毛病,这就叫做与古为类。像这样去做,总可以了吧?"孔子说:"什么呀,这怎么可以!你用来匡正卫君的方式这么多,很杂乱,虽然浅陋些,也不会受到惩罚。即使这样,也不过仅能如此而已,又怎么能去感化他呢?这还是一种自以为是的做法。"

【注释】 ①端而虚:行为端正保持谦虚。勉而一:积极努力专一不移。 ②恶(wū乌):何。句谓,你说的是什么呀,这怎么可以! ③阳:表面上。充:气盛的样子。孔:很。扬:得意扬扬。句谓,那种表面上显得理直气壮很了不起的人,这里指卫君。 ④采:神采。采色不定:喜怒无常。 ⑤不违:不去触犯。 ⑥案:压抑。感:感受。容与:从容。句谓,于是常常压抑别人的感受,求得自己随心所欲不受阻拦。 ⑦日渐之德:每天一点一点逐渐积累的道德。 ⑧执而不化:固执己见而不受感化。 ⑨外合:表面上投合。内不訾:内心不以为然。訾(zǐ子):批评。不訾:不屑理睬。 ⑩庸讵:哪里。 ⑪内直:内心正直。外曲:外表屈从。 ⑫成而上比:用现成的结论与前人相比。 ⑬与天为徒:与天为同类。即不加己意按自然状态去做。同类为徒,徒在这里是指同一类型。 ⑭天子:人君。天之所子:天所生养的。 ⑮蕲:求。人善:别人称赞认为好。句谓,那么又何必计较自己的主张得到别人的称赞呢,还是不称赞呢? ⑯童子:这里指天真的孩子。 ⑰与人为徒:与一般人为同类。即按一般人的做法去做。 ⑱擎(qíng晴):手里拿着,这里指上朝时手执笏板。跽(jì技):长跪,这里指跪拜。曲:曲身鞠躬。拳:抱拳拱手。 ⑲无疵:没人指责。 ⑳成:现成,已经形成的说法。上:前,古代。与古为徒:与古人为同类。句谓,把他的行为与前人形成的说法相比,按古人的要求去做。 ㉑教:教导。句谓,虽然说的是教导人的话。 ㉒谪:批评人的话。句谓,虽然实际上是批评人。 ㉓直而不病:话讲得直率人家也不会挑毛病。 ㉔大多:即太多。政:同正,匡正。法:方式方法。谍(dié碟):成疏"条理也"。不谍:杂乱。句谓,用来匡正暴君的方式太多,很杂乱。 ㉕固:固陋。无罪:没有罪责,这里是保住自身不受惩罚的意思。 ㉖虽然:让步连词,相当于即使如此。止是:仅能做到这样。胡:怎么。及:达到。化:感化。 ㉗犹:还是。师心:以自己的心为师。句谓,这还是一种自以为是的做法,也即行不通的做法。

颜回曰:"吾无以进矣①,敢问其方?"仲尼曰:"斋②,吾将语若!

有心而为之③,其易邪? 易之者,暤天不宜④。"

颜回曰:"回之家贫,唯不饮酒不茹荤者数月矣⑤。如此,则可以为斋乎?"曰:"是祭祀之斋,非心斋也⑥!"回曰:"敢问心斋?"仲尼曰:"若一志⑦,无听之以耳而听之以心⑧,无听之以心而听之以气⑨。听止于耳⑩,心止于符⑪。气也者,虚而待物者也⑫。唯道集虚⑬。虚者,心斋也。"

颜回曰:"回之未始得使,实自回也⑭。得使之也,未始有回也⑮,可谓虚乎?"夫子曰:"尽矣⑯! 吾语若,若能入游其樊而无感其名⑰。入则鸣,不入则止⑱。无门无毒⑲,一宅而寓于不得已,则几矣⑳。绝迹易,无行地难㉑。为人使易以伪,为天使难以伪㉒。闻以有翼飞者矣,未闻以无翼飞者也。闻以有知知者矣,未闻以无知知者也㉓。瞻彼阕者㉔,虚室生白㉕,吉祥止止㉖。夫且不止,是之谓坐驰㉗。夫徇耳目内通而外于心知,鬼神将来舍,而况人乎㉘? 是万物之化也,禹、舜之所纽也㉙,伏戏、几蘧之所行终㉚,而况散焉者乎㉛?"

【译文】 颜回说:"我没有更好的办法了,请问先生有什么好方法?"孔子说:"你先斋戒,我再告诉你方法。带着成见去做,会那么容易成功吗? 如果容易的话,老天爷也不答应。"

颜回说:"我们家一向就穷,我不喝酒、不吃荤腥已经好几个月了。像这样算不算斋戒了呢?"孔子说:"这是祭祀要求的斋戒,不是我说的心灵上的斋戒!"颜回说:"请问心灵上的斋戒是什么?"孔子说:"你要排除杂念心志于一,不要用耳朵去听,而是用心灵去听;也不完全是用心灵去听,而是用气去听。用耳朵听只能留在耳朵里,用心灵去听,只会留在内心得到客观印证的限度里。气就不一样了,它是空明能容纳客观的。客观的大道只能落在空明里。空明就是心斋。"

颜回说:"我在没有得到心斋的使用方法之前,我自己实实在在地是个颜回。得到这种使用方法之后,感到没有颜回了,这可以算作虚明吗?"孔子说:"这才是心斋到家了! 我来告诉你,你可以进入卫国那个名利场中纵横畅游而不受名利的诱惑。他听得进去你就说,听不进去你就不说。你这里没有什么医生的家门,也没有治病的药物,空荡荡一处院子,把自己寄寓在不得已的境地,这就差不多了。一个人不走路很容易,走起来想不落在地上又不留下痕迹这就难了。被人的想法驱动很容易造伪,被自然的运动驱使就难以做假了。我们只听说过长了翅膀的能飞,没听说过没有翅膀的会飞。听说过有认识能力的才能认知,没听说过没有认识能力的会认知。(修养到连自己都没有了,一切行为不是个人的主动而是自然的驱动,那就不会有半点虚假,别人也不会认为是你的主观行为而听其自然了。)你看那空缺的地方,空虚的房子里自然就产生白亮,吉祥会停留在静止的心室里。如果心室不能静止,这就叫做坐驰(坐着跑了)。假如真的能够收视返听排除心智,鬼神也会来进住依附,更何况是人呢?这才是感化万物的方法,也是禹和舜把握的要领,伏羲和几蘧终生奉行的法术,更何况是那些芸芸帝王呢?"

【注释】 ①无以进:没有更进一步的做法,也就是没有更好的方案了。 ②斋:孔子这里说的斋是指心斋,颜回理解为斋戒。见下。 ③有心而为之:带着一种想法去做。也就是按照一种自以为是的方法去做。"心"字原缺,据郭象注"夫其有心而为之者,诚未易也",及他本校补。其易也:难道就容易做成吗? ④皞(hào浩)天:这里指上天。不宜:认为不合适,也即不容许。 ⑤茹(rú如):吃。荤:荤腥,肉类食物。 ⑥祭祀之斋:祭祀前的斋戒,指洁身沐浴等。心斋:指洗除心中的欲念,使心灵归于清静空明。 ⑦若:你。一志:心志纯一。 ⑧句谓,不要用耳朵去听,要用心灵去听。 ⑨句谓,也不要用心灵去听,要用气去听。 ⑩听止于耳:用耳朵去听只能把声音留在耳朵里,也即得到的是声音而不是道。 ⑪心止于符:用心灵去听只能把外界的影响与心灵的想法相印证。符:印证。也即只能得到个想法的印证,而得不到道。 ⑫虚而待物:空虚而接纳外物。 ⑬唯道集虚:道只能落在空虚里。 ⑭未始有使:没有得到心斋的使用。实自回也:实实在在感到自己是颜回,也即感到自己的真实存在。 ⑮未始有回:感到没有颜回的存在了,也即忘我。 ⑯尽矣:心斋到家了,即完全做到心斋了。 ⑰樊:籓篱,这里指范围。入游其樊:活动在卫国的范围里。无感其名:不要被名利所动。 ⑱入:听得进去。鸣:说。止:不说。 ⑲毒:药。"无门无毒"是针对上文"医门多疾"说的。颜回自比医生,要用药把卫国的病治好。孔子说的"无门无毒"是说,你不要把自己看成是医生的家门,也不要把自己的主张当成能治病的药。要去掉这些主观想法,听任自然。 ⑳一宅:心灵纯一。寓于不得已:寄寓在不得已里。指完全随着客观的驱使而行动,不带主观愿望。几:差不多。 ㉑绝迹:没有行迹,即不走路。无行地难:走路想不走在地上难。 ㉒为人使:被人的想法驱使。为天使:被自然驱使。 ㉓有知:有智能。后一知作动词。句谓,只听说过有智能的才能去认知,没听说过没有智能的能认知。 ㉔瞻:观。阕(què却):空虚处。 ㉕虚室生白:空虚的房子里显得白亮。这里是比喻人的心室。 ㉖吉祥止止:吉祥停留在静止的地方。 ㉗坐驰:形体不动而精神飞驰。 ㉘徇:当真能做到。耳目内通:耳目与外界隔绝而收视返听于内。外于心知:排除心智的作用。舍:居住。 ㉙万物之化:万物都会受到感化。纽:关键。句谓,大道居于心中,这才能感化万物。这是禹和舜把握的要领。 ㉚伏戏:伏羲。几蘧:传说中的古代帝王。成疏:"几蘧者,三皇已前无文字之君也。"所行终:终身奉行的方法。 ㉛散焉者:其他的人。指没有成为圣人的一般帝王。

叶公子高将使于齐①,问于仲尼曰:"王使诸梁也甚重②,齐之待使者,盖将甚敬而不急③。匹夫犹未可动④,而况诸侯乎?吾甚栗之⑤。子常语诸梁也曰:'凡事若小若大,寡不道以欢成⑥。事若不成,则必有人道之患⑦;事若成,则必有阴阳之患⑧。若成若不成而后无患者,唯有德者能之。'吾食也执粗而不臧⑨,爨无欲清之人⑩。今吾朝受命而夕饮冰⑪,我其内热与⑫!吾未至乎事之情⑬,而既有阴阳之患矣!事若不成,必有人道之患,是两也⑭。为人臣者不足以任之,子其有以语我来⑮!"

仲尼曰:"天下有大戒二⑯:其一命也,其一义也⑰。子之爱亲,命也,不可解于心⑱。臣之事君,义也,无适而非君也⑲。无所逃于天地之间⑳,是之谓大戒。是以夫事其亲者,不择地而安之㉑,孝之至也;夫事其君者,不择事而安之㉒,忠之盛也;自事其心者,哀乐不易施乎前㉓,知其不可奈何而安之若命,德之至也。为人臣子者,固有所不得已,行事之情而忘其身,何暇至于悦生而恶死㉔?夫子其行可矣㉕!

"丘请复以所闻㉖,凡交近则必相靡以信㉗,远则必忠之以言。言必或传之㉘。夫传两喜两怒之言,天下之难者也。夫两喜必多溢美之言㉙,两怒必多溢恶之言㉚。凡溢之类妄㉛,妄则其信之也莫㉜,莫则传言者殃㉝。故法言曰㉞:'传其常情,无传其溢言,则几乎全㉟。'

"且以巧斗力者㊱,始乎阳,常卒乎阴㊲,大至则多奇巧㊳;以礼饮酒者㊴,始乎治,常卒乎乱㊵,大至则多奇乐㊶。凡事亦然,始乎谅,常卒乎鄙㊷;其作始也简,其将毕也必巨㊸。夫言者,风波也㊹;行者,实丧也㊺。风波易以动,实丧易以危㊻。故忿设无由,巧言偏辞㊼。兽死不择音㊽,气息茀然㊾,于是并生心厉。克核大至㊿,则必有不肖之心应之㉛,而不知其然也。苟为不知其然也,孰知其所终?故法言曰:'无迁令,无劝成,过度益也㊷。'迁令劝成殆事㊷。美成在久,恶成不及改㊷,可不慎与?

"且夫乘物以游心㊷,托不得已以养中㊷,至矣。何作为报也㊷?莫若为致命,此其难者㊷?"

【译文】 叶公子高将要去出使齐国,问孔子说:"楚王派我到齐国去,抱的希望挺大,齐国对待使者的态度,可能会表面上很恭敬但又不急着去办。一个普通的老百姓你都不能轻易地说动他,更何况是一国诸侯呢?我非常担心这个任务。先生经常对我说:'凡是办事情,无论大小,很少不是从双方乐意的渠道上达成的。事情办不成定会有人事上的后患;如果办成了,又一定会有阴阳失调的后患。无论是办成还是办不成都不会产生后患,只有有道的人才能做得到。'我是个平常吃粗食不求精美,笼火取食无须清凉的人。现在我早晨接受了任务,晚上就得喝冰水,这大概是内热了吧!我还没接触到这个任务的实际情况,就有了阴阳失调的后患了!任务如果完不成,又定会受到楚王的惩罚,这是两患一齐来了。做人臣的我没能力承担这样的任务,先生有什么好方法给我讲讲!"

孔子说:"天下有两条不能违背的大戒,一条是命,一条是义。子女爱自己的父母,这属于命,孝顺父母心里不能有丝毫松懈。臣子事奉自己的国君,这属于义,无论何时何地不能不为国君着想。人活在天地间这是不能逃避的,这就叫做大戒。因此,事奉自己的双亲,不论在什么境况下都要让他们安适,这是尽孝的最高原则;臣子事奉自己的国君,不论遇到什么样的事情,都要让自己的国君安心,这是尽忠的根本原则;进行内心修养的人,不能让喜怒哀乐的感情轮番地出现在心里,明知道无可奈何也要安之若命,这是道德修养的最高标准。做人臣子、儿子的,本来就有许多不得已的事情,要忘掉自己,事情该怎么做就怎么做去,哪有闲空考虑什么贪生怕死的事呢?你去做就行了!

"我再把自己知道的道理给你讲一讲,大凡外交上的事情,邻近国家的交往要靠实际的信用,相隔较远的国家要靠诚实的语言。语言必定就得有人去传达。传达双方都高兴的话或双方都发怒的话,这是最为困难的。双方都高兴就要添加许多好听的话,双方都发怒就要添加许多难听的话。添加的话都是失真的,失真的话就无法兑现了,无法兑现,传达的人就会遭殃。所以古人的外交格言说:'要传达真实的情况,不要传达添加的话,这就差不多能保全自己了。'

"再说,用智巧斗力争胜的双方,刚开始都是抱着正大光明的态度,斗到最后就要使用阴谋,过分的时候,诡计就多了;在礼仪约束下饮酒的人,开始都体体面面规规矩矩,到最后就胡说八道,没有规矩了,过分的时候,各种怪相的取乐那就多了。大凡做事情,也会这样,一开始都能相互谅解,到最后就变得下作了;开始的时候都很单纯不使坏,到后来就互相提防闹大了。话语这种东西,实际上就是挑起事端的风波;行为这种东西,实际上就是丧失真实。风波很容易兴起来,丧失真实很容易造成危险。所以说愤恨的产生没有别的来由,都是花言巧语偏颇不实之词惹的祸。人杀野兽的时候,野兽不会挑选什么样的叫声合适,气息勃勃狂怒地号叫,于是凶恶的心也就跟着来了。苛刻太过分了,人家必然会有恶意应之而生,都来不及知道为什么会这样。假如不知道为什么会这样,谁能预料会有什么结果?所以古人的外交格言说:'不要改变所受的命令,不要强人所难地达成,说话办事过了头,就是添油加醋多余的。'改变所受的命令,强人所难地达成,这是最坏事的。好事的成功需要长时间的努力,坏事的造成想改都来不及,这能不慎重对待吗?

"再说(个人的修养),那也要心神任随外物的变化而遨游,把自己依托在不得已里培养心性,这也就到家了。何必担心怎么交待呢?不如如实地传达国君的指令,这不能算什么难办的事吧?"

【注释】 ①叶公子高:成疏:"楚庄王之玄孙,尹成子,名诸梁,字子高。"封地在叶,故称叶公。使于齐:出使到齐国去。 ②王:楚王。诸梁:叶公子高的名字,古人称自己时直呼其名,是对人的一种谦敬。重:重视,指抱着很大希望。 ③甚敬而不急:态度上很恭敬,但并不想急着把事办成,即对这件事很冷淡。 ④动:说动。 ⑤栗:恐惧,这里是担心的意思。 ⑥寡:少。道以欢成:由双方都乐意的渠道达成。道:经由……渠道。 ⑦人道:人事。人道之患:这里指完不成楚王交给的使命而带来的祸患。 ⑧阴阳之患:忧喜带来的祸患。阳指喜,阴指忧。忧喜交加造成阴阳失调伤害身心的祸患。 ⑨臧:善,指精美食物。句谓,我平常只求吃到粗食并不追求精美。 ⑩爨(cuàn篡):笼火做饭。清:清凉。句谓,我平常都是烧火做饭吃,并不需要吃清凉食物。 ⑪饮冰:喝冰水。句谓,现在我早晨接受了任务,晚上就想要喝冰水。 ⑫内热:内热的病症。 ⑬事之情:事情的实际。情:实。 ⑭两:指上文提到的人事之患与阴阳之患。 ⑮有以:有用来解决这个问题的办法。语:告诉。 ⑯大戒:大的原则。 ⑰命:命运的安排。义:大义。 ⑱解:今作懈。 ⑲无适:不论何时何地。非君:不可不为君王考虑。 ⑳无所逃:无地可逃避。 ㉑不择地:无论在什么地方。安之:使之安。 ㉒不择事:无论在什么事情上。 ㉓易:交替。哀乐不易施乎前:不让哀乐在自己面前交替出现,也即哀乐不改变自己的心境。 ㉔悦生而恶死:贪生而怕死。 ㉕行:实行,即去做。 ㉖丘:孔子自称名。复:再。句谓,让我再把自己听到过的经验说说。 ㉗靡:《马蹄》篇:"夫马陆居则含草饮水,喜则交颈相靡。"靡通"磨",这里是交往的意思。句谓,邻近国家的外交来往要靠诚信来维系。 ㉘言:外交语言。或:有人。 ㉙两喜:双方都高兴。溢美:夸大了好的一面。溢:超出,夸张。 ㉚两怒:双方都愤怒。溢恶:夸大了坏的一面。 ㉛妄:虚妄,失真。句谓,凡是夸大了的东西就不实际了。 ㉜妄则其信之也莫:有了虚妄就缺少了诚信,也即虚妄的东西就不真实了。 ㉝莫则传言者殃:传达不真实信息的人就要遭殃了。 ㉞法言:能作为标准的话,这里指古代流传的外交格言。 ㉟常情:真实的情况。几乎全:差不多可以保全传话人。 ㊱以巧斗力:用智巧角斗力量大小。 ㊲阳:公开,正大光明。阴:秘密,阴谋诡计。句谓,一开始都是按角斗规则正大光明地比赛,到后来就会秘密地不按规则用阴谋诡计的方法取胜。 ㊳大至:发展到过分的程度。奇巧:指奇巧的花招诡计。 ㊴以礼饮酒:按礼仪在一起饮酒。 ㊵治:有规矩。乱:乱了规矩。 ㊶奇乐:各种怪相的取乐。 ㊷谅:互相谅解谦让。鄙:卑鄙下作。 ㊸简:单纯。巨:大,复杂严重。 ㊹言者,风波也:语言是挑起事端的风波。指语言在传递过程中会逐渐失真。 ㊺行者,实丧也:行为是丧失真实的过程。指行为会在进行时不断改变初衷。 ㊻易以危:很容易造成危害。 ㊼忿:愤怒。设立:形成。偏辞:片面的话。 ㊽不择音:不选择什么样的叫声合适,即狂呼乱叫。 ㊾艴(bó帛)然:勃然,狠怒不驯的样子。心厉:恶意。 ㊿克核:苛刻。大至:太过分。 ㉛不肖之心:不善之心。应:回应。 ㉜迁:改。劝成:勉强促成。过度:过分。益:外加,犹言添油加醋。 ㉝殆事:坏事。 ㉞美成:完美的成功。恶成:坏的造成。 ㉟乘物以游心:心神任随外物的变化遨游。 ㊱养中:修养心性。 ㊲作:作意,担心。报:回报。句谓,何必去担心事后会得到什么样的回报呢,也即对自己如何呢? ㊳致:送达。命:指令,任务。其:难道。句谓,不如如实地传达国君交给你的指令,这难道是件难办的事吗?

  颜阖将傅卫灵公太子①,而问于蘧伯玉曰②:"有人于此,其德天杀③。与之为无方④,则危吾国;与之为有方,则危吾身。其知适足以知人之过⑤,而不知其所以过⑥。若然者⑦,吾奈之何?"

  蘧伯玉曰:"善哉问乎!戒之,慎之!正女身也哉!形莫若就⑧,心莫若和⑨。虽然,之二者有患⑩。就不欲入⑪,和不欲出⑫。形就而入,且为颠为灭,为崩为蹶⑬。心和而出,且为声为名,为妖为孽⑭。彼且为婴儿⑮,亦与之为婴儿;彼且为无町畦⑯,亦与之为无町畦;彼且为无崖⑰,亦与之为无崖。达之,入于无疵⑱。

  "汝不知夫螳螂乎?怒其臂以当车辙⑲,不知其不胜任也,是其才之美者也⑳。戒之,慎之!积伐而美者以犯之,几矣㉑。

  "汝不知夫养虎者乎?不敢以生物与之㉒,为其杀之之怒也㉓;不敢以全物与之㉔,为其决之之怒也㉕。时其饥饱㉖,达其怒心㉗。虎之与人异类,而媚养己者,顺也㉘。故其杀者,逆也。

  "夫爱马者,以筐盛矢㉙,以蜄盛溺㉚。适有蚊虻仆缘,而拊之不时㉛,则缺衔毁首碎胸㉜。意有所至而爱有所亡㉝,可不慎邪?"

【译文】 颜阖受命要做卫灵公太子的师傅,向蘧伯玉讨教说:"我这儿有一个学生,要说他的德性,那是天生地嗜杀凶残。我如果不按规矩教他,就会危害我们的国家;要是按照规矩教他,就会危及我的身命。要说他的智力,仅能够看出别人犯了错误,却不懂得为什么会犯错误。像这样的学生,我拿他怎么办？"

蘧伯玉回答说："问得好！这你可要注意，可要小心呵！还是先从端正你自身开始吧！外表上最好是与他亲近点，内心里最好是与他和顺点。虽然如此，这两种方法还是有隐患。亲近他可不能陷进去，和顺点可不能表现出来。把表面上的亲近如果陷入内心去了，那他将会颠倒毁灭，垮台跌跤，(等于害了他。)把内心里的和顺如果表现到外表上来，那你就会培养出一个好大喜功、兴妖作怪的学生来。他如果是个天真的孩子，你也要像个天真的孩子似的对待他；他如果是个很随便的孩子，你也要像个很随便的孩子似的对待他；他如果是个无拘无束的孩子，你也要像个无拘无束的孩子似的对待他。与他相通，进入到无可挑剔的境界。

"你还不知道那螳螂吗？奋张起它的硬臂要去阻挡车轮，不知道它根本无力胜任，总是觉得自己的能力大得不得了。要注意呵，小心呵！老是显示出自己不得了去冒犯他，那就与螳螂差不多了。

"你没见过那养老虎的吗？从来不敢把活物给它吃，就是因为老虎扑杀活物会激发出凶残的天性；从来不敢把整个动物给它吃，就是因为老虎撕裂整个动物也会激发出凶残的天性。要耐心等待老虎的饥饱，摸透它发作的心性。老虎与人不是同类，但它却会讨好喂养自己的人，这是因为顺着它脾气的缘故。所以说，引发出它嗜杀的天性，那是因为你硬要逆着它来做的缘故。

"爱马的人，用筐子接马粪，用蚌壳接马尿。恰巧有一只牛虻或蚊子叮在马身上，如果你去给它拍打得不是时候，受惊的马会咬断嚼子，挣脱笼头，崩断肚带。你的好意可以说是关怀备至了，但你爱马的心得到的却是相反的结果，这能不小心吗？"

【注释】　①颜阖：鲁国贤士。傅：做师傅。太子：卫灵公太子蒯瞆。　②蘧伯玉：卫国贤大夫。成疏："姓蘧，名瑗，字伯玉。"　③其德天杀：他的德性天生地嗜杀。　④与之：对他。为无方：不按规矩要求。　⑤前"知"：智。适足：仅能够。句谓，他的智力仅能够看出别人犯的过错。　⑥所以过：所以犯错误的原因。　⑦若然者：像这样的人。　⑧形莫若就：外表上最好多亲近他。形：外形。　⑨心莫若和：内心里最好是与他和顺些。　⑩之二者：指"形莫若就，心莫若和"这两种做法。有患：有危害。　⑪就不欲入：外表的亲近不要深入到内心去，即表面上要亲近，内心里不能亲近。　⑫和不欲出：内心的和顺不要表现在外表上，即内心要和顺，外表上不能和顺。　⑬颠：倒。灭：毁灭。崩：垮台。蹶：跌倒。句谓，如果外表和内心都对他亲近，将会导致他成为一个颠倒毁灭、垮台跌跤的人。　⑭为妖为孽：兴妖作怪。句谓，如果内心和外表都对他和顺，将会导致他成为一个好大喜功、兴妖作怪的人。　⑮彼：他。婴儿：天真的孩子。　⑯町畦(tīngqí

挺其):田界地埂。无町畦:无界限很随便。 ⑰无崖:无涯,无拘无束不受限制。 ⑱达之:与他相通。入于无疵:进入无可挑剔的境界。疵:小毛病。 ⑲怒:奋举。当:挡。车辙:车轮碾过的痕迹,这里指车轮。 ⑳是:自以为是,自我肯定。是其才之美者:意为自以为才能很不错。 ㉑积:多次。伐:矜伐,夸耀。几:接近。句谓,老是夸耀自己显得很了不起去冒犯他,那就与挡车的螳螂差不多了。 ㉒生物:活的动物。与之:给它吃。 ㉓杀之怒:扑杀活物激发的怒气。 ㉔全物:整个的动物。 ㉕决之怒:撕咬动物激发的怒气。 ㉖时:观察等待。句谓,等它饿了时才去喂。 ㉗达:通,摸透。 ㉘媚:讨好。顺:顺着它的脾气。 ㉙矢:通"屎",粪便。 ㉚蜃(shèn 慎):大蛤。这里指大蚌壳。溺:尿。 ㉛仆缘:攀爬。拊:拍打。不时:不适时。指人替马拍打蚊虻,马没注意而受惊。 ㉜缺衔:咬断嚼子。毁首:挣脱笼头。碎胸:崩断胸上的肚带。 ㉝意:指人爱马的心意。爱有所亡:关爱之心却失去了应有的效果。

　　匠石之齐①,至于曲辕②,见栎社树③。其大蔽数千牛④,絜之百围⑤,其高临山十仞而后有枝⑥,其可以为舟者旁十数⑦。观者如市,匠伯不顾⑧,遂行不辍⑨。弟子厌观之⑩,走及匠石⑪,曰:"自吾执斧斤以随夫子⑫,未尝见材如此其美也⑬,先生不肯视,行不辍,何邪?"曰:"已矣⑭!勿言之矣,散木也⑮。以为舟则沉,以为棺椁则速腐,以为器则速毁,以为门户则液樠⑯,以为柱则蠹⑰。是不材之木也⑱。无所可用,故能若是之寿⑲。"

　　匠石归⑳,栎社见梦曰㉑:"女将恶乎比予哉?若将比予于文木邪㉑?夫柤梨橘柚,果蓏之属㉒,实熟则剥㉓,剥则辱;大枝折,小枝泄㉔。此以其能苦其生者也㉕,故不终其天年而中道夭㉖,自掊击于世俗者也㉗。物莫不若是。且予求无所可用久矣㉘,几死㉙,乃今得之,为予大用。使予也而有用,且得有此大也邪㉚?且也若与予也皆物也㉛,奈何哉其相物也㉜?而几死之散人㉝,又恶知散木㉞!"匠石觉而诊其梦㉟。弟子曰:"趣取无用,则为社何邪㊱?"曰:"密,若无言!彼亦直寄焉㊲,以为不知己者诟厉也㊳。不为社者,且几有翦乎㊴?且也彼其所保与众异㊵,而以义喻之,不亦远乎㊶?"

【译文】　一个姓石的木匠到齐国去,走到曲辕时,在土地祭坛上见到一棵栎树。这棵树大得能荫蔽几千头牛,量起来有一百围粗,高出山头十几仞才分开枝杈,可以用来造大船的树杈不下十几枝。围观的人像赶集似的来来往往,而匠石却不回头看它一眼,连步也不停一直往前走。他的徒弟看了个够,追赶上匠石,说:"自从我拿起斧头跟随师傅学艺以来,从来也没见到过这么好的木材,师傅却看也不看,步也不停,为什么呀?"匠石说:"罢了!不要说它了,废物一个。拿它造船,它会沉没;拿它打造棺椁,它烂得很快;拿它制造家具,它坏得很快;拿它做门窗,它往出渗污汁;拿它做柱子,它长蛀虫,是棵没用的树。做什么都使不上,所以活了这么多年。"

  匠石回到家里,大栎树给他托梦说:"你要拿我跟什么比?拿我跟人们说的好树比吗?山楂树、梨树、橘子树、柚子树等等那些长瓜结果的树,果实一熟人们就去摘,一摘树就要受伤,大枝断了,小枝被拽下来。这都是因为它们自己的本事才苦害了自己的生命,所以活不完自己的寿命就半道夭折了,这是自己找世人来打击。(与此同理,)万物莫不如此。再说,我寻求没有用处好长时间了,差一点死了,现在我才找见,成为我最大的用处了。假如我仍然有用的话,还能长得这么大吗?再说,你和我都不过是万物之一,凭什么就得拿我当东西使?其实你才是个活不长的废人,又怎么会理解一棵废树!"匠石醒来之后分析他做的梦。徒弟说:"既然它说是追求选择了无用,那为什么还要做土地祭坛上的神树?"匠石说:"闭嘴,你不要乱说!它也只不过是无奈地找个寄身之处,以至于被不了解它的人指责辱骂。它要是不做土地祭坛上的神树,不早就被人砍掉了吗?再说,它保护自己的方法与一般人不同,你用一般人的常理去解释它,那不相差太远了吗?"

【注释】①匠石:姓石的木匠。之:到。 ②曲辕:成疏:"曲辕,地名也。其道屈曲,犹如嵩山之西有辕辕之道,即斯类也。" ③栎(lì力):树名。社:祭土地神的地方。句谓,在祭土地神的社坛上见到一棵栎树。 ④蔽:荫蔽。树冠的覆盖处。 ⑤絜(xié协):计量圆柱体的周长古称絜。围:两臂合抱为一围。 ⑥临山十仞:高出山头十仞。仞:八尺。成疏认为"七尺为仞"不经见。 ⑦可以为舟者:可以用来打造船的枝杈。旁十数:长在四旁的有几十枝。 ⑧顾:回头看。 ⑨遂行不辍:径直走过去不停下来看。辍:止。 ⑩厌:饱。厌观之:即看了个够。 ⑪及:追上。 ⑫斧斤:斧子,木匠工具。随夫子:跟随师傅学艺。 ⑬材:木材。句谓,从未见过这样好的木材。 ⑭已矣:罢了。 ⑮散木:没有用的木材。 ⑯液樠(mán蛮):往出渗脂液。樠:渗脂液的树。 ⑰蠹(dù杜):蛀虫。这里是长蛀虫的意思。 ⑱不材:不能取用为材料。 ⑲寿:长寿。 ⑳见(xiàn现)梦:托梦。 ㉑女:汝。比予:和我相比。文木:可用之木。 ㉒柤(zhā楂):山楂树。蓏(luǒ裸):草本植物结的果实。 ㉓剥:采摘。 ㉔泄:曳(yè夜),拉拽(zhuài)。 ㉕苦其生者:使其生苦。 ㉖终其天年:享尽寿命。夭:夭折。 ㉗掊:打。自掊击于世俗:自讨世俗人的打击。 ㉘求无所可用:寻找无用的生存方式。 ㉙几死:几乎被砍死。 ㉚且得有此大也邪:还能长这么大吗? ㉛若:你。予:我。皆物:都是万物之一。 ㉜相物:把我当成使用之物来对待。 ㉝几死:接近死。散人:无用的人,废人。 ㉞恶知:何知。 ㉟觉:醒来。诊:详,分析。 ㊱趣:通"趋"。趣取:追求。为社:这里是指做社树。做社树也是一种用处,故弟子反问。 ㊲直:只。寄焉:寄身于此。　㊳以:因。为:被。诟(gòu够):辱骂。厉:病。句谓,因此才被不了解自己的人指责辱骂。　㊴蘄:砍伐。　㊵与众异:与一般人不同。　㊶义:道理。喻:说明。原作"誉",据世德堂本及卢文弨校改。远:相距太远。

　　南伯子綦游乎商之丘①,见大木焉,有异。结驷千乘,隐,将芘其所藾②。子綦曰:"此何木也哉?此必有异材夫③?"仰而视其细枝,则拳曲而不可以为栋梁;俯而见其大根,则轴解而不可以为棺椁④;咶其叶,则口烂而为伤⑤;嗅之,则使人狂酲,三日而不已⑥。子綦曰:"此果不材之木也,以至于此其大也⑦。嗟乎,神人以此不材⑧!"

　　宋有荆氏者⑨,宜楸柏桑⑩。其拱把而上者⑪,求狙猴之杙者斩之⑫;三围四围,求高名之丽者斩之⑬;七围八围,贵人富商之家求禅傍者斩之⑭。故未终其天年,而中道之夭于斧斤⑮,此材之患也⑯。故解之以牛之白颡者⑰,与豚之亢鼻者⑱,与人有痔病者⑲,不可以适河⑳。此皆巫祝以知之矣㉑。所以为不祥也,此乃神人之所以为大祥也㉒。

【译文】　南伯子綦到商丘去游历,见到一棵大树,长得不一般。上千辆的驷马大车都能罩在它的树阴下。南伯子綦说:"这是什么树?这棵树肯定有特别的材用吧?"抬起头来仰望它的细枝,弯弯扭扭不能做栋梁;低下头再看看它的树根,周遭都是裂缝不能做棺椁;舔舔它的叶子又烂嘴伤口;闻一闻它的气味,昏头昏脑三天过不了劲。南伯子綦说:"这真是棵没用到家的树,所以才会长这么大。呵!正因为如此,神人才追求不材吧!"

　　宋国有一户姓荆的人家,会种楸树、柏树、桑树。长到一两把粗的树,找拴猴子木橛的人砍走了;长到三四围粗的树,想盖好房子寻找檩条的人砍走了;长到七围八围粗的树,贵族富商们搜寻大柁的人砍走了。所以活不完树的寿命中途就被刀斧砍死了了,这就是有材用的祸患。祈禳解灾有个规矩,长着白额头的牛、鼻子上翻的猪和长痔疮的人,都不能拿来祭祀水神扔到河里。这是巫师们都知道的。认为他们都属于不祥之物,而神人正是把这种别人认为的不祥当成自己最大的吉祥。

【注释】　①南伯子綦:人名。成疏:"伯,长也。其道甚尊,堪为物长,故谓之伯,即南郭子綦也。"参见《齐物论》注。商之丘:即商丘,宋国之都。　②驷:四马一车为驷。千乘:千辆。隐:藏。芘:通"庇"。藾(lài赖):荫。句谓,一千辆车隐藏在它的下边,都能庇护在树阴之下。　③异材:特殊的材用。夫:语气词。　④轴解:周遭都有从外向树心裂开的裂缝。　⑤咕:同舐。为伤:被伤害。　⑥酲(chéng 程):酒醉。狂酲:大醉如狂。已:止。　⑦此其大:这样大。　⑧以此:因此。不材:不做有材用的人。　⑨荆氏:姓荆的人。　⑩宜:适宜。这里是会种的意思。楸、柏、桑都是树名。　⑪拱把:两手合围为拱,一手合围为把。　⑫狙猴:猕猴。杙(yì 亦):木橛。斩:砍。　⑬高名:荣显。这里指盖造的好房子。丽:屋栋,檩子。　⑭禅(shàn 善)傍:即禅榜。屋梁:房子的大柁,乡人犹称作禅。　⑮夭于斧斤:被斧子砍死。　⑯材之患:材用带来的祸患。　⑰解:禳解,古代用来解除灾难的法术,这里主要指祭河神解除水灾的禳解。颡:额头。牛之白颡者:长着白色额头的牛。　⑱豚:猪。亢鼻:高鼻梁。豚之亢鼻者:长着高鼻梁的猪。　⑲人有痔病者:长痔疮的人。　⑳适河:送到河里去,即丢进河里祭祀河神。㉑巫祝:主持禳解的巫觋。知之:知道这种规定。　㉒此:这,指世俗认为的不祥。

　　支离疏者①,颐隐于脐②,肩高于顶③,会撮指天④,五管在上⑤,两髀为胁⑥。挫针治繲⑦,足以餬口⑧;鼓筴播精⑨,足以食十人。上征武士⑩,则支离攘臂而游于其间⑪;上有大役⑫,则支离以有常疾不受功⑬;上与病者粟⑭,则受三钟与十束薪⑮。夫支离其形者⑯,犹足以养其身,终其天年,又况支离其德者乎⑰?

【译文】　有一个外号叫做支离疏的残疾(驼背)人,下巴弯到肚脐上,肩膀高过了头顶,臀部高撅,肛门在上,两胁支在大腿上。他拿着针线给人们缝补破衣裳,收入也能糊口;给人算算卦,也能养活十几口人。上面征兵的时候,支离疏张拳捋袖地在征兵人面前嚷着要当兵;上面大量征调劳役的时候,支离疏因为有残疾,又免除了服劳役;上面救济残疾人的时候,他还能领到三钟米和十捆柴禾。像这样形体有残疾的人还足以养身,享尽寿命,更何况道德修养上能做到被人当做是残疾无用的人呢?

【注释】　①支离疏:虚拟人名。取义为形体不完整的残疾人。　②颐:嘴以下部位。脐:肚脐。　③顶:头顶。　④会撮:《大宗师》篇作"句赘"。当指弯起上突的臀部。既云"指天",可推知正常人不指天。旧说难通。　⑤五管:当指五谷通道,即肛门。既云"在上",可推知正常人在下。旧说与实际的驼背人不符。　⑥髀(bì 闭):大腿骨。胁:肋胁骨。　⑦挫:拿。繲(xiè 懈):破的衣服。　⑧餬:今作糊。　⑨鼓:鼓弄。筴:今作策,算卦用的蓍策。播:扬,这里犹言运用。精:精思妙算。鼓筴播精指给人算卦时的动作。成疏:"又解,鼓筴,谓布蓍数卦兆也。播精,谓精判吉凶。"按《庄子》书中提到的残疾人,大多是形残道高的奇人,用以表现神重于形的思想。故支离疏能给人算卦。他解非是。　⑩征武士:征兵。　⑪攘臂:捋起袖子,伸出胳膊。句谓,因为不可能要他,支离疏伸拳捋袖争着报名,根本用不着害怕被征去当兵。　⑫大役:大的徭役。　⑬不受功:免除当差的义务。　⑭与病者粟:给病残人发救济粮。　⑮三钟:三钟粮食。成疏:"六石四斗曰钟。"十束薪:十捆柴。　⑯支离其形:形体残疾。　⑰支离其德:道德残缺。这里指道德修养到被人当作是残缺无用的人,即以无用为用。

孔子适楚,楚狂接舆游其门曰①:"凤兮凤兮,何如德之衰也②?来世不可待,往世不可追也③。天下有道,圣人成焉④;天下无道,圣人生焉⑤。方今之时,仅免刑焉⑥。福轻乎羽,莫之知载⑦;祸重乎地,莫之知避⑧。已乎已乎,临人以德⑨;殆乎殆乎,画地而趋⑩。迷阳迷阳⑪,无伤吾行;吾行郤曲⑫,无伤吾足。"

【译文】 孔子到楚国去,楚国狂人接舆走过孔子住的门前唱道:"凤凰啊,凤凰,道德怎么会如此衰败? 未来的世界赶不上,过去的世界追不回。天下大道行得通,圣人就出来治理;天下大道行不通,圣人就去保全性命。如今的时代,圣人只能免遭刑罚。福比鸿毛还轻,却没人懂得拉在自己车上;祸比大地还重,却没人懂得避开。罢了罢了,在人面前显摆才德;危险呵危险,画定个圈子自己跑。蒺藜呵蒺藜,不要妨害我走路;我躲着你走,绕开你走,不要刺伤我的脚。"

【注释】 ①楚狂接舆:楚国狂人接舆。成疏:"楚有贤人,姓陆,名通,字接舆。" ②何如德之衰:道德怎么会如此衰败? ③待:等。追:挽回。 ④成焉:成就功业,即出来治世。 ⑤生焉:养生,即保全生命。 ⑥免刑:免于刑罚。 ⑦福轻于羽,莫之知载:福比羽毛还轻,没有人知道拉在车上。意思是说,没有人知道很轻易地就可得福。 ⑧祸重于地,莫之知避:灾祸比大地还重,没有人知道躲避。与上句对比,讥刺世人不会选择生活道路。意思同天堂有路你不走,地狱无门自找寻。 ⑨已乎:算了罢。临人以德:在人们面前显示才德。 ⑩殆乎:危险呵。画地而趋:自己画定个圈子自己走,意谓自我拘束。 ⑪迷阳:蒺藜。王先谦《庄子集解》:"谓棘刺也。生于山野,践之伤足,至今吾楚舆夫遇之,犹呼迷阳踢也。迷音读如麻。" ⑫郤曲:退避绕开。

山木①,自寇也;膏火②,自煎也。桂可食,故伐之③;漆可用,故割之④。人皆知有用之用,而莫知无用之用也。

【译文】 山上的树木,都是因为有材用才自讨砍伐;油灯,都是因为能发光,才自招煎烧。桂树可以吃,所以遭到砍削;油漆可以使用,所以漆树才遭到割伤。人们都知道有用的用处,却没人知道无用的用处。

【注释】 ①山木,自寇也:意谓山上的树木,长成可用之材,是自找砍伐。 ②膏火:油灯。自煎:自己煎烧自己。 ③桂可食:桂枝、桂皮、桂花都可食用。 ④漆可用,故割之:油漆有用,所以人们就割开漆树皮取漆。

第五篇　德充符

　　德，道德。充，充实。符，凭据。古代以符节作为凭据，证明真实无伪。德充符的意思是道德充实的凭据。也就是什么才是真正的道德，什么是道德充实的凭据呢？庄子在文中提出："死生亦大矣，而不得与之变；虽天地覆坠，亦将不与之遗；审乎无假而不与物迁，命物之化而守其宗也。"保全天所赋予的天性，精神不外泄，进入道通为一的境界。文中提到几个道德充实的范例都是形体残疾的人，意在把道德的完善与形体的健全做强烈、显明的对比，强调说明形体的健全并不代表道德的完善，而道德完善却能弥补形体残缺的不足，从而说明道德的完善对人来说更为重要。

　　鲁有兀者王骀①，从之游者与仲尼相若②。常季问于仲尼曰③："王骀，兀者也，从之游者与夫子中分鲁④。立不教⑤，坐不议⑥。虚而往⑦，实而归⑧。固有不言之教⑨，无形而心成者邪⑩？是何人也？"仲尼曰："夫子，圣人也，丘也直后而未往耳⑪。丘将以为师，而况不若丘者乎？奚假鲁国⑫，丘将引天下而与从之⑬。"

　　常季曰："彼兀者也，而王先生⑭，其与庸亦远矣⑮。若然者，其用心也⑯，独若之何？"仲尼曰："死生亦大矣，而不得与之变⑰。虽天地覆坠，亦将不与之遗⑱，审乎无假而不与物迁⑲，命物之化而守其宗也⑳。"常季曰："何谓也？"仲尼曰："自其异者视之㉑，肝胆楚越也㉒；自其同者视之㉓，万物皆一也㉔。夫若然者㉕，且不知耳目之所宜，而游心乎德之和㉖。物视其所一而不见其所丧㉗，视丧其足犹遗土也㉘。"

　　常季曰："彼为己，以其知得其心㉙，以其心得其常心㉚，物何为最之哉㉛？"仲尼曰："人莫鉴于流水而鉴于止水㉜，唯止能止众止㉝。受命于地，唯松柏独也正㉞，在冬夏青青；受命于天，唯尧舜独也正,在万物之首㉟。幸能正生,以正众生㊱。夫保始之征㊲,不惧之实㊳,勇士一人,雄入于九军㊴。将求名而能自要者㊵,而犹若是,而况官天地㊶,府万物㊷,直寓六骸㊸,象耳目㊹,一知之所知,而心未尝死者乎㊺? 彼且择日而登假㊻,人则从是也㊼。彼且何肯以物为事乎?"

【译文】 鲁国有个受过兀刑被砍断了一只脚的人,名叫王骀。拜他为师的弟子和拜孔子为师的弟子一样多。孔子的弟子常季问孔子说:"王骀是个受过刑、断了脚的人。拜他为师的弟子和拜先生为师的弟子差不多可以平分鲁国。从来也没见过他站着给人上课,坐着评论对错。而他的徒弟们却能空手而来,满载而归。世界上当真有无须语言的教育,无须形体而用心灵教成学生的老师吗? 这是个什么样的人呢?"孔子说:"王骀先生是个圣人,我只不过是晚了一步没去请教罢了。我也要拜他为师,更何况比不上我的人? 何止是鲁国,我还要带领天下所有的弟子都去跟他学。"

常季说:"他是个受过刑、断了足的人,还能胜过先生,那超过平常人也太远了。像这样的人,他的心神活动有什么特别之处呢? 孔子说:"生与死对人来说算是最大的事了,在他的心里不会随着生死有所变化。即使是天塌地陷,在他的心里也不会随着有什么损失,确实做到了无所依赖而不随着外物迁变,主宰万物的变化而守定大道的宗主。"常季说:"这指的是什么呢?"孔子说:"要是从不同的角度去看,肝和胆那也会像楚国与越国一样差得远;如果从相同的角度去看,万物都相同混一。像这种(视天下为一的)人,他甚至不理会耳目各有什么特殊的功能,心神遨游在道德和谐的境地。对万物只重视它们的混一,看不出会有什么丧失。看待自己丧失了一只脚如同是丢了一块泥土一样。"

常季说:"王骀的自身修养,是用他的智能觉察出自己的心神,再用自己的心神觉察出万物共同的心神。那么万物为什么会聚集在他周围呢?"孔子说:"人们不会到流动的水面上去照自己的身影,却会到静止的水面照自己的身影,所以只有自己静止了,才能把外界众多的状态留止固定下来。得到地气而生成的东西,只有松柏最纯正,所以能冬夏长青;得到天气而生成的万物,只有尧和舜最纯正,所以能居万物之首。有幸而能端正自己的性命,才能使众人的心性纯正。能保持起初的信念,具有无所畏惧品格的人,哪怕是一个勇士也敢无所畏惧地冲入千军万马之中。一个为了追求好名声,又能自己要求自己的人还能做到这样,更何况是主宰天地,容纳万物,把真我寄寓在形体里,把五官当成自己的皮象,能把众人的认识统一到道的同一之中,心灵不曾死的圣人呢？他将要选个日子升到大道中去,人们乐意追随他的深层道理是这一点。他哪里肯把外物当一回事呢？"

【注释】 ①兀者:受刖刑被断足的人。《释文》:引李颐云:"案篆书兀介字相似"。即兀是介之讹。王骀(tái 抬):鲁人。 ②从之游者:跟随他游学的人,即弟子。与仲尼相若:数量与孔子的弟子一样多。 ③常季:孔子弟子。成疏:"姓常,名季,鲁之贤人也。" ④中分鲁:对半平分鲁国求学的人。 ⑤立不教:没见他站着给学生上课。 ⑥坐不议:也没见他坐下给学生讲论道理。 ⑦虚而往:肚里空空地来向他求学。 ⑧实而归:饱学而归。 ⑨固有:本来就有,当真有。不言之教:不用言讲的方式而进行的教育。 ⑩无形而心成:没有教学的形式而用心灵感通的方法使学生培养成人,即学生从老师无形的人格道德上得到的培养教育。 ⑪丘:孔子自称。直:只。句谓,我只不过是落后一步还没到他那里去学习罢了。 ⑫奚:何。假:借。句谓,何止仅仅是凭借鲁国的学生。 ⑬引天下:带领天下求学的人。与:一起。从之:跟随他学习。 ⑭王(wàng 旺):作动词用,胜过。 ⑮庸:平常。句谓,他与平常人比较,高得也太远了。 ⑯用心:心神活动,即思想意识。 ⑰不得:不能。与之:随着它。句谓,生与死对人来说算是最大的事了,但在他心里也不会随着生与死而发生变化。 ⑱遗:遗失,损失。句谓,天塌地陷,在他心里也不会随着有什么损失。 ⑲审:确实。假:凭借。无假:即无所依赖于外物,完全靠自己道德的完善。不与物迁:不随外物而变迁。 ⑳命:主宰。宗:宗主,根本。句谓,主宰万物的变化而持守道的根本。㉑异者:不同的方面。庄子认为道是统一的,而万物都是从统一中分化出来的。所以万物都具有不同的一个方面。视之:来看待事物。 ㉒楚越:楚国与越国。战国时期楚越是两大敌对国家,你死我活,利益完全不同,故楚越引申出截然相反的意思。句谓,要是从不同的方面去观察,肝与胆也是截然不同的两种事物。 ㉓同者:相同的方面。也就是道的统一性。 ㉔万物皆一:万物都是统一的。 ㉕若然者:像这样的人,即视万物为一的人。耳目之所宜:耳目各自适合什么,也即耳目各有什么用处的分别。 ㉖德之和:道德的和谐状态,也即道的统一。 ㉗视其所一:看到它统一于道的整体性。所丧:所失去的片面之物。 ㉘遗土:遗失的土块。 ㉙为己:在自己本身方面怎样做,也即在自身道德方面的修养。以其知得其心:用他的智慧找到了自己心灵意识的真实。 ㉚以其心得其常心:由自己心灵意识的真实找到了普遍的心灵意识的真实。常:通常,普遍。 ㉛最:聚。最的异体字也作"冣",与聚字形近而讹。句谓,万物为什么会聚集在他周围呢？ ㉜鉴:照。流水:流动的水。止水:静止的水。句谓,没有人会到流动的水面上去照自己的影像,而都到静止的水面上去照。 ㉝唯止:只有静止的水。能止:能停留得住。众止:众多稳定的面目。比喻王骀的心如同止水一样能客观观照万物的真实面目。 ㉞受命于地:从大地禀受生命。"正"字原缺,据陈碧虚引张君房本补正。 ㉟受命于天:禀受天命。"尧"与"在万物之首"原缺,据陈碧虚引张君房本补正。 ㊱正生:使生命正,即保持天地的正气。以正众生:用天地赋予的正气来匡正众多的生命。这里主要是指人的心性。 ㊲保始:保持初始。征:信用。句谓,能保持自己初始的信用。 ㊳不惧之实:真正无所畏惧。 ㊴雄:具有英雄气概。九军:犹言万马军中。古代天子六军,诸侯三军。

㊵求名:求取功名。自要:自我要求。　㊶官天地:主宰天地。　㊷府万物:做万物府库,即包容万物。　㊸直:只。寓:寄寓。六骸:头、身、四肢。句谓,这样的人只不过是把真我寄寓在形体里。　㊹象:表象。句谓,只不过是把耳目当成真我的皮象。　㊺一:作动词用,统一。前"知":智。后"知":认知。句谓,能把普遍智能的认识统一到道的同一之中,心灵不曾死的人呢?　㊻登假:升到。句谓,他会选择个日子升到大道中去。假:格,至。　㊼是:这些。句谓,人们乐意追随他的是这些东西。

申徒嘉①,兀者也,而与郑子产同师于伯昏无人②。子产谓申徒嘉曰:"我先出则子止③,子先出则我止。"其明日,又与合堂同席而坐,子产谓申徒嘉曰:"我先出则子止,子先出则我止。今我将出,子可以止乎④,其未邪?且子见执政而不违,子齐执政乎⑤?"申徒嘉曰:"先生之门固有执政焉如此哉⑥?子而说子之执政而后人者也⑦?闻之曰:'鉴明则尘垢不止⑧,止则不明也。久与贤人处则无过⑨。'今子之所取大者⑩,先生也,而犹出言若是,不亦过乎⑪?"

子产曰:"子既若是矣⑫,犹与尧争善。计子之德,不足以自反邪⑬?"申徒嘉曰:"自状其过以不当亡者众⑭,不状其过以不当存者寡⑮。知不可奈何而安之若命⑯,唯有德者能之。游于羿之彀中⑰,中央者,中地也⑱。然而不中者,命也⑲。人以其全足笑吾不全足者多矣,我怫然而怒⑳。而适先生之所,则废然而反㉑。不知先生之洗我以善邪㉒?吾与夫子游十九年矣,而未尝知吾兀者也。今子与我游于形骸之内㉓,而子索我于形骸之外㉔,不亦过乎?"子产蹴然改容更貌曰㉕:"子无乃称㉖!"

【译文】　申徒嘉也是个受过刑、断了一只脚的人,他与郑国国相郑子产共同拜伯昏无人为师。郑子产对申徒嘉说:"我要是先出去,你就先留一会;你要是先出去,我就留一会。(咱俩一块出去,外人看见,脸面上不太好看。)"第二天,申徒嘉与郑子产在一个课堂里同席而坐,郑子产又对申徒嘉说:"我要是先出去,你就留一会;你要是先出去,我就留一会。现在我想走了,你能等一会,还是不能等一会呢?再说,你见了当官的也不知道避让避让,你把自己看得与当官的地位同等吗?"申徒嘉说:"在师傅的门里应该有像你这样摆官谱的吗?你是乐意自己当了官就可以占个上风的人吗?听说:'镜子光亮就不会沾染灰尘,沾染上灰尘就不明亮了。与贤人相处得久了就会少犯错误。'你现在比别人强是从师傅这里得到的,却还要说出这种话来,不也错了吗?"

郑子产说:"你都已经这模样了,还想与尧争圣人吗?衡量衡量自己的品德,还不值得反省一下吗?"申徒嘉说:"自己申辩自己的错误,认为不应当受到断足之刑的人太多了;不申辩自己的错误,认为应当受断足之刑的人就很少了。至于说知道自己处在无可奈何之中又能安之若命的人,只有有道德的人才能办得到。进入神箭手射程圈子里,又站到正中间,那本来就该是挨射的地方。如果没有被射中,那不过是命好,(有什么可炫耀的!)别人以自己双足齐全嗤笑我残缺一足的多了,当时我非常生气。自从我进了师傅的门下,就反省过来怒气全消了。也不知道是师傅用善净化了我呢,还是我自己醒悟过来呢?我跟随师傅学道十九年了,从来也没想到过自己是个受过刑、断了足的人。现在你与我共同学习交流的是形体以内的大道,而你却要求我形体外的全不全,这不也错了吗?"郑子产一下子改变了脸色,惭愧地说:"你大概才称得上学道的人吧!"

【注释】 ①申徒嘉:复姓申徒,名嘉,郑国贤人。 ②郑子产:姓公孙,名侨,字子产,郑国贤大夫。伯昏无人:申徒嘉、郑子产师傅名。成疏:"师者之嘉号也,伯,长也。昏,暗也。德居物长,韬光若暗,润物无我,故曰伯昏无人。" ③先出:先走出去。子止:你等一会再出去。郑子产认为自己地位高贵,与申徒嘉这个刑余之人走在一起有失体面,故在下课离校的时候对申徒嘉说,如果我先走出去,你等一会再出去;如果你先出去,我等一会再出去。 ④可以止乎,其未邪:你可以等一会呢,还是不能等呢?也就是说,你先走呢,还是我先走呢? ⑤执政:这里指当官的人。郑子产曾做过郑国国相。违:回避。齐:比。齐执政:把自己的地位看得与执政的人一样高。 ⑥先生之门:指在伯昏无人的门下。固有:应当有。执政焉如此:像你这样摆当官架子。申徒嘉认为,既在同一师门,就是同学,郑子产不应在同学面前摆当官架子。 ⑦说:同悦,高兴,得意。后人:以人为后,看不起人。句谓,你是个当了官就得意洋洋而瞧不起人的人。 ⑧鉴:镜子。止:落下。句谓,镜子光亮,灰尘不往上落。 ⑨过:过错。句谓,长期与贤人相处就会少犯错误。意思是说,经常受到贤人的熏陶,就会像镜子一般变得明亮,不落灰尘,少犯错误。 ⑩取大:得到比别人高明的修养。这是一个因果判断句,意思是说,你比别人强是因为老师的培养。 ⑪过:过错。句谓,这样做不也错了吗? ⑫若是:像这样了。指申徒嘉成了刑余之人。与尧争善:还想与尧争圣贤吗? ⑬计:衡量。自反:自我反省。句谓,衡量一下你的品德,还不值得自我反省吗? ⑭状:说明,申辩。不当亡:不应当没有。这里指被砍去足。句谓,自己替自己申辩错误,认为不应当被砍去足的人很多,即为自己辩护的人多的是。 ⑮不当存:不应当有。这里指被砍去足。句谓,不为自己的错误申辩,认为自己就应该被砍去足的人很少。 ⑯知不可奈何:知道自己处在无可奈何之中。安之若命:安于自己的命运。意思是说,一个正常人在社会中遭遇到的刑辱都是命运的安排,是无可奈何的事情,并不是个人的错误,故不去理会,安之若命。 ⑰羿(yì艺):后羿,古代的神箭手。彀(gòu够)中:射程之内。郭象注:"羿,古之善射者。弓矢所及为彀中。" ⑱中央者:射程的中央。中(zhòng众)地也:挨射的地方。

中:动词,射中。意谓,人生活在社会中就是处在利害冲突之内,大家都成了被射的靶子,谁都不能例外。　⑲不中者,命也:没有被射中只不过是命运的巧合。　⑳怫(fèi废)然:生气的样子。　㉑适:到。废然而反:消除了怒气返回正常。　㉒洗我以善:以善洗我。用善道净化我,即用善来教育我。　㉓形骸之内:形体之内,即内心。句谓,现在你与我需要的是内心相互沟通共同学道。　㉔索:求。形骸之外:即外在形体。句谓,你却要求我形体上的健全。　㉕蹴(cù促)然:骤然。　㉖子无乃称:你大概才称得上学道的人吧。无乃:表推断。

鲁有兀者叔山无趾①,踵见仲尼②。仲尼曰:"子不谨③,前既犯患若是矣。虽今来,何及矣④?"无趾曰:"吾唯不知务而轻用吾身⑤,吾是以亡足。今吾来也,犹有尊足者存⑥,吾是以务全之也⑦。夫天无不覆,地无不载⑧,吾以夫子为天地,安知夫子之犹若是也⑨?"孔子曰:"丘则陋矣⑩!夫子胡不入乎⑪?请讲以所闻。"无趾出,孔子曰:"弟子勉之⑫!夫无趾,兀者也,犹务学以复补前行之恶⑬,而况全德之人乎⑭?"

无趾语老聃曰⑮:"孔丘之于至人,其未邪⑯?彼何宾宾以学子为⑰?彼且蕲以諔诡幻怪之名闻⑱,不知至人之以是为己桎梏邪⑲?"老聃曰:"胡不直使彼以死生为一条⑳,以可不可为一贯者㉑,解其桎梏,其可乎?"无趾曰:"天刑之㉒,安可解!"

【译文】　鲁国有一个受了刑、被砍去脚趾头的人,外号叫叔山无趾,捣着两个脚后跟来见孔子。孔子说:"你自己不谨慎,以前触犯了刑患,搞成这个样子。现在虽然来请教,又怎么来得及挽救呢?"叔山无趾说:"正因为我不懂事务,轻率地支配了自己的身体,所以才丢了脚趾头。现在我来,是因为还有比脚趾更宝贵的东西在呀,因此我才来谋求个保全它的办法。天,万物无不覆盖;地,万物无不负载,我把先生当成是能覆能载的天地,哪里想得到先生还是这样的人呢?"孔子说:"孔丘我实在太浅陋了!先生何不进来谈谈?请讲给我听听先生的见解。"叔山无趾走了,孔子说:"弟子们努力呵!那个叔山无趾是个砍了脚趾的人,还孜孜不倦地求学,来弥补以前所犯的错误,更何况是形体道德健全的人呢?"

叔山无趾告诉老子说:"孔丘大概还没有达到至人的水平吧?他为什么彬彬有礼地不断向先生请教呢?他老是追求虚大不群的名声,不懂得至人正是把这些当成束缚自己的枷锁吗?"老子说:"你为什么不使他了解把死和生看成是相连的一条,可与不可看成相通的一串,解脱下他身上的枷锁,这样可以吗?"叔山无趾说:"这是天加给他的刑罚,怎么能解脱得了!"

【注释】 ①叔山无趾:人名。成疏:"叔山,字也……残兀之人,居于鲁国……既无足趾,因以为其名也。" ②踵见:用脚后跟走着去见。 ③不谨:行为不检点。犯患:遭殃,指受到刑罚。 ④及:来得及。句谓,现在才想起学道来补救,哪里还来得及呢? ⑤不知务:不懂事务。轻用吾身:轻率地使用了自己的身体,即没有珍惜身体。 ⑥有尊足者存:还有比足贵重的东西存在,这里主要指道德。 ⑦务全:力求保全。 ⑧天无不覆,地无不载:天没有不覆盖的东西,地没有不负载的东西,即天地不弃万物。这里比喻道德高的人不弃万物。 ⑨若是:像这样,指孔子弃绝受过刑的人。 ⑩丘则陋矣:我实在太浅陋了! 丘:孔子自称名。 ⑪胡:何。不入:不进屋里谈谈。 ⑫勉之:努力。 ⑬补前行之恶:弥补以前犯过的错误。 ⑭全德:道德健全。 ⑮老聃(dān丹):即老子。 ⑯至人:得道的人。句谓,孔丘大概还没达到至人的水平吧? ⑰宾宾:有礼貌的样子。学子:向先生学习。句谓,他为什么彬彬有礼地向先生求教呢? ⑱蕲:求。諔(chù触)诡:奇异不群。 ⑲以是:以此,指追求名声。桎梏(zhìgù室固):刑具木枷。脚上的木枷为桎,手上的木枷为梏。句谓,至人正是把追求名声当成自己的枷锁。 ⑳死生为一条:把死与生当成相连的一条。意思是说,生与死相辅相成,两者都是生命的环节,在同一个链上。 ㉑可不可为一贯:把可与不可当成是相连的一串。 ㉒天刑之:天加给他的刑罚。指孔子违背了道的统一性,自找上天的惩罚。

鲁哀公问于仲尼曰:"卫有恶人焉①,曰哀骀它②。丈夫与之处者③,思而不能去也④;妇人见之,请于父母曰'与为人妻,宁为夫子妾'者⑤,十数而未止也⑥。未尝有闻其唱者也⑦,常和人而已矣⑧。无君人之位以济乎人之死⑨,无聚禄以望人之腹⑩,又以恶骇天下⑪。和而不唱,知不出乎四域⑫,且而雌雄合乎前⑬,是必有异乎人者也。寡人召而观之,果以恶骇天下。与寡人处,不至以月数,而寡人有意乎其为人也⑭;不至乎期年⑮,而寡人信之。国无宰,寡人传国焉。闷然而后应⑯,泛而若辞⑰。寡人丑乎⑱,卒授之国。无几何也,去寡人而行⑲。寡人恤焉若有亡也⑳,若无与乐是国也㉑。是何人者也?"

仲尼曰:"丘也尝使于楚矣,适见㹠子食于其死母者㉒,少焉眴若㉓,皆弃之而走。不见己焉尔㉔,不得类焉尔㉕。所爱其母者,非爱其形也,爱使其形者也㉖。战而死者,其人之葬也不以翣资㉗;刖者之屦㉘,无为爱之,皆无其本矣。为天子之诸御㉙,不爪翦,不穿耳㉚。取妻者止于外,不得复使㉛。形全犹足以为尔,而况全德之人乎?今哀骀它未言而信,无功而亲,使人授己国,唯恐其不受也,是必才全而德不形者也㉜。"

哀公曰:“何谓才全?”仲尼曰:“死生存亡,穷达贫富,贤与不肖,毁誉,饥渴寒暑,是事之变,命之行也㉝。日夜相代乎前㉞,而知不能规乎其始者也㉟,故不足以滑和㊱,不可入于灵府㊲。使之和豫㊳,通而不失于兑㊴,使日夜无郤㊵,而与物为春㊶,是接而生时于心者也㊷。是之谓才全。”

“何谓德不形?”曰:“平者,水停之盛也。其可以为法也㊸,内保之而外不荡也㊹。德者,成和之修也㊺。德不形者,物不能离也。”

哀公异日以告闵子曰㊻:“始也吾以南面而君天下㊼,执民之纪而忧其死㊽,吾自以为至通矣㊾。今吾闻至人之言,恐吾无其实(50),轻用吾身而亡其国。吾与孔丘非君臣也,德友而已矣(51)。”

【译文】 鲁哀公问孔子说:“卫国有个面目丑陋的人,叫哀骀它。男人跟他相处,留恋着他舍不得离开;女人见到他,请求自己的父母说:‘与其做别人的妻子,宁可做哀骀它先生的妾。’这样的女孩子有十多个了,而且还在不断增加。但从来也没听说哀骀它提倡过什么,经常附和别人而已。他没有高居君主的地位,不能够拯救别人的死难,也没有积累的财禄,让别人盼望能满足口腹之欲,又长了一副使天下谁见了都惊骇的丑相。只能附和别人,又提倡不出什么,知识也超不出四方的范围,却能让无论是男的还是女的都愿意与他亲近,这肯定会有些异乎常人的东西。我把他召来观察了一番,果真是丑得吓人。可是,与我相处了还不到一个月,我就对他的为人有了倾慕之心;还不到一年,我就完全信赖他了。国家缺了宰相,我就把国家交给他。他还不大高兴,沉闷了半晌才回答我,心不在焉地好像还有点不愿意。我自己觉得很不好意思,最后把国家交给了他。没过多少日子,离开我走了。我自己惋惜地如同是丢了什么,好像是没有什么人能陪着我一起享受这个国家的乐趣了。你说这究竟是个什么样的人呢?”

孔子说:“我曾经出使到楚国去,路上正好遇见一窝小猪崽在一头死母猪身上吃奶。不大一会,一个个小猪都两眼惊慌地看了看,丢下母猪跑走了。因为母猪不像平常那样看着它们了,不像活着时那样了,小猪感觉出来逃走了。这样看来,小猪爱它的母亲,爱的不是它母亲的形体,而是能支配它母亲形体的那个东西。战死沙场的士兵不用棺椁就埋了,所以也就用不着棺材的装饰品来陪葬;受刖刑砍掉脚的人,没有理由去珍惜原来穿的鞋子,都是因为本体的东西不存在了。天子筛选宫女侍从,淘汰那些剪了指甲的,穿了耳朵眼的。娶了妻子的发往宫外,不能再进宫服侍。就是因为形体完整才算足够合格,更何况是道德健全的人呢?现在哀骀它能够不说话就可取信于人,没有什么成就就赢得了人们的亲近,让人愿意把国家交给他,还惟恐他不肯接受,这一定是个才全而德不外露的人。"

哀公说:"什么叫做才全?"孔子说:"死生存亡,通塞贫富,有本事与无本事,被人夸和被人骂,乃至饥渴寒暑,这都是事物的变化,天命的运行。这些东西每天都会在你的面前换来换去,而人的智能又无法推知它们来临的根源,所以也就不值得让这些东西来扰乱你平和的本性,也不能让它们进入你的心里。要让自己的心神平和安逸,通畅而不从缺口中流失,日日夜夜不留空隙,像阳春一般和煦地与万物相处,顺天应人,能随着接触到的外物而产生相应的四时变化。这就叫做才全。"

哀公问:"什么又叫做德不外露呢?"孔子说:"水平面,(那是有足够多的水流满了不平的地面停蓄下来才可能的,)是盛大的水的静止状态。它能成为人们取平的标准,就是因为它能够保持内部的旺盛而外表上不动荡。德就是形成平和的修养。德不外露的人,万物就会来归附而不愿离去。"

另些日子,鲁哀公告诉孔子的学生闵子骞说:"原来我认为南面为王君临天下,掌握着国家的纲纪,为百姓的生死而忧虑,自以为这就是治国的最高水平了。现在我听了至人的一番话,恐怕自己达不到高水平的实际,会轻率地支配自己的行为把国家搞亡了。我与孔丘不能当成是君臣关系,而是道德上的朋友罢了。"

【注释】 ①恶人:容貌丑陋的人。 ②哀骀(tái 台)它(tuó 驼):人的绰号。《释文》引书云:"哀骀,丑貌;它,其名。" ③丈夫:男子。处:相处。 ④思而不能去:留恋他舍不得离开。 ⑤与……宁:选择连词,与其……宁可……。句谓,与其做别人的妻子,还不如做哀骀它的妾。 ⑥十数而未止:有十几个了还在增多。 ⑦唱:倡导,提出新的学说。 ⑧和人:附和别人的说法。 ⑨君人之位:统治人的地位。济:拯救。 ⑩聚禄:积累的财富。望:指望。望人之腹:人腹中饥饿可以指望他来救济。 ⑪以恶骇天下:因面目丑陋使天下人都惊骇。 ⑫四域:四方。 ⑬雌雄合乎前:男的女的在他面前都能合得来。 ⑭有意:有倾慕之意。 ⑮期(jī机)年:满一年。 ⑯闷然:不高兴的样子。 ⑰泛而若辞:心不在焉地好像不大同意。 ⑱寡人丑乎:我倒觉得不好意思。 ⑲去寡人而行:离开我走了。 ⑳恤(xù 序)焉:觉得惋惜。若有亡:若有所失。 ㉑若无与乐是国也:好像是没有人和我一起以国家为乐了。 ㉒豚(tún 臀)子:小猪崽。 ㉓少焉:不一会。眴(shùn 瞬)若:惊疑而视的样子。 ㉔不见己:不看自己。焉:指示代词,这样,那样。尔:语气词,那样了。句谓,母猪不像以前那样喂奶时看着它们了。 ㉕不得类焉尔:找不到它活着时的样子。 ㉖使其形者:支配形体的东西,指精神。 ㉗翣(shà 霎):古代棺饰,其形如扇,置于棺木的两旁。资:助。不以翣资:不用翣来助葬。战死沙场的人没有棺木装殓,因而也用不着棺木的装饰物。　㉘刖(yuè月):古代砍去脚的一种酷刑。屦(jù具):鞋子。无为爱之:没有爱惜它的理由。　㉙诸御:各种侍从人员。　㉚不爪翦:不剪指甲。不穿耳:不穿耳朵眼。　㉛取:娶。止于外:留在宫外侍候。不得复使:不能再进入宫里做侍从。古代皇宫的侍从人员要求保全形体,剪指甲、穿耳、结婚都算破身,故不得复使。　㉜才全:才性得到保全。德不形:道德不显现于外。　㉝命之行:天命的运行。　㉞相代乎前:在眼前交替出现。　㉟规:谋划,这里是探求的意思。　㊱不足以:不值得。滑:乱。滑和:扰乱内心的平和。　㊲灵府:心灵。　㊳和豫:平和愉快。　㊴通:指心神的活动通畅。兑:缺口。《说卦》:"兑为口舌,为毁折,为附决。"句谓,要让自己的心神活动畅通无阻而又不从缺口流失出去。庄子认为人的心神活动不受外物变化的影响才能保持德全,一受影响就形成了缺口,心神外溢,德就不能保全了。　㊵无郤(xì隙):没有空隙。　㊶春:阳春。与物为春:像阳春一般和煦地与万物相处。　㊷是:这。接:接触,指与万物交往。而:连词。生:产生。时:四时。是接而生时于心:这是与万物接触而随时从心里产生出相应的时令变化。也就是说,才全之人的心顺天应人,能随着接触到的外物像天一样而产生出相应的四季变化。参见《大宗师》篇真人"凄然似秋,暖然似春,喜然通四时,与物有宜而莫知其极"。　㊸可以为法:指水的平面可以作为取平的标准法则。　㊹内保之:心神要像聚水一样保持在内。外不荡:心神要像止水一样外面不动荡。　㊺成和之修:养成心神保和的修养。　㊻闵子:孔子学生,姓闵名损,字子骞。　㊼南面:面向南。君天下:统治天下。古代帝王面向南坐听理政务。"南面而君天下"是当了帝王的意思。　㊽纪:纲纪。㊾至通:最为通达,也即道的水平最高了。　㊿无其实:没有至通实际,也即水平不高。㊿德友:在道德修养上相交往的朋友。

闉跂支离无脤说卫灵公①,灵公说之②,而视全人③,其脰肩肩④。瓮㼜大瘿说齐桓公⑤,桓公说之,而视全人,其脰肩肩。故德有所长而形有所忘⑥。人不忘其所忘而忘其所不忘,此谓诚忘。

【译文】　有个驼背、跛脚、豁唇的人去游说卫灵公,卫灵公非常喜欢他,再去看正常人,一个个细长的脖子扛在肩膀上(很不顺眼)。又有一个粗脖子上长着瘿袋的人去游说齐桓公,齐桓公非常喜欢他,再去看正常人,一个个细长的脖子扛在肩膀上(不顺眼)。所以说,道德高的人,别人就会忘掉你形体上的缺陷。人要是不忘掉自己该忘的东西,而忘掉了自己不该忘的东西,那才是真正的患了遗忘症。

【注释】　①闉(yīn因)跂(qǐ企)支离无脤(chún唇):形体残缺者的绰号。成疏:"闉,曲也。谓挛曲企踵而行。脤,唇也,谓支体坼裂,伛偻残病,复无唇也。"闉是弯腰曲背,跂是脚跟不落地,支离是形体残缺,无脤是没有嘴唇。说(shuì税):游说。　②说(yuè悦):今作悦,喜悦。　③全人:形体健全的人,即正常的人。　④脰(dòu豆):脖子。肩肩:扛在肩上。前一"肩"字作动词用,后一"肩"字作名词用。句谓,卫灵公喜欢闉跂支离无脤,看惯了他弯腰曲背的伛偻样子,再看正常人反而觉得脖子又细又长不顺眼了。　　⑤瓮(wèng)盎(àng)大瘿(yǐng影):长粗脖子人的绰号。瓮盎都是小口大腹容器。瘿是长在脖子上的囊状肉瘤,民间称作瘿带。　⑥所忘:指应当忘记的,指外形上的东西。不忘:不应当忘记的,指内心道德方面的东西。诚忘:真正的忘,意思是说那才是真正得了遗忘症。

　　故圣人有所游①,而知为孽②,约为胶③,德为接④,工为商⑤。圣人不谋,恶用知⑥?不斲,恶用胶⑦?无丧,恶用德⑧?不货,恶用商⑨?四者,天鬻也⑩。天鬻者,天食也⑪。既受食于天,又恶用人⑫?

　　有人之形,无人之情⑬。有人之形,故群于人⑭;无人之情,故是非不得于身⑮。眇乎小哉⑯,所以属于人也!謷乎大哉,独成其天⑰!

【译文】　所以,圣人心神有所活动,把私智当作是孽根,把誓约当成胶固,把恩德当成是常人待人接物的修养,把工巧当成是推销。圣人不谋虑,哪里用得着私智?圣人不割裂,哪里用得着胶固?圣人不丧失天性,哪里用得着恩德?圣人不经商,哪里用得着推销?这四种品德是天的养育,天的养育就是天食。既然禀受了天食的饲养,又何必用人为呢?

　　有人的形体,不要人的私情。有人的形体,所以同于人群;不要人的私情,所以不招惹是非。太渺小了,属于人的那点东西!太伟大了,自己成全天性!

【注释】　①游:这里指心游,即心神活动。　②知为孽:把智谋看成是妖孽。庄子认为,圣人完全顺应天道,纯客观反映现实,不以任何主观上的推理去说明自然,因而认为人的智谋活动是认识道的孽根。　③约:遵守誓约。胶:粘连。约为胶:圣人把遵守誓约看成是一种粘连的方式。　④德:恩德。接:交接,交往。德为接:圣人把常人施布恩德看成是待人接物的手段,即认为有意地施布恩德也是一种人为的做法,不合天性。⑤工:工巧。商:经商。工为商:圣人把工巧精致看成是一种经商的包装。　⑥恶:何。句谓,圣人顺其自然不谋虑,哪里用得着智谋?　⑦斲:劈砍,割裂。句谓,圣人从不割裂自然联系,哪里用得着用誓约去粘连?　⑧丧:失。句谓,圣人能保全天性从不失去,哪里用得着施布恩德?　⑨货:卖。句谓,圣人只有付出从不货卖,哪里用得着靠工巧去经商?　⑩四者:指上面提到的不谋、不约、不德、不工。鬻(yù育):养。句谓,圣人不谋而智、不约而信、不丧而全、不工而富有,都是从天的养育中获得的。　⑪天食:禀受于天的食粮。　⑫人:人为。　⑬无人之情:没有因为自己的好恶而形成的感情,即是非的看法。　⑭群于人:与人为群。　⑮是非不得于身:是非不在自身上体现。　⑯眇(miǎo秒):渺小。属于人:属于人为的东西。　⑰謷(áo敖):伟大。独成其天:自己成全天所赋予的东西。

惠子谓庄子曰:"人故无情乎?"庄子曰:"然。"惠子曰:"人而无情,何以谓之人?"庄子曰:"道与之貌①,天与之形②,恶得不谓之人③?"惠子曰:"既谓之人,恶得无情?"庄子曰:"是非吾所谓情也。吾所谓无情者,言人之不以好恶内伤其身④,常因自然而不益生也⑤。"惠子曰:"不益生,何以有其身?"庄子曰:"道与之貌,天与之形,无以好恶内伤其身。今子外乎子之神⑥,劳乎子之精⑦,倚树而吟,据槁梧而瞑⑧。天选子之形⑨,子以坚白鸣⑩。"

【译文】 惠子对庄子说:"人就该是无情的吗?"庄子说:"对。"惠子说:"人要是没有感情,还怎么叫做人呢?"庄子说:"大道给了你人的容貌,天给了你人的形体,怎么能不叫做人呢?"惠子说:"既然叫做人,怎么可能没有感情呢?"庄子说:"你说的感情不是我指的情。我说的无情,是指人不能用个人的好恶从内部伤害自身,要经常保持顺任自然不要去人为地增益天生的生命。"惠子说:"不增益天生的生命,又怎么保有自身呢?"庄子说:"大道给了你人的容貌,天给了你人的形体,不要用个人好恶从内部伤害自身。现在你让自己的心神外驰,劳碌消耗你的精力,站起来就倚着树吟咏,坐下来就靠在几案打盹。上天选择了你这样一个形体,你就用坚呀白呀的诡辩争鸣不已。(连你自身都是上天给予的,还何必在乎自己的私情?)"

【注释】 ①道与之貌:大道赋予了人的容貌。 ②天与之形:上天赋予了人的形体。 ③恶:何。句谓,有人的面貌形体,怎么能不叫做人呢? ④不以好恶内伤其身:不因为个人好恶形成的喜怒哀乐伤害上天赋予的形体。 ⑤不益生:不要人为地增益天生就的生命。 ⑥外乎子之神:你的心神显露于外。 ⑦劳乎子之精:劳碌耗乏你的精力。 ⑧槁梧:几案。 ⑨选:选择,决定。 ⑩坚白:即"坚白"的命题,参见《齐物论》注。鸣:争论。

第六篇　大宗师

　　大,伟大。宗,宗主。师,师法。大宗师,意为人应当奉为师法的最伟大的宗主。也就是说,人应当学习的对象是谁,庄子自己的回答是天道自然。文中不时提到真人,所谓真人就是能体现天道自然的人,庄子在文中还提到了被世人视为圣人的尧和孔子,但又说他们对人的教导都是打上了人为的烙印,于天道自然有害无益,用以反衬只有天道自然才可作为师法的伟大宗主,而人们自己推崇的精神领袖都不是值得师法的最伟大的宗主。

　　知天之所为①,知人之所为者②,至矣。知天之所为者,天而生也③;知人之所为者,以其知之所知以养其知之所不知④,终其天年而不中道夭者⑤,是知之盛也。虽然,有患⑥。夫知有所待而后当⑦,其所待者特未定也⑧,庸讵知吾所谓天之非人乎⑨?所谓人之非天乎?

　　且有真人而后有真知⑩。何谓真人?古之真人,不逆寡,不雄成,不谟士⑪。若然者,过而弗悔,当而不自得也⑫。若然者,登高不栗,入水不濡⑬,入火不热。是知之能登假于道者也若此⑭。古之真人,其寝不梦,其觉无忧,其食不甘,其息深深⑮。真人之息以踵⑯,众人之息以喉。屈服者,其嗌言若哇⑰。其耆欲深者,其天机浅⑱。

【译文】　知道什么是天造成的,知道什么是人造成的,人的认识方法就到头了。知道什么是天造成的,是说知道哪些是自然形成的;知道什么是人造成的,是说要用人智能所能做到的去培养人的智能所不能做的,从而享尽自己的年寿而不中途夭折,这就是了不得的智能了。虽然这样,还是有问题。人用自己的智能去认识,总是要依赖被认识的事物,(而这些事物有些是用人的智能所能做到的认识推知出来的,所以,)人所依赖的那些被认识的事物本身并不能确定,又怎么去知道我们认为是天然的东西不是人为的呢?而我们认为是人为的东西又不是天然的呢?

可见,有了真人才能有真知。什么叫真人呢?古时候的真人,(因为他知道人都在所固有的那点智能的局限之内,所以,他在行为的表现上,就会)不排斥少数人的意见,不以成功自居,也不像士人般筹划。像这样的人,错了不会后悔,对了也不会自鸣得意。像这样的人,登上高处不会发抖,进入水里湿不着,进入火里不觉热。这只有人的智能能升华到大道的人才能如此。古代的真人,睡觉不做梦,睡醒了,没有忧虑,吃东西不挑拣,呼吸深长。真人呼吸深到脚跟,一般人只到咽喉。你看那些理屈的人,说话时的那种呼吸样子,咽喉里总是吞吞吐吐的。凡是嗜好和欲望深的人,天生的本能就浅了。

【注释】 ①所为:功能,作用。天之所为:天的功能发生的作用。 ②人之所为:人的功能发生作用。 ③天而生:自然而生。也就是没有人为的因素。 ④知之所知:智慧所能认识的。知之所不知:智慧所不能认知的。句谓,用人的智慧可以认知的知识去培养不能认知的知识。 ⑤天年:天生的寿数。夭:夭折。 ⑥有患:有遗患。指在推论中还是有漏洞,有问题。 ⑦待:依赖。知有所待而后当:人的认知活动要依赖认知的对象才能得当。 ⑧所待者:指人的认知所依赖的对象,即客观事物。未定:它的真实性还不能确定。这是指人对客观事物的认识,有些是靠逻辑推理得出的结论,这个结论不一定真实,再从这个结论的基础上去认知就存有疏漏。 ⑨庸讵:怎么知道。天:天然的,自然的,客观的。人:人推知的,主观的,人为的。 ⑩真人:与天道合一的人。 ⑪不逆寡:不排斥少数人的意见。不雄成:不以成为雄,即不以成功自居。不谟士:不像士人般筹划。谟:筹划。"不谟士"即"不为谟士",因排比要求而形成的省略,是不依赖人的思虑的意思。 ⑫过而弗悔:错了不后悔。当而不自得:对了也不自鸣得意。因为对与错都要依赖天之所为,而不依赖人之所为。 ⑬栗:发抖。濡(rú儒):沾湿,水淹。 ⑭登假:升到。登:升。假:通"格",至。 ⑮觉:睡醒。甘:香甜味美。不甘:不受食物影响,觉不出香还是不香。息:呼吸。 ⑯踵:脚后跟,这里指脚心的涌泉穴。气功的踵息法就是用意领气深入到涌泉穴。 ⑰屈服者:被外物所屈服的人,即有物累的人。嗌(yì益):咽喉。哇:吞吞吐吐。郭象注:"气不平畅。"成疏:"哇,碍也。" ⑱耆欲:嗜欲。天机:天生的机能,天性。

古之真人,不知说生,不知恶死①;其出不䜣②,其入不距③;翛然而往④,翛然而来而已矣。不忘其所始,不求其所终⑤;受而喜之,忘而复之⑥。是之谓不以心捐道⑦,不以人助天⑧,是之谓真人。若然者,其心志⑨,其容寂⑩,其颡頯⑪,凄然似秋,暖然似春⑫,喜怒通四时,与物有宜而莫知其极⑬。

故圣人之用兵也,亡国而不失人心⑭;利泽施乎万世,不为爱人⑮。故乐通物,非圣人也⑯;有亲,非仁也⑰;天时,非贤也⑱;利害不通,非君子也⑲;行名失己,非士也⑳;亡身不真,非役人也㉑。若狐不偕、务光、伯夷、叔齐、箕子、胥余、纪他、申徒狄㉒,是役人之役㉓,适人之适㉔,而不自适其适者也㉕。

【译文】 古代的真人,不知道贪生,不知道怕死;出生也不欣喜,入死也不抗拒;自然而然地来了,自然而然地去了,如此罢了。不忘记自己生命的开始,不寻求死的归宿;生命来了就愉快地接受它,生命要回去了就把它忘了。这就叫做不用自己的想法去损伤大道,不用个人的做法去帮助天,这就是真人。像这样的人,心志专一,脸色寂静,头额真朴,凄清得像秋天,和煦得像春天,喜怒与四季相通,适宜于万物,没有人能知道他深厚的精神世界的底端。

所以,圣人用兵打仗,灭掉敌国却不会失去敌国的民心,恩泽利益施布到万世也不是爱人。所以说,有意取悦外物的人,不是圣人;有意亲爱的人,不算仁人;会择取天时的人,不是贤人;不能把利与害相通的人,不算君子;追求名声失去自我的人,不是贤士;失去自我丢了本真的人,就不是能主宰自己的人了。像狐不偕、务光、伯夷、叔齐、箕子、胥余、纪他、申徒狄等等,这些世人称道的贤人,其实都是些把别人认为该做的事情当成自己的事情来做,把别人认为的适意当成自己的适意,而不是把自己的适意当成适意的人。

【注释】 ①说:今作悦,喜爱。恶:厌恶。句谓,古时的真人不贪生怕死。 ②䜣:欣。其出不䜣:不因为出生而欣悦。 ③其入不距:不因为入死而抗拒。 ④翛然:自然而然的样子。 ⑤始:生。终:死。 ⑥受:得到,指接受大道所赋予的生命。复:回,指生命又回到大道中去,即死。句谓,生命来了就愉快地接受它,生命又回归到大道中去就把它忘了。 ⑦捐:捐弃。不以心捐道:不用人的想法抛弃大道。 ⑧不以人助天:不用人的作为去增益天道的运行。助:帮助,这里是增加的意思。 ⑨心志:心志专一。"志"指志于天道。 ⑩容寂:容貌寂静。心灵平静自然容貌寂静。 ⑪颡(sǎng嗓):前额。颒(kuí葵):笨大而真朴的样子。 ⑫凄然:冷肃的样子。暖然:温和的样子。 ⑬喜怒通四时:喜怒与四季的变化相通一致。指真人的喜怒不是个人感情的表现,而是像天的四季一样随自然变化。极:尽头。与物有宜而莫知其极:它的变化适宜于万物而没有穷尽。参见《德充符》篇"而与物为春,是接而生时于心者也"。 ⑭亡国:灭亡了一个国家。意思是说,圣人是顺应人心民意去讨伐背逆天道的国家,所以灭掉了国家而不失去该国的民心。 ⑮不为爱人:不是要爱人。句谓,圣人把恩泽施布到千秋万代,不是出于施仁爱的目的。也就是说,是出于奉行天道的目的。庄子认为,按人的意志施行仁爱,只能落实在一部分人身上,奉行天道才是全面的仁爱,故说"大仁不仁"。 ⑯乐通物:为达到喜乐的目的去与万物相通。句谓,有意取悦外物的人不是圣人。 ⑰有亲,非仁也:有心去亲爱的人不是仁。参见注⑮。 ⑱天时:指有利的天时。句谓,会选取有利时机办事的人不是贤者。庄子认为,天时对人的影响有顺逆,但它本身对万物永远是畅通无阻的。站在个人的角度去选取对己有利的时机才能做事,就必然无法处理逆境中的事,这不能算是贤能的人。 ⑲利害不通:不能把利与害相通起来。句谓,不能把利害统一起来的人不是君子。 ⑳行名失己:追求功名失去真我。句谓,追求功名而失去自我,不是贤士。 ㉑亡身不真:失去自身而丢了本真。句谓,失去自我而丢了本真不是能主宰自己的人。役人:役使主宰自己的人。注意,庄子从"非圣"、"非仁"、"非贤"、"非君子"、"非士"一直说到"非役人",是从最高档次的真人顺次历数到最低限度的真人。"役人"指的是比真士还低的真普通人,确切地说,是能主宰自己真我的人。 ㉒狐不偕、务光、伯夷、叔齐、箕子、胥余、纪他、申徒狄:都是古代传说中的贤人。成疏:"狐不偕,姓狐,字不偕,古之贤人。又云,尧时贤人,不受尧让,投河而死。务光,黄帝时人,身长七尺。又云,夏时人,饵药养性,好鼓琴,汤让天下不受,自负石沈于庐水。伯夷、叔齐,辽西孤竹君之二子,神农之裔,姓姜氏。父死,兄弟相让,不肯嗣位,闻西伯有道,试往观焉。逢文王崩,武王伐纣,夷、齐扣马而谏,武王不从,遂隐于河东首阳山,不食其粟,卒饿而死。箕子,殷纣贤臣,谏纣不从,遂遭奴戮。胥余者,箕子名也。又解,是楚大夫伍奢之子,名员,字子胥,吴王夫差之臣,忠谏不从,抉眼而死,尸沉于江。纪他者,姓纪,名他。汤时逸人也,闻汤让务光,恐及乎己,遂将弟子陷于窾水而死。申徒狄闻之,因以蹈河。" ㉓役人之役:把别人认为该做的事情当成自己的事情来做。也即前文说的"行名失己、亡身不真"的人。庄子认为按真我去做的人,用不着这样矫情伪行,亢志立名。求名的人干的都是别人认为该做的事情。 ㉔适人之适:把别人认为的快意当成自己的快意。适:适意。 ㉕自适其适:把自己的快意当成是快意。

古之真人,其状义而不朋①,若不足而不承②。与乎其觚而不坚也③,张乎其虚而不华也④,邴邴乎其似喜乎⑤,崔乎其不得已乎⑥,滀乎进我色也⑦,与乎止我德也⑧,广乎其似世乎⑨,謷乎其未可制也⑩,连乎其似好闭也⑪,悗乎忘其言也⑫。以刑为体⑬,以礼为翼⑭,以知为时⑮,以德为循⑯。以刑为体者,绰乎其杀也⑰;以礼为翼者,所以行于世也⑱;以知为时者,不得已于事也⑲;以德为循者,言其与有足者至于丘也⑳,而人真以为勤行者也㉑。故其好之也一㉒,其弗好之也一;其一也一,其不一也一㉓。其一与天为徒㉔,其不一与人为徒㉕。天与人不相胜也㉖,是之谓真人。

【译文】 古代的真人,他表现出来的样子总是对谁都适宜,但却不与任何人结为朋党,好像是不足但又什么都不需要。从容自得似带棱角,但又不显得坚棱难通;心胸开张虚淡,但不显得浮华不实;亲切温和好像是很喜悦,好像被迫才驱动,行为总是出于不得已;像水积聚了很深,增进自己充盈的气色;从容大度持守自己的道德;宽广如同无边的世界;高大不可限量;连连不断好像是没有缝隙可入;漫不经心好像是忘了要说的话。真人治理天下,以刑法为主体,以礼仪为羽翼,以智慧应对时变,以道德为遵循的标准。以刑法为主体,是因为肃杀宽广如天地;以礼仪为羽翼,是为了便于推行于世;以智慧应对时变,是因为有许多不得已的事;以道德为遵循的标准,是说让所有长着脚的人都会达到孔丘的境界,而作为人们真正能勤勉不息地去奉行的办法。对喜欢的人也一样,对厌恶的人也一样;对能一致的人也一样,对不能一致的人也一样。能一致的人就与他在天性上同类,不能一致的人就与他在人欲上同类。天性人欲都不相抵触,这就是真人。

【注释】 ①义:合宜。朋:朋党。义而不朋:对人人都合宜,但不结成朋党。 ②若不足:好像不足。指真人虚怀若谷,容受万物。不承:不接受。指真人德全,无须承受。 ③与乎:成疏:"彷徨放任,容与自得。""与"是从容徘徊的意思。觚:带棱的酒器,这里指带棱角而难以圆通。句谓,真人从容自得似带棱角,但又不显得坚棱难通。 ④张:开张。句谓,心胸开张虚淡但并不浮华不实。 ⑤邴邴(bǐng丙):喜悦的样子。句谓,亲切温和好像很喜悦。 ⑥崔:被迫而驱动的样子。句谓,好像被迫而驱动,行为总是出于不得已。 ⑦滀(chù搐):水蓄聚的样子。句谓,像水积聚得很深广,要增进自己的气色。 ⑧与:从容大度的样子。止:留住。句谓,从容大度要留住自己的道德。 ⑨广:宽广。原作"厉",据他本改作"广"。句谓,宽广像无边的世界。 ⑩謷:高大。制:限。句谓,高大不可限量。 ⑪连:相连不断。闭:闭合没有缝隙。句谓,相连不断好像闭合没有缝隙。指真人无懈可击。 ⑫悗(mèn懑):漫不经心的样子。句谓,漫不经心像是忘了要说的话。 ⑬以刑为体:以刑法为施政布道的主体。 ⑭以礼为翼:以礼仪为施政布道的羽翼,即以礼制作为辅助推行的工具。 ⑮以知为时:以智慧来应对时变。 ⑯以德为循:以道德为遵循的标准。 ⑰绰:宽绰有余。杀:肃杀。句谓,以刑法为主体,是体现天地之道宽广的肃杀。天道以生杀作为调节万物消息盈虚的手段。 ⑱行于世:推行于世。 ⑲不得已于事:面对繁杂多变的事务不得已才用智。 ⑳有足者:长着脚的人。丘:孔丘。句谓,用道德作为遵循的标准,是说要让所有长着腿的人都有所遵循地达到孔子的境界。 ㉑真以为勤行:让人们真正地作为能勤勉奉行的法则。 ㉒好(hào):爱好。一:相同,一样。 ㉓其一:指能同于天道的人。也一:也一样。句谓,对能同于天道的人也一样,对不能同于天道的人也一样。 ㉔徒:类。与天为类:在天性方面同类。 ㉕与人为徒:在人性人欲方面同类。 ㉖相胜:矛盾,抵触。句谓,天性与人性不相抵触而达于统一。以上论述刑、礼、智、德,虽然不是大道要求的内容,但可以用这些作为使人们的行为合乎大道的办法,使天人合一。

死生,命也,其有夜旦之常①,天也。人之有所不得与,皆物之情也②。彼特以天为父③,而身犹爱之,而况其卓乎④?人特以有君为愈乎己,而身犹死之⑤,而况其真乎⑥?

泉涸,鱼相与处于陆⑦,相呴以湿,相濡以沫⑧,不如相忘于江湖⑨。与其誉尧而非桀也⑩,不如两忘而化其道⑪。

夫大块载我以形⑫,劳我以生⑬,佚我以老⑭,息我以死⑮。故善吾生者⑯,乃所以善吾死也。

夫藏舟于壑,藏山于泽,谓之固矣⑰,然而夜半有力者负之而走⑱,昧者不知也。藏小大有宜,犹有所遁⑲。若夫藏天下于天下而不得所遁,是恒物之大情也⑳。特犯人之形而犹喜之㉑,若人之形者,万化而未始有极也㉒,其为乐可胜计邪㉓?故圣人将游于物之所不得遁而皆存㉔,善妖善老㉕,善始善终㉖。人犹效之㉗,又况万物之所系而一化之所待乎㉘?

【译文】 有生有死是命的运行,有日有夜的常规循环是天的运行。人的行为不能干预(生死日夜的运行),是事物的常情。人们把父亲当做天看待,还能特别地爱戴他,更何况比父亲更高超的呢?人们把国君的存在看得比自己还重要,还能特别地为他去死,更何况比国君更高的真宰呢?

泉水干枯了,鱼一起困处在陆地上,相互吹点潮湿的气息,吐出点唾沫来相互滋润,(可以说是竭尽余力地相互仁爱了,)但远不如谁也不理谁地在江湖里游。所以与其赞颂唐尧而指责夏桀,远不如把两者都抛在一边,而同化于大道。

天地给了我形体,用生存来劳动我,用衰老来安逸我,用死亡来安息我。所以安置我活着好的,就正是安置我死后也好的(天地)。

把大船藏在沟壑里,把小船藏在湖泽里,可以说藏好了,然而半夜里有力气的人扛起来偷走了,胡里胡涂的人还不知道。可见,把小东西藏在大地方是得当的,但还是会有所丢失。如果是把天下藏在天下里,那就不会丢失,这是常物的大情理。仅仅有了人的形体就只是一味地喜欢保有它,其实像人这样的形体,会千变万化是没有穷尽的,那得到的快乐能计算得清吗?所以圣人要游心于万物都存在而不能丢失的境地,善对夭折,善对长寿,以始为善,以终为善。人还要效法他,更何况是效法作为万物所系、一切变化所依赖的大道呢?

【注释】 ①夜旦:日夜。常:常规。 ②与:参与。不得与:不能做到。情:常情。 ③以天为父:按照对待天那样对待父亲。 ④卓:卓越,指比父亲卓越伟大的天道。 ⑤

愈于己：胜过自己，指国君的存在比自己的存在还重要。死之：为之而死。　⑥真：真正的主宰。指天道比起国君来才是至高无上的真宰。　⑦涸(hé河)：水干枯。陆：陆地。　⑧呴(xǔ许)：吐气。濡：湿润。沫：唾液。句谓，相互哈出点湿气，吐出点唾液来湿润。　⑨相忘：相互忘掉。句谓，鱼在干涸之中的相互友爱比不上在江湖中的不友爱。喻人之间的友爱比起天道的作用来微弱得可怜。　⑩誉：赞誉。非：以为非，谴责。　⑪两忘：把两者都忘掉。化其道：同化于大道。　⑫大块：大地。载：负载。形：形体。　⑬劳我：使我劳动。句谓，使我为生命的生存而劳动。　⑭佚：同逸。句谓，用衰老使我得到安逸。　⑮息：休息。句谓，用死亡使我得到休息。　⑯善：好。善吾生：使我活着好。善死：使我死去也好。句谓，能使我活着好的也正是使我死去也好的大地。这是庄子从情理上推论，人死就是休息，死也是一件好事。　⑰壑：山沟。这里指汇聚大水的沟壑，即大海。山：通"舢"，小船。固：藏得牢固。　⑱负：背。昧者：昏昧不明的人。　⑲遁：失去。　⑳恒：常。大情：大的情理，大道理。　㉑犯：干犯进入。犯人之形：有了人的形体，即成为人。　㉒万化：千变万化，指人与万物之间的相互转化。庄子认为物种是相互转化的。极：极限，止境。　㉓胜计：能计算出。句谓，那得到的快乐能计算得清吗？即快乐无穷。　㉔物之所不得遁而皆存：万物都不会失去而全都存在。指包容万物的道体。　㉕妖：世德堂本作"夭"，近是。夭折。善妖善老：以夭为善，以老为善。即认为夭折也很好，长寿也很好。反正都是一种转化。　㉖始：出生。终：死去。善始善终：认为出生也很好，死去也很好。　㉗效：效法，学习。指效法圣人的做法。　㉘万物之所系：万物所赖以存在的。一化之所待：一切变化所依赖的。指大道。

夫道，有情有信①，无为无形②；可传而不可受③，可得而不可见④。自本自根⑤，未有天地，自古以固存⑥；神鬼神帝⑦，生天生地⑧。在太极之先而不为高⑨，在六极之下而不为深⑩，先天地生而不为久⑪，长于上古而不为老⑫。狶韦氏得之，以挈天地⑬。伏戏氏得之，以袭气母⑭。维斗得之，终古不忒⑮。日月得之，终古不息⑯。堪坏得之，以袭昆仑⑰。冯夷得之，以游大川⑱。肩吾得之，以处大山⑲。黄帝得之，以登云天⑳。颛顼得之，以处玄宫㉑。禺强得之，立乎北极㉒。西王母得之㉓，坐乎少广，莫知其始，莫知其终。彭祖得之㉔，上及有虞，下及五伯。傅说得之㉕，以相武丁，奄有天下，乘东维，骑箕尾而比于列星。

【译文】　大道是真实而有信验的，又是无为无形的；可以心传但又不可以手授，可以领悟而得却又不可见。它以自身为本，以自身为根，在天地未出现之前，从古以来就本来存在。是它使鬼神天帝变得有了神性，是它生出天和地。它在宇宙之上却不算高，在六合之下却不算深，先于天地存在却不算久，比上古还年长却不算老。狶韦氏得了道，就提举天地。伏羲氏得了道，就能合阴阳为元气。北斗星得了道,就能永久运行不错轨道。日月得了道,就能永恒而不熄灭。堪坏得了道,就进入昆仑山做了山神。冯夷得了道,就巡游大江大河做了河神。肩吾得了道,就居于泰山做了泰山神。黄帝得了道,就升上云天做了神仙。颛顼得了道,就居于玄宫做北方大帝。禺强得了道,就立于北极做了水神。西王母得了道,就坐镇少广山成了神仙,不生不死了。彭祖得了道,从虞舜的时代活到五霸的春秋时期。傅说得了道,做了商王武丁的宰相,辅助武丁扫平天下,后来又升到天上,在东方七宿的上空,箕星和尾星之间的上边,成了并列于群星的星星。

【注释】 ①情:实。信:真。有情有信:是真实客观的存在。 ②无为无形:无作为无形体,是非物的。 ③可传:可以传授。不可受:不可以手授。因为是客观的,故可传授领悟,又是非物的,故不可以给予接受。 ④可得:可以心得。不可见:不可以见到。 ⑤自本自根:自为根本。即道是万物之源,它产生万物,却是自己产生自己。 ⑥固存:本来就存在。 ⑦神鬼神帝:神,使动用法,使鬼神,使天帝神,即鬼与天帝的神灵是道所赋予的。 ⑧生天生地:道生出了天和地。 ⑨太极:宇宙最远古的存在。《周易》认为,"太极生两仪",即天阳地阴是从太极中产生出来的。阴阳没有分化而合一的状态就是太极。庄子认为道在太极之前就存在,也即没有宇宙之前道就存在。高:远古。 ⑩六极:上下四方。深:深远。 ⑪不为久:不算久,即不能说明它的久远。意为,比这还久远。 ⑫不为老:不算老,即不能说明它的古老。意为,比这还古老。 ⑬豨(xī希)韦氏:传说中的远古帝王。成疏:"文字以前远古帝王号也。得灵通之道,故能驱驭群品,提挈二仪。"挈(qiè窃):提举。 ⑭伏戏氏:古代帝王。成疏:"伏戏,三皇也,能伏牛乘马,养伏牺牲,故谓之伏牺牲也。"袭:合。气母:阴阳二气之母,即元气。 ⑮维斗:北斗星。成疏:"维斗,北斗也,为众星纲维,故谓之维斗。"忒:差。句谓,北斗星得了道,就能永久运行,亘古不差。 ⑯息:同熄,熄灭。不息:即永放光明。 ⑰堪坏(péi陪):昆仑山神。成疏:"堪坏,昆仑山神名也。袭,入也。堪坏,人面兽身,得道入昆仑为神也。" ⑱冯夷:黄河神。成疏:"姓冯,名夷,弘农华阴潼乡堤首里人也,服八石,得水仙。大川,黄河也。天帝赐冯夷为河伯,故游处盟津大川之中也。" ⑲肩吾:泰山神。成疏:"肩吾,神名也。得道,故处东岳太山之神。" ⑳黄帝:古代三皇之一。成疏:"黄帝,轩辕也。采首山之铜,铸鼎于荆山之下,鼎成,有龙垂于鼎以迎帝,帝遂将群臣及后宫七十二人,白日乘云驾龙,以登上天,仙化而去。" ㉑颛顼(zhuānxū专须):五帝之一。成疏:"颛顼,黄帝之孙,即帝高阳也,亦曰玄帝。年十二而冠,十五佐少昊,二十即位。采羽山之铜为鼎,能召四海之神,有灵异。年九十七崩,得道,为北方之帝。玄者,北方之色,故处于玄宫也。" ㉒禺强:北方水神。成疏:"禺强,水神名也,亦曰禺京。人面鸟身,乘龙而行,与颛顼并轩辕之胤也。虽复得道,不居帝位而为水神。水位北方,故位号北极也。" ㉓西王母:神仙名。成疏:"少广,西极山名也。王母,太阴之精也。豹尾,虎齿,善笑。舜时,王母遣使献玉环。汉武帝时献青桃。颜容若十六七女子,甚端正。常坐西方少广之山,不复生死,故莫知始终也。" ㉔彭祖:古代长寿人名。成疏:"彭祖,帝颛顼之玄孙也,封于彭城,其道可祖,故称彭祖。善养性,得道者也。五伯者,昆吾为夏伯,大彭、豕韦为殷伯,齐桓、晋文为周伯,合为五伯。而彭祖得道,所以长年,上至有虞,下及殷周,凡八百年也。" ㉕傅说(yuè 悦):商代高宗国相。成疏:"武丁,殷王名也。号曰高宗。高宗梦得傅说,使求之天下,于陕州河北县傅严板筑之所而得之,相于武丁,奄然清泰。傅说,星精也。而傅说一星在箕尾上,然箕尾则是二十八宿之数,维持东方,故言乘东维,骑虎尾,而与角亢等星比并行列,故言比于列星也。"

南伯子葵问乎女偊曰①:"子之年长矣,而色若孺子②,何也?"曰:"吾闻道矣。"南伯子葵曰:"道可得学邪?"曰:"恶!恶可!子非其人也③。夫卜梁倚有圣人之才而无圣人之道④,我有圣人之道而无圣人之才。吾欲以教之,庶几其果为圣人乎⑤?不然,以圣人之道告圣人之才,亦易矣。吾犹守而告之,参日而后能外天下⑥。已外天下矣,吾又守之,七日而后能外物⑦。已外物矣,吾又守之,九日而后能外生⑧。已外生矣,而后能朝彻⑨;朝彻,而后能见独⑩;见独,而后能无古今⑪;无古今,而后能入于不死不生⑫。杀生者不死⑬,生生者不生⑭。其为物,无不将也,无不迎也⑮;无不毁也,无不成也⑯。其名为撄宁⑰。撄宁也者,撄而后成者也。"

南伯子葵曰:"子独恶乎闻之?"曰:"闻诸副墨之子⑱,副墨之子闻诸洛诵之孙,洛诵之孙闻之瞻明,瞻明闻之聂许,聂许闻之需役,需役闻之于讴,于讴闻之玄冥,玄冥闻之参寥,参寥闻之疑始⑲。"

【译文】 南伯子葵问女偊说:"先生岁数这么大了,面色还像个小孩,这是怎么回事?"女偊说:"我得道了。"南伯子葵问:"道能学到手吗?"女偊说:"不,不行不行!你不是那种人。卜梁倚有圣人的素质却没有圣人的道,我有圣人之道但没有圣人的素质。我想用道来教他,或许他会真的成为圣人吧?即使成不了圣人,我想把圣人的道讲给具有圣人素质的人听也会容易些。所以我还得坚持着讲给他,坚持了三天之后,他就能把天下置之度外了。已把天下置之度外了,我又坚持下去,七天之后,他就能把万物置之度外了。已把万物置之度外了,我又坚持下去,九天之后,他就能把生命置之度外了。把生命置之度外了,然后才能一旦明彻;一旦明彻了,然后才能见到独一无二的道;见到独一无二的道,就可以超越古今;超越了古今,然后才能进入不死不生。能主宰死亡的就不会死亡,能主宰生化的就不会生化。道之为物,无所不送走,无所不迎来;无所不毁,无所不成。这就叫做撄宁。撄宁就是说启动它然后让它自己形成。"

南伯子葵问道:"先生是从哪里听说的?"女偊答道:"我是从副墨的儿子那里(文字书里)听说的,副墨的儿子是从洛诵的孙子那里(传诵下来的前人名言)听说的,洛诵的孙子又是从瞻明那里(前人观察)听说的,瞻明又是从聂许那里(口耳相传)听说的,聂许又是从需役那里(实践)听说的,需役又是从于讴那里(歌谣)听说的,于讴又是从玄冥(天地)那里听说的,玄冥又是从参寥那里(虚空)听说的,参寥又是从疑始那里(道)听说的。"

【注释】 ①南伯子葵:《齐物论》作南郭子綦,《人间世》作南伯子綦。成疏认为当是一人。女偊(yǔ雨)成疏:"古之怀道人也。" ②色:气色。孺子:童子。 ③恶:不。子非其人:你不是属于能学道的那种人。 ④卜梁倚:姓卜梁,名倚。才:才性,素质。 ⑤庶几:或许。 ⑥守:坚持。句谓,坚持着讲给他听。参:三。外天下:把天下置之度外。 ⑦外物:把万物置之度外。 ⑧外生:把生命置之度外。 ⑨朝彻:豁然开朗。朝:一旦。彻:通明。 ⑩见独:独有所见,即见到常人不能见到的道的境界。 ⑪无古今:没有古今的区别,超越古今。 ⑫不死不生:没有死也没有生,超越死生。 ⑬杀生:主宰生命有死亡的。句谓,能主宰生命死亡的道本身不能有死亡。 ⑭生生:主宰生命能出生的。句谓,能主宰万物出生的道本身不能有出生。 ⑮将:送。迎:迎接。句谓,万物的主宰者道在送走迎来所有的万物,即操纵万物的来去。 ⑯毁:毁灭。成:形成。句谓,万物的主宰者道在毁灭形成所有的万物,即操纵万物的成毁。 ⑰撄(yīng英):干犯,进入。宁:宁静。"撄宁"是进入宁静的意思。 ⑱诸:之于。副墨之子:墨写的书本。以下八人都是按取意假设的名字。 ⑲洛诵:传诵。瞻明:观察所见。聂许:两耳所闻。需役:亲身实践。于讴:民谚歌谣。玄冥:体验深远幽寂的天地。参寥:参悟虚绝的空无。疑始:推测元始的大道。

子祀、子舆、子犁、子来四人相与语曰①:"孰能以无为首,以生为脊,以死为尻②,孰知死生存亡之一体者,吾与之友矣。"四人相视而笑,莫逆于心③,遂相与为友。俄而子舆有病④,子祀往问之。曰:"伟哉!夫造物者,将以予为此拘拘也⑤。"曲偻发背⑥,上有五管⑦,颐隐于齐⑧,肩高于顶⑨,句赘指天⑩。阴阳之气有沴,其心闲而无事,跰𨇤而鉴于井⑪,曰:"嗟乎!夫造物者又将以予为此拘拘也。"

子祀曰:"女恶之乎⑫?"曰:"亡,予何恶!浸假而化予之左臂以为鸡,予因以求时夜⑬;浸假而化予之右臂以为弹,予因以求鸮炙⑭;浸假而化予之尻以为轮,以神为马⑮,予因以乘之,岂更驾哉⑯?且夫得者,时也;失者,顺也;安时而处顺,哀乐不能入也,此古之所谓县解也⑰。而不能自解者,物有结之⑱。且夫物不胜天久矣⑲,吾又何恶焉?"

【译文】 子祀、子舆、子犁、子来四个人在一起相互谈论说:"谁能把无当做头,把生当做脊背,把死当成尾巴,谁能知道生死存亡是一个整体,我就可以与他交朋友。四个人相视而笑,心心相印,于是相互结成朋友。不久,子舆病了,子祀去探病。子舆说:"伟大呵!造物者要把我变成个拘挛不直的人了。"佝偻着身子驼起背,肛门长在上面,下巴弯到肚脐之下,肩膀高过头顶,臀部高撅。阴阳之气不调,而心里却像个没事人似的。蹒蹒跚跚地走到井泉边,对着井水一照,说:"哎呀!造物者又要把我变成这样一个拘挛的人了。"

子祀说:"你觉得嫌恶吗?"子舆说:"不,我有什么可嫌恶的!如果把我左臂慢慢地变成鸡,我就用它来打鸣报晓。如果把我的右臂渐渐地变成了弹弓,我就用它打鸟烤肉吃。如果把我的后臀慢慢地变成车轮,我就用心神做马,乘着它走,何必再要车来驾驶呢?再说,生命的获得不过是适时而至,生命的失去不过是顺时而去,安时处顺,哀乐不往心里去,这正是古人所说的解脱了倒悬的绳子。所以不能自己解脱,那是因为被外物缠住了。再说,万物不能胜过天,长久以来就是如此,我又有什么可嫌恶的呢?"

【注释】 ①子祀、子舆、子犁、子来:均为人名。成疏:"子祀四人,未详所据。观其心迹,并方外之士。"相与:在一起。 ②孰:谁。以无为首:把无当成起首。以生为脊:把生存当成脊身。脊指身。以死为尻(kāo):把死当成尾。尻:尾椎后臀处。这里是把生命看成一个全过程,生命从无中产生,经历生存,最后回到死亡的无中去。 ③莫逆:融洽。 ④俄而:不久。 ⑤造物者:创造万物的主宰者。拘拘:曲挛不直的样子。 ⑥曲偻(lóu 楼):躯干弯曲。发背:背向上突露。 ⑦五管:五谷之道,即肛门。旧说难通不可从。 ⑧颐:嘴与下巴部分。颐隐于齐:下巴低弯到了肚脐的位置。 ⑨肩高于顶:肩膀高过头顶。 ⑩句赘:向上突起的臀部。参见《人间世》注。 ⑪沴(lì 丽):乱而不和。闲而无事:想得开,若无其事。跰𨇤(piánxiān 骈鲜):一般作蹒跚,行走时倾跌不稳的样子。鉴于井:到井水处照一照。 ⑫恶:厌恶。 ⑬浸假:逐渐。时夜:司夜。指鸡鸣报晓。 ⑭弹:用来打鸟的弹丸。鸮(xiāo 嚣)炙:鸮鸟的烤肉。鸮是斑鸠之类的小鸟。 ⑮以神为马:用心神做拉车的马。 ⑯更驾:另外驾车。 ⑰县解:解开倒悬的绳子,即解脱。 ⑱物有结之:被外物所束缚,即有牵累。 ⑲物不胜天:万物抗拒不了天。

俄而子来有病,喘喘然将死①。其妻子环而泣之②。子犁往问之,曰:"叱,避!无怛化③!"倚其户与之语曰:"伟哉造化!又将奚以汝为?将奚以汝适④?以汝为鼠肝乎?以汝为虫臂乎?"子来曰：“父母于子，东西南北，唯命之从。阴阳于人，不翅于父母⑤。彼近吾死而我不听，我则悍矣⑥，彼何罪焉？夫大块载我以形，劳我以生，佚我以老，息我以死。故善吾生者，乃所以善吾死也。今之大冶铸金，金踊跃曰⑦：'我且必为镆铘！'大冶必以为不祥之金。今一犯人之形而曰⑧：'人耳！人耳！'夫造化者必以为不祥之人。今一以天地为大炉，以造化为大冶，恶乎往而不可哉？成然寐⑨，蘧然觉⑩。"

【译文】　不久，子来有了病，咳喘不停快要死了。他的妻子儿女围着他哭。子犁去探病，对他的妻子儿女说：“走，一边去！不要惊扰亲人的亡化！"靠着门对子来说：“伟大呵造化！又要把你造化成什么呢？又要把你送到哪里去呢？要把你造化成老鼠肝脏吗？还是要造化成虫子的膀子呢？"子来说：“对于子女来说，无论是东西南北，要听从父母。阴阳对于人来说，何止是如父母。它让我接近死亡，我不听从的话，岂不是太蛮横了，阴阳又有什么错？天地给了我形体，用生存来劳动我，用衰老来安逸我，用死亡来安息我。所以安置我活着好的天地，就会安置我死后也好。假如一个冶炼的工匠，他要冶炼一块金属，金属跳着脚喊：'我一定要冶炼成一把莫邪宝剑！'工匠定会认为这是块不祥的金属。现在我铸造成了人的形体，就喊叫着：'我要当人！我要当人！'造化一定会把我当成是一个不祥之人。现在我们就是把天地当成大熔炉，把造化当成冶炼工匠一样看待，往那里去不可呢？成为人就进入人生的梦境里去了，化为另一物种，就又忽然觉醒了。"

【注释】　①喘喘然：气喘的样子。　②环：围绕。　③叱：叱责声。避：躲开。怛：惊吓。怛化：惊扰亡化。这里是把死亡当成转化。　④奚：何。奚以汝为：要把你变为何物。适：到。　⑤翅：一般作啻(chì 斥)，只。不翅于：何止，不仅限于。　⑥近：使近。近吾死：使我挨近死亡。听：从。悍：逆，不听话。　⑦冶：铸工。大冶：比喻冶铸万物的大道。金：被冶铸之金属。踊跃：跳起来。　⑧犯：进入。犯人之形：有了人的形体。　⑨成然寐：成为人，进入人生的睡梦里。　⑩蘧然觉：忽然一死觉醒了。比喻人活着是在睡梦之中，死后才是觉醒。

子桑户、孟子反、子琴张三人相与友①，曰：“孰能相与于无相与②，相为于无相为③？孰能登天游雾④，挠挑无极⑤，相忘以生，无所终穷⑥？"三人相视而笑，莫逆于心，遂相与为友。

莫然有间⑦，而子桑户死，未葬。孔子闻之，使子贡往侍事焉⑧。或编曲，或鼓琴⑨，相和而歌曰：“嗟来桑户乎⑩！嗟来桑户乎！而已反其真⑪，而我犹为人猗⑫！"子贡趋而进曰："敢问临尸而歌，礼乎⑬？"二人相视而笑曰："是恶知礼意⑭？"

子贡反，以告孔子曰："彼何人者邪？修行无有⑮，而外其形骸，临尸而歌，颜色不变。无以命之⑯，彼何人者邪？"孔子曰："彼游方之外者也⑰；而丘，游方之内者也。外内不相及⑱，而丘使女往吊之，丘则陋矣⑲。彼方且与造物者为人⑳，而游乎天地之一气㉑。彼以生为附赘县疣㉒，以死为决疣溃痈㉓。夫若然者，又恶知死生先后之所在？假于异物，托于同体㉔；忘其肝胆，遗其耳目㉕；反覆终始，不知端倪㉖；芒然彷徨乎尘垢之外㉗，逍遥乎无为之业㉘。彼又恶能愦愦然为世俗之礼㉙，以观众人之耳目哉㉚？"

【译文】　子桑户、孟子反、子琴张三人相交成为朋友，议论说："谁能相交于无心交往之中，相为于无心作为之中？谁能升天畅游于云雾之中，宛转在无穷之际，生死相忘，无所穷尽？"三人相视而笑，心心相印，于是一起交为朋友。

过了不久，子桑户死了，还没埋葬。孔子听说了，派子贡去帮助料理丧事。孟子反与子琴张等人，有的在编曲，有的在弹琴，合着节拍唱着："哎呀，子桑户呵！哎呀，子桑户呵！你已返归本真了，我们还在人间不得升化呵！"子贡快步上去进言说："请问，对着尸体唱歌，这合乎礼仪吗？"两人相视而笑说："这个人怎么会懂得礼仪的真正含义呢？"

子贡回到孔子那里，把见到的情况告诉孔子，说："他们都是些什么人呢？把无有当成修行的目标，把形骸置之度外，对着尸体唱歌，面色不变。无法形容，他们是些什么人呢？"孔子说："他们都是交游于现实世界之外的人，而我是交游于现实世界之内的人。方内方外是无法来往的，我却派你去吊丧，这正是我的固陋了。他们正要与造物主相伴，交游在天地合一的一气之中。他们把活着看得如长在身上的赘瘤一样多余，把死看得如去掉瘤子流出了脓水。像这样的人，又哪里理会死生先后的分别呢？借一个不同的外形，寄托同一个真我的本体，遗忘躯壳的肝胆耳目，生命随自然变化，始终循环，不知有什么首尾，茫茫然巡游在尘世之外，逍遥自在于无为的事业里。他们又怎么会昏聩糊涂地拘守世俗的礼仪，摆出样子留给世俗的人去看呢？"

【注释】　①子桑户、孟子反、子琴张：均为人名。成疏："此之三人，并方外之士。"　②相与于无相与：相交于无心交往之中。　③相为于无相为：相为于无心作为之中。以上两句是针对世人相交、相为都带有功利目的,是有心的相交相为,从而提出出于无心,天然的相交相为。 ④登天游雾:升天到云雾中去游,即游心于太空。 ⑤挠挑:曲折回环。成疏:"挠挑犹宛转也。"无极:无穷。 ⑥无所终穷:没有穷尽,指无所谓死。 ⑦莫然:平居无事。有间:不久。 ⑧子贡:孔子的学生。侍事:指帮助料理丧事。 ⑨或:有的人。鼓琴:操琴。 ⑩嗟来:叹词。 ⑪反其真:返回到本源,指死。庄子认为,生命从虚无中来,死后又回到虚无之中,虚无是生命的本真。 ⑫猗(yī依):句尾语气词。 ⑬礼乎:这里是合乎礼仪吗的意思。 ⑭是:这个人,指子贡。恶:何。恶知礼意:不知道礼仪的真正含义。 ⑮修行无有:把无有当作修行的目标。外其形骸:把形体置之度外。 ⑯无以命之:无法说他们是什么人。 ⑰方:人世间,即尘世。方之外:尘世之外。 ⑱不相及:不相往来。 ⑲陋:固陋,不通。 ⑳与造物者为人:与造物者为伴,即回到造物者那里去。 ㉑天地之一气:天地合一的元气。天为阳气,地为阴气,两者合一为元气。 ㉒赘(zhuì坠):身体上多长的肉瘤。县:悬。疣:瘊子。附赘县疣:比喻多余的病变状态。 ㉓决:割破。痈(huàn换)、痈:脓胞。溃:流出。 ㉔假:借。托:寄寓。异物:不同的物。同体:相同的一体。庄子认为万物都是从大道中化生出来,人也不例外。在大道那里万物是同一的,一生化为物才有了不同的形体。所以人是借了一个不同的形体把合道的真我寄寓在其中。 ㉕遗:忘。句谓,肝胆耳目都不过是寄寓真我的形躯皮相,可以置之度外而忘记。 ㉖端倪:尽头。 ㉗彷徨:徘徊宛转。尘垢之外:尘世之外。 ㉘无为之业:无所作为的事业。 ㉙愦愦(kuì溃)然:昏乱糊涂的样子。 ㉚观:这里意为被观。句谓,哪里会摆出个合乎礼仪的样子给世俗的人去看呢?

子贡曰:"然则夫子何方之依①?"孔子曰:"丘,天之戮民也②。虽然,吾与汝共之③。"子贡曰:"敢问其方④?"孔子曰:"鱼相造乎水,人相造乎道⑤。相造乎水者,穿池而养给⑥;相造乎道者,无事而生定⑦。故曰,鱼相忘乎江湖,人相忘乎道术⑧。"子贡曰:"敢问畸人。"曰:"畸人者,畸于人而侔于天⑨。故曰:天之小人,人之君子⑩;人之君子,天之小人也。"

【译文】 子贡说:"这样说来,那么先生寄身方内还是方外呢?"孔子说:"我是个苍天惩罚的罪人,(只能寄身方内。)虽然如此,我还是愿意与你一起寄身方外。"子贡说:"请问寄身方外有什么方法?"孔子说:"鱼总希望到水里游,人总希望到大道里游。到水里去的,就开凿个池塘养起来;到大道里去的,就得心灵虚静产生定念,不为尘世所动。所以说,鱼在江湖里相忘悠然自得,人在道术里相忘悠然自得。"子贡说:"请问什么是畸人?"孔子说:"畸人就是异于世俗而合于天然的人。所以说,天的小人是人的君子,人的君子是天的小人。"

【注释】 ①何方:哪一方,指方内与方外。依:依从。 ②戮民:罪人。 ③吾与汝共之:我与你一同修身方外之道。 ④方:方法,指修身方外的方法。 ⑤造:到。人相造乎道:人到大道中去游。 ⑥穿池:凿池。养给:得到养给。 ⑦无事而生定:心灵虚静无事而生定念。定:入定。 ⑧相忘乎道术:在道术中悠然自得而相忘。 ⑨畸(jī基)人:异人。侔(móu谋):齐同。 ⑩天之小人,人之君子:意思是说,天道高于人道,天道中的小人相当于人道中的君子,也合乎仁义礼智的要求。人道中的君子只不过是天道的小人而已。

颜回问仲尼曰:"孟孙才①,其母死,哭泣无涕,中心不戚,居丧不哀②。无是三者③,以善处丧盖鲁国④,固有无其实而得其名者乎⑤?回壹怪之⑥。"

仲尼曰:"夫孟孙氏尽之矣,进于知矣⑦,唯简之而不得⑧,夫已有所简矣。孟孙氏不知所以生,不知所以死⑨;不知就先,不知就后⑩。若化为物,以待其所不知之化已乎⑪!且方将化,恶知不化哉⑫?方将不化,恶知已化哉⑬?吾特与汝,其梦未始觉者邪⑭!且彼有骇形而无损心,有旦宅而无情死⑮。孟孙氏特觉,人哭亦哭,是自其所以乃⑯。且也相与'吾之'耳矣⑰,庸讵知吾所谓'吾之'乎⑱?且汝梦为鸟而厉乎天,梦为鱼而没于渊⑲。不识今之言者⑳,其觉者乎?其梦者乎?造适不及笑㉑,献笑不及排㉒,安排而去化㉓,乃入于寥天一㉔。"

【译文】 颜回问孔子说:"孟孙才他母亲死了,他哭泣时眼里没有泪,心里也不觉忧伤,居丧期间也不悲哀。这三样一样都没有,却以善于处理丧事的名声传遍鲁国,难道世上真有无其实而能浪得虚名的事吗?这件事我实在是觉得奇怪。"

孔子说:"孟孙才做得很好了,远远超出了常人对治丧的理解,只不过是因为不能太简化才不得不如此,但他已经有所从简了。孟孙才不知道人从哪里生来,不知道死后又到哪里去;也不知道活着好,还是死了好,没有办法取舍,只好采取这样的一种态度:如果变化成了一种物,那就等着他不可知的变化吧!再说,眼见他正在变化,又怎么会知道他的真我并没有变化?眼见他没有变化,又怎么会知道他实际上已经变化了呢?我和你只不过是还在人生的大梦里没有醒来吧!再说,他看待人的死亡,确有形体上的骇异,但并不损伤人的心神;(人的躯体如同是)人们有个白天住的房子,离去了真我并没有真正的死亡。只有孟孙才才是个醒过来的人,人们哭,他也就随着哭一哭,这才是他所以会如此治丧的原因。再说,人们在一起互相说什么

'我如何'、'我如何',那又怎么知道我所说的'我如何'就真的是我呢?再说,你梦中变了一只鸟就振翅飞上蓝天,梦中变成了一条鱼就潜入深渊,(鸟和鱼能算是真的你吗?)不知道现在谈话的你我,是醒了的人呢,还是梦中的人呢?进入适意的境界用不着笑,笑起来也用不着安排,随和着人们的安排,去掉对生死变化的忧虑,才是进入了与廖廓的天道同一的境界。(孟孙才的哭正与此同理。)"

【注释】 ①孟孙才:鲁人。成疏:"姓孟孙,名才,鲁之贤人。" ②戚:悲伤。居丧:服丧事。 ③是:这。三者:指世俗之人的"哭泣有涕,中心有戚,居丧有哀"。 ④盖:压倒,名声压倒了所有人的意思,即闻名。 ⑤固有:本来有,真的有。 ⑥回:颜回自称。壹:完全,实在是。 ⑦尽:完全彻底。指孟孙才办丧事很圆满。进于知:超出了懂得怎样治丧的常人。 ⑧简之:简化丧礼。 ⑨所以生:怎么生出来。所以死:怎么会死。 ⑩就先:按生出来之前去处理。就后:按死去之后去处理。 ⑪化为物:这里指一转化为人。以待其所不知之化:等着他不可知的变化。 ⑫方将化:正要亡化。恶知不化:怎么知道他不转化。 ⑬方将不化:正在不亡化,即活着。已化:已经发生了转化。 ⑭特:只不过。觉:醒来。 ⑮骇形:对形体变化的惊奇。损心:心灵上的损伤。旦宅:白天住的房子。比喻人的躯体是真我在阳世临时寄寓的地方。情死:真的死。 ⑯特觉:独觉。是自其所以乃:这才是他所以会如此治丧的原因。乃:如此。 ⑰且也:再说。吾之:我的。句谓,再说,人们经常互相说"我的、我的"这样的话。 ⑱庸讵:何以。 ⑲厉:飞到。没:潜入。 ⑳言者:说话的人。 ㉑造适:到了适意的时候。不及笑:来不及笑,即不一定非要笑出来。 ㉒献笑:表现出笑,即笑起来的时候。不及排:来不及安排。意思是说,人的适意与哭笑等都是出于自然,用不着事前准备,那才是真情。孟孙才的哭与此同理。 ㉓安排:安于人们的安排,即对人们所搞的表现情感所做出的礼仪安排随着去做。去化:去掉对人死后会变成什么的追求。 ㉔乃入于寥天一:就进入了与廖廓的天道同一的境界。

意而子见许由①,许由曰:"尧何以资汝②?"意而子曰:"尧谓我:'汝必躬服仁义而明言是非③'。"许由曰:"而奚来为轵④?夫尧既已黥汝以仁义⑤,而劓汝以是非矣⑥,汝将何以游夫遥荡恣睢转徙之涂乎⑦?"意而子曰:"虽然,吾愿游于其藩⑧。"许由曰:"不然。夫盲者无以与乎眉目颜色之好⑨,瞽者无以与乎青黄黼黻之观⑩。"意而子曰:"夫无庄之失其美,据梁之失其力,黄帝之亡其知⑪,皆在炉捶之间耳⑫。庸讵知夫造物者之不息我黥而补我劓⑬,使我乘成以随先生邪⑭?"许由曰:"噫!未可知也。我为汝言其大略:吾师乎⑮!吾师乎!齑万物而不为义⑯,泽及万世而不为仁,长于上古而不为老,覆载天地、刻雕众形而不为巧⑰。此所游已⑱。"

【译文】 意而子去谒见许由,许由问道:"尧教给了你些什么?"意而子说:"尧跟我说:'你一定要亲身实行仁义,明辨是非。'"许由说:"那你为什么还来我这里呢?尧既然用仁义给你打上了烙印,又用是非把你修理过了,你还怎么能在辽阔无际、无拘无束的道路上任意地畅游呢?"意而子说:"虽然如此,我还是想到那个圈子里畅游。"许由说:"这就不是那么回事了。盲人是无法了解眉目颜色的美丑的,瞎子是无法了解青黄和衣服上的花纹的。"意而子说:"(这也不尽然。)古时候无庄忘掉了自己的美貌,据梁忘掉了自己的力气,黄帝忘掉了自己的智慧,还不都是造物者在炉锤中打造成的吗?又怎么能知道造物者不来去掉我的烙印,补上我的创伤,让我有个完整的自我来追随先生呢?"许由说:"呵!这也说不定。那我就给你讲个大略吧。我的宗师呵!我的宗师呵!肃杀万物不是什么正义,泽及万世也不是什么仁爱,比上古还早又不算老,覆载天地万物、塑造群形不是要显露灵巧。这就是要游心的境地。"

【注释】 ①意而子:人名。成疏:"古之贤人。" ②资:资助,给予。这里指给予的教导。 ③躬服:亲身去做,身体力行。 ④奚:何。轵(zhǐ 只):句尾语气词。句谓,那你还来干什么? ⑤黥(qíng 晴):古代的墨刑,在犯人脸上刺字。这里作动词用。黥汝以仁义:犹言给你打上了仁义的烙印。 ⑥劓(yì 义):古代割掉鼻子的刑罚。这里作动词用。劓汝以是非:犹言用是非观念阉割了你。 ⑦遥荡:辽阔无际。恣睢:放纵。转徙:迁变。涂:通"途"。句谓,你还怎么纵情畅游在自由逍遥的道路上? ⑧藩:藩篱。这里是范围里的意思。 ⑨与:参与。句谓,眼睛失明的人无法了解眉目颜色的美好。 ⑩瞽(gǔ古):瞎。黼黻(fǔfú 府弗):古代礼服上绣的花纹图案。 ⑪无庄:古代美人。失:忘掉。据梁:古代力士。知:智。以黄帝为圣智的代表。 ⑫炉捶:即炉锤,铁匠的煅打工具。这里是把造物者比作工匠。句谓,还不都是造物者在炉锤中打造出来的吗? ⑬息:今作熄,灭,去掉。补我劓:补上我割去的鼻子。 ⑭乘成:带着完整的自我。成:完整。 ⑮吾师乎:我的宗师呵,指天道。 ⑯齑(jī几):杀灭。句谓,天道肃杀万物但并不是要实行什么正义。 ⑰刻雕:犹言塑造。 ⑱此所游已:这就是游心的境界了。已同矣。

颜回曰:"回益矣①。"仲尼曰:"何谓也?"曰:"回忘仁义矣。"曰:"可矣,犹未也②。"他日复见,曰:"回益矣。"曰:"何谓也?"曰:"回忘礼乐矣。"曰:"可矣,犹未也。"他日复见,曰:"回益矣。"曰:"何谓也?"曰:"回坐忘矣③。"仲尼蹴然曰④:"何谓坐忘?"颜回曰:"堕肢体,黜聪明⑤,离形去知,同于大通⑥,此谓坐忘。"仲尼曰:"同则无好也⑦,化则无常也⑧。而果其贤乎!丘也请从而后也⑨。"

【译文】 颜回说:"我有进步了。"孔子问:"有什么进步?"颜回说:"我忘掉仁义了。"孔子说:"可以了,但还不到家。"过了些日子,颜回又来谒见,说:"我又进步了。"孔子说:"又有什么进步了?"颜回说:"我忘掉礼乐了。"孔子说:"可以了,但还是不到家。"过了些日子,颜回又来谒见,说:"我又进步了。"孔子说:"又有什么进步了?"颜回说:"我能坐忘了。"孔子一惊说:"什么叫坐忘?"颜回说:"忘掉肢体,去掉耳聪目明,离开形体,去掉智能,融于大道,这就叫坐忘。"孔子说:"融于大道就没有偏爱了,随大道而化就没有常态了。你果然是个贤者呵! 我要随在你的后边一同进修。"

【注释】 ①回:颜回自称。益:进益,指学道有了进步。 ②犹未也:还不够。 ③坐忘:静坐忘掉自我。 ④蹵然:骤然吃惊的样子。 ⑤堕:丢弃,这里指忘掉。黜:废除,这里也指忘掉。聪明:耳聪目明。 ⑥离形去知:离开形体去掉智慧。同于大道:融入大道里。 ⑦同则无好:融入大道就没有什么爱好。 ⑧化则无常:随大道而化就没有束缚自己的常态了。"常"指固定的形体。 ⑨从而后:跟随在你的后边。

　　子舆与子桑友,而霖雨十日①,子舆曰:"子桑殆病矣②。"裹饭而往食之,至子桑之门,则若歌若哭,鼓琴曰:"父邪? 母邪? 天乎? 人乎?"有不任其声而趋举其诗焉③。子舆入,曰:"子之歌诗④,何故若是?"曰:"吾思夫使我至此极者而弗得也⑤。父母岂欲吾贫哉? 天无私覆,地无私载,天地岂私贫我哉? 求其为之者而不得也⑥。然而至此极者,命也夫!"

【译文】 子舆与子桑两个人是好朋友,遇上了十天的连阴雨,子舆说:"子桑恐怕是饿坏了。"包了一兜饭去给他吃,到了子桑的门前,听到屋里有人又像是唱歌,又像在哭,弹着琴吟道:"是父亲呢,母亲呢? 是天呢,人呢?"微弱得有点像不胜其声,急着要把自己的诗歌唱完。子舆走进门说:"你唱的诗歌,为什么会这样?"子桑说:"我在想,让我穷困到这般地步的是谁呢,但总也想不出。父母难道想让我贫穷吗? 天普覆万物没有偏私,地普载万物没有偏私,天地难道会单单让我贫穷吗? 寻找让我贫穷的人找不到。然而我却到了这样的绝境,这不是命吗?"

【注释】 ①子舆、子桑:人名。霖雨:连阴雨。 ②殆:大概。病:这里指饥饿。 ③不任其声:不能胜任自己的声音,即身体微弱得声嘶力竭了。趋:急促。趋举其诗:是说,好像要把自己的诗急着唱完。 ④歌诗:吟唱诗句。 ⑤至此极:到了这样的绝境,即贫极彻骨。 ⑥为之者:这样做的人,即让自己贫极彻骨的人。

第七篇　应帝王

应,回答。应帝王就是应对帝王治国的需要做出的回答,也就是治国之道。庄子在这篇文章里提出的基本思想是治国者要顺应人的天性,以完善的道德去潜移默化,不要搞人为的心治。用郭象的话说,就是"无心而任乎自化"。要从共有的人性出发,不要站在某个人、某些人、某个集团利益的立场上形成是非观念,强制推行什么,反对什么。这就是他提出的"游心于淡,合气于漠,顺物自然而无容私焉,而天下治矣"。

啮缺问于王倪,四问而四不知①。啮缺因跃而大喜②,行以告蒲衣子③。蒲衣子曰:"而乃今知之乎④?有虞氏不及泰氏⑤。有虞氏,其犹藏仁以要人⑥,亦得人矣,而未始出于非人⑦。泰氏,其卧徐徐,其觉于于⑧,一以己为马,一以己为牛⑨。其知情信⑩,其德甚真,而未始入于非人⑪。"

【译文】　啮缺问了王倪四个问题,王倪回答了四个"我怎么知道呢"(见《齐物论》)。啮缺高兴地跳着脚去告诉蒲衣子。蒲衣子说:"你现在该懂了吧?舜比不上伏羲氏。舜还是要心怀仁义来要求别人,也确实得了人心,但他仍然没有脱离以人为非的范围。伏羲就不同了,睡觉时从容不迫,醒来时悠悠自得,任随他人把自己当成是马,或当成是牛(都不在乎)。人家那真知真实无欺,人家那道德真实无伪,从来也不堕入以人为非的范围。"

【注释】　①啮缺、王倪:人名。四问而四不知:问了四个问题,回答了四个不知道。　②跃:跳起来。啮缺从王倪的回答中领悟到以不知为知的妙旨,故高兴地跳起来。　③蒲衣子:人名。成疏:"尧时贤人,年八岁,舜师之,让位不受,即被衣子也。"　④而乃今知之乎:你如今该知道了吧?　⑤有虞氏:舜。泰氏:伏羲氏。成疏:"有虞氏,舜也;泰氏,即太昊伏牺也。"　⑥藏仁:心怀仁义。要人:要求别人,即推行仁义。　⑦非人:以人为非。句谓,他还是没有超出以人为非的范围,即还是不能混同于常人。也即还是要标新立异。　⑧徐徐:缓慢貌,从容不迫。觉:醒来。于于:悠悠自得的样子。　⑨一:

完全。一以己为马,一以己为牛:任别人把自己当成马或当成牛,都不在乎,即完全抛弃了是非。 ⑩情信:真实可信。 ⑪未始入于非人:没有陷入以人为非的范围,即能混同于常人,不标新立异。

肩吾见狂接舆①,狂接舆曰:"日中始何以语女②?"肩吾曰:"告我:君人者以己出经式义度③,人孰敢不听而化诸④?"狂接舆曰:"是欺德也⑤。其于治天下也,犹涉海凿河而使蚊负山也⑥。夫圣人之治也,治外乎⑦?正而后行,确乎能其事者而已矣⑧。且鸟高飞以避矰弋之害⑨,鼷鼠深穴乎神丘之下以避熏凿之患⑩,而曾二虫之无知⑪?"

【译文】 肩吾去见狂接舆,狂接舆说:"日中始教给了你些什么?"肩吾说:"他告诉我,做国君的一定要制定出自己的政策法度,人民谁敢不听从教化?"狂接舆说:"这是糟糠道德。用这种方法治天下,就如同要游过大海,开凿黄河,而让蚊子把泰山背起来一样不可能。圣人治天下,难道就是治理人们的外在行为吗?要先端正自身的道德,然后将其推行,任人们各尽所能就是了。再说,鸟儿还懂得高飞避开箭矢的伤害,鼷鼠还懂得在神坛下打洞做窝避开人们薰挖的祸患,人(难道还不会钻你政策法度的空子,)竟然比不上这两种小动物吗?"

【注释】 ①肩吾:《大宗师》篇说他是泰山神。这里盖指他没有成神前的凡身。狂接舆:楚狂接舆。 ②日中始:人名。成疏:"日中始,贤人姓名,即肩吾之师也。"何以语女:以何语汝。 ③君人者:国王。经式义度:犹言政策法规。经:经典。式:程式。义:判断标准。度:限度。 ④听而化诸:听从政策法度而接受教化。 ⑤欺德:骗人的道德。 ⑥涉海:游过大海。凿河:开凿黄河。蚊负山:让蚊子把山背起来。三者都是指根本办不到的事情。 ⑦治外:治理外在行为。 ⑧确乎能其事:真正能够按他的本能去做事。 ⑨矰(zēng 憎)弋(yì 易):用丝绳系住的箭来射。 ⑩鼷(xī 溪)鼠:一种小鼠。深穴:深挖穴。神丘:社坛。熏:用烟熏。凿:挖掘。 ⑪曾:竟然。句谓:人的智慧竟然比不上这两种小动物吗?也就是说,人更有逃避政策法规的办法,上有政策,下有对策。

天根游于殷阳①,至蓼水之上②,适遭无名人而问焉③,曰:"请问为天下④。"无名人曰:"去,汝鄙人也,何问之不豫也⑤!予方将与造物者为人⑥,厌则又乘夫莽眇之鸟⑦,以出六极之外⑧,而游无何有之乡⑨,以处圹埌之野⑩,汝又何帠以治天下感予之心为⑪?"又复问,无名人曰:"汝游心于淡⑫,合气于漠⑬,顺物自然而无容私焉,而天下治矣。"

【译文】 天根到殷山的南面去游历,来到蓼水河边,恰巧遇见了无名氏,问道:"请问怎样治理天下?"无名氏说:"去,你这个没档次的人,怎么一开口就问这些令人不愉快的问题!我正要和造物主来往,厌烦了,就骑上虚渺的飞鸟,飞出六合之外,巡游在无所有之乡,处在广阔无垠的旷野里,你又为什么端出什么治天下这种没劲的问题来扰乱我的心呢?"天根接着问,无名氏说:"那你就游心在清虚里,与淡漠的气合为一体,顺物自然不要掺杂私意,天下就得到治理了。"

【注释】 ①天根:虚拟人名。殷阳:殷山之南。 ②蓼(liǎo 了)水:水名。成疏:"在赵国境内。" ③适:正好。遭:遇到。无名人:虚拟人名。成疏:"天根、无名,并为姓字,寓言问答也。" ④为天下:治理天下。 ⑤豫:喜悦。何问之不豫:怎么问出这么个令人扫兴的问题、没劲的问题。 ⑥方将:正要。与造物者为人:与造物者为伴,在一起来往。 ⑦厌:厌腻。莽眇:莽荡飘渺。句谓,在虚无飘渺的境界里游荡。 ⑧六极:上下四方。 ⑨无何有之乡:什么也没有的地方。 ⑩圹埌(kuànglàng 邝浪):空旷辽阔。 ⑪㔾(yì):徐仙民"音艺"。依据上下文当是"舁"字之误。舁(yú 愉),是两人四手抬起来,这里是抬出来、提出来、端出来的意思。"汝又何㔾以治天下感予心为"是说,你为什么又提出治理天下这样的问题来扰乱我的心呢? ⑫游心于淡:游心于淡漠之中。 ⑬合气于漠:与淡漠的气合为一体,也就是说让心灵完全虚静淡漠。

阳子居见老聃①,曰:"有人于此,响疾强梁②,物彻疏明③,学道不倦。如是者,可比明王乎④?"老聃曰:"是于圣人也,胥易技系⑤,劳形怵心者也⑥。且曰虎豹之文来田⑦,猨狙之便执斄之狗来藉⑧。如是者,可比明王乎?"阳子居蹴然曰⑨:"敢问明王之治。"老聃曰:"明王之治,功盖天下而似不自己⑩,化贷万物而民弗恃⑪,有莫举名⑫,使物自喜。立乎不测⑬,而游于无有者也⑭。"

【译文】 阳子居去拜见老子,说:"比如有这样一个人,办事敏捷,刚强果决,观察问题透明彻底,学道又勤勉不倦。像这样的人可以与明王相比吗?"老子说:"这要与圣人比起来,只能算是学有专长、能者多劳的人。再说,虎豹正是因为皮毛上有花纹才招来人们猎获,猿猴正是因为动作灵巧,狗正是因为能捕捉狐狸,才被人们用绳子拴住脖子使唤。像这样的,也可以与明王相比吗?"阳子居一怔说:"请问明王怎样治理国家?"老子说:"明王治理国家,功盖天下却好像不是出自自己的功劳,万物都从他那里得到施予而百姓并不觉得有所依赖,有政绩但又说不出他干了什么,让万物高兴地感觉到都是自己的作用。明王是立足于不可测度的境地,活动在什么也不存在的世界里。"

【注释】 ①阳子居:人名。成疏:"姓阳,名朱,字子居。"老聃:老子。 ②响:回声。疾:快。响疾强梁:反映敏捷,果断能干。 ③物彻疏明:观察透彻。 ④明王:英明的君主,指圣人。 ⑤胥易技系:有专长反而被技术牵累,犹言能干多受累。《庄子集释》:"庆藩按:郑注《周礼》:'胥徒,民给徭役者。'易,读如《孟子》'易其田畴'之易。胥易,谓胥徒供役治事。郑注《檀弓》'易墓,谓治草木。易犹治也。'技系,若《王制》凡执技以事上者,不贰事,不移官,谓为技所系也。'" ⑥劳形怵心:操心费力。 ⑦文:花纹。田:畋猎。虎豹之文来田:虎豹正是因为皮毛上有美丽的花纹,所以才招来人们去猎取。⑧猨狙之便:猴子有便捷的身手。猨狙:弥猴。执:执掌看管。斄(lí离):牦牛。一说为狐狸也可通。执斄之狗:是说能替主人看管牦牛的狗。藉:借用。句谓,猴子正是因为有便捷的身手,狗正是因为能替主人看管住大个的牦牛,所以才招来人们把它拴起来使用。 ⑨蹴然:猛然惊醒的样子。 ⑩似不自己:好像不是出自自己的功劳。 ⑪贷:施舍给予。恃:依赖。句谓,万物都从他那里得到施予,而百姓并不觉得有所依赖。⑫有:有实绩。莫举名:又说不出他干了什么。 ⑬不测:不可测度的变化。 ⑭无有:指虚无的道。

郑有神巫曰季咸①,知人之死生存亡、祸福寿夭,期以岁月旬日若神②。郑人见之,皆弃而走③。列子见之而心醉④。归,以告壶子⑤,曰:"始吾以夫子之道为至矣⑥,则又有至焉者矣⑦。"壶子曰:"吾与汝既其文,未既其实⑧,而固得道与⑨?众雌而无雄,而又奚卵焉⑩?而以道与世亢,必信⑪,夫故使人得而相女⑫。尝试与来,以予示之⑬。"

【译文】 郑国有一个相面十分灵验的巫师叫季咸,他能断出人的生死存亡、祸福寿夭,预先指出的年月日时,应验得分毫不差。郑国人见了他,都吓得跑开了。列子见了他,佩服得痴迷不已。回来把见到的情况告诉师傅壶子,最后说:"开始我认为先生的道就登峰造极了,没想到还有比先生高的。"壶子说:"我刚刚传授了你一些道的皮毛,还没传授给你实质性的东西,你就认为自己学到大道了?再说,一群母鸡若没有公鸡,怎么会下出孵小鸡的蛋呢?你用这种皮毛的道去跟世人来往,必定会实在的不得了,所以才让人家能够相出你的真实面目。(不信的话,)你带他来试试,让他给我相相面。"

【注释】 ①神巫:神灵的巫师。 ②期:约定。这里是预测出。 ③弃而走:躲开他逃走。怕他说出自己的死期。 ④心醉:醉心于季咸的相术。 ⑤壶子:列子的老师。成疏:"壶子,郑之得道人也。号壶子,名林,即列子之师也。" ⑥至:最高。 ⑦又有至焉者:更有高的道。 ⑧既:已经。文:字面上。句谓,我刚刚传授给你一些字面上的意思,还没有传授实质性的道。　　⑨固:本来,已经。句谓,你就认为已经学到道了吗?　　⑩奚:何。句谓,一群母鸡若没有公鸡,又怎么会下出孵小鸡的蛋呢?　　⑪亢:对。信:实在。句谓,你用这样一些皮毛的道去对待世人,肯定会实在的不得了。　　⑫相(xiàng象):相面。女:汝。句谓,所以才能够让人家相出你的真实面目。　　⑬与来:和他一起来。以予示之:让他来相相我。

明日,列子与之见壶子。出而谓列子曰:"嘻,子之先生死矣,弗活矣,不以旬数矣①! 吾见怪焉②,见湿灰焉③。"列子入,泣涕沾襟以告壶子。壶子曰:"乡吾示之以地文④,萌乎不震不正⑤,是殆见吾杜德机也⑥。尝又与来。"

明日,又与之见壶子。出而谓列子曰:"幸矣,子之先生遇我也! 有瘳矣⑦,全然有生矣。吾见其杜权矣⑧!"列子入,以告壶子。壶子曰:"乡吾示之以天壤⑨,名实不入,而机发于踵⑩,是殆见吾善者机也⑪。尝又与来。"

明日,又与之见壶子。出而谓列子曰:"子之先生不齐⑫,吾无得而相焉。试齐⑬,且复相之。"列子入,以告壶子。壶子曰:"乡吾示之以太冲莫胜⑭,是殆见吾衡气机也⑮。鲵桓之审为渊⑯,止水之审为渊⑰,流水之审为渊⑱。渊有九名,此处三焉⑲。尝又与来。"

明日,又与之见壶子。立未定,自失而走⑳。壶子曰:"追之!"列子追之不及,反以报壶子曰:"已灭矣㉑,已失矣,吾弗及已㉒。"壶子曰:"乡吾示之以未始出吾宗㉓,吾与之虚而委蛇㉔,不知其谁何,因以为弟靡㉕,因以为波流㉖,故逃也。"

然后列子自以为未始学而归㉗。三年不出,为其妻爨㉘,食豕如食人㉙。于事无与亲㉚,雕琢复朴㉛,块然独以其形立㉜,纷而封哉㉝,一以是终㉞。

【译文】　第二天,列子带着季咸来见壶子。季咸从屋里走出来对列子说:"唉,你的师傅快死了,没活了,没十天的光景了! 我看出怪异了,气色像湿灰似的。"列子走回屋里,泪水涟涟沾湿了衣裳,把巫咸的话告诉了壶子。壶子说:"刚才我显露给他看的是大地阴静之气的样子,生机还萌动在不到春天也不到正月的严冬里,他大概是看到我闭塞了生机的样子。不信你再带他来相相。"

第二天,列子又带着季咸来见壶子。季咸从屋里走出来,对列子说:"太幸运了,你的师傅多亏遇上了我!有救了,完全有活气了。我已经看出他闭塞的生机有活动了!"列子进到屋里,把季咸的话告诉了壶子。壶子说:"刚才我显露给他看的是天的阳动之气在地的阴静之气中裹着的样子,虚名实利都不挂在心上,气机从脚跟发出来,他大概是看到我活的气机了。不信你让他再来看看。"

第二天,列子又带着季咸来见壶子。季咸从屋里走出来告诉列子说:"你的师傅气色不定,我没法看得准。让他稳定稳定,我再来给相吧。"列子走进屋里,把季咸的话告诉壶子。壶子说:"刚才我显露给他看的是还分不出胜负的冲虚之气的样子,他大概是看到我阴阳二气平衡,盈虚消长还看不出来的气机。(人的气机就如深渊一样,)回旋的深潭是渊,静止的深潭是渊,流动的深潭也是渊。渊有九种,我才给他看了三种。不信让他再来看看。"

第二天列子又带季咸来相壶子。季咸还未站稳脚跟,就惊慌失色地扭头跑了。壶子说:"快去追他回来!"列子跑出去没追上,回来告诉壶子说:"没踪影了,找不到了,我追不上他了。"壶子说:"刚才我显露给他看的是不离大道的样子,我跟他随便应付,他弄不清我是什么样的人,因为顺着他随高就低,顺着他随波逐流,他看不清,所以逃走了。"

过后,列子才知道自己还什么也没学到。回到家里,三年不出门,替他的妻子做饭,喂猪就像是给人吃。凡事不分亲疏,不事浮华,返真归璞,像块木头似的独立在天地间,在纷乱的尘世里把真我封闭起来,终身不变。

【注释】 ①不以旬数:不用旬来计算了。意即不出十天。 ②见怪:见到了怪异的征候。 ③湿灰:沾湿的灰土。形容人的脸色像死灰。 ④乡:通"向",刚才。地文:与下文"天壤"相对。本来是天文地壤。这里说"地文",指的是地阴之象。天为阳,地为阴。 ⑤萌:萌动。震:春天。正:正月。萌乎不震不正:生机萌动在不到春天也不到正月的严冬里。虽然并没有死寂,但外表看起来没有活的气息。 ⑥殆:大概。杜德机:闭塞了生机的样子。 ⑦瘳(chōu抽):病愈。有瘳:有好转,有救。 ⑧杜权:闭塞了的生机变了。权:变。 ⑨天壤:阳气生动之象。天为阳,阳的气象为文,阴的实体为壤。天壤是天阳的气象作为一种实体表现出来。 ⑩机发于踵:生机从脚跟发出来,即从脚心涌泉穴由下向上发散出来。 ⑪善者机:好的气机,活的气机。 ⑫不齐:不一致,不一样,即气色不定。 ⑬试齐:试着让他气机稳定,即等着他气色稳定。 ⑭乡吾:原作吾乡,据上下文"乡吾示之以地文"、"乡吾示之以天壤"、"乡吾示之以未始出吾宗"改。太冲:太和。莫胜:阴阳平衡,两不相胜,指阴阳二气冲和、消息未定的状态。 ⑮衡气机:阴阳二气平衡的气机。 ⑯鲵桓之审:窝旋盘桓的深水。鲵:鲸鲵,大鱼。这里形容鲵回环游动的状态。桓:盘桓。审:通"潘",深水。 ⑰止水之审:静止的深水。 ⑱流水之审:流动的深水。 ⑲九名:指有九种不同的深渊。成疏:"渊有九名者,谓鲵桓、止水、流水、氿水、滥水、沃水、雍水、汧水、肥水,故谓之九也。并出《列子》。"此处三焉:这里才举出来三种。也就是说,我才给他显示出三种。即杜德机是止水之渊的状态,杜权是流水之渊的状态,衡气机是鲵桓之渊的状态。 ⑳自失:没了主张的样子。走:跑。 ㉑灭:消失,即看不见了。 ㉒弗及:追不上了。及:赶上。 ㉓未始出吾宗:守住大道不表现出来。宗指道。 ㉔虚而委蛇:表面随着他应付。 ㉕因以为:顺着他去做。弟靡:倒向,即随高就低的意思。 ㉖波流:随波逐流。 ㉗未始学:还什么也没学到。 ㉘爨(cuàn窜):笼火做饭。 ㉙食豕:即饲豕,喂猪。如食人:如同给人吃。 ㉚无与亲:不分亲疏,即视万物相同。 ㉛雕琢复朴:把原来被雕琢过的东西又恢复成朴玉。指去掉了世俗中沾染的恶习成见,回复了本真。 ㉜块然:独立无识的样子。块:土块。 ㉝纷而封哉:在纷乱的尘世中把自己的纯真封闭起来。 ㉞一以是终:一直按此终身。

无为名尸①,无为谋府②,无为事任③,无为知主④。体尽无穷,而游无朕⑤。尽其所受乎天而无见得,亦虚而已⑥。至人之用心若镜,不将不迎⑦,应而不藏⑧,故能胜物而不伤⑨。

【译文】 不要追求虚名,不要充当谋主,不要挑起事业的责任,不要充当智囊。与无穷的万事万物融为一体,游荡在了无痕迹之中。完全保持住天生的东西,终生不见有所得,总之也不过是要"虚"罢了。至人的用心如同镜子一般,来者不拒,去者不留,如实反映,纤毫不藏,所以才能胜任万物而无损伤。

【注释】 ①无为:不要做。名尸:虚名的尸主。 ②谋府:计谋的城府。句谓,不搞计谋。 ③事任:事业的责任人。 ④知主:智慧的主宰。句谓,不用智慧。 ⑤体尽无穷:形体扩散到无穷无尽的宇宙中去,即与万物宇宙融为一体。朕(zhèn振):裂缝。而游无朕:畅游在无形无迹之中。 ⑥尽其所受乎天:完全保有从天那里禀受到的本性。无见得:指不在尘世中沾染非本真的东西。虚:虚静。 ⑦不将不迎:不送不迎。 ⑧应而不藏:真实反映不保留。 ⑨胜物:胜任万物的需求。句谓,圣人的心像镜子一样,可照见万物,但不会有什么损失。

南海之帝为儵,北海之帝为忽,中央之帝为浑沌①。儵与忽时相与遇于浑沌之地,浑沌待之甚善。儵与忽谋报浑沌之德②,曰:"人皆有七窍以视听食息③,此独无有,尝试凿之④。"日凿一窍,七日而浑沌死。

【译文】 南海的大帝是儵,北海的大帝是忽,中央的大帝是浑沌。儵与忽不时地到浑沌的领地上聚会,浑沌待他们很好。儵与忽总想报答一下浑沌的善意,在一起商量说:"人都长着七窍,用来看、听、吃、呼吸,浑沌却一样都没有,我们试试给他挖凿出七窍来。"于是每天给他挖凿出一窍,满了七天之后,把浑沌挖凿死了。

【注释】　①儵(shū叔):南海大帝的名字。忽:北海大帝的名字。浑沌:中央大帝的名字。　②报浑沌之德:报答浑沌对他们的恩德。　③七窍:七个孔窍,指头上的两眼、两鼻孔、两耳孔、一口。以视听食息:用来看、听、吃、呼息。　④凿之:给浑沌凿出七窍。

外　　篇

第八篇　骈拇

　　外篇以后,庄子没有给自己的文章起出篇名,文章的题目大多是截取篇首二字或三字而命名的。本篇就是截取了文章的第一句话"骈拇枝指出乎性哉"中的前二字"骈拇"为题。"骈拇"的意思是连长在一起的拇指,指生理上的一种病态。这篇文章的主题是要论证仁义不是人固有的德性。庄子认为仁义如同人长出的骈拇枝指,是人为的多方,是人德性中多余的东西。因此认为提倡仁义不合道德,更不能以仁义为标准来判断是非,真正能作为标准的还是人性自然。本篇庄子提出了一个重要的观点,即正确的道承认人性的不同,包容各种特殊性,而把特殊性作为道德来提倡则是有害无益的。

　　骈拇枝指出乎性哉①?而侈于德②。附赘县疣出乎形哉③?而侈于性④。多方乎仁义而用之者⑤,列于五藏哉⑥,而非道德之正也。是故骈于足者,连无用之肉也;枝于手者,树无用之指也。多方骈枝于五藏之情者⑦,淫僻于仁义之行⑧,而多方于聪明之用也⑨。

【译文】　连在一起的脚拇指与手上长的六指不都是出自天生的吗?但这超出了正常人的德性。多生的肉赘肉瘤不都是出自天然的肉体吗?但这超出了正常人的体性。伴随五脏多生出来而使用的仁义这一套方法,那不是正常人道德的正宗。所以(在正常人看来),连在一起的脚拇指,那是连了一块无用的肉;手上长出六指来,那是多长了一根无用的手指。比五脏的常情又多出来的情理,类同于多连了一块无用的肉,多生了一个无用的指,这是在到处滥用仁义的行为,多余地使用聪明的一种方法。

【注释】　①骈(pián 便):并。拇:大拇指。骈拇是拇指与其他指没有分开,连长在一起。枝指:今作歧指,拇指旁支生的小指,俗称六指。性:天生的。　②侈:多余的。德:

这里指正常的天生的德性。《天地》篇"物得之以生谓之德"。得之于天谓之德。　③附赘：人的身体上天生下来多出的肉瘤，民间称作米布袋之类的小肉赘。县疣：即悬疣。人身上痦子、瘊子之类的小肉疙瘩。出乎形：长在形体上。　④性：与上句"德"互文，指德性。佗于性：也是说比正常人天生得到的形体上有了多余的东西。　⑤多方：多余的一套方法。　⑥五藏：即五脏，心、肝、脾、肺、肾。列：列入。《内经》认为，礼属心，仁属肝，信属脾，义属肺，智属肾。把仁义礼智信列入五脏的属性。　⑦多方骈枝：都是多余的意思。五藏之情：五脏的属性。　⑧淫：过度。僻：偏僻。句谓，这是过分滥用仁义的行为。　⑨多方于聪明之用也：这是多余地使用聪明。从"多方骈枝"到"用也"是个长的判断句。

　　是故骈于明者①，乱五色②，淫文章③，青黄黼黻之煌煌非乎④？而离朱是已⑤！多于聪者⑥，乱五声⑦，淫六律⑧，金石丝竹黄钟大吕之声非乎⑨？而师旷是已⑩！枝于仁者⑪，擢德塞性以收名声⑫，使天下簧鼓以奉不及之法非乎⑬？而曾、史是已⑭！骈于辩者⑮，累瓦结绳窜句⑯，游心于坚白同异之间⑰，而敝跬誉无用之言非乎⑱？而杨、墨是已⑲！故此皆多骈旁枝之道⑳，非天下之至正也。

【译文】　因此，比常人多生了一份视力的人，就会扰乱常人的五色，过分追求文采，分辨什么青呵黄呵，搞出炫人眼目的衣饰华彩来，难道不正是这样吗？而离朱就是这样的人！比常人多生了一份听力的人，就会扰乱常人的五音，过分地追求音律，分辨什么钟磬弦乐、管乐等等，搞出震耳欲聋的黄钟大吕来，难道不正是这样吗？而师旷就是这样的人！比常人多生了一份仁义的人，就会搅乱常人的道德，堵塞正常的天性，以此收取名声，使天下人吹吹打打地张扬起来，去弥补法律管不到的不足，难道不正是这样吗？而曾参、史鳅就是这样的人！比常人多生了一份辩才的人，就会搞文字游戏，玩弄语言，沉溺在"坚白同异"的争辩之中，用一些毫无用处的话艰难地去争个好名声，难道不正是这样吗？而杨朱、墨翟就是这样的人！所以说，这些都是多余的骈肉、另外长出的六指一样的道，不是天下人的正道。

【注释】　①骈于明：有比正常人多余的明察力。　②五色：青、黄、赤、白、黑。　③淫文章：过分讲究花色。文章指颜色的搭配交错调合等。　④黼黻：古代衣服上的花纹。煌煌：炫目耀眼。　⑤离朱：黄帝时有名的眼力好的人。司马彪注："黄帝时人，百步见秋毫之末。一云见千里针锋，《孟子》作离娄。"是已：就是这样的人。　⑥多于聪者：比正常人有多余听力的人。　⑦五声：宫、商、角、徵（zhǐ止）、羽。古代音符。　⑧六律：黄钟、太簇、姑洗、蕤宾、无射、夹钟。此外还有六吕，都是古代的音调。阳为律，阴为吕。　⑨金石丝竹：用金属、玉石、丝线、竹管做成的乐器，如钟、磬、琴、笙等。黄钟大吕：这里指十二律吕。黄钟是六律的最基础的音调，大吕是六吕的最基础的音调。　⑩师旷：

晋时乐师。成疏:"师旷,字子野,晋平公乐师,极知音律。"司马彪引《史记》云:"冀州南和人,生而无目。" ⑪枝于仁者:比正常人有多余仁义的人。 ⑫擢德塞性:擢乱道德,障碍本性。 ⑬簧鼓:本指乐器,这里指推行仁义的手段,即吹吹打打的意思。奉:伴随奉行。不及之法:管不到的法律。法律管不到之处就是今天说的文明方面的建设。这句话的意思是说,吹吹打打地推行仁义,把法律管不到的思想意识方面的约束也管起来。也就是说用法律限制人的行为,用仁义限制人的思想。 ⑭曾、史:曾参、史鰌。成疏:"曾者,姓曾,名参,字子舆,仲尼之弟子。史者,姓史名鰌,字子鱼,卫灵公臣。此二人并禀性仁孝,故举之。" ⑮骈于辩者:比正常人有多余雄辩才能的人。 ⑯累瓦结绳:都是古时记事的办法,古人认为是文字的前身,都是代称文字。故"累瓦结绳窜句"是编写文章窜改字句的意思。 ⑰坚白同异:都是战国时辩论的命题,参见《齐物论》注。 ⑱敝:劳敝。跬:半步为跬。誉:名誉。跬誉:半步半步地走向名誉。句谓,劳精费神地为艰难地取得名誉说一些毫无用处的话不正是这样吗? ⑲杨、墨:杨朱、墨翟。成疏:"杨者,姓杨名朱,字子居,宋人也。墨者,姓墨名翟,亦宋人也,为宋大夫,以其行墨之道,故称为墨。此二人并墨之徒,禀性多辩,咸能致高谈危险之辞,鼓动物性,固执是非。" ⑳多骈旁枝之道:即不适用于正常人的多余之道。

彼正正者①,不失其性命之情②。故合者不为骈③,而枝者不为跂④,长者不为有余,短者不为不足。是故凫胫虽短⑤,续之则忧⑥;鹤胫虽长⑦,断之则悲⑧。故性长非所断⑨,性短非所续⑩,无所去忧也⑪。

【译文】 天下能匡正的正常的道,不会失去性命的本然实况。所以连在一起长的并不算骈生,多长出来的也不算枝指,长得长的不算多余,长得短的不算不足。因此,鸭子虽然腿短,给它接上一段,那就造成忧苦;鹤的腿虽然长,给他截去一段,那就造成悲痛。所以本性长的就不应当截短,本性短的就不应当接长,这里根本就没有什么要去排遣的忧虑。

【注释】 ①正正者:能够纠正人的正道。前"正",动词。 ②不失其性命之情:不违背人性命的常情。 ③合者不为骈:长在一起不算连骈。正道是合乎性命之情的。顺应自然,包容特殊性,既允许长也允许短,承认事物的不同性,不强求一律。故天生长在一起的也正常,不算多余。 ④枝者不为跂(qí 歧):长六指不算多生的手指。 ⑤凫(fú 扶)胫:野鸭子的腿。 ⑥续:接长。 ⑦鹤胫:鹤的腿。 ⑧断:截断。 ⑨性长非所断:天生长的无须截断。 ⑩性短非所续:天生短的无须接长。 ⑪无所去忧:没有什么可排遣的忧虑。

意,仁义其非人情乎①! 彼仁人何其多忧也②? 且夫骈于拇者,决之则泣③;枝于手者,龁之则啼④。二者,或有余于数,或不足于数,其于忧一也⑤。今世之仁人,蒿目而忧世之患⑥;不仁之人,决性命之情而饕贵富⑦。故意仁义其非人情乎！自三代以下者，天下何其嚣嚣也⑧！

【译文】 由此想来，仁义不能算是常人固有的实情吧！要不然那些讲仁义的人为什么会有那么多忧虑呀？再说，连着长的脚拇指，断开了就会哭泣；手上长的六指，咬下来就会悲啼。两者，有的是多出了常人长的数量，有的是少于常人长的数量，都是一样的忧虑，（分不出好坏。）现在世上那些讲仁义的人，愁眉苦脸地忧虑人世的忧患；那些不讲仁义的人，断决性命的实情而贪婪富贵。讲仁义、不讲仁义一样背离人性，所以想来，仁义大概不能算是常人固有的实情吧！从夏商周三代（大讲仁义）之后，天下是多么乱糟糟地闹哄哄呵！

【注释】 ①意：想来。非人情：不合人性命之情。 ②何其多忧：为什么会那么多忧虑呢？这是推论人情不同是自然的，为此而忧虑就不合人情。 ③决之：断开它。 ④龁(hé 核)之：咬掉它。 ⑤有余于数：比正常的数多，指一手长出六指的枝指。不足于数：比正常的数量少，指两指并生为一指的骈拇。其于忧一也：都是一样的忧虑，分不出好坏。"有余于数"比喻下文"今世之仁人"，"不足于数"比喻"不仁之人"。 ⑥蒿目：愁眉苦脸的样子。 ⑦决：断决。饕(tāo 滔)：贪婪。 ⑧嚣嚣：喧嚣争闹。

且夫待钩绳规矩而正者①，是削其性者也②；待绳约胶漆而固者③，是侵其德者也④。屈折礼乐⑤，呴俞仁义⑥，以慰天下之心者，此失其常然也⑦。天下有常然，常然者，曲者不以钩，直者不以绳，圆者不以规，方者不以矩，附离不以胶漆⑧，约束不以纆索⑨。故天下诱然皆生⑩，而不知其所以生；同焉皆得⑪，而不知其所以得。故古今不二，不可亏也⑫！则仁义又奚连连如胶漆纆索而游乎道德之间为哉⑬，使天下惑也？

【译文】 再说，用曲尺、墨线、圆规、方尺来校正东西，实际上是损伤事物的本性；用绳索捆绑，胶漆焊接紧固东西，实际上是伤害了事物的德性。躬身曲背地讲什么礼乐，用一副悲悯的样子讲什么仁义，用来慰藉天下人心，这违背了社会正常的本然状况。社会有正常的本然状况，就是弯的用不着曲尺来校正，直的用不着墨线来校正，圆的用不着圆规来校正，方的也用不着方尺来校正，连在一起的不用胶去粘，捆在一起的不用绳索去绑。所以天下万物自然而然地生长，用不着知道该怎么生长；都一同得到了自然本性，用不着知道该怎样得到。所以说自然本性，古今一样，不能去亏损的！那么，又何必要用仁义做胶漆绳索去焊接捆绑，夹进道德之中让天下人迷惑不清呢?

【注释】 ①钩绳规矩:都是木匠的工具。钩用来划曲线;绳即墨斗,用来划直线;规即圆规,用来划圆;矩即方尺,用来划直角。正:指按划出的线做标准来修正。 ②削:砍削。性:指木的本性,本来样子。 ③绳约:用绳子捆缚。胶漆:用水胶、木漆来焊接、油刷。固:牢固。 ④侵:侵害。侵其德:伤害木的天性。 ⑤屈折:弯身曲体。这里指举行礼乐时人的动作,如躬身跪拜等。 ⑥呴(xǔ 许)俞:也作呴妪,怜悯抚爱的样子。句谓,为表现仁义做出一副怜悯抚爱的样子。 ⑦常然:正常的状态。 ⑧附离:附丽,粘合。 ⑨纆(mò 墨)索:绳子。三股拧成的绳子为纆。 ⑩诱然:自然而然。 ⑪同:一同。皆得:都得到自己的天性。 ⑫古今不二:古今不变。不可亏:不可损伤。 ⑬连连:连接起来。游乎道德之间:插在道德之中。

　　夫小惑易方,大惑易性。何以知其然邪?自虞氏招仁义以挠天下也,天下莫不奔命于仁义。是非以仁义易其性与?

　　故尝试论之,自三代以下者,天下莫不以物易其性矣。小人则以身殉利,士则以身殉名,大夫则以身殉家,圣人则以身殉天下。故此数子者,事业不同,名声异号,其于伤性以身为殉,一也。

　　臧与谷①,二人相与牧羊而俱亡其羊。问臧奚事,则挟筴读书②;问谷奚事,则博塞以游③。二人者,事业不同,其于亡羊均也④。伯夷死名于首阳之下⑤,盗跖死利于东陵之上⑥。二人者,所死不同,其于残生伤性均也⑦。奚必伯夷之是而盗跖之非乎⑧?

　　天下尽殉也⑨,彼其所殉仁义也,则俗谓之君子;其所殉货财也⑩,则俗谓之小人。其殉一也⑪,则有君子焉,有小人焉。若其残生损性,则盗跖亦伯夷已⑫,又恶取君子小人于其间哉⑬?

【译文】 小的迷惑就会改变人的方法,大的迷惑就会改变人的本性。怎么知道会是这样呢?自从虞舜标榜仁义扰乱天下以来,天下人没有不奔命于仁义的。这还不是用仁义改变了人的本性吗?

　　因此,我们来探讨一下这个问题,从夏商周三代以来,天下人没有不因外物而改变了本性的。小人为了利而殉身,士人为了名声而殉身,大夫为了采邑之家而殉身,圣人为了天下而殉身。所以说,这几种不同类型的人,事业不同,名分不同,但他们伤害本性以身殉物是一样的。

　　臧和谷两个人都去放羊,也都把羊丢了。人们问臧干什么去了,原来是带着简策去读书了;问谷干什么去了,原来是带着赌具去玩了。两个人干的事不同,但他们造成丢了羊的后果是相同的。伯夷为了得到个好名声,死在了首阳山下;盗跖为了得到实利,死在东陵山上。两个人丢了性命的原因不同,但他们害生伤性的后果是相同的。那我们又何必一定要说伯夷死得对,盗跖死得错呢?

天下人都在为外物殉身,那些为仁义殉身的,世俗就称他为君子;那些为财物殉身的,世俗就称他为小人。丧了命是一样的,就有了君子,就有了小人。如果从他们害生伤性相同这一点去看,那么盗跖也可以被看成是伯夷,哪里又有什么君子与小人的区别呢?

【注释】 ①臧、谷:虚拟人名。据下文二人的行为,臧是善,谷是不善的意思。 ②奚事:何事,干什么去了。挟:带着。策:简书。 ③博塞:赌博之类的游戏。游:玩。 ④均:相同。 ⑤伯夷:周初贤人。见《大宗师》注。死名:为名而死。首阳:山名。《释文》:"在河东蒲坂县。"伯夷、叔齐不食周粟,饿死在首阳山。 ⑥盗跖:春秋时的大盗。可参见《盗跖》篇。死利:为利而死。东陵:山名。成疏:"在齐州界,去东平十五里,跖死其上也。" ⑦残生伤性:摧残生命伤害本性。 ⑧是:对的。伯夷之是:肯定伯夷是对的。盗跖之非:肯定盗跖是错的。 ⑨天下尽殉也:天下人都是为了某种目的而殉身。 ⑩殉货财:为财物而殉身丧命。 ⑪其殉一也:殉身丧命是相同的。 ⑫盗跖亦伯夷:盗跖也与伯夷相同。已:矣。 ⑬恶取:何取,怎么区分。取:挑选区分。

且夫属其性乎仁义者①,虽通如曾、史,非吾所谓臧也②。属其性于五味,虽通如俞儿③,非吾所谓臧也。属其性乎五声,虽通如师旷,非吾所谓聪也④。属其性乎五色,虽通如离朱,非吾所谓明也⑤。吾所谓臧者,非仁义之谓也,臧于其德而已矣⑥。吾所谓臧者,非所谓仁义之谓也,任其性命之情而已矣⑦。吾所谓聪者,非谓其闻彼也,自闻而已矣⑧。吾所谓明者,非谓其见彼也,自见而已矣⑨。夫不自见而见彼,不自得而得彼者,是得人之得而不自得其得者也⑩,适人之适而不自适其适者也⑪。夫适人之适而不自适其适,虽盗跖与伯夷,是同为淫僻也。余愧乎道德⑫,是以上不敢为仁义之操⑬,而下不敢为淫僻之行也⑭。

【译文】 再者,自己的本性属于仁义一类的人,即使是像曾参、史鰌那样通透,也不是我所说的善性。自己的本性属于精于五味的一类人,即使是像俞儿那样通透,也不是我所说的善性。自己的本性属于精于五声的一类人,即使像师旷那样通透,也不是我所说的耳聪。自己的本性属于精于五色的一类人,即使像离朱那样通透,也不是我所说的目明。我所说的善性,不是指仁义如何说的,而是指德性好罢了。我所说的善性,也不是指人们所说的仁义如何说的,而是指因任自身性命的实情罢了。我所说的耳聪,也不是指能听出别人能听出的声音，而是能够听出自己要听出的声音罢了。我所说的目明，也不是指能看出别人能看出的东西如何，而是能看出自己要看出的东西罢了。不能看出自己要看出的东西，而能看出别人能看出的东西；不能得到自己要得到的东西，而得到别人能得到的东西，那是得到别人的得，而不能得到自己的得；适意于别人的适意，而不能适意于自己的适意的人。如果适意于别人的适意，不能适意于自己的适意，虽然盗跖与伯夷不同，但他们都属于德性的多余滥用。我羞于德性的多余滥用，因此，上不敢树立什么仁义的操守，下不敢有多余滥用的品行。

【注释】　①属其性乎仁义者：本性属于仁义一类的人。　②通：完全彻底。臧：善，好。　③俞儿：春秋时的美食大师，善辨味。成疏："《孟子》云：俞儿，齐之识味人也。《尸子》云，俞儿和薑桂，为人主上食。"　④聪：耳朵灵。　⑤明：眼睛亮。　⑥臧于其德：天性自然为好。庄子认为，曾参、史鰌等人的仁义聪明，虽然也是一种天性，但这些是常人所不具备的特殊天性。世人都是把他们的特殊之处认为好，而这是一种错误，应该把符合天性自然看作是好的。　⑦任其性命之情：因任自身性命的真情。　⑧闻彼：听到人家能听到的声音。自闻：听到自己能听到的声音。　⑨见彼：看见人家能看见的东西。自见：看见自己能看见的东西。　⑩得人之得：得到人家能得到的东西。自得其得：得到自己能得到的东西。　⑪适人之适：把人家的适意当适意。自适其适：把自己的适意当适意。　⑫愧乎道德：在道德面前感到羞愧。句谓，我羞于道德上的淫僻。　⑬仁义之操：以仁义为操守。　⑭淫僻之行：过度偏僻的品行。

第九篇　马蹄

本篇截取篇首二字为题,是庄子又一篇反对用仁义礼智等来禁锢人们思想的寓言体论文。文章以人的行为摧残马的天性为例,说明人为的东西给人带来的道德上的毒害,甚至连提倡仁义也不例外。唤醒人们追求天性返璞归真,达到与大道的统一。文中赞颂的至德之世并不是要社会复古倒退,而是对原始野性的一种强烈渴望,意在倡导常性,要求人性的解放。正如赞扬真性的马不是要人去做马,而是要倡导回归自然一样。"至德之世"不是道德最高的时代,而是人性最纯朴的时代。德是德性的意思。

马,蹄可以践霜雪,毛可以御风寒,龁草饮水①,翘足而陆②,此马之真性也。虽有义台路寝③,无所用之。及至伯乐④,曰:"我善治马⑤。"烧之,剔之,刻之,雒之⑥,连之以羁馽,编之以皂栈⑦,马之死者十二三矣⑧。饥之,渴之,驰之,骤之,整之,齐之⑨,前有橛饰之患⑩,而后有鞭䇲之威⑪,而马之死者已过半矣。陶者曰⑫:"我善治埴,圆者中规,方者中矩⑬。"匠人曰:"我善治木,曲者中钩,直者应绳⑭。"夫埴木之性⑮,岂欲中规矩钩绳哉?然且世世称之曰⑯:"伯乐善治马,而陶匠善治埴木。"此亦治天下者之过也。

【译文】　马长了蹄子可以践踏霜雪,长了毛可以抵御风寒,吃草饮水,在陆地上奔跑,这是马的真实天性。即使有高台大殿,对马没用。等到伯乐出现后,说:"我擅长调理马。"于是用烧红的烙铁打印记,用剪刀剔除杂毛,用铲刀削刻马掌,给马带上笼头,用嚼子、缰绳把马拴起来,关到固定的马棚马槽上,于是马就死掉十分之二三了。接着又逼着它饿着、渴着、驰逐、奔跑,训练它听从调度、步伐整齐,前面有桩子、辔头的束缚,而后有鞭子的驱赶,于是马死掉一半多了。制陶器的工匠说:"我擅长治理泥巴,做出圆的陶器合圆规,方的陶器合矩尺。"木匠说:"我擅长治理木材,做出的家具弯的合乎曲尺,直的合乎墨线。"要说泥巴、木材的真性,难道是愿意合乎圆规、矩尺、曲尺、墨线的吗?然而人们世世代代地还是称道说:"伯乐擅长调理马,陶工、木匠擅长治理泥巴、木材。"其实这也是治理天下的人同样容易犯的错误。

【注释】 ①龁(hé核):嚼食。 ②翘足:抬足。陆:在陆地上生活。 ③义台:仪台。举行大型礼仪活动的高台。路寝:正寝大殿。两者称代适合人居处的壮丽建筑。 ④伯乐:古代善相马的人。 ⑤治马:调理训练马。 ⑥烧之:烧红烙铁给马打上烙印。剔之:修剪马的鬃毛。刻之:刻削马的蹄掌。雒之:即络之,给马戴上笼头(套马嘴的网兜)。 ⑦羁(jī基)䇲(zhí执):绊住马足的绳索。两者称代给马身上加的所有皮具绳索。编:搭架。皂(zào造):枥,马槽。栈:马棚。 ⑧十二三:十分之二三。 ⑨饥之,渴之:使之饥,使之渴。饥、渴、驰、骤、整、齐:都是使动用法。 ⑩橛(jué决):拴马的木桩。饰:马头上缨络铃铛之类的装饰物。患:指束缚之患。 ⑪鞭䇲:鞭策,马鞭子。细分有杆无鞭的称策,有杆有鞭的称鞭。 ⑫陶者:制陶器的工匠。 ⑬埴(zhí直):制陶器的黏土。中(zhòng众):符合。 ⑭治木:修理使用木材。钩:曲形尺。绳:墨线。应:适合。 ⑮埴木之性:黏土和木材的本性。 ⑯世世:世世代代。称:称道。

吾意善治天下者不然①。彼民有常性,织而衣,耕而食,是谓同德②。一而不党,命曰天放③。故至德之世,其行填填,其视颠颠④。当是时也,山无蹊隧,泽无舟梁⑤,万物群生,连属其乡⑥,禽兽成群,草木遂长⑦。是故禽兽可系羁而游,鸟鹊之巢可攀援而窥⑧。夫至德之世,同与禽兽居,族与万物并⑨。恶乎知君子小人哉?同乎无知,其德不离⑩。同乎无欲,是谓素朴。素朴而民性得矣⑪。及至圣人,蹩躠为仁⑫,踶跂为义⑬,而天下始疑矣。澶漫为乐,摘僻为礼⑭,而天下始分矣。故纯朴不残,孰为牺尊⑮?白玉不毁,孰为珪璋⑯?道德不废,安取仁义⑰?性情不离⑱,安用礼乐?五色不乱,孰为文采?五声不乱,孰应六律⑲?夫残朴以为器,工匠之罪也;毁道德以为仁义,圣人之过也。

【译文】 由此想来,我认为善于治理天下的人不会这样。百姓有他正常的天性,织出布来穿衣,耕种出粮食来吃饭,这是共同的德性。人们对待所有的事物都一样,没有什么偏心,这就叫做自然放任。所以人的天性保存最完好的时代,人的行为满足无欲,看人看物率真坦然。那个时候,山上没有路径隧道,水里没有舟船桥梁,万物一起生存,住家相连不分彼此,禽兽成群,草木成长。因此禽兽可以牵系着玩,鸟鹊的巢窠可以攀登到树上去看。人的天性保存最好的时代,人与禽兽混杂在一起居住,与万物混同不分种类。哪里知道什么君子、小人的区别?人人都不用智谋心机,德性就不会丢失。

大家都无私欲,这就叫做纯朴。纯朴就能保持住天性。等到出了圣人,劳费心思推行仁爱,耗费力气推行大义,天下人就开始产生了迷惑。超情越度制定乐,不厌冷僻制定礼,于是天下人就开始有了分别。所以说,纯真的朴石不受损伤,用什么造出牺尊?纯素的玉石不毁坏,用什么造出珪璋?道德不废弃,哪里会用仁义?本性真情不失去,哪里用得着礼乐?五色不被错乱,用什么生出文采?五音不被错乱,用什么去应和六律?可见损坏朴石造出玉器是工匠的罪过,毁弃道德造出仁义是圣人的罪过。

【注释】 ①意:想。不然:不是这样。 ②常性:正常的天性。同德:共同的人性。 ③一而不党:对万物一视同仁没有偏心。天放:自然放任。 ④至德之世:人性最纯朴的时代。填填:满足无欲的样子。颠颠:率直的样子。 ⑤蹊:道路。隧:隧道。舟:船。梁:桥。 ⑥连属其乡:居处相连。 ⑦遂长:成长。 ⑧系羁而游:牵系着来游玩。攀援而窥:爬上树去看。 ⑨同与禽兽居:人与禽兽共同在一起生活。族与万物并:人与万物聚在一起共存。 ⑩同乎无知:都没有智谋心机。其德不离:不失本性。 ⑪素朴:率真纯朴。得:保持得到。 ⑫蹩躠(biéxiè 别屑):连绵词,意同蹒跚。走路吃力的样子,这里是费劲的意思。 ⑬踶跂(zhìzhī 质支):连绵词,很卖力气的样子。 ⑭澶漫:连绵词,纵逸的样子。摘僻:犹言钻冷门。是指常人天性中所无而个别人把它搜寻出来,可引申为烦琐。 ⑮纯朴:天然的朴石。残:毁坏。牺尊:大酒器。尊:今作樽。 ⑯孰:什么。珪璋:古代显示身份地位的玉器。珪形状上圆下方,璋形如半珪。 ⑰道德:自然之道。废:失去。安取仁义:哪里用得着仁义。 ⑱性情:天性真情。 ⑲应:合。

夫马,陆居则食草饮水,喜则交颈相靡①,怒则分背相踶②。马知已此矣③。夫加之以衡扼④,齐之以月题⑤,而马知介倪,闉扼,鸷曼,诡衔,窃辔⑥。故马之知而态至盗者⑦,伯乐之罪也。夫赫胥氏之时,民居不知所为,行不知所之⑧,含哺而熙,鼓腹而游⑨。民能以此矣⑩。及至圣人,屈折礼乐以匡天下之形⑪,县跂仁义以慰天下之心⑫,而民乃始踶跂好知⑬,争归于利,不可止也,此亦圣人之过也!

【译文】 马生活在陆地上,吃草饮水,高兴了就交颈相摩,生气了背过身来相踢。马的智能到此也就行了。等到人们给它安上车衡颈轭,带上当颅辔头让它听使唤,马就懂得瞅人的空子,弯起脖子抗拒加轭,拗着套索不听使唤,吐出嚼子,咬断缰绳。所以说马的智能变出像盗贼一样的诡诈,这都是伯乐造成的罪过。赫胥氏时代,人们平常家居不懂得该做些什么,行动起来不懂得该到哪里去,嘴里含着食物嬉戏,鼓起吃饱的肚子游玩。老百姓的智能到此也就够了。等到出了圣人,制定出弯腰曲背的礼乐来匡正天下百姓的形象,标榜仁义来慰藉天下百姓的心,百姓才开始仰慕智能,爱好用智,都去追求争夺私利,禁止不住,这也是圣人的罪过呵!

【注释】 ①靡:通"摩"。交颈相靡:脖子交叉相磨蹭。 ②踶:通"踢"。分背相踶:背过身子踢。 ③马知已此矣:马的智慧止此而已。已:止。 ④衡:车辕前的横木。扼:今作轭,叉在马脖子上的夹板。 ⑤齐:排列整齐。月题:当颅,马额头上月牙状的装饰物。齐之以月题:是说以当颅为标准让马排列整齐,便于一齐用力拉车。 ⑥介倪:犹言偷窥瞅空子。闉扼:弯起脖子抗拒加轭。闉(yīn 因):曲。鸷曼:拗着套索不听使唤。曼:读如蔓,指牲口套索。诡衔:诡诈地吐出嚼子。窃辔:偷偷脱掉缰绳。 ⑦至盗:到了像盗贼一样的诡诈。 ⑧赫胥氏:上古帝王。居不知所为,行不知所之:平常家居不知该做些什么,行动起来不知该到哪里去。指居行出于自然不带动机。 ⑨哺:食物。熙:与下文"游"互文,游戏。句谓,含着食物游戏。鼓腹:肚子饱。 ⑩民能以此矣:百姓的智能止此而已。以:同已,止的意思。 ⑪屈折:弯腰曲背,指行礼时的动作。匡:正。 ⑫县跂:悬跂,挂起来让人仰望,即标榜。 ⑬好知:爱好用智,赛着用智。

第十篇　胠箧

　　本篇是截取文章第一句中"胠箧"二字为题，主要是对《老子》"绝圣弃智"、"绝仁弃义"(见《老子·十九章》)思想的阐释。庄子认为不能用圣智治国。从圣人与大盗对立双方互为因果相辅相成的角度去看，上好智必然会造成"道高一尺，魔高一丈"的恶性循环，圣智实际上成了出大盗乱天下的根本原因。正是在这个意义上，庄子批判了以智治国的做法。显然他说的绝圣弃智并不是要去掉人的智慧。庄子一再提倡"莫若以明"，可见他并不反对圣明，如果做正面理解的话，他重点要说明的是圣智不是立道之本。与老子讲的"绝圣弃智……盗贼无有"、"大道废，有仁义；智慧出，有大伪"的观点是一致的。

　　将为胠箧、探囊、发匮之盗而为守备①，则必摄缄縢②，固扃镏③，此世俗之所谓知也。然而巨盗至，则负匮，揭箧，担囊而趋④，唯恐缄縢、扃镏之不固也⑤。然则乡之所谓知者，不乃为大盗积者也⑥？故尝试论之，世俗之所谓知者，有不为大盗积者乎？所谓圣者，有不为大盗守者乎？

【译文】　为了提防撬箱、掏袋、开柜的小偷，人们一定会用绳索紧紧捆住，安装栓纽把东西锁起来，这就是世俗所谓的明智了。然而大盗一来，就把柜子扛走，箱子搬走，袋子挑走了，还惟恐你绳索捆得不紧，箱柜锁得不牢固。那么世俗所谓的明智，不正是给大盗做好收聚的准备吗？所以我们来探讨一下这个问题，世俗所谓明智的做法，有不是给大盗做收聚准备的吗？所谓圣明的人，有不是给大盗做守卫的吗？

【注释】　①胠(qū区)：撬开。箧(qiè怯)：箱子。细分的话，大的叫箱，小的叫箧。探囊：掏口袋。匮：今作柜。发匮：打开柜子。三者都指偷东西。守备：防守防备。句谓，为了防备撬箱、掏袋、开柜偷走东西的小偷，事先做好防守的工作。　②摄：捆住。缄(jiān笺)：封固。縢(téng藤)：绳子。　③扃(jiōng)：插门的机关。镏(jué决)：锁门的机关。　④负:背起来。揭:举起来。担:扛起来。趋:快走。　⑤唯恐缄縢、扃鐍之不固:只怕你捆绑插锁得不够牢固,搬起来不方便。　⑥乡:通"向",原先,原来。积:收聚。

何以知其然邪？昔者,齐国邻邑相望①,鸡狗之音相闻②,罔罟之所布③,耒耨之所刺④,方二千余里⑤,阖四竟之内⑥,所以立宗庙社稷⑦,治邑屋州闾乡曲者⑧,曷尝不法圣人哉⑨？然而田成子一旦杀齐君而盗其国⑩,所盗者岂独其国邪？并与其圣知之法而盗之⑪。故田成子有乎盗贼之名,而身处尧舜之安⑫,小国不敢非,大国不敢诛⑬,十二世有齐国⑭。则是不乃窃齐国并与其圣知之法以守其盗贼之身乎⑮？

【译文】　怎么知道是这样的呢？当年的齐国,邻里相望,鸡鸣狗吠之声相闻,打猎捕鱼、犁锄耕种的地方,方圆两千多里,合计四境的面积有这么大,用以立下宗庙社稷建起国家,治理大大小小行政区域的方法,何尝不是效法圣人的办法呢？然而田成子一旦杀死了齐君盗取了王位,他所盗取的难道仅仅是齐的国家吗？连圣人创制的礼法制度也一并盗取了。所以田成子虽然有盗贼的名声,但仍然可以处在尧舜一样安稳的地位,小国不敢非议,大国不敢讨伐,统治了齐国十二代。那么这还不是窃取了齐国和一并窃取了圣人创制的礼法制度,用来保护自己那盗贼之身吗？

【注释】　①邻邑相望:相邻的村镇可以互相看得见,指村庄稠密。　②鸡狗之音相闻:鸡鸣狗叫之声可以互相听得见。　③罔罟(gǔ古):泛指网。网鸟的为罔,网鱼的为罟。所布:指设置罔罟的地方。　④耒(lěi磊)耨(nòu):泛指农具。分开说,耒是翻地农具,耨是锄草农具。刺:插入土地。所刺:指耕种的地方。　⑤方:犹言方圆。句谓,齐国的土地方圆有二千多里。　⑥阖(hé合):合,总合。竟:今作境。　⑦宗庙:祭祀祖先的庙堂。社:祭祀土地的神祠。稷:祭祀五谷的神祠。宗庙社稷泛指国家。所以:贯下句,意为,用来……的办法。　⑧邑屋:犹言家户。《周礼·小司徒》郑玄注:"六尺为步,百步为亩,百亩为夫,三夫为屋,三屋为井,四井为邑。"州闾:犹言州县。《周礼·大司徒》:"五家为比,五比为闾,四闾为族,五族为党,五党为州。"乡曲:犹言乡村。"曲"是偏远的地方。　⑨曷尝:何尝。法:效法。整个句子是说,用来立国家、治地方的方法,何尝不是学习圣人呢？　⑩田成子:春秋时齐国大夫陈恒。盗其国:篡夺了政权。成疏:"田成子,齐大夫陈恒也。是敬仲七世孙。初,敬仲适齐,食采于田,故改为田氏。鲁哀公十四年,陈恒弑其君,君即简公也。割安平至于郎邪,自为封邑。至恒曾孙太公和,迁齐康公于海上,乃自立为齐侯。自敬仲至庄公,凡九世知齐政,自太公至威王,三世为齐侯,通计为十二世。庄子,宣王时人,今不数宣王,故言十二世。"《左传·哀公十四章》载:敬仲是陈国流亡贵族,到齐国得到信任,被封为大夫,世代为官,他的七世孙陈恒杀了齐简公,独揽朝政。陈恒的曾孙进一步废除了齐康公,自立为齐侯,彻底篡夺了齐国的政权。　⑪

并与其圣知之法而盗之:连齐国那套治理国家的圣知之法也一起盗走了。即田成子篡位后也是用圣人的礼法制度来治国。 ⑫身处尧舜之安:自己的身家性命像尧舜那样受到尊敬而安稳。 ⑬非:非议指责。诛:讨伐。 ⑭十二世有齐国:十二代做齐国国君。参见注⑩成疏。 ⑮不乃:不正是。守:保守。

尝试论之,世俗之所谓至知者,有不为大盗积者乎? 所谓至圣者,有不为大盗守者乎? 何以知其然邪? 昔者龙逢斩①,比干剖②,苌弘胣③,子胥靡④。故四子之贤而身不免乎戮。故跖之徒问于跖曰⑤:"盗亦有道乎?"跖曰:"何适而无有道邪⑥? 夫妄意室中之藏,圣也;入先,勇也;出后,义也;知可否,知也;分均,仁也。五者不备而能成大盗者,天下未之有也⑦。"由是观之,善人不得圣人之道不立⑧,跖不得圣人之道不行。天下之善人少,而不善人多,则圣人之利天下也少,而害天下也多。故曰,唇竭则齿寒⑨,鲁酒薄而邯郸围⑩,圣人生而大盗起⑪。掊击圣人,纵舍盗贼⑫,而天下始治矣!

【译文】 我们再来探讨一下这个问题,世俗所谓最明智的做法,有不是给大盗做收聚准备的吗? 所谓最圣明的做法,有不是给大盗守护财物的吗? 怎么知道是这样的呢? 当年关龙逢被夏桀王斩首,比干被商纣王剖心,苌弘被周人裂腹剖肠,伍子胥被吴王夫差杀死后投江烂尸。可见像这四位著名的贤智之士,也不能保身而不免遭受杀戮。因此盗跖的门徒问盗跖说:"做强盗也有道吗?"盗跖说:"做什么能没有道呢? 能凭空猜想屋里藏着多少财物,这就是圣明;带头冲进屋去,这就是勇;最后退出屋里,这就是义;酌情判断可否动手,这就是智;分赃公平,这就是仁。这五样做不到而能成为大盗,这是天下决不会有的。"由此看来,善人不懂圣人之道就不能建功立业,盗跖不懂圣人之道就行不通。天下的善人少而不善的人多,那么圣人给天下带来的利益就少,而给天下带来的灾害就多。所以说,虢国灭掉,虞国跟着遭殃;鲁国酒淡,赵国邯郸就受到围攻;(事物虽然复杂微妙,但都有它的前因后果,)圣人出现,大盗也就跟着出来了。打倒圣人,放走盗贼,天下才能得到太平!

【注释】 ①龙逢(páng旁):关龙逢,夏桀时贤臣,被桀所杀。 ②比干:王子比干,商贤臣,被商纣王挖心而死。 ③苌(cháng长)弘:周景王、敬王时贤大夫。周敬王大臣刘文公与晋国范氏世为婚姻,在晋国发生内讧时帮助范氏,晋卿赵鞅为此来声讨,苌弘被周人冤杀而死。传说他的血三年后化为碧玉。胣(chǐ侈):裂腹剖肠。 ④子胥:伍子胥,吴王夫差贤臣。吴王夫差轻信越王勾践而讲和,伍子胥反对,被夫差赐剑自杀,死后装入皮袋子投入钱塘江,糜烂在江里。靡:通"糜"。 ⑤跖:盗跖,春秋时大盗。 ⑥何适:到哪里,什么地方。 ⑦不备:不具备。未之有:从来没有的事。 ⑧圣人之道:指以上提到的圣、勇、义、智、仁等。 ⑨唇竭则齿寒:《左传·僖公五年》:晋国向虞国借道去讨伐虞国的邻国虢国。虞国大夫宫之奇谏曰:"虢,虞之表也;虢亡,虞必从之……谚所谓辅车相依,唇亡齿寒者,其虞虢之谓也。"这里用这个典故,是类比圣人与大盗之间的因果关系。 ⑩鲁酒薄而邯郸围:楚宣公朝会各国诸侯,鲁恭公后至,献来的酒又味道淡薄,楚宣公出兵讨伐鲁国。其间魏惠王早就想攻打赵国,一直害怕楚国支援赵国。于是乘楚国攻打鲁国之机,包围了赵国的国都邯郸。这里引用这个典故,也是类比圣人与大盗之间看似没有联系,实际上却存在着微妙的因果关系。 ⑪圣人生而大盗起:圣人产生之后,大盗就出现了。 ⑫掊(pǒu)击:犹言打倒。纵舍:放走。

夫川竭而谷虚,丘夷而渊实①。圣人已死,则大盗不起,天下平而无故矣②。圣人不死,大盗不止。虽重圣人而治天下,则是重利盗跖也③。为之斗斛以量之,则并与斗斛而窃之④;为之权衡以称之,则并与权衡而窃之⑤;为之符玺以信之,则并与符玺而窃之⑥;为之仁义以矫之,则并与仁义而窃之⑦。何以知其然邪?彼窃钩者诛⑧,窃国者为诸侯,诸侯之门而仁义存焉⑨。则是非窃仁义圣知邪⑩?故逐于大盗、揭诸侯、窃仁义并斗斛权衡符玺之利者⑪,虽有轩冕之赏弗能劝⑫,斧钺之威弗能禁⑬。此重利盗跖而使不可禁者,是乃圣人之过也!

【译文】 大川干涸了,川谷就能空虚;山丘铲平了,深渊就能填满。圣人死绝了,大盗也就没有了,天下就太平无事了。如果圣人不死,大盗就不可能停止。虽然人们是看重圣人能治理天下,但同时也是看重了有利于盗跖。圣人造出了斗斛做量器,大盗会连斗斛窃走为自己所用;造出了秤和天平做衡器,大盗会连秤和天平也窃走为自己所用;造出了符印做凭信,大盗会连符印也窃走为自己所用;制定出仁义来规范人们的行为,大盗会连仁义也窃去为自己所用。怎么知道会是如此呢?那些偷了带钩的小毛贼受到了惩罚,而盗窃了国家的人反而成了诸侯,诸侯的门里就有仁义。那么,这还不是窃走了仁义和圣人的智慧吗?所以想当大盗,偷取诸侯大位,盗窃仁义以及斗斛、秤和天平、符印等占大便宜的人,即使用高官厚禄做赏赐,你也休想劝止他不干,即使用杀头的极刑去威胁,你也休想能禁止得住。可见,给盗跖带来大利、让人不能禁止的做法,正是圣人的过错呵!

【注释】 ①夷:平。这两句说明万事万物都不是孤立的,对立双方是相互联系的,相辅相成的。 ②无故:无事。 ③重:以之为重,看重。则是重利盗跖:这也等于是看重了有利于盗跖。　④斛(hú胡):古代量器。　⑤权:秤砣。衡:天平之类的衡器。称:用秤称量。　⑥符:符契。古代人把一块整板从中间呈齿状剖开,甲乙双方各执一半,作为对合的凭据取信于对方。玺(xǐ洗):印信。信:取信。　⑦矫:正。　⑧钩:衣带钩。这里称代不值钱的小物件。诛:这里指受到惩罚。　⑨仁义存焉:仁义存在于此。　⑩是非:这不是。　⑪逐:追求。"逐于"贯下,直到"者"是长句子的主语。逐于大盗:想当大盗。揭诸侯:窃取诸侯。　⑫虽:即使。轩:车。冕(miǎn免):官员戴的帽子。"轩冕"在这里称代高官厚禄。劝:鼓励。这里是劝止的意思。　⑬斧钺(yuè月):古代兵器。这里称代刑罚。意谓,多么重的刑罚也禁止不了。

故曰:"鱼不可脱于渊,国之利器不可以示人①。"彼圣人者,天下之利器也,非所以明天下也②。故绝圣弃知③,大盗乃止;擿玉毁珠④,小盗不起;焚符破玺,而民朴鄙⑤;掊斗折衡⑥,而民不争。殚残天下之圣法⑦,而民始可与论议;擢乱六律,铄绝竽瑟⑧,塞瞽旷之耳⑨,而天下始人含其聪矣⑩;灭文章,散五采⑪,胶离朱之目⑫,而天下始人含其明矣⑬;毁绝钩绳而弃规矩⑭,攦工倕之指⑮,而天下始人有其巧矣。故曰,大巧若拙⑯。削曾、史之行,钳杨、墨之口,攘弃仁义⑰,而天下之德始玄同矣⑱。彼人含其明,则天下不铄矣⑲;人含其聪,则天下不累矣⑳;人含其知,则天下不惑矣;人含其德,则天下不僻矣㉑。彼曾、史、杨、墨、师旷、工倕、离朱,皆外立其德而以爚乱天下者也,法之所无用也㉒。

【译文】　所以才说:"鱼不可离开深渊,治国的利器不能给人看。圣人就是天下的利器,不可以摆出来让天下人都明白的。所以,杜绝圣人,放弃智慧,大盗就禁止了;扔掉玉石,毁掉珍珠,小盗就没有了;烧掉符契,砸破印玺,百姓就纯真朴野了;摔碎斗斛,折断秤杆,百姓就不争竞了。彻底摧毁圣人的方法,百姓如何归于正道的问题才可以讨论;搅乱六律,毁尽竽瑟,堵上师旷的耳朵,天下人才能各自有自己的听觉;消灭华饰,驱散五彩,粘上离朱的眼睛,天下人才能各自有自己的视觉;销毁曲尺墨线,扔掉圆规方尺,折断工倕的手指,天下人才能各自有自己的技巧。所以才说,大的智巧反而像笨拙似的。铲除曾参、史鰌的行为,捏住杨朱、墨翟的嘴,排除仁义,天下人的道德才能与天道混同起来。人人都有自己的视觉,天下就不会眼花缭乱了;人人都有自己的听觉,天下就不会耳朵不胜杂乱了;人人都有自己的智慧,天下就不迷惑了;人人都有自己的德性,天下就不会有邪门歪道了。那曾参、史鰌、杨朱、墨翟、师旷、工倕、离朱这些人,都是把他们的德性显露在外,从而迷乱天下的人,对治天下都是些没有用处的方法。

【注释】　①鱼不可脱于渊：鱼不可离开水。国之利器不可以示人：治理国家的有效办法不能让人知道。利器：有效的工具。示人：给人看。此句话出自《老子》。　②明天下：公开于天下。　③绝圣弃知：抛弃圣人和智慧，即不用圣人和智慧治国。弃、绝互文。　④擿玉毁珠：把珠玉砸烂扔掉，即不看重珠玉。擿、毁互文。　⑤焚符破玺：烧毁符玺，即不用符玺取信。焚、破互文。朴鄙：纯朴。鄙：朴野。　⑥掊（pǒu）：打破。掊斗折衡：破斗断衡，即不使用斗和秤。掊、折互文。　⑦殚：尽。残：使之残破。句谓，全部毁掉天下所有圣人的治国法术。　⑧擢（zhuó 斫）乱：搞乱。铄（shuò 朔）：销毁。　⑨瞽旷：即师旷，因目盲而称瞽旷，古著名乐师。　⑩人含其聪：人人有自己耳朵的灵敏。　⑪文章：文采。散：使动用法，使之散。　⑫胶：粘住。离朱：古代著名眼力好的人。　⑬人含其明：人人有自己眼睛的明亮。　⑭钩绳：规矩，木匠工具。　⑮擺（lí 丽）：折断。工倕（chuí 垂）：古代著名木匠。成疏："工倕是尧工人，作规矩之法，亦云舜臣也。"　⑯大巧若拙：最大的巧反而像拙笨似的。大巧指天然的巧，自然的鬼斧神工，与人巧相对而言。郭象注："夫以蜘蛛蛣蜣之陋，而布网转丸，不求之于工匠。则万物各有能也。所能虽不同，而所习不敢异，则若巧而拙矣。故善用人者，使能方者为方，能圆者为圆，各任其所能，人安其性，不责万民以工倕之巧。故众技以不相能似拙，而天下皆自能则大巧矣。夫用其自能，则规矩可弃而妙匠之指可俪也。"　⑰削：削除。钳：捏住。攘弃：排除抛弃。　⑱玄同：与天道暗合。　⑲铄：炫耀，这里是眼花缭乱的意思。　⑳累：重杂，这里是耳朵不胜杂乱的意思。　㉑僻：邪僻。　㉒外立其德：把自己的才能品性显露于外，树立了一套常人所没有的品德。爚（yuè 乐）乱：离散扰乱。法：治国之法。

子独不知至德之世乎①？昔者容成氏、大庭氏、伯皇氏、中央氏、栗陆氏、骊畜氏、轩辕氏、赫胥氏、尊卢氏、祝融氏、伏牺氏、神农氏②，当是时也，民结绳而用之③，甘其食，美其服，乐其俗，安其居④，邻国相望，鸡狗之音相闻⑤，民至老死而不相往来⑥。若此之时，则至治已⑦。今遂至使民延颈举踵⑧，曰某所有贤者⑨，赢粮而趣之⑩。则内弃其亲而外去其主之事⑪，足迹接乎诸侯之境，车轨结乎千里之外⑫，则是上好知之过也⑬！

【译文】　你难道就不知道人的天性保存最完好的时代吗？过去容成氏、大庭氏、伯皇氏、中央氏、栗陆氏、骊畜氏、轩辕氏、赫胥氏、尊卢氏、祝融氏、伏牺氏、神农氏，正当那个时代，人民都是结绳记事，人家都认为自己吃的东西香，自己穿的衣服美，自己的风俗习惯快乐，自己住的房子舒服，邻国相望，鸡鸣狗吠之声相闻，(但不羡慕别人，)百姓到老至死不相往来。像这样的时代，那才算治理得最好的时代。现在发展到让百姓伸长脖子踮起脚跟说某个地方有贤能的人，带着干粮就奔过去了。那么，家里扔下了双亲，家外扔下了对国君应尽的义务，足迹踏遍了各诸侯国的边境，车迹连到了千里以外,这都是因为上面的统治者喜欢智谋而造成的过错呵!

【注释】 ①至德之世:人的德性最纯朴的时代。德:天性。 ②"容成氏"至"神农氏":都是传说的古代帝王。司马彪注:"此十二氏皆古帝王。" ③结绳:没有文字以前古代的记事方法。《周易·系辞》:"上古结绳而治,后世圣人易之以书契。" ④甘、美、乐、安:都是意动用法。句谓,认为自己吃的东西香,穿的衣服美,风俗习惯乐,住的地方安。 ⑤相望:互相可望得见,离得近。相闻:互相可听得见。 ⑥不相往来:不相来往。主要指不互相羡慕。 ⑦至治:治理得最好。 ⑧延颈:伸长脖子。举踵:抬起脚跟。都是羡慕盼望的样子。 ⑨某所:某地,某国。 ⑩赢:足够。赢粮:带足干粮。趣之:趋走,走向他。 ⑪弃其亲:扔下父母不顾。去其主之事:抛开对国王应尽的义务。 ⑫接:连接。诸侯之境:诸侯国的边境。车轨:车辙。结:交。句谓,足迹从这里到那里,跑遍了各诸侯的国土,车辙迹交错在千里以外。 ⑬上:统治者。过:过错。

上诚好知而无道,则天下大乱矣。何以知其然邪?夫弓弩、毕弋、机变之知多①,则鸟乱于上矣②;钩饵、罔罟、罾笱之知多③,则鱼乱于水矣;削格、罗落、置罘之知多④,则兽乱于泽矣;知诈渐毒⑤、颉滑坚白⑥、解垢同异之变多⑦,则俗惑于辩矣⑧。故天下每每大乱⑨,罪在于好知。故天下皆知求其所不知,而莫知求其所已知者⑩;皆知非其所不善,而莫知非其所已善者⑪,是以大乱。故上悖日月之明⑫,下烁山川之精⑬,中堕四时之施⑭。惴耎之虫⑮,肖翘之物⑯,莫不失其性。甚矣,夫好知之乱天下也!自三代以下者是已,舍夫种种之民,而悦夫役役之佞⑰,释夫恬淡无为,而悦夫啍啍之意⑱。啍啍已乱天下矣。

【译文】 上面的统治者如果真要喜欢智谋而不讲大道的话,那么天下就会大乱了。怎么知道一定会这样呢?弓弩、手网、缴矢之类的机关智巧多了,天上的鸟就大乱了;钩饵、鱼网、鱼笼之类的智巧多了,水中的鱼就大乱了;兽笼、陷阱、罗网之类的智巧多了,草泽里的野兽就大乱了;诡诈阴毒、奸黠地辩论坚白、拐弯抹角地证明同异之类的机变多了,世俗就被诡辩迷惑了。因此天下昏昏大乱,罪过就在于喜欢智巧。所以说,天下人都只懂得去追求自己所不知道的东西,却没人懂得要追求自己所知道的东西;都只懂得否定自己所不喜欢的东西,却没有人懂得否定自己正喜欢的东西,因此大乱。所以才会上面背乱了日月的光明,下面销熔了山川的精华,中间又破坏了四季的运行。蠕动的动物,飞翔的昆虫,没有不丧失本性的。因喜欢追求智巧而扰乱天下造成的后果太厉害了!从夏商周三代以来就是这样的,舍弃了淳朴的百姓而喜欢钻营奸佞的小人,抛弃了恬淡无为的做法而喜欢喋喋不休的说教。自从有了喋喋不休的说教,就已经开始乱天下了。

【注释】 ①弩(nǔ努):机械装置的弓。毕:带长柄的手网。弋(yì亦):带丝绳的箭。机变:机巧诈变。 ②上:天空。句谓,捕鸟的方法越多,天上的鸟越乱。 ③钩饵:钓鱼的钩和诱饵。罔罟:这里指鱼网。罾(zēng增):用竿支架的伞状鱼网。笱(gǒu苟):捕鱼笼。 ④削格:《释文》引李云:"所以施罗网也。"是安网使可开合的架子。罗落:罗网陷阱。罝(jiē揭):兔网。罘(fú浮):扣小动物的网,也称翻车。 ⑤知诈:智巧诡诈。渐毒:阴险狠毒。 ⑥颉滑:耍滑头。坚白:见《骈拇》篇注。 ⑦解垢:玩诡曲。同异:见《骈拇》篇注。 ⑧惑于辩:被诡辩所迷惑。 ⑨每每:常常。 ⑩求其所已知:从已知的知识里找答案。庄子主张以已知养不知。 ⑪非其所善:否定自己认为正确的东西。庄子认为人都是片面地站在对立双方的一方看待是非。 ⑫悖:背乱。 ⑬烁(shuò朔):销熔。 ⑭堕:破坏。四时:四季。施:流行,运行。 ⑮惴耎(zhuìruǎn 缒软):蠕动。指无足昆虫。 ⑯肖翘:轻飞。指带翅的小飞虫。 ⑰种种:敦朴的样子。役役:钻营的样子。 ⑱啍啍(zhūn谆):通"谆谆",教诲人的样子。

第十一篇　在宥

　　在是自在,宥是宽容、宽松的意思。天下指天下万物,在宥天下就是让天下自在的万物宽宽松松。与治天下对举,治是束缚管制,在宥就是解除束缚的意思。也就是说,统治天下的正道是给天下人解除束缚,解放人的天性、人性,让天下人自由自在、宽宽松松地生活。用《老子》的话说,在宥的后果就是"我无为而民自化,我好静而民自正,我无事而民自富,我无欲而民自朴"(五十七章)。治的后果就是"为者败之,执者失之"(二十九章)。庄子认为世界上任何自然存在的事物都是合道的,没有是非对错。是非对错是人为造成的。对立双方相依共存,互为条件,都有存在的理由。消灭对方,实际上也正是在消灭自己。人的正确做法是使自己的行为合道,让宇宙这个自然的机体浑然和谐地去运化。正是在这个意义上可以说存在即真理。

　　闻在宥天下①,不闻治天下也。在之也者,恐天下之淫其性也②;宥之也者,恐天下之迁其德也③。天下不淫其性,不迁其德,有治天下者哉? 昔尧之治天下也,使天下欣欣焉人乐其性,是不恬也④;桀之治天下也,使天下瘁瘁焉人苦其性,是不愉也⑤。夫不恬不愉,非德也⑥。非德也而可长久者,天下无之。

【译文】　只听说要让天下自在宽松,没听说还要治天下。让天下自在,是怕改变了人的天性;让天下宽松,是怕改变了人的天德。天下人不改变天性,不改变天德,还用治天下吗? 当年尧治天下的时候,让天下人欢欢喜喜地使本性快乐,这就本性不恬静了;夏桀治天下的时候,让天下人辛辛苦苦地使本性痛苦,这就本性不舒服了。不恬静,不舒服,这不能算是天德。不是天德还能保持长久,这是天下没有的事。

【注释】　①在宥天下:使天下存在的万物宽松,即任由天下的自然发展,不加人为的约束。郭象注："宥使自在则治,治之则乱也。"成疏："宥,宽也。在,自在也。"治:管理统治。与"在宥"对举,是人为约束的意思。　②淫:过分,过度。使动用法,引申为改变。性:天性。句谓,所以要任自在,是害怕改变人的天性。　③迁:改变。德:德性。德与性互文。句谓,所以要宽容而不加约束,是害怕改变了人的天德。郭象注："人之生也直,莫之荡则性命不过,欲恶不爽。在上者不能无为,上之所为则民皆赴之,故有诱慕好欲而民性淫矣。故所贵圣王者,非贵其能治也,贵其无为而任物之自为也。"　④欣欣:高兴的样子。乐其性:人为地使自然的天性乐起来。恬:恬静。庄子认为人的天性是恬静自然的,乐其性也是改变了恬静自然的本性,是淫其性的一种做法,不可提倡。　⑤瘁瘁(cuì 翠):劳累多病的样子。苦其性:人为地使自然的天性痛苦起来。愉:舒畅。⑥不恬不愉:不恬静,不舒畅。非德:不是人的自然德性。这里愉与乐不是同义词,乐是高兴快乐,愉是舒畅自然。舒畅自然是天性,高兴快乐不是天性。

　　人大喜邪,毗于阳①;大怒邪,毗于阴②。阴阳并毗,四时不至③,寒暑之和不成,其反伤人之形乎④！使人喜怒失位⑤,居处无常⑥,思虑不自得⑦,中道不成章⑧,于是乎天下始乔诘卓鸷⑨,而后有盗跖、曾、史之行。故举天下以赏其善者不足⑩,举天下以罚其恶者不给⑪。故天下之大不足以赏罚⑫。自三代以下者,匈匈焉终以赏罚为事⑬,彼何暇安其性命之情哉⑭?

【译文】　人大喜的时候,倒向阳气偏盛;大怒的时候,倒向阴气偏盛。阴气阳气都偏盛,四季就不能正常运行,形不成正常协调的寒暑,这反而要伤害人的身体吧！让人喜怒不适当,行止不正常,不能自得地思虑,不能形成完善的中正之道,于是乎天下人才变得装模作样、狡黠伪诈、桀骜不驯,然后才出现了盗跖、曾参、史鳅之类的行为。所以,用尽天下所有的东西去奖赏善人也不够,用尽天下所有的办法去惩罚恶人也不足。因此天下虽然很大,也不够拿来赏罚。从夏商周三代以来,乱哄哄地始终都在忙着赏罚的事情,人们哪里有闲心思去安定自己性命的真情呢?

【注释】　①大喜:过分喜。毗(pí 皮):邻近,偏向。毗于阳:阳气盛。　②毗于阴:阴气盛。中医认为人的身体阴阳平衡淳和才能正常健康,阴盛阳衰或阳盛阴衰都是病症。　③四时:四季。古人认为阴阳淳和,天道运行正常,四季应时而来,阴阳不和,四季就会失调。天人相互感应,治道阴阳失和会影响天道运行。　④形:身体。　⑤失位:失常。　⑥居处:行止动静。无常:失去中正。　⑦思虑不自得:不能按自己的本性去思虑,也就是说思考问题是按世俗的是非作标准。　⑧中道:中正之道。不成章:不能完整。音十为章,完整的一个节段称章,不足一个完整的节段就是不成章。中道在字面上可以作半途讲,但这里不是。前文说的失位、无常、不自得,都是指的不能中正而失常,故中道只能是中正之道的意思。要根据词句出现在上下文的语言环境里确定它的意思。　⑨乔:装模作样。元曲中的乔样,东北人说的小样,都是装模作样的意思。诘:狡黠。卓鸷:桀骜不驯。　⑩天下:指天下所有的奖赏办法。　⑪天下:指天下所有的惩罚措施。不给:不足。　⑫天下之大:这里是穷尽天下所有的意思。不足以赏罚:不够用来赏罚。　⑬匈匈:汹汹。乱哄哄的样子。　⑭彼:那。这里指代人们。

而且说明邪?是淫于色也①;说聪邪?是淫于声也②;说仁邪?是乱于德也③;说义邪?是悖于理也④;说礼邪?是相于技也⑤;说乐邪?是相于淫也⑥;说圣邪?是相于艺也⑦;说知邪?是相于疵也⑧。天下将安其性命之情,之八者,存可也,亡可也⑨;天下将不安其性命之情,之八者,乃始脔卷㺐囊而乱天下也⑩。而天下乃始尊之惜之。甚矣,天下之惑也⑪!岂直过也而去之邪⑫,乃齐戒以言之⑬,跪坐以进之⑭,鼓歌以舞之⑮,吾若是何哉?

【译文】 而且,去追求目明吗?这就五色错乱了;追求耳聪吗?这就五音错乱了;追求仁吗?这就天德错乱了;追求义吗?这就天理昏悖了;追求礼吗?这就助长了人为的虚伪;追求音乐吗?这就助长了淫逸;追求圣明吗?这就助长了才艺;追求智吗?这就助长了好争的毛病。天下要安定性命的真情,这八种有也可,没有也可;天下要不安定性命的真情,这八种就使人的天性拘卷,撑拒百出而扰乱了天下。而天下人竟然尊奉它,珍惜它。天下的迷惑也太过分了!天下人不但不以为错而扔掉它,甚至还斋戒净身才谈论它,跪拜端坐才进献它,载歌载舞去歌颂它。对这种状况,我拿它怎么办呢?

【注释】 ①说(yuè月):悦,喜爱,追求。明:目明。淫:过分。使动,指错乱,与后文"乱"互文。　②聪:耳聪。辨音能力强。　③仁:仁爱。句谓,人的天然本性无所谓仁与不仁,一提倡仁就扰乱了人的德性。　④悖:违背。　⑤相:助长。技:巧伪。句谓,提倡礼仪就助长了虚伪。庄子认为礼仪是形式上的人为安排。　⑥乐:音乐。淫:淫逸。　⑦艺:才艺。　⑧疵:病。庄子认为"智为孽",是相争的工具。　⑨之:这。存可也,亡可也:有也可以,无也可以。　⑩脔(luán峦)卷:不舒展的样子。㺐(cāng仓)囊:撑拒枝杈不理顺的样子。　⑪甚矣,天下之惑也:主谓倒装句。犹言天下之惑,甚矣。　⑫直:只。岂直:岂但,不但不。过:以之为过,即认为它是错的。去之:扔掉它。　⑬齐戒:斋戒。本指洁身净心的程式,这里是庄严虔敬的意思。言之:谈论它。　⑭跪坐:跪拜端坐,恭敬的样子。进:进献。　⑮鼓歌以舞之:载歌载舞地歌颂它。　⑯吾若是何哉:面对这种状况,我拿它怎么办呢?也就是实在是没办法的意思。

故君子不得已而临莅天下①,莫若无为。无为也,而后安其性命之情。故贵以身于为天下②,则可以托天下③;爱以身于为天下,则可以寄天下。故君子苟能无解其五藏④,无擢其聪明⑤,尸居而龙见⑥,渊默而雷声⑦,神动而天随⑧,从容无为而万物炊累焉⑨。吾又何暇治天下哉?

【译文】 所以说,君子如果不得已而君临天下,就不如自然无为。自然无为,然后才能安定人们性命的真情。所以把自身看得比天下还珍贵的人,才能把天下托付给他;对自身比对天下还爱惜的人,才能把天下托付给他。因此,君子如果能够守住自己五脏的本性,不搅乱自己的聪明,就会枯寂不动而能如龙一般活现,像深渊一样静默而能如雷声一般震撼。心神一动,天地自然会随着变化,从容无为而万物会自然生发。我又何必分出心思治天下呢?

【注释】 ①临莅(lì立):就位统治。 ②贵以身于为天下:即以身为贵于天下。认为自身比天下珍贵。 ③托天下:把天下托付给他。 ④解:散。藏:脏。句谓,君子如果能够不使自己的五脏真性分散,也即保持五脏真性。古人认为五脏中藏有五性。 ⑤擢:擢乱。"擢"与上句"解"互文,都指散乱。 ⑥尸居:像尸体一样寂然不动。龙见(xiàn现):像活龙一般显现。尸、龙是名词作状语。 ⑦渊默:像深渊一样静默。雷声:像打雷一般发声。渊、雷都是名词作状语。 ⑧神动:精神一活动。天随:上天就会随着响应。神动、天随都是主谓结构。 ⑨炊累:司马彪注:"炊累犹动升也。"自动升腾的样子。

　　崔瞿问于老聃曰①:"不治天下,安藏人心②?"老聃曰:"女慎③,无撄人心④,人心排下而进上⑤。上下囚杀⑥,淖约柔乎刚强⑦,廉刿雕琢⑧,其热焦火⑨,其寒凝冰⑩。其疾俯仰之间而再抚四海之外⑪。其居也,渊而静⑫;其动也,县而天⑬。愤骄而不可系者⑭,其唯人心乎!昔者黄帝始以仁义撄人之心,尧舜于是乎股无胈,胫无毛⑮,以养天下之形⑯。愁其五藏以为仁义⑰,矜其血气以规法度⑱,然犹有不胜也⑲。尧于是放讙兜于崇山⑳,投三苗于三峗㉑,流共工于幽都㉒,此不胜天下也!夫施及三王而天下大骇矣㉓,下有桀、跖,上有曾、史,而儒墨毕起㉔,于是乎喜怒相疑,愚知相欺,善否相非㉕,诞信相讥㉖,而天下衰矣。大德不同㉗,而性命烂漫矣㉘;天下好知,而百姓求竭矣㉙,于是乎釿锯制焉㉚,绳墨杀焉㉛,椎凿决焉㉜。天下脊脊大乱㉝,罪在撄人心。故贤者伏处大山嵁岩之下㉞,而万乘之君忧栗乎庙堂之上㉟。今世殊死者相枕也㊱,桁杨者相推也㊲,刑戮者相望也㊳,而儒墨乃始离跂攘臂乎桎梏之间㊴。意㊵,甚矣哉!其无愧而不知耻也,甚矣!吾未知圣知之不为桁杨椄槢也㊶?仁义之不为桎梏凿枘也㊷?焉知曾、史之不为桀、跖嚆矢也㊸?故曰,绝圣弃知而天下大治。"

【译文】 崔瞿问老子说:"不治天下,怎么能收拾人心呢?"老子说:"你可要小心,不要去挑逗人心,人心都是推下进上。上下杀害,看着柔顺却能胜过刚强,有棱有刃,能刻能削,热如烈火,寒如凝冰。要快起来,俯仰之间就能在四海之外打个来回。静止的时候渊深静谧,活动起来悬腾而上天。亢奋骄纵不可约束的,恐怕就只有人心吧!当年黄帝开始用仁义去挑逗人心,尧舜忙得大腿无肉,小腿无毛,来养活天下的人。五脏发愁地推行仁义,心血旺盛地制定法度,然而还是不能收拾人心。于是尧才把讙兜流放到崇山,把三苗遣送到三峗,把共工发配到幽都,这就是因为不能胜任收拾天下的人心呵!延续到夏商周三王时代,天下人心就惊扰得大乱了。下面有夏桀、盗跖,上面有曾参、史鰌,儒家、墨家都出来了,于是喜怒相互猜疑,愚智相互欺骗,好坏相互攻击,真假相互讥诮,天下风气变得衰败了。大德不能一致,性命真情受到伤害变得散乱无收;天下喜好智巧,百姓追求私利无所不干,于是乎用斧锯来制裁,用法律来刑杀,用锤凿来判决。天下纷纷大乱,罪过就在于挑逗人心。所以贤者隐居在大山深谷里,大国之君在朝廷上也胆战心惊地忧愁。当今之世,斩首的人尸体一个压着一个,带枷锁的人一个挨着一个,受刑而死的人满眼皆是,于是儒墨两家跳脚捋袖地争着在如何使用枷锁之间嚷叫自己的主张。唉,太过分了!他们竟然这样不知羞愧,太过分了!我不知道圣智不正是为枷锁装配零件吗?仁义不正是为枷锁凿榫卯吗?又哪里知道曾参、史鰌不正是给夏桀、盗跖做响箭呢?所以说,弃绝圣智,天下才能大治。"

【注释】 ①崔瞿:人名。成疏:"姓崔名瞿,不知何许人也。" ②安藏:这里是怎样收拾的意思。 ③女:汝。慎:谨慎小心。 ④无:勿,不要。撄:引动挑逗。 ⑤排下:推排不安于下。进上:向上挤进。 ⑥囚杀:囚害凶杀。 ⑦淖(chuò啜)约:柔顺的样子。柔乎刚强:柔弱胜于刚强。 ⑧廉:有棱,锋利。刿(guì贵):割。雕琢:刻削钻刺。 ⑨焦火:烈火。句谓,人心有时热如烈火。 ⑩凝冰:冻结的冰。句谓,人心有时冷如寒冰。 ⑪疾:快。俯仰之间:一俯一仰之间,比喻很短的时间。抚:来回摸及。 ⑫居:与动对举,静止不动。渊而静:渊深静默不可测。 ⑬县:悬。县而天:悬腾飞上天。 ⑭偾(fèn奋)骄:亢奋骄纵。不可系:拴不住。 ⑮股无胈(bá拔):大腿上不长肉,民间称作抽档,形容瘦弱。胫无毛:小腿上汗毛被磨掉,形容劳累。 ⑯养天下之形:养活天下人的身体。 ⑰愁其五藏:使五脏忧愁。为仁义:推行仁义。 ⑱矜(jīn今):骄矜。这里是旺盛的意思。矜其血气:使血气旺盛。规法度:建立法度。 ⑲不胜:不足,不能胜任。 ⑳放:流放。讙(huān欢)兜:尧时浑沌、饕餮、穷奇、梼杌(鲧)四凶之一。成疏:

"昔帝鸿氏有不才子,天下谓之浑沌,即讙兜也,为党共工,放南裔也。"崇山:山名,在湖南大庸县境内。　㉑投:与放同义,也是流放。三苗:尧时四凶之一。成疏:"缙云代有不才子,天下谓之饕餮,即三苗也,为尧诸侯,封三苗之国。国在左洞庭,右彭蠡,居豫章,近南岳。"三峗(wéi 违):山名,在今甘肃天水一带。　㉒流:流放。共工:尧时四凶之一。成疏:"少昊氏有不才子,天下谓之穷奇,即共工也,为尧水官。"幽都:地名,即幽州。　㉓施:延续。三王:夏、商、周三代帝王。骇:惊扰。　㉔毕起:都出来了。　㉕善否(pǐ 痞):好与不好。相非:相互攻击。　㉖诞:荒诞,虚假。信:诚实。讥:讥诮。　㉗大德:基本的道德。　㉘烂漫:火伤为烂,水害为漫。这里是受到伤害的意思。　㉙竭:尽。求竭:追求私利无所不干。　㉚釿锯制焉:用刀斧制裁。釿锯指刑具。　㉛绳墨杀焉:用法律刑杀。绳墨指法律。　㉜椎凿决焉:用锤凿判决。椎凿指酷刑。　㉝脊脊:《释文》:"本亦作肴肴。"乱纷纷的样子。　㉞嵌(kān 堪)岩:山岩。　㉟栗:恐惧。庙堂:朝廷。　㊱殊死:身首异处而死。相枕:一个压一个。　㊲桁(háng 杭)杨:木枷。相推:指带枷的人成队而行。　㊳相望:指受到刑杀的人一个接一个很多。　㊴离跂:跳起脚来。攘臂:揎拳捋袖伸出手来,都是形容奋力的样子。桎:足枷。梏:手枷。离跂攘臂乎桎梏之间:在使用刑罚这个范围里奋力争竞,而不是谋求如何消除罪恶刑罚。　㊵意:同噫,叹词。　㊶桀黠(jiéxí 节习):枷上的插销。郭象注:"桁物以桀黠为管。"司马彪注:"桀黠,械楔。"为桁杨桀黠:给刑具装配零件,比喻为刑法的完善做工作。　㊷凿枘(ruì 锐):榫卯。指在木枷上凿出榫卯。比喻完善刑法。　㊸嚆(hāo 蒿)矢:响箭。意思是说,圣智仁义都是在助纣为虐,帮的是倒忙。

　　黄帝立为天子十九年,令行天下,闻广成子在于空同之山①,故往见之。曰:"我闻吾子达于至道,敢问至道之精②?吾欲取天地之精,以佐五谷③,以养民人。吾又欲官阴阳以遂群生④,为之奈何?"广成子曰:"而所欲问者,物之质也⑤;而所欲官者,物之残也⑥。自而治天下,云气不待族而雨⑦,草木不待黄而落,日月之光益以荒矣⑧,而佞人之心翦翦者⑨,又奚足以语至道?"黄帝退,捐天下⑩,筑特室⑪,席白茅⑫,闲居三月,复往邀之⑬。

　　广成子南首而卧⑭,黄帝顺下风膝行而进⑮,再拜稽首而问曰⑯:"闻吾子达于至道,敢问治身奈何而可以长久⑰?"广成子蹶然而起⑱,曰:"善哉问乎⑲!来,吾语女至道。至道之精,窈窈冥冥⑳;至道之极,昏昏默默㉑。无视无听㉒,抱神以静,形将自正㉓;必静必清,无劳女形,无摇女精㉔,乃可以长生。目无所见,耳无所闻,心无所知,女神将守形,形乃长生。慎女内㉕,闭女外㉖,多知为败㉗。我为女遂于大明之上矣㉘,至彼至阳之原也㉙;为女入于窈冥之门矣㉚,至彼至阴之原也。天地有官㉛,阴阳有藏㉜,慎守女身,物将自壮。我守其一以处其和㉝,故我修身千二百岁矣,吾形未常衰㉞。"黄帝再拜稽首,曰:"广成子之谓天矣㉟!"广成子曰:"来,余语女,彼其物无穷,而人皆以为有终;彼其物无测,而人皆以为有极㊱。得吾道者,上为皇而下为王㊲;失吾道者,上见光而下为土㊳。今夫百昌皆生于土而反于土㊴。故余将去女,入无穷之门,以游无极之野㊵。吾与日月参光㊶,吾与天地为常㊷。当我缗乎,远我昏乎㊸。人其尽死,而我独存乎㊹!"

【译文】 黄帝当了十九年天子,令行天下,听说广成子住在崆峒山,就专程去拜见。说:"我听说先生已修成至道了,请问至道的精华是什么？我想用天地的精华来帮助五谷生长,养育人民。我还想掌管阴阳来成就各种生物,该怎么去做?"广成子说:"你想问的是万物的本质,而你想掌管的却是万物的残渣。自从你治理天下以来,云气不等集聚好就下雨,草木不等枯黄就落叶,日月的光芒更加昏暗了,你那变得奸佞的心更加浅陋了,又怎么配得上谈至道呢?"黄帝退了回去,扔下天下,筑起一座专用房子,铺上白茅草,闲居了三个月,又去邀见广成子。

广成子头朝南躺着,黄帝从下方跪着走进前,拜了两拜,叩下头去问道:"我听说先生修成了至道,请问怎样修身才能长生?"广成子猛地坐起来说:"这个问题问得好呵！来,我告诉你至道。至道的精华,悠悠深深;至道的极端,默默昏昏。什么都不看,什么都不听,守住心神,保持宁静,形体将会得到自然之正;必静必清,不要劳动形体,不要摇动精神,这样就可以长生。目无所见,耳无所闻,心无所知,你的精神就会守护着形体,形体才会长生。谨慎你的内心,关闭你的外部感觉器官,多知就是功败。我帮助你修成上到大光明的境地,到达至阳的本原;我帮助你修炼进到悠深的大门,到达至阴的本原。天地有了掌管,阴阳各居其所,谨慎地守护住你的身体,万物自己会壮盛。我守持至道的纯一,置身在至道的和谐里,因此我修身一千二百年了,至今我的形体也未曾衰老。"黄帝拜了两拜,叩头说:"广成子可以算是天师了!"广成子说:"近前来,我告诉你,宇宙万物是没有极限的,而人们认为有终尽;宇宙万物是无穷的,而人们认为有极限。得到我道的人,上可以成为三皇,下可以成为三王;失去我道的人,上见日月之光,下就化为泥土。万物都从土里生出再返回土中。因此我要离开你,进入无穷之门,巡游在无极限的原野。我与日月同光,与天地永恒,(我心如镜不留痕。)面对我来,合而明;背我远去,昏然消失不留踪。人人都有死期,而我独能长存!"

【注释】 ①广成子：黄帝时人，隐居崆峒山石室。传说他后来得道成仙。一说即老子。空同：即崆峒。 ②至道：最高的道。精：精华。 ③佐：助长。五谷：黍、稷、菽、麻、麦。 ④官：掌管。遂：成就。 ⑤质：本质，指精神方面的东西。 ⑥残：残渣，指形体方面的东西。 ⑦族：簇，聚集。 ⑧益以荒：更加荒疏昏暗。 ⑨佞人：奸人。萋萋：短浅的样子。 ⑩捐：抛弃扔下。 ⑪特室：这里指专门用来修身的房子。 ⑫席：铺上。白茅：古代斋戒祭祀用的茅草。 ⑬邀：邀见。 ⑭南首：头朝南。 ⑮下风：犹言下手。膝行：跪着走。 ⑯稽首：古代行的大礼，磕头到地。 ⑰治身：修身。长生：长生不老。 ⑱蹶然：惊起的样子。 ⑲善哉问乎：即问乎善哉，问得好呵！ ⑳窈窈冥冥：悠深恍惚难见的样子。 ㉑昏昏默默：昏暗无迹的样子。 ㉒无视无听：杜绝视听。无：勿。 ㉓抱神：守住神。形将自正：形体自然而正。 ㉔女：汝。无摇女精：不要摇荡你的精神。 ㉕慎女内：谨慎守护你的内心。 ㉖闭女外：封闭你的外部感觉器官不受影响。 ㉗多知为败：认知多就会造成失败。 ㉘我为女：我引导你。遂：到达。大明之上：大光明的上乘，指至阳境界。 ㉙原：本。 ㉚窈冥：至阴的境界。阳动阴静，阳明阴暗，阴阳生于道，至阴至阳指道的源头处。 ㉛官：掌管。天地有官：天地在道的控制下正常运行。 ㉜藏：收藏。阴阳有藏：阴阳在道的蕴藏里有序展开，即阴阳不乱，各得其所。 ㉝物将自壮：万物自然会在道的运行中壮大旺盛，人也是如此。一：道的浑然一体。和：和谐。 ㉞未常：未尝，未曾。 ㉟天：对广成子的尊称，犹言天师。指广成子得道与天同体，相当于天。 ㊱无测：不可测，指万物只有变化，没有极限。有极：有终尽。 ㊲上为皇：高一点的可修到三皇的程度。下为王：低一点的可修到三王的程度。 ㊳上见光：高一点的上见天光。下为土：低一点的就化为泥土，指凡人。 ㊴百昌：万物。反：返。反于土：回到土里。 ㊵无穷：无穷尽。无极：没有极限。两者都指大道的无穷无尽的境界。 ㊶参光：同光。 ㊷为常：同样永恒。 ㊸当我：向我而来。缗(mín民)：泯，合。远我：背我而去。昏：昏暗消失。成疏："圣人无心若镜，机当感发，即应机冥符，若前迹不感，即昏然晦迹也。"道心如镜，到镜前观照，即可得到与真实相合的面目，就可以认清道。背镜而去见不到真相，隔于昏昧，也就什么也认不清。得道即可长生，失道就糊里糊涂地回到泥土中死去。 ㊹人：指没有得道的人。独存：独能长存。

云将东游①，过扶摇之枝而适遭鸿蒙②。鸿蒙方将拊脾雀跃而游③。云将见之，倘然止④，贽然立⑤，曰："叟何人邪⑥？叟何为此？"鸿蒙拊脾雀跃不辍⑦，对云将曰："游⑧！"云将曰："朕愿有问也⑨。"鸿蒙仰而视云将曰："吁⑩！"云将曰："天气不和，地气郁结，六气不调⑪，四时不节⑫。今我愿合六气之精以育群生⑬，为之奈何？"鸿蒙拊脾雀跃掉头曰："吾弗知，吾弗知！"云将不得问。

又三年，东游，过有宋之野而适遭鸿蒙⑭。云将大喜，行趋而进曰⑮："天忘朕邪⑯？天忘朕邪？"再拜稽首，愿闻于鸿蒙。鸿蒙曰：“浮游不知所求，猖狂不知所往⑰。游者鞅掌⑱，以观无妄⑲。朕又何知？”云将曰：“朕也自以为猖狂，而民随予所往⑳，朕也不得已于民㉑。今则民之放也㉒，愿闻一言。”鸿蒙曰：“乱天之经㉓，逆物之情，玄天弗成㉔。解兽之群而鸟皆夜鸣㉕，灾及草木，祸及止虫㉖。意！治人之过也！”云将曰：“然则吾奈何？”鸿蒙曰：“意！毒哉㉗，仙仙乎归矣㉘！”云将曰：“吾遇天难，愿闻一言。”鸿蒙曰：“意！心养㉙！汝徒处无为㉚，而物自化。堕尔形体㉛，吐尔聪明㉜，伦与物忘㉝。大同乎涬溟㉞，解心释神㉟，莫然无魂㊱。万物云云，各复其根㊲。各复其根而不知，浑浑沌沌，终身不离㊳。若彼知之，乃是离之㊴。无问其名，无窥其情㊵，物固自生。”云将曰：“天降朕以德㊶，示朕以默㊷，躬身求之㊸，乃今也得。”再拜稽首，起辞而行。

【译文】 云将向东飘游，从旋风的边上经过，恰好遇上了鸿蒙。鸿蒙正拍着大腿雀跃着浮游。云将见到鸿蒙，迷惘地停下来，恭敬地站到一边说：“这位老先生是谁呀？为什么会这样呢？”鸿蒙还是拍着大腿雀跃不止，对云将说：“我在遨游呵！”云将说：“我想向您请教请教。”鸿蒙抬头看着云将说：“吁！”云将说：“天气不和，地气郁结。六气不调，四季不应时。现在我想调和六气的精华来养育万物，应该怎么做呢？”鸿蒙拍着大腿雀跃着掉头跑开了，说："我不知道，我不知道！"云将没有问上。

又过了三年，云将向东飘游，经过宋国的野空，恰巧又遇上了鸿蒙。云将大喜，快步走上前说："天师忘记我了吗？天师忘记我了吗？"拜了两拜叩下头去，想听听鸿蒙的指点。鸿蒙说："自由自在地浮游，无所追求，疯疯癫癫不知所往。浮游的人随随便便，观看那不虚妄的真相。我又知道什么呢？"云将说："我也自认为够疯疯癫癫的，而百姓总是追随着我，我对百姓也是不得已才迁就。今天我暂时放下百姓们不管，愿听先生一言赐教。"鸿蒙说："扰乱了天道运行的常轨，违背了万物的真实性情，上天不会助你成功。惊扰得野兽散了群，鸟儿白天不叫夜间鸣，灾及草木，祸及昆虫。唉！这都是治人造的孽呀！"云将说："这样说来，那么我该怎么办呢？"鸿蒙说："唉！人为之毒太深了，飘飘荡荡地回去吧！"云将说："我难得遇天师一面，愿听先生指点一言！"鸿蒙说："唉！养心吧！你只管处于自然无为之中，万物自会自生自化。把你的形体放在一边，把你的聪明置之脑后，把自己和外物一同忘掉。大同于浑浑沌沌的自然之气，解散思虑，放下心神，漠漠然如同没有灵魂。万物种种，各自恢复本根。恢复本根而不知，浑浑沌沌，终身不要离去。如果一意识到了,那就是要失去了。不要问它(指浑沌)叫什么,也不要窥探它的真情,万物本来就是自化自生。"云将说:"天师传授给我道德,又把静默修身的方法展示给我,我亲身求道多年,今天才把它得到。"于是拜了两拜叩头谢师,站起来告辞而去。

【注释】 ①云将:浮云的拟名。游:飘游。 ②扶摇:旋风。鸿蒙:天空的拟名。 ③方将:正要。髀:通"䏶",大腿。拊:拍。拊髀:拍着腿。雀跃:像雀似的跳跃。这是用拟人的方法说明自然之道。 ④倘然:迷惘的样子。 ⑤贽然:恭敬的样子。贽是送礼,这里是表恭敬。 ⑥叟:对长者的称呼。 ⑦辍:停止。 ⑧游:遨游。 ⑨朕:我。 ⑩吁:感叹词,表示嫌云将问得多余。 ⑪六气:成疏:"阴、阳、风、雨、晦、明,此六气也。" ⑫四时:四季。不节:失调不正常。 ⑬合:调和。群生:万物。 ⑭有宋:宋国。有:名词词头,无义。 ⑮趋:快步走。 ⑯天:对鸿蒙的尊称,犹言天师。 ⑰猖狂:疯疯癫癫的样子,指无意识无目的的行为。 ⑱鞅掌:没有羁绊,随便放任。 ⑲无妄:不虚妄,真实。 ⑳民随予所往:百姓总是追随着我走。指百姓总是盼云求雨解除干旱。 ㉑不得已于民:迫于百姓的愿望而身不由己地去做。 ㉒放:放下。民之放:放下民。 ㉓经:正常运行。 ㉔玄天:上天。玄是天的颜色,"天地玄黄"。 ㉕解:驱散。夜鸣:指鸟的习性被改变而反常。两者是指人的行为背逆了自然。 ㉖止虫:昆虫。郭庆藩校:"赵谏议本止作昆。" ㉗意:噫,叹词。毒哉:人为造成的毒害太深了。 ㉘仙仙:飘飞的样子。 ㉙心养:即养心,修养自己的心性。 ㉚徒:只要。 ㉛堕:放下。堕尔形体:忘掉自身。 ㉜吐:扔掉。 ㉝伦:与下句"大同"互文,一同。伦与物忘:把自己和万物一同忘掉。 ㉞涬(xìng幸)溟:浑浑沌沌的元气。 ㉟解心释神:放弃而不用心神。 ㊱莫然:没有的样子。 ㊲云云:众多的样子。各复其根:万物都回到根本,即回复本性。 ㊳不离:不失本性。 ㊴知之:明白了它。句谓,如果人为地找出了道理,那就是失去了本性。 ㊵无问其名:不要问它(道)是什么。无窥其情:不要窥探它到底是怎么回事。意思是说,道就是自然而然,没什么道理可讲。 ㊶天降朕以德:鸿蒙传授给我道德。 ㊷示朕以默:把静默修心的方法展示给我。 ㊸躬身:亲身。

世俗之人,皆喜人之同乎己而恶人之异于己也①。同于己而欲之,异于己而不欲者,以出乎众为心也②。夫以出乎众为心者,曷常出乎众哉③?因众以宁所闻④,不如众技众矣⑤。而欲为人之国者⑥,此揽乎三王之利而不见其患者也⑦。此以人之国侥幸也⑧,几何侥幸而不丧人之国乎?其存人之国也,无万分之一;而丧人之国也,一不成而万有余丧矣。悲夫!有土者之不知也⑨!夫有土者,有大物也⑩。有大物者,不可以物⑪;物而不物,故能物物⑫。明乎物物者之非物也⑬,岂独治天下百姓而已哉?出入六合,游乎九州,独往独来,是谓独有。独有之人,是谓至贵⑭。

【译文】 世俗的人,都喜欢别人同意自己的看法,而讨厌别人不同意自己的看法。希望与自己的意见相同,不希望与自己的意见不相同,其实这都是出于想超出众人的一种心理。抱着超出众人的心理,又何尝能超出众人呢?你自己看法的对错还要靠众人来认同,可见你比不上众人的技艺太多了。想给人家统治好国家的人,把夏商周三王的统治方法拿过来,这只是看到了它有利的一面,看不到它造成祸患一面的一种做法。这是用人家的国家去撞大运,有几个靠撞大运而不丧亡国家的呢?其中能够保住国家不亡的几率,不到万分之一;而丧亡国家的几率,可以说只有一分侥幸而有万分有余的丧亡。可悲呵!拥有国土的君王们不懂这个道理!拥有国土,那可是拥有大物。有大物的,就不能把自己也等同于物,要主宰物而不能去做物,所以才能役使万物。懂得了主宰万物,自己就不能是物的道理,何止是能治理好天下百姓呢?甚至可以出入六合,巡游九州,独往独来,这就叫做独有。独有的人,才叫做最为尊贵。

【注释】 ①同乎己:与自己的意见相同。异于己:与自己的意见不同。 ②以出乎众为心:出于一种超出众人的一种心理。 ③曷常:何尝。出乎众:超出众人。 ④因:凭借。宁:心安。句谓,要凭借众人的赞同才能证实自己的意见正确而心安。 ⑤前"众":众人。后"众":多。句谓,不但超不出众人,反而比众人的技能差得多了。 ⑥为人之国:替别人管理国家。指战国时期游说诸侯的谋士。 ⑦揽:收取。三王:夏商周三代君王。句谓,这是只想收取三王统治的有利一面,而看不到它造成祸患的一面。 ⑧侥幸:碰运气。句谓,这是用人家的国家去碰运气,没有任何把握。 ⑨有土者:拥有国土的人,指君王。不知:不明白,指利用谋士替自己管理国家。 ⑩大物:指天下、国家。句谓,国君是拥有国家大物的。 ⑪不可以物:不可以把自己也等同于物。 ⑫物而不物:使用物而不能自己成为物。前一"物"是使动用法,后一"物"是名词。物物:主宰众物。 ⑬非物:不是物。句谓,懂得了众物的主宰者不能是物的道理。 ⑭独有:独自具有。指具有对万物的主宰功能。

大人之教①,若形之于影,声之于响②。有问而应之,尽其所怀③,为天下配④。处乎无响,行乎无方⑤,挈汝适复之⑥,挠挠以游无端⑦,出入无旁。与日无始⑧。颂论形躯⑨,合乎大同⑩,大同而无己⑪。无己,恶乎得有有⑫?睹有者,昔之君子⑬;睹无者,天地之友⑭。

【译文】 有道之人的教诲,如同是有形之物的影子,声响的回音。有问就应声回答,倾尽自己心里所有的东西,应对天下的需要。自己处在不发声响的境地,行动在没有固定方向的地方,带着你恢复到本根,宛宛转转在无极中巡游，出入在别无旁物之中，与太阳一起无始无终。容颜、谈吐、形躯都与大道相合，与大道全都相同合一没有了自己。连自己也不存在了，哪里还会占"有"？能看到有的存在，是过去的君子；能看到无的存在，是天地的朋友。

【注释】 ①大人：指有道的人。 ②响：回音。 ③应：应答。尽其所怀：倾尽自己心里所有的东西。 ④配：对应。为天下配：作为与天下对应的一方。 ⑤无响：没有声响。无方：没有定向。这是指大人心如回音器，外界怎样响就怎样反响；心如明镜，外界怎样动就怎样反映。自己本身既不响，也不动。 ⑥挈（qiè 切）：携带。适：到。复之：恢复本性、本然。 ⑦挠挠：宛宛转转。无端：无极限。 ⑧无旁：浑然一体。无始：没有开端。宇宙无终无始，万物随之变化而无端。 ⑨颂论：容貌与言论。颂：容。 ⑩大同：大道。 ⑪大同而无己：与大道完全相合，没有自己。 ⑫有有：占有。句谓，没有自己，怎么会有自己的占有。 ⑬睹有者：看到有的存在的人。句谓，看到有的存在的人是过去的君子。 ⑭睹无者：看到无的存在的人。句谓，看到无的存在的人是天地的朋友。庄子认为万物生于无，归于无。万物的存在只不过是道的运化过程，所以只看到万物的有，只不过是君子的水平。看到万物从属于道的无才是达到天地之友的水平。

贱而不可不任者，物也①；卑而不可不因者，民也②；匿而不可不为者，事也③；粗而不可不陈者，法也④；远而不可不居者，义也⑤；亲而不可不广者，仁也⑥；节而不可不积者，礼也⑦；中而不可不高者，德也⑧；一而不可不易者，道也⑨；神而不可不为者，天也⑩！故圣人观于天而不助⑪，成于德而不累⑫，出于道而不谋⑬，会于仁而不恃⑭，薄于义而不积⑮，应于礼而不讳⑯，接于事而不辞⑰，齐于法而不乱⑱，恃于民而不轻⑲，因于物而不去⑳。物者莫足为也，而不可不为㉑。不明于天者，不纯于德㉒；不通于道者，无自而可㉓。不明于道者，悲夫！何谓道？有天道，有人道。无为而尊者㉔，天道也；有为而累者㉕，人道也。主者㉖，天道也；臣者㉗，人道也。天道之与人道也，相去远矣㉘，不可不察也！

【译文】 低贱然而又不能不任用的是万物，卑下然而又不得不依赖的是人民，不好办然而又不可不办的是事情，粗略然而又不得不设立的是法度，疏远然而又不得不用的是大义，亲近然而又不能不推广的是仁爱，节制然而又不可不积存的是礼仪，中正然而又不可不尊尚的是德性，惟一然而又不能不变化的是大道，神妙然而又不得不发挥作用的是天呵！所以圣人仰观天道而不去帮倒忙，德性自然形成而无须增累，由道生出而不去筹谋，符合仁爱而不依赖仁爱，接近大义而不积存大义，应合礼仪而不避讳，接手事务而不推辞，法律整齐而不乱，依赖人民而不轻视，任用万物而不抛弃。物是不值得为它忙乎的,但又不能不去做。不明白天的人,德性就不可能纯真;不通大道的人,什么都行不通。不懂得大道的人,可悲呵!什么是道?有天道,有人道。自然无为而尊贵不可违逆的是天道,有所作为而劳累不懈的是人道。君主是天道,臣下是人道。天道与人道相差远去了,不能不察知呵!

【注释】 ①任:使用。 ②因:凭借依赖。 ③匿:隐匿,不好办。事:《天地》篇:"上治人者,事也。"事指管理。 ④粗:粗略。陈:设立施行。句谓,粗略但又不得不设立的是法度。 ⑤居:守。句谓,疏远但又不得不遵守的是大义。 ⑥广:推广。句谓,亲近但又不得不推广的是仁爱。 ⑦节:节制约束。积:积存。句谓,节制但又不得不积存的是礼仪。 ⑧中:中正。高:尊尚。句谓,中正但又不可不尊尚的是德性。 ⑨一:惟一。易:变易。句谓,惟一但又不可不变化的是道。庄子认为道是惟一的,万物都从道中产生,都是道变化的体现。 ⑩神:神妙。为:发挥作用。句谓,神妙但又不能不发挥作用的是天。天运化万物。 ⑪不助:不去助天。因为天是神妙的,人是帮不了的。 ⑫不累:不加。因为德性自然形成,无须增累。 ⑬不谋:不谋划。顺道运化不加人为,故不谋。 ⑭会:合。恃:依赖。句谓,天性与仁爱自然相合,但仁爱不是天性,故不恃。 ⑮薄:近。积:积存。句谓,本性与大义相近,但大义不是本性,故不积存。 ⑯应:合。讳:避讳。句谓,本性与礼仪相合,但礼仪不是本性,故不讳。 ⑰接:接受。辞:推辞。句谓,接受事情去做而不推辞,因为"不可不为者事也"。 ⑱齐:均一平等。句谓,法律平等而不乱,因为"不可不陈者法也"。 ⑲轻:轻视。句谓,依赖人民而不轻视,因为"不可不因者民也"。 ⑳去:抛弃。句谓,利用万物而不抛弃,因为"不可不任者物也"。 ㉑莫足为:不值得为。句谓,物是不值得为的,但又不能不为。庄子认为,物是道的残骸,可利用,但不是追求的目的。 ㉒不纯于德:德性不纯真。 ㉓无自而可:无由而行,什么都行不通。 ㉔尊:尊贵。 ㉕累:劳累。 ㉖主者:君王。 ㉗臣者:人臣。 ㉘相去远:离得很远,差得很多。

第十二篇　天地

　　本篇截取篇首二字为题,主要论述君王应当具备什么样的道德。庄子认为君王的统治与万物受道的运化是一致的,是"原于德而成于天",所以君王应当奉行的道就是天道,背离天道的所有做法都不可取,人为的成分越多天下就越乱,越是有心治理越是失真离道。这是社会每况愈下的根本原因,根治的办法就是自然无为,做天道的体现者,而不是去模仿古代的圣人。天道的修养就是努力使自己彻底净化,返本复性,回复到道的大同中去。修养的过程也要内外皆治,顺时应世,不可立异强为。

　　天地虽大,其化均也①;万物虽多,其治一也②;人卒虽众,其主君也③。君原于德而成于天④。故曰,玄古之君天下⑤,无为也,天德而已矣⑥。以道观言而天下之君正⑦,以道观分而君臣之义明⑧,以道观能而天下之官治⑨,以道泛观而万物之应备⑩。故通于天地者,德也⑪;行于万物者,道也⑫。上治人者,事也⑬;能有所艺者⑭,技也。技兼于事⑮,事兼于义,义兼于德,德兼于道,道兼于天⑯。故曰,古之畜天下者,无欲而天下足,无为而万物化,渊静而百姓定⑰。《记》曰⑱:"通于一而万事毕⑲,无心得而鬼神服⑳。"

【译文】　　天地虽然大,但它对万物的运化是均衡的;万物虽然多,但它们的主宰只有一个;人卒虽然众多,但他们的主宰就是君王。君王的产生本源于道德,形成于自然之理。所以说,远古的君王统治天下,自然无为,合乎天德罢了。按道的标准看待所说的话,天下的君王才言正;按道的标准看待各自的职分,君臣之间的大义才明;按道的标准看待臣子的贤能,天下的官吏才称职;按道的标准广泛看待万物,万物的应求才具备。所以说,通达天地的是天德,流行于万物的是大道。在上统治人民是办事,智能成为一门技艺的是技术。技术统属于办事,办事统属于大义,大义统属于天德,天德统属于大道,大道统属于自然。所以说,古代畜养天下的人,没有私欲而天下备足,自然无为而万物自行变化,渊深平静而百姓自会安定。《记》书里说:"贯通浑一的道,万事都兴办起来了;无心获取,鬼神也能信服。"

【注释】 ①化:运化。均:平均。 ②治:管理,主宰。一:指道。万物都是在道的支配下运动。 ③人卒:人员。主:与治互文,主宰。君:君王。 ④君原于德:君主的产生本源于道德。成于天:君主的形成源于天理。天道是主宰自然万物的,人类社会只是万物中特殊的一部分。人类社会由君王的管理主宰,本源于天道。 ⑤玄古:远古。君天下:统治天下。 ⑥天德:天道。人类社会是按天道形成组织起来的,故君王统治天下,只要按天道去主宰就可以了,无须加上人为的因素。 ⑦观:察。以道观:按天道的标准去观察、去要求。言:指君王说的话。句谓,按道的标准要求君王说的话,君王的做法才能正确。 ⑧分:职分。义:各自应尽的义务,即大义。 ⑨能:贤能。治:治理得当,称职。 ⑩泛观:广泛观察,普遍要求。应:应求。 ⑪德:广义地说,一切天然生成的,包括形体、机制、本性等都可称德。德者,得也。得之于天而不是人为取得的东西概称为德。庄子的文章里,德有时指天德,有时指道德,有时指德性。这里指天德,即广义的德。天德来自于天,故说能与天地相通的道德。 ⑫行:流行。句谓,在万物中流行的是道。道的本体是元气一,天地万物之源。道的运化是规律,道的功能是精神,道的作用是主宰,作为修为的目标是真谛,都可浑称为道。这里的道,指的是道的运化。 ⑬上:在上位。句谓,在上位治理人民就是事务。 ⑭能:智能。艺:才艺。句谓,人的智能有了某方面的才艺就是技术。 ⑮兼:统属。句谓,技艺要统属于治理人民的事务。 ⑯天:这里指自然。句谓,道统属于自然。《老子·二十五章》:"人法地,地法天,天法道,道法自然。"道的运化法自然。 ⑰渊静:像深渊一样平静。 ⑱记:古代书名。成疏以为是《西升经》。《释文》认为是老子的作品。未详。 ⑲通于一:即通于浑一的道。万事毕:万事都兴办起来。 ⑳无心得:不带成心,不人为取得。

夫子曰①:"夫道,覆载万物者也,洋洋乎大哉②!君子不可以不刳心焉③。"无为为之之谓天④,无为言之之谓德⑤,爱人利物之谓仁⑥,不同同之之谓大⑦,行不崖异之谓宽⑧,有万不同之谓富⑨。故执德之谓纪,德成之谓立,循于道之谓备,不以物挫志之谓完⑩。君子明于此十者,则韬乎其事心之大也⑪,沛乎其为万物逝也⑫。若然者,藏金于山,藏珠于渊⑬;不利货财,不近贵富⑭;不乐寿,不哀夭⑮;不荣通,不丑穷⑯;不拘一世之利以为己私分⑰,不以王天下为己处显⑱,显则明⑲。万物一府,死生同状⑳。"

【译文】 先生说:"道是覆载万物的,洋洋乎广大呵!君子不可以不剔除成心而融通于它。"自然无为而自为就叫做天道,自然无言而自言就叫做天德,爱人利物就叫做仁爱,把不同同起来就叫做大,行为不立异就叫做宽,奄有不同的万物就叫做富。所以,执守天德就叫做纲纪,天德形成就叫做有所树立,遵循于天道就叫做周备,不因外物扰乱心志就叫做完全。君子懂得了这十条,就能包容呵,修心广大了;滂沛呵,为万物所归往。像这样的人,就会藏金于大山,藏珠于深渊;不贪图财物,不追求富贵;不以长寿为乐,不以夭折为哀;不以通达为荣,不以穷困为丑;不抱住全天下共有的利益当成一己的私份,不把统治天下当成自己的地位显贵,不认为显贵就光荣。万物同有,死生一样。"

【注释】 ①夫子:对老子的尊称。 ②覆载:覆盖,负载。喻道如天地包罗万物。洋洋:广大辽阔的样子。 ③刳:挖空。刳心:去掉成心。 ④无为为之:用不作为的方式去做。前一"为"指人为,后一"为"是自然而为,即任万物自然生发,不加人为干预。 ⑤无为言之:用不说的方式去说,即任万物本身的客观性去说明,不加人为解说。 ⑥爱人利:泛爱人类,有利万物。仁指得道的人出自天性的泛爱广利,不是人为的仁爱。 ⑦不同同之:把不同的事物同一起来,即不分彼此,消除对立,统一到道的同一中。 ⑧崖异:突出,与众不同。 ⑨有万不同:拥有千万种不同的事物,即包容一切。以上都是强调道的包容性、同一性。得道的人从道的大同出发,而不是站在区别于对方的角度看问题,与万物同一,包容一切。 ⑩执:执守。纪:纲纪。立:树立。循:遵循。备:完备。以物挫志:因为外物的影响扰乱心志。 ⑪韬:包络,笼罩,这里是能包容。事心:修心。这是一个谓语前置句,相当于"其事心之大也韬乎"。句谓,心性修养广大,能包容呵! ⑫沛乎其为万物逝也:谓语前置句,相当于"其为万物逝也沛乎"。逝:归往。沛:滂沛,广大。句谓,为万物所归往,滂沛呵! ⑬藏金于山,藏珠于渊:把金子藏在山里,把珍珠藏在渊里。指得道的人拥有万物的方式,不是像常人那样把珍贵的东西收藏在自己家里。个人收藏得再多也只能是万物的一部分,不算大富,而"有万不同"才是大富。 ⑭不利货财:不以货财为利。不近富贵:不追求富贵。 ⑮乐寿:以长寿为乐。哀夭:以夭折为哀。得道的人认为生死只不过是一种转化,真正的永恒是与道合一。相比之下,活得再长也是非常短暂的,故不以寿夭为念。 ⑯荣通:以通达为荣。丑穷:以穷困为耻。 ⑰拘:抱住。私分:个人的一份。句谓,视天下的财富为公有。 ⑱王天下:统治天下。已处显:自己处在显贵的地位。 ⑲显则明:显贵了就光荣。"显则明"与上一句连读,是不把显贵当光荣的意思。 ⑳一府:一体。同状:一样。

夫子曰:"夫道,渊乎其居也①,漻乎其清也②。金石不得无以鸣③。"故金石有声,不考不鸣④。万物孰能定之⑤?夫王德之人⑥,素逝而耻通于事⑦,立之本原而知通于神⑧,故其德广。其心之出,有物采之⑨。故形非道不生⑩,生非德不明⑪。存形穷生⑫,立德明道,非王德者邪?荡荡乎⑬,忽然出,勃然动,而万物从之乎⑭?此谓王德之人。视乎冥冥,听乎无声;冥冥之中,独见晓焉⑮;无声之中,独闻和焉。故深之又深而能物焉,神之又神而能精焉⑯。故其与万物接也,至无而供其求,时骋而要其宿⑰。大小,长短,修远⑱。

【译文】 先生说:"大道,居寂如深渊,清彻如透明。钟磬得不到大道的作用就不能鸣响。"钟磬能响的本性,有如不敲也不响一样,(总要有个来由吧。)谁能决定万物所具有的本性呢?(只有道才能这样。)道德旺盛的人总是按道一贯的运行方式去活动,把被具体事务牵累当成羞耻。立足于大道的本原,智慧与神明相通,所以他的德性广大无所不包。他的心一运动起来,万物就从中采取到对自己有用的东西。所以说,没有道,形体就不能生出;没有德,生出来的也不能有灵性。保住形体,穷尽生命,立德明道,不正是旺德而得道的人吗?不正是广大浩荡,忽然生出,旺盛地动起来,万物随着发生变化吗?这就叫做旺德的人。他看肉眼见不到的昏昏冥冥,听人耳听不到的无声无息;在昏昏冥冥中,独见晓光;在无声无息中,独闻和谐。所以能深沉再深沉而主宰万物,神秘再神秘而能精妙。因此他与外物的来往,是最为虚无而又能供给所有的需求,随时都在驰骋而又能制约万物的归宿。道的运化无处不在,可大可小,可长可短,能近能远。

【注释】 ①渊:深。居:静止。 ②潦:清澈透明的样子。 ③金石:用金石制作的乐器钟磬。不得:不得道的作用。无以鸣:没法响。以上是引老子的话。 ④考:敲击。句谓,钟磬能响,如果不敲也不会响吧。这一句是庄子对老子的话进行发挥。意思是说,钟磬能响的本性是哪里来的,就好像钟磬能响,不敲也不会响一样,总要有个原因吧。 ⑤孰:谁。定之:决定它的本性。"之"代万物的本性。句谓,谁能决定万物的本性呢?也即,只有道才能决定万物的本性。 ⑥王:旺。德:道德。王德之人:道德旺盛的人。 ⑦素:平素,一贯。逝:往,运动。耻通于事:以通于具体事务为耻。 ⑧本原:指大道。知:智慧。 ⑨其心之出:他的心一发念。采:原作採,采取。有物采之:德旺的人具有道的功能,他一发念,就会有物从中获取到有用的东西。 ⑩形:形体。非道不生:没有道就不能产生。 ⑪明:灵性。生非德不明:生出的形体没有道德的作用,就不能有灵性。 ⑫存形穷生:保有形体,穷尽生命。 ⑬荡荡:广大辽阔的样子。 ⑭勃然:旺盛的样子。万物从之:万物随从它动。 ⑮冥冥:幽暗不明。晓:光明。 ⑯物:主宰物。精:微妙。 ⑰接:交往。供其求:供给万物的需求。要其宿:制约万物的归宿。 ⑱大小,长短,修远:句中省略主语"道",意思是说,道的运化可大可小,可长可短,可近可远,无处不在,无时不有。修:长。这里与远对举,相当于近。

黄帝游乎赤水之北①,登乎昆仑之丘而南望,还归,遗其玄珠②。使知索之而不得③,使离朱索之而不得④,使吃诟索之而不得也⑤。乃使象罔,象罔得之⑥。黄帝曰:"异哉!象罔乃可以得之乎?"

【译文】 黄帝巡游到赤水北岸,登上昆仑山向南张望,回来时把玄珠("道"的化名)丢了。派智("智慧"的化名)去找,没有找到;派离朱("眼明"的化名)去找,没有找到;又派吃诟("巧辩"的化名)去找,没有找到。于是派象罔("无心无象"的化名)去找,象罔找回来了。黄帝说:"奇怪呵!象罔竟然可以找到玄珠吗?"

【注释】 ①赤水:水名,《释文》引李云:"水出昆仑山下。" ②遗:丢失。玄珠:宝珠,这里隐喻道。 ③知:智,这里是智慧拟人的化名。索:寻找。 ④离朱:古代著名的明眼人。这里是称代眼睛好的人。 ⑤吃诟:成疏:"言辩也。"这里是能言善辩拟人的化名。以上三人隐喻大道靠智慧、聪明、言辩是得不到的。 ⑥象罔:无心拟人的化名。象罔得之:喻无心反而能悟道。

尧之师曰许由①,许由之师曰啮缺,啮缺之师曰王倪,王倪之师曰被衣②。尧问于许由曰:"啮缺可以配天乎③?吾藉王倪以要之④"。许由曰:"殆哉,圾乎天下⑤!啮缺之为人也,聪明睿知,给数以敏⑥,其性过人,而又乃以人受天⑦。彼审乎禁过⑧,而不知过之所由生⑨。与之配天乎⑩,彼且乘人而无天⑪,方且本身而异形⑫,方且尊知而火驰⑬,方且为绪使⑭,方且为物绖⑮,方且四顾而物应⑯,方且应众宜⑰,方且与物化而未始有恒⑱。夫何足以配天乎?虽然,有族有祖⑲,可以为众父而不可以为众父父⑳。治,乱之率也㉑,北面之祸也,南面之贼也㉒。"

【译文】 尧的师傅叫许由,许由的师傅叫啮缺,啮缺的师傅叫王倪,王倪的师傅叫被衣。尧问师傅许由说:"你的师傅啮缺,他的道德可以配得上天吗?能不能把天子位让给他?我凭借王倪的关系去邀请他。"许由说:"危险呵,天下岌岌可危了!啮缺的为人,聪明睿智,反应极快,行动敏捷,天赋过人,而且又常常用人的本事去帮助天。他非常精明于制止错误,但却不知道错误产生的原因。让他来做天子,他将会依恃人的才能无视天道,以自身为本搞出许多花样来,崇尚智巧而急功近利,将会纠缠在乱的头绪里,被外物牵制住,将会左顾右盼应对万物,将会东一头西一头去投合众人的要求,将会随机应变而没有常道。他怎么配得上当天子呢?尽管如此,他还是有遵守,有章法,可以做群众的头儿,不可以做头儿的头。治理正是造成动乱的原因,是朝臣的祸水,是天子的灾害。"

【注释】 ①师:老师。许由:人名,尧时隐士。 ②啮缺、王倪、被衣:成疏:"已上四人,并是尧时隐士。" ③配天:比天。这里是指他的道德可以比得上天,是想把天子位让给他。　④藉：凭借。要：邀请。句谓，我要凭借王倪的关系邀请他来做天子。　⑤殆哉，岌乎天下：谓语前置句，即天下岌岌乎殆哉。岌：通"岌"，高。殆：危险。　⑥睿知：智力过人。给：敏捷。数(shuò朔)：反应快。敏：灵敏。　⑦受：授。以人受天：把人的才智施加到天的功能里，即以人助天。　⑧审：明察。过：过错。审乎禁过：他对什么是错误，怎样制止错误看得很清楚。　⑨过之所由生：错误产生的原因。　⑩与之：把天子位让给他。　⑪乘人：依恃人的才能。无天：不遵天道。　⑫方且：将要。本身：以自身为根本。异形：犹言花样。句谓，他会以自身为本搞出很多花样来，即按个人想法不按天道去做。　⑬尊知：崇尚智慧。火驰：像大火一样迅速蔓延，形容急功近利的样子。　⑭绪：头绪。方且为绪使：他将会被众多的头绪所驱使，即纠缠在事务里。　⑮赅(gāi该)：束缚。句谓，他将会被外物束缚住。　⑯四顾：左顾右盼。物应：随外物而应对。　⑰应众宜：应对大家认为合适的事情。句谓，他会忙于去做大家认为好的事情。　⑱与物化：随外物一同变化。恒：常。句谓，他将会随时应变而没有常道。　⑲族：氏族来源，指有所遵守。祖：宗，章法。　⑳众父：群众的领导，即官吏。众父父：领导人的领导人，即天子。　㉑率：标准。这里是原因的意思。句谓，治理就是造成动乱的原因。庄子认为，治、乱是相辅相成的，治必然产生乱。只有符合天道，不去治也就不会产生乱，天下才能太平。　㉒北面：朝臣。古代天子南面而坐，臣子北面朝拜。南面：天子。贼：灾害。

尧观乎华，华封人曰①："嘻，圣人。请祝圣人，使圣人寿。"尧曰："辞。""使圣人富。"尧曰："辞。""使圣人多男子。"尧曰："辞。"封人曰："寿、富、多男子，人之所欲也，女独不欲，何邪？"尧曰："多男子则多惧，富则多事，寿则多辱，是三者，非所以养德也②，故辞。"封人曰："始也我以女为圣人邪，今然君子也③。天生万民，必授之职④。多男子而授之职，则何惧之有？富而使人分之⑤，则何事之有？夫圣人，鹑居而鷇食，鸟行而无彰⑥；天下有道，则与物皆昌；天下无道，则修德就闲⑦。千岁厌世，去而上仙⑧，乘彼白云，至于帝乡⑨。三患莫至⑩，身常无殃，则何辱之有？"封人去之⑪，尧随之曰："请问。"封人曰："退已⑫！"

【译文】　尧到华地去视察，华地守边疆的地方官说："嘻嘻，圣人来了。请接受我们的祝福，愿圣人长寿！"尧说："我不要。"地方官说："愿圣人富有！"尧说："我不要。"地方官说："愿圣人多生男孩！"尧说："我不要。"地方官说："长寿、富有、多生男孩，这是人们共有的愿望，您都不愿要，这是为什么呢？"尧说："男孩子多了就会多操心，富有了就多招麻烦，长寿了就会多受困辱，这三样都不利于修养德性，所以我不要。"地方官说："开始我以为你成为圣人了，现在看来你还是个君子。天生万民，必然会给他一份职事。男孩多，有各自的职事,那么还有什么心可操的呢?富有了让人们分享,这又有什么麻烦?圣人像鹌鹑似的得过且过地随遇而安,像刚出壳的小鸟一样吃饱了什么都不想,如鸟兽一样行迹不显;天下有道,就与万物一同昌盛;天下无道,就修道闲隐。千年之后厌弃了尘世,就离世而升仙,腾驾白云,到天帝之乡。你上面说的三种忧患都不会来,自身永无灾殃,那么又有什么困辱呢?"地方官走了,尧追过来说:"请你再给讲些问题。"地方官说:"我得回去了!"

【注释】 ①观:视察。华:地名,华州。封人:地方官。 ②是:这。三者:指华封三祝的寿、富、多男子。非所以养德:不能用来培养无为的道德。 ③女:汝,你。君子:指比圣人低一等的人。 ④授之职:给他一个职位,一份工作。 ⑤分:分用。 ⑥鹑居:像鹌鹑一样生活。任其天然,随遇而安。鷇(kòu 扣)食:像刚出蛋壳的小鸟一样饮食,无所用心。鸟行:像鸟一样飞行。无彰:没有踪迹。 ⑦修德就闲:修养道德而处闲,不争荣显。 ⑧厌世:弃世,死去。去:离开人世。上仙:上天成仙。 ⑨乘:驾。帝乡:天帝所居的地方。 ⑩三患:指上文提到的多惧、多事、多辱。 ⑪去之:离开他。 ⑫退已:我得回去了。已:矣。

尧治天下,伯成子高立为诸侯①。尧授舜②,舜授禹,伯成子高辞为诸侯而耕③。禹往见之,则耕在野。禹趋就下风④,立而问焉,曰:"昔尧治天下,吾子立为诸侯。尧授舜,舜授予,而吾子辞为诸侯而耕,敢问其故何也?"子高曰:"昔尧治天下,不赏而民劝⑤,不罚而民畏⑥。今子赏罚而民且不仁⑦,德自此衰,刑自此立⑧,后世之乱自此始矣。夫子阖行邪⑨?无落吾事⑩!"俋俋乎耕而不顾⑪。

【译文】 尧统治天下,伯成子高被立为诸侯。后来尧把天子位传给舜,舜又传给禹,伯成子高辞去诸侯的职位去种地。禹去看他,见他在田野耕地。禹快步走到他的下手,恭敬地站着问他说:"当年尧统治天下,您立为诸侯。尧传位给舜,舜传位给我,而您辞去诸侯的职位去种地,请问这是为什么呢?"伯成子高说:"当年尧统治天下,不用奖赏,人民都能勤勉;不用惩罚,人民都知道畏惧。现在你又赏又罚而人民却不知仁爱,道德从此衰败了,刑罚从此产生了,后世的祸乱从此开始了。先生何不走开呢?别耽误了我的活!"于是低下头去耕地看也不看了。

【注释】 ①伯成子高:人名。《释文》:"《通变经》云,老子从此天地开辟以来,吾身一千二百变,后世得道,伯成子高是也。" ②授:传。句谓,尧把天子位禅让给舜。 ③辞为诸侯:辞去做诸侯的职位。 ④就:近。下风:下手。"就下风"表谦敬。 ⑤劝:勉,努力。句谓,不用奖赏,百姓都很努力。 ⑥畏:畏惧。句谓,不用刑罚,百姓都很自觉。 ⑦且:还要。不仁:不善良。 ⑧立:建立起来。 ⑨阖:何不。行:走开。 ⑩落:耽误,妨碍。 ⑪佁佁(yǐ 意):低身的样子。

泰初有无①,无有无名②。一之所起③,有一而未形④。物得以生谓之德⑤;未形者有分⑥,且然无间谓之命⑦;留动而生物⑧,物成生理谓之形⑨;形体保神⑩,各有仪则谓之性⑪。性修反德⑫,德至同于初⑬,同乃虚,虚乃大⑭。合喙鸣⑮,喙鸣合,与天地为合⑯。其合缗缗⑰,若愚若昏,是谓玄德,同乎大顺⑱。

【译文】 宇宙最初的时候,只有虚无,没有"有",也没有"名"。从生出"一"来,那也只是浑然一体,而没有形状,万物得以产生,就叫做"德";没有形成具体的形状,只有了阴阳的区分,然而还结合在一起,就叫做命;道的运动有所留滞而生成了物,物形成了自己的生理结构,就叫做形;形体保有自己的灵性,各自有了自己的外现形式和机制,就叫做性。性经过修养返归于德,德再达到与初始混同,混同就虚无了,虚无就是无所不包地大了。合乎鸟喙无心的鸣叫,无心的鸣叫合乎天然,与天地相合。这种相合天衣无缝,如愚如昏,这就叫玄德,与大道同一了。

【注释】 ①泰初:宇宙最远古的时候。有无:只有无的存在。句谓,宇宙最初什么也没有。 ②无有:没有任何东西。无名:没有名称。 ③一之所起:从无到有先产生了"一",即无产生一,一产生有。一即道。 ④有一而未形:只有浑然的一体,没有具体的形状。 ⑤物得以生谓之德:万物得到了这个一的派生就产生出来,这就叫做德。德是从道中得到的东西。 ⑥未形者有分:还没有形成形体之前只是从一中分别出来。 ⑦且然无间:还没有与一分形。谓之命:这就叫做命。命是道的功能。 ⑧留动而生物:道是不断变化的,在变化中停留下来就形成了物。物是道变化的暂时留滞。 ⑨物成生理谓之形:物形成了自己的生理结构就是形体。 ⑩形体保神:形体中寄寓着精神。 ⑪各有仪则:各自有了自己的外观形式和机制。仪:状貌。则:机制。 ⑫性修反德:从性修养回复到德。这是指人向道修养的过程上说的。 ⑬德至同于初:从德修养到与原初的道同一。这是说从物的形成过程看是道生出德,再生出性,再生出形;从人修养过程看,是从形修到性,从性修到德,从德再修到道。 ⑭同乃虚,虚乃大:是说最原始是无,与大道同一进入无的境界就虚无,虚无就无所不包而大。 ⑮喙:鸟兽的嘴。合喙鸣:说话和鸟兽的鸣叫相合,完全出于无心而合乎天然。 ⑯与天地为合:即合乎道的自然。 ⑰缗缗(mín 民):相合无间,无缝隙的样子。 ⑱玄德:天德。大顺:完全顺畅而无逆迕,指道。

夫子问于老聃曰①:"有人治道若相放②,可不可,然不然③。辩者有言曰:'离坚白,若县寓④。'若是则可谓圣人乎?"老聃曰:"是胥易技系,劳形怵心者也⑤。执留之狗成思⑥,猿狙之便自山林来⑦。丘，予告若，而所不能闻与而所不能言⑧。凡有首有趾、无心无耳者众⑨，有形者与无形无状而皆存者尽无⑩。其动止也，其死生也，其废起也，此又非其所以也⑪，有治在人⑫。忘乎物，忘乎天，其名为忘己⑬。忘己之人，是之谓入于天⑭。"

【译文】 孔夫子问老子说："有人治理国家的道如同模仿古代圣人似的，不分古今的具体情况，强以不可为可，强以不然为然。名辩的人又有说法：'我能离析坚白让它如同悬空的日月一样明显。'像这样的人可以叫做圣人吗？"老子说："这属于那种有一技之长、能者多劳的人。能捕捉狐狸的狗被猎人拴住脖子使唤，猿猴动作灵巧被人从山林里捉来。孔丘，我告诉你一些你耳朵听不到、你嘴里说不出的道理。凡是长着脑袋长着脚的人，没有心知没有耳闻的很多，而能够有形体与无形无状的道都同时具有的一个也见不到。人的动与止、死与生、兴与废，根本就不是他自己能够掌握的，而有心去治理，那就正好是人在强为了。忘掉外物，也忘掉天，这就是修道中所说的忘己。忘掉自己的人，这才叫做融入天道。"

【注释】 ①夫子：指孔夫子。下文老子回答的话里呼为"丘"可证。 ②治道：治理国家的道。这里指治国的方法。放：仿，模仿。若相放：如同模仿一样。这里指像模仿古代圣人似的。下文孔子的问话里便有"可谓圣人乎"，可证。"放"后省略的是圣人。 ③可不可：前一"可"动词，"不可"是宾语。句谓，把不可行的事情硬当成可行的事情去办。然不然：把不是这样的事情硬当成这样的事情去办。这是指古代圣人的治国之道是按照古代国家的情况制定的，如今情况变了，如果不分古今，不管具体情况，生搬硬套古代圣人的一套，必然会出现"可不可、然不然"的现实。孔子问的是怎样看待这种教条主义的做法。 ④辩者：战国时期诸子百家中的名辩家。他们往往利用形式逻辑推理的不足，在辩论中击败对方，使自己的观点得以成立，因此形成了许多诡辩的命题。"离坚白"就是著名的诡辩命题之一。公孙龙提出，石头用眼睛去看是白色的，用手去摸是坚硬的。石头的白色和坚硬是完全不同的两码事，那么石头就是完全不同的两样东西，因此否定了事物具有统一性。县：悬。寓：人住的地方，这里指人间。若县寓：能把诡辩说成像悬挂在人间上空的日月一样明亮清楚。名辩家在哲学上属于片面看问题的体系，孔子提出这个问题，是想问一下怎样看待这种机械的认识方法。 ⑤胥易技系：有专长的技工，因此也受到一技之长的牵累。参见《应帝王》注。劳形怵心：劳动身体，耗费心神。这两句与技高压身、能者多劳的意思相近。 ⑥执：捉。留：世德堂本作"狸"，《应帝王》篇作"㹨"。留、㹨、狸，一音之变，指狐狸。成思：《应帝王》篇作"来藉"。思、藉，一音之变，指绳缚。 ⑦便：敏捷。来：捉来。句谓，猿猴身手敏捷，所以被人从山林捉来戏耍。 ⑧而：你。 ⑨无心无耳：不会想、不会听的人，即胡里胡涂，不明大道。与"而所不能闻、而所不能言"同义。句谓，长着人的形体却没有心知、没有耳闻的人很多。 ⑩无形无状：与有形有状相对，指大道。句谓，有形体又明道的人一个也没有。 ⑪废起:兴废盛衰。非其所以:不是因为他个人的作用,即自己掌握不了。　⑫有治在人:有心去治理,那就是人在强为。　⑬忘己:忘掉自己,即抛弃自己的作用。　⑭入于天:融入天道,即合于天道。

将闾葂见季彻曰①:"鲁君谓葂也曰:'请受教②。'辞不获命③,既已告矣,未知中否④。请尝荐之⑤。吾谓鲁君曰:'必服恭俭⑥,拔出公忠之属而无阿私⑦,民孰敢不辑⑧!'"季彻局局然笑曰⑨:"若夫子之言,于帝王之德,犹螳螂之怒臂以当车轶⑩,则必不胜任矣。且若是,则其自为处危⑪。其观台多物,将往投迹者众⑫。"将闾葂觋觋然惊曰⑬:"葂也汒若于夫子之所言矣⑭。虽然,愿先生之言其风也⑮。"季彻曰:"大圣之治天下也,摇荡民心,使之成教易俗⑯,举灭其贼心而皆进其独志⑰,若性之自为⑱,而民不知其所由然⑲。若然者,岂兄尧舜之教民溟涬然弟之哉⑳?欲同乎德而心居矣㉑!"

【译文】　将闾葂去谒见季彻说:"鲁君对我说:'请先生赐教(我治国方略)。'我推辞不掉,只好告诉他了,不知道对不对。请让我说给你听听。我对鲁君说:'一定要奉行恭俭,提拔公正忠诚的人,不要任人惟亲,这样百姓谁敢不服!'"季彻嘿嘿笑起来说:"像你所说的这种办法,对于帝王的德政来说,就如同是螳臂当车,肯定是不能胜任的。再说,真的如此去做,那就把自己放在危险的境地了。观台上悬赏的东西多了,趋利的人就会蜂拥而来。"将闾葂惊疑地说:"先生说的话,我茫然不解。虽然如此,我还是希望先生给讲讲圣人的德政教化。"季彻说:"大圣人治理天下,鼓舞百姓的真心,使百姓自己形成教化改变风俗,让人民都除掉害人之心,而增进自己天生的心志,如同是从本性中自然修为出来,而百姓并不知道为什么会这样。像这样的教化,难道还会把尧舜的教化当成模仿的兄长,糊里糊涂地去做追随的小弟弟吗?只不过是想要与尧舜同德而心灵摆到正当的位置呵!"

【注释】　①将闾葂、季彻:人名。成疏:"将闾及季,姓也;葂、彻,名也。此二贤未知何许人也,未详所据。"　②请受教:请先生给予赐教,让我有所接受,即请赐教。因为是鲁君的请教,问的就是怎样治国的问题。句谓,请先生赐教怎样治国。　③辞:推辞。不获命:得不到允许。句谓,我推辞不掉。　④中否:回答的对还是不对。　⑤尝:试。荐之:(把我回答鲁君的话)献给你听,即说给你听。　⑥服:奉行。句谓,你一定要奉行恭俭。　⑦拔:选拔。公忠之属:公正、忠诚之类的人。阿私:偏爱,任人惟亲。　⑧孰:谁。辑:安定和顺。句谓,百姓谁敢不服。　⑨局局然:笑的样子。　⑩车轶(yì逸):这里指车轮。句谓,这是螳臂当车。　⑪自为处危:自己造成危险而处。　⑫观台:告示台。多物:悬赏的东西多。投迹者:来投奔的人。 ⑬觋觋然:吃惊的样子。 ⑭汒(máng 忙):通"茫",摸不着头脑的样子。夫子之所言:先生所说的话。 ⑮风:教化。言其风:说说圣人的德政教化。"其"指圣人,见下文"大圣"。 ⑯摇荡:鼓舞。成教:形成教化。易俗:改变风俗。 ⑰进:促进。独志:一志,指排除后天养成的成心,只保留天生的心志。 ⑱性之自为:从本性自身中修为出来。 ⑲不知其所由然:不知道从何而来会这样。 ⑳兄尧舜之教民:把尧舜的教化方法当成效法的兄长。溟涬:迷迷糊糊。弟之:为之弟。溟涬然弟之:糊里糊涂地去做追随他的小弟弟。 ㉑同乎德:在道德上相同。心居:心安定。

　　子贡南游于楚,反于晋,过汉阴①,见一丈人方将为圃畦②,凿隧而入井,抱瓮而出灌③,搰搰然用力甚多而见功寡④。子贡曰:"有械于此,一日浸百畦⑤,用力甚寡而见功多,夫子不欲乎?"为圃者卬而视之曰⑥:"奈何?"曰:"凿木为机⑦,后重前轻,挈水若抽,数如泆汤⑧,其名为槔⑨。"为圃者忿然作色而笑曰⑩:"吾闻之吾师,有机械者必有机事,有机事者必有机心⑪。机心存于胸中,则纯白不备;纯白不备,则神生不定;神生不定者,道之所不载也⑫。吾非不知,羞而不为也⑬。"子贡瞒然惭⑭,俯而不对。有间,为圃者曰:"子奚为者邪?"曰:"孔丘之徒也。"为圃者曰:"子非夫博学以拟圣⑮、於于以盖众⑯、独弦哀歌以卖名声于天下者乎⑰?汝方将忘汝神气⑱、堕汝形骸⑲,而庶几乎⑳!而身之不能治,而何暇治天下乎?子往矣,无乏吾事㉑!"

【译文】　子贡到南方的楚国去游历,要返回晋国,路过汉水南岸,看见一位长者正在收拾菜园子,挖了个隧道下到井里,抱着水罐出来浇园子,挺卖力气而收效甚微。子贡说:"有一种机械,一天就能浇一百畦,用力很小,收效却很大,先生不想试一试吗?"浇园子的老人抬起头来看着子贡说:"什么样的机械?"子贡说:"用木料凿成个杠杆,后臂重前臂轻,往出提水如同抽水,快得如同翻滚的开水往出溢,这种机械的名字叫桔槔。"浇园子的老人忿然变色,笑着说:"我听我的师傅说过,有机械的人一定会有投机取巧的事,有投机取巧的事一定会产生投机取巧的心。投机取巧的心存在脑中,纯净的素质就不全了;纯净的素质不全就会心神不定;心神不定的人就不能装载大道了。我不是不知道你说的桔槔,而是觉得羞耻不去做它。"子贡很不好意思地感到羞惭,低着头无言回答。过了一会,浇园子的老人说:"你是干什么的?"子贡说:"我是孔丘的弟子。"浇园子的老人说:"你不就是博学多识、自比圣人、哇哩哇啦凌驾于众人之上、自弹自唱在天下收买名声的人吗?你正该忘掉你的神气,扔下形骸,或许还有救吧!你连自身都不能调治,哪里还有闲暇去治理天下呢?你走吧,不要耽误了我的事!"

【注释】 ①子贡:孔子弟子。反:返。汉阴:汉水之南。水南为阴。 ②丈人:长者。圃畦,菜园子。句谓,见到一位老者正在菜园里劳动。 ③凿隧:挖通到井下的隧道。瓮:小口大腹的水罐。出灌:提水出来浇菜地。 ④搰搰(kū枯)然:吃力的样子。见功寡:功效少。 ⑤械:机器。浸:浇灌。 ⑥卬:同仰。 ⑦凿木为机:砍凿木头做成机器。 ⑧挈:提。数(shuò朔):频率高。泆(yì逸)汤:水向上翻滚。 ⑨槔(gāo高):桔槔,古代用杠杆原理做成的汲水器。 ⑩忿然:生气的样子。笑:讥笑。 ⑪机事:投机取巧的事。机心:投机取巧的心。 ⑫纯白:清纯洁白的素质。神生不定:精神产生不安定。道之所不载:道不来乘载。 ⑬羞而不为:觉得羞耻而不做。 ⑭瞞(mén门)然:羞愧的样子。 ⑮拟:比。句谓,你不就是博学多识自比圣人的那一类人吗? ⑯於于:犹言呜呼,这里是哇哩哇啦呼叫的意思。盖众:压倒众人。 ⑰独弦哀歌:感时伤世自弹自唱。 ⑱方将:正要。句谓,你正该做的是忘掉你的神气不凡。 ⑲堕:扔掉。句谓,忘掉自身。 ⑳庶几:差不多。指与道的要求差不多。 ㉑乏:耽误。句谓,不要耽误了我的事。

子贡卑陬失色,顼顼然不自得①,行三十里而后愈②。其弟子曰:"向之人何为者邪③?夫子何故见之变容失色,终日不自反邪④!"曰:"始吾以为天下一人耳⑤,不知复有夫人也⑥。吾闻之夫子⑦,事求可,功求成⑧,用力少,见功多者,圣人之道。今徒不然,执道者德全,德全者形全,形全者神全⑨,神全者,圣人之道也。托生与民并行而不知其所之⑩,汒乎淳备哉⑪!功利机巧必忘夫人之心。若夫人者,非其志不之,非其心不为⑫。虽以天下誉之,得其所谓,謷然不顾⑬;以天下非之,失其所谓,傥然不受⑭。天下之非誉无益损焉⑮,是谓全德之人哉!我之谓风波之民⑯。"

反于鲁,以告孔子。孔子曰:"彼假修浑沌氏之术者也⑰,识其一,不知其二⑱,治其内而不治其外⑲。夫明白入素,无为复朴,体性抱神,以游世俗之间者⑳,汝将固惊邪?且浑沌氏之术,予与汝何足以识之哉㉑?"

【译文】 子贡感到卑微,惭愧不安,闷闷不乐很不开心,走出三十多里才缓过来。他的弟子说:"刚才那个人是干什么的?先生为什么见了他变貌失色,整天垂头丧气的呢?"子贡说:"原来我以为天下只有孔夫子一个圣人,没想到还会有这样的人。我听先生说过,办事要求个可行,功业要求个成就,用力少而见效多就是圣人之道。现在才知道,不仅不如此,而且是掌握了大道的人才德性完美,德性完美的人才形体健全,形体健全的人才精神完全,精神完全才是圣人之道。托生为人与百姓共同活动,而不知一定要到哪里去,茫茫然纯朴的本性完整呵!一产生功利机巧的意念就会失去人的本心。像这种(纯朴本性完整的)人,不合他的意志他不去,不合他的心思他不干。即使天下人都称赞,只要是合乎自己的选择,他也会傲然不顾;即使是天下人都非议,只要是不合自己的选择,他也会若无其事地不听。天下人的毁誉对他毫无影响,这才是德性完美的人!而我自己只是个风吹波动的人。"

子贡回到鲁国,把见到的情况告诉孔子。孔子说:"那是个假修浑沌氏道术的人,只知其一,不知其二,只对内修炼自己的心性,而不修炼对外的随时应变。(如果是真修浑沌氏的道术,)心地明净进入纯素,自然无为返归质朴,体悟真性抱守元神,随顺世俗而来往的人,你还会感到惊异吗?再说,浑沌氏的道术,我和你又怎么够格认得出来呢?"

【注释】 ①卑陬(zōu 邹):卑微羞惭。顼顼(xū 须)然:不开心的样子。 ②愈:(病)好,这里指恢复了常态。 ③向之人:刚才那个人。 ④不自反:指失去自己的常态缓不过来。 ⑤天下一人:天下只有一个圣人,指孔子。 ⑥复有夫人:还有这样的人,指"为圃者"。 ⑦闻之夫子:听老师讲过,指听孔子讲过。 ⑧事求可:办事要讲求合情合理。功求成:用功做事要讲求成效。 ⑨徒:不但。执:掌握。德全:道德完美。形全:形体完善。神全:精神完善。 ⑩托生与民并行:寄生在世上与百姓一起生活。不知其所之:不知道一定要到哪里去,指不带人为的目的。 ⑪汒(máng 忙)乎:茫然无知的样子。淳备:淳真的本性完整。 ⑫非其志不之:不合他的意志不去做。非其心不为:不合自己的心愿不去做。 ⑬得其所谓:合心,得到自己所要求的心愿。謷:通"傲"。 ⑭傥(tǎng 淌)然:茫然不理会的样子。 ⑮无损益:无影响。 ⑯风波:风吹波动,指受外界影响而动。 ⑰浑沌氏:古代帝王。浑沌意为浑然一体没有分别,其术就是浑然一体的道术。 ⑱识其一,不知其二:犹言仅知道一面,不知道另一面。 ⑲治其内:修养内心。治其外:对世事的随时应变。 ⑳游世俗之间:活动在世俗之中。固惊:应当惊。意思是说,真正得道的人生活在人世间还应当让人感到惊奇吗?即得道的人随时应世与万物浑然一体,不会让人感到惊奇。 ㉑何足以识之:哪里有认识他的水平。

谆芒将东之大壑,适遇苑风于东海之滨①。苑风曰:"子将奚之②?"曰:"将之大壑。"曰:"奚为焉?"曰:"夫大壑之为物也,注焉而不满,酌焉而不竭③。吾将游焉。"苑风曰:"夫子无意于横目之民乎④?愿闻圣治⑤。"谆芒曰:"圣治乎?官施而不失其宜,拔举而不失其能⑥,毕见其情事而行其所为,行言自为而天下化⑦。手挠顾指⑧,四方之民莫不俱至,此之谓圣治。""愿闻德人⑨。"曰:"德人者,居无思,行无虑,不藏是非美恶,四海之内共利之之谓悦⑩,共给之之谓安⑪。怊乎若婴儿之失其母也⑫,傥乎若行而失其道也⑬。财用有余而不知其所自来,饮食取足而不知其所从。此谓德人之容⑭。""愿闻神人。"曰:"上神乘光,与形灭亡,此谓照旷⑮。致命尽情⑯,天地乐而万事销亡,万物复情,此之谓混冥⑰。"

【译文】 谆芒要到东方大海去游历,在东海边上,正遇上了苑风。苑风问道:"你要到哪里去?"谆芒说:"要到大海里去?"苑风问:"到大海去干什么?"谆芒说:"大海呵,流进去多少水也不满,舀出来多少水也不竭。我要去游历一下。"苑风说:"先生不关心横长眼睛的人吗?希望您给我讲讲圣人治世的样子。"谆芒说:"圣人治世的样子嘛,设官施政不失其宜,选拔人才不失其能,洞见事情的真相该怎么办就怎么办,按本性自己去言去行,天下自然得到教化。挥手举目,四方百姓没有不顺从的,这就叫做圣人的治世之道。"苑风说:"希望你再给我讲讲德人治世的样子。"谆芒说:"德人嘛,平居不去思索,行动不去谋虑,心中不怀是非好坏的观念,四海之内人人得到利益才是喜悦,人人得到供给才是安乐。像离开母亲的婴儿般无知无识,像行走时迷了路一样茫然无据。财用有余不知是怎么会有,饮食充足也不知从何处而来。这就是德人治世的样子。"苑风说:"希望您再给讲讲神人治世的样子。"谆芒说:"神人嘛,乘驾着流光,不见形迹,这叫做明照空旷。穷尽性命情性之理,天地同乐,万事无有,万物自然而然地回复了真情,这就叫做混同于玄冥。"

【注释】 ①谆芒:虚拟人名。之:到。大壑:大海。苑风:虚拟人名。 ②奚之:何去,到哪里去。 ③注:流灌。酌:舀取。竭:干涸。 ④无意:不关心。横目之民:人。因人的眼睛平长在面上故称。 ⑤圣治:圣人的治道。 ⑥官施:政府实施的政令。拔举:选拔人才。 ⑦毕见其情事:把事情的真相都调查清楚。行言自为:按本性自己去言去行。 ⑧手挠顾指:抬抬手,动动眼。 ⑨德人:有德之人。 ⑩共利之:共同得到利益,即普利所有的人。 ⑪共给(jǐ己)之:都得到供给,即供给所有的人。 ⑫怊(chāo抄)乎:无知的样子。"怊"与下句"傥"互文。失其母:强调的是失去护理,无人指教干预,完全天真无知,不是比喻可怜。 ⑬傥乎:茫然的样子。以上两句指德人无心无意,即无为的样子。 ⑭容:情状,样子。 ⑮乘光:乘驾流光。与形灭亡:不见形迹。照旷:空明。 ⑯致命尽情:穷尽性命情性之理。《易·说卦》"穷理尽性以至于命",与此意同。 ⑰万物复情:万物回复其情本性。混冥:混沌状态。

门无鬼与赤张满稽观于武王之师①。赤张满稽曰:"不及有虞氏乎②!故离此患也③。"门无鬼曰:"天下均治而有虞氏治之邪?

其乱而后治之与④?"赤张满稽曰:"天下均治之为愿⑤,而何计以有虞氏为⑥?有虞氏之药疡也⑦,秃而施髢⑧,病而求医。孝子操药以修慈父⑨,其色燋然,圣人羞之⑩。至德之世⑪,不尚贤,不使能,上如标枝,民如野鹿⑫。端正而不知以为义⑬,相爱而不知以为仁⑭,实而不知以为忠⑮,当而不知以为信⑯,蠢动而相使不以为赐⑰。是故行而无迹,事而无传⑱。"

【译文】 门无鬼与赤张满稽观看周武王伐纣的军队。赤张满稽说:"当今的时代比不上虞舜了吧!所以才遭遇了这样的战乱。"门无鬼问道:"是天下太平虞舜才出来治理呢,还是天下大乱之后他才出来治理呢?"赤张满稽说:"天下太平是要实现的理想,哪里还需要虞舜去治理呢?比如说医治头疮,虞舜是头秃了才给他配上假头套,有了病才找医生呵!孝子为父亲煎药治病,满脸憔悴,圣人还是以此为羞。道德完美的时代,不崇尚贤明,不任用贤能之士,君王如同是树上的高枝,百姓如同野鹿,(两者之间谈不上什么责任义务之类的关系,自然如此。)大家都正正直直,但这无所谓义;大家都相亲相爱,但这无所谓仁;大家都诚诚实实,但这无所谓忠;大家都相当地做了回报,但这无所谓信;大家都自然而动,虽然起到了互相有利的作用,但这也无所谓恩赐。所以有活动但不留痕迹,有事迹但没有流传。"

【注释】 ①门无鬼:姓门,名无鬼。赤张满稽:复姓赤张,名满稽。二人事迹无考。②有虞氏:舜。句谓,道德比不上大舜时代。 ③离:遭受。 ④均治:太平。句谓,是当时天下太平舜出来治理呢,还是天下动乱舜把它治理好了呢? ⑤愿:愿望,理想。句谓,天下太平是要达到的理想。 ⑥何计:何必考虑。为:句尾语气词,相当于呢。句谓,天下太平哪里还用得着舜去治理呢? ⑦药:治疗。疡(yáng 羊):头疮。 ⑧秃而施髢(dí 敌):秃了头才给戴假发套。髢:假发。这两句是比喻舜治国如同是人有了病才去给他治疗。 ⑨操药:拿上药。修:治。句谓,孝子拿上药给父亲治病。 ⑩燋(qiáo 瞧)然:焦急憔悴的样子。羞之:以之为羞。这两句比喻舜治理天下,尽管是尽心竭力,像孝子为慈父煎药治病一样,但还是不如没有病好,所以圣人还是认为羞耻。也就是说,最好还是没有动乱天下太平,即下文说的至德之世。言外之意是说,舜还没有达到"天下均治之为愿"的理想。 ⑪至德之世:道德最完美的时代。 ⑫标枝:树梢的枝。句谓,统治者如同是树梢,百姓如同野鹿。比喻虽有形式上的高低,但都是出于自然无心,按野性活动。 ⑬端正:办事正直。不知以为义:不知道这就算是义。义:宜。就是说自然就应当端正,照自然的样子做了谈不上什么义不义。以下几句都是这个意思。 ⑭相爱而不知以为仁:相互友爱而不知道这就算是仁。 ⑮实:诚实。忠:忠诚。 ⑯当:相当。句谓,相当地做了回报,不知道这就算是讲信用。 ⑰蠢动:感于节气而动,自然而动。相使:起到了相互使用的作用,即有利于他物。赐:恩赐。 ⑱行而无迹:有活动但不留痕迹。事而无传:有事迹但并不流传。因为都是自然发生的。

孝子不谀其亲①,忠臣不谄其君②,臣、子之盛也③。亲之所言而然④,所行而善⑤,则世俗谓之不肖子;君之所言而然,所行而善,则世俗谓之不肖臣。而未知此其必然邪⑥?世俗之所谓然而然之,所谓善而善之,则不谓之道谀之人也⑦。然则俗故严于亲而尊于君邪⑧?谓己道人,则勃然作色⑨;谓己谀人,则怫然作色⑩。而终身道人也,终身谀人也⑪,合譬饰辞聚众也⑫,是终始本末不相坐⑬。垂衣裳⑭,设采色⑮,动容貌⑯,以媚一世⑰,而不自谓道谀;与夫人之为徒⑱,通是非⑲,而不自谓众人⑳,愚之至也。知其愚者,非大愚也㉑;知其惑者,非大惑也㉒。大惑者,终身不解㉓;大愚者,终身不灵㉔。三人行而一人惑,所适者,犹可致也㉕,惑者少也;二人惑则劳而不至,惑者胜也㉖。而今也以天下惑㉗,予虽有祈向㉘,不可得也!不亦悲乎?

大声不入于里耳㉙,折杨、皇荂㉚,则嗑然而笑㉛。是故高言不止于众人之心㉜,至言不出,俗言胜也㉝。以二缶钟惑㉞,而所适不得矣㉟。而今也以天下惑,予虽有祈向,其庸可得邪㊱?知其不可得也而强之,又一惑也㊲。故莫若释之而不推㊳。不推,谁其比忧㊴?厉之人,夜半生其子,遽取火而视之㊵,汲汲然唯恐其似己也㊶。

【译文】 孝子不阿谀奉承自己的双亲,忠臣不谄媚讨好自己的君主,这是做臣、做子的最好表现。父母所说的话都说对,父母所办的事都说好,世俗称这种人是不肖子弟;君王所说的话都说对,君王所做的事都说好,世俗就把这种人叫做不肖臣。不知道世俗这种推理逻辑就一定对吗?(如果照此逻辑推论,)世俗认为对的就认为对,世俗认为好的就认为好,那不就成了阿谀奉承世俗的人了吗?这样说来世俗应当比双亲、君王还要尊严吗?说自己是个媚俗的人,就会勃然大怒;说自己是个阿谀奉承的人,就会忿然作色。而实际上却终身都在媚俗,终身都在讨好人,用花言巧语来哗众取宠,这是始终本末的因果逻辑脱了节。穿挂衣裳,绣上华彩,装扮表情来取媚世人,而不自认为媚俗;与人同群同类,有共同的是非,而不自认为自己也是众人中的一员,真是愚蠢到家了。知道自己愚蠢,还不算大蠢;知道自己迷惑,还不算大惑。大惑的人,终身也不醒悟;大愚的人,终身也不明白。三个人同行,其中有一个人迷惑,想到的地方,还可以走到,因为迷惑的人少;如果有两个人迷惑,那就徒劳而难达目的地,因为迷惑的人多占了上风。而现在整个天下的人都处在迷惑之中,我虽然有个好的向往,办不到呵!这不是太可悲了吗?

高雅的音乐听不进里俗人的耳朵里,而《折杨》、《皇荂》一类的民俗小调,听了却能哈哈乐。所以说,高明的言论很难被人们接受,至理名言显不出来,就是因为庸言俗语占上风呵!有两个瓦盆敲打出乐曲来惑乱一个黄钟的雅音,就得不到该听的好音乐了。现在全天下的人都在惑乱,我虽然有个好的向往,难道能够办得到吗?知道自己办不到而硬去办,就成了进一步的迷惑了。所以还不如放弃它而不加推究。不去推究,谁还会一同忧虑呢?长得丑陋的人,半夜生了孩子,急急忙忙地拿过灯来看,慌慌张张地惟恐孩子长得像自己。

【注释】 ①谀:阿谀奉承。 ②谄:谄媚讨好。 ③臣、子之盛也:这是最好的臣、子。盛:最为理想。 ④亲之所言:父母所说的话。"亲"指父母。而然:都以为是对的。 ⑤所行而善:承上省略"亲",即父母所办的事。而善:都以为是好。 ⑥未知此其必然也:不知这样去做就一定是对的吗?意思是说,不一定对。因为父母、君王也有错的时候。 ⑦则不谓之道谀之人也:那么不正是阿谀奉承世俗的人吗?道:指前文说的世俗。道谀:是对世俗的说法、做法阿谀奉承,即媚俗。 ⑧故:固然,应当。句谓,这样说来,那么世俗的说法、做法就应当比双亲和君王还尊严吗?意思是说,世俗的说法、做法显然不能比父母、君王的说法、做法更尊严。 ⑨道人:从俗之人。句谓,如果有人说你是个从俗的人。勃然作色:马上就发怒。 ⑩谓己谀人:如果有人说你是讨好人。佛然作色:马上就生气地发怒。佛然:不高兴的样子。 ⑪终身:一辈子。道人:做从俗的人。谀人:讨好人。 ⑫合譬饰辞:用投合众人的譬喻,修饰自己的言辞。聚众:赢得众人的赞同。 ⑬是:这。坐:罪责原因。"不相坐"是原因与结果的关系不一致的意思。句谓,用花言巧语来赢得众人的赞同,这是始终本末的因果关系对不上号的做法。就是说,既然认为众人比不上父母、君王更重要,为什么一定还要取得众人的认可才觉得对呢?这是一种违背正常思考的逻辑。 ⑭垂衣裳:整整齐齐穿上衣服。垂:这里是穿挂好的意思。 ⑮设采色:衣服上绣上花纹,古代帝王的衣服绣上华彩,表示文明而治。 ⑯动容貌:装扮出表情,即做出个形象。 ⑰以媚一世:用以上的种种方法来取媚世人。 ⑱与夫人之为徒:与世人为同类。徒:类。 ⑲通是非:是非相通,即与世人有共同的是非。 ⑳不自谓众人:不认为自己也属于众人之一。 ㉑非大愚:还不是太愚蠢,即还懂一点。 ㉒知其惑者,非大惑也:知道自己迷惑,还不是太迷惑,即还有点不迷惑。 ㉓终身不解:一辈子都不明白。 ㉔不灵:不醒悟。 ㉕适:到。致:到达。句谓,三个人一起走,一个人迷了路,还能走到目的地。 ㉖惑者胜:迷惑的人多数占了上风。 ㉗以天下惑:整个天下的人都迷惑。以:因。 ㉘祈向:祈求向往。这里是目标的意思。 ㉙大声:高明的声音。里耳:俚俗人的耳朵。句谓,高明的话俚俗的人是听不进耳朵里去的，因为不懂。 ㉚折杨、皇荂（fū 夫）：都是下里巴人的俚俗乐曲名。折杨犹言杨柳枝，皇荂犹言俚曲。 ㉛嗑（kè 克）然：开心而笑的样子。 ㉜高言：高明的言论。 ㉝至言：至理名言。俗言：通俗的语言。胜：占上风。 ㉞缶（fǒu 否）：瓦盆。古代也可用来敲击作乐，这里是称代粗俗的音乐。钟：黄钟大吕，这里称代高雅的音乐。句谓，敲打两个瓦盆来扰乱一个乐钟的声音。 ㉟所适：所想得到的适意音乐。 ㊱其：岂。庸：能。 ㊲知其不可得也而强之：明知得不到而强要得到。又一惑也：更进一层的迷惑。 ㊳释之：放弃它。推：追究。 ㊴比忧：一同忧愁。 ㊵厉：丑陋。遽：急忙。 ㊶汲汲然：急急忙忙的样子。似己：长得像自己。这是庄子讽刺世人不要真我，而随俗的愚蠢做法。宁愿自己的孩子长得不像自己，也希望他得到众人的认可。

百年之木，破为牺尊①，青黄而文之②，其断在沟中③。比牺尊于沟中之断，则美恶有间矣④，其于失性一也⑤。跖与曾、史，行义有间矣⑥，然其失性均也⑦。且夫失性有五：一曰五色乱目，使目不明；二曰五声乱耳，使耳不聪；三曰五臭熏鼻，困惾中颡⑧；四曰五味浊口，使口厉爽⑨；五曰趣舍滑心，使性飞扬⑩。此五者，皆生之害也。而杨、墨乃始离跂自以为得⑪，非吾所谓得也。夫得者困⑫，可以为得乎？则鸠鸮之在于笼也⑬，亦可以为得矣。且夫趣舍声色以柴其内⑭，皮弁鹬冠搢笏绅修以约其外⑮。内支盈于柴栅⑯，外重纆缴⑰，睆睆然在纆缴之中而自以为得⑱，则是罪人交臂历指，而虎豹在于囊槛，亦可以为得矣⑲。

【译文】 长了百年的大树，破开做了名贵的祭器牺樽，涂饰上青黄的花纹，剩下的断木扔在沟里。扔在沟里的断木与牺樽比起来，美与丑大不相同了，但它们丧失了树本来的天性却是一样的。盗跖与曾参、史鳅，要按合乎大义论起品行来是大不相同了，但他们都丧失了人的本性却是一样的。丧失本性有五种情况：一是五色乱目，使目不明；二是五音乱耳，使耳不聪；三是五种气味熏鼻子，塞鼻伤脑；四是五种口味污口，使口伤病；五是取舍乱心，使心性不安。这五种都是生命的祸害。而杨朱、墨翟却孜孜不倦地自以为得意，这并不是我所指的得意。得意反而受困，可以算是得意吗？那么鸟被关在笼子里，也可以算是得意了。再说是非声色如乱柴般填塞在内，皮帽鹬冠、笏版大带缠系在外，心里塞满乱柴，体外重重缠绕绳索，瞪着两眼在绳索缠绕之中而自以为得意，那么罪犯束手被缚，虎豹关在笼子里，也可以算是得意了。

【注释】 ①破：锯开。尊：同樽。牺尊：雕刻成牺牛形状的大樽，古代名贵的祭器。 ②青黄：染成青黄的颜色。文之：画上花纹。 ③断：指锯掉不用的木材。在沟中：被扔在沟中。　④美恶有间矣:好与坏不相同了。　⑤其于失性一也:它们对于失去木的本性来说是一样的,即都失去了木的本性。　⑥行义有间:品行、道义不相同了。　⑦均:均等,同样。　⑧臭:嗅。五臭:腥、膻、焦、腐、香。困惾(zōng 宗):壅塞。中颡(sǎng 桑):呛脑子。颡:额。　⑨厉爽:伤病。爽:差失。　⑩趣舍:趋舍,指是非。滑:乱。飞扬:不定。　⑪离跂(qǐ 企):用力的样子。得:好。句谓,而杨朱、墨翟这一类人却把自己选择的趋舍是非看成是好的,很卖力气地到处争辩宣传。　⑫得者困:自己觉得很好却受困。　⑬鸠鸮之在于笼中:鸟在笼子里。鸠鸮:指代鸟。　⑭柴其内:像乱柴一般枝枝杈杈地填塞在心里。　⑮皮弁:古代用皮子做的一种帽子。鹬冠:用鸟羽毛装饰的一种帽子。都是朝服的一种。搢:插。笏:手版。绅:大带。修:长。笏、绅也是朝见时的记事工具和装束。句谓,用皮弁鹬冠搢绅大带把自己从外面捆绑起来,指外形受到约束。　⑯支盈:塞满。柴栅:柱栅。句谓,内心里被梗阻蓬塞。　⑰纆:三股拧成的绳子,这里指绳索。缴:缠绕。句谓,外形被绳索缠绕。　⑱睆睆然:睁着两眼看的样子。

⑲交臂:被捆起来。历指:手上带着夹手指的刑具拶指。囊:口袋。槛:笼子。句谓,那么犯人被捆起来带上拶指,野兽被装在袋里,关在笼里,也可以算是好了。

第十三篇　天道

　　本篇截取篇首二字为题，是庄子对君道与臣道之间关系的论述。君道仿天道，天道就是自然的运化，天道落实到人的身上就是虚静恬淡寂寞无为，随自然运化。而臣道则是有为的。"上必无为而用天下，下必有为为天下用，此不易之道也。""上无为也，下亦无为也，是下与上同德。下与上同德则不臣。"作者认为，古代的帝王，包括尧舜那样的圣人，也没有处理好君道与臣道的关系，常常把君道混同于臣道。而孔子则是把形外的品德仁义礼乐当成人的天性，使世人陷于迷惑。因而较多地阐述了本末先后的顺序，提出"九变而赏罚可言"，把道与术区别开来。

　　天道运而无所积，故万物成①；帝道运而无所积，故天下归②；圣道运而无所积，故海内服。明于天，通于圣③，六通四辟于帝王之德者④，其自为也，昧然无不静者矣⑤。圣人之静也，非曰静也善，故静也⑥；万物无足以铙心者⑦，故静也。水静则明烛须眉，平中准⑧，大匠取法焉⑨。水静犹明，而况精神⑩？圣人之心静乎！天地之鉴也，万物之镜也⑪。夫虚静恬淡寂漠无为者⑫，天地之平而道德之至。故帝王圣人休焉⑬。休则虚，虚则实，实则伦矣⑭。虚则静，静则动，动则得矣⑮。静则无为，无为也，则任事者责矣⑯。无为则俞俞，俞俞者，忧患不能处，年寿长矣⑰。夫虚静恬淡寂漠无为者，万物之本也。明此以南乡，尧之为君也；明此以北面，舜之为臣也⑱。以此处上，帝王天子之德也；以此处下，玄圣素王之道也⑲。以此退居而闲游，江海山林之士服⑳；以此进为而抚世，则功大名显而天下一也㉑。静而圣，动而王㉒，无为也而尊，朴素而天下莫能与之争美。夫明白于天地之德者，此之谓大本大宗，与天和者也㉓。所以均调天下，与人和者也㉔。与人和者，谓之人乐；与天和者,谓之天乐。

庄子曰:"吾师乎㉕!吾师乎!赍万物而不为戾㉖,泽及万世而不为仁㉗,长于上古而不为寿㉘,覆载天地㉙、刻雕众形而不为巧㉚。此之谓天乐。故曰,知天乐者,其生也天行,其死也物化㉛。静而与阴同德,动而与阳同波㉜。故知天乐者,无天怨,无人非,无物累,无鬼责㉝。故曰,其动也天,其静也地,一心定而王天下㉞;其鬼不祟,其魂不疲,一心定而万物服㉟。言以虚静推于天地㊱,通于万物,此之谓天乐。天乐者,圣人之心以畜天下也㊲。"

【译文】 天道运行而不停滞,所以万物得以成长;帝道运行而不停滞,所以天下归附;圣道运行而不停滞,所以海内宾服。明白天道,通达圣道,又能把帝王之道畅通无阻地运行于六合四时的人,他自身的修为,就会是那种昧然不觉无不清静的人了。圣人的清静,并不是说静了舒服,所以才清静,而是因为万物都不需要扰乱心境,所以才清静。水清静下来可以清清楚楚地照出人的须眉,可以作为水平正确的标准,高明的木匠也得取它来做准则。水静了还能清明,更何况是精神呢?圣人的心就清静吧!是天地的明鉴,万物的明镜。虚静、恬淡、寂寞、自然无为,是天地的平准和道德的最高境界。所以帝王、圣人才经常置身于这种境地。置身于这种境地才会虚无,虚无才会产生充实,充实就合乎自然的伦序了。虚无才会静止,静止才会产生运动,运动就合乎天道。清静才会自然无为,自然无为了,那么承担各种任务的人才会尽职尽责地去行动。自然无为才会从容安逸,从容安逸的人,忧患不来困扰,寿命就长了。虚静、恬淡、寂寞、自然无为,这是万物的根本。懂得这个道理,南面为君王,就是尧那样的圣君;北面为人臣,就是舜那样的贤臣。按照此道处在上位,就是帝王天子的道德;按照此道处在下位,就是老子那样的玄圣,孔子那样的素王所具有的道德。按照此道退隐山林闲处野游,就是江海山林之士的做法;按照此道进身治世,就会功名显赫天下一统。静了是圣人,动起来是王者,自然无为而尊贵,淳朴真素,天下没有能与它争美的。懂得了天地之德,这就是大本大宗,与天和谐一致了。以此来均调天下,就是与人和谐了。与人和谐叫做人乐,与天和谐叫做天乐。

庄子说:"我的大宗师呵!我的大宗师呵!肃杀万物而不是什么残暴,恩泽施及万世而不是仁爱,比上古还早而不算老,覆载天地万物,塑造群形,也不是要灵巧。这就叫做天乐。所以说,知道天乐的人,他活着是天道的流行,他死了是物的转化。静是与阴气同德,动是与阳气合流。所以知道天乐的人,不会遭受天怨,不会受到人非,没有外物牵累,也没有神鬼的责罚。所以说,他的运动是天动,他的静止是地静,全身心安定而主宰天下;他的鬼魂不会作祟,他的魂灵不疲倦,全身心安定而万物归服。说的就是把虚无清静推行到天地,流通于万物,这就是天乐。天乐就是以圣人的心容畜天下。"

【注释】 ①积:积滞不化。无所积:即不停止的意思。成:产生成形。 ②归:归服。与下句"服"互文。 ③明于天:明白运化不停的天道。通于圣:通晓运化不停的圣道。 ④六通:通达上下四方。四辟:开通春夏秋冬。辟:打开通向。六通四辟:全面通达的意思。帝王之德:指帝道。 ⑤自为:自己去做的时候。昧然:不自觉无意识的样子,即跟随着去运行。 ⑥善:好。句谓,圣人要静并不是因为静了有好处,所以才要静。言外之意是说,静才是正确合道的,不静就错了。 ⑦铙心:挠心,扰乱心。 ⑧烛:照。中:合。准:水平仪。句谓,水静止的时候能成为平的标准。 ⑨大匠:高明的木匠。取法:拿来作为标准。 ⑩而况精神:更何况是精神平静呢? ⑪鉴:以水为镜。镜:镜子。句谓,是观照天地万物的明镜。 ⑫虚静:空虚平静。恬淡:安定淡泊。寂漠:寂寞。无为:自然无为。 ⑬休:静止。焉:于此,指虚静恬淡寂寞无为的境地。 ⑭休则虚:静止下来就会清虚。虚则实:清虚下来才会产生充实。伦:理,秩序。庄子认为,静止产生清虚,清虚产生充实,这样符合自然伦序。 ⑮静则动:静止了才能产生运动。不静止就只能是自己本身在动,自身动是对天地运动的干扰。动则得:这样运动就得到了常规。 ⑯任事者:担任事务职责的人。句谓,自己自然无为,那么承担各种事务的人才能尽职尽责地去活动。 ⑰俞俞:从容安逸。不能处:不能停留在心里。年寿长:活得长久。 ⑱南乡:南向,南面为君。乡(鄉)通"向(嚮)"。北面:北面为臣。 ⑲玄圣素王:具有圣人的道德而没有帝王之位的人,指老子、孔子那样的人。 ⑳江海山林之士:隐士。服:用,做法。 ㉑进为:进身为官。抚世:治世。一:一统。 ㉒动而王:动起来可以成为王。 ㉓大本大宗:最根本的道。与天和:与天和谐一致。 ㉔均调:调和平均。与人和:与人和谐一致。 ㉕吾师:我的宗师,指天道。 ㉖齑:粉碎。这里是肃杀的意思。戾:残暴。句谓,天地肃杀万物不算是残暴。 ㉗泽:恩泽。及万世:流传万世。 ㉘长于上古:比上古还年长。道存在于天地产生之前,自然比上古要老。 ㉙覆载天地:把天地覆载在内。道产生天地。 ㉚刻雕:犹言塑造。众形:万物。道生万物。 ㉛天行:自然运行。物化:事物的转化。 ㉜与阴同德、与阳同波:万物不离阴阳,阴的属性为静,阳的属性为动。波:运动。句谓,动静与阴阳的属性和运动相合。 ㉝天怨:天怒。人非:人的指责。物累:外物牵累。鬼责:神鬼的责罚。 ㉞王天下:统治天下。 ㉟祟:作祟。疲:疲倦熄灭。服:归服。 ㊱推:推广。 ㊲畜:容畜。

夫帝王之德,以天地为宗,以道德为主,以无为为常①。无为也,则用天下而有余②;有为也,则为天下用而不足③。故古之人贵夫无为也。上无为也,下亦无为也④,是下与上同德⑤,下与上同德则不臣。下有为也,上亦有为也,是上与下同道,上与下同道则不主⑥。上必无为而用天下,下必有为为天下用⑦,此不易之道也⑧。

故古之王天下者，知虽落天地，不自虑也⑨；辩虽雕万物，不自说也⑩；能虽穷海内⑪，不自为也。天不产而万物化，地不长而万物育，帝王无为而天下功⑫。故曰，莫神于天⑬，莫富于地，莫大于帝王。故曰，帝王之德配天地⑭。此乘天地，驰万物⑮，而用人群之道也！

【译文】 帝王之德，以天地为根本，以道德为纲领，以自然无为为常行。自然无为就能很轻松地任用天下的力量，如果自己有为就不能满足天下的需用，所以古人推重自然无为。如果君王自然无为，臣下也自然无为，就是下边与上边同德了，下与上同德就不成其为臣下了。如果臣下有为，君王也有为，就是上边与下边同道了，上与下同道就不成其为君王了。君王一定要自然无为而任用天下的力量，臣下一定要有为满足天下的需用，这是不可改变的道理。所以古代统治天下的人，智慧虽然能包络天地，但自己却不谋虑；办事能力虽然能造就万物，但自己不去说；才能虽然可以超过天下所有的人，但自己不去做。天不生育任何具体的东西，万物才能自己生化；地不生长任何具体的东西，万物才能自己长育；帝王自然无为，才能使天下众人功业有成。所以说，没有比天神妙的，没有比地富有的，没有比帝王博大的。因此说，帝王之德与天地相配。这是驾驭天地，驱使万物，任用群众的大道呵！

【注释】 ①宗：宗法。常：常规法则。 ②用天下：任用天下所有的万物。 ③为天下用：被天下万物所利用。 ④上：在上统治的帝王。下：在下的臣民。 ⑤同德：奉守同样的道德，这里指上下都无为。不臣：不能成其为臣下了。 ⑥同道：奉守同样的道德，这里指天下都有为。不主：不成其为君主了。 ⑦用天下：任用臣民的有为。为天下用：被天下用，即满足天下的需用。 ⑧不易之道：不可改变的常道。 ⑨知：智。落：通"络"，包络。不自虑：自己不谋虑。 ⑩辩：通"办(辦)"。繁体字辩、辦、辨形似而混用。见下"此之谓辩士，一曲之人也。"辩士指能办事的人。雕：造就，成就。见上文"刻雕众形"。 ⑪能：能力。穷海内：冠绝海内。 ⑫化：化育。育：生育。功：成功。 ⑬神：神妙。 ⑭配：配合。 ⑮乘天地：驾驭天地。驰万物：驱使万物。

本在于上，末在于下①；要在于主，详在于臣②。三军五兵之运③，德之末也④；赏罚利害，五刑之辟，教之末也⑤；礼法度数，形名比详⑥，治之末也；钟鼓之音，羽旄之容⑦，乐之末也；哭泣衰绖，隆杀之服⑧，哀之末也。此五末者，须精神之运，心术之动，然后从之者也。

末学者,古人有之,而非所以先也⑨。君先而臣从,父先而子从,兄先而弟从,长先而少从,男先而女从,夫先而妇从。夫尊卑先后,天地之行也,故圣人取象焉⑩。天尊地卑,神明之位也⑪。春夏先,秋冬后,四时之序也。万物化作,萌区有状⑫,盛衰之杀,变化之流也⑬。夫天地至神,而有尊卑先后之序,而况人道乎?宗庙尚亲,朝廷尚尊⑭,乡党尚齿⑮,行事尚贤,大道之序也。语道而非其序者,非其道也⑯。语道而非其道者,安取道⑰?

【译文】 本根在上,末梢在下;简要在君王那里,繁细在臣下那里。三军五兵的调用,是道德的细枝末节;赏罚利害、五刑之法是教化的细枝末节;礼制法度、循名责实是治道的细枝末节;钟鼓音乐、化妆舞蹈是礼乐的细枝末节;哭泣带孝、孝服分等是哀丧的细枝末节。这五种细枝末节,都要精神运行起来,心术活动起来,然后才随着来的。

　　细枝末节的这些末学,古人就有讲究的,但不是把它们摆在先位。君先而臣从,父先而子从,兄先而弟从,长先而少从,男先而女从,夫先而妇从。尊卑先后,这是天地的顺序,所以圣人取其法象。天尊地卑,是神明的位序。春夏先,秋冬后,是四季的顺序。万物化生,萌芽曲直,春生夏长,秋冬肃杀,这是变化的流程。要说天地那是最为神明了,还要有个尊卑先后的顺序,更何况是人道呢?宗庙祠堂推尊近亲,朝廷官府推尊身份地位,乡亲朋友之间推尊长者,办事推尊贤能,这是大道的顺序。论道而否定大道的顺序就不成其为道了。论道而又不按大道,还怎么取法于道呢?

【注释】 ①本:根本。上:尊上,指君王。末:细枝末节。下:卑下,指臣民。 ②要:纲要。详:详细。 ③三军:军队。周制为大国三军,中军、上军、下军。五兵:五种兵器。成疏:"一弓、二殳、三矛、四戈、五戟。"运:使用。 ④德之末:道德中的枝节。意思是说,是推行道德的补充手段。 ⑤五刑:割鼻子的劓刑,脸上刺字的墨刑,砍足的刖刑,阉割生殖器的宫刑,死刑的大辟。辟:法。教之末:教化的辅助手段。 ⑥礼法度数:礼指上下尊卑的等级。法指按等级制定的法律条文。度数指数量上的限制规定。形名比详:名实的审定。形指实际的官职地位,名指给予的名号。比是比较符合不符合。详是审定。 ⑦羽旄:鸟毛兽尾。古代跳舞时用鸟毛兽尾做装饰,故以羽旄称代舞蹈。 ⑧衰绖:即缞绖。古代丧服的通称,衰是白布衣,绖是麻冠带。隆杀:高低等级。古代丧服分五级,斩衰、齐衰、大功、小功、缌麻,按亲疏的不同分为五服。 ⑨末学:研究上述五末之类的学问。与根本的大道相比,这些都属于枝节细目。非所以先:不是用以摆在大道之前的。即末学虽然古代有,但要放在大道之后。 ⑩天地之行:天地运行的常规。取象:取其法象作为法则。 ⑪天尊地卑:天高贵,地卑下。神明之位:神排列的位序。 ⑫萌区:句萌,区通"句",指植物初生时的幼芽。《史记·乐书》:"区萌达。"张守节正义:"区音勾,曲出曰区,菽豆之属。直出曰萌,稻稷之属也。" ⑬杀:下降。盛衰之杀:由盛降为衰。流:流行。 ⑭尚亲:崇尚亲疏的讲究。宗庙尚亲:宗庙举行礼仪,同宗族的人按亲疏的不同分高低。尚尊:讲究尊卑的不同,即按官职大小分高低。 ⑮乡党:乡里。齿:年龄。句谓,同乡之间按年纪大小分高低。 ⑯非其序:不按顺序。非其道:不是真正的道。 ⑰安:怎么能。

是故古之明大道者,先明天而道德次之,道德已明而仁义次之,仁义已明而分守次之,分守已明而形名次之①,形名已明而因任次之,因任已明而原省次之②,原省已明而是非次之,是非已明而赏罚次之,赏罚已明而愚知处宜,贵贱履位③,仁贤不肖袭情④。必分其能,必由其名⑤。以此事上,以此畜下⑥,以此治物,以此修身。知谋不用,必归其天⑦。此之谓大平,治之至也⑧。

故书曰⑨:"有形有名。"形名者,古人有之,而非所以先也。古之语大道者,五变而形名可举⑩,九变而赏罚可言也⑪。骤而语形名⑫,不知其本也;骤而语赏罚,不知其始也。倒道而言,迕道而说者⑬,人之所治也,安能治人⑭?骤而语形名赏罚,此有知治之具,非知治之道⑮。可用于天下,不足以用天下⑯。此之谓辩士,一曲之人也⑰。礼法数度,形名比详,古人有之。此下之所以事上,非上之所以畜下也。

【译文】 因此,古代懂得大道的人,先要懂得自然,然后道德次之;道德明白了,然后仁义又次之;仁义明白了,然后职分又次之;职分明白了,然后责任要求又次之;责任要求明白了,然后按要求任命又次之;按要求任命明白了,然后考核检察又次之;考核检察明白了,然后是非又次之;是非明白了,然后赏罚又次之;赏罚明白了,然后才会愚智安排合适,贵贱走上适当的地位,仁义贤能与不成材的人都有合情合理的位置。这样一定会按名分各尽其能,知道自己该干什么。要用这个顺序事奉主上,要用这个顺序畜养臣下,要用这个顺序去治理万物,也要用这个顺序去修身。不用智谋,一定要归于自然。这就叫天下太平,治理的最高境界。

所以书里边说:"要按名分责任要求实绩。"按名分责任要求实绩,古人就有这个讲究,但不是把它摆到第一位。古代讲大道的人,要先后推到第五位,才提出要按名分责任要求实绩;推到第九位,才可以说赏罚。骤然就提出按名分责任要求实绩,这是不知根本;骤然就说赏罚,这是不知本始。颠倒道的顺序、逆着道的顺序来讲治理国家,这是人要治的对象,怎么能治人?

一下子就讲按名分责任要求实绩或用赏罚治理国家,这是知道有治理国家的办法,不是懂得治理国家的大道。可以被天下采用,不能用它去统治天下。这种主张的人就是所谓的办士,是偏重于某方面才能的人。至于说礼制法度、循名求实、考核检察,古人也有这个讲究。但这是臣下事奉君上的法术,不是君上用来畜养臣下的大道。

【注释】　①分守:职责。形名:按名求实,即按所居官职要求尽到自己的责任。　②因任:按应履行的职务任命选派官员。原省:按责任去考察要求。　③处宜:安排得当。履:就位。　④仁贤:仁义贤能的人。不肖:不成材不称职的人。袭情:合情。　⑤分其能:分别能力大小。由其名:按职责名分去要求。　⑥畜下:养育百姓。　⑦归其天:回到自然的秩序上来。　⑧大平:太平。治之至:治理的最理想状态。　⑨书:指古书,具体所指不详。　⑩五变:经历由本到末的五步变化,即由天道到道德、仁义、分守,第五位到形名。　⑪九变:九步变化,即天道、道德、仁义、分守、形名、因任、原省、是非、赏罚,推到第九位才是赏罚。　⑫骤:一开头,首先。　⑬倒道:倒过来去论道。迕:逆。　⑭人之所治:人要治理的内容。安能治人:怎么能治理得了人。　⑮治之具:治理的办法。治之道:治理的大道。　⑯用于天下:在天下使用。用天下:使用天下。　⑰辩士:办具体事的人。一曲之人:偏于某一方面的人,即具有某种专业技术的人。

昔者舜问于尧曰:"天王之用心何如①?"尧曰:"吾不敖无告②,不废穷民③,苦死者,嘉孺子而哀妇人④。此吾所以用心已⑤。"舜曰:"美则美矣,而未大也⑥。"尧曰:"然则何如?"舜曰:"天德而出宁⑦,日月照而四时行,若昼夜之有经⑧,云行而雨施矣。"尧曰:"胶胶扰扰乎⑨!子,天之合也⑩;我,人之合也⑪。"夫天地者,古之所大也,而黄帝、尧、舜之所共美也⑫。故古之王天下者,奚为哉?天地而已矣⑬。

【译文】　当年舜问尧说:"帝王是如何用心呢?"尧说:"我不瞧不起那些痛苦无告的人,不扔下那些穷苦的百姓,悲悯那些死去的人,善待小孩,同情妇女。我就是这样用心的。"舜说:"好是好呵,但还不够广大。"尧说:"这样说来,该怎么用心呢?"舜说:"天德不失就自然一片安宁,日月照临就四季正常运行,如同昼夜交替有常规,就会行云降雨了。"尧说:"那么我过去是有些纠缠多扰了!你说的与天道相合,我做的仅与人道相合。"天地,从古以来就认为最伟大,黄帝、尧、舜都共同赞美。所以古代统治天下的人,何必人为呢?顺应天地之道就可以了。

【注释】　①天王:对皇帝的尊称,意思是奉行天道的帝王。　②敖:通"傲",傲慢。无告:没有势力的人,意思是有苦情无处诉告的人。　③废:弃,丢下不管。苦:意动用法。

苦死者:以死者为苦,即可怜死人。 ④嘉:善,意动用法。嘉孺子:以孺子为嘉,即善待小孩。哀:哀怜,同情。 ⑤所以用心:这样去用心。已:矣,了。 ⑥美:好。未大:不够广大。 ⑦天德而出:天道运行起来。宁:安宁。 ⑧经:不变的常规。 ⑨胶胶扰扰:纠缠扰攘。句谓,看来我过去的做法是有些自己纠缠扰攘了。 ⑩子,天之合也:你说的做法与天道相合。子:你。 ⑪我,人之合也:我的做法仅合人道而已。 ⑫共美:共同赞美,即都认为好。 ⑬天地而已矣:奉行天地之道罢了。

孔子西藏书于周室①,子路谋曰②:"由闻周之征藏史有老聃者③,免而归居④,夫子欲藏书,则试往因焉⑤。"孔子曰:"善!"往见老聃,而老聃不许⑥。于是繙十二经以说⑦,老聃中其说⑧,曰:"大谩,愿闻其要⑨。"孔子曰:"要在仁义。"老聃曰:"请问,仁义,人之性邪?"孔子曰:"然。君子不仁则不成,不义则不生。仁义,真人之性也,又将奚为矣⑩?"老聃曰:"请问,何谓仁义?"孔子曰:"中心物恺⑪,兼爱无私⑫,此仁义之情也。"老聃曰:"意,几乎后言⑬!夫兼爱,不亦迂乎⑭?无私焉,乃私也⑮!夫子若欲使天下无失其牧乎⑯?则天地固有常矣,日月固有明矣,星辰固有列矣,禽兽固有群矣,树木固有立矣⑰。夫子亦放德而行,循道而趋⑱,已至矣⑲!又何偈偈乎揭仁义⑳,若击鼓而求亡子焉㉑!意,夫子乱人之性也!"

【译文】 孔子想要把自己的经典收藏在西边周王室的档案馆里,子路出主意说:"我听说周王室负责征集收藏文献的史官老聃,老退隐居在家里,先生要藏书,不妨试着去找他帮帮忙。"孔子说:"好呵!"于是就去拜见老聃,而老聃却不答应。孔子就解释十二经的内容来说服他,老聃打断他的话说:"你说的太不着边际,请说说要点吧!"孔子说:"要点就是要讲仁义。"老聃说:"请问,仁义是人的天性吗?"孔子说:"当然。君子不仁就不能有成就,不义就不能生存。仁义确实是人的天性,(除了仁义)人还会怎么样呢?"老聃说:"请问,什么是仁义?"孔子说:"心地公正,与人为善,兼爱无私,这就是仁义的情理。"老聃说:"噫,有点近似,但不是根本呵!兼爱,不也太绕远了吗?(只要有爱就会针对具体的人和事,不可能全爱,)你说的无私实际就是私呵!先生想要让天下不失去管理吗?那么天地本来就有变化的常规,日月本来就有光明,星辰本来就有序列,禽兽本来就有自己的群类,树木本来就有适宜自己生长的地方。先生只要听任各自天然的德性而行,遵循天道去走,这就足够了,又何必卖力气地标榜什么仁义,就好像孩子就在身边,却敲锣打鼓地去找丢了的孩子!噫,先生是在扰乱人的天性呵!"

【注释】　①书:指孔子自己写的书。周室:周王室的藏书之所,意同后世的档案馆。孔子生活在东周时期的鲁国。东周在鲁国的西边。　②子路:孔子的弟子,姓仲名由,字子路。谋:出谋划策。　③征藏史:收集管理图书典籍的官员。　④免:离职。归居:退居在家。　⑤因:凭借,通过。试往因焉:不妨通过他的引见介绍给帮帮忙。　⑥不许:不答应。　⑦繙:演绎解释。十二经:指孔子的著作。按《释文》的讲法有三说,一是《诗》、《书》、《礼》、《乐》、《易》、《春秋》六经加上六纬。二是《周易》上下经加上十翼。三是《春秋》里记载的十二公经。三说都欠妥。可能是孔子编写的六经,再加上六经所据的原始经典。　⑧中:中断,打断。　⑨大:太。漫:漫无边际,不得要领。愿闻其要:希望你说说要点。　⑩奚为:何为。又将奚为:又会怎么样呢?　⑪中心:心地公正。物恺(kǎi楷):与外物和乐相处,即与人为善。恺:乐。　⑫兼爱:对自己对他人都仁爱。　⑬意:噫,感叹词。几:接近。后言:不当紧的话。见前文"道德已明而仁义次之"。仁义不是根本。句谓,你说的有点接近,但不是根本呵!　⑭迂:绕远。　⑮无私焉,乃私也:你说的无私实际上就是私呵。这是指,存心要无私地去做,实际上就有了私心。真正无私是用不着存心去想的。　⑯牧:管理。　⑰固:本来。有常:有常规。列:序列。立:生长的地方。　⑱放德:听任天然的德性。放:听任。循道:顺着天道。趋:运行。　⑲已至:已经是最高最彻底了,即足够了。　⑳偈偈(jié洁):竭尽全力的样子。揭:举,标榜。　㉑击鼓而求亡子:敲锣打鼓地寻找丢了的孩子。意思是说,这不是孩子就在身边却敲锣打鼓地去找孩子吗?犹言骑着毛驴找毛驴。亡子比喻迷失的本性。

　　士成绮见老子而问曰①:"吾闻夫子圣人也,吾固不辞远道而来愿见,百舍重趼而不敢息②。今吾观子,非圣人也。鼠壤而余蔬而弃妹之者③,不仁也。生熟不尽于前,而积敛无崖④。"老子漠然不应⑤。

　　士成绮明日复见,曰:"昔者吾有刺于子,今吾心正却矣⑥,何故也?"老子曰:"夫巧知神圣之人,吾自以为脱焉⑦。昔者子呼我牛也而谓之牛,呼我马也而谓之马⑧。苟有其实,人与之名而弗受,再受其殃⑨。吾服也恒服⑩,吾非以服有服⑪。"士成绮雁行避影⑫,履行遂进而问修身若何⑬。老子曰:"而容崖然⑭,而目冲然⑮,而颡頯然⑯,而口阚然⑰,而状义然⑱,似系马而止也⑲,动而持⑳,发也机㉑,察而审㉒,知巧而睹于泰㉓,凡以为不信㉔。边竟有人焉,其名为窃㉕。"

【译文】　士成绮去拜见老子,问道:"我听说先生是个圣人,所以不辞辛苦远道而来想见见您,走了几百里地,脚上磨出了厚厚的茧子也不敢休息。现在我看先生不像是圣人。垃圾里有剩饭剩菜扔到那儿也不管,这是不仁。生的熟的食品不吃完,还要没完没了地去收集。"老子听了神色淡漠也不回答。

第二天士成绮又来拜见,说:"昨天我说了先生几句,今天我心里觉得不是味,这是怎么回事呢?"老子说:"你说的智巧神圣那样的人,我自认为我已经对此超脱了。昨天你把我说成是牛,我就是牛吧;你把我说成是马,我就是马吧!如果我真有那样的表现,人家这样去说我,我拒不承认,那就更会受到责备。我服人家的话是按常理去服,并不是为讨好别人才服。"士成绮一下子变得规矩老实了,蹑手蹑脚走上前去问,人该怎样修身。老子说:"你面容趾高气扬,两眼炯炯闪光,愣头愣脑,说话邪邪乎乎,样子一本正经,像是一匹烈马被拉住了似的,冲动而勉强约束着,暴发出来像弓弩激射,看东西纤毫毕见,机智贼巧看得太过分了,对什么都认为不可信。边境上有你这样的人,人们都把这种样子称做贼。"

【注释】 ①士成绮:人名。成疏:"姓士,字成绮,不知何许人。" ②固:故。舍:三十里为一舍,百舍喻路远。趼(jiǎn简):通"茧",这里指脚上走路磨出的硬皮。重研:多层的老茧。 ③鼠壤:垃圾。余疏:剩菜剩饭。弃妹:扔掉不管。妹通"昧",不理睬。 ④生熟:生的食物,熟的食物。不尽:不吃完。无崖:无涯,没完没了。 ⑤漠然:淡漠的样子。 ⑥刺:讽刺指责。郤:通"隙",觉察出不合适。 ⑦脱:超脱。句谓,对于仅仅做一个智巧的圣人,我认为自己已经超越了。 ⑧呼我牛、呼我马:把我叫做牛或叫做马。谓之牛、谓之马:我就把自己当成牛或当成马。因为自己已经不想做智巧的圣人了,所以别人把自己当成什么样的笨蛋都无所谓。 ⑨再受其殃:更进一步遭受灾殃。 ⑩服也恒服:服从的是按常理该服从的就去服从。恒是常,服是服从,这里指服从别人所说的话,即呼牛呼马也承认服从。所谓的"恒服",指的是按大道的常理该服的就服。 ⑪以服有服:因为要服从而去服从。也就是说,服从有好处才去服从。句谓,我并不是因为服从了好一些才去服从,即不是为了讨好别人才去服从。 ⑫雁行:像大雁一样排成行。避影:像要避开自己的影子。都是比喻因羞愧而规矩老实下来,不敢显露自己的样子。 ⑬履行遂进:穿着鞋子进到屋里。古人席地,入室要脱掉鞋子,履行是穿着鞋子就走了进来,是形容士成绮慌乱得忘掉了常识。 ⑭而:你。容:面容。崖然:高岸的样子,即趾高气扬。 ⑮冲然:眼睛冲射的样子,即目光炯炯。 ⑯颡:额头。頯(kuí奎)然:质朴的样子,即愣头愣脑。 ⑰阚(hǎn喊)然:说话不管不顾没遮拦的样子。 ⑱义然:正义的样子,即自以为是。 ⑲系马:被强拉住的马。句谓,好像一匹被强拉住的烈马。 ⑳动而持:要奔跑而被控制住。 ㉑发也机:松开手就会像弓弩一般射出去。 ㉒察:明察。审:细详。句谓,看得那么清楚详细。 ㉓睹于泰:看得太过分。泰:太过。 ㉔凡:一切。句谓,一切都觉得不可信。 ㉕边竟:边境。窃:贼鬼。句谓,边境上有像你这样的人,人们都把这种样子称做贼。贼是过分精明狡猾的意思。意思是说,太贼了无法学道。

夫子曰①:"夫道,于大不终,于小不遗,故万物备②。广广乎其无不容也,渊渊乎其不可测也③。形德仁义,神之末也④,非至人孰能定之⑤?夫至人有世,不亦大乎⑥?而不足以为之累⑦。天下奋棅而不与之偕⑧,审乎无假而不与利迁⑨,极物之真,能守其本⑩,故外天地,遗万物⑪,而神未尝有所困也⑫。通乎道,合乎德,退仁义,宾礼乐⑬,至人之心有所定矣。"

世之所贵道者,书也⑭。书不过语,语有贵也⑮。语之所贵者,意也⑯。意有所随⑰,意之所随者,不可以言传也⑱,而世因贵言传书⑲。世虽贵之,我犹不足贵也,为其贵非其贵也⑳。故视而可见者,形与色也;听而可闻者,名与声也。悲夫!世人以形色名声为足以得彼之情㉑。夫形色名声,果不足以得彼之情,则知者不言,言者不知㉒,而世岂识之哉?

【译文】 先生说:"道,宏观上说无穷无尽,微观上说毫无遗漏,所以才能具备万事万物。广大呵,无所不容;深沉呵,不可测度。外形的品德仁义,那是内在精神的细枝末节,若不是至人,谁能分辨得清?至人奋有天下,不也够大了吗?但牵累不了他。天下人争权夺势他不参与,明察真假不为利而变,穷究事物的真性,能固守根本,所以能把天地置之度外,忘却万物,而精神未曾有所困扰。融通于大道,合乎德性,斥退仁义,摈弃礼乐,至人的心才能安定下来。"

世上的人看重道,实际上是书里写的道。而书里写的不过是语言,语言有它可贵的地方。语言可贵的地方是它表达的意义。意义又是随从理性而来的,意义所随从的理性是不能用语言表达的,而世人却因为看重语言而传授书本。世人虽看重它,我还是认为它不值得珍贵,因为珍贵的并不是该珍贵的东西。所以说,眼睛能看见的是外形和颜色,耳朵可听到的是名称和声音。可悲呵!世人认为凭外形、颜色、名称、声音就可以得到它的真实。而外形、颜色、名称、声音不能得到它的真实,那么真知道的就不说,说的就不是真知道,世人又哪里懂得这一点呢?

【注释】 ①夫子:指老子。 ②于大不终:在大的方面无穷无尽。终:尽。遗:遗漏。备:具备。 ③渊渊:深沉的样子。原为"渊",据《庄子阙误》引江南古藏本增一"渊"字。 ④形德仁义:外形的品德仁义,即仁义是形而下之德,不属形而上的道。神之末:精神的细枝末节,即内在精神的低级表现。 ⑤至人:有道的人。孰:谁。定:确定,分辨。 ⑥有世:得天下为帝王。不亦大乎:不也很了不起了吗? ⑦不足以为之累:不足以为天下而牵累他,即不把得天下当回事成为负担。 ⑧棅:柄,权柄。奋柄:犹言争权夺利。偕:一起。句谓,不参与天下人争权夺利。 ⑨审:明察。审乎无假:是明察真假。不与利迁:不因为利益而改变。 ⑩极:尽。极物之真:穷尽事物的真性。守其本:守住自己的本性。 ⑪外天地:以天地为外。遗:忘却。句谓,把天地置之度外,忘却万物。 ⑫神:内在精神。困:困扰。 ⑬退仁义,宾礼乐:斥退仁义,摈弃礼乐。宾通"摈"。 ⑭贵道:以道为贵。书:指书本上记载的道。句谓,人们认为珍贵的道,实际上是指书本上的道。 ⑮书不过语:书上写的不过是说过的一些话。语有贵也:那么这些话才是珍贵的。 ⑯语之所贵者,意也:话可贵的实际上是话所表达的意义。 ⑰意有所随:意义是随着人的精神理性才有的。 ⑱意之所随者,不可以言传也:产生意义的精神理性用话是不能言传的。 ⑲世因贵言传书:世人却看重语言而传授书本。 ⑳贵非其贵:珍贵的并不是该珍贵的东西。 ㉑情:真情,实情。 ㉒知者不言:真正懂大道的人不说。言者不知:成天说大道的人并不懂大道。

桓公读书于堂上,轮扁斲轮于堂下,释椎凿而上①,问桓公曰:"敢问,公之所读者,何言邪?"公曰:"圣人之言也。"曰:"圣人在乎?"公曰:"已死矣。"曰:"然则君之所读者,古人之糟魄已夫!"桓公曰:"寡人读书,轮人安得议乎②? 有说则可,无说则死③。"轮扁曰:"臣也以臣之事观之。斲轮,徐则甘而不固④,疾则苦而不入⑤,不徐不疾,得之于手而应于心⑥。口不能言,有数存焉于其间⑦。臣不能以喻臣之子⑧,臣之子亦不能受之于臣,是以行年七十而老斲轮⑨。古之人与其不可传也死矣⑩。然则君之所读者,古人之糟魄已夫!"

【译文】 齐桓公在堂上读书,木匠轮扁在堂下砍凿木头做车轮子。轮扁放下手里的锤子、凿子走上堂去,问齐桓公说:"请问,大王读的书里说的是什么话呀?"桓公说:"圣人的话。"轮扁说:"圣人还活着吗?"桓公说:"已经死了。"轮扁说:"这样说来,那么大王所读的不过是古人的糟粕罢了!"桓公说:"寡人读书,一个做车轮的木匠也可以妄加评论吗? 如果你能说出个道理来,也就罢了,如果说不出个道理来就杀了你。"轮扁说:"下臣我是从自己所从事的工作看出来的。砍凿车轮子,榫眼松了就活滑不牢固,榫眼紧了就艰涩安不进去,不松不紧在于手头上的功夫和心里的估计。嘴里是说不出来的,有个分寸度量在其中。我不能够把其中的奥妙教给我的孩子,我的孩子也不能从我的嘴里学得到,因此我都七十多岁了,老来老去还得来砍凿车轮子。古人和他那无法言传的东西一道死去了。这样看来,大王所读的只不过是古人的糟粕罢了!"

【注释】 ①桓公:齐桓公。扁:木匠名,因做车轮而名轮扁。斲:砍削。释:放下。椎凿:做车轮的木匠工具。 ②轮人安得议乎:做车轮子的木匠也能随便评论吗? ③无说则死:说不出道理来就处以死刑。 ④徐:松。甘:活滑。句谓,榫眼松了,打凿出的车轮就活滑不牢固。 ⑤疾:紧。苦:艰涩。句谓,榫眼紧了,又艰涩安不进卯去。 ⑥得之于手:合适在于手上的准头。应于心:与心里想的相应。 ⑦数:度数,分寸。 ⑧喻:说明白,讲清楚。 ⑨行年七十而老斫轮:活到七十多岁,老了还得自己来砍凿车轮。 ⑩不可传:指语言无法表达的道。

第十四篇　天运

　　本篇主要说明至仁与仁义的不同。至仁是天道的表现,来自于人的自然本性,而仁义是人道的表现。来自于人为的教化,改变了人的自然本性才出现了仁义。从层次上说至仁比仁义要高得多。庄子从敬孝、爱孝、忘亲、亲忘我、兼忘天下、天下兼忘我六步,才说到至仁。反过来又借庄子的话,从民心一、民心亲、民心竞、民心变、是非出现才说仁义。即使是模仿古代圣王,也应该知道仁义是先王的蘧庐、陈迹、已陈刍狗。文中讲的黄帝咸池之乐,试图说明从惊惧到松弛,再到迷惑,才能把人从世俗引入道的境界,当然也可理解为修道的过程。

　　"天其运乎,地其处乎,日月其争于所乎①?孰主张是,孰维纲是,孰居无事推而行是②?意者其有机缄而不得已邪③?意者其运转而不能自止邪?云者为雨乎?雨者为云乎?孰隆施是④?孰居无事淫乐而劝是⑤?风起北方,一西一东,有上彷徨⑥,孰嘘吸是⑦?孰居无事而披拂是⑧?敢问何故?"巫咸袑曰⑨:"来!吾语女。天有六极五常,帝王顺之则治,逆之则凶⑩。九洛之事⑪,治成德备,监照下土⑫,天下戴之,此谓上皇⑬。"

【译文】"天是运转的吧,地是静止的吧,日月是在天体的轨道上交替出没的吧?谁在主宰着,谁在维系着,谁闲着没事推动着这样?想来有一套机制控制着使它不得不动吧?想来它的运转是不能自己停息的吧?云就是雨吗?雨就是云吗?谁在兴云降雨呢?谁闲着没事嬉戏淫乐而鼓动它这样?风起北方,忽东忽西,在天上飘乎游荡,是谁呼吸吐纳成这样?是谁闲着没事而扇动成这样?请问到底是什么缘故?"巫咸袑说:"来,我告诉你。天有六合五行,帝王顺应它就得到安治,违逆它就得到凶乱。九数洛书的秩序,治道形成,天德完备,监管照临人间,天下共同拥戴,这就是至尊的上皇。"

【注释】　①运:运转。处:静止。争其所:争天空的位置,指日月交替运行。　②孰:谁。主张:主宰安排。是:这样,指天地日月的动静运行。纲维:维系控制。居无事:闲着没事。推而行是:推着它们这样运行。　③意者:想来。有机缄:有一套机制、机关。缄:关。　④隆:兴起。施:施布。句谓,是谁在兴云布雨呢?　⑤淫乐:过度乐为淫乐,这里是嬉戏的意思。劝:鼓励,这里是助长的意思。句谓,是谁闲得没事闹着玩在兴云布雨? ⑥一西一东:或西或东。有上:在天上。彷徨:徘徊飘荡。　⑦嘘吸:呼吸。⑧披拂:扇动。　⑨巫咸祒(tiáo 条):人名。成疏:"巫咸,神巫也,为殷中宗相。祒,名也。"　⑩六极:六合的穷极,即上下四方。五常:五行,金木水火土。两者指天地阴阳,五行运化。顺、逆:指对天道的顺逆。　⑪九洛:九数洛书。据说是大禹时期,洛水神龟背上的图案。圣人从中发现了极多的自然信息,推演阴阳五行,将其原理用以治理天下。　⑫治成:治理成功。德备:道德完备。监照下土:监照人间。　⑬戴:拥戴。上皇:至高无上的帝王。

　　商大宰荡问仁于庄子①,庄子曰:"虎狼,仁也。"曰:"何谓也?"庄子曰:"父子相亲,何为不仁②?"曰:"请问至仁③。"庄子曰:"至仁无亲。"大宰曰:"荡闻之,无亲则不爱,不爱则不孝,谓至仁不孝,可乎?"庄子曰:"不然。夫至仁尚矣,孝固不足以言之④。此非过孝之言也,不及孝之言也⑤。夫南行者至于郢⑥,北面而不见冥山⑦,是何也?则去之远也⑧。故曰,以敬孝易,以爱孝难⑨;以爱孝易,以忘亲难⑩;忘亲易,使亲忘我难⑪;使亲忘我易,兼忘天下难⑫;兼忘天下易⑬,使天下兼忘我难。夫德遗尧、舜而不为也⑭。利泽施于万世,天下莫知也⑮。岂直太息而言仁孝乎哉⑯?夫孝悌仁义,忠信贞廉,此皆自勉以役其德者也,不足多也⑰。故曰,至贵,国爵并焉⑱;至富,国财并焉⑲;至愿,名誉并焉⑳。是以道不渝㉑。"

【译文】　宋国太宰荡问庄子"仁"是什么,庄子说:"虎狼就是仁。"太宰荡说:"这是怎么说的呀?"庄子说:"虎狼父子相亲,怎么能说不是仁?"太宰荡说:"请问什么是至仁?"庄子说:"至仁就没有亲情。"太宰荡说:"我听说,没有亲就没有爱,没有爱就没有孝,说至仁就是不孝,这行吗?"庄子说:"不是这么回事。至仁就高了,孝本来就不足以说明它。这既不是说超过了孝,也不是说孝不足的意思。正如往南走到了郢都,就看不见北面的冥山了,这是为什么呢?是因为离得太远了。所以说,用尊敬的行为行孝容易,用爱的行为行孝难;用爱的行为行孝容易,用忘记双亲的行为行孝难;用忘记双亲的行为行孝容易,用能使双亲忘掉我的行为行孝难;用能使双亲忘掉我的行为行孝容易,能用把天下也忘掉的行为行孝难;能用把天下也忘掉的行为行孝容易,能用使天下忘掉我的行为行孝难。道德上忘掉尧舜,尧舜那样不足为德。恩泽施及万世,天下却没有人知道。难道还仅仅是感慨地大讲什么仁义吗?孝悌仁义,忠信贞廉,这都是自己约束自己牵累德性的东西,不值得称赞。所以说,最为尊贵的,就摒弃国君的爵禄,最为富有的,就摒弃天下的财富,最大的心愿,就摒弃一切名誉。因此,奉行的大道才不会改变。"

【注释】①商:宋国。周灭商后,封商的后裔到宋国为诸侯。大宰:太宰,官名。荡:太宰的名字。 ②父子:指虎狼的父子。句谓,虎狼的父子之间相亲相爱,怎么能说不是仁呢? ③至仁:最大的仁。 ④尚:高。固:本来,根本。句谓,至仁那可就高得多了,用孝根本说明不了它。 ⑤过:超过。不及:不足。"此非"贯通全句,意谓,至仁根本说的就不是超过孝,或孝不足的意思。也就是说,至仁与孝不是同一层次的概念,至仁比孝要高得多。 ⑥郢:楚国国都,在今湖北省江陵北部。 ⑦北面:向北看。冥山:山名。郭象注:"冥山在乎北极。"这两句是用郢比喻至仁,用冥山比喻孝。到了郢看不见冥山,比喻上到至仁的高度,就远远超越了孝的低档次。 ⑧去:离。 ⑨敬孝:以恭敬的态度行孝。爱孝:以出自爱心行孝。敬孝重在表面,爱孝发自内心,故敬孝容易做到,爱孝难以做到。 ⑩忘亲:忘记是自己的父母。忘亲行孝:指不是把父母当成自己的恩人有意地去报答,报答行孝就有了限度,难的是自然而然地行孝,故爱孝容易,忘亲行孝难以做到。 ⑪使亲忘我:让父母忘记自己。指在行孝的过程中父母感觉不出我是在行孝。感觉出儿子在行孝,在父母的心目中就产生了感谢回报之意,对父母仍有压力,故使亲忘我地行孝更难。 ⑫兼忘天下:把天下一起忘记。指的是把对父母的行孝扩大到对天下所有人的爱心,故兼忘天下更难。 ⑬天下兼忘我:天下人都忘记我的爱心。也就是不让天下人产生感谢回报之意的爱心,也即至仁。这就更难做到。以上六个层次(敬孝、爱孝、忘亲、亲忘我、兼忘天下、天下兼忘我)意在说明孝与至仁之间差得很远,证明"至仁尚矣"。 ⑭遗:忘记。句谓,在道德上忘掉尧舜,像尧舜那样并不值得效法。意思是说,尧舜的仁还属于有意的仁,至仁是忘掉仁。 ⑮利泽:利益恩泽。天下莫知:天下人觉察不出来,即天下忘我。 ⑯直:只。太息:大声感叹。句谓,至仁哪里仅是大声感慨地去倡导仁爱呢? ⑰自勉:自己强制自己。役其德:役使自己的德性。多:赞扬。 ⑱爵:官职爵位。并:通"摒",扔掉。郭象注:"并,除弃之谓也。"下同。句谓,最大的尊贵,就会摒弃国家的爵禄官职。 ⑲国财:天下的财富。 ⑳至愿:最大的愿望。郭象注:"所至愿者,适也。得适而仁孝之名都去矣。" ㉑渝:变。

　　北门成问于黄帝曰①:"帝张咸池之乐于洞庭之野②,吾始闻之惧,复闻之怠③,卒闻之而惑④,荡荡默默,乃不自得⑤。"帝曰:"汝殆其然哉⑥!吾奏之以人,征之以天⑦;行之以礼义,建之以太清⑧。夫至乐者,先应之以人事,顺之以天理⑨,行之以五德⑩,应之以自然,然后调理四时,太和万物⑪。四时迭起,万物循生⑫;一盛一衰,文武伦经⑬;一清一浊⑭,阴阳调和,流光其声⑮。蛰虫始作,吾惊之以雷霆⑯。其卒无尾,其始无首⑰;一死一生,一偾一起⑱;所常无穷,而一不可待⑲。汝故惧也。

"吾又奏之以阴阳之和,烛之以日月之明⑳。其声能短能长,能柔能刚,变化齐一,不主故常㉑。在谷满谷,在阬满阬;涂郤守神,以物为量㉒;其声挥绰,其名高明㉓。是故鬼神守其幽,日月星辰行其纪㉔。吾止之于有穷,流之于无止㉕。予欲虑之而不能知也㉖,望之而不能见也,逐之而不能及也㉗。傥然立于四虚之道㉘,倚于槁梧而吟㉙:'目知穷乎所欲见,力屈乎所欲逐,吾既不及已夫㉚!'形充空虚,乃至委蛇㉛。汝委蛇,故怠。

"吾又奏之以无怠之声,调之以自然之命㉜。故若混逐丛生,林乐而无形㉝;布挥而不曳,幽昏而无声㉞。动于无方,居于窈冥㉟。或谓之死,或谓之生;或谓之实,或谓之荣㊱;行流散徙,不主常声㊲。世疑之,稽于圣人㊳。圣也者,达于情而遂于命也㊴。天机不张而五官皆备,无言而心说,此之谓天乐㊵。故有焱氏为之颂曰㊶:'听之不闻其声,视之不见其形,充满天地,苞裹六极㊷。'汝欲听之而无接焉㊸,而故惑也。

"乐也者,始于惧,惧故祟㊹。吾又次之以怠,怠故遁㊺。卒之于惑,惑故愚㊻。愚故道,道可载而与之俱也㊼。"

【译文】 北门成问黄帝说:"您在洞庭之野张设乐器演奏《咸池》,我初听时感到惊惧,再听时感到心意松弛,最后听了迷惑不解,空空荡荡,昏昏默默,不能自主了。"黄帝说:"你大概会这样吧!我演奏人的生活,但用自然的运行作根据;奉行礼仪,但要建立在天道运行的基础上。至高的音乐,先与人的生活相应,再与天理协调,演奏的是五德,与自然相应合,然后调理四季,使万物达到最和谐的状态。四季交替而起,万物按时序生长;一盛一衰,文武交织;一清一浊,阴阳调和,声光流行起来。蛰虫开始蠕动,我用雷霆震起它们。结束没有尾,开始没有头;一死一生,一倒一起;以无穷的变化为常,没有一个固定的状态可以依赖。你所以会感到惊惧。

"接着我又演奏阴阳调和、日月照耀的内容。乐音能短能长,能柔能刚,有变化有统一,不死守一个老调。乐音弥漫天地间,有谷的地方满谷,有坑的地方满坑;涂抹漏缝,守护精神。以物的大小为量。乐音飞扬饱满,乐名高明之章。因此,鬼神守在幽暗里,日月星辰按轨道运行。我断在有尽处,连接在无止上。我想想明白但又想不明白,望着它看不见,追着它赶不上。茫茫然站在田野空虚的道路上,靠在琴上吟诵:'眼的视觉达不到想要见的东西,精力达不到想要追逐的目标,既然赶不上,我只好作罢!'形体充实内心空虚,只好随物宛转。你跟着随物宛转,所以就心意松弛了。

"我又奏出紧张的旋律,用自然的韵律来调和。所以如同万物驰逐混杂丛生,各种乐章合一不辨形迹;高昂挥扬时不呆滞,深沉幽昏时无声息。不知在什么地方流动,又止于隐约幽冥之中。有时像死,有时像生;有时像果实,有时像花朵;散布流行,变幻迭出不死守一个曲调。世人听得疑惑,到圣人那里去验证。所谓圣,就是通达万物性情,顺应自然发展规律。天然机制不动而五官俱全,不用话说出而内心释然,这就叫做天乐。所以神农氏作颂歌说:'听而不闻其声,视而不见其形,充满天地,包裹六合。'你想听明白而又无法捉摸,你因此感到迷惑不解。

"音乐,从惊惧开始,惊惧所以就心神不安了。我又接之以心情松弛,心情松弛所以就懒散而退了。最后再接之以迷惑不解,迷惑不解所以就愚钝无知了。愚钝无知所以才能融入大道,这样大道就可以附身与你融为一体了。"

【注释】 ①北门成:人名,成疏:"姓北门,名成,黄帝臣也。" ②张:施,演奏。咸池:乐曲名。洞庭:地名。成疏:"天池之间,非太湖之洞庭也。" ③惧:惊惧。怠:松弛。 ④卒:最后。惑:迷惑。 ⑤荡荡:空荡荡。默默:茫然无知。不自得:自失的样子。这一句形容听后心里的感觉,是空空荡荡,茫然无知,好像自己不存在了。 ⑥殆:大概,可能。然:这样。句谓,你可能会这样的。 ⑦奏之以人:按人的生活来演奏。征之以天:用天的自然运行作根据,统一天人。 ⑧建:树立。太清:即天空。句谓,演奏的是人间礼义,但建立在天道的基础上。即奉行的礼义要符合天道的运行。 ⑨应之以人事:与人的生活相应。顺之以天理:与天理协调。 ⑩五德:仁义礼智信。 ⑪四时:春夏秋冬四季。太和:大和谐。以上从"至乐者"到"太和万物"三十五字唐写本无,句中失韵,内容重复,故后人认为是注文窜入。 ⑫循生:循序而生。 ⑬文:属阳。武:属阴。伦经:按伦理组织在一起。 ⑭清、浊:音的清浊。清属阳,浊属阴。 ⑮流光其声:声光流行。 ⑯蛰虫:冬眠的虫。作:起蛰。惊之以雷霆:用雷声震起。 ⑰卒:终。句谓,始无头,终无尾,循环无端。 ⑱偾(fèn愤):倒。 ⑲所常无穷:以无穷的变化为常态。一不可待:完全不可依赖。 ⑳烛:照。 ㉑变化齐一:有变化有齐一,即有不同又有相同。不主故常:不拘守旧的常规,即不守一个老调。 ㉒阬:坑。郤:隙缝。涂郤:填满缝隙。守神:守护精神。以物为量:按物体空间的大小为限量充满为止。也就是说,不论大小事物,都能让它充满。 ㉓挥绰:飞扬而有余。高明:高大明亮。 ㉔幽:暗。纪:轨道。 ㉕有穷:有尽,指物的状态。无止:运行不停,指天运行的状态。 ㉖虑之:思虑它,即想明白它是怎么回事。 ㉗逐:追赶。及:赶上。 ㉘傥然:茫然摸不着头脑的样子。四虚之道:四方都空虚的道路。　㉙槁梧:干枯的梧桐做成的琴。　㉚穷:尽。屈:不足。已夫:算了吧。　㉛形充空虚:形体充实内心空虚。委蛇:随着外力而动的样子。　㉜无怠之声:紧张的旋律。自然之命:自然的韵律。　㉝混逐:混杂追逐。丛生:丛聚并生。林乐:众乐。　㉞布挥:散布挥扬。不曳:不拖拉吊滞。幽昏:深暗低沉。㉟无方:没有方位,即不知从何处而起。窈冥:隐约莫测之处。　㊱实:果实。荣:花朵。意思是说,有时好像是果实,有时又好像是花朵。　㊲徙:迁。不主常声:不守固定的曲调。　㊳稽:考,验证。　㊴达于情:与万物的性情相通。遂于命:顺应万物的性命之理,即顺应自然。　㊵天机:天然机制。不张:不动。五官:眉眼耳鼻口。句谓,五官俱全,天机不动,完全顺应自然的声息,也即融入天籁。说:解开,释然。心说即心里明白。"无言而心说"原在"此之谓天乐"后,据上下文义而调整。　㊶有焱氏:炎帝,即神农氏。颂:赞颂的诗歌。　㊷苞裹:包裹。六极:上下四方。　㊸接:接触,接近。而:你。　㊹祟:受到惊惧而不安。　㊺遁:退。这里指不再去追逐。　㊻愚:愚钝。这里指茫然无知。　㊼愚故道:茫然无知所以才能融入大道。道可载而与之俱:可以把大道装在心里与大道一起运动,即心空则道入。

孔子西游于卫,颜渊问师金曰①:"以夫子之行为奚如②?"师金曰:"惜乎,而夫子其穷哉③!"颜渊曰:"何也?"师金曰:"夫刍狗之未陈也④,盛以箧衍⑤,巾以文绣⑥,尸祝齐戒以将之⑦。及其已陈也⑧,行者践其首脊⑨,苏者取而爨之而已⑩。将复取而盛以箧衍,巾以文绣,游居寝卧其下⑪,彼不得梦⑫,必且数眯焉⑬。今而夫子亦取先王已陈刍狗⑭,聚弟子游居寝卧其下。故伐树于宋⑮,削迹于卫⑯,穷于商周⑰,是非其梦邪⑱?围于陈蔡之间⑲,七日不火食⑳,死生相与邻,是非其眯邪㉑?夫水行莫如用舟,而陆行莫如用车。以舟之可行于水也,而求推之于陆㉒,则没世不行寻常㉓。古今非水陆与?周鲁非舟车与㉔?今蕲行周于鲁,是犹推舟于陆也㉕,劳而无功,身必有殃。彼未知夫无方之传,应物而不穷者也㉖。且子独不见夫桔槔者乎㉗?引之则俯,舍之则仰㉘。彼,人之所引,非引人也㉙,故俯仰而不得罪于人㉚。故夫三皇五帝之礼义法度,不矜于同而矜于治㉛。故譬三皇五帝之礼义法度,其犹柤梨橘柚邪,其味相反而皆可于口㉜。故礼义法度者,应时而变者也。今取猨狙而衣以周公之服㉝,彼必龁啮挽裂,尽去而后慊㉞。观古今之异,犹猨狙之异乎周公也。故西施病心而矉其里,其里之丑人见而美之,归亦捧心而矉其里㉟,其里之富人见之,坚闭门而不出;贫人见之,挈妻子而去之走㊱。彼知矉美而不知矉之所以美㊲。惜乎,而夫子其穷哉㊳!"

【译文】 孔子周游到西边的卫国,颜渊问师金说:"你认为我们先生的做法如何?"师金说:"可惜呵,你的先生陷入困境了!"颜回问道:"这是为什么?"师金说:"祭祀用的草编狗,在没有献祭之前,盛在筐子里,盖上绣巾,主持祭祀的尸祝斋戒沐浴之后才把它进献上去。等到上供一过就被扔掉,走路人踩它的头和脊,打柴人拣回去用它笼火罢了。要是再拿来盛在筐里,盖上绣巾,在它的下边来来往往,居坐寝卧,如果不做噩梦,也恐怕会屡屡梦魇。现在你的先生也是拣回了先王已经上过供的草编狗,聚集弟子在它的下边来来往往,居坐寝卧。所以在宋国受到伐树之辱,在卫国受到削迹之困,在殷地、东周狼狈不堪,这不如同是做噩梦吗? 在陈蔡之间受到围困,七天吃不到熟食,几乎丢了性命,这不如同是遭到梦魇了吗? 在水里运行最好是用船,在陆地上运行最好是用车。这是因为船能在水里走,你要把它推广到在陆地上走,那一辈子也走不出多远。古与今还不如同水里和陆地吗?周王朝与当今的鲁国还不如同是船和车吗? 你现在要求把周王朝的一套做法推行到鲁国,就如同是把船推广到陆地上行走一样,劳而无功,自身肯定会遭殃。他不知道没有固定方向的驿车,才能应对万事万物而不穷。再说,你没见过桔槔吗? 用手一拉它就低下来,松开手它就抬起来。它是人拉的工具,不是来拉人的,所以或高或低都不会得罪人。所以说,三皇五帝的礼仪法度,可贵的并不在于彼此相同,而是可贵在都能治理好国家。所以可以这样做个譬喻,三皇五帝的礼仪法度,如同是山楂、梨子、橘子、柚子,味道不同,但吃起来都能可口。所以说礼仪法度,是应时而变的。现在你把一只猴子捉来给它穿上周公制定的礼服,它肯定会撕咬扯拽,直到把衣服从身上全拉下去才满意。观察古今的不同,就如猴子不同于周公一样。西施心口痛,皱起眉头看村里人,村里的丑女看见了,觉得皱眉的姿态很美,回来后也捂着心口皱起眉头看村里人,村里的有钱人见了,赶快关紧大门不出去了;穷人见了,赶快拉着孩子老婆远远躲开了她。她光知道皱眉头好看,而不懂得皱眉头为什么好看。可惜呵,你的先生陷入困境了!"

【注释】 ①颜渊:孔子弟子。师金:鲁国太师,名金。 ②奚如:何如。 ③而夫子:你们的先生。穷:困。句谓,你们的先生走的是一条不通的路。 ④刍:草。刍狗:用草扎成的狗,古代用来祭祀的冥器之一。陈:陈列,指祭祀时摆设出来。未陈:没有使用之前。 ⑤盛:装。箧:箱子。衍:盒子。 ⑥巾:用巾覆盖,蒙上。文绣:带花纹的丝织品。 ⑦尸祝:巫师。古代祭祀时的神职人员。齐戒:斋戒。将之:捧着它。 ⑧已陈:陈列过之后,即用过之后。 ⑨行者:走路的人。践其首脊:踩它的头与背。指用过之后扔掉,被行人踩踏。 ⑩苏者:打柴草的人。爨:烧。句谓,打柴草的人拣回去把它当柴禾一样烧掉。　⑪游居：泛指活动。其下：指用过的刍狗之下。　⑫梦：噩梦。古人认为冥器用过之后为鬼神所属，再重新使用会招致噩梦。　⑬数：多次。眯：梦魇鬼迷。　⑭已陈刍狗：这里比喻已经用过的仁义。　⑮伐树于宋：在宋国受到伐树之辱。成疏："孔子曾游于宋，与门人讲说于大树之下，司马桓魋欲杀夫子。夫子去后，桓魋恶其坐处，因伐树焉。"　⑯削迹于卫：在卫国受到削迹之辱。成疏："削，划也。夫子尝游于卫，卫人疾之，故划削其迹，不见用也。"　⑰穷于商周：在商地、东周受困。商指东周时期商后裔的封地宋国。孔子周游列国，在宋国和东周都被拒而不用，最后回到鲁国授徒讲学。　⑱是：这些。非其梦：不正是做噩梦。　⑲围于陈蔡之间：在陈国与蔡国之间受到围困。成疏："当时楚昭王聘夫子，夫子领徒宿于陈蔡之地。蔡人见徒众极多，谓之为贼，故兴兵围绕，经乎七日，粮食罄尽，无复炊爨，从者饿病，莫之能兴，忧悲困苦，邻乎死地。"　⑳火食：生火做熟饭。　㉑是：这些。非其眯：不正是梦魇鬼迷。　㉒求推之于陆：要把船推广到陆地上行走。　㉓没世：一直到死，一辈子。寻常：指很短的路程。八尺为寻，倍寻为常。　㉔古今非水陆与：古今还不如同是水和陆吗？周鲁非舟车与：周王朝与鲁国还不如同是船与车吗？　㉕蕲：求。犹：如同。　㉖无方之传：没有固定方向的传车。"传"一作转，驿车。驿车需要到哪里就到哪里去，没有固定方向。应物而不穷：应对万事万物而没有穷尽。　㉗桔槔：古代用杠杆原理做成的汲水器。　㉘引：拉。俯：低下来。舍：松开手。仰：抬起来。桔槔前轻后重，人在前边一拉就低下来，松开手就抬起来。　㉙人之所引：都是人在拉动它。非引人也：不是它来拉动人。　㉚俯仰而不得罪于人：高或低都不得罪人。　㉛矜：夸赞，可贵。治：能治理好。句谓，三皇五帝实行的礼仪法度，可贵之处并不在于相同，而是在于能治理好。　㉜柤：山楂。味相反：味不同。　㉝猨狙：猴子。衣：穿上。周公之服：周公制定的礼服。　㉞龁(hé核)啮：撕咬。挽裂：扯破。慊(qiè怯)：心满意足。　㉟西施：越国美女。病心：心口痛。矉(pín贫)：通"颦"，皱眉。矉其里：在乡里皱着眉头看人。美之：以之为美。捧心：捂住心口。　㊱挈(qiè切)：携带。去：离开。走：跑开。　㊲所以美：所以会美丽的原因。就是说原因在实质的美，而不在形式，模仿形式上的美是错误的。比喻孔子仅在形式上模仿三皇五帝的礼仪法度，没抓住实质。　㊳其：句中表推测语气词。其穷哉：大概会行不通吧？

　　孔子行年五十有一而不闻道，乃南之沛见老聃①。老聃曰："子来乎？吾闻子，北方之贤者也，子亦得道乎？"孔子曰："未得也。"老子曰："子恶乎求之哉②？"曰："吾求之于度数③，五年而未得也。"老子曰："子又恶乎求之哉？"曰："吾求之于阴阳④，十有二年而未得也。"老子曰："然。使道而可献⑤，则人莫不献之于其君；使道而可进⑥，则人莫不进之于其亲；使道而可以告人，则人莫不告其兄弟；使道而可以与人⑦，则人莫不与其子孙。然而不可者，无它也⑧。中无主而不止，外无正而不行⑨。由中出者⑩，不受于外，圣人不出；由外入者，无主于中，圣人不隐⑪。名，公器也⑫，不可多取；仁义，先王之蘧庐也⑬，止可以一宿而不可久处，觏而多责⑭。古之至人，假道于仁，托宿于义⑮，以游逍遥之虚⑯，食于苟简之田⑰，立于不贷之圃⑱。逍遥，无为也；苟简，易养也；不贷，无出也。古者谓是采真之游⑲。以富为是者，不能让禄⑳；以显为是者，不能让名㉑；亲权者，不能与人柄㉒。操之则慄，舍之则悲㉓，而一无所鉴㉔，以窥其所不休者㉕，是天之戮民也㉖。怨、恩、取、与、谏、教、生、杀八者，正之器也㉗，唯循大变无所湮者为能用之㉘。故曰，正者，正也，其心以为不然者，天门弗开矣㉙。"

【译文】 孔子五十一岁了还没有听到道，于是南往沛地拜见老子。老子说："你来了吗？我听说你是北方的贤人，你得道了吗？"孔子说："还没有。"老子说："你是怎么去求道的呢？"孔子说："我是从分寸度数上想找到道，结果五年多了也没得到。"老子说："后来你又怎么去求道的呢？"孔子说："后来我又想从阴阳上去找到道，找了十二年了，还是没找到道。"老子说："是这样。假如道可以献给别人的话，那么人都想献给自己的君王了；假如道可以进奉给别人的话，那么人都想进奉给自己的双亲了；假如道可以告诉别人的话，那么人都想告诉给自己的兄弟了；假如道可以给人的话，那么人都想给予自己的儿孙了。然而不能如此，没有别的原因。自己心里没有一个主宰，它不会留下来；外在行为不合，它不会流行。由自己内心主宰生出的，外界不接受，圣人不让它流出身外；由外界影响而入内心的，心中没有主宰，圣人也不让它存留。名声，那是天下共同的东西，不能多取；仁义，那是先王寄身的旅店，可以住一宿但不能当成家久住，再重复就会受到指责。古代的至人，借道于仁，寄宿于义，以便遨游于自由自在的境地，取食于粗简的土地，立身于现成的园地。自由自在，因而自然无为；粗简，是为容易养活；现成，是为不必付出。古代把这种做法称作采真之游。认为人生追求财富才是对的人，不会让出利禄；认为追求荣显才是对的人，不会让出名誉；认为热衷于权力才是对的人，就不会授人权柄。自己拿着担惊受怕，舍弃丧失了又悲伤不已，对这种情况一无觉察，还老是盯着追求不止，这正是所谓受上天刑戮的人。怨恨、恩惠、索取、给予、谏诤、教诲、赦命、处死，这八项，是纠正人的工具，只有能随天道变化而无滞塞不通的人才能使用。所以说，自己正的人才能纠正他人，而心里以为不是这样的，那就是天门还没打开。"

【注释】 ①沛：地名，今江苏沛县。 ②恶乎求之：怎样去求道的呢？恶：何。 ③度数:指天地运行的度数。成疏:"数,算术也。三年一闰,天道小成。五年再闰,天道大成,故言五年也,道非数术,故未得也。" ④阴阳:指阴阳变化。成疏:"十二年阴阳之一周也,而未得者,明以阴阳取道,而道非阴阳。故下文云,中国有人,非阴非阳。" ⑤可献:可以献给。 ⑥可进:可以进献。进、献互文。 ⑦与人:送给人。 ⑧无它:无他,没有别的原因。 ⑨中无主:内心里没有主宰,即不能把握自己的内心。不止:道不会停留下来。外无正:外在行为不正当,即不合道。不行:道不会流行。 ⑩由中出者:指圣人内心里的道。句谓,由内心流露于外的道,不被外界接纳,圣人就不让它出去。⑪由外入者:指从外界进入内心的影响。隐:藏。句谓,从外进入内心的影响,自己内心里不能主宰,圣人也不会把它收藏起来。 ⑫公器:公物。 ⑬蘧(qú渠)庐:旅店。⑭觏(gòu构):通"遘",相遇。这里是多次重复的意思。句谓,重复就会受到责难。 ⑮假:借。托:寄。句谓,古代的圣人是借用仁义来寄托大道。 ⑯游逍遥之虚:遨游在自由自在的境地。 ⑰苟简:随便简略。句谓,随便找块简略的田地取食。"苟简之田"比喻凑合将就并不一定合适的地方,也就是用仁义来将就一下。 ⑱不贷:现成而不用付出。句谓,站在不用自己去付出的园地,即借个现成的东西用一下。比喻仁义是借用现成的东西,不一定必须用。 ⑲采真之游:神采纯真的来往。 ⑳是:对,善。句谓,认为追求财富才对的人,就不会让出利禄。 ㉑显:荣显。名:名声荣誉。 ㉒亲权:热衷于权力。与人柄:把权柄让给人。 ㉓操:操在自己手里。栗:担惊受怕。舍:失去。㉔一无所鉴:一点也觉察不出自己的沉迷。一:完全。鉴:照察。 ㉕窥其所不休者:眼睛紧紧盯着自己追求不止的东西。 ㉖天之戮民:上天惩罚刑戮的人。是说这是上天用他自己的行为来惩罚自己。凡通过自己的手惩罚自己的人叫做天之戮民。 ㉗谏:劝谏别人。教:教导别人。生:赦生。死:处死。正之器:纠正人的工具。 ㉘循大变:随顺大道变化。湮(yān烟):淤塞。 ㉙正者,正也:自己正的人才能纠正别人。天门:天道之门。弗开:没有开。

孔子见老聃而语仁义,老聃曰:"夫播糠眯目,则天地四方易位矣①;蚊虻噆肤,则通昔不寐矣②。夫仁义憯然③,乃愤吾心④,乱莫大焉。吾子使天下无失其朴⑤,吾子亦放风而动⑥,总德而立矣⑦。又奚杰然若负建鼓而求亡子者邪⑧?夫鹄不日浴而白,乌不日黔而黑⑨。黑白之朴,不足以为辩⑩;名誉之观,不足以为广⑪。泉涸,鱼相与处于陆⑫,相呴以湿,相濡以沫⑬,不若相忘于江湖⑭。"

【译文】 孔子见到老子,讲自己提倡仁义的主张,老子说:"簸糠眯到眼里,天地四方都会易位;蚊子叮咬皮肤,通宵都睡不安稳。仁义要是叮咬,人心就会激愤起来,没有比这更大的祸乱了。你要让天下人不失去自然纯朴,你就该依随纯朴之风的自由而动,完善的天德就树立起来了。又何必争嚷着像敲着大鼓寻找亡失的孩子那样呢?鹤并不每天洗澡自然会白,乌鸦并不每天染黑自然会黑。黑与白的真朴与否,用不着辩什么谁是谁非;名誉的荣耀,不值得推广。泉水干涸了,鱼儿一起困在陆地上,吹湿气互相帮助,吐唾沫互相滋润,(无论有多么仁爱,)也不如彼此相忘地生活在江湖里。"

【注释】　①播:簸扬。眯(mǐ米):微尘入目。易:变。句谓,簸扬粮食时糠皮眯入眼里,那么天地四方就会变幻不清了。　②虻(méng萌):叮咬牛畜的飞虫。嘈:叮咬。句谓,蚊子、牛虻叮咬在身上,整夜就睡不好觉了。　③憯:叮咬在心里,即骚扰内心。叮咬皮肤为嘈,叮咬人心为憯。　④愤:激,不能平静的意思。句谓,仁义在内心里骚扰,心灵就无法平静了。　⑤吾子:对对方亲切的敬称,犹言先生您。无失其朴:不失去自然真朴。　⑥放风而动:任由自然纯朴之风去动。放:任由。风:指自然真朴之风。⑦总德:整体的天德,即完善不损的天德。　⑧杰然:《天道》篇作"偈偈乎揭仁义,若击鼓而求亡子焉"。杰然、偈偈乎都是卖力的样子。负:背,带着。建鼓:大鼓。亡子:喻迷失的本性。句谓,你又何必卖力地像背着大鼓大嚷大叫地寻找丢失的孩子呢? 意思是说,你又何必让大家骑着毛驴找毛驴呢? 也就是说,本性在人们身上自有,让人们按本性去生活很简单,你又何必标榜什么仁义,让人们去寻找本性呢?　⑨鹄:通"鹤"。日浴:每天洗浴。乌:乌鸦。黔:黑,这里是染黑的意思。　⑩朴:真朴。辩:强行分别。句谓,黑或白都是真朴的,无须强行分别它们的是非对错。　⑪观:显示给人看。广:推广。句谓,名誉的显露,不值得去推广。　⑫涸:干枯。相与:在一起。处于陆:困处在陆地上。　⑬呴(xǔ许):吹湿气。濡:吐唾沫滋润。　⑭相忘于江湖:生活在江湖里互相忘记。这是用鱼与鱼之间湿气、唾沫的友爱比喻仁义,江湖比喻大道。在大道里的漠不关心也比仁义的相互关怀友爱强得多。

孔子见老聃归,三日不谈。弟子问曰:"夫子见老聃,亦将何规哉①?"孔子曰:"吾乃今于是乎见龙②! 龙,合而成体,散而成章,乘云气而养乎阴阳③。予口张而不能嗋④,予又何规老聃哉?"子贡曰:"然则人固有尸居而龙见⑤,雷声而渊默⑥,发动如天地者乎⑦? 赐亦可得而观乎⑧?"遂以孔子声见老聃⑨。

老聃方将倨堂而应⑩,微曰:"予年运而往矣,子将何以戒我乎⑪?"子贡曰:"夫三皇五帝之治天下不同,其系声名一也⑫。而先生独以为非圣人,如何哉?"老聃曰:"小子少进⑬,子何以谓不同?"对曰:"尧授舜⑭,舜授禹。禹用力而汤用兵⑮,文王顺纣而不敢逆⑯,武王逆纣而不肯顺⑰,故曰不同。"老聃曰:"小子少进! 余语汝三皇五帝之治天下。黄帝之治天下,使民心一,民有其亲死不哭而民不非也⑱。尧之治天下,使民心亲,民有为其亲杀其杀而民不非也⑲。舜之治天下,使民心竞,民孕妇十月生子,子生五月而能言,不至乎孩而始谁,则人始有天矣⑳。禹之治天下,使民心变㉑,人有心而兵有顺㉒,杀盗非杀人㉓。自为种而天下耳㉔,是以天下大骇,儒墨皆起。其作始有伦㉕,而今乎妇女㉖,何言哉?余语汝,三皇五帝之治天下,名曰治之,而乱莫甚焉。三皇之知,上悖日月之明,下睽山川之精,中堕四时之施㉗。其知憯于蛎虿之尾㉘,鲜规之兽㉙,莫得安其性命之情者㉚,而犹自以为圣人,不可耻乎,其无耻也㉛?"子贡蹴蹴然立不安㉜。

【译文】 孔子见过老子后回到家里,三天不说话。弟子们问他:"先生见到老子,教给了他些什么呢?"孔子说:"我现在才算真见到了所谓的龙!龙,合起来成为一个整体,散开了就成为灿烂的云锦,腾云驾雾,靠阴阳二气养着自己。我像傻子似的张着嘴都不知道合上,我又有什么能教给老子的呢?"子贡说:"这样说来,那么真有像尸体一样枯寂不动而能如龙一般活现,像深渊一样静默而能如雷一般震撼,发动起来像天地一样起作用的人吗?我也能去见见吗?"于是子贡借着孔子的声望去见老子。

当时老子正要坐在堂上休息,就答应了。轻轻地对子贡说:"我活过了不少年头,你对我有什么指教吗?"子贡说:"三皇五帝治理天下,方法虽然不同,但他们都得到后人的好评是一样的。惟独先生您认为他们不是圣人,这是为什么呢?"老子说:"年轻人稍微往前点,你为什么说他们不同呢?"子贡回答说:"尧把天下传给舜,舜又传给禹。禹用的是体力而商汤用的是兵,周文王顺从商纣王不敢反抗,周武王却反抗商纣王不肯顺从,所以说不同。"老子说:"年轻人再往前点,我告诉你三皇五帝治理天下的事。黄帝治理天下,使民心简单纯一,百姓中有死了父母也不哭的,而人们并不认为他错。尧治理天下,使民心孝顺,百姓中有为父母报仇,杀了杀害自己父母的人,而人们并不责难他。舜治理天下,使民心有了竞争,百姓中有孕妇怀胎十个月生下孩子,孩子刚生下五个月就会说话,还不懂得笑就能认人,于是人开始有了短命。禹治理天下,使民心变复杂了,人有了是非之心,用兵有了正义与非正义的区别,杀了强盗不算杀人。把天下传给自己的子孙,因此才天下惊乱,儒家、墨家都出来了。民心开始变坏的过程有条理可寻,而现在发展到把人家的女儿当成是可供自己役使的仆妇,随意争夺也是合理的了,这还有什么可说的呢?我告诉你,三皇五帝治理天下,名誉上是治理,实质上没有比这更能造成祸乱的了。三皇的心智,上逆日月的光明,下背山川的精气,中坏四季的运行。他们的心智毒如蝎尾,猛如吃活物的野兽,没有哪个人能够安分于自己性命真情的,还要自认为是圣人,不可耻吗,还是本来就无耻呢?"子贡局促不安地站着发呆。

【注释】 ①规:规劝,教导。 ②龙:比喻老子。古人认为龙能随道变化。 ③合而成体:聚合起来成为龙的形体。散而成章:分散开来化为灿烂的云锦。章:文采。乘:乘驾。句谓,腾云驾雾用阴阳来保养。 ④噼(xié协):合上嘴。 ⑤尸居而龙见:像尸体一样寂然不动却能活龙活现。见:现。 ⑥雷声而渊默:突发如雷而又像深渊一样静默。 ⑦如天地:像天地的变化不可测度。 ⑧赐:子贡自称其名。 ⑨以孔之声:借孔子的声望。 ⑩倨:通"踞",坐。应:应答。 ⑪年运而往:随着时间的流逝过去了不少年头。戒:指教。 ⑫三皇:"皇"原作"王",据《阙误》及下文改。一般指伏羲、神农、皇帝。五帝:少昊、颛顼、高辛、唐尧、虞舜,这里是泛指古代圣王。系:连。句谓,他们都治理得杰出获得好的名声是相连的。 ⑬少进:稍向前站一站。 ⑭授:禅让传给。 ⑮禹用力:指大禹治水用体力。汤用兵:指商汤伐夏桀用武力。 ⑯文王顺纣而不敢逆:指周文王被商纣王关在羑里监狱里不做反抗。 ⑰武王逆纣而不肯顺:指周武王联合诸侯伐纣灭商。 ⑱使民心一:使百姓心地纯一没有杂念。亲:父母。不非:不指责非议。 ⑲心亲:心地孝顺。为其亲:为了自己的父母。杀其杀:杀死杀害自己父母的人,即为父母报仇。民不非:百姓不认为错。 ⑳孩:小孩笑。始谁:能分辨谁是谁,开始认人。夭:夭折早亡。 ㉑变:变化,指有了是非观念。 ㉒人有心:人心中有了是非观念。兵有顺:用兵有了顺逆的区别。 ㉓杀盗非杀人:杀死强盗不算杀人。这与尧时的"杀其杀"不同。尧时的杀其杀是出于孝心情感,而杀盗非杀人是出于是非观念,是心中的理念,故到禹时才说使民心变。 ㉔种:子孙。自为种而天下:是说把天下传给自己的子孙。这是《庄子》书中的特殊句法,用"而"字连接,把状语后置。"自为种而天下"等于"于天下自为种"。"翘足而陆"等于"于陆翘足"。耳:罢了。 ㉕作始有伦:人心变化的发端是有线索过程的。伦:条理,这里指线索。 ㉖而今乎妇女:现在发展到把人家的女儿不当人看,而当可供自己役使的仆妇,随便争夺也认为合理的地步。妇女:以女为妇。妇是意动用法,认为女就是妇。 ㉗悖:逆。睽:背离,见《易·睽卦》。悖、睽互文,都是乖分背逆的意思。堕:掉落。这里是毁坏的意思。施:施布流行。 ㉘知:智。憯:对人心的叮蜇,即对人心的毒害。蛎虿(lìchài厉瘥):蝎子一类尾巴有毒的虫。 ㉙鲜规之兽:谋取活物吃的野兽。曹础基《庄子浅注》:"鲜,新鲜的肉。规,取。鲜规即规鲜。鲜规之兽,规取生物作为食物的野兽,如虎豹等。上句举小毒虫,这句比大猛兽,可见三皇五帝之智毒害之大。" ㉚莫得:无法能够。安其性命之情:使性命的真情安定。 ㉛其:句中表商讨的语气词。不可耻乎,其无耻也:不可耻吗,还是本来就无耻呢? ㉜蹴蹴(cù促):不安的样子。

孔子谓老聃曰:"丘治《诗》、《书》、《礼》、《乐》、《易》、《春秋》六经①,自以为久矣,孰知其故矣②。以奸者七十二君③,论先王之道而明周、召之迹④,一君无所钩用⑤。甚矣,夫人之难说也⑥,道之难明邪!"老子曰:"幸矣,子之不遇治世之君也⑦!夫六经,先王之陈迹也,岂其所以迹哉⑧?今子之所言,犹迹也⑨。夫迹,履之所出,而迹岂履哉⑩?夫白䳽之相视,眸子不运而风化⑪;虫,雄鸣于上风,雌应于下风而风化⑫。类自为雌雄,故风化⑬。性不可易,命不可变,时不可止,道不可壅⑭。苟得于道,无自而不可⑮;失焉者,无自而可⑯。"

孔子不出三月⑰,复见,曰:"丘得之矣。乌鹊孺⑱,鱼傅沫⑲,细要者化⑳,有弟而兄啼㉑。久矣,夫丘不与化为人㉒!不与化为人,安能化人㉓?"老子曰:"可,丘得之矣㉔!"

【译文】 孔子对老子说:"我修定《诗经》、《尚书》、《三礼》、《乐经》、《周易》、《春秋》六种经典,自认为研究很长时间了,熟知了其中的事故。用它去游说七十二位国君,讲论先王的治国之道和周公、召公的圣迹,没有一位国君采用。太难了,人难以被说服,大道难以说明白被人接受呵!"老子说:"你太幸运了,多亏没有遇上要治世的国君!(不然你就成为千古罪人了。)六经那是先王的陈迹,难道是形成成迹的治道吗?你现在所讲论的,如同是足迹。足迹是脚踩出来的,足迹难道能等于脚吗?白䳽这种水鸟雌雄相视,眼珠不动,就能交配怀孕;有的昆虫,雄的在上风叫,雌的在下风应,就能交配怀孕。这是因为它们是同类中的雌雄,所以才能交配怀孕。可见性不可改,命不可变,时间不可停止,道不可滞塞。如果得到了道,什么情况下都可行;如果失去了道,什么情况下都行不通。"

孔子听后三个月闭门不出,又去见老子说:"我得到道了。乌鸦喜鹊用含哺的方法养育幼子,鱼用唾沫含在嘴里养育幼子,而细腰蜂是取来螟蛉幼虫养成己子。生了弟弟哥哥就哭,(都是出本自性。)我作为人,不接触自然风化的时间太长了!不接触自然风化而做人,怎么能教化别人呢?"老子说:"可以,孔丘懂得道了!"

【注释】 ①丘:孔子自称。治:修定。 ②孰:通"熟",熟悉。故:事。 ③奸:通"干",游说。 ④周、召:西周时期的周公旦、召公奭,都是孔子心目中的圣人。 ⑤钩用:取用,采纳。 ⑥甚矣,人之难说也:即人之难说甚矣,人太难说服了。 ⑦不遇:没有遇上。治世之君:贤君圣王。 ⑧先王之陈迹:先君圣人的陈旧形迹。所以迹:形成陈迹的道。 ⑨犹迹:还是陈旧的形迹。 ⑩履:足。履之所出:脚踏出来的。迹岂履哉:足迹难道能是足吗? ⑪白䳽(yì亿):《释文》:"《三苍》云:'鸧䳽也。'"一种水鸟。眸子:眼珠。运:转动。风化:雌雄相交而怀孕。 ⑫雄鸣于上风:雄的在上风叫。雌应于下风:雌的在下风应合。 ⑬类:同类。句谓,这是因为它们是同类中的雌雄,所以才能感应而怀孕。 ⑭性:本性。易、变互文。壅:塞。止、塞互文。 ⑮得于道:与道相合。

无自而不可:什么情况都可行,即一切都行。　⑯失焉:失去道。无自而可:一切都不可行。　⑰不出三月:三月闭门不出。　⑱乌鹊:乌鸦喜鹊。孺:交尾相配繁殖。　⑲傅沫:吐唾沫相配繁殖。　⑳细要:细腰蜂。化:把异类化为自己的后代。《诗经》:"螟蛉有子,果蠃负之。"说细腰蜂只有雄性,没有雌性,都是把桑虫的卵取来封在自己的蜂房里,每天祝告让它变成自己的样子,然后就孵化成为蜂子。　㉑有弟而兄啼:生了弟弟,哥哥就本能地哭起来。有了弟弟,哥哥就会失宠。哥哥虽然并不明白其中的道理,但却会哭起来。古人认为这是一种本能的感应。　㉒不与化:不接触自然风化。　㉓安能化人:怎么能教化人,就是说教化要遵循自然风化之理,否则无效。　㉔丘得之矣:孔丘明白道了。

第十五篇　刻意

本篇截取篇首二字为题,主要说明天地之道、圣人之德才是人们应该追求的目标。作者首先把人们所追求的种种高尚目标与天地之道、圣人之德做了对比,说明天地之道、圣人之德无与伦比的高尚可贵。接着指出恬淡寂寞、虚无无为就是天地之平、道德之质,然后奉劝人们宝惜精神,努力修为真人。

刻意尚行①,离世异俗②,高论怨诽③,为亢而已矣④。此山谷之士,非世之人⑤,枯槁赴渊者之所好也⑥。语仁义忠信,恭俭推让,为修而已矣⑦。此平世之士,教诲之人⑧,游居学者之所好也⑨。语大功,立大名,礼君臣⑩,正上下⑪,为治而已矣⑫。此朝廷之士,尊主强国之人⑬,致功并兼者之所好也⑭。就薮泽,处闲旷⑮,钓鱼闲处,无为而已矣。此江海之士⑯,避世之人⑰,闲暇者之所好也。吹呴呼吸,吐故纳新⑱,熊经鸟申⑲,为寿而已矣。此道引之士⑳,养形之人,彭祖寿考者之所好也㉑。若夫不刻意而高,无仁义而修,无功名而治,无江海而闲,不道引而寿,无不忘也,无不有也㉒,澹然无极而众美从之㉓。此天地之道,圣人之德也。

【译文】　刻苦磨炼意志,行为追求高尚;超脱世俗,高谈阔论,痛恨抨击时势世风,是为了立身清高罢了。这是山谷隐居之士,不满现实社会的人,像介子推抱木而死、务光投水自杀也不肯同流合污的那一类人所喜好的。谈论仁义忠信,恭俭推让,是为了修身罢了。这是想使社会平定的人,以教诲世人为己任的人,是那些游说讲学的人所喜好的。讲究建大功,立大名,维护君臣之礼,匡正上下关系,是为了治国罢了。这是朝廷将相之士,尊君强国的人,是那些建功立业开拓疆土的人所喜好的。接近山水,栖身旷野,钓鱼闲处,是为了追求无为罢了。这是江海闲散之士,躲避现实纠缠的人,是那些休闲自在的人所喜好的。呼吸深长,吐故纳新,像熊伸脖子、鸟展翅膀那样练功的人,是为了长寿罢了。这是导引气血之士,保养身体的人,是那些追求彭祖般长寿的人所喜好的。至于说,不刻苦磨炼意志而自然高尚,不讲仁义而自然修身,不建功立名而能治理天下,不栖身江海而能悠闲,不练功而能长寿,无有忘却而又无所不有,无限淡漠而一切美好的东西都随之而来,这正是天地之道,圣人之德。

【注释】 ①刻意:刻苦磨炼思想意志。尚行:崇尚操行。 ②离世:脱离尘世。异俗:行为与世俗不同。 ③高论:高谈阔论。怨诽:愤世嫉俗,对时世不满非议。 ④亢:高。为亢:为了表现清高。 ⑤山谷之士:退居山谷的隐士。非世:以世道为非,即指责时世。 ⑥枯槁:干枯,指抱木而死也不肯出世的人。如晋文公功臣介子推,因看不惯功臣受赏,逃进山林,文公放火焚山逼他出来,最后他抱木而死。赴渊:投水,指宁可投水而死也不肯与世合作的人,如申徒狄等,见《盗跖》篇注。好(hào):爱好。 ⑦修:修身。 ⑧平世:使社会平定。教诲之人:教导社会的人。 ⑨游居:或游说国王,或定居讲学,如孔子。 ⑩礼君臣:使君臣合乎礼仪,即君臣以礼相待。 ⑪正上下:使上级下级关系摆正,即维护上下等级不乱。 ⑫为治:为了治理天下。 ⑬朝廷之士:在朝廷建功立业的人。尊主强国:使君主尊贵,使国家富强。 ⑭致功:建立功勋。并兼:兼并他国扩大领土。 ⑮就:到。薮(sǒu叟)泽:湖泽。处闲旷:野居闲处。 ⑯江海之士:隐居在江海的闲散之人。江海之士与前文山谷之士有别。山谷之士愤世嫉俗,与社会采取对抗态度。江海之士与世无争,闲静养性。 ⑰避世:避免世事纠缠。 ⑱吹呴:今作吹嘘,吐气。吐故纳新:吐出体内的废旧之气,吸纳自然的新鲜之气,从而使自己的机体新陈代谢。 ⑲经:伸长。熊经:像熊伸脖子。鸟申:像鸟展开身体。申:通"伸"。即用五禽戏之类的健身方法去锻炼。 ⑳道引:今作导引。气功的一种健身方法,以意领气在体内运行,输导血脉,改善营卫。 ㉑彭祖:古代长寿人。考:老。寿考:长寿。 ㉒无不忘:全忘。指上面提到的为亢、为修、为治、为闲、为寿,全都忘去,一切出于无心。无不有:全有。指上面忘去的东西都拥有。 ㉓澹然:淡漠的样子。无极:无限。众美从之:一切美好的东西即随之而来。

  故曰,夫恬惔寂漠①,虚无无为,此天地之平而道德之质也②。故曰,圣人休休焉则平易矣③,平易则恬惔矣。平易恬惔,则忧患不能入,邪气不能袭④,故其德全而神不亏⑤。故曰,圣人之生也天行,其死也物化⑥。静而与阴同德,动而与阳同波⑦。不为福先,不为祸始⑧。感而后应,迫而后动,不得已而后起⑨。去知与故⑩,循天之理。故无天灾,无物累,无人非,无鬼责⑪。其生若浮,其死若休⑫。不思虑,不豫谋⑬。光矣而不耀⑭,信矣而不期⑮。其寝不梦,其觉无忧⑯。其神纯粹,其魂不罢⑰。虚无恬惔,乃合天德。故曰,悲乐者,德之邪;喜怒者,道之过;好恶者,德之失⑱。故心不忧乐,德之至也;一而不变⑲,静之至也;无所于忤⑳,虚之至也;不与物交㉑,惔之至也。无所于逆,粹之至也㉒。故曰,形劳而不休则弊,精用而不已则劳㉓,劳则竭。水之性,不杂则清,莫动则平,郁闭而不流㉔,亦不能清,天德之象也㉕。故曰,纯粹而不杂,静一而不变,惔而无为,动而以天行㉖,此养神之道也。

【译文】 所以说,恬静,淡泊,寂寞,虚无,自然无为,这是天地的常规和道德的实质。所以说,圣人平静不动就会平易,平易就会恬淡,平易恬淡,就不会有忧患侵入,邪气不能上身。因此能德性保全精神不受损伤。所以说,圣人活着是天道的运行,死了是物的转化。静止是与地阴德行相同,运动是与天阳合流同波。既不为福去做准备,也不为祸制造条件。受到感发然后做出反应,受到驱迫然后行动,不得已然后才活动。去掉心智和习惯,遵循自然之理。所以没有天灾,没有外物牵累,没有人的非难,没有鬼的谴责。活着如同浮游,死去如同休息。不去思想,不去预谋。光明但不显耀,守信实但不约定。睡下不做梦,醒来不忧虑。精神纯粹,灵魂不疲。虚无恬淡,合乎天德。所以说,悲哀欢乐是天德出了邪僻,高兴发怒是大道出了错误,喜爱厌恶是天德出了过失。所以说,心不忧乐才是德性的最高境界,专一而不变才是静的最高境界,与外界没有抵触才是虚的最高境界,不与外物交往才是淡的最高境界,无所拒逆才是纯粹的最高境界。所以说,形体劳累而不止就会疲惫不堪,精神使用而不止就会劳累,劳累不止就会枯竭。水的本性,不混杂就清澈,不动就平静,如果堵塞就会不流动,也不能清澈,平静流动是天德的象征。所以说,纯粹不杂,静止专一而不变,淡漠无为,动起来像天的运行,这是养神的正道。

【注释】 ①惔(dàn淡):今作淡。水无味为淡,心无味为惔。恬惔:恬静淡漠。寂漠:今作寂寞。　②平:常规。质:实质。　③休休:平静不动的样子。俞樾认为,此句原文应作"故曰圣人休焉,休则平易矣"。　④袭:入。与上句"入"互文。　⑤神不亏:精神完整没有损伤。　⑥天行:自然运行,即随天道运行。物化:事物的转化。　⑦同德:德行相同。同波:合流。静属阴,动属阳。句谓,动静与阴阳一致。　⑧福先:造福的先决条件。祸始:惹祸的开始原因。古人认为祸因恶积,福缘善庆。故此句的意思是说不为善也不为恶。　⑨感而后应:受到感发然后做出反应。迫而后动:受到驱迫然后动。不得已而后起:受到外力不由自己的时候才活动。这是说明圣人静寂无为的表现。　⑩去:去掉。知:智。故:习惯。　⑪物累:外物的牵累。人非:人的非难。鬼责:鬼的谴责。　⑫若浮:如同浮游。若休:如同休息。　⑬豫谋:预谋。　⑭光矣而不耀:光明但不显耀。　⑮信:守信约。期:约定。有运行常规故信,不改变常规故不期。　⑯其寝不梦:睡觉不做梦。无思无虑,故不梦。觉:醒来。　⑰其神纯粹:精神纯净不杂。罢:

通"疲",劳。　⑱好恶:喜好与厌恶。失:过失。　⑲一而不变:始终如一而不变。　⑳无所于忤:没有任何抵触。忤:逆。　㉑不与物交:不与外物交往。指不受外物影响。　㉒粹之至:纯粹的最高境界。　㉓弊:疲乏。劳:劳累。　㉔郁闭:积滞堵塞。　㉕天德之象:指水纯净平静又流动是天德之象。　㉖动而以天行:动起来像天的运行。

夫有干越之剑者,柙而藏之①,不敢用也,宝之至也②。精神四达并流,无所不极③,上际于天,下蟠于地④,化育万物,不可为象⑤,其名为同帝⑥。纯素之道,唯神是守⑦;守而勿失,与神为一⑧;一之精通,合于天伦⑨。野语有之曰⑩:"众人重利,廉士重名,贤人尚志,圣人贵精⑪。"故素也者,谓其无所与杂也;纯也者,谓其不亏其神也。能体纯素⑫,谓之真人。

【译文】　有干越名剑的人,藏在匣子里,轻易不敢动用,就是因为珍爱之至。精神这种东西可以四通八达,无所不至,上可到天边,下可盘绕于地,能够化育万物,没有形象可以捉摸,给它个比喻性的名字叫同帝(与天帝相同)。纯素之道就是要专一守住自己的精神,守住不要失去,把自己与精神合一,合一的精通之道,合乎天道之理。俗话说:"一般人看重利,廉洁之士看重名,贤能之士崇尚志向,圣人珍惜精神。"所以,所谓素,就是不含杂质;所谓纯,就是不损伤精神。能体现纯素就叫做真人。

【注释】　①干越:干溪越山。成疏:"干,溪名也;越,山名也。干溪越山,俱出良剑也。"《释文》:"吴有溪名干溪,越有山名若耶,并出善铁,铸为名剑出。"干越之剑称代名剑。柙:今作匣。　②宝之:以之为宝。宝之至也:认为它非常宝贵。　③四达:四通八达。并流:都能到达。无所不极:无处不可流行。　④上际于天:上可到达天。际:名词动用,以天做边际。下蟠于地:下可盘旋于地。蟠:盘绕。　⑤不可为象:不能用物象模拟。　⑥同帝:与天帝相同。　⑦唯神是守:专一守住精神。　⑧与神为一:与精神合一。指形体要合于精神。　⑨一之精通:合一的精通之道。合于天伦:合乎天道之理。　⑩野语:俗语。　⑪贵精:以精神为贵。　⑫体纯素:体现纯素之道。

第十六篇　缮性

本篇截取篇首二字为题。缮性是修养心性的意思。本篇主要论述道德与俗学的区别及由道德演变为俗学的经过,警示人们不能按俗学去修养道德。所谓俗学,指的是战国时期诸子百家的学说,尤其是影响巨大的儒墨两家所提倡的仁义礼乐智信等内容。作者认为道德的每况愈下,从"顺而不一"发展到"安而不顺",又由"安而不顺"发展到"去性而存于心",从"去性而存于心"才发展出"文"与"博"。仁义礼乐等就是"文"与"博"的表现。庄子认为这些都是道德的影子,提倡影子而掩盖道德本身就是一种十足的本末倒置,而修养道德的正确道路是返本复性。

缮性于俗学①,以求复其初②;滑欲于俗思③,以求致其明④,谓之蔽蒙之民⑤。

古之治道者,以恬养知⑥。知生而无以知为也,谓之以知养恬⑦。知与恬交相养,而和理出其性⑧。夫德,和也;道,理也。德无不容,仁也⑨;道无不理,义也⑩;义明而物亲,忠也⑪;中纯实而反乎情,乐也⑫;信行容体而顺乎文,礼也⑬。礼乐遍行⑭,则天下乱矣。彼正而蒙己德⑮,德则不冒,冒则物必失其性也⑯。古之人,在混芒之中⑰,与一世而得澹漠焉⑱。当是时也,阴阳和静⑲,鬼神不扰,四时得节⑳,万物不伤,群生不夭㉑,人虽有知,无所用之,此之谓至一㉒。当是时也,莫之为而常自然㉓。

【译文】　在世俗的学问中修养成的心性,想再用世俗的学问期求回复天性;被世俗思想扰乱了的欲望,想再用世俗思想找回本来的清明,这叫做蒙蔽胡涂的人。

古时候修道的人,用恬静涵养心智。心智自然生成但不凭心智去做事,叫做用心智反过来涵养恬静。心智与恬静互相涵养,平和之道、自然之理就从天性中涵养出来。天德就是平和的大道,就是自然之理。天德没有不可相容的,这就是仁。大道没有不可管理的,这就是义。大义显明,万物就会亲附,这就是忠。内心纯真朴实反映在情绪上,这就是乐。实实在在的行为表现在形体面貌上又合乎文明之理,这就是礼。(礼乐都是德性的外在表现形式之一,如果把形式当成德性本身,让)礼乐到处应用,那么天下就混乱了。用礼乐覆盖在德性上,而德性不能被覆盖,覆盖住了,事物肯定会失去它的德性。古时候的人,生活在混沌茫昧之中,与整个世界相处都能淡漠。在当时,阴阳中和宁静,鬼神不来打扰,四季按节令运行,万物不受伤害,所有生物不会夭折。人虽然有心智,但无处可用,这就叫做至一(最为纯一)。在那个时候,没有什么心里一定要做的事,经常是自然而然。

【注释】 ①缮:修。俗学:世俗的学问,指当时儒墨等家的学说。句谓,在世俗的学问中修养成心性。 ②以:承前省略俗学,即以俗学,用俗学。求复其初:期求回复最初的天性。初指初始没受世俗影响的自然天性。句谓,还想再用研究世俗的学问,求得回复到自然天性。 ③滑:乱。俗思:世俗的思想观念,指追求功名利禄等。句谓,被世俗思想扰乱了的欲望。 ④致其明:重新得到本来的清明。明指没受俗思影响的清明天性。 ⑤蔽蒙:受蒙蔽胡涂。 ⑥治道:修养道。以恬养知:用恬静涵养心智。 ⑦知生:心智与生俱来。无以知为:不凭借智慧去行事,即按自然天性去做事。以知养恬:用心智去涵养恬静。因为一用智,心就不能恬静。 ⑧交相养:互相涵养,互相增益。和理:平和之理。出其性:从本性中生出来。 ⑨德无不容,仁也:平和之德无所不容即可显示为仁。指仁是德的外在表现,下面句式相同。 ⑩道无不理,义也:道无所不能管理即可显示为义。 ⑪义明而物亲,忠也:大义显明万物自然来亲附即可显示为忠。 ⑫中纯实而反乎情,乐也:内心纯真朴实回到感情上即可显示为乐。 ⑬信行容体而顺乎文,礼也:内心的诚实流露在容貌形体上又合乎文明即可显示为礼。 ⑭礼乐遍行:礼乐普遍流行。指礼乐这些道德的外现形式而不是道德的实质内容流行起来。 ⑮彼:指上面提到的仁、义、忠、乐、礼等道德的外现形式。正:把它们当成真正的实质。蒙己德:反过来覆盖住自己的德性。即用形式当内容,把表象当实质。 ⑯德则不冒:德性不能被覆盖。冒、蒙互文,都是覆盖的意思。冒则物必失其性:被覆盖住,物就会失去本性。 ⑰混芒:混沌茫昧。 ⑱与一世:与整个世界。得澹漠:能淡漠。 ⑲和静:中和平静。 ⑳四时得节:四季按节气运行。 ㉑群生:各种生物。夭:夭折早死。 ㉒至一:最为纯一。 ㉓莫之为而常自然:无为而经常自然而然。"莫之为"指没有什么心里一定要做的事。

逮德下衰①,及燧人、伏羲始为天下,是故顺而不一②。德又下衰,及神农、黄帝始为天下,是故安而不顺③。德又下衰,及唐、虞始为天下,兴治化之流④,㵳淳散朴⑤,离道以善⑥,险德以行⑦,然后去性而从于心⑧。心与心识知⑨,而不足以定天下⑩,然后附之以文⑪,益之以博⑫。文灭质,博溺心⑬,然后民始惑乱,无以反其性情而复其初⑭。

由是观之,世丧道矣,道丧世矣⑮,世与道交相丧也⑯,道之人何由兴乎世⑰,世亦何由兴乎道哉!道无以兴乎世,世无以兴乎道,虽圣人不在山林之中,其德隐矣⑱。隐,故不自隐⑲。古之所谓隐士者,非伏其身而弗见也,非闭其言而不出也⑳,非藏其知而不发也,时命大谬也㉑。当时命而大行乎天下,则反一无迹㉒;不当时命而大穷乎天下,则深根宁极而待㉓,此存身之道也㉔。古之行身者,不以辩饰知㉕,不以知穷天下㉖,不以知穷德㉗,危然处其所而反其性㉘,己又何为哉?道固不小行,德固不小识㉙。小识伤德,小行伤道。故曰:"正己而已矣。乐全之谓得志㉚。"

【译文】 等到后来道德衰落,到了燧人氏、伏羲氏开始统治天下,虽然还能顺着人的天性,但已经不能纯一了。再到神农、黄帝开始统治天下,虽然能够安于天性,但已经不能顺着人的天性了。道德进一步衰落,到了唐尧、虞舜开始统治天下,开创了治理、教化的风气,破坏了淳朴的天性,用提倡善来割裂道的自然,用提倡品行来危及德性的本真,这样,人们的道德标准就离开了本性而顺从了人的心智。心智与心智的认知(千差万别),不能够安定天下,然后又附加上文化的文饰,增加上知识的博学广闻。文饰掩盖了本质,博学广闻淹没了心性,然后百姓就开始迷惑混乱,就无法返回原来的性情而恢复本初了。

由此看来,世风失去了大道,大道也失去了世风,世风与大道相互失去,奉行大道的人还从何复兴世风,世风又从何复兴大道呢?大道不能复兴世风,世风不能复兴大道,即使圣人不在山林中隐居,那么他的道德也会隐匿的。隐匿却不是圣人自己隐匿起来的。古代所谓的隐士,并不是隐藏起形体来不露面,也不是闭起嘴来不说话,也不是隐藏起智慧来不表现,而是时势命运大相背离。而当时势命运遇上能大行天下的时候,圣人的道又是返归于一而不露痕迹了。遇不上时势命运而在天下大受困顿的时候,那么又会深归本根,极端宁静地等待,因为这是保全自身的方法。古代善于保全自身的人,不用争辩去文饰智慧,不用智慧去困顿天下,也不用智慧去困顿德性。高高地独立在自己所遇到的环境里,返归自然的本性,自身又有什么一定要做的事呢?大道本来就不是在个人理解的小范围里运行,德性本来就不是在个人理解中认识局部小事的。小识就会伤害德性,小行就会伤害大道。所以说:"端正自己的道德就行了。满足于保全自己纯朴的本真就叫得意。"

【注释】 ①逮:等到。德下衰:道德衰落。 ②燧人:远古帝王,传说他发明了钻木取火,人类开始从吃生食的时代进入吃熟食的时代。伏羲:远古帝王,传说他发明了历法、畜牧,创制了八卦,使人类走上了文明时代,被后人尊为人祖,成为三皇五帝的第一皇。为天下:统治天下。顺而不一:指顺从人的天性,但已经不能纯一了。也就是说,已经开始用人的心智去改造一些天然的东西了。 ③神农:也称炎帝,是我国最早发明农业的远古帝王,使人类从畜牧时代进入农业时代,被后人尊为三皇的第二皇。黄帝:又称轩辕氏,传说在他统治天下的时候发明了文字,使人类结束了史前时代,被后人尊为第三皇。安而不顺:指人们还能安于天性,但已经不完全顺天性而为了。 ④唐:即尧。虞:即舜。兴:兴起。流:风气。治化之流:治理教化的风气,即开始按人的愿望来治理、教化天下。 ⑤澆(jiāo交):毁坏。淳:与"朴"互文,淳原质朴的意思。散:割裂。澆、散互文,都是破坏的意思。 ⑥离:分离。句谓,用提倡善来割裂道的自然。 ⑦险德:使德险,即危及伤害了德。句谓,用提倡品行来危害德性。 ⑧去:离开。去性而从于心:使人们的行为离了顺从本性而去顺从人心。 ⑨心与心识知:人心与人心都有认知,即每个人的人心都会有不同的认识,也就是说人们的认识并不相同。 ⑩不足以定天下:指凭人心不能够安定天下。 ⑪文:与下句"博"互文,文指文化,博指知识。这里都是把它们当成证明自己认识正确,可作为统治思想的工具。句谓,然后就得附加上文化的粉饰。 ⑫益:增加。博:博学广闻,知识多。 ⑬文灭质:文化的粉饰掩盖了本质。博溺心:知识广博的粉饰淹没了心性。 ⑭反其性情:回到性情。复其初:恢复本初。 ⑮由是观之:由此看来。世丧道:世风丧失了大道。道丧世:大道也丧失了世风。 ⑯交相丧:互相丧失。 ⑰道之人:奉行大道的人。何由:从哪里。兴乎世:复兴世风,即大道无法改变人们的统治思想了。 ⑱虽圣人不在山林中:即使圣人不到山林中去做隐士。其德隐:但他的道德还是被世风掩盖而处于隐而不能显的状态。 ⑲隐,故不自隐:被掩盖不能显现,所以不必自己去隐居。 ⑳伏:藏。闭:合住嘴。 ㉑发:表现。时命:时势命运。大谬:大错,完全不合。 ㉒反一无迹:回到纯一的大道之中不显形迹。指奉行大道的人在得时用世的时候,因为顺应自然,人们还是看不到他的形迹。 ㉓穷:困。深根宁极:深藏在根本里极端宁静。待:等待可用的时势。上句说道用于世,人们看不见,这句说道不用于世,人们更看不见。 ㉔存身之道:保全自身的方式。指奉行天道的人。就是说奉行大道的人用不着形式上的隐居才能保全自身。 ㉕以辩饰知:用争辩文饰智慧。 ㉖以知穷天下:用自己的智慧使天下受困。 ㉗以知穷德:用智慧伤害道德。 ㉘危然:高的样子。反其性:回到本性之中。 ㉙固:本来。句谓,道本来就不是在个人理解的小范围里运行,德本来就不是在个人理解中认识局部小事的。这是指仅从个人所知的范围去认识、去推行的东西算不上道德,而不是指道德在小处不起作用。下句的小识、小行,就是指人的知行。 ㉚乐:满意。乐全:以天性的完全为满足。得志:心意满足。

古之所谓得志者,非轩冕之谓也①,谓其无以益其乐而已矣②。今之所谓得志者,轩冕之谓也。轩冕在身,非性命也③,物之傥来,寄者也④。寄之,其来不可圉,其去不可止⑤。故不为轩冕肆志⑥,不为穷约趋俗⑦,其乐彼与此同⑧,故无忧而已矣。今寄去则不乐⑨。由是观之,虽乐,未尝不荒也⑩。故曰,丧己于物,失性于俗者⑪,谓之倒置之民⑫。

【译文】 古代所说的得意,不是指得到高官显贵,而是指无以复加的满足罢了。现在所说的得意,说的都是高官显贵。高官显贵在身,并不是性命所固有的,如同是偶然碰上的事物,在你这里存放一段而已。那就存放到这儿吧,来了挡不住,去了留不住。所以不会为高官显贵得意洋洋,也不会为穷困窘迫而趋附世俗,他满足于富贵或穷困是一样的,所以能没有忧愁。而现在寄存的东西失去了就闷闷不乐。由此看来,即使他乐的时候,也未尝不荒唐。所以说,因外物而丧失了自己,因世俗而丧失了本性的人,叫做本末倒置的人。

【注释】 ①轩冕:有官职的人所乘的车子,戴的帽子。这里称代高官显贵。 ②无以益其乐:其中没有可以增加自己满意的东西。 ③非性命:不是自己性命中本来就有的。 ④傥来:偶然碰上。寄:寄存。 ⑤圉(yǔ羽):通"御",挡住。止:留。句谓,来了挡不住,去了留不住。 ⑥肆志:放纵心意,得意洋洋。 ⑦穷约:困顿窘迫。趋俗:趋附世俗。 ⑧彼:指富贵。此:指穷困。 ⑨寄去则不乐:寄存在自己身上的东西失去了心里闷闷不乐。寄指上文的轩冕。 ⑩荒:迷乱荒唐。 ⑪丧己于物:追逐外物而丧失自己的本真。失性于俗:受世俗影响失去本性。 ⑫倒置之民:本末倒置的人。

第十七篇　秋水

　　本篇截取篇首二字为题。秋水指的是夏水(见下注),一般说秋高气爽,"水潦尽,寒潭清",是不会有大水的,而文中说的却是大水。本文前半部分用海神若的话论述了人与人为的渺小,自然之道的伟大,说明万物齐一的正确性。后半部分进一步推论自然本性的可贵。从大宇宙的视角,论证时间、空间、是非的相对性,鼓励人们放弃名利,抛开是非,返本归真,融入大道,获得自由。

　　秋水时至①,百川灌河②,泾流之大③,两涘渚崖之间,不辩牛马④。于是焉河伯欣然自喜⑤,以天下之美为尽在己⑥。顺流而东行,至于北海,东面而视,不见水端。于是焉河伯始旋其面目⑦,望洋向若而叹曰⑧:"野语有之曰:'闻道百,以为莫己若者⑨。'我之谓也⑩。且夫我尝闻少仲尼之闻而轻伯夷之义者⑪,始吾弗信,今我睹子之难穷也⑫,吾非至于子之门则殆矣⑬,吾长见笑于大方之家⑭。"
　　北海若曰:"井蛙不可以语于海者,拘于虚也⑮;夏虫不可以语于冰者,笃于时也⑯;曲士不可以语于道者,束于教也⑰。今尔出于崖涘,观于大海,乃知尔丑⑱,尔将可与语大理矣⑲。天下之水,莫大于海,万川归之,不知何时止而不盈⑳;尾闾泄之,不知何时已而不虚㉑。春秋不变,水旱不知。此其过江河之流,不可为量数㉒。而吾未尝以此自多者㉓,自以比形于天地㉔,而受气于阴阳㉕,吾在天地之间,犹小石小木之在大山也,方存乎见少㉖,又奚以自多!计四海之在天地之间也,不似礨空之在大泽乎㉗?计中国之在海内,不似稊米之在大仓乎㉘?号物之数谓之万,人处一焉㉙;人卒九州㉚,谷食之所生,舟车之所通,人处一焉㉛。此其比万物也,不似毫末之在于马体乎㉜?五帝之所连,三王之所争㉝,仁人之所忧,任士之所劳㉞,尽此矣㉟!伯夷辞之以为名㊱,仲尼语之以为博㊲。此其自多也,不似尔向之自多于水乎㊳?"

【译文】 夏天的洪水应季节而来,上百的川流注入黄河,河道的水很大,隔水相望,两岸洲渚之间分不清牛马。这时河神欣然自喜,认为天下的壮美都聚集于自己一身了。河神顺着水流向东走,到了北海,向东远望,见北海望不到尽头。于是河神才改变了欣然自喜的面目,望着汪洋的大水向海神北海若感叹地说:"俗语说:'听到了百多种道理,就认为谁都比不上自己学问大。'说的就是我这种人呵!而且我曾听说有人小瞧孔子的学问,看不起伯夷的高尚行为,开始我不相信会有这种人,现在我看到您难以望到边的样子了,我要是不到您的门前来,那就危险了,我会永远被懂大道理的人嗤笑了。"

北海若说:"井底之蛙没法跟它谈论大海,是因为它局限在那个狭小的空间;春生秋死的昆虫,没法跟它谈论冰雪,是因为它受到生存时间的限制;孤陋寡闻的人没法跟他谈论大道,是因为他被所受的教育束缚住了。现在你从河岸走了出来,看到了大海,才知道自己的浅陋,这就可以与你谈论大道理了。天下的水,没有比海更大的了,万条江河都流进来,不知什么时候停止,然而海水也不会多;尾闾往出排泄,不知什么时候停止,然而海水也不会少。春秋不变,旱涝不知。远远超过江河的流水,无法计量。但是我并不因此而自以为多得值得夸耀,是因为和天地的形体比起来,我禀受阴阳之气而成形,处在天地之间,就如同是一块小石、一株小树处在泰山里一样,正有一种觉得太小的意思,哪里还会自以为多呢?算下来四海在天地之间,不正像蚁穴在大泽中一样吗?中国九州在四海之中,不正如米粒在大粮仓中一样吗?说物的数量要以万计,人不过是万物之一;人众所在的九州,粮食生长的地方,舟车所通的地方,在宇宙中又是万分之一。与宇宙万物比起来,人不正像一根毫毛在马身上吗?五帝继承的天下,三王争夺的帝位,仁人忧思的治道,任士操劳的事务,都在其中了。伯夷辞去它成了名,孔子谈论它成为渊博。这都是自认为大得不得了,不和刚才你自认为水大一样吗?"

【注释】 ①秋水:指的是夏天的洪水。《庄子》用周历,周历因改正朔比夏历提前两个月,因而秋天的七月、八月、九月实际相当于夏历的五月、六月、七月。夏历与现在的农历(阴历)相当,五月、六月正值盛夏,故《孟子》中的秋阳就是夏阳,《庄子》中的秋水就是夏水。夏天多大雨,故洪水盛。时至:应季节而来。 ②百川:许多河流,指黄河的众多支流。灌:流入。河:黄河。 ③泾流:河道的流水。指汇聚于众多支流的黄河河道里的流水。陆地上的道为径,水流的道为泾。 ④两涘(sì 寺):两岸。崖:高岸。渚(zhǔ

煮):水中的小块陆地。不辩:分不清。 ⑤河伯:黄河神。成疏:"河伯,河神也,姓冯名夷,华阴潼堤乡人,得水仙之道。" ⑥尽在己:都在自己身上。 ⑦旋:转变。旋其面目:转变表情,即由原来的欣然自喜,变为怅然自失。 ⑧洋:大水。望洋:望着海中的大水。若:海神名,见下北海若。叹曰:感慨地说。 ⑨野语:俗话说。闻道百:听到百条道理,即懂得了较多的道理。莫己若:没有谁能比得上自己。 ⑩我之谓:即谓我,说的就是我这样的人。 ⑪少仲尼之闻:以仲尼之闻为少,即瞧不起孔子的学问。轻伯夷之义:以伯夷之义为轻,即看不起伯夷的行为,认为他的行为算不上正义。伯夷:商朝时诸侯孤竹国君的长子,为让出君位,与弟弟叔齐逃出国,正遇上周武王伐纣。二人认为臣伐君不义,于是同隐于首阳山中。后来周灭商,二人义不食周粟,饿死山中,被后人称颂为贤士。 ⑫难穷:难尽,指大海的无边无际。 ⑬殆:危险。这里是说,差一点就会落到这种见识少的可笑境地。 ⑭见笑:被讥笑。大方之家:懂大道的人。 ⑮井蛙:即井底之蛙。不可以语于海:没法跟它谈论大海。不可以语是无法沟通的意思。拘:拘限。虚:通"墟",所处的地方范围。句谓,与井底之蛙没法谈论大海,是因为它受到自己那个生活的狭小范围的局限。 ⑯夏虫:春生秋死的昆虫。笃:守,与"拘"互文。这里也是拘限的意思。时:时令。夏虫没经历过冬季,故无法理解冰雪。 ⑰曲士:偏曲之士,仅懂得某方面道理的人。束:束缚。教:所受的教育。束于教:被所学的知识束缚住。 ⑱丑:丑陋,这里指浮浅固陋。 ⑲大理:大道理。句谓,就可以在大道理上沟通了。 ⑳盈:满。 ㉑尾闾:海水的排泄处。古人认为大海有个排泄处称尾闾。成疏:"尾闾者,泄海水之所也。在碧海之东,其处有石,阔四万里,厚四万里,居百川之下尾而为闾族,故曰尾闾。海水沃著即焦,亦名沃焦也。"虚:水少。 ㉒不可为量数:不能用数量计算。 ㉓自多:自以为多。 ㉔比形于天地:与天地的形体做大小的对比。 ㉕受气于阴阳:禀受阴阳之气。古人认为万物(包括天地)都是阴阳二气所化。大山:泰山。 ㉖方:正在。见:被。见少:被看得小,这里是自己觉得小的意思。 ㉗礨(lěi磊)空:蚂蚁窝。成疏:"礨空,蚁穴也。"礨空、稊末、毫末都是微小之物,成疏近是。泽:《庄子》里的泽,不仅指湖的水域,也包括湖边的林莽草地等。 ㉘稊(tí题):稗籽。稊米:米粒。大仓:大粮仓。 ㉙号物之数谓之万:称呼物的数量常说万,即以万来表示物的数量。人处一:人占万数之一,即人不过是万物之一。 ㉚人卒:人众。九州:天下。 ㉛谷食之所生:谷物生长的地方。舟车之所通:舟车往来的地方。两者都指九州。人处一焉,按上下文意应作"又处一焉"。人是又字的讹误。庄子是用层层推进的方法说明人类的渺小,意思是说,人类在万物存在的九州中占万分之一,九州在宇宙里又占万分之一。 ㉜万物:指宇宙万物。豪末:毫毛的末端最细微处。句谓,人类与宇宙万物相比,不正如马身上的一根毫毛吗? ㉝五帝之所连:五帝的相互继承。五帝之间没有相互推翻,故说连。三王之所争:夏商周三王的争夺。两者都指天下。 ㉞所忧:所忧虑的天下。任士:以社会为己任之士。所劳:所操劳的种种事情。 ㉟尽此矣:都在此中了,指一根毫毛之中。 ㊱辞之:辞让君位。以为名:以此成为名声。 ㊲语之:谈论它。以为博:以此成为博学。 ㊳自多:自认为多,即自认为博大而觉得了不起。向:刚才。多于水:水多、水大。

河伯曰:"然则吾大天地而小毫末①,可乎?"北海若曰:"否。夫物,量无穷,时无止②,分无常,终始无故③。是故大知观于远近④,故小而不寡,大而不多⑤,知量无穷。证向今故⑥,故遥而不闷,掇而不跂⑦,知时无止。察乎盈虚⑧,故得而不喜,失而不忧,知分之无常也。明乎坦涂⑨,故生而不说,死而不祸⑩,知终始之不可故也⑪。计人之所知,不若其所不知⑫;其生之时,不若未生之时⑬。以其至小求穷其至大之域⑭,是故迷乱而不能自得也⑮。由此观之,又何以知毫末之足以定至细之倪⑯?又何以知天地之足以穷至大之域⑰?"

【译文】 河神说:"这样说来,那么认为天地最大,毫毛最小,可以吗?"北海若说:"不可以。物,数量无穷,时间无限,得失无常,终始无定。因此大智者观察远近,所以小的不算少,大的不算多,因为知道数量是无穷的。验证未来、现在、过去,所以遥远的事情可以推知,珍惜现在而不企求未来,因为知道时间无限。既明察于盈也明察于虚,所以得到也不喜,失去也不忧,因为知道得失无常。明白终始是相通的大路,所以活着也不认为该喜悦,死了也不算是灾祸,因为终始是转化不固定的。算起来,人所知道的东西,远比不上不知道的东西多;活着的时间,远比不上没有活着的时间长。用自己有限的生命和有限的那点已知知识,去探求大无边界的领域,因此迷乱而得不到结果。由此看来,又怎么知道毫毛就是最小的下限?又怎么知道天地就是空间最大的区域?"

【注释】 ①然则:这样说来,那么。大天地:以天地为大,即把天地看成是最大的。小毫末:把毫末看成最小的。 ②量无穷:数量无穷。时无止:时间没有止境。句谓,物的数量无限,时间永恒。 ③分无常:得失无常。终始无故:终始无定。常、故都是固定的意思。无常无故都是指变化的、相互转换的。 ④大知:有大智慧的人,即得大道的人。观于远近:观察远近。 ⑤小而不寡:小的不认为少。大而不多:大的不认为多。 ⑥向:未来。今:现在。故:过去。证向今故:现在、过去、未来相互证明,是"证于向今故"变为四字句的简化。 ⑦闷:不明白。掇:拾取,珍惜。跂:通"企",企求。句谓,过去、现在、未来能够相互证明,所以遥远的事情可以推知,珍惜现在而不企求未来。也就是说,过去、未来尽管与现在不同,但道理是一样的,即"今犹古也,古犹今也"的意思。 ⑧察乎盈虚:观察盈虚。庄子认为盈虚是迭互消长的,故下文云"分之无常"。 ⑨坦涂:平的道路。坦:平。涂:通"途",这里指正常的道。 ⑩说:悦。祸:灾祸,这里是以为灾祸的意思。 ⑪不可故:不能固定不变。故:常。 ⑫计:计算。句谓,计算下来,人所知道的没有不知道的多。 ⑬其生之时,不若未生之时:人活的时间没有死的时间长。　⑭以其至小求穷其至大之域:用非常少的知识企求穷尽非常大的领域。　⑮不能自得:得不到结果。　⑯倪:区别,界限。至细之倪:最小的下限。　⑰域:范围。至大之域:最大的范围、上限。

　　河伯曰:"世之议者皆曰:'至精无形,至大不可围①。'是信情乎②?"北海若曰:"夫自细视大者不尽,自大视细者不明③。夫精,小之微也④;垺,大之殷也⑤。故异便,此势之有也⑥。夫精粗者,期于有形者也⑦;无形者,数之所不能分也⑧;不可围者,数之所不能穷也⑨。可以言论者,物之粗也⑩;可以意致者,物之精也⑪。言之所不能论,意之所不能察致者⑫,不期精粗焉⑬。是故大人之行,不出乎害人,不多仁恩⑭;动不为利,不贱门隶⑮;货财弗争,不多辞让⑯;事焉不借人⑰,不多食乎力,不贱贪污⑱;行殊乎俗,不多辟异⑲;为在从众,不贱佞谄⑳。世之爵禄不足以为劝㉑,戮耻不足以为辱㉒,知是非之不可为分,细大之不可为倪㉓。闻曰:'道人不闻,至德不得,大人无己㉔。'约分之至也㉕。"

【译文】　河神说:"世人的议论都说,最小的没有形体,最大的没有范围,真的是这样吗?"北海若说:"从小的本身去看大的东西看不尽,从大的本身看小的东西看不清。人们说的精微,指的是小到微细的程度;人们说的外围,是大到最大的程度。大小各有各的作用,所以这是势所必有的。但大与小,都是限定在有形的范围内,至于说无形的事物,那就用数量不能分了,没有范围的事物,那就无法用数量衡量了。可以说出来的是粗大的东西,可以意识到的是微小的东西,至于说也说不清,也不能意识到的,那就是些不能限定在大小范围里的无形的东西了。所以懂大道理的人做事情,不有意去害人,但也不认为给人仁恩就好;行为不是为了谋利,但也不轻视那些地位低贱为利所驱的人;不去争夺财物,但也不认为辞让就好;做事不借重他人的力量,但也不认为自食其力就好,也不认为贪占了别人的东西就不好;行为不同于世俗,但也不认为标新立异就好;行动随着大家,但也不轻贱阿谀奉承。世俗的高官厚禄不足以鼓励他,刑罚耻辱不足以羞辱他,这是因为他知道,是与非不能作为大道的分界,大与小也区别不了大道。我听说:'得道的人不求名声,道德高的人不求有所得,懂大道理的人没有自我。'这就是因为把事物的分别缩小到了极点。"

【注释】　①至精无形:最精细的东西没有形体。至大不可围:最大的东西没有范围限制,即小无形,大无限。　②是:这。信:实。情:真。句谓,这是真的吗?　③自细视大者不尽：自身是小的去看大的看不到边。自大视细者不明：自身是大的去看小的看不见。这句是回答河伯的问题。意思是说，小的看大的看不见边，但还是有边有范围。大的看小的看不见，但还是有形。　④精：精细。句谓，精是小到细微的程度。　⑤垺(fóu)：边框外围，即范围。殷：盛大。句谓，边框是大到极大的地方。　⑥异便：各有各的作用。句谓，大与小各有各的作用，所以这是势所必有的。　⑦期：待，依赖。句谓，精细的、粗大的都要依赖有形。也就是说，必须是有形体存在才能说大小。　⑧无形者，数之所不能分也：没有形体存在的东西就不能用数量来分精粗大小了。无形者指精神意识性质的道。　⑨不可围者，数之所不能穷也：无限大的东西就不能用数量来衡量了。不可围者指无限大的道。　⑩可以言论：可以说得出来。粗：粗大。　⑪意致：可以意识到。　⑫意之所不能察致者：不能意识到的。　⑬不期精粗：不依赖精粗，即不局限在精粗大小之内。　⑭多：赞美。不多仁恩：不赞美给人仁恩。　⑮动不为利：行动不是为了取利。贱：轻视，瞧不起。门隶：家奴，称代低贱的人。句谓，行动不是为了取利，也不轻视低贱的人。古人认为小人喻于利，用今天的话说就是，光为了挣钱是小人。大人不是为了取利，但也不轻视小人。　⑯不多辞让：不赞美辞受推让。　⑰事焉不借人：做事情不借用别人的劳动。　⑱食乎力：自食其力。不贱贪污：不认为贪占就不好。　⑲殊乎俗：与世俗不同。辟异：偏僻怪异。辟：今作僻。　⑳为在从众：行为随从众人。佞谄：谄媚奉承。　㉑爵禄：高官厚禄。劝：鼓励。　㉒戮耻：刑罚、耻辱。辱：羞辱。　㉓不可为倪：不可区分，没界限。指道不在是非大小的局限之内，用是非大小是分不出的。　㉔道人：得道的人。不闻：不求闻名。至德：道德高的人。不得：不求有所得。大人：也指有道德的人。无己：没有自我，自我融入大道。　㉕约分：简约分别。约分之至：把分别缩小到了极点，即混同一切。

河伯曰："若物之外，若物之内①，恶至而倪贵贱？恶至而倪小大②？"北海若曰："以道观之，物无贵贱。以物观之，自贵而相贱③。以俗观之，贵贱不在己④。以差观之，因其所大而大之，则万物莫不大⑤；因其所小而小之，则万物莫不小。知天地之为稊米也，知毫末之为丘山也，则差数睹矣⑥。以功观之⑦，因其所有而有之，则万物莫不有⑧；因其所无而无之，则万物莫不无。知东西之相反而不可以相无，则功分定矣⑨。以趣观之⑩，因其所然而然之，则万物莫不然⑪；因其所非而非之，则万物莫不非。知尧、桀之自然而相非，则趣操睹矣⑫。昔者尧、舜让而帝⑬，之、哙让而绝⑭；汤、武争而王⑮，白公争而灭⑯。由此观之，争让之礼，尧、桀之行，贵贱有时，未可以为常也⑰。梁丽可以冲城，而不可以窒穴，言殊器也⑱。骐骥、骅骝一日而驰千里，捕鼠不如狸狌，言殊技也⑲。鸱鸺夜撮蚤⑳，察毫末，昼出瞋目而不见丘山，言殊性也㉑。故曰，盖师是而无非、师治而无乱乎㉒？是未明天地之理、万物之情者也。是犹师天而无地，师阴而无阳，其不可行明矣㉓。然且语而不舍，非愚则诬也㉔！帝王殊禅，三代殊继㉕，差其时，逆其俗者，谓之篡夫㉖；当其时，顺其俗者，谓之义徒㉗。默默乎河伯㉘，女恶知贵贱之门、小大之家㉙！"

【译文】 河神说："无论是有形之物以外，也无论是有形之物以内，那么怎么去分别贵贱？怎么去分别大小呢？"北海若说："从大道的角度去看，事物没有贵贱之别。从事物本身的角度去看，都是认为自己贵而不是自己这样的就贱。从世俗的角度去看，贵贱不是由自己来定，（而是根据外人的看法来定。）从比较差别的角度去看，与比它小的东西相比，万物没有不大的；与比它大的东西相比，万物没有不小的。知道天地比起比它大的东西来犹如米粒，毫毛比起比它小的东西来犹如山丘，那么事物在量的大小上就清楚了。从事物所起作用的角度去看，按照它所起作用的一面去看，万物没有不起作用的；按照它不起作用的一面去看，万物没有起作用的。懂得了东与西方向相反但又谁也离不开谁的道理，那么作用的分量就可以确定了。从个人志趣的角度去看，按照他对的一面去认为他对，万物没有不对的；按照他错的一面去认为他错，万物没有不错的。懂得了尧与桀都是自认为对而又相互否定的道理，那么志趣的是非就明白了。当年尧与舜禅让做了帝王，而燕相子之与燕王哙却因为禅让而亡了身；商汤与周武争夺帝位当了帝王，白公胜却因为争夺帝位而灭亡。由此看来，争夺与禅让的礼法，尧与桀的行为，是贵还是贱有它适用的时势，都不是一成不变的。撞城的梁丽可以冲开城门，但却不能堵塞蚁穴，这是说器械的用处不同。骏马日行千里，捕鼠不如狸猫，这是说各自的技能不同。猫头鹰夜间能捉住跳蚤，明察毫末，白天出来睁大眼睛看不见山丘，这是性能不同。所以说，怎么才算是学到了对的没有错了，学到了安治而没有乱了呢？这是不明天地之理、万物之情的说法。如同是遵循天道而没有地道，效法阴而没有阳，行不通是明摆着的。然而还这样说个不休，这不是愚蠢就是说谎了。尧舜禹用特殊的禅让方式，夏商周用特殊的继位方法，不合当时的时势，违背了当时的习惯，就会被当成篡位的人；合乎当时的时势，顺应当时的习惯，就会被人们当成正义的人。不要说了河神，你哪里摸得着贵贱的门、大小的家呵！"

【注释】 ①若：如果，这里是或者、无论的意思。物之外：有形之物以外。句谓，无论是有形之物以外，也无论是有形之物以内。 ②恶至：何至，到哪里。这里是依据什么的意思。倪：区分。句谓，依据什么去区分贵贱，区分大小呢？ ③以物观之：从事物本身的角度去看。自贵:认为自己尊贵。相贱:相互认为贱,即认为不同于自己的就低贱。　④以俗观之:从世俗的角度去看,也就是从众人的角度去看。贵贱不在己:贵贱不由自己决定,也就是说,贵贱是根据大家的看法决定的。　⑤差:比较差别。以差观之:从比较的角度去看。因:依据,按照。因其所大而大之:按照此物比他物大来论它的大。莫不大:没有不大的。　⑥稊米:米粒。丘山:山丘。天地之为稊米:天地与比它大的东西比起来也可以如同米粒似的小。毫末之为丘山:毫毛与比它小的东西比起来也可以如同山丘似的大。差数:差别的分寸。睹:看清楚。句谓,事物在数量上的差别是怎么一回事就清楚了。就是说,明白了都是在对比中存在的而不是绝对的。　⑦功:作用,功能。以功观之:从事物所起作用的角度去看。　⑧因其所有而有之万物莫不有:按照它所起作用的一面去看它的作用,万物没有不起作用的。　⑨东西之相反:东与西方向相反。不可以相无:不可以没有对方存在。功分定:所起作用的分量就可确定。　⑩趣:志趣。以趣观之:从个人志趣的角度去看。　⑪然:以为然,认为对。因其所然而然之万物莫不然:按照自己认为对的一面认为它对,万物没有不对的。　⑫自然:自己以为然,即自己认为自己对。相非:互相认为非,即认为对方不对。趣操睹:坚持的志趣就清楚了。操:操守,自己所坚持的东西。以上是在说明事物都是相对存在的,贵贱、大小、作用、人的志趣都不是绝对的,只不过是站的角度不同而出现了差别。　⑬让:辞让,指尧把帝位禅让给舜。帝:当了帝王。　⑭之、哙:燕王哙和他的国相子之。子之、哙都是人名。绝:灭。燕王哙深信子之,把君位让给了他,燕人不服,国内大乱,齐国乘机伐燕,杀了哙和子之。　⑮汤、武:商汤王和周武王。争:争夺王位。王:当了帝王。商汤王推翻夏桀王建立了商朝,周武王推翻了商纣王建立了周朝,都当上了帝王。　⑯白公:楚平王之子太子建的儿子白公胜。太子建流亡国外生下白公胜,后来白公胜回国,发动武装政变,要夺回政权,杀掉令尹子西与司马子期,控制了国都,但最后被叶公击败,逃到山里上吊自杀。　⑰未可以为常:不可作为常道。就是说,要随着时势的不同而变化。　⑱梁丽:梁栋。郭庆藩《集释》:"考《列子・汤问》篇,雍门鬻歌,余音绕梁欐,三日不绝。梁欐即此云梁丽也……梁丽必材之大者,故可用以冲城。"冲城:撞开城门。室穴:堵实蚁穴。殊器:器物各有不同用处。句谓,栋梁大木可以在攻城时撞开城门但却不能捣实蚁穴,这是因为器械各有各的用处。　⑲骐骥、骅骝:称代骏马。狸:猫。狌:黄鼠狼。殊技:技能不同。　⑳鸱鸺(chīxiū 痴休):猫头鹰。撮:捉取。蚤:跳蚤。　㉑昼:白天。瞋(chēn 嗔)目:睁大眼睛。殊性:性能不同。　㉒师:师法,遵循。句谓,这如同是遵循天而不要地,遵循阴而不要阳。　㉓其不可行明矣:行不通是十分明显的。　㉔诬:诬妄谎骗。　㉕殊禅:特殊的禅让方式。殊继:特殊的继承方式。　㉖差其时:与当时的时势不同。逆其俗:违背当时的风俗。篡夫:篡夺帝位的人。　㉗义徒:正义的人。　㉘默默:静下来,不要说了。　㉙门:门径。家:住地。这里都指找得见的地方。句谓,你哪里知道什么是贵贱,什么是大小的道理。

河伯曰:"然则我何为乎? 何不为乎? 吾辞受趣舍,吾终奈何①?"北海若曰:"以道观之,何贵何贱? 是谓反衍②。无拘而志,与道大蹇③。何少何多？是谓谢施④。无一而行,与道参差⑤。严乎若国之有君,其无私德⑥；繇繇乎若祭之有社,其无私福⑦；泛泛乎若四方之无穷,其无所畛域⑧；兼怀万物,其孰承翼⑨,是谓无方⑩。万物一齐,孰短孰长⑪？道无终始,物有死生,不恃其成⑫。一虚一满,不位乎其形⑬。年不可举⑭,时不可止。消息盈虚⑮,终则有始。是所以语大义之方,论万物之理也⑯。物之生也,若骤若驰⑰。无动而不变,无时而不移。何为乎？何不为乎？夫固将自化⑱。"

【译文】 河神说："这样说来,那么我该做什么呢？不该做什么呢？我在推辞与接受、取与舍时,到底该怎么办呢？"北海若说："从大道的角度去看,有什么贵,有什么贱？都是向相反的方面演变。不要拘束你的心志,在大道上难以行走。有什么多,又有什么少？都是在向代谢中发展。不要让你的行为执一不变,使得与大道不齐。严正公平像国家有个国王,没有偏私的恩德；长长远远像祭祀有社稷神,没有偏私的福赐；广大辽阔像无边无际的四方,没有界限；兼容万物,也没有对谁专门庇护,这就叫做无方。万物一样,谁短谁长？大道没有终始,万物有死生,生成的形态不可依赖。万物变化有盈有虚,变化中的盈虚形态不可停止。年岁流逝不可能抓住不放,时间不会停留。消长盈虚,终而复始。这就是大道运行的方法,万物变化的根本原理。万物生出来,如同快跑一般,没有运动而不变化的,没有一时一刻不在移动的。你说该做什么,不该做什么？万物本来就是自行变化的。"

【注释】 ①辞受:拒绝与接受。趣舍:犹言取舍。辞受趣舍指个人的选择。终奈何:到底该怎么办？ ②反衍:向相反的方面演变。衍:演。反衍如同老子讲的"道者反之动"。 ③拘:拘执束缚。而:你。不拘而志:不要束缚你的心志。郭象注："自拘执则不夷于道。"蹇(jiǎn 剪):行走难。句谓,不要拘束你的心志,在大道上难以行走。成疏："修道之人,应须放任。" ④谢施:犹言代谢交替。 ⑤一:与前句"无拘而志"中的"拘"互文,是执一不变的意思。参差:不齐,不一致。句谓,不要让你的行为执一不变,使得与大道不一致。庄子认为,自然放任与道合,人为固执背离道。 ⑥严乎:严整的样子,严正公平。无私德:没有私心偏爱。 ⑦繇繇:长远的样子。社:社稷神。无私福:没有偏私的福赐。 ⑧泛泛乎:广大的样子。畛域:边界。 ⑨兼怀:一起包容。孰:谁。承:接受。翼:庇护。其孰承翼:没有对谁专门庇护,一视同仁。 ⑩无方:没有死方法,即随物而变。 ⑪一齐:一样。句谓,万物都一样,不存在谁短谁长的问题。 ⑫道无终始:大道运行终而复始,循环无端。恃:依赖。成:形成的形体。意思是说,万物形成了自己的形体,这个形体从生到死只不过是个短暂的过程,得道的人不能去依赖它。 ⑬不位乎其形:不把自己定位在现有的形体上,而是要随道而化。 ⑭举:抓住不放。

⑮消息:消长。　⑯大义之方:大道运行的方式。句谓,这才是说明大道运行的方式,万物变化的道理的正确说法。　⑰若骤若驰:如奔如跑,形容变化之快。　⑱固:本来。固将自化:万物本来就是自行变化的,无须人为的干预。

河伯曰:"然则何贵于道邪?"北海若曰:"知道者必达于理,达于理者必明于权①,明于权者不以物害己。至德者,火弗能热,水弗能溺,寒暑弗能害,禽兽弗能贼②。非谓其薄之也③,言察乎安危,宁于祸福,谨于去就④,莫之能害也。故曰,天在内,人在外,德在乎天⑤。知天人之行⑥,本乎天,位乎得⑦,踯躅而屈伸⑧,反要而语极⑨。"

曰:"何谓天⑩?何谓人?"北海若曰:"牛马四足,是谓天;落马首,穿牛鼻,是谓人⑪。故曰,无以人灭天,无以故灭命,无以得殉名,谨守而勿失,是谓反其真⑫。"

【译文】　河神说:"这样说来,那么还有什么可值得看重大道的?"北海若说:"懂得大道的人必定通达事理,通达事理的人必定能够应变,能够应变的人不会让外物伤害自己。德性高的人,火热不着他,水淹不着他,寒暑不能伤损他,禽兽不能祸害他。这不是说可以去触犯它,而是说能明察安危,祸福来临能保持平安,谨慎地做出选择,所以无法加害他。所以说,天性蕴藏在内心,人事活动表现在外,德性存在于天性里。懂得天与人行为不同,以天性为根本,立足于德性,随机应变去进退屈伸,返归枢要而持论于根本。"

河神问道:"什么叫做天?什么叫做人?"北海若说:"牛马长四条腿就是天,给马套上笼头,穿上牛的鼻子,这就叫做人。所以说,不要用人的行为毁坏天性,不要用人世的事务毁坏天命,不要用天德去做名声的殉葬品,小心持守不要失去,这就叫做返归本真。"

【注释】　①权:临时变通。明于权:知道临时怎样变通。　②贼:伤害。　③薄之:靠近它,这里是触犯它的意思。　④宁:安。宁于祸福:在祸福来临时知道怎样平安。谨:谨慎。去:离开。就:靠近。谨于去就:在去就上做出谨慎的选择。　⑤天在内:天性守在内心里。人在外:人事活动表现在外。德乎天:道德存在于天性里。　⑥天人之行:天性与人为的运动。　⑦本乎天:以天性为根本。位乎得:定位在德性上。　⑧踯躅(zhízhú 直逐):进退不定,这里是进退的意思。　⑨反:返。要:枢要。语极:持论于根本。句谓,行为上要返归枢要,理论上要持论于根本。　⑩天:天然,天性。　⑪落:通"络"。落马首:在马头上加上笼头。人:人为。　⑫以得殉名:用天德做求名的牺牲品。得:即"位乎得"之得,指得之于自然的天德。反其真:返归本真。

夔怜蚿,蚿怜蛇,蛇怜风,风怜目,目怜心①。夔谓蚿曰:"吾以一足趻踔而行②,予无如矣③。今子之使万足,独奈何④?"蚿曰:"不然。子不见夫唾者乎⑤?喷则大者如珠,小者如雾,杂而下者不可胜数也。今予动吾天机,而不知其所以然⑥。"蚿谓蛇曰:"吾以众足行,而不及子之无足,何也?"蛇曰:"夫天机之所动,何可易邪⑦?吾安用足哉!"蛇谓风曰:"予动吾脊胁而行,则有似也⑧。今子蓬蓬然起于北海⑨,蓬蓬然入于南海,而似无有,何也?"风曰:"然。予蓬蓬然起于北海而入于南海也,然而指我则胜我,鳅我亦胜我⑩。虽然,夫折大木,蜚大屋者⑪,唯我能也。"故以众小不胜为大胜也⑫。为大胜者,唯圣人能之。

【译文】 独脚兽夔羡慕百足虫蚿,百足虫蚿羡慕蛇,蛇羡慕风,风羡慕眼睛,眼睛羡慕心。夔对蚿说:"我用一条腿跳着走,实在是无可奈何,现在你使用那么多腿,这怎么走呢?"蚿说:"不是这么说,你没见过咳唾的人吗?喷出的唾沫大的如水珠,小的像水雾,错杂而出的唾沫星子不计其数,(哪个还去准备要个什么样。)现在我只不过是驱动我的天然机制,不知道为什么会这样。"蚿对蛇说:"我用这么多腿走路,还不如你没有腿走得快,这是怎么回事?"蛇说:"天然机制驱动,怎么可以变得了呢?我要腿干什么?"蛇对风说:"我扭动脊柱双肋行走,还有点像腿着地似的,现在你呼隆隆从北海刮起来,呼隆隆到了南海,像没有形体似的,这是怎么回事?"风说:"是呵,我呼隆隆从北海刮起到了南海,但人们用手指我也能胜我,用脚踏我也能胜我。虽然长着胳膊腿的都可胜过我,但要是吹断大树,掀掉大屋,那就只有我才能做到。"所以要用许多小的不胜造就大胜。造就大胜的,只有圣人才能做到。

【注释】 ①夔(kuí 葵):古代传说的独脚兽。怜:羡慕。文中有"不及",不能解为哀怜。蚿(xián 弦):百足虫。句谓,夔一足羡慕多足的蚿,蚿羡慕没有足能行的蛇,蛇羡慕能飘的风,风羡慕一望就到的眼睛,眼睛羡慕一想就到的心。 ②趻踔(chěnchuō 踸戳):跳跃着走。 ③无如矣:无可奈何,即实在是没有办法。 ④奈何:怎么走呢? ⑤唾者:咳唾的人。杂而下者:错杂而落下的唾沫星子。 ⑥天机:天然的机制。不知其所以然:不知道它为什么就会这样。 ⑦易:变。 ⑧脊胁:脊骨与两肋。蛇用脊骨与两肋的扭动行走。有似:还像个走路的样子。 ⑨蓬蓬然:风腾起的样子。 ⑩指我则胜我:用手指指我就能胜我。鳅(qiū 秋):通"蹵"。成疏:"蹵亦有作鳅字者。"用是蹴踏。鳅我亦胜我:用脚踩踏我也能胜我。意思是说,长着手长着脚的就能胜过我。 ⑪折大木:吹断大树。蜚:通"飞"。蜚大屋:使大屋飞,即掀翻大房子。 ⑫以众小不胜为大胜:用许多小的不胜造就大胜。

孔子游于匡,宋人围之数匝,而弦歌不惙①。子路入见,曰:

"何夫子之娱也②?"孔子曰:"来,吾语女。我讳穷久矣,而不免,命也③;求通久矣,而不得,时也④。当尧、舜而天下无穷人,非知得也⑤;当桀、纣而天下无通人,非知失也⑥。时势适然⑦。夫水行不避蛟龙者⑧,渔父之勇也。陆行不避兕虎者⑨,猎夫之勇也。白刃交于前,视死若生者,烈士之勇也⑩。知穷之有命,知通之有时,临大难而不惧者,圣人之勇也。由,处矣⑪!吾命有所制矣⑫!"无几何,将甲者进⑬,辞曰:"以为阳虎也⑭,故围之。今非也,请辞而退。"

【译文】 孔子周游到匡地,被卫国人团团围住,但他依然弹琴唱歌不停。子路来见孔子,说:"先生高兴什么呢?"孔子说:"过来,我告诉你。我躲避困塞不通很久了,然而还是免不掉,这是命呵!我追求通达也很久了,然而还是遇不上,这是时运呵!在尧舜的时代,天下没有困塞不通的人,这不是用智慧取得的;在桀纣的时代,天下没有通达的人,这不是因智慧失去的,而是时势造成的。在水里行走不避蛟龙,是渔夫的勇敢。在陆地上行走不避兕虎,是猎夫的勇敢。能在刀刃丛里视死如生的,是烈士的勇敢。而懂得困塞是因为天命,通达是因为时运,面对大难而不惧的,是圣人的勇敢。子路呵,你放心吧,我的命是由天支配的!"没多久,带兵的将官走了进来,道歉说:"我们把您当成阳虎了,所以围了起来。现在知道误会了,请原谅,我们向您辞别撤退了。"

【注释】 ①匡:卫国地名。匡:周。成疏:"宋当为卫,字之误也。匡,卫邑也。孔子自鲁适卫,路经匡邑。而阳虎曾侵暴匡人,孔子貌似阳虎。又孔子弟子颜克,与阳虎同暴匡邑,克时复与孔子为御。匡人既见孔子貌似阳虎,复见颜克为御,谓孔子是阳虎重来,所以兴兵围绕。"弦歌:弹琴唱歌。惙(chuò 绰):通"辍",止。 ②娱:乐。 ③讳:躲避。穷:困塞不通。不免:免不掉。 ④时:时运。 ⑤非知得:不是智慧高得到的。 ⑥知失:不是智慧低失去的。 ⑦适然:正赶上这样。 ⑧蛟:无角龙。 ⑨兕(sì 似):犀牛。 ⑩烈士:勇士。 ⑪由:子路的名字。处矣:安心待着。 ⑫制:主宰。吾命有所制矣:我的命有人主宰。就是说,我的命运由天主宰,匡人不能把我怎么样。 ⑬将甲者:带领兵士的军官。甲:甲士。 ⑭阳虎:鲁国季孙氏家臣。定公六年,他带兵侵暴匡地。

公孙龙问于魏牟曰①:"龙少学先王之道,长而明仁义之行,合同异,离坚白②,然不然,可不可③,困百家之知,穷众口之辩④,吾自以为至达已⑤。今吾闻庄子之言,汒焉异之⑥,不知论之不及与⑦? 知之弗若与⑧? 今吾无所开吾喙,敢问其方⑨。"公子牟隐机大息⑩,仰天而笑曰:"子独不闻夫埳井之蛙乎? 谓东海之鳖曰:'吾乐与⑪! 出跳梁乎井干之上⑫,入休乎缺甃之崖⑬;赴水则接腋持颐⑭,蹶泥则没足灭跗⑮,还虷、蟹与科斗,莫吾能若也⑯! 且夫擅一壑之水⑰,而跨跱埳井之乐⑱,此亦至矣⑲。夫子奚不时来入观乎?'东海之鳖左足未入,而右膝已絷矣⑳。于是逡巡而却㉑,告之海曰:'夫千里之远,不足以举其大㉒;千仞之高,不足以极其深㉓。禹之时,十年九潦,而水弗为加益㉔;汤之时,八年七旱,而崖不为加损㉕。夫不为顷久推移㉖,不以多少进退者㉗,此亦东海之大乐也。'于是埳井之蛙闻之,适适然惊㉘,规规然自失也㉙。且夫知不知是非之竟㉚,而犹欲观于庄子之言,是犹使蚊负山,商蚷驰河也㉛,必不胜任矣! 且夫知不知论极妙之言㉜,而自适一时之利者㉝,是非埳井之蛙与? 且彼方跐黄泉而登大皇㉞,无南无北㉟,奭然四解㊱,沦于不测㊲;无东无西,始于玄冥㊳,反于大通㊴。子乃规规然而求之以察,索之以辩㊵,是直用管窥天,用锥指地也㊶,不亦小乎? 子往矣㊷! 且子独不闻夫寿陵余子之学行于邯郸与㊸? 未得国能,又失其故行矣㊹,直匍匐而归耳㊺。今子不去,将忘子之故,失子之业㊻。"公孙龙口呿而不合,舌举而不下㊼,乃逸而走㊽。

【译文】 公孙龙问魏牟说:"我年轻时学习先王治国之道,长大后又学会了仁义的学说,能把不同的说成相同,把相同的说成不同,把不对的说成对,把不行的说成行,能难倒百家的学问,辩过众人的口才,我自以为是最通达的了。现在我听到了庄子的言论,茫茫然惊奇得不得了,不知是我口才不如他呢,还是学问不如他呢? 现在我都无法开口讲话了,请问有什么法子可想呢?"魏牟靠着几案长叹一声,仰天大笑说:"你难道没听说过井底之蛙吗?它对东海的巨鳖说:'我很快乐,出来可到井栏上跳跃,进来可到井壁的破窟窿里休息。跳到水里可浮起我的两腋和嘴巴。跳在泥上,泥浆能没过我的脚面,回头看看井里那些孑孓、螃蟹、蝌蚪,谁都不如我。再说,独占一坑水,又有雄据埳井的快乐,这也到头了吧? 先生为什么不常来看看呢?'东海的巨鳖左脚还没伸进去,右膝早被卡住了。于是慢慢地退了回来,告诉井蛙大海的情况说:'几千里远不足以说明它的大,几千仞高不足以说明它的深。大禹的时代,十年九涝,而海水不见增加;商汤的时代,八年七旱,海水也不见减少。不会因为时间长短而改变,不会因为流入水量的多少而升降,这也是东海的大快乐了!'这时候,井中之蛙听了,惊奇得目瞪口呆,茫然自失。再说,智力还没达到能懂得是与非到底是怎么回事,还想看透庄子的理论,这如同是让蚊子去背泰山,让水蛭游过黄河一样,肯定是不能胜任的。再说,智力达不到能理解微妙理论的程度,而满足于自己一时的胜利,这还不就是井中之蛙吗?况且,人家正要脚踩黄泉上登九天,不分南北,化身四散,深入不测;不分东西,始于无极,返回到无所不通的境界。你还要用常人的思维去探求他的理论,用论辩的逻辑去寻找他的思想,这如同是用竹管的小孔观天,用锥子尖去指地,不也太小点了吗?你还是走吧!再说,你没听说寿陵少年到邯郸去学走路姿态的故事吗?没学到邯郸人的姿态,连自己原来走路的姿态也忘了,只好爬着回去。你现在如果不走,恐怕也会忘掉你原来的本事,失去你的学业了。"公孙龙张着嘴合不上来,抬起舌头下不来,赶快逃走了。

【注释】 ①公孙龙:战国时赵人,著名名辩家。魏牟:魏国公子,故又称公子牟。 ②合同异:合异为同,离同为异的缩略,即能把不同的说成同,能把相同的说成不同。离坚白:分离石头的坚硬与白色。参见《齐物论》注。 ③然不然:把不是的说成是。可不可:把不可的说成可。 ④困百家之知:使百家之智困,即难倒百家。穷众人之辩:使众人之辩穷,即辩倒众人。 ⑤至达:最为通达。已:矣。 ⑥汇然异之:茫茫然感到惊奇。 ⑦论之不及与:辩论赶不上他呢?与:欤。 ⑧知之弗若与:智慧不如他呢? ⑨喙(huì 惠):口。敢问其方:请问有什么法子可想呢?方:办法。 ⑩隐机:靠在几案上。大息:太息,长叹。 ⑪埳井:陷井,坏了的井。吾乐与:我好快乐呵。与:欤,表感叹语气。 ⑫跳梁:同跳踉,跳跃。井干:井栏,沿井口砌的短垣。 ⑬休:止。甃(zhòu 咒):砌井砖。缺甃:井砖的破缺处。崖:井壁。 ⑭赴水:跳到水里。接腋持颐:水浮起两腋和嘴。 ⑮蹶泥:踏在泥上。没足灭跗:泥浆没过脚掌。跗:脚面。 ⑯还:回头看。虷(hán 含):孓孓。卢文弨引郭象注云:"井中小蛙蠛赤虫也。"蟹:小螃蟹。科斗:蝌蚪。莫吾能若:莫能若吾,没有谁比得了我。 ⑰擅:独自占有。一壑(hè 贺)水:一坑水。 ⑱跨跱(zhì 至):分腿站立,显示据有。 ⑲此亦至矣:这种满足也算到头了。 ⑳蟄(zhí 执):绊住。这里是被卡住的意思。 ㉑逡巡而却:迟疑地退了回来。 ㉒不足以举其大:不足以说明它的大。举:称说。 ㉓极:尽,说完全。 ㉔加益:增多。 ㉕崖:海岸。加损:减少。 ㉖顷:短时间。推移:改变。 ㉗进退:这里指水位的升降。 ㉘适适然:惊奇意外的样子。 ㉙规规然:自失的样子。自失:觉得自己不如人。 ㉚且夫:再说。竟:境。知不知是非之竟:心智还没达到明白什么是是非的程度。 ㉛蚊负山:让蚊子背起大山。商蚷(jù 巨):水蛭,浅水生物。成疏:"商蚷,马蚿也。亦名商蚷,亦名马渠。"驰河:游过黄河。 ㉜极妙之言:极其微妙的言论,指庄子论道的言论。 ㉝自适:自己觉得满足快意。 ㉞跐(cǐ 此):脚踩。大皇:太皇,天。 ㉟无南无北:不分南北。即把对立融为统一。 ㊱奭(shì 式)然:消散的样子。奭然四散:犹言化身四散,无处不在。 ㊲沦:沉入。沦于不测:深入不可测的境地。 ㊳玄冥:指无极。

㊴大通:无所不通。　㊵规规然:循规蹈矩的样子,指按常人的思维去想。求之以察:用细察的方法去探求。索之以辩:用思辩的方法去寻找。　㊶是:这是。直:仅仅,只不过。窥:观察。用管窥天,用锥指地:比喻眼光狭隘。　㊷往矣:快走吧!　㊸寿陵:地名。成疏:"燕之邑。"余子:没成年的孩子。成疏:"弱龄未壮,谓之余子。"学行:学习走路。邯郸:赵国国都。　㊹国能:指国都邯郸人走路的技能,即走路的姿态。失其故行:丢失了自己原来的走路姿态。　㊺匍匐:爬。　㊻失子之业:失去你的学业,即忘掉你原来的本事。　㊼呿(qù去):张着嘴。舌举而不下:抬起舌头不能落下。都是张口结舌的意思。　㊽逸:逃逸。走:跑。

庄子钓于濮水①,楚王使大夫二人往先焉②,曰:"愿以境内累矣③。"庄子持竿不顾,曰:"吾闻楚有神龟,死已三千岁矣。王巾笥而藏之庙堂之上④。此龟者,宁其死为留骨而贵乎⑤?宁其生而曳尾于涂中乎⑥?"二大夫曰:"宁生而曳尾涂中!"庄子曰:"往矣,吾将曳尾于涂中⑦。"

【译文】　庄子在濮水钓鱼,楚王派两个大夫去聘请他,先去传达自己的意思说:"希望先生答应,受累来主持楚国的政务。"庄子手持钓竿头也不回,说:"我听说楚国有只神龟,死了三千年了,楚王用绣巾裹起来装在箱子里,珍藏在宗庙里。这只龟是愿意死去留下龟骨成为宝贝呢,还是愿意拖着尾巴在泥水里爬呢?"两个大夫说:"当然愿意拖着尾巴在泥水里爬呀!"庄子说:"那你们就回去吧,我要拖着尾巴在泥水里爬。"

【注释】　①濮水:水名,在今山东濮县境内。　②楚王:楚庄王。先:订盟前说明意向的预约。这里是传达楚王意向的意思。　③愿:希望。以境内累:拿国家拖累,即请庄子管理国家的谦敬说法。　④巾:蒙盖的绣巾。笥(sì四):竹箱。这里都用如动词。是说,用绣巾包裹起来,藏在箱子里。　⑤宁:选择连词,宁愿。留骨而贵:死去留下骨壳被人当成宝贝。古代用龟甲占卜,以龟甲为宝。　⑥曳:拖拉。涂:泥。曳尾涂中:在泥地里拖着尾巴爬。　⑦吾将曳尾于涂中:我要选择在泥地里拖着尾巴爬,即不愿出仕而贵。

惠子相梁①,庄子往见之。或谓惠子曰②:"庄子来,欲代子相③。"于是惠子恐,搜于国中三日三夜。庄子往见之,曰:"南方有鸟,其名为鹓鶵④,子知之乎?夫鹓鶵发于南海而飞于北海,非梧桐不止,非练实不食,非醴泉不饮⑤。于是鸱得腐鼠,鹓鶵过之⑥,仰而视之曰:'吓⑦!'今子欲以子之梁国而吓我邪⑧?"

【译文】　惠施做了魏国的国相,庄子去看他。有人对惠施说:"庄子来,是想取代你当国相吧?"于是惠施很担心,下令在国内搜查了三天三夜。庄子去见惠施,说:"南方有一种鸟,名叫凤凰,你知道吗?凤凰从南海飞往北海,一路上不是梧桐树不落,不是竹米不食,不是甘泉不饮。这时候,一只猫头鹰逮到一只臭老鼠,看见凤凰从上空飞过,仰起头对着凤凰恐吓地叫:'吓!'现在你是想用魏国的相位来吓唬我吧?"

【注释】 ①惠子:惠施。相:做国相。梁:魏国。 ②或:有人。 ③欲代子相:想取代你的国相职位。 ④鹓鶵(yuānchú 冤除):凤凰的别名。 ⑤止:落。练实:竹米。成疏:"练实,竹食也。"醴泉:甘泉。 ⑥鸱:猫头鹰。腐鼠:臭老鼠。过之:从它头上飞过。 ⑦吓:恫吓声。 ⑧吓我:恫吓我。比喻在庄子的眼里,魏国国相的职位如同臭老鼠。

　　庄子与惠子游于濠梁之上①。庄子曰:"儵鱼出游从容②,是鱼之乐也?"惠子曰:"子非鱼,安知鱼之乐?"庄子曰:"子非我,安知我不知鱼之乐?"惠子曰:"我非子,固不知子矣。子固非鱼也,子之不知鱼之乐,全矣③。"庄子曰:"请循其本④。子曰'汝安知鱼乐'云者⑤,既已知吾知之而问我⑥。我知之濠上也⑦。"

【译文】 庄子与惠施在濠水的桥上游玩。庄子说:"儵鱼从容自得地游来游去,这是鱼的快乐。"惠施说:"你又不是鱼,哪里会知道鱼的快乐?"庄子说:"你又不是我,怎么会知道我不知道鱼的快乐?"惠施说:"我不是你,当然就不知道你了,但你也不是鱼,你不知道鱼的快乐,这是完全可以肯定的!"庄子说:"我们按照原来的话题来讨论。你刚才说'你哪里知道鱼的快乐',那就是已经承认了我知道,才问我哪里知道的问题。那么,我回答你,我是从濠水桥上知道的。"

【注释】 ①濠(háo 豪):水名,在今安徽凤阳县境内。梁:桥。 ②儵(tiáo 条)鱼:即白条鱼。从容:从容自得。 ③全矣:犹言齐了,完全如此。 ④循其本:回到原先的话茬上来。 ⑤云者:犹言说法。子曰'汝安知鱼乐'云者:按你刚才问我'汝安知鱼乐'的说法。 ⑥既已知吾知之而问我:这样的问题只有在你承认我知道的前提下才能问出来。 ⑦我知之濠上也:我是在濠水的桥上知道的。庄子在这里利用"安"的多义性偷换了概念。安可以理解为怎么,询问方法,也可以理解为哪里,询问地点。庄子因为方法说不清,回答了地点。

第十八篇　至乐

　　至乐,指人生中最好、最令人快乐的事情。人生最大的事情莫过于生死,所以世俗认为的至乐就是得到长生不死的法术。庄子在这篇文章里主要说明的是他的生死观。庄子认为人生只不过是借形体为躯壳的一种存在方式,所谓"生者假借也"。生死如同是昼夜的转化,都是道演化中的一个过程,所以无须过分执着,为活着而贪求富贵寿善更是愚昧。真正的至乐是得到无为之道,真正的爱惜生命是使生命得到合乎天性的养育。最后通过物种的演变进化,说明人生是一种自然机制,解除人们贪生怕死的忧虑。

　　天下有至乐无有哉? 有可以活身者无有哉①? 今奚为奚据②? 奚避奚处③? 奚就奚去④? 奚乐奚恶⑤?
　　夫天下之所尊者,富贵寿善也;所乐者,身安厚味美服好色音声也;所下者,贫贱夭恶也;所苦者,身不得安逸,口不得厚味,形不得美服,目不得好色,耳不得音声。若不得者,则大忧以惧⑥,其为形也亦愚哉⑦。夫富者,苦身疾作⑧,多积财而不得尽用,其为形也亦外矣⑨。夫贵者,夜以继日,思虑善否⑩,其为形也亦疏矣⑪。人之生也,与忧俱生。寿者惛惛⑫,久忧不死⑬,何苦也! 其为形也亦远矣。烈士为天下见善矣⑭,未足以活身。吾未知善之诚善邪⑮,诚不善邪? 若以为善矣,不足活身;以为不善矣,足以活人⑯。故曰:"忠谏不听,蹲循勿争⑰。"故夫子胥争之,以残其形⑱;不争,名亦不成。诚有善无有哉? 今俗之所为与其所乐,吾又未知乐之果乐邪? 果不乐邪? 吾观夫俗之所乐,举群趣者⑲,诬诬然如将不得已⑳,而皆曰乐者,吾未之乐也,亦未之不乐也㉑。果有乐无有哉? 吾以无为诚乐矣,又俗之所大苦也㉒。故曰:"至乐无乐,至誉无誉㉓。"

天下是非果未可定也㉔。虽然，无为可以定是非㉕。至乐活身，唯无为几存㉖。请尝试言之：天无为以之清，地无为以之宁㉗。故两无为相合，万物皆化㉘。芒乎芴乎，而无从出乎㉙！芴乎芒乎，而无有象乎㉚！万物职职，皆从无为殖㉛。故曰："天地无为也而无不为也㉜。"人也孰能得无为哉㉝！

【译文】 天下有最快乐的事还是没有呢？有能够活身之术还是没有呢？现在该去做什么，该依据什么？该躲避什么，该处身什么？该趋就什么，该舍去什么？该喜欢什么，该讨厌什么？

天下人所尊崇的是富有、尊贵、长寿、美善；所喜欢的是身体安逸，吃得香，穿得好，眼观美色，耳听乐曲；认为低下的是贫穷、低贱、短命、丑恶；感到痛苦的是身体不得安逸，嘴里吃不上可口的食物，身上穿不上华丽的衣服，眼睛里看不到美色，耳朵里听不到乐曲。如果得不着这些，就大为忧愁担心，这对于保养形体来说也太愚蠢了！富有的人，劳累身体拼命经营，积聚了很多财物自己又用不完，这对于保养形体来说，岂不是外道了吗？尊贵的人，夜以继日地思虑好不好，对不对，这对于保养形体来说，岂不是离得太远了吗？人一生下来，就伴随着忧愁，追求长寿的人昏昏沉沉，老是考虑怎样才能不死，这又是何苦呢？这对于保养形体来说也是差得远去了。烈士倒是被天下人都说好了，但又不能保住性命。我不知道这种好是真好呢，还是真不好呢？要说是好吧，又不能活命；要说是不好吧，却又救活了别人。所以说：君王不听你的忠谏，就退一步不要强争。"伍子胥就是强争去了，遭到了杀身之祸。如果他不去强争，他又成不了烈士的英名。这里当真有好没有呢？现在世俗所做的与所快乐的，我不知道这种快乐真的是快乐呢，还是真的是不快乐呢？我见世俗所快乐的，大家都一窝蜂地去追逐，玩命地好像是迫不得已，大家都说是快乐，我不觉得快乐，也不觉得不快乐。当真有快乐没有呢？我认为自然无为是真正的快乐，但世俗又认为这是大痛苦。所以说："最大的快乐就是没有快乐，最大的名誉就是没有名誉。"

天下的是非确实无法确定。尽管如此，自然无为可以确定是非，最快乐、最好的活身之术，只有自然无为还比较接近。请让我们探讨一下，天自然无为而能清明，地自然无为而能宁静。所以两个自然无为相合，万物都能化生，恍恍忽忽，不知从哪儿生出，忽忽恍恍，没有一点迹象。万物繁多，都从自然无为中生出。所以说："天地自然无为而无不能为。"人谁又能学到自然无为呵！

【注释】 ①至乐：人生中最令人快乐、最令人满意的事，即最好的事。活身者：长活不死的法术。　②奚：何。为：做。据：依据。句谓，该怎么做，依据什么去做呢？　③避：躲开。处：处身。　④就：趋向。去：离开。　⑤乐：喜爱。恶：厌恶。　⑥大忧以惧：大忧而惧。以：连词。大忧以惧即担惊受怕。　⑦为形：保养身体。句谓，这种保养身体的做法也太愚蠢了。　⑧苦身：使身体劳苦。疾作：拼命干。疾：快。　⑨外：外行，外道。　⑩善：好。否：不好。句谓，成天琢磨怎么做才好，怎么做不好。　⑪疏：远。　⑫惛惛(hūn昏)：昏昏沉沉。　⑬久忧不死：老是考虑怎么才能不死。　⑭为天下见善：被天下人称赞。见：被，"为"引出主动者。　⑮诚：真的，确实的。善之诚善邪，诚不善邪：这种好是真的好呢，还是真的不好呢？前"善"指被天下人称赞的好，后两"善"指实际上的好。　⑯活人：使人活，即救人。　⑰忠谏不听：忠谏不被君王接受。蹲循：犹言逡巡，退而不进。句谓，君王不采纳你的忠谏，就不要强争。　⑱子胥：伍子胥。吴王夫差听信谗言，放走越王勾践，子胥强谏，被吴王赐剑自杀。子胥死前要挖下双眼挂在城头，说是要亲眼目睹吴国的灭亡，想以此来唤醒吴王。吴王反而把子胥的尸体装在皮袋子里扔到钱塘江。"残其形"即指此事。　⑲群趣：群趋，大家都跟着做。　⑳硁硁(kēng坑)然：犹言玩命似的。成疏："趋死貌。"　㉑吾未之乐：我觉得算不上快乐。亦未之不乐：也觉得算不上不快乐，即其中没有什么可好可不好的问题。好与不好只不过是人自己心里的一种感受，这种感受是虚的。　㉒吾以无为诚乐矣：我认为自然无为是最好了。又俗之所大苦：但世俗的人又认为是大痛苦。　㉓至乐无乐：最大的快乐就是没有心里认为的快乐。至誉无誉：最大的名誉就是没有世俗认为的名誉。　㉔是非：指怎样认识乐与不乐的对错。未可定：辩不清，不能确定。　㉕无为：指不去辩，不去确定。可以定是非：可以确定是非。句谓，是非既然无法确定，那就不去辩，不去定，让是非自然存在，那么是非不定的真相就可确定了。　㉖至乐活身：最高兴的事莫过于活着不死。唯无为几存：只有无为才差不多能存身不死。几：近。存：存身。　㉗天无为以之清：天自然无为因此而清明。宁：宁静。参见《老子·三十九章》："天得一以清，地得一以宁。"　㉘相合：相结合。化：化生，指万物自己变化。　㉙芒乎芴乎：恍恍忽忽似有似无的样子。无从出：不知从哪儿生出，即从无形中生出。　㉚无有象：看不见迹象，从无象中生出。　㉛职职：繁多的样子。从无为殖：从无为中繁殖出来，即从自然中生出来。　㉜无为也而无不为：自然无为却能无所不为。　㉝孰：谁。得无为：得到无为之道。

庄子妻死，惠子吊之①，庄子则方箕踞鼓盆而歌②。惠子曰："与人居，长子、老、身死③，不哭亦足矣，又鼓盆而歌，不亦甚乎④！"庄子曰："不然。是其始死也⑤，我独何能无概⑥！然察其始而本无生⑦，非徒无生也，而本无形⑧，非徒无形也，而本无气⑨。杂乎芒芴之间⑩，变而有气，气变而有形，形变而有生。今又变而之死。是相与为春秋冬夏四时行也⑪。人且偃然寝于巨室⑫，而我噭噭然随而哭之⑬，自以为不通乎命，故止也⑭。"

【译文】　庄子的妻子死了，惠施来吊丧，庄子正叉开两腿坐在地上，敲着瓦盆唱歌。惠施说:"与人家生活在一起,为你生儿养女,人老身死,不哭也够分了,还要敲着瓦盆唱歌,这不太过分了吗?"庄子说:"不是这么说。她刚死的时候,我怎么会没有感慨呢?但是推究起来,她原来是没有生命的,不但没有生命,而且也没有形体;不但没有形体,而且也没有气。混杂在恍恍忽忽之中,变化有了气,气变化有了形体,形体变化有了生命,现在又变化死去了。这是与春夏秋冬四季成为一体运行的。她要舒舒服服地睡在天地的大屋子里,而我却嚎啕地随着哭哭啼啼,自认为这太不通达天命了,所以不哭了。"

【注释】 ①惠子:惠施。吊:吊唁,吊丧。 ②箕踞:古人席地而坐,一般是臀部坐在跪在地上的足跟上,如果直接坐在地上两腿向前伸展像簸箕似的叉开,称做箕踞,箕踞是一种不拘礼节的随意坐法。鼓盆:敲着瓦盆。 ③居:生活。长子:生儿育女。 ④不亦甚乎:不也太过分了吗? ⑤是:这个人。这里指庄子的妻子,犹言她。始死:刚死的时候。 ⑥何能无概:怎么能没有感慨。也就是说,怎么能不伤心呢?概通"慨"。 ⑦本无生:原来没有生命。 ⑧徒:仅,只。本无形:原来没有形体,指人结胎成形以前的状态。 ⑨本无气:原来没有气。古人认为人由阴阳二气化合而成。 ⑩杂乎:混合在。芒芴之间:恍恍忽忽似有似无之中。说有,它无形无象;说无,它又能生出万物,此之谓芒芴。 ⑪相与为春秋冬夏四时行:与春夏秋冬一起按四季运行,即融入自然流行之中。 ⑫偃然:睡倒的样子。巨室:指大宇宙。 ⑬噭噭(jiào叫)然:嚎啕大哭的样子。 ⑭不通乎命:不通命理、天道。止:停止哭泣。

支离叔与滑介叔观于冥伯之丘①、昆仑之虚②、黄帝之所休③。俄而柳生其左肘④,其意蹶蹶然恶之⑤。支离叔曰:"子恶之乎?"滑介叔曰:"亡,予何恶⑥!生者,假借也⑦;假之而生生者⑧,尘垢也。死生为昼夜⑨。且吾与子观化而化及我⑩,我又何恶焉!"

【译文】 支离叔(残疾的化名)与滑介叔(滑稽的化名)两人一同观览冥伯之丘、昆仑之墟和黄帝曾经休息过的地方。不一会儿一个瘤子从滑介叔的左肘上长出来,他不安地感到有些厌恶。支离叔说:"你厌恶它吗?"滑介叔说:"不,我厌恶什么?人生不过是个寄托,在寄托的肉体上长出的东西,如同是蒙上了尘垢。生与死就如同白天与黑夜的变化,我和你正一同观察万物的变化,如今变化到我身上了,我又厌恶什么呢?"

【注释】 ①支离叔:残疾人的化名。滑介叔:滑稽人的化名。成疏:"支离,谓支体离析,以明忘形也。滑介,犹骨稽也。谓骨稽挺特,以遗忘智也。"冥伯:幽冥的化名。冥伯之丘:即幽冥之丘。 ②昆仑:山名,即西北的昆仑山。古人认为天高西北,地倾东南,昆仑接天,神仙所居。虚:今作墟,区域。 ③黄帝:即古帝王轩辕氏。传说他死后成了神仙。所休:所栖止的地方。　④柳:通"瘤"。柳生其左肘:左胳膊肘上长出了瘤子。　⑤蹴蹴然:吃惊不安的样子。恶:厌恶。　⑥亡:通"无",这里是不的意思。予:我。何恶:厌恶什么。　⑦假借:寄托。生者,假借也:活着不过是借形体寄寓在世上罢了。也就是说,人的身体是真我临时暂借的躯壳。　⑧假之而生:指人借之而生的肉体。生者:指肉体上又生出来的瘤子。　⑨死生为昼夜:死生如同昼夜。即认为生如同是昼,死如同是夜的一种变化。　⑩观化:通过观察认识万物的变化。化及我:变化到我身上,指长出肿瘤。

庄子之楚①,见空髑髅②,髐然有形③,撽以马捶④,因而问之,曰:"夫子贪生失理而为此乎⑤?将子有亡国之事、斧钺之诛而为此乎⑥?将子有不善之行,愧遗父母妻子之丑而为此乎⑦?将子有冻馁之患而为此乎⑧?将子之春秋故及此乎⑨?"于是语卒,援髑髅⑩,枕而卧。夜半,髑髅见梦曰⑪:"子之谈者似辩士⑫。视子所言,皆生人之累也⑬,死则无此矣。子欲闻死之说乎⑭?"庄子曰:"然。"髑髅曰:"死,无君于上,无臣于下,亦无四时之事,从然以天地为春秋⑮,虽南面王乐,不能过也⑯。"庄子不信,曰:"吾使司命复生子形⑰,为子骨肉肌肤⑱,反子父母、妻子、闾里、知识⑲,子欲之乎?"髑髅深矉蹙頞曰⑳:"吾安能弃南面王乐而复为人间之劳乎㉑!"

【译文】　庄子到楚国去,路上见到一个空骷髅,干枯了但还保留着头盖骨的形状。于是用马鞭子敲着骷髅问它,说:"先生是因为贪求人生欲望违背了生理这样的呢,还是因为国破家亡遭受刀斧砍杀而这样的呢?还是因为办了坏事,愧对父母妻子成了这样的呢?还是因为遇到冻饿的灾难这样的呢?还是你年寿已尽自然死亡这样的呢?"到这里庄子说完了,拉过骷髅来,枕在头下睡着了。半夜,骷髅托梦说:"刚才你的谈论像是个辩士,看你所说的那些话,都是活人的拖累,死后就没有这些了,你想听听死后的快乐吗?"庄子说:"是呵!"骷髅说:"人死以后,上面就没有君主,下面也没有臣子了。也没有一年四季的寒暑,随着天地运转当春秋,即使是南面为王的快乐,也比不上呵!"庄子不相信,说:"我让司命之神恢复你活着的形体,重新再给你长上骨肉肌肤,让你返回到你的父母、妻子、乡亲和认识的人中间去,你愿意吗?"骷髅皱眉蹙额地说:"我怎么能愿意放弃南面为王的快乐而重新返回人间受劳苦呢?"

【注释】　①之:到。　②髑髅(dúlóu独楼):死人的头骨。　③髐(xiāo消)然:干枯的样子。　④撽(qiào 俏):敲打。马捶:马鞭子。　⑤贪生失理而为此:贪求人生的欲望违背了生理而成为这样。此指死去。　⑥将:还是。斧钺之诛:被刀斧砍杀。　⑦愧遗父母妻子之丑:羞愧没脸见父母妻子。遗:留下,指在父母妻子的心里留下丑恶的印象。　⑧冻馁之患:指冻饿而死。馁:饿。　⑨春秋:年寿。春秋故及此:活满了年寿死去。　⑩语卒:说完。援:拉取过来。　⑪见梦:现梦,托梦。　⑫辩士:爱好辩论的人。　⑬生人之累:活人的忧患负担。　⑭死之说:死后的喜悦。说:今作悦。　⑮从然以天地为春秋:随从天地运转作春秋,即没有生死的负担。　⑯南面王:南面为王,即君王。不能过:不能超过,即君王比不上。　⑰司命:主宰人生死的神。复子之形:恢复你活着的形体。　⑱为子骨肉肌肤:再造出你的骨肉肌肤。　⑲反:返,恢复。间里:乡里,指活着时住的乡里。知识:认识的人。　⑳矉(pín 贫):通"颦",皱眉。頞(è 厄):通"额"。蹙頞:皱起额头。　㉑安:怎么。弃:扔掉。

　　颜渊东之齐,孔子有忧色。子贡下席而问曰①:"小子敢问②:回东之齐③,夫子有忧色,何邪?"孔子曰:"善哉汝问④!昔者管子有言,丘甚善之⑤,曰:'褚小者不可以怀大,绠短者不可以汲深⑥。'夫若是者,以为命有所成而形有所适也⑦,夫不可损益⑧。吾恐回与齐侯言尧、舜、黄帝之道,而重以燧人、神农之言⑨,彼将内求于己而不得⑩,不得则惑,人惑则死⑪。且女独不闻邪?昔者海鸟止于鲁郊⑫,鲁侯御而觞之于庙⑬,奏《九韶》以为乐⑭,具太牢以为膳⑮,鸟乃眩视忧悲⑯,不敢食一脔⑰,不敢饮一杯,三日而死。此以己养养鸟也⑱,非以鸟养养鸟也⑲。夫以鸟养养鸟者,宜栖之深林⑳,游之坛陆㉑,浮之江湖㉒,食之鳅鲦,随行列而止,委蛇而处㉔。彼唯人言之恶闻㉕,奚以夫诡诡为乎㉖!《咸池》㉗、《九韶》之乐,张之洞庭之野㉘,鸟闻之而飞,兽闻之而走,鱼闻之而下入㉙,人卒闻之,相与还而观之㉚。鱼处水而生,人处水而死,彼必相与异㉛,其好恶故异也。故先圣不一其能,不同其事㉜。名止于实,义设于适㉝,是之谓条达而福持㉞。"

【译文】　颜渊往东到齐国去,孔子面露忧愁。子贡离开席位上前问道:"小子大胆地问一下,颜渊往东到齐国去,先生面露忧愁之色,这是为什么?"孔子说:"你问得好呵!以前管仲有句名言,我认为说得好。他说:'小衣服包不住大身躯,短绳子不能从深井里提水。'所以会这样,是因为,性命各有定型,形体各有适宜,不能增减变更。我担心颜渊向齐侯谈论尧、舜、黄帝的治国之道,再加上神农氏、燧人氏的圣言,齐侯听了会从内心里要求自己而办不到,办不到就会迷惑,人迷惑了颜回就可能被处死。再说,你没听说过吗?

当年有只海鸟落在鲁国的郊外，鲁侯把它迎来送进太庙，用酒给它祝福，演奏《九韶》的大乐给它听，摆上太牢给它吃，海鸟却两眼慌乱忧愁悲惧，不敢吃一片肉，不敢饮一杯酒，三天就死了。这是用养自己的方法去养鸟，不是用养鸟的方法养鸟。用养鸟的方法养鸟，就该让它栖息在深林里，活动在高台大陆上，浮游在江湖里，吃小鱼小虾，随着鸟群起落，顺着天性生活。鸟就讨厌听到人的声音，还为什么要对它吵吵闹闹呢？《咸池》、《九韶》的乐曲，张设在洞庭的野外，鸟听到就惊飞了，兽听到就惊跑了，鱼听到就惊到水底下去了，而众人听到了就会一起来围观。鱼生活在水里活着，人生活在水里就死，两者肯定会彼此不同，所以他们的好恶就不同。所以过去的圣人，不要求人们的才能都一样，不要求人们干一样的事。名称要限于与实际相符，义理要设定得适宜，这就叫做条理通达、安福常在。"

【注释】 ①下席：从席位上下来。古人席地而坐，下席表示恭敬。 ②小子：子贡谦称自己。敢问：大胆地问一下。 ③回：颜渊，姓颜，名回，字渊。 ④善哉汝问：即汝问善哉的谓语前置。意思是你问的问题很好。 ⑤管子：管仲，春秋时齐国名相，辅助齐桓公称霸诸侯，今传《管子》一书二十四卷。善之：以之为善，认为他说得好。 ⑥褚（zhǔ主）：指上衣。褚小者不可以怀大：衣服小裹不住形体大的人。绠（gěng哽）：打水用的井绳。汲深：从深处提水。 ⑦命有所成：性命有定型。成指形成后不能变。形有所适：事物各有各的适用范围。形指成形的事物。 ⑧损益：增减。 ⑨燧人、神农：古帝王。燧人氏发明钻木取火，神农氏发明农业生产，被后人尊为圣人。言：这全是指他们作为圣人的言论。 ⑩内求于己：按圣人的道从内心里要求自己。 ⑪人惑则死：内心惑乱就可能有死亡的危险。这里是指颜回有被处死的危险。 ⑫海鸟止于鲁郊：《国语·鲁语》："海鸟曰爰居，止于鲁东之外三日，臧文仲使国人祭之。"一只称作爰居的大海鸟飞落在鲁国的城郊。 ⑬御：迎接。觞（shāng伤）：用酒供祭。庙：太庙。 ⑭九韶：舜时的乐曲名。 ⑮太宰：牛、羊、猪三牲俱全的祭品，一般在盛大祭祀时才用。膳：饭食。 ⑯眩视：慌乱地看。 ⑰脔（luán娈）：切成片的肉。 ⑱以己养养鸟：用养自己的方法去养鸟，即把鸟当人去养。 ⑲以鸟养养鸟：按养鸟的方法养鸟。 ⑳栖之：使它栖息。㉑坛陆：高台大陆。坛：高台，这里指高地。陆是高平之地。 ㉒浮之江湖：让它在江湖中浮游。 ㉓鰌鰌（tiáo条）：泥鳅和鲦鱼，称代小鱼小虾。 ㉔行列：指鸟群。委蛇（yí移）：逶迤，顺顺的样子，这里指顺随天性。 ㉕恶闻：讨厌听到。 ㉖譊譊（náo挠）：吵闹的样子。 ㉗咸池：黄帝时的乐曲名。 ㉘张：张设，演奏。 ㉙下入：潜入水下。 ㉚相与：一起。还：回头。 ㉛相与异：互相不同。 ㉜一其能：要求性能相同。同其事：要求做的事一样。 ㉝名止于实：名称要与实际相符。义设于适：义理要适合各自的情况。 ㉞条达：通顺。福持：有福。

列子行，食于道，从见百岁髑髅①，攓蓬而指之曰②："唯予与汝知而未尝死，未尝生也③。若果养乎？予果欢乎④？"

种有几⑤,得水则为𦈌⑥,得水土之际则为蛙蠙之衣⑦,生于陵屯则为陵舄⑧。陵舄得郁栖则为乌足⑨,乌足之根为蛴螬⑩,其叶为胡蝶。胡蝶胥也化而为虫⑪,生于灶下,其状若脱,其名为鸲掇⑫。鸲掇千日为鸟,其名为乾余骨⑬。乾余骨之沫为斯弥⑭,斯弥为食醯⑮。颐辂生乎食醯⑯,黄軦生乎九猷⑰,瞀芮生乎腐蠸⑱,羊奚比乎不筍⑲。久竹生青宁⑳,青宁生程㉑,程生马,马生人,人又反入于机㉒。万物皆出于机,皆入于机㉓。

【译文】 列子旅行在外,在路边进食,见到一个百年的骷髅,拨开蓬草,指着骷髅说:"只有我和你知道你也未曾死,我也未曾活。你真的在休养吗？我真的在欢乐吗？"

物种中有一种叫"几"的微生物,得到水的滋养就会生出絮状的水绵,生在水土之间就会变成水藻,生在山包上就变成了陵舄。陵舄压在土里养着就变成乌足,乌足的根变成蛴螬,乌足的叶子变为飞蛾。飞蛾不久变为茧子,茧子生在灶边,形状像脱了茧的名叫鸲掇。鸲掇一千天变成鸟,名叫干余骨。干余骨的唾沫变成斯弥,斯弥变成食醯。颐辂从食醯中变出,黄軦从九猷中变出,瞀芮从腐蠸中变出,羊奚和不筍配对。老年竹子变出青宁,青宁变出豹子,豹子变出马,马变出人,人又复归于物种进化链的机制里。万物都从这个机制中生出,又都回到这个机制里。

【注释】 ①列子:列御寇。食于道:在路上吃饭。从见:随着见到。 ②攓(qiān 千):拨。这里是拨开的意思。蓬:蓬蒿,指草丛。 ③而:你。句谓,只有你和我知道,你也没有死,我也没有生。也就是说,生死都是虚假之象,随时都在变化。 ④养:休养。句谓,你真的是在休养吗？我真的是在欢乐吗？ ⑤种:物种。几:几微,指微生物。句谓,物种的产生,有一微生物。 ⑥𦈌(jī继):旧注以为续断,这个续断可能指的是水里絮状的水绵,似断似连的样子,不是《本草》中说的节节草。句谓,微生物长在水里就生出水绵。 ⑦蛙蠙(bīn宾)之衣:旧注以为"青苔也,在水中若张绵,俗谓之虾蟆衣也"。看来是海藻之类的生物。句谓,长在水中靠岸的地方就生出水藻。 ⑧陵屯:山丘堆阜。陵舄(xì戏):旧注以为车前草,恐误。舄是鞋子,陵舄可能是山上地皮生物,如苔藓或地卷起似木耳的菌类菜。 ⑨郁栖:旧注以为粪土,恐误。郁栖可能是埋在土里。乌足:旧注以为草名。据上下文,乌足可能是冬虫夏草之类的生物。 ⑩蛴螬(qícáo齐曹):土蚕。 ⑪胡蝶:蛾子。胥:相互。化而为虫:指蛾子变茧,茧变蛾子。 ⑫脱:脱茧而出。鸲掇(qúduō渠多):蚕状幼虫。 ⑬乾余骨:旧注以为鸟名,未详所指。 ⑭沫:口中黏液。斯弥:旧注以为虫名,未详所指,可能是一种酵菌泡沫之类的东西。 ⑮食醯(xī希):旧注以为酢,即醋。《列子》作食醯颐辂,似指水酸后的飘浮物。 ⑯颐辂(yílù夷路):旧注以为蠛蠓,小飞虫。《列子》作食醯颐辂。 ⑰黄軦(kuàng况):旧注以为虫名。《列子》作食醯黄軦。九猷:旧注以为小虫,未详所指。　⑱瞀芮(màoruì 冒锐):旧注以为虫名。瞀、蠓一声之转。依据字面的意思,芮是蚊蚋,瞀芮就是小蠓虫。蠓虫古人分得较细,今人虽不知确指,但可知指一种小蚊蚋之类的飞虫。腐蠸(quán 权):旧注以为是萤火虫之类的生物。意思是说,小飞虫从萤火虫之类的生物生出,似乎不大可能。后人也有解为从腐烂的东西中生出,较为合理,故此句可解为,小飞虫从腐败的东西中生出来。　⑲羊奚:旧注以为草名。比:阴阳相配。不箰(sǔn 笋):旧注以为是不生笋的老竹子,不详所指。　⑳久竹:老竹子。青宁:旧注以为虫名,不详所指。㉑程:旧注以为豹子,未详。以上一段,前人注释不统一。文中涉及古生物与古今异名的诸多问题,难以确指。但庄子在这里要说的是物种变异与进化的问题可以肯定。然而庄子是想用人裸眼见到的物种变异的事实来证明,万物都在物种链里相互转化。而这些物种的转化并没有科学的证明,也不是仅凭裸眼所见即可定为事实。　㉒机:指物种生死变化的机制。　㉓出于机:从演变的机制中生出。入于机:回到演变的机制中去。古人认为都是一气之变。

第十九篇　达生

　　本篇截取篇首二字为题。达生是通达生命之理的意思。庄子在这篇文章里主要论述的是养生问题。针对的是世人养形和养生中存在的问题，提出自己的看法，总的说养生要顺应自然。方法是要弃世、弃生，即放弃对养形的追求，放弃对养人的追求，顺乎天理。一其性，养其气，合其德，通乎物之所造。总之是要与自然相合。文中所提到的一些事例，都是意在说明这个道理。尤其反对的是执着在养生上。越是执着，越是失去；越是自然，越是得到。怎样才能得到自然呢？庄子提出的"忘足，履之适也；忘要，带之适也"颇具启发意义。事物就是在这样一种矛盾对立中存在着。执意追求正是人们共有的通病。

　　达生之情者[1]，不务生之所无以为[2]；达命之情者，不务知之所无奈何[3]。养形必先之以物[4]，物有余而形不养者有之矣[5]。有生必先无离形[6]，形不离而生亡者有之矣[7]。生之来不能却，其去不能止[8]。悲夫！世之人以为养形足以存生[9]，而养形果不足以存生，则世奚足为哉？虽不足为而不可不为者，其为不免矣[10]。夫欲免为形者，莫如弃世[11]，弃世则无累，无累则正平[12]，正平则与彼更生，更生则几矣[13]。事奚足弃而生奚足遗[14]？弃事则形不劳，遗生则精不亏[15]。夫形全精复，与天为一[16]。天地者，万物之父母也[17]，合则成体，散则成始[18]。形精不亏，是谓能移[19]。精而又精，反以相天[20]。

【译文】　明达养生情理的人，不做生理上不能做到的事；明达性命情理的人，不做智力上不能做到的事。保养人的身体，必须先有物质条件做保证，但是物质条件有余而不能保养身体的大有人在。保有自己的生命，必须先有身体健康的条件做保证，但是身体健康而保不住生命的也大有人在。生的到来拒绝不了,死的来临也无法抗拒。可悲呵!世俗之人以为保养身体就满可以保住生命,而保养身体又确实不足以保住生命,那么世俗的做法又哪里值得去奉行呢?虽然不值得奉行,但又不得不去奉行,那就是无法避免的了。想要免去这种保养身体的行为,就不如放弃世务,放弃世务就不被拖累了,不被拖累就心平气和了,心平气和就能与天地一同新陈代谢了,新陈代谢就与养生的目标接近了。为什么要抛弃世俗的事务和忘掉生命呢?抛弃世俗的事务身体就不劳累了,忘掉生命精神就不损耗了。身体健全、精神恢复如初就与天合为一体。天地是万物的父母,天地交合就生成万物的形体,天地分开万物就又回到它开始的状态。形体与精神不损耗,这就叫做能与天地变化一起推移。精神修炼得更加精神,反而有助于天地的运化。

【注释】 ①达:通达,明白。生:生命。情:真,情理。句谓,明达生命真情的人。 ②务:去做,求。所无以为:无法做到的事。句谓,不去做生理上无法做到的事。 ③命:生命。生、命互文。知:智。所无奈何:无可奈何的事。 ④养形:保养身体。先之以物:以物先之。首先要有物质条件做保证,即必须先要有一定的物质,如衣食等等。 ⑤物有余:养身之物有余。形不养:身体得不到保养。句谓,养身之物充足却不能保养身体的人大有人在。 ⑥离形:脱离肉体。句谓,要保有生命,首先不能没有肉体。 ⑦形不离:没有脱离肉体,即身体很好。生亡者:生命却死亡的人。句谓,身体很好却死了的人大有人在。 ⑧生:生命。却:拒绝。止:留住。句谓,生命来到拒绝不了,生命离去留不住。 ⑨养形:保养形体。存生:留住生命。世:世务。句谓,世人以为保养形体就可以保住生命,而保养形体不能保住生命,那么人们干的那些保养形体的世务又哪里值得去做呢? ⑩不免:不可免除。句谓,虽然不值得去做却又不能不去做,那就是无法免除的了。形也不能不养,可见下文说明。 ⑪弃世:抛开世务。 ⑫无累:没有拖累。正平:心性纯正平和。 ⑬彼:那,指天。见下文。更生:新生,即新陈代谢。几:接近。句谓,心性纯正平和就与天地一起新陈代谢,一起新陈代谢就与养生的目的接近了。 ⑭事:世事,世务。生:生命。遗:忘却。句谓,因为什么值得抛弃世务又忘却生命呢?这是庄子对养生做出的答案。既然形不能不养,生不能不养,而养形养生又不能养,所以只好忘形忘生,反而能养。 ⑮精不亏:精神不损耗。 ⑯形全:形体健全。精复:精神恢复如初。与天为一:与天合为一体。 ⑰天地者,万物之父母也:天地是万物的父母。《至乐》篇:"天无为以之清,地无为以之宁。故两无为相合,万物皆化。"庄子认为万物都是天地所造化。 ⑱合:指天阳地阴两气的结合。成体:形成万物的形体。散:分开。成始:又回到没有结合的初始状态。 ⑲移:变化。是谓能移:这就是能随天地变化。 ⑳相天:有助于天地运化。相:助。

　　子列子问关尹曰①:"至人潜行不窒②,蹈火不热,行乎万物之上而不栗③。请问何以至于此?"关尹曰:"是纯气之守也④,非知巧果敢之列⑤。居,予语女⑥。凡有貌象声色者,皆物也。物与物何以相远⑦？夫奚足以至乎先⑧？是色而已⑨。则物之造乎不形,而止乎无所化⑩。夫得是而穷之者,物焉得而止焉⑪？彼将处乎不淫之度⑫,而藏乎无端之纪⑬,游乎万物之所终始⑭。壹其性,养其气,合其德⑮,以通乎物之所造⑯。夫若是者,其天守全⑰,其神无郤⑱,物奚自入焉⑲？夫醉者之坠车⑳,虽疾不死,骨节与人同而犯害与人异㉑,其神全也。乘亦不知也,坠亦不知也,死生惊惧不入乎其胸中,是故遻物而不慴㉒。彼得全于酒而犹若是,而况得全于天乎㉓？圣人藏于天,故莫之能伤也㉔。复仇者,不折镆干㉕。虽有忮心者,不怨飘瓦㉖。是以天下平均,故无攻战之乱,无杀戮之刑者,由此道也㉗。不开人之天,而开天之天㉘。开天者德生,开人者贼生㉙。不厌其天㉚,不忽于人,民几乎以其真㉛。"

【译文】 列子问关尹说:"至人潜入水里行走不窒息,踩到火上而不热,行到万物的高端而不恐惧,请问为什么能达到这样的境界?"关尹说:"这是保持住了天地纯正之气,不是什么智慧、技巧、勇敢之类的缘故。坐下来,我告诉你。凡是具有容貌、形象、声音、颜色的都是物。物与物之间怎么会差得太远?凭什么有的物能超过其他物?这不过是个表面现象罢了。物都是从无形中生出来,然后休止在无所变化里。懂得了这个道理,穷究到根本上,怎么会停留在作为物这个过程里?他会处在恰如其分的分寸上,置身于无穷这个程序中,遨游在万物循环的机制里。使心性纯一,涵养正气,德性与天地相合,自身与造化万物的自然相通。像这样的人,天性守得完全,精神没有漏缝,外物怎么会侵入呢?喝醉酒的人,从车上掉下来,虽然也受点伤但不会死,骨节与正常人相同而受到的伤害不同,就是因为他精神完足。乘在车上他不知道,掉下车也不知道,死生惊惧都不存在心上,因此碰在东西上心里不知道害怕。他因醉酒获得了精神的完全还能如此,更何况是天道本身的精神完足呢?圣人就是能藏身在天道里,所以没有什么东西能伤害他。报仇的人,不会去折断伤害过自己的宝剑。即使是爱记仇的人,也不会去忌恨被风吹下来碰伤了自己的瓦片。天下公平均等,没有攻战之乱,没有杀戮的刑罚,正是这种无心无为的道形成的。所以,不要开发立足于人自身的天性,而要开发立足于天道的天性。开发立足于天道的天性,就会养成道德;开发立足于人的天性,就会形成残害的心理。不满足于天道的修养,不忽视人为的作用,百姓就差不多能按真性办事了。"

【注释】 ①子:先生。列子:列御寇。关尹:关尹喜,老子弟子,成疏:"名喜,字公度。

为函谷关令,故曰关令尹真人。是老子弟子。" ②至人:得道的人。潜行:潜水而行。窒:窒塞,指不能呼吸。 ③上:高危处。栗:害怕发抖。 ④纯气:纯正之气。守:保持不失。 ⑤知巧:智巧。果敢:坚决勇敢。句谓,并不是属于智巧果敢之类的范围,即不是智巧果敢的缘故。 ⑥居:坐下来。予语女:我告诉你。 ⑦相远:差得多。句谓,物与物之间怎么会差得很远呢? ⑧至乎先:超过他物而占先,即比别的强。 ⑨色:色相,表面现象。句谓,这都不过是些表面现象罢了。庄子认为,万物的貌象声色等有形的东西,都处在转瞬即逝的变化之中,故认为这些都是些皮相。 ⑩造:到。不形:无形体。造乎不形:到达不拘形体的境界。止乎无所化:停留在不变化的状态。两者都指进入道的境界。道超越万物,不受形体拘限,是永恒的。 ⑪得是:取得这样的根本。穷:穷尽。物焉得而止:物的形体怎么能止得住它。 ⑫不淫:不过分。不淫之度:恰如其分的分寸。 ⑬无端之纪:无终无始的程序。 ⑭万物之所终始:万物的开始和终结处,指道。万物从道中产生,又回归于道。 ⑮壹其性:天性纯一。合其德:德性与天道相合。 ⑯物之所造:造物者,即道。 ⑰天守:对天性的保持。全:完整。 ⑱神:精神。无郄:无隙,没有漏洞。 ⑲物:外物。入:犯入,侵入,即损伤。 ⑳坠车:从车上掉下来。虽疾不死:虽然也会受伤,但死不了。 ㉑犯害:遭受伤害。 ㉒逆(è饿):触犯。慑:惧怕。句谓,因此触碰到外物而心里不惧怕。 ㉓全于酒:因喝醉酒而保持神全。全于天:因得天道而保持神全。 ㉔藏于天:藏身在天道里。莫之能伤:没有什么东西能伤害他。 ㉕镆干:宝剑名,莫邪、干将的简称。传说古代干将、莫邪夫妇二人善铸剑,铸出的雌雄二剑锋利无比,剑气上贯牛斗,精灵下斩蛟龙。 ㉖忮(zhì至)心:怒心,忌恨之心。飘瓦:风飘落的瓦。 ㉗平均:公平均等。是以天下平均,故无攻战之乱,无杀戮之刑者,由此道也:是一个长的因果判断句。意思是说,天下平等,没有攻战之乱,没有杀戮之刑,都是因为无心无为的道形成的。 ㉘开人之天:开发人性,指出于有心的天性。天之天:天性,指得之于天道的天性。 ㉙贼:残害。贼生:形成残害心理。 ㉚厌:满足。忽:忽略。句谓,不满足天性的修养,不忽视人为的作用。 ㉛几乎:差不多。以其真:按真性去生活。

　　仲尼适楚,出于林中①,见痀偻者承蜩,犹掇之也③。仲尼曰:"子巧乎,有道邪④?"曰:"我有道也。五六月累丸二而不坠,则失者锱铢⑤;累三而不坠,则失者十一⑥;累五而不坠,犹掇之也⑦。吾处身也,若厥株拘⑧;吾执臂也,若槁木之枝⑨。虽天地之大,万物之多,而唯蜩翼之知⑩,吾不反不侧⑪,不以万物易蜩之翼⑫,何为而不得?"孔子顾谓弟子曰⑬:"用志不分,乃凝于神⑭,其痀偻丈人之谓乎⑮!"

【译文】　孔子到楚国去,走出树林,见一个弯着身子的人在捕蝉,就像是从地上往起拣那样容易。孔子说:"你是有特殊技巧呢,还是有了道呢?"那人说:"我有道。我用五六个月的时间练习,在竿子头上摞上两个弹丸,如果能够不掉下来,那粘起蝉来失手的情况就比较少了。如果摞上三个弹丸能不掉下来,失手的情况只有十分之一。如果能摞上五个弹丸而不掉下来,那就如同从地上往起拣那么容易了。我粘蝉的时候,身体像木橛子似的弯着,拿竿子的手臂像枯树枝一样稳定,虽然面对广大的天地,形形色色的万物,而我的心思只在蝉翼上,我站着不动,不因为其他东西转移对蝉翼的专注,怎么会粘不到呢?"孔子回过头来对弟子们说:"用心专一不分散,就能聚精会神,说的就是这位弯背老人的情况吧!"

【注释】 ①出于林中:路上从树林中走出来。 ②痀偻(gōulóu 沟楼):弯着身子。承:接。这里指用头上带胶的长竿去粘取。蜩:蝉。 ③掇:拣取。犹掇也:如同拣取一般自如。 ④巧:技巧。道:道术。道进乎技:技巧上升为规律性地把握才是道。 ⑤累丸:把弹丸叠摞在竿头上。锱铢:重量单位,这里犹言分毫,喻非常少。古代六铢为一锱,四锱为一两。句谓,在竿子头上叠摞两个弹丸,练习五六个月,直到弹丸不掉下来,这时再去粘取蝉,失手的情况就很少了。 ⑥累三:叠摞三个弹丸。失者十一:失手的情况就只有十分之一了。 ⑦累五:叠摞五个弹丸。犹掇:如同拣取一般容易。 ⑧处身:站住身子不动。厥:通"橛"。厥株:木头桩子和树干。拘:弯。句谓,我站立不动,身体像个弯着的木橛子。 ⑨执臂:持竿子的手臂。槁木之枝:枯树枝。 ⑩唯蜩翼之知:只知道蝉的翅膀。粘蝉主要是粘住蝉的翅膀。 ⑪不反不侧:不转动,不摇晃。 ⑫易:转移。句谓,不转移对蝉翼的专注。 ⑬顾:回头。 ⑭凝于神:精神凝聚不分散。 ⑮痀偻丈人之谓:说的就是弯背老人的这种情况吧。

颜渊问仲尼曰:"吾尝济乎觞深之渊①,津人操舟若神②。吾问焉,曰:'操舟可学邪?'曰:'可。善游者数能③。若乃夫没人,则未尝见舟而便操之也④。'吾问焉而不吾告⑤,敢问何谓也?"仲尼曰:"善游者数能,忘水也⑥。若乃夫没人之未尝见舟而便操之也,彼视渊若陵⑦,视舟之覆犹其车却也⑧。覆却万方陈乎前而不得入其舍⑨,恶往而不暇⑩?以瓦注者巧⑪,以钩注者惮⑫,以黄金注者殙⑬。其巧一也,而有所矜,则重外也⑭。凡外重者内拙⑮。"

【译文】 颜渊问孔子说:"我曾经渡过觞深之渊,摆渡的水手驾船神极了。我问他说:'驾船能学吗?'他说:'能。会游泳的人很快就能学会。如果是会潜水的人,即使没见过船,也能驾起来就走。'我再往下问,他没告诉我。请问他说的是什么意思?"孔子说:"会游泳的人很快就能学会,是因为他没有怕水的负担。至于会潜水的人没见过船也能驾起来就走,是因为他见到深渊如同见到山坡一样,见到船翻了如同见到车退了几步。各式各样翻船的事摆在面前都不当回事,根本不往心里去,驾驶起来怎么能不从容自在呢?

用瓦片下赌注的人,赌技精巧;如果是用带钩下赌注的人,就有点担心;如果是用黄金下赌注的人,那就昏头昏脑了。他赌博的技巧是一样的,但心里一有了珍惜的念头,就特别注重内心以外的输赢了。凡是注重心外之物的人内心就笨拙了。"

【注释】 ①济:渡。觞深:渊名。渊的形状如觞,上下立陡,有如酒杯,故名。 ②津人:摆渡的人,撑船的水手。操舟:驾船。 ③数(shuò 朔):很快。数能:很快就能学会。 ④没人:会潜水的人。便:方便容易。 ⑤不吾告:不告诉我。 ⑥忘水:忘记水,即不把水当回事。 ⑦若陵:如同在山上走一样。 ⑧犹其车却:指船翻了就如同是车子倒退一样很平常。 ⑨覆却:翻倒倒退。万方:各种各样的。陈乎前:摆在面前。入其舍:进到心里去。 ⑩恶往:何往,到什么地方。不暇:不从容、自由。句谓,怎么会不自由呢? ⑪瓦:瓦片,比喻不值钱的东西。注:下赌注。巧:技巧。句谓,用瓦片做赌注都能充分发挥自己的技巧,因为不怕输掉。 ⑫钩:带钩,比喻比瓦片贵重的东西。惮:担心害怕。句谓,如果用带钩下赌注,就会有点担心害怕。 ⑬殙(hūn 昏):头脑发昏。句谓,如果用黄金下赌注,就会头脑发昏,因为怕输。 ⑭矜:怜惜,舍不得。句谓,一个人赌的技术高低前后是相同的,但心里一有负担,就会注意力集中到赌注上了。 ⑮外重则内拙:重视了外在的东西(赌注),内心就变得笨拙了。

　　田开之见周威公①。威公曰:"吾闻祝肾学生②,吾子与祝肾游,亦何闻焉③?"田开之曰:"开之操拔篲以侍门庭④,亦何闻于夫子?"威公曰:"田子无让⑤,寡人愿闻之。"开之曰:"闻之夫子曰:'善养生者,若牧羊然,视其后者而鞭之⑥。'"威公曰:"何谓也?"田开之曰:"鲁有单豹者⑦,岩居而水饮,不与民共利⑧,行年七十而犹有婴儿之色,不幸遇饿虎,饿虎杀而食之。有张毅者,高门县薄,无不走也⑨,行年四十而有内热之病以死⑩。豹养其内而虎食其外,毅养其外而病攻其内⑪。此二子者,皆不鞭其后者也。"

　　仲尼曰:"无入而藏,无出而阳,柴立其中央⑫。三者若得,其名必极⑬。夫畏涂者⑭,十杀一人⑮,则父子兄弟相戒也⑯,必盛卒徒而后敢出焉⑰,不亦知乎? 人之所取畏者,衽席之上⑱,饮食之间,而不知为之戒者,过也⑲!"

【译文】 田开子去拜见周威公。周威公说:"我听说祝肾在学习养生,你和他常在一起,听先生说起过什么吗?"田开子说:"我在祝肾先生家里,不过是拿着扫帚打扫打扫门庭,能听说些什么呢?"周威公说:"你不要谦让,我真的想听听。"田开子说:"我听先生说,善于养生的人,就像牧羊一样,看见落在后边的就用鞭子赶一赶。"周威公说:"这是指什么说的?"田开子说:"鲁国有一个叫单豹的人,隐居在深山里,饮用山泉水,不与世人一同去争名逐利,七十多岁高龄了,气色还像婴儿似的,不幸遇上了饿虎,被饿虎咬死吃掉了。有一个叫张毅的人,高门大院的富贵之家,无不走动,四十多岁得内热病死了。单豹是修养内心,被老虎吃掉心外的形体;张毅是修养与外界的交往,而被疾病攻入体内,这两个人都是不懂得赶一赶落后一面的人。"

孔子说:"不要隐居藏起来,不要到处出面显示自己,要像无心的枯木立于显隐之间。这三条都能做到,一定会成为至人。害怕路上遭遇危险的人,十个过路人被杀了一个,人们就会父子兄弟互相告诫,一定要成群结伙才敢上路,这不是很明智吗?在养生中人们自取危险的事情,就在枕席之上,饮食之间,而人们却不知道对它戒备,错了呵!"

【注释】 ①田开子:人名。成疏:"姓田,名开之,学道之人。"周威公:史载不详。成疏:"周公之胤,莫显其名,食采于周,谥曰威也。"俞樾曰:"《史记·周本记》:'孝王封其弟于河南,是为桓公。桓公卒,于威公代立。'此周威公殆即其人乎?" ②祝肾:人名。成疏:"姓祝,名肾,怀道者也。"学生:学习养生之道。 ③游:交往。何闻:指在养生方面听说了些什么。 ④拔篲(huì 秽):扫帚。操拔篲以侍门庭:拿着扫帚打扫门庭。古代学徒为师傅扫地,这里是当学徒的谦虚说法。 ⑤无让:不要谦让。 ⑥鞭之:用鞭子赶它。句谓,养生如同放羊一样,把落后的往前赶一赶。意即不足的地方要弥补上取得平衡。 ⑦单豹:人名。成疏:"姓单名豹,鲁之隐者也。" ⑧共利:同利。不与民共利:是与人们追求的利益不同,意即不与人争利。 ⑨张毅:人名。成疏:"姓张名毅,亦鲁人也。"高门县薄:富贵之家。县:今作悬。薄:帷薄。县薄:垂挂帘子帷帐。无不走:无处不奔走。 ⑩内热:内心渴慕。张毅事在《淮南子·人间》篇也有记载,说他是个爱好恭维的势利中人。 ⑪养其内:养心。养其外:养形。 ⑫无入而藏:无须进入深山隐藏起来,即不要去做隐士。无出而阳:无须到处出面显露自己,即不要去追求当官为宦。柴立:像干枯的木头一样站立。柴立其中央:要无心无意居于显与隐两者之间。 ⑬其名必极:必然会获得最高的称呼。这里指的是至人。 ⑭畏涂:害怕路上遭遇危险。 ⑮十杀一人:十个过路人被杀了一个。 ⑯戒:告诫。 ⑰盛卒徒:组织很多人,成群结伙。 ⑱取畏:自取危险。衽(rèn 任)席:床上的铺陈物。这里指床上行房的事。 ⑲过:过错。

祝宗人玄端以临牢策说彘曰①:"汝奚恶死②?吾将三月豢汝③,十日戒,三日齐④,藉白茅,加汝肩尻乎雕俎之上⑤,则汝为之乎⑥?"为彘谋曰⑦:"不如食以糠糟而错之牢策之中⑧。"自为谋⑨,则苟生有轩冕之尊⑩,死得于腞楯之上、聚偻之中则为之⑪。为彘谋则去之,自为谋则取之⑫,所异彘者何也⑬?

【译文】 主管祭祀的祝人、宗人,穿上祭服走到猪圈前,劝猪说:"你又何必不愿死呢？我们会用好食喂你三个月，我们还要忌食荤腥十天，净身三天，铺上白茅，才把你的肩肘、后座放在雕花的盘子上，你愿意不愿意呢？"要是为猪打算，它会说："还不如喂我糟糠放在猪圈里。"人们替自己打算的时候，假如活着时能得到高官显位，死了能得到华丽的棺椁题凑，把自己厚葬一番，他就干了。为猪打算不愿意干，为自己打算就愿意干，人不同于替猪的打算有什么道理呀？

【注释】　①祝宗人：主持祭祀的官员。《周礼·春官》有祝人、宗人。玄端：祭祀时穿的礼服。牢筴(cè 策)：猪圈。筴是栅子。说(shuì 税)：说服。彘(zhì 至)：猪。句谓，祭祀的官员穿着礼服到猪圈里去说服猪。　②恶死：厌恶死，不愿死。　③豢(huàn 桊)：豢养。三月豢汝：喂养你三个月。　④戒：斋戒。齐：即斋。齐、戒互文，都指斋戒，祭祀前的净身清心活动。　⑤藉：铺上。白茅：古代献祭时所用的净草。肩：前腿的膀子。尻(kāo 考阴平)：后腿的臀肉。肩尻即前膀后座。雕俎：雕花的盘子。　⑥汝为之乎：犹言你干还是不干。　⑦为彘谋：替猪打算。　⑧食(sì 饲)：喂养。错：措，放在。　⑨自为谋：替自己打算、设想。　⑩轩冕之尊：有乘车子穿官服的尊贵。　⑪腞楯(zhuànshǔn 篆吮)：画辀，华丽的灵车。聚偻：棺椁之外的题凑，用圆木做成的房子似的葬器。　⑫去之：弃而不取。取之：取而不弃。　⑬所异彘者：不同于替猪的打算。意思是说，还不如替猪设想的好。

　　桓公田于泽①，管仲御②，见鬼焉。公抚管仲之手曰③："仲父何见？"对曰："臣无所见。"公反④，诶诒为病⑤，数日不出。齐士有皇子告敖者⑥，曰："公则自伤，鬼恶能伤公！夫忿滀之气⑦，散而不反，则为不足⑧；上而不下，则使人善怒⑨；下而不上，则使人善忘⑩；不上不下，中身当心⑪，则为病。"桓公曰："然则有鬼乎？"曰："有。沉有履⑫；灶有髻⑬；户内之烦壤，雷霆处之⑭；东北方之下者，倍阿、鲑蠪跃之⑮；西北方之下者，则泆阳处之⑯。水有罔象⑰，丘有莘⑱，山有夔⑲，野有彷徨⑳，泽有委蛇㉑。"公曰："请问委蛇之状何如？"皇子曰："委蛇，其大如毂㉒，其长如辕㉓，紫衣而朱冠，其为物也恶㉔，闻雷车之声则捧其首而立。见之者殆乎霸㉕。"桓公辴然而笑曰㉖："此寡人之所见者也。"于是正衣冠与之坐㉗，不终日而不知病之去也㉘。

【译文】　齐桓公在沼泽地里打猎，管仲给他驾驶车，见到了鬼。齐桓公摸着管仲的手说："仲父，你看到什么没有？"管仲说："我什么也没看见呀！"齐桓公打猎回来，失魂落魄地病起来，好几天闭门不出。齐国有个叫皇子告敖的人，进言说："这是主公自己伤害自己，鬼怎么能伤害您呢？蓬满郁积之气，扩散收不回来,精神就不足;郁积之气集结在身体的上部不能下降,人就会易怒;集结在身体的下部不能上通,就使人易忘;不上不下,集结在身体中部正当心脏的部位,人就会生病。"桓公说:"那么有鬼没有?"皇子告敖说:"有呵。水下污泥里有名叫履的鬼,灶台有名叫髻的鬼,蛛网尘封的房子里有名叫雷霆的鬼,院子的东北角有名叫倍阿鲑蠪的鬼跳来跳去,西北角有名叫泆阳的鬼。水里有鬼叫罔象,丘陵有鬼叫莘,山里有鬼叫夔,野地有鬼叫彷徨,沼泽有鬼叫委蛇。"齐桓公问:"请问,委蛇是个什么形状?"皇子告敖说:"委蛇的形状,大约有车轴那么粗,有车辕那么长,穿着紫衣服,戴着红帽子,样子长得丑陋,听到雷车的声音就捧着脑袋站起来。能看见委蛇的人,差不多就能称霸天下了。"齐桓公开心地笑起来说:"这正是我见到的那个鬼。"于是整理好衣冠与皇子告敖聊起来。不到一天,病就不知不觉地好了。

【注释】①桓公:齐桓公。春秋五霸之一。田:畋,打猎。 ②管仲:管夷吾。齐桓公的国相。 ③仲父:对管仲的敬称。 ④反:返,畋猎回来。 ⑤诶诒(xītái 希台):因疑神疑鬼而丧魂失魄的样子。 ⑥皇子告敖:人名。成疏:"姓皇子,字告敖,齐之贤人也。" ⑦忿滀(xù 旭):蓬满郁积。 ⑧散而不反:扩散收不回来。不足:指精神不足。 ⑨善怒:易怒。 ⑩善忘:易忘。 ⑪中身当心:聚结在身体中部正当心脏的位置。 ⑫沉:沉淀在水下的污泥。履:泥中鬼名。 ⑬髻:灶神名。成疏:"灶神,其状如美女,著赤衣,名髻也。" ⑭烦壤:尘土多的地方。雷霆:鬼名。成疏:"门户内粪壤之中,其间有鬼,名曰雷霆。" ⑮倍阿鲑蠪(wālóng 蛙龙):鬼名。成疏:"人宅中东北墙下有鬼,名倍阿鲑蠪,跃状如小儿,长一尺四寸,黑衣赤帻,带剑持戟。"司马彪认为倍阿是神名,鲑蠪是鬼名。 ⑯泆(yì 逸)阳:鬼名。成疏:"豹头马尾,名曰泆阳。" ⑰罔象:鬼名。成疏:"状如小儿,黑色,赤衣,大耳,长臂,名曰罔象。" ⑱莘(shēn 莘):鬼名。成疏:"其状如狗,有角,身有文彩。" ⑲夔(kuí 葵):鬼名。成疏:"大如牛,状如鼓,一足行也。" ⑳彷徨:鬼名。成疏:"其状如蛇,两头,五彩。" ㉑委蛇:鬼名。其状见下。 ㉒毂(gǔ 谷):车轮上面插车轴的零件。 ㉓辕:车辕。 ㉔恶:丑陋。 ㉕见之者殆乎霸:看到它的人就能称霸天下。殆:近。 ㉖辴(chǎn 产)然:舒展的样子,指放下心来。 ㉗正衣冠:把衣冠整理好。坐:坐下聊天。 ㉘不终日:不满一天。

纪渻子为王养斗鸡①,十日而问②:"鸡已乎③?"曰:"未也,方虚憍而恃气④。"十日又问。曰:"未也,犹应向景⑤。"十日又问。曰:"未也,犹疾视而盛气⑥。"十日又问。曰:"几矣⑦。鸡虽有鸣者,已无变矣⑧,望之似木鸡矣,其德全矣⑨。异鸡无敢应者,反走矣⑩。"

【译文】 纪渻子给周宣王训养斗鸡,过了十天,周宣王问:"斗鸡训练好了吗?"纪渻子说:"还不行,鸡身上有一种虚骄的劲头,又有容易意气冲动的脾气。"过了十天,周宣王又来问。纪渻子回答说:"还不行,它听到声音见到影子还有反应。"又过了十天,周宣王又来问。纪渻子说:"还不行,它还带着仇恨看东西,依然没有消除怒气。"又过了十天,周宣王又来问。纪渻子说:"这回差不多了。它听到鸡叫,已经不动声色了,看着像个木头鸡似的,已经德性完美了。别的鸡见到它,没有敢来应战的了,都会回头逃跑。"

【注释】 ①纪渻(shěng省)子:人名。成疏:"姓纪,名渻子。"王:周宣王。此事并见《列子·黄帝》篇。养:驯养。 ②十日而问:养了十天,周宣王来问。 ③已乎:驯养好了没有? ④虚憍(jiāo骄):虚骄,无实力而神态骄傲。恃气:凭着意气。 ⑤应:有反应。向:繁体作"嚮",与"响"通,声响。景:今作影。 ⑥疾视:带着仇恨而视。盛气:怒气大。 ⑦几矣:差不多了。 ⑧已无变:已经不动声色了。 ⑨德全:德性完全。 ⑩反走:扭回头跑掉。

孔子观于吕梁①,县水三十仞②,流沫四十里③,鼋鼍鱼鳖之所不能游也④。见一丈夫游之⑤,以为有苦而欲死也⑥。使弟子并流而拯之⑦。数百步而出⑧,被发行歌而游于塘下⑨。孔子从而问焉,曰:"吾以子为鬼,察子则人也⑩。请问,蹈水有道乎⑪?"曰:"亡,吾无道。吾始乎故,长乎性⑫,成乎命。与齐俱入,与汩偕出⑬,从水之道而不为私焉⑭。此吾所以蹈之也⑮。"孔子曰:"何谓始乎故,长乎性,成乎命?"曰:"吾生于陵而安于陵⑯,故也;长于水而安于水,性也;不知吾所以然而然⑰,命也。"

【译文】 孔子观赏吕梁的山水,见到一道三十多仞高的瀑布,溅起的飞沫流出四十多里远,就连水里的鱼鳖也游不过去。这时却看见一个男子跳进了水里,孔子以为他遇到痛苦的事情要自杀,忙叫他的弟子们沿着河岸去救人。追出去有几百步,见那个男子从水里游了出来,披散着头发,哼着小调,走下了河塘。孔子追过去问他,说:"我还以为你是个鬼呢,仔细一看,确实是个活人。请问,踏水有道术吗?"那人回答说:"没有,我没什么道术。我从习惯开始,养成水性,自然而然地长成会水的命。随着漩涡没入水里,跟着涌流一同浮出,顺着水势不加私意去游动,这就是我能踏水的方法。"孔子说:"什么叫做从习惯开始,养成水性,自然而然地长成会水的命?"那个人说:"我生长在山里就习惯了山,这就是习惯;生长在水边就习惯了水,这就是养成了水性;我不知道为什么会这样它就这样了,这就是自然而然地长成会水的命。"

【注释】 ①吕梁:山名。在今山西省西部,黄河、汾河之间。西南至禹门口接龙门山。

孔子行经处的瀑布,盖指龙门,传说鲤鱼跃上龙门即化为龙。　②县水:悬水,即瀑布。　③流沫:瀑布激溅起的泡沫。　④鼋(yuán元):鳖的一种,俗称癞头鼋。鼍(tuó驼):鳄鱼。鳖(biē憋):甲鱼,俗称王八。　⑤丈夫:对成年男子的称呼。　⑥有苦:有苦难。欲死:想自杀。　⑦并流:傍着河边。拯:拯救。　⑧出:浮出水面。指该男子从瀑布的上方跌落潭中,顺水流下,浮出水面。　⑨被发:披散着头发。行歌:边走边唱。塘:河堤。　⑩察:细看。　⑪蹈水:踏水而行。道:道术。　⑫故:习惯。性:习性。命:自然。　⑬齐:通"脐"。王念孙:"人脐居腹之中,故谓之脐,脐者齐也。"磨子的进料口称磨脐。这里是形容水漩涡中间的水眼像磨脐。与齐俱入:随着漩涡的回流一起漩进水中。汩(gǔ骨):漩涡翻上来的涌流。与汩俱出:随着翻上来的涌流从水中出来。　⑭水之道:流动的水势。不为私:不加己意去游动。　⑮所以蹈:用来踏水而行的方法。　⑯陵:山区。生于陵而安于陵:生在山区习惯了山区。这里主要指山区流水的落差大,水势湍急,漩涡多等。　⑰不知吾所以然而然:不知道我为什么会这样就成了这样。

　　梓庆削木为鐻①,鐻成,见者惊犹鬼神②。鲁侯见而问焉,曰:"子何术以为焉③?"对曰:"臣,工人,何术之有?虽然,有一焉:臣将为鐻,未尝敢以耗气也,必齐以静心④。齐三日,而不敢怀庆赏爵禄⑤;齐五日,不敢怀非誉巧拙⑥;齐七日,辄然忘吾有四枝形体也⑦。当是时也,无公朝⑧。其巧专而外骨消⑨。然后入山林,观天性形躯⑩。至矣⑪,然后成见鐻⑫,然后加手焉⑬,不然则已⑭。则以天合天⑮,器之所以疑神者,其是与⑯!"

【译文】　梓庆砍削木材做钟磬架子,架子做成后,见到的人惊叹他的鬼斧神工。鲁侯见到后,问梓庆说:"你用什么道术做成的呢?"梓庆回答说:"我是个工匠,能有什么道术。虽然如此,我还是有一点感想。我在做架子之前,不敢损耗精气,一定要斋戒来平心静气。斋戒到第三天,不敢怀有得到庆赏爵禄的念头;斋戒到第五天,不敢怀有是巧是拙和受到批评表扬的念头;斋戒到第七天,就连我长着四肢形体也忘记了。在这段时间,我没有朝拜的任务,专心在技巧上,此外能扰乱心静的事情都消失了。然后进入山林,观察鸟兽的神情形态。观察成熟了,然后先做成乐器框架,之后再动手雕刻,如果做不到就不动手。雕刻出的天然形态与大自然中的天然形态完全契合如一,这个钟磬架子所以会被人们怀疑为鬼斧神工,大概就是这个原因吧!"

【注释】　①梓庆:人名。俞樾曰:"《春秋》襄四年《左传》'匠庆谓季文子',杜注:'匠庆,鲁大匠。'即此梓庆。"可见梓是木匠,木匠名叫庆,称为梓庆,也可称为匠庆。削木:砍削木材。鐻(jù据):通"虡",悬挂钟磬等乐器的架子。虡上雕刻着鸟兽等图形做装饰,有的架子整体如鸟兽形。　②鬼神:犹言鬼斧神工。这里主要指雕刻出的图形极其生动,非人力所能为。　③何术以为:用什么道术做成的。　④齐:通"斋",斋戒。　⑤怀:想着。句谓,不敢去想得到庆赏爵禄。　⑥非誉:批评夸奖。　⑦辄然:不动心的样子。四枝:四肢。　⑧无公朝:没有上朝拜见的任务。因梓庆在斋戒期间,可以不上朝。⑨巧专:专心在技巧上。骨:郭庆藩校:"赵谏议本骨作滑。"滑是扰乱的意思。外骨消:外面扰乱心静的事情都消失了。　⑩观天性形躯:观察神情形态。指对要雕刻的鸟兽,先到大自然中去写生。　⑪至矣:观察成熟了。　⑫成见鐻:先做成架子。见:现。⑬加手:在架子上动手雕刻。　⑭不然则已:做不到这样就不动手。　⑮以天合天:架子上雕刻出的天然形态与鸟兽在自然中的天然形态相合。　⑯其是与:大概是这个缘故吧!

　　东野稷以御见庄公①,进退中绳②,左右旋中规③。庄公以为文弗过也④。使之钩百而反⑤,颜阖遇之⑥,入见曰:"稷之马将败⑦。"公密而不应⑧。少焉⑨,果败而反。公曰:"子何以知之?"曰:"其马力竭矣而犹求焉⑩,故曰败。"

　　工倕旋而盖规矩⑪,指与物化而不以心稽⑫,故其灵台一而不桎⑬。忘足,履之适也⑭。忘要,带之适也⑮。知忘是非⑯,心之适也。不内变,不外从,事会之适也⑰。始乎适而未尝不适者,忘适之适也⑱。

【译文】　东野稷用自己的架车技术求见鲁庄公,希望能得到录用。驾起车来,进退都合直线,左右旋转路线都合圆规。鲁庄公认为,周稷王的驾车能手造父也不会超过他。让他在同一条圆线上反复转上一百圈,颜阖经过时遇上了,进来对庄公说:"东野稷的马要垮。"庄公沉默不语。不一会,果然马垮了,车子回来了。庄公问颜阖说:"你怎么知道的?"颜阖说:"马已经精疲力尽了,他还要强迫马转圈,所以说要垮。"

　　工倕用手画圈就合圆规,手指自然随着所造器物的形状而动,根本不用心里计算,所以他的心里浑然一个圆通的整体不会受到羁绊。人要是能忘了脚,那就是鞋子舒适。忘了腰,那就是腰带舒适。忘掉了是非,就是心灵舒适。不用动心机,不用追随外物,就是遇到的事情舒适。从舒适开始没有不舒适的感觉,那就是忘掉了舒适的舒适。

【注释】　①东野稷:人名。成疏:"姓东野,名稷,古之善御人也。"以御见庄公:凭自己的驾车技术拜见庄公。庄公:鲁庄公。　②进退中绳:车的进退合乎直线。绳:木匠用来取直的墨线。　③旋中规:车的旋转合乎圆线。规:圆规。　④文:郭庆藩校:"文字,《御览》七四六引作造父。"文当是父字之讹。造父是周穆王时驾驶八骏马的能手。文弗过也:古代造父的驾车技术也超不过他。　⑤钩百:转一百圈。反:反复。意思是说,在一条圆线上重复转一百圈,不能跑出线外,来检验东野稷的驾车技术的准确性。　⑥颜阖:人名。成疏:"姓颜,名阖,鲁之贤人也。" ⑦败:垮。 ⑧密:默。 ⑨少焉:不一会。 ⑩竭:尽。犹求焉:还要求它去做。 ⑪工倕(chuí垂):尧时的能工巧匠。旋:手旋转。盖:合。句谓,工倕随便用手一画就能合乎圆规画出的圆线或方尺画出的直角。 ⑫指与物化:手指随外物而变化。不以心稽:用不着用心去计算。稽:考,量度。 ⑬灵台:心。一:浑然一个整体。指工倕在制造器物时,心里装的是所制器物的浑然一体。桎:手枷,这里是受羁绊的意思。 ⑭忘足,履之适也:人要是忘了脚,那就是鞋子合适。 ⑮要:通"腰"。带:腰带。 ⑯知:智。 ⑰不内变:内心不动。不外从:不追求外物。事会:遇到的事情。句谓,遇到的事情如果内心不动,也不去追求什么,那就是这件事情很合适。 ⑱忘适之适:忘掉舒适的最为舒适。因为一有舒适的感觉就证明还有不舒适,或者只是暂时的舒适。

有孙休者①,踵门而诧子扁庆子曰②:"休居乡不见谓不修③,临难不见谓不勇④,然而田原不遇岁⑤,事君不遇世⑥,宾于乡里⑦,逐于州部,则胡罪乎天哉⑧?休恶遇此命也⑨?"扁子曰:"子独不闻夫至人之自行邪⑩?忘其肝胆,遗其耳目,芒然彷徨乎尘垢之外⑪,逍遥乎无事之业⑫,是谓为而不恃,长而不宰⑬。今汝饰知以惊愚⑭,修身以明污⑮,昭昭乎若揭日月而行也⑯。汝得全而形躯,具而九窍⑰,无中道夭于聋盲跛蹇而比于人数亦幸矣⑱,又何暇乎天之怨哉⑲?子往矣!"

孙子出,扁子入,坐有间,仰天而叹。弟子问曰:"先生何为叹乎?"扁子曰:"向者休来,吾告之以至人之德,吾恐其惊而遂至于惑也⑳。"弟子曰:"不然。孙子之所言是邪,先生之所言非邪㉑,非固不能惑是㉒。孙子所言非邪,先生所言是邪,彼固惑而来矣,又奚罪焉㉓?"扁子曰:"不然。昔者有鸟止于鲁郊,鲁君说之,为具太牢以飨之,奏《九韶》以乐之㉔。鸟乃始忧悲眩视㉕,不敢饮食。此之谓以己养养鸟也。若夫以鸟养养鸟者,宜栖之深林,浮之江湖,食之以委蛇,则安平陆而已矣㉖。今休,款启寡闻之民也㉗,吾告以至人之德,譬之若载鼷以车马㉘,乐鴳以钟鼓也㉙,彼又恶能无惊乎哉?"

【译文】 有一个叫孙休的人,登门来见子扁庆子,诧异地问道:"我住在乡里,没听人说我修身不好;遇到危险,也没人认为我不勇敢,然而田野里的耕作总是遇不上好年成,事奉君王总是赶不上好世道,被乡里人排斥,受州邑人驱逐,我什么地方得罪天了呢?我为什么遇上了这样的命?"子扁庆子说:

"难道你就没听说过至人是怎样为人处事的吗？忘掉自己的肝胆,忘掉自己的耳目,茫茫然徘徊在尘世之外,自由自在地从事没有事的事业,这就叫做做了不自恃有功,管了不自居主宰。现在你扮成一副比别人明智的样子,惊动了别人的愚顽,有意修成一副洁身自好的样子,比出了别人行为污浊,亮晃晃地像举着日月行走。你能保全住自己的身体,还能九窍俱全,没有半路夭折在聋子、瞎子、拐子、跛子上,还能跻身在一个全人的行列里,这也就够幸运的了,还哪里有工夫来埋怨天呢？你还是走吧！"

孙休走了出来,子扁庆子回到屋里,坐了一会,仰天长叹。他的弟子问道:"先生为什么叹气？"子扁庆子说:"刚才孙休来问,我告诉了他至人的德行,我担心他受到震惊后会陷于惑乱。"弟子说:"不会这样。如果孙休说得对,先生说错了,错的惑乱不了对的。如果是孙休说错了,先生说对了,他本来就是带着惑乱来的,先生又有什么过错呢？"子扁庆子说:"不是这么回事。当年有一只海鸟落在鲁国的郊外,鲁君喜欢它,准备了太牢三牲来供奉它,演奏《九韶》乐曲来取悦它。海鸟忧愁悲惧,惶惶不安地四顾,不敢饮食。这就叫做用养自己的方法养鸟。如果是按养鸟的方法养鸟,就该把它放在深树林子里,让它浮游在江湖上,随随便便地啄食,让它安心地生活在平野陆地上。现在这个孙休,是个开了点窍但又孤陋寡闻的人,我告诉他至人的德行,就好比是让小老鼠坐上了马车,给小雀奏钟鼓大乐,他怎么能不感到震惊呢？"

【注释】 ①孙休:人名。成疏:"姓孙,名休,鲁人也。" ②踵门:登门。诧:觉得奇怪而问。子扁庆子:成疏:"姓扁,名庆子,鲁之贤人,孙休之师也。" ③见:被。不修:不修身。句谓,我住在家乡里,没有听人说我不修身,即没人说我不好。 ④不见谓不勇:没人说我不勇敢。 ⑤田原:在田野耕种。不遇岁:遇不上好年成,即种地没有收成。 ⑥事君不遇世:事奉君王遇不上好世道,即当官不受重用。 ⑦宾:通"摈",摈弃。宾于乡里:被乡里人抛弃,排斥。逐:赶。州部:地方行政区,犹言州郡。逐于州部:被州郡赶了出来。 ⑧胡:何。胡罪乎天哉:我有什么不好得罪了天？ ⑨恶:何。恶遇此命:为什么会遇上这样的命运？ ⑩自行:自己的为人处事。忘其肝胆,遗其耳目:忘掉自己的肝胆耳目,即忘掉自己。 ⑪芒然:茫然。彷徨:徘徊,与下句逍遥互文。尘垢:尘世。 ⑫逍遥:自由自在地游荡。无事之业:没有自己一定要做的事业,即顺自然而为的事业。 ⑬为而不恃:做了但不依恃。长而不宰:管了但不主宰。两句都是说不要自居有功于人,把自己当成是救世主。 ⑭饰知:装扮出比别人明智的样子。惊愚:使愚钝的人吃惊而不满。也就是说引起愚钝之人的仇恨。 ⑮修身:有意修成一副洁身自好的样子。明污:使污浊的人显出来。 ⑯昭昭:明亮。揭:举。句谓,你好像举着日月一样亮晃晃地行走。 ⑰全而形躯:保全你的形躯。具而九窍:保全你的九窍。九窍指人身体上的两眼、两耳、两鼻孔、一口和前后阴。 ⑱中道:半路上,这里指人生的路上。夭:

夭折。跛蹇(jiǎn 检):跛脚拐腿。比:列。比于人数:还列在人数里。幸:幸运。句谓,你能够没有半路夭折在聋盲拐腿上,还能列入全人的行列,这就够幸运了。也就是说,还能保住小命就不错了。　⑲何暇:哪里顾得上。天之怨:埋怨天。　⑳惊而遂至于惑:受到震惊而陷于迷惑。　㉑是:说得对。非:说得不对。　㉒非固不能惑是:错的本来就惑乱不了对的。　㉓奚罪:何罪,什么错。　㉔说:悦。韶:舜时乐曲名。九章从头至尾奏完为九韶。这里泛指隆重盛大的乐曲。乐之:使之乐。　㉕眩视:目光惊恐眼花缭乱地看。　㉖食之以委蛇:此句当是"食之以鳅鲰,随行列而上,委蛇而处"的省略。参见《至乐》篇。委蛇是顺自然而宛转的意思。句谓,让它顺着天性去啄食。安平陆:让它安心地生活在平野陆地上。"安"字原缺,据《阙误》补。　㉗款启:略微打开,即刚开了点窍。　㉘鼷(xī奚):一种小田鼠。载鼷以车马:让小田鼠坐在大马车上。　㉙鴳(yàn雁):一种小鸟。乐鴳以钟鼓:让小鸟听钟鼓的鸣奏。

第二十篇　山木

　　山木即山中树木。本篇重点论述了为人处世之道,老庄思想一直主张以无用为用。本篇进一步提出,无用有时也会害身,这就不得不处身在有用无用之间,有用无用之间也只是个近似的比拟,实质是"乘道德而浮游","与时俱化","浮游乎万物之祖"。就是说,要立身于大道,随时势而变化。这就是庄子的人生哲学。从积极的方面去理解,庄子的观点是非常有益的。文中既阐述了以无用为用的观点,也说明了时势对人的制约,批判了为外物所诱逆势而动或自异于形势的做法。

　　庄子行于山中,见大木枝叶盛茂①。伐木者止其旁而不取也。问其故,曰:"无所可用。"庄子曰:"此木以不材得终其天年②。"夫子出于山,舍于故人之家③,故人喜,命竖子杀雁而烹之④。竖子请曰:"其一能鸣,其一不能鸣,请奚杀⑤?"主人曰:"杀不能鸣者。"明日,弟子问于庄子曰:"昨日山中之木,以不材得终其天年;今主人之雁,以不材死。先生将何处⑥?"庄子笑曰:"周将处乎材与不材之间⑦。材与不材之间,似之而非也,故未免乎累⑧。若夫乘道德而浮游则不然⑨,无誉无訾,一龙一蛇⑩,与时俱化,而无肯专为⑪;一上一下,以和为量⑫,浮游乎万物之祖⑬,物物而不物于物⑭,则胡可得而累邪!此神农、黄帝之法则也⑮。若夫万物之情,人伦之传则不然⑯。合则离,成则毁⑰,廉则挫,尊则议⑱,有为则亏⑲,贤则谋,不肖则欺⑳。胡可得而必乎哉㉑?悲夫!弟子志之,其唯道德之乡乎㉒!"

【译文】　庄子在山中行走,见到一颗大树,枝叶茂盛,伐木人停在它的旁边不砍它。庄子问其中的原因,伐木人说:"没有什么用处。"庄子说,这棵树因为没有用处反而享尽了天年。"庄子从山里出来,住在了朋友家里,朋友很高兴,让孩子杀一只鹅煮了吃。孩子请示说:"一只鹅会叫,另一只不会叫,要杀哪一只呢?"家长说:"杀不会叫的那只。"第二天,弟子问庄子说:"昨天山里的树,因为没有用处能够享尽天年;现在主人的鹅,又因为没有用处杀了。那么先生将何去何从呢?庄子笑起来说:"我处身在有用、无用之间。有用与没有用之间,似是而非,所以还是免不了受拖累。如果是按道德去活动,就不这样了。没有表扬也没有批评,龙合适的时候就变为龙,蛇合适的时候就变为蛇,随着时势而变化,不固定在一头;能上也能下,以和顺为标准,浮游在万物的源头里,主宰外物而不被外物主宰,那还有什么能拖累的呢?这就是神农和黄帝的法则。如果是万物的情况,按人的道理而形成的风俗习惯就不是这样了。合了就要分开,成了就要毁坏,有棱有角就遭受挫折,尊贵了就要受到非议,有所作为就受到损害,贤能了就会受到谋算,没出息又要受到欺负。你怎么能够一定会怎么样呢?可悲呵!弟子们要记住,只有置身于道德之乡才完全合适呵!"

【注释】 ①大木:大树。 ②不材:不成材,没有用。终其天年:享尽自然的寿命。 ③夫子:指庄子。舍:留宿,住。故人:老朋友。 ④竖子:童仆。雁:鹅。烹:煮。 ⑤请奚杀:请问杀哪一只。乡人有用鹅代替狗看门的,不能叫的鹅看不了门,故下文言"不材"。 ⑥何处:选择什么?即选择做有用的人,还是做无用的人。处:处身。 ⑦材与不材之间:有用与无用之间。 ⑧似之而非:指有用与无用之间与我的处身方法有些相似但又不完全相同。未免乎累:指完全按有用与无用之间处身还会有世俗的拖累。 ⑨乘道德:乘驾着天道天德,即按照道德。浮游:活动。 ⑩訾(zǐ子):批评指责。一龙一蛇:有时可以变为龙,有时可以变为蛇。龙比喻飞黄腾达,蛇比喻遁迹隐身。意思是说,要按照所遇到的时势而做相应的变化,通则兼济天下,穷则明哲保身。 ⑪与时俱化:与所遭遇到的时势一同变化。无肯专为:不固定在某一方面。 ⑫以和为量:以与时势和谐为尺度。量:度量,标准。 ⑬万物之祖:指道。庄子认为万物都从虚无的道里生出。 ⑭物物:前物使动词,是使物成为物,即产生物的意思。后"物"名词,指万物。不物于物:不被物主宰。句谓,主宰万物而不被万物主宰。 ⑮法则:方法规则。神农、黄帝:这里称代古代的圣人。 ⑯人伦之传:按人们讲的道理形成的传统习惯,即人的习惯。人指世俗的人,一般人。万物之情,人伦之传,犹言人情物态。 ⑰离:分离。成则毁:成功了就会毁坏。 ⑱廉:有棱角,锋利。挫:挫折。议:说三道四地评论。句谓,锋利了就要受挫折,尊贵了就要受非议。 ⑲有为:有所作为。亏:损害。句谓,你要是有所作为就会受到损害。 ⑳贤:贤能,有本事。谋:谋算。不肖:不贤能。欺:欺负。句谓,你要是有出息,别人就要谋算你;你要是没出息,别人就要欺负你。 ㉑胡:怎么。必:一定。胡可得而必乎哉:你怎么能够一定会怎么样呢?即你要这么干,他就那么来,自己根本无法决定。 ㉒唯道德之乡:只有道德的境界才是最佳的选择。

市南宜僚见鲁侯①,鲁侯有忧色。市南子曰:"君有忧色,何也?"鲁侯曰:"吾学先王之道,修先君之业;吾敬鬼尊贤,亲而行之,无须臾离居②。然不免于患,吾是以忧。"市南子曰:"君之除患之术浅矣③。夫丰狐文豹④,栖于山林,伏于岩穴,静也;夜行昼居,戒也⑤;虽饥渴隐约⑥,犹且胥疏于江湖之上而求食焉,定也⑦。然且不免于罔罗机辟之患⑧,是何罪之有哉? 其皮为之灾也⑨。今鲁国独非君之皮邪⑩? 吾愿君刳形去皮⑪,洒心去欲⑫,而游于无人之野⑬。南越有邑焉,名为建德之国⑭。其民愚而朴,少私而寡欲;知作而不知藏⑮;与而不求其报⑯;不知义之所适,不知礼之所将⑰。猖狂妄行⑱,乃蹈乎大方⑲。其生可乐,其死可葬⑳。吾愿君去国捐俗,与道相辅而行㉑。"君曰:"彼其道远而险,又有江山,我无舟车,奈何?"市南子曰:"君无形倨㉒,无留居㉓,以为君车㉔。"君曰:"彼其道幽远而无人,吾谁与为邻㉕? 吾无粮,我无食,安得而至焉?"市南子曰:"少君之费,寡君之欲㉖,虽无粮而乃足。君其涉于江而浮于海,望之而不见其崖,愈往而不知其所穷㉗。送君者皆自崖而反。君自此远矣! 故有人者累,见有于人者忧㉘。故尧非有人,非见有于人也㉙。吾愿去君之累,除君之忧,而独与道游于大莫之国㉚。方舟而济于河,有虚船来触舟,虽有惼心之人不怒㉛。有一人在其上,则呼张歙之㉜。一呼而不闻,再呼而不闻,于是三呼邪,则必以恶声随之㉝。向也不怒而今也怒,向也虚而今也实㉞。人能虚己以游世,其孰能害之㉟?"

【译文】 市南宜僚去拜见鲁侯,见鲁侯面有忧愁之色。市南宜僚问道:"大王面带忧色,为什么呢?"鲁侯说:"我学习先王的治国之道,继承了先君的事业。我敬奉鬼神,尊重贤才,身体力行,丝毫不敢疏忽。然而还是免不了祸患,我因此有些发愁。"市南宜僚说:"大王除去祸患的方法太浅陋了。皮毛丰厚的狐狸,长着花纹的豹子,栖息在山林里,隐伏在山洞中,够安静的了;夜间出来活动,白天隐伏不动,够警惕的了;即使是饥渴但只要是没到万不得已的时候,还是要等到有机会时才到江湖上觅食,也够稳妥的了。然而还是免不了罗网、机关捕杀的祸患。它们这些做法有什么错呢? 还不是因为它身上的皮毛招来的灾殃吗? 现在鲁国不就是大王招祸的皮毛吗? 我希望大王能换下美丽的外形,脱掉皮毛,洗干净心灵,去掉欲望,在无人的旷野里遨游。南越有一个地方,名叫建德之国,那里的百姓愚钝朴实,少私寡欲;只懂得劳作不懂得私藏;只知道施舍,不求别人报答;不知道大义有什么用,也不知道礼仪有什么用。疯疯癫癫地任性而行,却能自然地符合大道。活着开心,死了也能安分地埋葬。我希望大王扔下国君之位,抛弃世俗,与大道相辅而行。"鲁侯说:"那里道路遥远又艰险,有山河阻隔,我没有车船,该怎么办?"市南宜僚说:"大王要放下国王的架子,不要滞守自己的地位,以此作为大王的车子。"鲁侯说:"那条路深远又没有人,我和谁做伴,我没有粮米,没有食物,怎么能到得了?"市南宜僚说:"减少大王的费用,减少大王的欲望,虽然没有食粮也足够了。大王涉入大江,漂浮到海上,到了看不见岸的地方,越往前走越不知道尽头,送大王的人都从岸上回去了,从此大王才能远去。所以说,拥有民众的人受累多,被人拥戴的人忧虑多。因此尧既不做拥有民众的人,也不做受人拥戴的人。我希望大王能扔掉这种拖累,除去这种忧愁,只与大道在广漠的国度里遨游。乘坐在方舟里渡河,如果有一只空船来撞,即使是个小心眼的急性子人也不会发怒。如果有一个人在船上,就会对他喊,让他把船撑开或顺过来。喊一次不听,喊两次不听,于是就会连喊三次,而且会越来越恶声恶气了。刚才不发怒,现在发起怒来,就是因为刚才是条空船,现在船上有人的缘故。所以,人要是能够把自身看成是不存在一样去处世,谁又能伤害你呢?"

【注释】 ①市南宜僚:人名。成疏:"姓熊,名宜僚,隐于市南也。"《左传·哀公十六年》:"有熊宜僚者",住在市南,楚人。 ②无须臾离居:没有丝毫疏忽。须臾:一会儿,短时间。离居:离开这种做法。句谓,没有一会儿背离此道,即都是这么做的。 ③除患之术:除去患难的方法。浅:浅陋。句谓,你免除患难的方法太低浅了,一点也不高明。 ④丰狐:丰满的狐狸。指皮毛长得很丰厚的狐狸。文豹:长着花纹的豹子,指长得很好看的豹子。 ⑤夜行昼居:晚上出来活动,白天在窝里睡觉。戒也:很警戒,很小心。 ⑥隐约:隐隐约约,指还能忍受,不到万不得已的时候。 ⑦犹且:还要。胥:等待。疏:稀疏,少。定:稳妥。句谓,虽然饥渴,但只要没到万不得已的时候,还要等待江湖上行人稀少的时候,才出来求食,这也够稳妥的了。 ⑧罔罗:罗网。机辟:捕兽器,如虎夹子之类的机关装置。 ⑨皮为之灾:皮毛造成的灾害。指狐狸、豹子的皮毛好,招引人们来捕猎。 ⑩鲁国独非君之皮邪:鲁国不正如大王招灾的皮毛吗? ⑪刳(kū枯):挖去。刳形:挖去形体,指忘掉形体。去皮:去掉皮毛,指忘掉国家。 ⑫洒心:洗心。去欲:去掉欲望,指忘掉心智戒除欲念。 ⑬无人之野:虚无之地,指虚无的道的境界。 ⑭建德之国:树立道德的国家。 ⑮知作:只知道耕作。不知藏:不知道收藏。犹言但求耕耘,不问收获。 ⑯与:给与。不求其报:不求人家报答。 ⑰义之所适:大义适用的地方。句谓,不知道大义有什么用处。礼之所将:礼仪的用处。将:用。句谓,不知道礼仪有什么用处。 ⑱猖狂:疯疯癫癫,指行为不带目的,像不长心眼似的。妄行:任性而行。 ⑲大方:大道。蹈乎大方:走上大道。 ⑳其生可乐:活着开心。其死可葬:死了可埋。指活着死了都能得所,可以永久住下去。 ㉑捐:捐弃。俗:世俗。相辅而行:

一起运行。　㉒形倨:形容倨傲。无形倨:放下国王的架子。　㉓留居:滞守。无留居:不要滞守自己的地位。　㉔以为君车:以忘掉身份地位做大王的车子。鲁侯以为市南宜僚真的要他到建德之国去,故提出没有舟车的问题。市南宜僚这里是借题发挥,启发鲁侯抛弃自己的身份地位的拖累,进入大道的境界。以为君车实际是说,这才是您该乘的车。　㉕幽远:遥远。邻:伴。　㉖少君之费:使君之费少。寡君之欲:使君之欲寡,即减省大王的费用欲望。　㉗崖:岸。愈往:越往前走。不知其所穷:越不知尽头。　㉘有人者累:拥有百姓的人累,即做统治者累。见有于人:被别人拥有。句谓,被别人拥戴为统治者忧虑就多。　㉙尧非有人,非见有于人:尧既不做拥有人民的人,也不做受人拥戴的人。这是指尧主观上对自己的要求。　㉚大莫:广漠,荒远的地方。　㉛方舟:两舟相并,指大船。虚船:空船。触:碰撞。偏(biǎn 贬)心:心胸狭隘。　㉜张:开。歙(xī 希):合。呼张歙之:喊他把船撑开或顺过来。　㉝不闻:不听。再呼:第二次喊。恶声:辱骂之声。随之:跟着来了。　㉞向:刚才,以前。虚:空船。实:有人的船。　㉟虚己:把自己看做不存在一样。孰:谁。

　　北宫奢为卫灵公赋敛以为钟①,为坛乎郭门之外②。三月而成上下之县③。王子庆忌见而问焉④,曰:"子何术之设⑤?"奢曰:"一之间无敢设也⑥。奢闻之,既雕既琢,复归于朴⑦。侗乎其无识,傥乎其怠疑⑧。萃乎芒乎⑨,其送往而迎来。来者勿禁,往者勿止。从其强梁,随其曲傅⑩,因其自穷⑪。故朝夕赋敛而毫毛不挫,而况有大涂者乎⑫!"

【译文】　北宫奢给卫灵公征收贡物来铸造编钟,在城外先设立一个祭坛,三个月就把上下两组编钟挂在架子上。王子庆忌见了之后,问道:"你设了个什么办法造钟啊?"北宫奢说:"我用纯一之道,不敢在纯一之中设什么办法。我听说,经过了一番雕琢,还要回到质朴中去。无知无识浑然一体,痴痴呆呆忘了自己。收呵聚呵茫茫然,就这么送往迎来。来者不拒,去者不留。强横的任他强横,顺从依附的就任他顺从依附,由他们去尽力而为。所以虽然早晚征集,而不会带来丝毫损伤。(造钟尚且如此),更何况懂大道干大事业呢?"

【注释】　①北宫奢:人名。成疏:"姓北宫,名奢。居北宫,因以为姓。卫之大夫也。"赋敛:征收贡物。为钟:造钟。钟指编钟,古代的组乐器,即用青铜铸造出大小、薄厚不同的钟来,各自发出不同的音节,把它们悬挂在高低分层的架子上,演奏的人按乐曲敲击。
　②坛:高台。造钟要先祭祀,故先筑坛。　③上下之县:悬挂在架子上下的钟。　④王子庆忌:周大夫。成疏:"庆忌,周王之子,周之大夫。"　⑤何术之设:设了什么法子。
　⑥一之间:纯一之中。句谓,我用纯一之道来造钟,不敢在纯一之中夹杂些个人的想法。　⑦既雕既琢,复归于朴:经过一番雕琢,还要回到质朴中去。　⑧侗(tóng 同):浑

然一体。傥(tǎng倘):忘身的样子。怠疑:呆笨。 ⑨萃:聚。芒:茫。句谓,稀里糊涂地往起收聚。 ⑩强梁:强横。从其强梁:任随他去强横。曲傅:顺从依附。 ⑪穷:尽力。因其自穷:由他们自己去尽力而为。 ⑫挫:损伤。大涂:大道。

孔子围于陈蔡之间,七日不火食①。大公任往吊之②,曰:"子几死乎③?"曰:"然。""子恶死乎④?"曰:"然。"任曰:"予尝言不死之道⑤。东海有鸟焉,其名曰意怠⑥。其为鸟也,翂翂翐翐⑦,而似无能,引援而飞,迫胁而栖⑧。进不敢为前,退不敢为后;食不敢先尝,必取其绪⑨。是故其行列不斥⑩,而外人卒不得害⑪,是以免于患。直木先伐,甘井先竭⑫。子其意者饰知以惊愚⑬,修身以明污,昭昭乎若揭日月而行,故不免也⑭。昔吾闻之大成之人曰⑮:'自伐者无功,功成者堕,名成者亏⑯。'孰能去功与名而还与众人⑰?道流而不明居,得行而不名处⑱。纯纯常常,乃比于狂⑲;削迹捐势,不为功名⑳,是故无责于人㉑,人亦无责焉。至人不闻,子何喜哉㉒?"孔子曰:"善哉!"辞其交游,去其弟子㉓,逃于大泽,衣裘褐,食杼栗㉔。入兽不乱群,入鸟不乱行㉕。鸟兽不恶,而况人乎?

【译文】 孔子被围困在陈国与蔡国交界的地方,七天不能生火做饭。太公任去安慰他,说:"你差点儿死了吧?"孔子说:"是的。"太公任说:"你怕死吧?"孔子说:"是的。"太公任说:"我试着说一说不死的方法。东海有一只鸟,名叫意怠。这只鸟,动作呆笨迟缓,好像很无能似的,得让同伴领着飞,让同伴挤着栖息。进不敢飞在前头,退不敢落在后边;吃东西不敢先下嘴,总是吃剩下的食物。因此它的同伴就不排斥它,外人也始终伤害不着它,故能免除了自身的祸患。长得直的树就会被先砍掉,水甘甜的井就会先枯竭。你想来是打扮成智慧的样子,惊动了愚昧的世人,洁身自好比出了他人的污浊,如同举着日月亮晃晃地行走,所以免不了遭受灾祸。过去我听修炼成大道的人说过:'自我夸耀功劳的人就没有功劳了,成功的人就要垮了,成名的人就要伤了。'谁能够抛弃功名把它归还给众人呢?大道是流动的,不会停留在显耀上;好处是流行的,不会停止在成名上。纯纯朴朴,平平凡凡,要像一个没有心眼的人一样;不留形迹,抛弃权势,不求功名,所以才能无求于人,人也无求于我。至人不求闻名于世,你为什么要热衷于功名呢?"孔子说:"好呵!"于是辞去交往的人,离开弟子,逃进大泽里,穿兽皮粗布的衣服,吃橡栗野果。走进野兽群里,野兽不乱群;走进飞鸟群里,飞鸟不乱行列。连鸟兽都不嫌弃他,更何况是人呢?

【注释】 ①火食:烧火做饭。参见《天运》篇注。 ②大公任:人名。成疏:"太公,老者称也。任,名也。"吊:慰问。 ③几:差点儿。 ④恶:厌恶。子恶死乎:你怕死吧? ⑤尝言:试着说一说。 ⑥意怠:海鸟名,可能是燕子,古人称燕子为意而,意而急读为燕。怠:古音通怡。 ⑦翂翂翐翐(fēnzhì 纷秩):飞翔呆笨的样子。 ⑧引援而飞:领着才飞。迫胁而栖:挤靠着才栖息。 ⑨绪:剩余。必取其绪:总是吃剩下的食物。 ⑩斥:排斥。其行列不斥:在队伍里不被排斥。 ⑪卒:终。外人卒不得害:始终受不到外人的伤害。 ⑫直木先伐:长得直的树先被砍掉。甘井先竭:水甜的井先被舀光。 ⑬子其意者:你想来是。饰知:打扮成智慧的样子。惊愚:惊动了愚昧的世人。 ⑭修身以明污:修养德行比照出别人的污浊。昭昭乎若揭日月而行:如同举着日月亮晃晃地行走。故不免:所以免不了受害。 ⑮大成之人:成就大的人,指道德高的人。 ⑯自伐:自我夸耀。功成者堕:成功的人要失败。名成者亏:成名的人要损失。 ⑰还与众人:把功名还给众人。 ⑱道流而不明居:道是流动的,不停在显耀上。得行而不名处:好处也是流行的,不停留在名誉上。 ⑲比:同。比于狂:与疯癫的人相同,指没有心思、目的。 ⑳捐:抛弃。不为功名:不求取功名。 ㉑无责于人:不求于人。责:求取。 ㉒不闻:不求闻名于世。子何喜哉:你为什么要热衷于功名呢? ㉓去:离开。 ㉔裘褐:兽皮粗布。杼(shù 树):橡子。栗:栗子。 ㉕入:进入。行:行列。句谓,进到鸟兽的群里,鸟兽不惊扰。

孔子问子桑雽曰①:"吾再逐于鲁②,伐树于宋,削迹于卫,穷于商周,围于陈蔡之间③。吾犯此数患④,亲交益疏⑤,徒友益散,何与?"子桑雽曰:"子独不闻假人之亡与⑥?林回弃千金之璧,负赤子而趋⑦。或曰:'为其布与⑧?赤子之布寡矣。为其累与?赤子之累多矣⑨。弃千金之璧,负赤子而趋,何也?'林回曰:'彼以利合,此以天属也⑩。'夫以利合者,迫穷祸患害相弃也⑪;以天属者,迫穷祸患害相收也⑫。夫相收之与相弃亦远矣。且君子之交淡若水,小人之交甘若醴⑬。君子淡以亲,小人甘以绝⑭。彼无故以合者,则无故以离⑮。"孔子曰:"敬闻命矣⑯!"徐行翔佯而归⑰,绝学捐书,弟子无挹于前⑱,其爱益加进⑲。异日,桑雽又曰:"舜之将死,真泠禹曰⑳:'汝戒之哉㉑!形莫若缘,情莫若率㉒。缘则不离,率则不劳㉓。不离不劳,则不求文以待形㉔。不求文以待形,固不待物㉕。'"

【译文】 孔子问子桑雽说:"我两次被鲁国驱逐,在宋国遭到了伐树的屈辱,在卫国受到了削迹的羞耻,在商周又陷入困境,在陈国蔡国之间受到了围困。我蒙受了多次灾难,亲戚相识越来越疏远我,朋友弟子离开了我,这是为什么?"子桑雽说:"你没有听说过假国人逃亡的故事吗?林回舍弃了价值千金的玉璧,背着小孩跑出来。有人问他:'你是为了钱吗?小孩的钱没多少。你是为了减轻拖累吗?小孩的拖累太多了。你舍弃了价值千金的玉璧,背着孩子逃出来,这是为什么?'林回说:'人们都是为了利益连在一起的,我这是出于天性连在一起的。'为了利益连在一起的,遇到穷困祸患的逼迫,就会互相抛弃;出于天性连在一起的,遇到穷困祸患的逼近,就会相互收留。相互收留与相互抛弃差得就太远了。君子相交,清淡如水;小人相交,甘如甜酒。君子清淡却是真亲,小人甘甜却是绝情。那些无情无故相结交的人,也会无情无故地分手。"孔子说:"我领教了。"慢腾腾地溜达回去了。从此丢下学问,扔掉书本,弟子们在他面前不行礼,却更加爱戴他了。过了些日子,子桑雽又对孔子说:"舜在临死的时候,告诫禹说:'你要当心呵,外在行为不如随缘顺物,性情不如坦率真诚,随缘顺物就合在一起不脱离,坦率真诚就不费心思。合而不离又不费心思,就用不着装模作样,不装模作样就不依赖于外物了。'"

【注释】 ①子桑雽(hù户):人名。成疏:"姓桑,名雽。隐者也。"《大宗师》篇有子桑户,盖为一人。 ②再逐于鲁:两次被从鲁国驱逐出来。鲁昭公时孔子支持昭公除掉季氏,事败,孔子逃出鲁国。鲁定公时,孔子反对接受齐国的女乐,事败,孔子再次逃出鲁国。见《史记·孔子世家》。 ③伐树于宋,削迹于卫,穷于商周,围于陈蔡之间:见《天运》篇注。 ④犯:遭受到。 ⑤亲交:亲戚与有来往的人。益疏:越来越疏远。 ⑥假:国名。成疏:"假,国名,晋下邑也……假遭晋灭,百姓逃亡。"亡:逃亡。 ⑦林回:假国逃难人名。成疏:"姓林,名回,假之贤人也。"千金之璧:价值千金的玉璧。负:背着。赤子:小孩。趋:快走。 ⑧布:钱。 ⑨为其累:为了减轻拖累。指林回扔掉玉璧。赤子之累多矣:孩子比玉璧的拖累多得多了。 ⑩彼:那些人,指从钱和拖累考虑的那些人。以利合:是为了利而合在一起。以天属:是出于天性连在一起。属:连接一起。 ⑪迫:受到逼迫。相弃:互相抛下不管。 ⑫相收:互相收留,即相互照顾。 ⑬君子之交淡若水:君子与君子之间的交情清淡如水。甘醴(lǐ礼):甜酒。 ⑭淡以亲:清淡反而亲近。甘以绝:甜蜜反而容易绝交。以:连词同而。 ⑮无故以合:无情无故相结交。无故以离:无情无故地分手。 ⑯敬闻命矣:我领教了。 ⑰翔佯:轻松自在地行走。 ⑱绝学:抛开学问。捐书:扔掉书本。揖:通"揖",行礼。弟子无揖于前:弟子在他面前不行礼了。 ⑲爱益加进:对他更加敬爱了。 ⑳真泠:当是"乃令"之讹。王引之曰:"《释文》曰:真,司马本作泜。泠,音零。司马云:泠,晓也,谓以直道晓语禹也。泠或为命,又作令。命犹教也。案直当为遮,遮,籀文乃字,隶书作逎。遮形似直。(峄山碑'乃令皇帝',乃字作遮,形似直字。)故讹作直,又讹作真。命与令,古字通。(《周官》'司仪则令为坛三成',觐礼注引此,令作命。僖九年《左传》'令不及鲁',令本又作命。《庄子·田子方》篇'先君之令',令本或作命。《周礼·大卜》注"以命龟也"。命亦作令。)作令作命者是也。遹令禹者,乃命禹也。"句谓,舜在要死时,告诫禹说。　㉑戒:注意当心。　㉒形莫若缘:行为没有比顺物更好的了。形:形体,指形体的行为表现。缘:顺。情莫若率:性情没有比率更好的了。率:直率,指内心的真实想法。　㉓不离:混合在一起,不脱离。不劳:不费心。　㉔求文:要求文饰。待形:依赖形体行为的外在表现。句谓,用不着装模作样。　㉕固不待外:根本就用不着依赖外物。

庄子衣大布而补之①,正緳系履而过魏王②。魏王曰:"何先生之惫邪③?"庄子曰:"贫也,非惫也。士有道德不能行④,惫也;衣弊履穿⑤,贫也,非惫也。此所谓非遭时也⑥。王独不见夫腾猿乎⑦?其得枏梓豫章也⑧,揽蔓其枝而王长其间⑨,虽羿、蓬蒙不能眄睨也⑩。及其得柘棘枳枸之间也⑪,危行侧视⑫,振动悼栗⑬,此筋骨非有加急而不柔也⑭,处势不便,未足以逞其能也⑮。今处昏上乱相之间而欲无惫⑯,奚可得邪?此比干之见剖心,征也夫⑰!"

【译文】　庄子穿着带补丁的粗布衣服,整整腰带,绑好鞋子,去过访魏惠王。魏惠王说:"先生为何这样困顿不堪呢?"庄子说:"我这是贫穷,不是困顿不堪。士人有道德而行不通,那才是困顿不堪;衣服破烂鞋子穿洞,那是贫穷,不是困顿不堪。这正是所谓的不逢时。大王没见过腾跳的猿猴吗?它要是在枏、梓、豫章那样的大树林子里,攀援着树枝,称王做长,就连神箭手后羿、蓬蒙也对它无可奈何。等它落到了荆棘枸杞那样的灌木丛里,提心吊胆地走,侧着眼睛看,哆哆嗦嗦,战战兢兢,这不是一下子它就筋骨变僵硬而不灵活,而是形势不便,施展不开它的本领了。现在处于昏君乱相的时代,而想要不困顿不堪,怎么可能呢? 比干被挖了心就是明证!"

【注释】　①大布:粗布。　②緳(xié絜):通"絜"。绕物一周谓之絜,故引申为带。正緳系履:系好带子,捆好鞋子。过:过访。魏王:魏惠王。　③惫:乏困。　④士有道德不能行:士人有道德而得不到推行。　⑤衣弊履穿:衣服破旧,鞋子穿洞。　⑥非遭时:没有遇上好世道。　⑦腾猿:跳来跳去的猿猴。　⑧枏(nán楠):楠木。梓:梓木。豫章:樟木。枏梓豫章都是高大的树木。　⑨揽蔓:攀援牵引。王:为王。长:为长。意谓,在其中称王做长,没人能制服。　⑩羿:后羿。夏朝时有穷国的君主,以善射著称。蓬蒙:后羿的学生,也是古代的神箭手。眄睨(miànnì面匿):斜着眼看。不能眄睨:对它没有办法。　⑪柘(zhè蔗):一种较差的桑树。棘:酸枣树。枳(zhǐ止):一种较差的橘子树。枸:枸杞。柘棘枳枸指代矮小的树木和灌木丛。　⑫危行:害怕地行走。侧视:小心地斜着眼看。　⑬振动:震动。悼栗:害怕发抖。　⑭急:紧,不灵活。柔:柔软灵活。　⑮未足以逞其能:不能发挥它的能力。　⑯昏上乱相:昏庸的君王、乱国的国相。　⑰比干之见剖心:比干被挖了心。比干:商纣王臣,因忠谏而被挖心。征:证明。征也夫:就是明证呵! 也:判断语气词。夫:感叹词。

孔子穷于陈蔡之间，七日不火食，左据槁木，右击槁枝①，而歌焱氏之风②。有其具而无其数③，有其声而无宫角④，木声与人声，犁然有当于人之心⑤。颜回端拱还目而窥之⑥。仲尼恐其广己而造大也⑦，爱己而造哀也⑧，曰："回，无受天损易，无受人益难⑨。无始而非卒也，人与天一也⑩。夫今之歌者其谁乎⑪！"回曰："敢问无受天损易。"仲尼曰："饥渴寒暑，穷桎不行⑫，天地之行也，运物之泄也⑬，言与之偕逝之谓也⑭。为人臣者不敢去之⑮。执臣之道犹若是，而况乎所以待天乎⑯？""何谓无受人益难？"仲尼曰："始用四达⑰，爵禄并至而不穷⑱。物之所利，乃非己也⑲，吾命有在外者也⑳。君子不为盗，贤人不为窃，吾若取之何哉㉑？故曰，鸟莫知于鹓鶵㉒，目之所不宜处不给视㉓，虽落其实，弃之而走㉔。其畏人也而袭诸人间㉕，社稷存焉尔㉖。""何谓无始而非卒？"仲尼曰："化其万物而不知其禅之者㉗，焉知其所终？焉知其所始？正而待之而已耳㉘。""何谓人与天一邪？"仲尼曰："有人，天也；有天，亦天也㉙。人之不能有天，性也㉚。圣人晏然体逝而终矣㉛！"

【译文】 孔子被围困在陈国、蔡国之间，七天没有生火做饭，他左手拿着枯木，右手敲着枯枝，唱着炎帝时的歌曲。手里虽然有枯枝，但却打不出节拍，有声音却分不出五音，然而击木声与人声，却深深地打动人的心弦。颜回恭敬地拱手站立在一边，回头看着他。孔子担心他会夸大了对自己（指对孔子）的看法，因为爱惜自己而人为地造成哀痛，说："颜回呵，人要做到不受天的损减比较容易，但要做到不受人的增益就难了。没有任何一个开始不同时就是终结的，人与天是一体的。现在唱歌的人究竟是谁呢？"颜回说："请问什么是不受天的损减容易？"孔子说："饥渴寒暑，穷困潦倒，这是天地的运行，运化在万物身上的表现，指的是人只要随着它一起运化就可以了。做人臣的不敢逃避君命。奉行为臣之道还要如此，更何况是对待天呢？"颜回又问："什么是不受人的增益难呢？"孔子说："人一被国家任用，四通八达，爵位利禄都一起来了，源源不断。但这些外物的利益，并不是自己本分所有，是个人命分以外的东西。是君子就不该去盗取，是贤人就不该去窃夺，我如果去取它又是为什么呢？所以说，鸟里边没有比燕子更明智的了，看到不合适的地方就不再多看了，即使是把嘴里的食物掉下去了，也会扔下飞走。燕子害怕人但却住在人间，在土地庙、谷神坛里就有它的巢穴！"颜回问："什么叫做没有任何一个开始不同时就是终结？"孔子说："万物变化不知道是什么来接替自己,又怎么知道哪儿是终,哪儿是始呢?安静地等待他变化就是了。"颜回问:"什么叫做人与天是一样的?"孔子说:"有人的存在是天然的表现,有天的存在也是天然的表现。人不能支配天然,这是本质属性决定的,所以圣人安然体现天道的变化发展而终结。"

【注释】 ①据:持,拿着。击:敲打。 ②猋(biāo 标):通"飙"。猋氏即炎帝神农。猋氏之风:神农时的歌谣。 ③具:打拍子的工具。数:节奏节拍。 ④宫角:指五音宫商角徵羽。 ⑤犁然:深刻的样子。当:打动。 ⑥颜回:孔子的学生颜渊。端拱:端端正正地拱着手。还目:回过头来看。 ⑦广己:扩大自己的作用。造大:人为地造成伟大的看法。句谓,孔子担心他夸大了对自己的看法。 ⑧爱己:热爱自己。造哀:造成哀痛。句谓,因热爱自己而造成哀痛。 ⑨无受天损易:不受到天的损害容易做到。无受人益难:不接受人给的好处难以做到。 ⑩无始非卒也:没有任何一个开始不同时就是终结的。人与天一也:天人一体。 ⑪夫今之歌者其谁乎:现在唱歌的究竟是谁呢?意思是说,人是自然变化过程中一个阶段性的物化形态,是终而复始链条上的一个过渡环节,稍纵即逝,我又是谁呢?用不着对此过分担心。 ⑫穷桎不行:受困不通达。 ⑬运物:运化万物的大道。泄:流逝。运物之泄:这不过是大道的流逝。 ⑭与之偕逝:与大道一起流逝。 ⑮为人臣者不敢去之:做君王的臣子,不敢背离君王。孔子认为君为臣纲,臣子不能背离君王。 ⑯所以待天:用来对待天的态度。意思是说,臣子与君王的关系尚且如此,更何况是人和天的关系呢?更应当如此,即不能背离天道。 ⑰始用四达:一开始被君王任用,四通八达。 ⑱爵禄并至:官爵俸禄一起都来了。 ⑲物之所利:外物的利益,指高官厚禄等。乃非己:不属于自己本身固有的东西。 ⑳吾命有:我命中所有。"有"字原作"其",据《庄子集解》本改。在外者也:在命中所有之外的。 ㉑取之:指获取外物利益。 ㉒知:智。鹝鸸(yíér 意而):燕子。鹝鸸快读即燕儿。 ㉓不给视:不去看。给:予。 ㉔落其食:食物从嘴里掉到地上。弃之而走:舍弃食物飞走。 ㉕袭:入,钻进。诸:之于。袭诸人间:在人间搭窝住了进去。 ㉖社稷:供奉土地、谷神的场所。存:有。句谓,在土地庙、谷神坛里就有它的窝。 ㉗禅:替代。句谓,运化万物,不知道是什么来接替自己。即都在大道的运化里,不知道将会变成什么。 ㉘正而待之:安定地等待它的运化。 ㉙有人,天也:有人的存在是天然的。有天,亦天也:有天的存在也是天然的,即天就是自然而然。 ㉚人之不能有天:人不能使天存在,即人主宰不了天。性也:人的本性决定的。 ㉛晏然:安然。体逝:体现自然的运化。

　　庄周游于雕陵之樊①,睹一异鹊自南方来者②,翼广七尺,目大运寸③,感周之颡④,而集于栗林⑤。庄周曰:"此何鸟哉!翼殷不逝,目大不睹⑥。"蹇裳躩步⑦,执弹而留之⑧,睹一蝉方得美荫而忘其身⑨;螳螂执翳而搏之,见得而忘其形⑩;异鹊从而利之,见利而忘其真⑪。庄周怵然曰⑫:"噫!物固相累,二类相召也⑬。"捐弹而反走⑭,虞人逐而谇之⑮。

庄周反入,三日不庭⑯,蔺且从而问之⑰:"夫子何为顷间甚不庭乎⑱?"庄周曰:"吾守形而忘身⑲,观于浊水而迷于清渊⑳。且吾闻诸夫子曰㉑:'入其俗,从其令㉒。'今吾游于雕陵而忘吾身,异鹊感吾颡;游于栗林而忘真㉓,栗林虞人以吾为戮㉔,吾所以不庭也。"

【译文】 庄子在雕陵的栗树园子里闲游,见到一只异样的鸟鹊从南方飞来,翅膀有七尺长,眼睛有一寸大,擦过庄子的额头,落在栗树林子里。庄子说:"这是一只什么鸟?翅膀大又不远飞,眼睛大又看不见人。"于是庄子提起衣裳,蹑手蹑脚走过去,拿起弹弓盯着它,看见一只蝉正在一片树叶的荫凉处美美地休息,忘掉了自身的危险;一只螳螂正抓住一片隐藏身子的树叶等着要捕食它,螳螂见有所得,也忘记了自己的身体;那只异样的鸟鹊盯着螳螂这口美味,也见利而失掉了自己的真性。庄周吃惊地说:"啊呀,万物原来是如此牵累,两类东西是这样相吸引的。"(猛然想起自身的危险),扔掉弹弓掉头就跑,看栗园的人追出来,骂他是偷栗子的小偷。

庄子回到家里,三天不敢走出门庭。弟子蔺且找上门来问他:"先生这两天为什么闭门不出?"庄子说:"我守住外物而忘掉了自身,看到了浊水迷失了清源。再说我听先生说过:'到了一个地方,就要随从当地的风俗,遵守那里的政令。'现在我到雕陵去闲游,忘了自己该怎么做,异鹊触动了我的额头;在栗树林里游玩,忘掉了自己的真性,栗树林的看园人要找我算账,我所以不敢出门。"

【注释】 ①雕陵:果树园子名。樊:藩篱。 ②异鹊:不同于一般的鸟鹊。 ③运寸:圆的直径有一寸大。 ④感:触。这里是触碰到的意思。颡(sǎng嗓):额头。 ⑤集:落在。栗林:栗树林子。 ⑥殷:大。逝:远。翼殷不逝:翅膀挺大不往远处飞。目大不睹:眼睛挺大不仔细看东西。 ⑦褰(jiān检)裳:提起衣服。躩(jué觉)步:小心地走,即蹑手蹑脚。 ⑧执弹:拿着弹弓。留之:等待射它。留:这里是等待的意思。 ⑨美荫:很舒服的阴凉处。忘其身:忘掉自己的危险。 ⑩执翳:抓着一片隐藏身子的树叶。搏:捕食。见得而忘其形:见到有食物可得而忘记了自身的危险。 ⑪从而利之:跟在后边想啄食它。利:以为利。忘其真:忘掉了自己的真性,指有大翼不远飞,见了人也看不见。 ⑫怵(chù触)然:惊觉的样子。 ⑬物固相累:万物原来是如此互相牵累。二类相召:两种不同的东西就是这样相互招引的,指受到外物的牵累,都是因为有所贪求造成的。 ⑭捐:捐弃,扔掉。反走:扭回头跑。 ⑮虞人:看守山林的人员。逐而谇(suì碎)之:追着骂他。守林人以为他是来偷栗子的,故追着骂。 ⑯"三日"原作"三月",据《释文》改。不庭:不走出门庭,即不敢出门。 ⑰蔺且:庄子的弟子。 ⑱顷间:近来。甚不庭:很久不出门。 ⑲守形:执守外物的形体。忘身:忘了自己。 ⑳浊水:混浊的水,比喻世俗的利害。清渊:清澈的渊,比喻大道。 ㉑夫子:指老子。 ㉒从其令:遵守那里的政令。"令"原作"俗",据郭象注及《阙误》引成玄英本改。　㉓游于栗林而忘真:跑到人家的栗树园子里,忘了自己该不该去的现实。　㉔以吾为戮:把我作为辱骂对象,即人家要收拾我。戮:辱,收拾。

　　阳子之宋①,宿于逆旅②。逆旅人有妾二人,其一人美,其一人恶。恶者贵而美者贱③。阳子问其故,逆旅小子对曰④:"其美者自美,吾不知其美也;其恶者自恶,吾不知其恶也。"阳子曰:"弟子记之,行贤而去自贤之行,安往而不爱哉⑤?"

【译文】　阳子到宋国去,住在一个旅店里。店主人有两个小妾,一个长得漂亮,一个长得丑陋。丑陋的受宠而尊贵,漂亮的被冷落而低贱。阳子问是什么缘故,店主人回答说:"漂亮的自去漂亮好了,我看不出她漂亮;丑陋的自去丑陋好了,我不觉得她丑陋。"阳子说:"弟子们记住,行为要贤能,但千万要去掉自显贤能的行为,这样到哪里能不受到敬爱呢?"

【注释】　①阳子:阳朱。成疏:"姓阳,名朱,字子居。秦人也。"之:到。宋:宋国。　②逆旅:旅店。　③恶:丑。恶者贵而美者贱:丑的受宠而尊贵,美的受冷落而低贱。　④逆旅小子:店主人。小子:指年纪小。　⑤行贤:行为要贤能。去:抛弃。自贤之行:自己显示贤能的行为。爱:受敬爱。

第二十一篇　田子方

本篇截取篇首的人名为题,通过田子方与魏文侯的对话,歌颂了东郭顺子"缘而葆真,清而容物"的道德修养,从而说明了道高于一切。文中举了较多的例证,极言仁义礼仪甚至是国家和人的生死对真我来说,都只不过是一种形迹,一种得失,一种转化,全都是身外之物。而得道的人却可以在得失、荣辱、死生面前应对裕如,无往而不胜。只有得道才是永葆真我的惟一途径。并借老子之口说明了道的境界和修道的方法。向人们阐释了自己的处世态度及对人生的理解和选择。

田子方侍坐于魏文侯①,数称谿工②。文侯曰:"谿工,子之师耶?"子方曰:"非也,无择之里人也③,称道数当④,故无择称之⑤。"文侯曰:"然则子无师邪?"子方曰:"有"。曰:"子之师谁邪?"子方曰:"东郭顺子⑥。"文侯曰:"然则夫子何故未尝称之?"子方曰:"其为人也真,人貌而天虚⑦,缘而葆真⑧,清而容物⑨。物无道,正容以悟之⑩,使人之意也消⑪。无择何足以称之!"

子方出,文侯傥然⑫,终日不言。召前立臣而语之曰⑬:"远矣,全德之君子⑭!始吾以圣知之言、仁义之行为至矣⑮。吾闻子方之师,吾形解而不欲动⑯,口钳而不欲言⑰。吾所学者,直土梗耳⑱!夫魏真为我累耳⑲!"

【译文】　田子方陪坐在魏文侯身旁,嘴里多次称赞谿工。魏文侯说:"谿工是你的师傅吗?"田子方说:"不是,他是我的同乡,说出的道理常常合情合理,所以我多次称赞他。"魏文侯说:"这样说来,那么你没有师傅吗?"田子方说:"有。"魏文侯说:"你的师傅是谁?"田子方说:"我的师傅是东郭顺子。"魏文侯说:"那么,先生为什么从来也没有提起过他?"田子方说:"东郭顺子为人纯真,长得是普通人的面貌,但天性虚淡;平常随俗顺人,但能保持真性;

自身保持清廉,但又能容纳他人。遇到无道的人,面色端庄,感化人家醒悟,使他自己打消邪念。我怎么配称赞他呢!"

田子方走出来,魏文侯怅惘良久,终日不说一句话。召来面前陪侍的臣子说:"我比起道德完美的君子来,差得太远了!开始我以为圣人贤智的话、仁义的行为,就是最高的了。当我听说了田子方师傅的为人,一下就形体懒散不想动了,嘴巴像被钳住一样也不想说话了。过去我学的那些东西,都是泥像木偶类的样子货罢了!魏国真成为我的累赘了!"

【注释】 ①田子方:人名。成疏:"姓田,名无择,字子方,魏之贤人也,文侯师也。(魏)文侯,是毕万七世孙,武侯之父也。"侍坐:陪坐。 ②数(shuò):多次。称:称赞。谿(xī溪)工:人名。魏国贤人。 ③里人:同乡人。 ④称道:说话言谈。数当:常常恰当正确。 ⑤无择:田子方,名无择。古人自称其名是一种谦虚的表示。 ⑥东郭顺子:人名。成疏:"居在郭东,因以为氏,名顺子。子方之师也。" ⑦人貌而天虚:长得与普通人一样而天性虚淡。 ⑧缘:随和。葆真:持守真性。葆:保。 ⑨容物:容纳万物。 ⑩无道:不合道。正容:端正面容。悟之:使之悟,即让他自己感觉认识到。 ⑪意:心意。消:消除。句谓,使人自己打消无道的念头。 ⑫傥然:忘身失落的样子。 ⑬前立臣:面前站立之臣,即侍从人员。 ⑭远矣:过人远矣的省略。句谓,道德完善的君子远远超出了常人。 ⑮圣知:圣智。至矣:最高了。句谓,原来我以为圣智的言论、仁义的行为就是最高的道德了。 ⑯形解:形体懒散,指无心去追求,在形体上表现出没那么大劲头了。 ⑰钳:嘴巴像钳住一样不开口。 ⑱土梗:用泥土木棍塑成的偶像,比喻徒有其表而无用的东西。 ⑲累:累赘。句谓,魏国真成了我的累赘。

温伯雪子适齐①,舍于鲁②。鲁人有请见之者,温伯雪子曰:"不可。吾闻中国之君子③,明乎礼义而陋于知人心④。吾不欲见也。"至于齐,反舍于鲁,是人也又请见⑤。温伯雪子曰:"往也蕲见我⑥,今也又蕲见我,是必有以振我也⑦。"出而见客,入而叹。明日见客,又入而叹。其仆曰:"每见之客也⑧,必入而叹,何耶?"曰:"吾固告子矣,中国之民,明乎礼义而陋乎知人心。昔之见我者,进退一成规、一成矩⑨,从容一若龙、一若虎⑩;其谏我也似子,其道我也似父⑪。是以叹也。"仲尼⑫见之而不言。子路曰:"吾子欲见温伯雪子久矣。见之而不言,何邪?"仲尼曰:"若夫人者,目击而道存矣⑬,亦不可以容声矣⑭。"

【译文】 温伯雪子到齐国去,途中住在鲁国。鲁国有人请求要见他。温伯雪子说:"不行。我听说中原国家的君子,都懂得礼仪,但对了解人的真心却十分浅陋。我不想见这些人。"到齐国办完事后,温伯雪子返回途中又住在鲁国,那个人又来请求见他。温伯雪子说:"我去的时候就请求见我,现在我返回来又请求见我,这个人一定会对我有所启发吧!"于是出来接见客人,见过客之后回到屋里长叹连声。第二天见完客人回来,又长叹连声。他的仆人说:"您每次见过这个客人,回来总是长叹连声,这是为什么?"温伯雪子说:"我已经告诉过你了,中原国家的人,懂得礼仪,但对了解人的真心却十分浅陋。刚才与我见面的那个人,往前走有规矩,往后退有规矩,动作往来都有格式,蟠曲如龙,蹲踞如虎。劝谏我的时候像亲儿子,开导我的时候像亲父母。因此令人叹息呵!"后来孔子去见温伯雪子,孔子一句话也没有说。子路问孔子说:"先生早就想见温伯雪子了,见了他却一句话没说,这是为什么呀?"孔子说:"他这个人,你一看就知道他身上有大道,容不得你再说什么。"

【注释】 ①温伯雪子:人名。成疏:"姓温,名伯,字雪子。楚之怀道人也。"适:到。 ②舍:住宿。 ③中国:国中。边远地带以中原一带为国中,故称中国。温伯雪子楚人,以中原齐鲁一带为中国。 ④陋:拙笨。陋于知人心:不了解人心。 ⑤是人:这个人。 ⑥蕲(qí祈):求。 ⑦振:振起,这里是启发的意思。 ⑧每见之客:每次见你出去接待客人。之:去。 ⑨一:全。一成规、一成矩:每一个行为动作全都有规矩。 ⑩从容:与进退互文,指举止行动。若龙:像龙的样子。若虎:像虎的样子。一若龙、一若虎:举止行动都要做出个龙呵、虎呵的样子,很做作。 ⑪谏:劝谏。道:导,开导。 ⑫仲尼见之而不言:孔子见到温伯雪子一句话也不说。 ⑬目击:眼睛看一看。道存:大道就在身上。这两句是指孔子的体验说的。意思是说,你用眼一看就知道他是个得道的人。 ⑭不可以容声:没有说话的余地。即用不着说话。

颜渊问于仲尼曰:"夫子步亦步①,夫子趋亦趋②,夫子驰亦驰③,夫子奔逸绝尘④,而回瞠若乎后矣⑤!"夫子曰:"回,何谓邪⑥?"曰:"夫子步亦步也,夫子言亦言也⑦;夫子趋亦趋也,夫子辩亦辩也⑧;夫子驰亦驰也,夫子言道回亦言道也⑨。及奔逸绝尘而回瞠若乎后者,夫子不言而信⑩,不比而周⑪,无器而民滔乎前⑫,而不知所以然而已矣。"仲尼曰:"恶⑬!可不察与!夫哀莫大于心死,而人死亦次之⑭。日出东方而入于西极,万物莫不比方⑮,有目有趾者,待是而后成功⑯。是出则存,是入则亡⑰。万物亦然,有待也而死,有待也而生⑱。吾一受其成形⑲,而不化以待尽⑳,效物而动㉑,日夜无隙㉒,而不知其所终。薰然其成形㉓,知命不能规乎其前㉔。丘以是日徂㉕。吾终身与汝交一臂而失之㉖,可不哀与?女殆著乎吾所以著也㉗。彼已尽矣,而汝求之以为有㉘,是求马于唐肆也㉙。吾服,女也甚忘㉚;女服,吾也亦甚忘。虽然,女奚患焉㉛!虽忘乎故吾,吾有不忘者存㉜。"

【译文】 颜渊问孔子说:"先生慢慢走我也跟着慢慢走,先生快步走我也跟着快步走,先生跑我也跟着跑,先生快得飞奔起来,我只好干瞪着眼睛落在后边。"孔子说:"颜渊,你这是说什么呢?"颜渊说:"先生慢慢走我也跟着慢慢走,就好比先生说什么我也跟着说什么;先生快走我也跟着快走,就好比先生怎么辩论我也怎么辩论;先生跑我也跟着跑,就好比先生怎么讲大道我也跟着怎么讲大道。先生快得飞奔起来,我只好干瞪着眼睛落在后边,就好比先生不用说话就能取信于人,不必和人结交而人们都愿做你的朋友,没有任何权势地位人们都投奔到你的身边来,我不知道怎么会这样的。"孔子说:"唉,怎么能不细心体察呢?最大的悲哀莫过于心死,人真死了还在其次。太阳从东边出来落到西方,万物都以它为榜样,长着眼睛长着腿的都得依赖它发育成长,它要是出来就存在,它要是落下就没有了。万物也是这样,有所依赖才活着,有所依赖才死亡。我一禀受了天地赋予的形体,在没有化为他物之前,就随着现在的样子直到生命完结,像万物那样去运动,日日夜夜不会间断,不知道终点在哪里。阴阳二气合成了一个形体,知命理的人也不能先测度出来。我就是按照这个样子一天天地过。我一辈子与你有这么一臂之交后就过去了,能不令人悲哀吗?你大概是把我生命过程中的形迹看成我了。那形迹已经过去了,你还要找它以为真有,这如同是到散了的集市里去,找早已没有踪影的马一般。我身上有过的,早就没有了;你身上有过的,也早就没有了。虽然如此,你又何必担忧呢?虽然原来的我不存在了,但是还有存在的真我呵!"

【注释】 ①步:行走。夫子步亦步:先生走我也跟着走。 ②趋:快走。 ③驰:跑。 ④奔逸绝尘:快跑如飞,脚不沾地。 ⑤回:颜渊的名字。瞠(chēng撑):干瞪着眼看。 ⑥何谓邪:指什么说的? ⑦夫子步亦步也,夫子言亦言也:先生走我也跟着走,就是指先生说我也跟着说。下面句式相同,都是颜渊向孔子说明话中的具体含义。 ⑧夫子趋亦趋也,夫子辩亦辩也:先生快走我也紧跟着快走,指的是先生辩论我也紧跟着辩论。 ⑨夫子驰亦驰也,夫子言道亦言道也:先生跑我也跟着跑,指的是先生讲道我也跟着讲道。 ⑩不言而信:不说话就能取信于人。 ⑪比:亲近。周:周遍。不比而周:不用去亲近任何人,大家都愿意与你友好。 ⑫器:权势。老子云:"天下神器。"(老子·二十九章)滔:涌聚。句谓,先生没有任何权势地位,人们都投奔到你的身边。 ⑬恶(wù):语气词。 ⑭哀莫大于心死:最悲哀的莫过于心死。人死亦次之:人死了还在其次。 ⑮万物莫不比方:万物没有不和它相同的。比方是拿它做样板的意思。 ⑯是:这,指日。句谓,长着眼睛、长着脚的生物,都要依赖太阳获得成功。 ⑰是出则存:

太阳出来就存在。是入则亡:它要是落下去就没有了。　⑱亦然:也是这样。有待:有所依赖。指万物都依赖于道的运化,具体地说就是依赖于天地。句谓,万物的生死也如太阳的出入一样,都是依赖道的运化生出来,又依赖道的运化死去。　⑲一受其成形:禀受了大道的运化而形成了人的形体。　⑳不化以待尽:没有化去之前等待生命的结束。化:转化。庄子认为人的生死都是转化。　㉑效物而动:仿照万物的样子而运动。就是说,把自己当成万物之一,都是道运化的产物,万物怎么动,自己也怎么动。　㉒日夜无隙:日夜不间断。　㉓薰然:蒸腾的样子。庄子认为,万物都是气的合成,薰然是气的运动状态。薰然其成形:气一合成,成了我的形体。　㉔知命:懂得命理的人。规:测度。知命不能规乎其前:懂得命理的人也不能预先测度出会怎样变化。　㉕徂(cú):往。丘以是日徂:我按照这种样子一天天地过下去。　㉖交一臂而失之:擦肩而过就离开了。　㉗著:显露出来的形迹,这里作动词用,犹言执着在形迹上。所以著:表现出形迹的本体。句谓,你大概是执着在我表现出的形迹上,把这些当成我的本体了。　㉘彼:那,指旧有的形迹。彼已尽矣:那些旧有的形迹已经过去了。女求之以为有:你还要去寻求它以为还存在。　㉙唐:空,散去。肆:市场。唐肆犹言散了的集市。句谓,你这如同是到散了的集市上去找马一样。意思是说,赶集的时候马到集市上来过,集市一散马就走了,再来寻找就是执着旧的形迹了。　㉚服:用,指使用过的言行。甚忘:早就该忘掉。吾服,女也甚忘:我身上发生过的,早就没有了。　㉛奚患:何患,担心什么。㉜不忘者:指真我,即我的本体。句谓,虽然忘掉了我的旧形迹,还有真我存在。

孔子见老聃,老聃新沐①,方将被发而干②,慹然似非人③。孔子便而待之④。少焉见,曰:"丘也眩与? 其信然与⑤? 向者先生形体掘若槁木⑥,似遗物离人而立于独也⑦。"老聃曰:"吾游心于物之初⑧。"孔子曰:"何谓邪?"曰:"心困焉而不能知⑨,口辟焉而不能言⑩。尝为汝议乎其将⑪! 至阴肃肃⑫,至阳赫赫⑬。肃肃出乎天,赫赫发乎地⑭,两者交通成和而物生焉⑮,或为之纪而莫见其形⑯。消息满虚⑰,一晦一明,日改月化,日有所为而莫见其功⑱。生有所乎萌,死有所乎归⑲,始终相反乎无端⑳,而莫知乎其所穷㉑。非是也,且孰为之宗㉒?"孔子曰:"请问游是㉓。"老聃曰:"夫得是至美至乐也。得至美而游乎至乐,谓之至人。"孔子曰:"愿闻其方㉔。"曰:"草食之兽,不疾易薮㉕;水生之虫,不疾易水,行小变而不失其大常也㉖,喜怒哀乐不入于胸次㉗。夫天下也者,万物之所一也㉘。得其所一而同焉,则四支百体将为尘垢㉙,而死生终始将为昼夜㉚,而莫之能滑,而况得丧祸福之所介乎㉛? 弃隶者若弃泥涂,知身贵于隶也㉜。贵在于我而不失于变㉝,且万化而未始有极也,夫孰足以患心㉞? 已为道者解乎此㉟。"孔子曰:"夫子德配天地,而犹假至言以修心�36。古之君子,孰能脱焉�37?"老聃曰:"不然。夫水之于汋也,无为而才自然矣�38。至人之于德也,不修而物不能离焉�39。若天之自高,地之自厚,日月之自明,夫何修焉�40?"孔子出,以告颜回曰:"丘之于道也,其犹醯鸡与�441!微夫子之发吾覆也�42,吾不知天地之大全也。"

【译文】 孔子去见老子,老子刚洗过头,正在披散着头发等待晾干,死不棱登地不像个活人。孔子就便地找了个地方等着。过了一会,老子接见了他。孔子说:"我是眼花了呢,还是真的呢? 刚才先生的躯体直撅撅的像一株枯树,好像是忘掉了一切,离开了人生一样独自站在那里。"老子说:"刚才我的心在万物的本源处遨游。"孔子问:"这是什么意思呢?"老子说:"我不能主观有意地去想,张开嘴也说不出。试着给你描述个大概吧! 至阴之气森森肃肃,至阳之气赫赫炎炎。森森肃肃的阴气从天上下来,赫赫炎炎的阳气从地下发出,两气交感流通,万物化生出来,有那么一个组织者而又看不见它的形象。消长盈虚,一明一暗,日变月化,每天都在起作用,又看不见它在做事。出生的东西都有萌生的源头,死去的东西都有归宿,始终循环没有个起端,也不知道它的尽头。要不是它,谁又是万物的主宰呢?"孔子说:"请问到它那里遨游如何呢?"老子说:"能够到它那里去遨游是最美最乐的。能获得这种最美,遨游于这种最乐,就叫做至人。"孔子说:"我想知道到那里遨游的方法。"老子说:"吃草的野兽,换了草泽不担心;水里的生物,换了水也不担心,因为只是发生了小的变化,而没有失去大的常规,喜怒哀乐就不往心里去。天下是万物共同生存的整体,得到了这个共同生存的整体又能同于万物,那么四肢百体就如同尘垢一样,人的死生终始如同昼夜变化一样,就没有什么能扰乱自己了,更何况是得失祸福之间呢? 抛弃一个仆人如同抛弃一块泥土,这是因为知道自身比仆人可贵。知道自身可贵又在变化中不丧失自我,将会在千变万化中没有终极,还有什么可担心的呢? 已经得到大道的人明白这个道理。"孔子说:"先生道德配得上天地,还要借助至理名言修炼心性,可见古代的君子,谁能离得了呢?"老子说:"不是这样。水往出涌流,并不是有意去做,而是自然而然;至人的道德,不是靠修行,而是自然如此,万物离不了它。就如同是天自然而然地高,地自然而然地厚,日月自然而然地明,又何须修炼呢?"孔子出来,告诉颜回说:"我对于大道的见识,简直就如同是小蠓虫一样渺小呵! 要是没有先生来开导启发,我真不知道天地的广大和全面。"

【注释】 ①新沐:刚洗过头。 ②被发:披发。干:等待晾干。 ③慹(zhé 哲):蛰。

蛰是形体处于冬眠状态。慹是心灵处于冬眠状态。非人:不像活人。　④便:就便。便而待之:就便找了个地方等着,不去惊动他。　⑤丘:孔子自称。眩:眼花。信:真的。句谓,刚才是我看花眼了呢,还是真的就是这样?　⑥掘若槁木:直撅撅的像一段枯木。掘通"崛"。　⑦遗物离人:遗弃万物离开人群,即抛弃一切。立于独:站立在独有的境界。　⑧游心:心灵遨游。物之初:万物的本源。　⑨心困:个人的主观受到困惑。不能知:不能去认识,即不能主观有意地去想,只能自然感应。　⑩辟:张开。句谓,张开嘴也不能说。指不由自主,不能凭主观去辩说。　⑪议:议论。这里是描述一下的意思。将:大略情况。　⑫至阴:最根本的阴气。肃肃:阴森肃杀。　⑬至阳:最根本的阳气。赫赫:炎炎显赫。　⑭出乎天:从天上出来。出乎地:从地中出来。《周易》认为阳气从天中生出,阴气从地中生出。该句可能是"肃肃出乎地,赫赫发乎天"的误倒。没有异文可考,暂仍其旧。　⑮交通:交感流通。成和:组合在一起。《老子·四十二章》说:"万物负阴而抱阳,冲气以为和。"认为万物都是阴阳二气化合而成。　⑯或:有的。这里是有那么一种东西的意思。纪:纲纪。这里是主宰、支配的意思。句谓,有一种东西在主宰着它们,但又看不见它的形体。　⑰息:生长。消息:消长。《周易》认为阴气与阳气迭互消长,阳满阴虚,阴满阳虚,阴阳消长盈虚的变化,构成了自然运动基础的、永恒的规律。　⑱日改月化:每天每月都在变化。日有所为:每天都在生化万物。功:工作。莫见其功:却见不到它在工作。　⑲有所乎萌:有萌生的地方。有所乎归:有归宿的地方。句谓,万物的生出都有萌生的地方,死亡都有归宿的地方。也就是说,万物的生死,都是有一种东西在管理着它们。　⑳反:返。始终相反:始终循环往复,即周而复始。无端:找不到开头和结尾。　㉑莫知乎其所穷:不知道它的尽头。以上都是对道存在的说明。道无时无刻不在发挥支配阴阳,化成万物,形成基本规律的作用,虽然它触见不及,但从逻辑推理上说,任何作用的发生都不是凭空的,既然有作用发生,就应当有产生作用的道存在,不然这些作用的发生就无法解释。　㉒是:这,指发挥作用的道。宗:宗主。句谓,如果不是这个道,又是谁来主宰呢?　㉓游:遨游在这样的境界,即进入道。句谓,进入道的境界是个什么样子呢?　㉔其方:进入道的方法。　㉕疾:患,害怕。易:换。薮(sǒu叟):草泽。句谓,吃草的动物,不害怕换了草泽。　㉖行小变:日常行为稍微做些适应性的变化。大常:基本的生存条件。句谓,只是发生了一些小的变化,基本的生存条件并没有变。　㉗胸次:胸中,即心里。　㉘万物之所一:万物共同的整体。　㉙四支:四肢。将为尘垢:就会视为尘垢。意思是说,融入道的整体里,自己身上的形躯就变得不那么重要了。　㉚死生终始将为昼夜:就会把生、始当白天,把死、终当夜晚的变化一样看待。莫之能滑:没有什么可以扰乱自己的了。滑(gǔ骨):乱。㉛介:之间,引申为留意。句谓,更何况去介意得失祸福之间的好坏呢?　㉜隶:仆人。泥涂:泥块。句谓,失去一个仆人如同失去一块泥土。　㉝不失于变:不在变化中丧失自我。　㉞万化而未始有极:千变万化没有终极。患心:心中忧患。庄子认为,人只要融入大道,就可以随道无穷地转化,只有形躯的蜕变,没有真我的死亡。　㉟已为道者:已经得道的人。解乎此:明白这个道理。㊱假至言以修心:借至理真言的指导来修炼心性。　㊲脱:离。句谓,谁能离的了至理真言呢?　㊳汋(zhuó灼):泉水从地下冒出。

无为而才自然:不是有意而为,才能自然而然。 ㊴物不能离:万物离不了它。句谓,至人的道德是自然的涌现,不是靠修炼,这样万物才离不了它。 ㊵何修:修炼什么,指人为的修炼。 ㊶醯(xī希)鸡:酒瓮里生出的一种比蚊子还小的飞虫。郭象注:"瓮中之蠛蠓。" ㊷微:没有。夫子:指老子。发吾覆:揭开我的蒙蔽,即开导启发。

庄子见鲁哀公①。哀公曰:"鲁多儒士,少为先生方者②。"庄子曰:"鲁少儒。"哀公曰:"举鲁国而儒服,何谓少乎③?"庄子曰:"周闻之,儒者冠圜冠者知天时④,履句屦者知地形⑤,缓佩玦者事至而断⑥。君子有其道者,未必为其服也⑦;为其服者,未必知其道也。公固以为不然,何不号于国中曰⑧:'无此道而为此服者,其罪死!'"于是哀公号之五日,而鲁国无敢儒服者。独有一丈夫,儒服而立乎公门。公即召而问以国事,千转万变而不穷⑨。庄子曰:"以鲁国而儒者一人耳⑩,可谓多乎?"

【译文】 庄子去见鲁哀公,哀公说:"鲁国有很多儒士,但很少有学先生道术的。"庄子说:"鲁国也没几个儒士。"鲁哀公说:"全鲁国都穿儒士的服装,怎么说儒士少呢?"庄子说:"我听说,儒士戴圆帽子是懂得天时,穿方鞋子是懂得地理,腰带上佩带玉玦是遇到事情能当机立断。君子有这种道术的,未必穿这样的衣服;穿这种衣服的,未必懂得这种道术。您如果认为不是这样,何不向全国发个号令,就说:'没有这种道术而穿这种服装的,判处死罪!'"于是哀公下号令五天,鲁国没有人敢穿儒士服装的了。只有一男子,穿着儒士服装站在哀公门前。鲁哀公召他来询问国事,千变万化而应对无穷。庄子说:"全鲁国能称得上儒士的就一个罢了,能算多吗?"

【注释】 ①鲁哀公:春秋时定公之后在位的鲁君,远在庄子之前。这里说庄子见鲁哀公,恐误。成疏:"庄子是六国时人,与魏惠王、齐威王同时,去鲁哀公一百二十年,如此见鲁哀公者,盖寓言耳。" ②儒士:儒家学派的士人。方:道术。为先生方:学习先生的道术。句谓,鲁国大多数人都学的是儒家理论,很少学老庄理论的。 ③举:全。句谓,全鲁国的人都穿儒士服装,怎么能说儒士少呢? ④前"冠":作动词用,戴帽子。圜冠:圆帽子。古人认为天圆地方,人的头像天,足像地,故头上戴圆形帽子,脚上穿方形鞋子。天时:天的运行时序。 ⑤履:穿鞋子。句屦:方形鞋子。地形:地理。 ⑥缓:《释文》:"司马本作绶。"绶是指腰带。佩:佩带。玦(jué决):古人佩带的有缺口的玉器。玦缓佩不辞,司马本可从。绶佩玦:腰带上佩带玉玦。事至而断:临事能决断。 ⑦其道:指儒家的学说。为其服:指穿儒家的服装。 ⑧号:号令。号于国中:通令全国。 ⑨千转万变:千变万化,指转换不同角度地询问。不穷:难不住。 ⑩一人耳:一个人罢了。意思是说,真正能懂儒家学说的只有一个人。

百里奚爵禄不入于心①,故饭牛而牛肥②,使秦穆公忘其贱,与之政也③。有虞氏死生不入于心,故足以动人④。

宋元君将画图⑤,众史皆至⑥,受揖而立,舐笔和墨⑦,在外者半。有一史后至者,儃儃然不趋⑧,受揖不立,因之舍⑨。公使人视之,则解衣般礴臝⑩。君曰:"可矣,是真画者也。"

【译文】 百里奚不把官职禄位放在心上,所以养牛牛长得肥,使秦穆公忘掉了他低贱的身份,把国家政权交给了他。虞舜不把生死放在心上,所以能感化世人。

宋元君要画像,很多画师都来了,接受了答礼后就位作画,沾笔调墨,还有一半画师没有位子站不进来。有一个画师是后来的,坦坦然然,到了国王面前也不快走,接受了答礼也不入位,随后就回了旅舍。宋元君派人去看他,只见他脱掉衣服,光着膀子,盘腿坐着。宋元君说:"行呵,这是个真正的画师。"

【注释】 ①百里奚:秦穆公时贤相。成疏:"姓孟,字百里奚,秦之贤人也。本是虞人,虞被晋亡。遂入秦国。初未遭用,贫贱饭牛。安于饭牛,身甚肥悦,忘于富贵,故爵禄不入于心。后穆公知其贤,委以国事,都不猜疑,故云忘其贱也。"爵禄不入于心:官职禄位不往心里去。 ②饭牛:喂牛,养牛。 ③与之政:把政权交给他。 ④有虞氏:即舜。成疏:"有虞,舜也。姓妫氏,字重华。遭后母之难。频被踬顿,而不以死生经心,至孝有闻,感动天地。于是尧妻以二女,委以万乘,故足以动人也。" ⑤宋元君:即宋元公。参见《外物》篇。画图:画像。从宋元君亲自接见画师可知是要画像。 ⑥史:指画师。古代朝廷称从事某专业技术的人员为史。 ⑦舐(shì氏)笔和墨:沾笔调墨。 ⑧儃儃(tǎn坦):坦坦然然。不趋:不快走。 ⑨之舍:回到住处。 ⑩般礴:盘腿坐。古人规矩的坐法是跪坐在脚后跟上,盘腿坐也是一种随意的坐法。

文王观于臧①,见一丈夫钓。而其钓莫钓②,非持其钓有钓者也,常钓也③。文王欲举而授之政④,而恐大臣父兄之弗安也⑤;欲终而释之⑥,而不忍百姓之无天也⑦。于是旦而属之大夫曰⑧:"昔者寡人梦见良人⑨,黑色而髯⑩,乘驳马而偏朱蹄⑪,号曰:'寓而政于臧丈人⑫,庶几乎民有瘳乎⑬!'"诸大夫蹴然曰⑭:"先君王也⑮。"文王曰:"然则卜之⑯。"诸大夫曰:"先君之命,王其无它⑰,又何卜焉?"遂迎臧丈人而授之政。典法无更⑱,偏令无出⑲。三年,文王观于国,则列士坏植散群⑳,长官者不成德㉑,𣂪斛不敢入于四竟㉒。列士坏植散群,则尚同也㉓;长官者不成德,则同务也㉔;𣂪斛不敢入于四竟,则诸侯无二心也㉕。文王于是焉以为大师㉖,北面而问曰㉗:"政可以及天下乎㉘?"臧丈人昧然而不应㉙,泛然而辞㉚,朝令而夜遁㉛,终身无闻。

颜渊问于仲尼曰:"文王其犹未邪㉜?又何以梦为乎㉝?"仲尼曰:"默,汝无言㉞!夫文王尽之也㉟,而又何论刺焉㊱!彼直以循斯须也㊲。"

【译文】 周文王在臧地视察,见到一个老者在钓鱼。钓但也不是在钓,不是那种手持钓竿成心要钓的样子,只是随便钓钓罢了。周文王想提拔他并把国政交给他管理,但又担心大臣和宗族的父兄们不安;想放弃重用他的念头,又不忍心看到百姓们失去仰望的天日,于是早朝时召集诸大夫说:"昨天我梦见一位圣贤,长着黑色的胡须颊髯,骑着一匹杂色马,马的蹄子一边是红色的,命令我说:'把国政交给臧地的老者,或许百姓的疾苦就可解除了。'"诸大夫吃惊地说:"大王梦见的是您的父亲呵!"周文王说:"那么我们来占卜一下。"诸大夫说:"既然是先君的命令,大王就不要怀疑了吧,又何必再占卜呢?"于是就迎来臧地的老者把国政交给他管理。臧地的老者执政后,没见他改动原来的典章制度,也没见他发布什么特别的法令。三年过去之后,周文王到全国去视察,见到士人们都解散了宗派,当官的不再去追求个人的成绩,国内买卖公平成风,诸侯国的量器也不敢进入国境了。士人们解散了宗派,大家没有分歧崇尚一致了;当官的不再追求个人的成绩,都同心办事了;诸侯国的量器不敢进入国境,诸侯没有二心了。周文王于是把臧老者奉为太师,向他北面行臣子之礼,问道:"我们的政令可以推行到全天下吗?"臧地老者懵懵懂懂地也不应声,含含糊糊地推辞了。早晨听了周文王的命令,晚上就偷跑了,终身再无消息。

颜渊问孔子说:"周文王那样的德行威望还不行吗,又何必编出个梦来哄大家呢?"孔子说:"别做声,你可不要乱说。周文王可是做到家了,你又有什么可评论的!他只不过是用这种方法顺应当时大家的心理罢了。"

【注释】 ①文王:周文王。臧:地名。成疏:"臧者,近渭水地名也。丈夫者,寓言于太公也。吕望未遭文王之前,纶钓于臧地,无心施饵,聊自寄此逍遥。" ②其钓莫钓:他钓鱼也不务钓鱼。 ③非持其钓有钓者也:不是拿着钓竿要钓多少鱼。常钓:平常地钓,即随便钓钓。 ④举:提拔举荐。授之政:把政权交给他。 ⑤恐:担心。大臣父兄:宗室大臣。封建宗室制度同宗室掌权议政。 ⑥释之:放弃他,指不加任用。 ⑦无天:失去仰望对象,犹言失去信仰,喻太公道德之高可作万民信仰。 ⑧属:嘱,指召集会议告诉大家。 ⑨良人:圣贤君子。 ⑩而:胡须。髯(rán然):两颊的胡须。句谓,长着

⑪驳马:杂颜色的马。偏朱蹄:一边长着红色的蹄子。 ⑫寓:寄托。这里是托付给。臧丈人:臧地的钓鱼丈人,指姜太公吕望。 ⑬瘳:病愈。这里是得到救治的意思。 ⑭蹴然:猛惊的样子。 ⑮先君王:死去的父王,指周文王的父亲季历。周文王按季历的相貌举止介绍自己梦见的良人,其貌为诸大夫所熟知,故一下认定为先君王。 ⑯卜之:占筮一下,指占筮一下把政权交给臧丈人的吉凶。 ⑰王其无它:大王不要有别的想法,即不用怀疑。又何卜焉:又何必占筮呢? ⑱典法无更:国家的政策法令不改变。 ⑲偏令无出:没有发布什么特别的政令。偏:特别的,不同的。 ⑳植:树,指竖立的派别。坏植散群:解散了各种派别,即统一了思想。 ㉑不成德:不成就自己的功德,指行为统一到公共利益上来。 ㉒斔斛(yǔ hú 羽胡):古代量器单位,六斗四升为一斔(依成玄英说),十斗为斛。不敢入于四竟:不敢进入境内。当时各诸侯国的度量衡制不统一,商贾很容易利用各国之间的不同牟取利益。各国的度量衡器不入境,说明大家共同信守周制,交易公平。 ㉓尚同:崇尚一致。 ㉔同务:同心办事。 ㉕二心:不同的心。 ㉖大师:太师。 ㉗北面:古代国王面南理政,臣子北面朝拜。这里说文王北面,是表示对臧丈人的尊敬。 ㉘及:到达,普及。指普及到各诸侯国。 ㉙昧然:昏昧的样子。不应:不表态。 ㉚泛然:含糊的样子。辞:推辞。 ㉛朝令而夜遁:这是一个紧缩句。意思是说,早晨接到了文王的命令,晚上臧丈人就偷跑了。 ㉜未:还未达到。句谓,周文王那样的圣人还未达到令人信服的程度吗? ㉝何以梦为:为什么还要编出个梦来取信于人呢? ㉞默:闭嘴不说。汝无言:你不要乱说。 ㉟尽之也:做到家了。指文王的做法极其高明。 ㊱论刺:评论讥刺。 ㊲直:只。循:顺应。斯须:暂时。句谓,周文王只不过是临时迎合一下大家的心理愿望罢了。

列御寇为伯昏无人射①,引之盈贯②,措杯水其肘上③,发之,适矢复沓④,方矢复寓⑤。当是时,犹象人也⑥。伯昏无人曰:"是射之射,非不射之射也⑦。尝与汝登高山,履危石,临百仞之渊,若能射乎?"于是无人遂登高山,履危石,临百仞之渊,背逡巡⑧,足二分垂在外⑨,揖御寇而进之⑩。御寇伏地⑪,汗流至踵。伯昏无人曰:"夫至人者,上窥青天⑫,下潜黄泉⑬,挥斥八极⑭,神气不变⑮。今汝怵然有恂目之志⑯,尔于中也殆矣夫⑰!"

【译文】 列御寇射箭给伯昏无人看,他拉满弓,放一杯水在左肘上,把箭放出去,射出去的箭一支又一支重复落在靶心上,射出一箭,又安上一箭。这个时候,简直像个木偶人似的。伯昏无人说:"你这是带着心去射的射,不是那种不带心而射的射。不信的话,我和你登上高山,踩在危石上,下临百丈深渊,你能射吗?"于是伯昏无人就登上高山,踩在危石上,下临百丈深渊,背对深渊向后挪动脚步,脚下有二分站在危石的外边悬空了,拱手请列御寇来像他似地往前走。列御寇吓得趴在地上,汗流到了脚跟。伯昏无人说:"要是至人,眼睛上可看透青天,下可潜入黄泉,纵横八方,神气也不会改变。现在你心里被眼睛见到的这么点事就吓怵了,你还想射中目标恐怕就很难了!"

【注释】 ①列御寇:列子。伯昏无人:人名,见《德充符》篇注。 ②引:拉。盈贯:满弓。郭象注:"盈贯,谓溢镝也。"意思是说,把箭杆都拉在弓里,外边就只有一个箭头叫做盈贯。 ③措:放置。肘:指左手的手肘。射箭时左手稳定才能射中,能在肘上放一杯水,说明左手极其稳定。 ④发之:发射箭。适:往,放出去。复:又。沓:重。适矢复沓:放出去的箭一支又一支,重复落在靶心上。 ⑤方:刚刚。寓:安上。方矢复寓:刚射出一箭又安上一箭。 ⑥象人:木偶人。 ⑦射之射:要射的射,即有心的射。不射之射:无心的射,不是有心支配的射。 ⑧背逡巡:背着身向后退。 ⑨足二分垂在外:脚的十分之二悬空在崖的外边。 ⑩揖:拱手礼。进之:使之进。句谓,拱手请列子到悬崖边上来。 ⑪伏地:趴在地上。 ⑫窥:观察,看透。 ⑬潜:深入。黄泉:地下。 ⑭挥斥:恣意奔放。八极:八方之极。 ⑮神气:神情。 ⑯怵然:胆怯的样子。恂(xún旬):惧怕。恂目之志:被眼睛见到的景象吓怕了的心理。 ⑰中:射中。殆:危险。句谓,你想要射中目标,恐怕就很危险了。

肩吾问于孙叔敖曰①:"子三为令尹而不荣华②,三去之而无忧色③,吾始也疑子④,今视子之鼻间栩栩然⑤,子之用心独奈何?"孙叔敖曰:"吾何以过人哉⑥? 吾以其来不可却也,其去不可止也⑦。吾以为得失之非我也⑧,而无忧色而已矣。我何以过人哉? 且不知其在彼乎? 其在我乎⑨? 其在彼邪亡乎我⑩,在我邪亡乎彼。方将踌躇,方将四顾⑪,何暇至乎人贵人贱哉⑫?"仲尼闻之曰:"古之真人,知者不得说⑬,美人不得滥⑭,盗人不得劫⑮,伏戏、黄帝不得友⑯。死生亦大矣,而无变乎己⑰,况爵禄乎? 若然者,其神经乎大山而无介⑱,入乎渊泉而不濡,处卑细而不惫⑲,充满天地,既以与人,己愈有⑳。"

楚王与凡君坐㉑。少焉,楚王左右曰凡亡者三㉒。凡君曰:"凡之亡也,不足以丧吾存㉓。"夫凡之亡不足以丧吾存,则楚之存不足以存存㉔。由是观之,则凡未始亡而楚未始存也㉕。

【译文】 肩吾问孙叔敖说:"您三次做令尹而不觉得荣耀,三次罢去职务也不忧愁,我开始还怀疑您是故作姿态,现在看您眉宇之间的表情,还真是满不在乎,您心里倒底是怎么想的呢?"孙叔敖说:"我又有什么过人之处呢?我不过是因为官职来到我身上,我不能推卸;官职离开我,我也留不住。我觉得得官失官都不是我能决定的,所以就没有忧愁。我又有什么过人之处呢？再说，得与失究竟是在令尹的职位上呢，还是在我身上？如果是在令尹的职位上，那就与我无关；如果是在我身上，那就与令尹的职位无关。我要考虑的是做到心满意足，从容自得，哪有闲心思想什么人的贵贱呢？"孔子听到后说："古代的真人，智辩的人不能说服他，美人引诱不了他，强盗劫持不了他，伏羲、黄帝亲近不了他。生死也算是人生的大事了，在他面前也毫无影响，更何况是高官厚禄呢？像这样的人，他的精神穿越泰山挡不住，进入深渊湿不了，处在卑贱的地位不受困顿，充满天地之间，越是施舍给别人，自己越是富有。"

楚王与凡国国君在一起闲坐。不大一会，楚王身边的人，三次提起凡国已经灭亡了。凡君说："凡国灭亡了，但并不能使我的存在丧失。"凡国灭亡，不能使我的存在丧失；楚国存在，也不能使楚人的存在得到保存。由此看来，那么凡国未曾灭亡，楚国也未曾存在。

【注释】　①肩吾：人名。参见《逍遥游》、《大宗师》篇。孙叔敖：人名。成疏："叔敖，楚之贤人也。"　②令尹：楚国称国相为令尹。荣华：荣耀华贵。句谓，您当过三次令尹而不觉得荣耀华贵。　③去之：罢去令尹之职。　④疑子：怀疑您在故作姿态。　⑤栩栩然：生动的样子。这里是轻松不在乎的意思。　⑥过人：强过他人。　⑦其来：令尹职位的到来。却：推卸。止：留住。　⑧得失之非我：得与失不由我决定。　⑨其在彼：得与失在当不当令尹。在我：得与失在我自己。　⑩亡：无。　⑪踌躇：心满意足。回顾：回顾而无牵累，指从容自得。句谓，我正要考虑的是怎样做到心满意足，从容自得。　⑫何暇：哪里有闲暇。至：想到。　⑬知者不得：有智辩的人说服不了他。　⑭美人不得滥：美人引诱不了他。滥：淫滥。　⑮劫：劫持。　⑯伏戏：伏羲。不得友：不能拉他做朋友，指不趋炎附势。　⑰无变乎己：不能使自己改变。　⑱大山：泰山。介：隔开。句谓，他的精神穿越泰山挡不住。　⑲卑细：低小，指社会地位低下。惫：困顿。　⑳与人：给人。愈有：更加有。句谓，他越是施舍给人的多，自己越是富有。　㉑凡：国名。成疏："凡是国名，周公之后，国在汲郡界，今有凡城是也。"　㉒左右：身边的人。曰凡亡者三：三次说道凡国灭亡了。　㉓不足以丧吾存：不足以使我的存在丧失。指凡君心中抛弃了得失的考虑，失国对自己没影响。　㉔存存：保存它的存在。指国家的存在不能说明真我的存在。国家的存亡只不过是身外的得与失。　㉕未始：未曾。此句意指存亡都是身外的得失，对真我来说，有与没有都是虚的。

第二十二篇　知北游

　　知北游是一个名叫智的人到北方去游历的意思,以截取篇首三字为题。全篇主要围绕怎样认识道的问题展开讨论,提出"何思何虑则知道,何处何服则安道,何从何道则得道"。作者在强调认识道与认识其他事物完全不同之后,提出了"观于天地"、"正汝形,一汝视"、"摄汝知,一汝度"等方法。接着说明了道这个特殊的认识客体与作为人的认识主体之间存在的难以解决的矛盾,道是客观的、自在的、无限的,而人却是主观的、拘限的、具象的。要解决这种矛盾,不是用认识客体服从主体的认识方法,而是让认识主体改变认识方法去服从认识客体。于是较多地强调了"道不可闻"、"道不可见"、"道不可言"、"道不当名"的特点。人应当在观照中去感知体悟它,而不是靠有限的知识去推论它。

　　知北游于玄水之上,登隐弅之丘①,而适遭无为谓焉②。知谓无为谓曰:"予欲有问乎若③:何思何虑则知道? 何处何服则安道④? 何从何道则得道⑤?"三问而无为谓不答也。非不答,不知答也⑥。知不得问,反于白水之南,登狐阕之上⑦,而睹狂屈焉⑧。知以之言也问乎狂屈⑨。狂屈曰:"唉! 予知之,将语若。"中欲言而忘其所欲言⑩。知不得问,反于帝宫,见黄帝而问焉。黄帝曰:"无思无虑始知道,无处无服始安道,无从无道始得道⑪。"

　　知问黄帝曰:"我与若知之,彼与彼不知也,其孰是邪⑫?"黄帝曰:"彼无为谓真是也,狂屈似之,我与汝终不近也⑬。夫知者不言,言者不知,故圣人行不言之教⑭。道不可致,德不可至⑮。仁可为也⑯,义可亏也⑰,礼相伪也⑱。故曰,失道而后德,失德而后仁,失仁而后义,失义而后礼⑲。礼者,道之华而乱之首也⑳。故曰,为道者日损㉑,损之又损之,以至于无为,无为而无不为也㉒。今已为物也㉓,欲复归根㉔,不亦难乎?其易也,其唯大人乎㉕!生也死之徒㉖,死也生之始㉗,孰知其纪㉘?人之生,气之聚也㉙。聚则为生,散则为死㉚。若死生为徒,吾又何患㉛?故万物一也㉜,是其所美者为神奇,其所恶者为臭腐㉝。臭腐复化为神奇㉞,神奇复化为臭腐。故曰:通天下一气耳㉟。圣人故贵一。"

知谓黄帝曰:"吾问无为谓,无为谓不应我。非不我应,不知应我也。吾问狂屈,狂屈中欲告我而不我告。非不我告,中欲告而忘之也。今予问乎若,若知之,奚故不近?"黄帝曰:"彼其真是也,以其不知也㊱;此其似之也,以其忘之也㊲;予与若终不近也,以其知之也。"狂屈闻之,以黄帝为知言㊳。

【译文】智(智慧的化名)到北边的玄水上游历,登上了隐弅山,正好遇上了无为谓(无为的化名)。智对无为谓说:"我正想问问您,怎么思,怎么想,才能知道大道?怎么处身,怎么去做,才能安身在大道上?从哪里走,走什么道,才能得到大道?"连问了三个问题,无为谓也不回答。不是不回答,而是不知道怎么回答。智没有得到答案,返回到白水之南,登上了狐阕之山,见到了狂屈(任性的化名)。又用这些问题问狂屈。狂屈说:"唉!我明白,我正要告诉你。"正要想说却又忘了想要说的话。智又没有得到答案,返回帝宫,找到黄帝去问。黄帝说:"什么也不思,什么也不想,才能知道大道。哪里也不处身,什么也不做,才能安身在大道上。不从哪里走,也不走什么道,才能得到大道。"

智问黄帝说:"我和你知道怎么做,无为谓和狂屈他们俩不知道怎么做,究竟是谁对呢?"黄帝说:"无为谓是真正的对,狂屈也差不多。我和你就离大道远了。知大道的人不说,说的人不知大道,所以圣人才推行无言的教化。大道是不能用个办法获得的,天德是不能用个办法来到身上的。仁爱是有办法可以做到的,正义是要有所亏损的,礼仪就是对人外表上要求的虚伪了。所以说,失去道然后才讲德,失去德然后才讲仁,失去仁然后才讲义,失去义然后才讲礼。礼是大道的表面化,祸乱的开端。所以才说,修道的人一天一天地往前减损,减损再减损,一直减损到自然无为的大道,自然无为也就无所不为了。现在我们已经成为一个具体的物了,想要恢复到它的根本上去,不也很难吗?容易做到这一点的,恐怕只有大人能办得到吧!生是死的同类,死是生的开端,谁能知道它的头绪?人的生是气的聚合,聚合了就是生,散开了就是死。如果死生是同类,我又担心什么呢?所以说,万物都是一体的,其中认为好的就是神奇的东西,认为坏的就是臭腐的东西。臭腐的又转化为神奇的,神奇的又转化为臭腐的。所以说,天下所有的万物都通同为一气罢了。因此圣人特别看重同一。"

智又问黄帝说:"我问无为谓,无为谓不回答我。不是不回答我,是不知道怎么回答我。我问狂屈,狂屈想告诉我但还是没告诉我。不是不告诉我,而是要告诉却又忘记了要告诉的话。现在我问您,您却知道,为什么还说离大道远了呢?"黄帝说:"无为谓才是真正的对,正是因为他不知道;狂屈也差不多,正是因为他忘了该怎么说。我和你离大道远了,正是因为我们知道。"狂屈听说了,认为黄帝懂得语言。

【注释】 ①知:智慧的化名。玄水:水名。隐弅(fèn 分):丘名。成疏:"此章并假立姓名,寓言明理。北是幽冥之域,水又幽昧之方,隐则深远难知,弅则郁然可见。欲明至道玄绝,显晦无常,故寄此言以彰其义也。" ②适遭:正好遇上。无为谓:无为之说的化名。 ③若:你。 ④服:做。安:置身。句谓,怎么处怎么做才能置身在大道上? ⑤何道:什么道路。句谓,从哪里走,走什么路,才能得到大道? ⑥不知答:不知道怎么回答。 ⑦白水:水名。狐阕:地名,也是假设名称。 ⑧狂屈:猖狂的化名。《庄子》里的猖狂,一般都是指在潜意识支配下的活动,与显意识支配下的活动相对,强调人在自然生理支配下的状态,与一般意义上的猖狂不同,主要是任性、任意的意思。 ⑨之言:这些话,指问过无为谓的三句话。 ⑩忘其所欲言:忘了该怎么说。 ⑪无处无服:不怎么处,也不怎么做。无从无道:不从哪里走,也不走什么路。 ⑫是:对。句谓,我和你知道怎样学习大道,他们俩不知道怎样学习大道,究竟谁是对的呢? ⑬似之:近似。不近:与大道相距还远。 ⑭不言之教:不进行说教的教化。老庄认为任何说教都是在分解,因而带有局限性。一说出来就限制了大道的全面整体性。任何语言都带有主观性,而大道是自然客观的。大道不能用语言表达,故说知者不言,言者不知,圣人推行大道也要行不言之教。 ⑮致:使它到来。句谓,大道是不能用个办法获得的,天德是不能用个办法来到身上的。意思是说,道德是自在客观的,人的主观努力对它没有任何作用。 ⑯仁可为也:仁爱是有办法可以做到的。也就是说,仁爱是带主观性的,与道德的客观性显然不同。 ⑰义可亏也:正义是要亏损的。庄子认为讲正义的主观性更强。因为实行正义的先决条件就是要分出正义与非正义,区分正义与非正义则完全是人的主观认识,背离了大道的自在客观性,故认为义是亏损大道的。 ⑱礼相伪也:礼仪是人与人之间的虚假行为。因为礼仪是人为的一种规定,注重的是形式,完全都是对人表面行为的要求,不仅背离了大道的自在客观性,还脱离了大道的实质。 ⑲失:失去。而后:然后才实行。句谓,所以老子才说,失去大道然后才推行德,失去德然后才推行仁,失去仁然后才推行义,失去义然后才推行礼。以上所引见《老子·三十八章》。 ⑳华:同花。这里指表面形式。礼者,道之华而乱之首也:礼仪是道的表面形式化,造成乱的开始。《老子》说:"夫礼者,忠信之薄而乱之道。" ㉑为道者日损:修养大道的人要一天天地减损人为的主观因素。意思是说,这样才能逐渐向大道的自在客观性靠近。《老子·四十八章》说:"为学日益,为道日损,损之又损,以至于无为,无为而无不为。" ㉒以至于无为:一直到没有了人为的主观因素。无为而无不为也:没有了人为的主观因素,就融入大道而无所不为了。参见上注。 ㉓已为物:已经形成了具体的器物。 ㉔欲复归根:想要回到未形成器物时的根本里去,即回到大道里去。 ㉕其易也,其唯大人乎:只有大人才容易办得到吧! 大人指明道的人。 ㉖徒:同类,伴侣。句谓,生是死的伴侣。 ㉗死也生之始:死是生的开始。庄子认为生死是始终相续的。 ㉘纪:纲纪,头绪。句谓,没有人能知道生死的头绪,因为生死是迭互产生的。 ㉙人之生,气之聚也:人的产生是气的聚合。庄子认为万事万物都由阴阳二气聚合而成,人也并不例外。 ㉚聚则为生:气聚合为人,人就活着。散则为死:气游散开了,人就死去。 ㉛吾又何患:我又何必担心呢? ㉜万物一也:万物是一体。庄子认为万物都是从一个整体的气里生出,气就是道的实体。 ㉝所美者:自己认为好的。所恶者:自己认为坏的。句谓,自己认为好的就是神奇的东西,自己认为坏的就是臭腐的东西。 ㉞复:又。化:转化。 ㉟通:全同。句谓,整个天下同为一气。 ㊱以其不知:因为他不知道。大道不断转化,根本不能定死,故不知反而是对的。 ㊲以其忘之也:因为他忘了该怎么说。因为不能说死,故忘了该怎么说反而接近。 ㊳知言:知道大道的说法。庄子在这里不是提倡不可知论,而是强调语言无法说明大道,强调大道具有整体性、转化性、客观性;更不是在宣传什么主观唯心主义,反而是在强调大道的客观性、自在性与人的主观性、局限性的对立。认识大道的方法是抛弃人的主观性与局限性,去感知大道的客观性与自在性。

天地有大美而不言,四时有明法而不议,万物有成理而不说①。圣人者,原天地之美而达万物之理②。是故至人无为,大圣不作③,观于天地之谓也④。今彼神明至精⑤,与彼百化⑥。物已死生方圆,莫知其根也⑦。扁然而万物,自古以固存⑧。六合为巨,未离其内⑨;秋豪为小,待之成体⑩。天下莫不沉浮,终身不故⑪。阴阳四时运行,各得其序。惛然若亡而存⑫,油然不形而神⑬。万物畜而不知⑭,此之谓本根,可以观于天矣⑮。

【译文】 天地有巨大的美德,但并不言语;四季有明显的规律,但并不议论;万物有固有的道理,但并不说话。圣人推原天地的美德,通达万物的道理。因此至人自然无为,大圣不作为,这就说的是取法天地。那些至人、圣人,神明达到极端精妙的程度,随着天地一起千变万化。万物已经生生死死、方方圆圆地处在变化之中,不知道变化的本原是什么,轻松自然地就成了万物,自古以来就是如此。六合之大,超不出它的范围;秋毫虽小,也要依赖它构成一体。所有的东西没有不随着升降的,终身都不会是一个老样子。阴阳四季运行不息,万物都有自己的序列。昏昏昧昧的,好像没有而它又有,自然而然的,看不见形象而它又神得不行。万物都得到养育但又不知是什么在养育,这就是那个根本。知道了这个根本,就可以观察了解天了。

【注释】 ①大美:巨大的美德。明法:明显的规律。成理:现成的道理。 ②原:推究。达:通达。 ③无为:没有人为的主观因素。不作:主观上不去做什么。 ④观:观察。这里是效法的意思。 ⑤彼:指至人、大圣。神明:指神思心灵。精:精妙纯粹。句谓,至人大圣的心灵极其精妙。 ⑥彼:指天地。与彼百化:随同天地千变万化。 ⑦死生方圆:生生死死、方方圆圆处在变化之中。莫知其根:不知变化的本原。 ⑧扁然:轻松自然的样子。扁:翩。固存:本来就存在,原来就这样。 ⑨六合:上下四方的空间。内:指大道之内。 ⑩待之成体:依赖大道的化生才能具有形体。 ⑪天下莫不浮沉:天下万物没有不随着升降的。故:保持原样不变。终身不故:终身都是处在变化之中。 ⑫惛:昏,不清晰的样子。若亡而存:若有若无。 ⑬油然:形迹变幻的样子。不形而神:不见形体却很神。 ⑭畜:养育。句谓,万物都得到道的养育,而又不自知。 ⑮观:观察了解。句谓,知道了这个本原,就可以观察了解天了。

　　啮缺问道乎被衣①,被衣曰:"若正汝形,一汝视②,天和将至③;摄汝知④,一汝度⑤,神将来舍⑥,德将为汝美,道将为汝居⑦。汝瞳焉如新生之犊而无求其故⑧。"言未卒,啮缺睡寐,被衣大说,行歌而去之,曰:"形若槁骸,心若死灰⑨,真其实知,不以故自持⑩。媒媒晦晦,无心而不可与谋⑪。彼何人哉!"

【译文】 啮缺向被衣请教大道,被衣说:"端正你的形体,视觉纯一不乱,自然和谐就会来临。收摄你的心智,意念纯一不乱,精神就会来到,德性就会完美,大道就会停留在你身上。你只要天真无知地像初生的牛犊那样不去探求什么道理就可以了。"话还没有说完,啮缺就睡着了,被衣非常高兴,唱着歌曲就走了,嘴里唱道:"形体像枯骨,心灵如死灰,回到了真知,不坚持自己的认识,昏昏昧昧,无心无念无谋虑。他是个什么样的人呵!"

【注释】 ①啮缺、被衣:人名。《天地》篇说啮缺是王倪的弟子,被衣是王倪的老师。 ②正汝形:使汝形正。一汝视:使汝视一。句谓,端正你的形体,使你的视听纯一,即要求自己做到纯正。 ③天和:自然和谐。 ④摄:收敛。知:智。 ⑤一汝度:你的意念要纯一,即不杂私念。度指意念。 ⑥神将来舍:精神就会来到你身上。舍:住下。 ⑦德将为汝美:德性将会使你完美。道将为汝居:大道就会寄居在你身上。 ⑧瞳:天真无知而看的样子。犊:小牛。故:缘故,道理。句谓,你要像个刚生的牛犊,瞪着稚气无邪的眼睛,不要去探求什么道理。 ⑨槁骸:枯骨。心若死灰:心灵寂灭如死灰。 ⑩真其实知:使其实知真。天道所赋予的实知返归于真,即排除了私情私念任由真知。故:故常,原来的样子。不以故自持:不坚持自己的认识。 ⑪媒媒:昧昧。媒媒晦晦:昏暗不明。不可与谋:不参与谋虑,即不去想。

舜问乎丞曰①:"道可得而有乎②?"曰:"汝身非汝有也③,汝何得有夫道?"舜曰:"吾身非吾有也,孰有之哉?"曰:"是天地之委形也④;生非汝有,是天地之委和也⑤;性命非汝有,是天地之委顺也⑥;子孙非汝有,是天地之委蜕也⑦。故行不知所往,处不知所持,食不知所味。天地之强阳气也⑧,又胡可得而有邪?"

【译文】 舜问丞说:"大道可以获得自己据有吗?"丞说:"你的身体都不是你能据有的,你怎么能据有大道?"舜说:"我的身体不是我据有,那么是谁据有呢?"丞说:"是天地派生出一个形体;活着不归你所有,那是天地阴阳二气和谐派生出来的;性命不归你所有,那是天地阴阳二气和顺派生出来的;儿孙也不归你所有,那是天地阴阳二气蜕化新生派生出来的。所以,行动不知会发生什么,居处不知道持守着什么,饮食不知道什么口味合适。那都是天地旺盛的阳气,又怎么能自己获得据有呢?"

【注释】 ①丞:人名。成疏:"丞,古之得道人,舜师也。"从丞与舜的对话口气去看,成说近是。 ②得而有:得到而拥有。 ③身:身体。句谓,连你的身体都不属于你自己。 ④委:派生出来。委形:派生出来的形体。 ⑤生:活着。委和:派生出来的和谐之气。 ⑥委顺:派生出来的顺而不逆的气。 ⑦委蜕:派生出来的蜕变形式。 ⑧强阳气:旺盛的阳气。古人认为阳气主生,阴气主死。阳气旺盛才能活着。

孔子问于老聃曰:"今日晏闲①,敢问至道。"老聃曰:"汝齐戒,疏瀹而心,澡雪而精神,掊击而知②。夫道,窅然难言哉③!将为汝言其崖略④。夫昭昭生于冥冥⑤,有伦生于无形⑥,精神生于道⑦,形本生于精⑧,而万物以形相生⑨。故九窍者胎生⑩,八窍者卵生⑪。其来无迹,其往无崖。无门无房,四达之皇皇也⑫。邀于此者,四肢强,思虑恂达⑬,耳目聪明,其用心不劳,其应物无方⑭。天不得不高,地不得不广,日月不得不行,万物不得不昌⑮,此其道与!且夫博之不必知,辩之不必慧⑯,圣人以断之矣⑰。若夫益之而不加益,损之而不加损者⑱,圣人之所保也⑲。渊渊乎其若海,魏魏乎其终则复始也⑳,运量万物而不匮㉑。则君子之道,彼其外与㉒!万物皆往资焉而不匮㉓,此其道与!

【译文】 孔子问老子说:"今天安闲,请先生讲讲至道。"老子说:"你要斋戒沐浴,洗刷心灵,清洁你的精神,抛弃你的心智。大道深奥不好说呵!我给你说个大概轮廓。明显的东西都是从昏暗中生出来的,有形的东西都是从无形中生出来的,精与神是从大道中生出来的,有形有象的东西都是从精中生出来的,而万物是用有形生出有形。所以长九窍的动物是胎生,长八窍的动物是卵生。来的时候无形无迹,去了之后无边无沿。既没有来的门,也没有去的家,四通八达广大无边。得遇此天道的,四肢强健,思路通达,耳目聪明,不用劳心,处事灵活。天没有它不高,地没有它不广,日月没有它不能运行,万物没有它不昌盛,这就是大道吧!再说,知识广博未必就知道真理,巧言善辩未必就慧知大道,所以圣人要抛弃智辩。至于说,增益也增益不了,减损也减损不了的大道,那才是圣人要保爱的。渊渊深沉像大海,巍巍高大,终而复始,运化出万物而不匮乏。那么君子讲究的道,只不过是它的外表皮毛吧!万物都从中资取而本身从不减少的,这就是大道吧!

【注释】 ①晏闲:安闲无事。 ②疏瀹(yuè跃):疏通。而:你。澡雪:洗刷。掊击:打破,这里是去掉的意思。 ③窅(yǎo咬)然:深奥难明的样子。 ④崖略:大略。崖:岸。崖略指大轮廓。 ⑤昭昭:明显的。冥冥:昏暗的。句谓,明显的东西都是从昏暗的东西生出来的,即看得见的东西是从看不见的东西生出来的。 ⑥有伦:与无形对举,指有形。句谓,有形的东西都是从无形的东西生出来的。 ⑦精神生于道:精神是从大道中生出来的。 ⑧形本:有形之物的根本。精:精液,精华。句谓,有形之物的根本是从精中生出来的。从上述可知,庄子认为道生精与神,精生形本,形本生形。这就是道演化为物的过程。 ⑨以形相生:用形体来生形体。就是说从道演生出物之后,到了物的层次,物就以形体生形体的方式繁衍了。 ⑩九窍者:长九个孔窍的生物,即长着双眼、双耳、双鼻孔、一口和前后阴的动物。 ⑪八窍者:长八个孔窍的生物,即不长前阴窍的生物。如飞禽和鱼类。 ⑫崖:边际。无门无房:没有进出口,也没有归宿。指大道无处不在,无所不达,不需要门、房,非人物可比。四达:四通八达。皇皇:大。 ⑬邀:遇。恂(xún旬)达:通达。 ⑭无方:没有固定的方式。 ⑮昌:昌盛。 ⑯博之不必知:博学不一定智慧。辩之不必慧:善辩不一定明慧。这是针对修道而言,《老子》说:"为学者日益,为道者日损。"博学善辩可以增长知识,但对修道来说是无用的。 ⑰断之:与下文"所保"对举,是断弃的意思,即抛弃它。 ⑱益:增益。损:损减。句谓,至于说增益也增益不了,减损也减损不了的。指道的客观自在性。 ⑲所保:要保住的。 ⑳魏魏:巍巍,高大的样子。终则复始:终结又重新开始。 ㉑运量:运化出。量:取出。匮:匮乏,缺少。 ㉒君子之道:君子所讲究的道,指儒家所提倡的仁义礼仪的道。彼:指大道。彼其外与:只不过是大道的外表皮毛吧! ㉓往资:到哪里去资取,即从道中生出。

中国有人焉,非阴非阳①,处于天地之间,直且为人②,将反于宗③。自本观之,生者,喑醷物也④。虽有寿夭,相去几何⑤?须臾之说也⑥。奚足以为尧、桀之是非⑦?果蓏有理⑧,人伦虽难⑨,所以相齿⑩。圣人遭之而不违,过之而不守⑪。调而应之,德也⑫;偶而应之,道也⑬。帝之所兴,王之所起也。

【译文】 中国有个真人,既不属阴,也不属阳,处在天地之间,只不过是暂时借了个人身,最终要返回到本宗的大道里去。要是从本宗上去看,生命都是天地吐出的一缕气凝聚而成。虽然有长寿、短命的不同,能相差多少?不过是瞬息间的事。还值得去争论什么尧与桀的是非吗?草木瓜果自有它自然的道理,人的伦序道理虽然比起瓜果的自然之理难说清楚,但还是可以比照自然之理的。圣人遇上了自己生命的过程不会逆着它;过去了,更不会固守它。协调地顺应它,这就是天德;对应地做出反应,这就是天道。这就是帝王能够兴起的道德。

【注释】 ①非阴非阳:非生非死。生是天地强阳气,死是天地强阴气。非阳非阴,就是无生无死融入大道境界。 ②直:只。且:暂且。直且为人:暂且寄寓在人的形体上。 ③宗:根本。反:返。将反于宗:最终要返回到根本里去,即返回大道。这是庄子假托的老子匿名自述。 ④喑醷:喑噫,吐气。生者,喑醷物也:生命都是天地吐出的一缕气凝聚成的东西。 ⑤相去:相离,相差。几何:多少。句谓,虽然有长寿短命不同,但又能相差多少? ⑥须臾:瞬息间。句谓,也不过是瞬息间的事。 ⑦奚足以:又哪里值得。 ⑧果蓏(luǒ 裸):草瓜木果。蓏:草本植物果实。句谓,草瓜木果有它固有的道理。 ⑨人伦:人的伦序道理。难:指比果蓏的道理更难以认识,因人有主观认识和作用。 ⑩所以相齿:也可以用同理来比列。齿:比列。 ⑪遭:遇上。违:背逆。句谓,圣人遇上了自己生命的过程就顺着它,过去了也不固守。 ⑫调:协调。句谓,协调地顺应它,这就是天德。 ⑬偶:对应。句谓,对应地做出反应,这就是天道。

人生天地之间,若白驹之过郤,忽然而已①。注然勃然,莫不出焉②;油然漻然,莫不入焉③。已化而生④,又化而死。生物哀之⑤,人类悲之⑥。解其天弢⑦,堕其天袠⑧,纷乎宛乎⑨,魂魄将往,乃身从之⑩,乃大归乎⑪!不形之形⑫,形之不形⑬,是人之所同知也⑭。非将至之所务也⑮,此众人之所同论也⑯。彼至则不论,论则不至⑰。明见无值,辩不若默⑱;道不可闻,闻不若塞⑲。此之谓大得⑳。"

【译文】 人活在天地之间,快得如同白驹过隙般短暂,一闪而过罢了。气流进来就生机勃勃地生出来了,气冒出去就死去了。刚刚生出来没几天,又变得死去了。有生之物感到哀伤,人类觉得悲痛。解开天加在身上的外套,脱下天加在身上的躯壳,随着乱纷纷的运化宛转,魂魄要离去,身体也跟着走了,这是一种大的回归吧!从没有形体到有了形体,从有了形体又到没有形体,这是大家都知道的。这不是要达道的人追求的,而是众人共同议论不休的。能达道的人不议论道,议论道反而不能达道。你要把它看清楚了,反而不会与大道相遇,争辩它就不如沉默不言;大道是听不到的,听就不如塞住耳朵不听。这就是大收获了。

【注释】 ①白驹之过郤:从门缝里看到白马跑过去一样闪了一下。郤同隙。忽然:一闪即过。 ②注然:流灌的样子。勃然:兴起的样子。出:生出。指气流灌进来勃然兴起而出生。 ③油然:蒸腾变幻的样子。漻然:流失的样子。入:死去。指气蒸腾而出从体内流失而死去。 ④化:转化。 ⑤生物:有生命之物。哀之:为之悲哀。 ⑥悲之:为生死而悲哀。 ⑦解:脱下。天弢(tāo 韬):天所赋予的皮囊。弢:同韬,弓袋,这里比喻人的肉体。 ⑧堕:掉下。天袠(zhì 帙):也指天所赋予的皮囊。袠:同帙,书衣。两句是说,脱掉了天赋予人的肉体皮囊。 ⑨纷乎:纷乱的样子。宛乎:宛转的样子。形容人生死变化的缭乱。 ⑩从之:跟随而去。 ⑪大归:回到本原,指死去。 ⑫不形:没有形体。之形:到有了形体。 ⑬形之不形:从有形体又回到没有形体。 ⑭同知:大家都知道。 ⑮将至:将要到达大道的人。务:追求。句谓,这不是要达道的人追求的。 ⑯此众人之所同论也:这是众人所共同议论的。也就是说,一般的人才追求解决生死而达道的问题。 ⑰彼:指道。至则不论:能达道的人不议论道。论则不至:议论道反而不能达道。 ⑱明见无值:眼见了不能与道相遇,因为道不可见。值:相遇。辩不若默:争辩不如沉默不言,因为道不可辩。 ⑲闻不若塞:听到了不如塞耳不听,因为道不可闻。以上都是在强调道无形无象、自由自在的特点。 ⑳大得:最大收获,即懂得了道的真实面目。

东郭子问于庄子曰①:"所谓道,恶乎在②?"庄子曰:"无所不在。"东郭子曰:"期而后可③。"庄子曰:"在蝼蚁。"曰:"何其下邪④?"曰:"在稊稗⑤。"曰:"何其愈下邪?"曰:"在瓦甓⑥。"曰:"何其愈甚邪?"曰:"在屎溺⑦。"东郭子不应⑧。庄子曰:"夫子之问也,固不及质⑨。正获之问于监市履狶也,每下愈况⑩。汝唯莫必,无乎逃物⑪。至道若是,大言亦然⑫。周、遍、咸三者,异名同实,其指一也⑬。尝相与游乎无何有之宫⑭,同合而论⑮,无所终穷乎。尝相与无为乎⑯!澹而静乎⑰!漠而清乎⑱!调而闲乎⑲!寥已吾志⑳。无往焉而不知其所至㉑,去而来而不知其所止㉒。吾已往来焉而不知其所终。彷徨乎冯闳㉓,大知入焉而不知其所穷㉔。物物者与物无际㉕,而物有际者,所谓物际者也㉖。不际之际,际之不际者也㉗。谓盈虚衰杀㉘,彼为盈虚非盈虚,彼为衰杀非衰杀,彼为本末非本末㉙,彼为积散非积散也㉚。"

【译文】 东郭子问庄子说:"人们所说的道,它在哪里?"庄子说:"无处不在。"东郭子说:"你得指明了才行啊。"庄子说:"在蚂蚁那里。"东郭子说:"怎么会这样渺小卑下呢?"庄子说:"在稊子草里。"东郭子说:"怎么会更卑下了呢?"庄子说:"在砖头瓦块里。"东郭子说:"怎么越来越卑下了呢?"庄子说:"在屎尿里。"东郭子不理他了。庄子说:"先生问的问题,本来就没有触及问题的实质。司正与司获,问监市员怎样辨别猪的肥瘦,监市员告诉他,越往下部揣摸越能检验出猪的肥瘦来。你不能把道一定要局限在某种东西上,没有任何东西能离开大道。至道如此,说明道的大道理也是如此。比如说,'周'、'遍'、'咸'三个词,名称不同,实质相同,都指的是"全部"这个意思。你试着一同遨游那虚无的境界吧,万物合为一体,没有终点,没有穷尽。你试着一起自然无为吧,淡泊而安静吧!广漠而清虚吧!和谐而悠闲吧!寂寥下来停止心智活动。哪里也不要去,也不知道会到什么地方。去了,不知要到哪里;来了,不知要止于何处。我已经来去了,又不知道什么是终点;徘徊在空虚寥廓的境地,大智慧的人来临也不知道它的尽头。主宰万物的道就体现在万物身上,与万物没有界限。物一有了界限,那就成了物与物之间的界限。与万物没有界限的那个界限,有界限中的没有界限,那才是道。说到盈虚衰旺,它主宰万物盈虚,自己不盈虚;它主宰万物衰旺,自己不衰旺;它主宰万物始终,自己没有始终;它主宰万物聚散,自己没有聚散。"

【注释】①东郭子:人名。成疏:"居在东郭,故号东郭子,则无择之师东郭顺子也。"②恶:何。句谓,道在何处?③期:兑现。这里指要有个具体的东西证明。④下:渺小卑微。⑤稊稗(tíbài 提败):与禾苗相似的杂草为稊,不长粮食的禾苗为稗,都是农民要拔除的废物。⑥瓦甓(pì 屁):砖头瓦块。⑦溺:尿。⑧不应:不理他。⑨质:实质。固不及质:你问的本来就没有触及问题的实质。⑩正获:司正、司获。古代官吏名。监市:市场管理人员。履:用脚踩,指揣摸。猯(xī 希):大猪。每:经常是。况:像。句谓,司正、司获问市场管理人员,为什么用脚一踩就会检验出猪的肥瘦,市场管理人员告诉他,越往下踩越接近真实。下指猪蹄附近。猪蹄附近最难长膘。猪蹄附近多肉,猪肯定就肥。所以越往下踩越容易检验。庄子用每下愈况来比喻自己讲的道理。道无处不在,举出的例子越是卑下,越能说明问题。卑下处有道,高上处自然不言而喻。⑪莫必:不要一定如何。句谓,你不能把道一定要拘限在什么东西上。无乎逃物:没有可以逃离道的东西,即什么东西都离不开道,道也不脱离物。⑫大言:说明大道的言论。亦然:也是如此。⑬周、遍、咸:古代汉语里的范围副词,都是全部包括所有的意思。异名同实:名称不同,实质相同。指:同旨,意思。句谓,周、遍、咸三个词,名称不同,实际相同,都是同一个意思。⑭无何有之宫:什么也没有的地方,指道的虚无境界。⑮同合而论:万物合同为一体的看法。⑯无为:不带人为的主观因素。⑰澹:恬淡。⑱漠:淡漠。⑲调:协调。⑳寥:虚寂。已:停止。句谓,寂寥下来,停止心智活动。㉑无往焉:不要到哪里。不知其所至:不知要到达什么地方。㉒不知其所止:不知要停止在哪里。 ㉓彷徨:徘徊。冯闳(hóng 宏):空虚寥廓的样子。 ㉔大知:大智慧。 ㉕物物者:造化万物的,主宰万物的,即道。际:界限。句谓,主宰万物的道就体现在万物身上,与万物没有界限。 ㉖物有际者:有了界限的物。所谓物际者也:正是所说的物与物的分界。 ㉗不际之际:没有界限的界限。际之不际:界限中的没有界限。没有界限指道与万物的同一性,有界限指道与万物的不同。 ㉘衰杀:这里指衰旺。 ㉙本末:始终。 ㉚积散:聚散。以上说的是道支配万物变化的相对性、周期性。这一句可理解为,它主宰万物的聚散,自己没有聚散。道还是万物的整体。

妸荷甘与神农同学于老龙吉①。神农隐几②,阖户昼瞑③。妸荷甘日中奓户而入④,曰:"老龙死矣!"神农隐几拥杖而起,嚗然放杖而笑⑤,曰:"天知予僻陋慢訑⑥,故弃予而死。已矣,夫子无所发予之狂言而死矣夫⑦!"弇堈吊闻之⑧,曰:"夫体道者,天下之君子所系焉⑨。今于道,秋豪之端万分未得处一焉⑩,而犹知藏其狂言而死,又况夫体道者乎⑪?视之无形,听之无声,于人之论者,谓之冥冥⑫,所以论道而非道也。"

【译文】 妸荷甘与神农一同在老龙吉那里求学。神农靠着案子打盹,关起门来白天睡觉。正中午妸荷甘推开门户撞了进来,说:"老龙吉先生死了!"神农靠着案子抓起杖站了起来,接着又掉下手杖笑起来,说:"天师知道我浅陋荒诞,所以扔下我死了。罢了,先生没有说出启发我的真言就死了呵!"弇堈吊听到后,说:"得道的人,是天下的君子所依赖的对象。对得道来说,老龙吉连一根毫毛的万分之一还没得到,还懂得藏起真言而死,更何况是得道的人呢?大道看起来无形,听起来无声,相对于人们所谈论的道来说,真正的大道可以说是昏昧不明的,所以人们谈论的道,其实并不是真正的道。"

【注释】 ①妸(ē)荷甘、神农、老龙吉:都是人名。成疏:"姓妸,字荷甘。神农者,非三皇之神农也,则后之人物耳。二人同学于老龙吉。老龙吉亦是号也。" ②隐几:凭靠在几案上。 ③阖户:关着门。瞑:睡眠。 ④日中:中午。奓(zhà 炸)户:推开门。 ⑤嚗(bō 拨):忍不住笑出的声音。 ⑥天:指老龙吉。僻陋:指见识偏僻固陋。慢訑(dàn 诞):荒诞。 ⑦发予:启发我。狂言:指常人无法理解的论道之言。 ⑧弇堈(yǎngāng 奄刚)吊:人名。 ⑨所系:所依赖。 ⑩万分未得处一:未得万分之一,指老龙吉对大道知之甚少。 ⑪体道者:体悟大道的人。 ⑫于人之论者:对于人们所谈论的,指人们嘴里所说的大道。谓之冥冥:可以说它是昏暗不明的。全句是说,相对于人们大讲特讲的道来说,真正的大道是昏暗不明的。

于是泰清问乎无穷①,曰:"子知道乎?"无穷曰:"吾不知。"又问乎无为②。无为曰:"吾知道。"曰:"子之知道,亦有数乎③?"曰:

"有。"曰:"其数若何?"无为曰:"吾知道之可以贵,可以贱,可以约④,可以散,此吾所以知道之数也。"泰清以之言也问乎无始⑤,曰:"若是,则无穷之弗知与无为之知,孰是而孰非乎?"无始曰:"不知深矣,知之浅矣⑥;弗知内矣,知之外矣⑦。"于是泰清卬而叹曰⑧:"弗知乃知乎!知乃不知乎!孰知不知之知⑨?"无始曰:"道不可闻,闻而非也;道不可见,见而非也;道不可言,言而非也。知形形之不形乎⑩?道不当名⑪。"无始曰:"有问道而应之者,不知道也。虽问道者,亦未闻道⑫。道无问,问无应⑬。无问问之,是问穷也⑭;无应应之,是无内也⑮。以无内待问穷⑯,若是者,外不观乎宇宙,内不知乎大初⑰,是以不过乎昆仑,不游乎太虚⑱。"

【译文】 于是,泰清问无穷,说:"你知道大道吗?"无穷说:"我不知道。"泰清又去问无为。无为说:"我知道大道。"泰清问:"你知道大道,它有个名目吗?"无为说:"有。"泰清说:"它的名目是什么样?"无为说:"我知道大道的名目,它可以贵,可以贱,可以聚,可以散。这就是我知道的大道的名目。"泰清用无为的话去问无始,说:"如此看来,无穷的不知道与无为的知道,究竟谁是谁非呢?"无始说:"不知道的深刻,知道的浅薄;不知道的深入到内部了,知道的浅露在外表了。"于是泰清仰天叹道:"不知道的才是真知道,知道的实际是不知道。谁能懂得不知道的学问呢?"无始说:"大道是听不见的,听见了的就不是了;大道是看不见的,看见了的就不是了;大道是说不出来的,说出来的就不是了。知道赋予万物形体的东西是无形的吗?大道不应当有名目。"无始又说:"有人问道就回答的,那是不懂道。即使是来问道的人,他也不懂得道。大道无法问,问了也无法应。无法问还去问,就是空问;无法应还要应,就是空答。用空答对空问,像这样的,对外不能观照客观的宇宙,对内又不能感知万物的原初,因此就不能跨越昆仑,不能遨游太虚。"

【注释】 ①泰清:无穷,假托人名。成疏:"泰,大也。夫至道弘旷,恬淡清虚,囊括无穷,故以泰清、无穷为名也。" ②无为:假托人名。参见注⑤。 ③数:名数,名目。与下文"道不当名"的"名"义同。 ④约:聚。 ⑤无始:假托人名。成疏:"至道玄通,寂寥无为,随便不测,无终无始,故寄无为无始为其名焉。" ⑥深、浅:指对道认识的深浅。 ⑦内、外:指对道认识的内涵与外表。 ⑧卬(áng昂):通"仰",抬起头。原作"中"。《释文》:"崔本中作卬。" ⑨不知之知:不知里边所含的学问。 ⑩形形:使形具有形,即赋予万物形体。不形:没有形体。句谓,赋予万物形体的大道没有形体。 ⑪不当名:不应当有名目。 ⑫虽问道者,亦未闻道也:即使是问道的人也是不懂道的。 ⑬道无问:道问不出来。问无应:问也回答不了。 ⑭无问问之,是问穷也:问不出来还要问就是白问。问穷是对空而问的意思。　⑮无应应之，是无内也：回答不了还要回答，就是没内容的回答。　⑯以无内待问穷：用没有内容的空答对待回答不了的白问。⑰外不观乎宇宙：对外不能观照客观的宇宙。内不知乎大初：对内不能感知本原。大初指万物的本原。这两句是庄子对正确认识大道途径的看法。庄子认为，大道是客观的、自在的、无穷的。人们认识大道的方法是观照它的客观，发现它的自在，体悟它的无穷，而不是人们习惯了的用逻辑推理去证明，用人的主观认识去想象，用已知的条件去发明创造。正是在这个意义上说，大道是不可知的，并不是说大道不可认识。认识的方法是观照宇宙，感知太初，舍此别无他途。　⑱昆仑：即昆仑山。古人认为昆仑是天门，得道的人才能跨越天门，遨游太空，与道融为一体。句谓，因此就不能跨越昆仑，不能在太空中遨游，也就是说不能得道。

　　光曜问乎无有曰①："夫子有乎？其无有乎②？"光曜不得问而孰视其状貌③，窅然空然④，终日视之而不见，听之而不闻，搏之而不得也⑤。光曜曰："至矣，其孰能至此乎？予能有无矣，而未能无无也⑥。及为无有矣，何从至此哉⑦？"

【译文】　光曜问无有说："先生，你是真的有呢，还是真的没有呢？"光曜得不到回答，就仔细观察无有的状貌，只见他空空虚虚，整天盯着看也看不见，听也听不着，摸也摸不到。光曜说："真是到家了，谁能达到这种境界呢？我能够做到无，但还做不到没有无。做到无有之后，怎么才能达到无无的境界？"

【注释】　①光曜：光的假托人名。无有：虚空的假托人名。　②夫子：对无有的敬称。句谓，先生，你是真的有呢，还是没有呢？　③光曜不得问：光曜没有得到回答。俞樾曰："《淮南子·道应》篇'光曜不得问'上有'无有弗应也'五字，当从之。惟无有弗应，故光曜不得问也。此脱五字，则义不备。"孰视：熟视。　④窅(yǎo杳)然：模糊不清。空然：空虚的样子。　⑤搏之：触摸它。　⑥有无：做到无。无无：没有无。这是光对自己的评论，光没有形体，故说有无，但还发光，故说不能无无。　⑦无有：没有有，包括没有"有无"的有。庄子这里把有无分为四级：有有、有无、无有、无无。光只做到第二级有无，还没有达到无有和无无的境界。句谓，学到无有之后，怎么才能达到无无的境界？有有喻有形之物，有无喻光，无有喻虚空，无无喻道。

　　大马之捶钩者①，年八十矣，而不失豪芒②。大马曰："子巧与，有道与③？"曰："臣有守也④。臣之年二十而好捶钩，于物无视也，非钩无察也⑤。是用之者假不用者也⑥，以长得其用⑦，而况乎无不用者乎⑧？物孰不资焉⑨？"

【译文】　大司马有个锻打带钩的工匠，年龄八十多了，打造起钩子来还是分毫不差。大司马问他说："你这是手巧呢，还是有道术呢？"工匠说："我是有所持守的。我二十多岁时就爱好锻打带钩,别的东西什么也不看,不是带钩我不端详。我用在带钩上的精明,是从不用的地方省下来的,所以能长期用在带钩上,更何况连不用也没有的大道呢?万物中什么东西不是从它那里资取呢?"

【注释】 ①大马:官名,即大司马。成疏:"大马,官号,楚之大司马也。"捶:锻造。钩:带钩。句谓,大司马家有一个锻打带钩的工人。 ②不失豪芒:丝毫不差,指打出的带钩。 ③巧:手巧。道:道术。 ④守:持守,指内心里有所追求。 ⑤于物无视:对于别的事物看都不看。非钩无察:不是带钩的东西不去观察研究。 ⑥用之者:指用在带钩上的时间精力。假:借。不用者:指不用在别的事物上的时间精力。句谓,我用在带钩上的时间精力,都是从不用在其他事物上的时间精力里节省出来的。 ⑦长得其用:长久得到运用。 ⑧无不用:连不用也没有。这是指道,不但不用,连不用也没有,所以才能无所不用。 ⑨资:资取。句谓,万物中什么东西能不从那里资取呢?即都是从道中产生出来。庄子把有用与无用分为四级。即:有用、有无用、无用、无不用。有用指有用的器物。有无用指捶钩者之类用心专一的人。无用指连用心专一也不用的人,即以不用为用。无不用指道,连不用也没有,这才是最高境界。捶钩者只达到了第二级,正在逐步向道靠近,不能理解为用心专一就是道,更不能理解为庄子的思想是矛盾的。

冉求问于仲尼曰①:"未有天地可知邪②?"仲尼曰:"可。古犹今也③。"冉求失问而退④。明日复见,曰:"昔者吾问'未有天地可知乎',夫子曰:'可。古犹今也。'昔日吾昭然,今日吾昧然⑤。敢问何谓也?"仲尼曰:"昔之昭然也,神者先受之⑥;今之昧然也,且又为不神者求邪⑦。无古无今,无始无终⑧。未有子孙而有子孙可乎⑨?"冉求未对。仲尼曰:"已矣,未应矣⑩。不以生生死,不以死死生,死生有待邪⑪?皆有所一体⑫。有先天地生者物邪⑬?物物者非物⑭,物出不得先物也⑮。犹其有物也⑯,犹其有物也无已⑰。圣人之爱人也终无已者,亦乃取于是者也⑱。"

【译文】 冉求问孔子说:"没有天地以前的情况可以知道吗?"孔子说:"可以,古代也如同现在一样。"冉求没有往下问就出来了。第二天冉求又来见孔子,说:"昨天我问没有天地以前的情况可以知道吗,先生说可以,古代也如同现在一样。昨天我挺明白的,今天又胡涂了。请问先生说的是什么意思?"孔子说:"昨天你挺明白,那是心神先领会明白了。今天又胡涂了,那是因为你想给不是心神的外物寻找答案。没有古就没有今,没有始就没有终。你想,没有子孙以前能生下子孙吗?"冉求没有回答。孔子说:"算了,不用回答了。不用生去生死,不用死去死生,死生还能存在吗?它们都是相互依赖的统一体。世界上有在天地产生以前的东西吗？产生万物的就不是物,物产生出来就不能先存在了。那么物之前就应当还有物存在,物之前还应当有物可以推到没有止境。圣人所以要无止境地爱人,也是取法于大道的这一点啊！"

【注释】 ①冉求:孔子的学生,即冉有。 ②未有天地:没有天地之前。 ③古犹今也:古代如同现在一样。 ④失问:忘了继续问。 ⑤昭然:明白的样子。昧然:胡涂的样子。 ⑥神:心神。受之:领会了它。句谓,昨天你明白了,那是因为心神领会了它。 ⑦不神者:不是心神的东西,指外物。求:找答案。句谓,今天你胡涂了,那是因为你想给外物找出答案。 ⑧无古无今:没有古就没有今。无始无终:没有开始就没有终结。 ⑨未有子孙而有子孙可乎:没有子孙之前能生下子孙吗？就是说,古代没有子孙,今天哪来的子孙。 ⑩已矣:算了吧。未应矣:不用回答了。 ⑪不以生生死:不用生去使死亡的东西活过来。不以死死生:不用死去使活着的东西死去。死生有待邪:生与死还有所依赖吗？就是说,生与死是相互依赖的,不用生去生死,不用死去死生,哪里还会有生死？ ⑫皆有所一体:都是一个统一体。指对立双方,如古今、生死等都是相互依存的统一体。 ⑬先天地:在天地生出之前。句谓,有在天地之前生出来的物吗？庄子认为天地是最大最早的物,天地之前没有物,只有道,而道是非物的。 ⑭物物:使物成为物。物物者:指产生物的。句谓,产生物的就不是物。 ⑮物出不得先物也:物的产生不能在物之前。也就是说,物只能在有物之后才能存在。 ⑯犹其有物也:那么凡是物,在它之前就还应当有物。这两句的推论关系是:既然物只能在有物之后才会存在,那么任何物之前还应当有物存在。 ⑰犹其有物也无已:物之前还有物,还有物之前还有物,没有止境。 ⑱是:这。

颜渊问乎仲尼曰①:"回尝闻诸夫子曰②:'无有所将,无有所迎③。'回敢问其游④?"仲尼曰:"古之人,外化而内不化⑤;今之人,内化而外不化⑥。与物化者,一不化者也⑦。安化安不化⑧,安与之相靡⑨,必与之莫多⑩。狶韦氏之囿⑪,黄帝之圃⑫,有虞氏之宫⑬,汤武之室⑭。君子之人,若儒墨者师⑮,故以是非相赍也⑯,而况今之人乎？圣人处物不伤物⑰。不伤物者,物亦不能伤也。唯无所伤者,为能与人相将迎。山林与,皋壤与⑱,使我欣欣然而乐与！乐未毕也,哀又继之。哀乐之来,吾不能御,其去弗能止⑲。悲夫,世人直为物逆旅耳⑳！夫知遇而不知所不遇㉑,能能而不能所不能㉒。无知无能者㉓,固人之所不免也㉔。夫务免乎人之所不免者㉕,岂不亦悲哉！至言去言㉖,至为去为㉗。齐知之,所知则浅矣㉘。"

【译文】 颜渊问孔子说:"我曾听先生说过,要像镜子一样,不去送走什么,也不要去迎接什么,请问人的内心又该怎样活动呢?"孔子说:"古代的人外在行为随物变化而内心不变化,现在的人是内心追随外物变化而外在行为不能随着变化。能随外物变化,是因为有一个自我的本真不变化。对变化与不变化都能泰然处之,平静地与外界往来,一定不要在客观上加添主观的东西。狶韦氏的园林,黄帝的苗圃,有虞氏的宫殿,商汤、周武的房屋,(就是在随时变化。如果不知变化,即使像)君子一类的人,如儒家墨家的大师,还要用是非互相攻击,更何况是现在的人呢?圣人与物相处,不伤害对方,不伤害物,物也不来伤害。只有无所伤害,才能应对与人的来往。山林呵,原野呵,使我欣欣然快乐呵!快乐还没有过去,悲哀又接着来了。哀乐的来临我挡不住,它要离去我也无法留住。可悲呵,世人的内心简直成为外物影响的旅店了!人能知道自己所遇到的事情,不能知道自己所遇不到的事情;能干自己能办到的事情,不能办到自己不能办到的事情。人有不知道的,有不能办到的,本来就是人不能免除的。一定要干那些想免除自己所不可避免的事情,难道还不可悲吗?至言不说,至为不为。一齐都知道,实际上所知道的就肤浅了。"

【注释】 ①颜渊:孔子的学生,即颜回。 ②回:颜渊自称其名。 ③将:与迎对举,送。句谓,不要去迎,也不要去送。这是指人对客观事物的认识说的。人对客观事物的认识,应当像镜子一样去观照。如果夹杂了主观上的送与迎,势必扭曲客观真实。 ④游:内心里的活动。句谓,不将不迎,请问内心里该怎么活动。 ⑤外化:外在行为随环境变化。内不化:内心里守一不变化。 ⑥内化:内心随物变化。外不化:外在行为不变化。指人内心没有持守,在外在行为上又不能随环境变化。 ⑦与物化者:能随外物变化的。一不化者也:正是能守一不变的。也就是说,能内心不变化,才会在外在行为上随外物变化。 ⑧安:泰然。安化安不化:对变化与不变化都能泰然处之。 ⑨靡:往来。安与之相靡:平静地与外界往来。 ⑩莫多:不要增益。句谓,一定不要在客观上添加什么。 ⑪狶韦氏:远古帝王,传说中的圣人。囿(yòu 又):畜养禽兽的园林。这里是指狶韦氏的活动场所。 ⑫圃:果园。这里是指黄帝的活动场所。 ⑬有虞氏:舜。宫:宫殿。这里指舜的活动场所。 ⑭汤武:商汤王、周武王。以上所举的五人,都是积古传说的圣人明君。囿、圃、宫、室,都是指他们活动的场所。这几句是证明圣人的场所也随着时势在变化,但圣心不变。 ⑮儒墨者师:儒家墨家的大师。 ⑯虀(jī 机):粉碎。这里是诋毁倾轧的意思。句谓,他们之间还要用是非互相诋毁。 ⑰处物:与外物相处。 ⑱皋:泽畔。壤:平原。与:欤。 ⑲御:抵挡。止:留下。句谓,哀乐的到来,我挡不住;哀乐的离去,我也止不住。 ⑳逆旅:旅店。句谓,世人的内心简直成了外界事物影响的旅店了。 ㉑知遇而不知所不遇:人只能知道自己遇到的事情,而不能知道自己没有遇到过的事情。 ㉒能能而不能所不能:人只能做到自己能做到的事情,而不能做到自己所不能做到的事情。"能能"前原有"知"字,疑为衍文,据敦煌本删去。　㉓无知无能:指人都会有不知道和不能做到的事情。　㉔固:本来。不免:不可避免。句谓,这本来就是人不可避免的。　㉕务:去做。句谓,非要去做那些免除人不可避免的事情。就是说,用主观代替客观,用自己的认识代替道。　㉖至言去言:最高明的语言不用语言。　㉗至为去为:最高明的作为不去作为。　㉘齐:全。齐知之:全知道。浅:浮浅。

杂　　篇

第二十三篇　庚桑楚

　　本篇是《庄子·杂篇》里的第一篇，截选了首句里的人名为题。全文假托老子之口，阐述了庄子对宇宙原初的认识，对生死实质的认识以及人所固有的局限性的认识，并以此为基础讨论了全形养生、得道入圣诸多问题，庄子认为最彻底的宇宙发生论就是"未始有物"，即使有物，也是"以生为丧，以死为反"，或者是无、生、死三者本来就是一体。因此人的生死都只不过是个过程。人获得生命就从大道中分离出来，带上了固有的局限，所以最好是不要让这种局限发生作用来指导人生。"彻志之悖，解心之谬，去德之累，达道之塞"，一切缘于不得已。这样，下可以全形养生，上可以得道入圣。

　　老聃之役有庚桑楚者①，偏得老聃之道②，以北居畏垒之山③。其臣之画然知者去之④，其妾之挈然仁者远之⑤。拥肿之与居⑥，鞅掌之为使⑦。居三年，畏垒大壤⑧。畏垒之民相与言曰："庚桑子之始来，吾洒然异之⑨。今吾日计之而不足⑩，岁计之而有余⑪。庶几其圣人乎⑫！子胡不相与尸而祝之⑬，社而稷之乎⑭？"
　　庚桑子闻之，南面而不释然⑮。弟子异之。庚桑子曰："弟子何异于予？夫春气发而百草生，正得秋而万宝成⑯。夫春与秋，岂无得而然哉⑰？天道已行矣⑱。吾闻至人，尸居环堵之室⑲，而百姓猖狂⑳，不知所如往㉑。今以畏垒之细民㉒，而窃窃焉欲俎豆予于贤人之间㉓，我其杌之人邪㉔？吾是以不释于老聃之言㉕。"弟子曰："不然。夫寻常之沟㉖，巨鱼无所还其体㉗，而鲵鳅为之制㉘；步仞之丘陵㉙，巨兽无所隐其躯，而孽狐为之祥㉚。且夫尊贤授能㉛，先善与利㉜，自古尧舜以然㉝，而况畏垒之民乎？夫子亦听矣㉞！"
　　庚桑子曰："小子来㉟！夫函车之兽㊱，介而离山㊲，则不免于网罟之患；吞舟之鱼，砀而失水㊳，则蚁能苦之㊴。故鸟兽不厌高㊵，鱼鳖不厌深。夫全其形生之人㊶，藏其身也，不厌深眇而已矣㊷。且夫二子者㊸，又何足以称扬哉？是其于辩也㊹，将妄凿垣墙而殖蓬蒿也㊺。简发而栉㊻，数米而炊㊼，窃窃乎又何足以济世哉㊽？举贤㊾则民相轧㊾，任知则民相盗㊿。之数物者，不足以厚民。民之于利甚勤，子有杀父，臣有杀君，正昼为盗，日中穴阫㊿¹。吾语女，大乱之本，必生于尧舜之间㊿²，其末存乎千世之后㊿³。千世之后，其必有人与人相食者也！"

【译文】 在老子的差役里有一个叫庚桑楚的人，偏偏是他学到了老子的道，带着道行住在北边的畏垒山里。在他的奴仆中，聪明能干的辞去不用；在他的侍女中，仁仁义义的疏远不亲。经常与笨头笨脑的人在一起，差使那些粗心鲁莽的人。住了三年，畏垒地区获得了大丰收。畏垒的百姓相互议论说："庚桑子刚来的时候，我觉得他是个怪人。现在算起来，虽然每天觉得生计不足，但一年下来还略有富余。他大概是个圣人吧！我们何不立他为头，供奉起来，建个社稷神位，把大家组织起来？"

庚桑楚听说后，要南面当头了，但心里却很不高兴。他的弟子们觉得奇怪。庚桑楚对弟子们说："你们有什么好奇怪的呢？要说呢，春气发动，百草萌生；正秋来到，果实成熟。难道这就是春天、秋天要立的功劳吗？这是天道运行的结果呵！我听说，至人像个干尸似的住在方丈的屋子里，百姓们疯疯癫癫的，不知道该干些什么。现在畏垒的小百姓们，窃窃私议要把我当贤人供奉起来，难道我成了一个榜样吗？我所以不高兴，是因为这有背老子的教导呵！"弟子们说："不是这么说。在小河沟里，大鱼转不过身子来，小泥鳅却能横行霸道；在小山包子上，大兽隐藏不了身子，孽狐却能兴妖作怪。再说，尊重贤明，授给有才能的人官职，首先推举善良和对大家有利的人，自从尧舜以来就是这样的，更何况是畏垒的百姓呢？先生就听任他们做去吧！"庚桑楚说："孩子们过来！要说嘴里能吞下大车的野兽，如果孤身离山，就免不了罗网的灾祸；吞舟的大鱼荡出水来，蚂蚁也能收拾它。所以鸟兽不嫌山高，鱼鳖不嫌水深。要说全形养生的人，他们藏身的办法，就会不嫌深远。再说，尧与舜两人又有什么值得称赞呢？他们对于好坏的分辨，如同是拆坏了好的垣墙，而栽上了蓬蒿。拣择头发来梳头，数着米粒做饭，琐琐碎碎地又哪里配得上救世济民呢？举荐贤能的人，人们就会相互倾轧；任用才智的人，人们就会相互欺诈。这几种品行，对人民没有益处。百姓为了获取利益，那是不遗余力的，儿子甚至会杀掉父亲，臣子甚至会杀掉君王，大白天当强盗,太阳底下挖墙窟窿。我告诉你们,大乱的根本就产生在尧舜时期,这种危害性会流传到千代以后。千代以后肯定会出现人吃人的现象。"

【注释】 ①役:差役,从下文"偏得"中可知,庚桑楚不是老子的正式学生。庚桑楚:人名。《列子·仲尼》篇:"老聃之弟子有亢仓子者,得聃之道。"张湛注:"音庚桑,名楚。《史记》作亢仓子。贾逵《姓氏英览》云:'吴郡有庚桑姓,称为七族。'"庚桑楚即亢仓子,盖老聃私淑弟子。 ②偏得:正式学生没学到,非正式学生学到了,谓之偏得。庄子这样说是强调道不是有心去学就可以学到的,耳濡目染的却学到了。 ③畏垒:山名。所在不详。一说在鲁国,一说在梁州,一说即禹贡的羽山。 ④臣:男仆。画然:精明的样子。知:智。去之:使之去,即辞去他。 ⑤妾:女仆。挈(qì弃)然:着力显示的样子。远之:使之远,即疏远她。 ⑥拥肿:敦朴呆笨。与居:生活在一起。 ⑦鞅掌:草野任性。 ⑧壤:通"穰",丰收。 ⑨洒然:感到奇怪的样子。 ⑩日计:一天天地计算。 ⑪岁计:按年计算。句谓,一天天地计算没有增加收入,一年到头却有富余。 ⑫庶几:差不多。其:大概。 ⑬相与:一起。尸:主。祝:祝祷供奉。尸而祝之:立他为主,供奉起来。 ⑭社而稷之:以他为社稷。社稷是农业社会供奉的土地神和谷神,后引申为国家。以他为社稷,就是把他当做君王。 ⑮南面:君王。这里是当了君王。释然:开心的样子。句谓,庚桑楚被畏垒的百姓尊为君王却很不高兴。 ⑯万宝:万实,指万物的果实。成疏:"实亦有作宝字者。"《释文》:"元嘉本作万实。" ⑰无得:无所依从。句谓,春与秋难道是无所依从就会这样吗? ⑱天道已行:天道就在其中运行。 ⑲尸居:像死尸一样宁寂而居。堵:一丈长的墙。古代版筑打墙,版长一丈打出的墙也一丈,谓之一堵。环堵之室:四周的墙都是一堵长,即方丈之室。 ⑳猖狂:任性而为,即不是在显意识支配下的活动。 ㉑如往:去往。 ㉒细民:小民,即庶民百姓。 ㉓俎豆:供奉。俎豆是古代祭祀器具,这里是用俎豆供奉的意思。 ㉔杓(dí狄):目标。这里是偶像的意思。句谓,我成了人们的偶像了吗? ㉕老聃之言:老子教导的话。《老子·十章》:"生而不有,为而不恃,长而不宰。"《老子·十七章》:"功成事遂,百姓皆谓我自然。"现在成了百姓崇拜的偶像,背离了自然之道,故不释然。 ㉖寻常:古代长度单位。八尺为寻,二寻为常。 ㉗还:转。还其体:转身。 ㉘鲵鳅:今作泥鳅,小鱼。制:主宰。句谓,泥鳅可以称王称霸。 ㉙步仞:长度单位,一步五尺,一仞八尺。 ㉚孽狐:妖狐。祥:袄祥,兴妖作怪。 ㉛授能:把权力交给贤能的人。 ㉜先善与利:首先推举善人,把机会给与对众人有利的人。 ㉝以然:已然。 ㉞听:听任,随他们去做。 ㉟小子:犹言孩子们,师长对学生的昵称。 ㊱函:包。这里是吞下的意思。 ㊲介:独。 ㊳砀:通"荡"。句谓,游荡地离开了水。 ㊴苦之:使之苦。句谓,蚂蚁也能危害它。 ㊵厌:满足。不厌是不满足、不嫌弃。 ㊶全其形生:保全自己的形体和生命。 ㊷深眇:深远隐蔽。眇通"渺"。 ㊸二子:指上文的尧、舜。 ㊹辩:通"辨",分辨。句谓,他们在区别善恶利害上。 ㊺殖:种植。句谓,就如同是胡乱地凿破院墙种上蓬蒿一样。比喻破坏了有用的,栽培了无用的东西。 ㊻简:选择。栉(zhì质):梳发。句谓,如同是挑选头发来梳理。比喻做无用功。 ㊼数米而炊:数着米粒做饭。比喻琐碎无用。 ㊽窃窃:这里是琐琐碎碎的意思。 ㊾轧:倾轧。句谓,崇尚贤能的人,人们就会争当贤能的人，相互之间就会倾轧。　㊿盗：贼滑，欺诈。句谓，任用有才智的人，们就会争着设谋使计，相互欺诈。　㉛日中：正中午。穴：挖穴。阫（péi陪）：墙。句谓，大白天就敢去挖墙洞偷东西。　㊾本：根。句谓，天下造成大乱的根源一定会产生在尧舜之间。
㊼末：指造成的流毒遗害。

　　南荣趎蹴然正坐曰①："若趎之年者已长矣，将恶乎托业以及此言邪②？"庚桑子曰："全汝形，抱汝生③，无使汝思虑营营④。若此三年，则可以及此言矣。"南荣趎曰："目之与形，吾不知其异也，而盲者不能自见⑤；耳之与形，吾不知其异也，而聋者不能自闻⑥；心之与形，吾不知其异也，而狂者不能自得⑦。形之与形亦辟矣⑧，而物或间之邪⑨？欲相求而不能相得⑩。今谓趎曰：'全汝形，抱汝生，勿使汝思虑营营。'趎勉闻道达耳矣⑪！"庚桑子曰："辞尽矣⑫。曰奔蜂不能化藿蠋⑬，越鸡不能伏鹄卵⑭，鲁鸡固能矣⑮。鸡之与鸡，其德非不同也⑯。有能与不能者，其才固有巨小也⑰。今吾才小，不足以化子⑱。子胡不南见老子？"

　　南荣趎赢粮⑲，七日七夜至老子之所。老子曰："子自楚之所来乎⑳？"南荣趎曰："唯㉑。"老子曰："子何与人偕来之众也㉒？"南荣趎惧然顾其后㉓。老子曰："子不知吾所谓乎㉔？"南荣趎俯而惭，仰而叹曰："今者吾忘吾答，因失吾问㉕。"老子曰："何谓也？"南荣趎曰："不知乎人谓我朱愚㉖，知乎反愁我躯㉗。不仁则害人，仁则反愁我身；不义则伤彼，义则反愁我己。我安逃此而可㉘？此三言者，趎之所患也㉙。愿因楚而问㉚。"老子曰："向吾见若眉睫之间，吾因以得汝矣㉛，今汝又言而信之㉜。若规规然若丧父母㉝，揭竿而求诸海也㉞。女亡人哉㉟！惘惘乎㊱，汝欲反汝情性而无由入，可怜哉！"南荣趎请入就舍㊲，召其所好，去其所恶㊳。十日自愁，复见老子。老子曰："汝自洒濯㊴，熟哉郁郁乎㊵！然而其中津津乎犹有恶也㊶。夫外韄者不可繁而捉㊷，将内揵㊸；内韄者不可缪而捉㊹，将外揵。外内韄者，道德不能持，而况放道而行者乎㊺？"

　　南荣趎曰："里人有病㊻，里人问之，病者能言其病，然其病病者㊼，犹未病也。若趎之闻大道，譬犹饮药以加病也。趎愿闻卫生之经而已矣㊽。"老子曰："卫生之经，能抱一乎㊾？能勿失乎㊿？能无卜筮而知吉凶乎？能止乎㉛？能已乎㉜？能舍诸人而求诸己乎㊳?能翛然乎㊴?能侗然乎㊶?能儿子乎㊷?儿子终日嗥而嗌不嗄,和之至也㊸;终日握而手不挽,共其德也㊹;终日视而目不瞚,偏不在外也㊺。行不知所之,居不知所为㊻,与物委蛇而同其波㊼。是卫生之经已㊽。"南荣趎曰:"然则是至人之德已乎㊾?"曰:"非也。是乃所谓冰解冻释者㊿,能乎?夫至人者,相与交食乎地而交乐乎天,不以人物利害相撄,不相与为怪,不相与为谋,不相与为事,翛然而往,侗然而来。是谓卫生之经已。"曰:"然则是至乎?"曰:"未也。吾固告汝曰:'能儿子乎?'儿子动不知所为,行不知所之,身若槁木之枝而心若死灰。若是者,祸亦不至,福亦不来。祸福无有,恶有人灾也!"

【译文】 弟子南荣趎听后吃了一惊,正襟危坐,说:"像我这样年纪大了的人,又该做些什么才能达到先生说的境界呢?"庚桑楚说:"保全你的形躯,守住你的性命,不要处心积虑地思想。像这样修养三年,就能达到我说的境界。"南荣趎说:"眼睛与眼睛从外形上看不出有什么不同,可是盲人的眼睛就看不见东西。耳朵与耳朵从外形上看不出有什么不同,可是聋子的耳朵听不见。人心与人心,形状上也觉不出有什么不同,可是疯子就身不由己。这到底是外形与外形就不同呢,还是有什么东西把它们分开了呢?想达到先生说的目标而总是追求不到。现在先生对我说:'保全形躯,守住本性,不要处心积虑去思想。'我费了好大劲,也只能把先生说的道听到耳朵里,(要心领神会办不到了!)"庚桑楚说:"话说到这里也就说尽了。细腰蜂化育不了豆里的大青虫,越国的家鸡孵化不了天鹅蛋,鲁国的鸡就行。这不是鸡与鸡的德性不同,而是生性就有能的、有不能的,所以才能就会有大小的不同。现在我的才能小,教化不了你,你何不到南边去见老子呢?"

　　南荣趎准备好干粮,走了七天七夜到了老子住的地方。老子说:"你是从庚桑楚那里来的吗?"南荣趎说:"是。"老子说:"随着你来的人怎么会那么多呀?"南荣趎惊异地回头去找。老子说:"你没听懂我问的意思吗?"南荣趎惭愧地低下头,接着又仰起头来长叹,说:"刚才我懵了,忘了该怎么回答,因而也忘了该问的问题。"老子说:"你想要说什么呢?"南荣趎说:"我要是做个不聪明的人吧,人们就会说我愚钝;我要是做个聪明人吧,又得事事忧愁,伤害身体。我要是不讲仁爱,就会伤害别人;如果是讲仁爱吧,又得处处考虑,伤害身体。我要是不讲大义吧,就会损伤他人;要是讲大义吧,又得时时权衡,伤害我自己。我怎么摆脱这些无法解决的矛盾呢?以上三件事,就是我成天忧虑的问题。希望凭着庚桑楚的关系来向先生请教。"老子说:"刚才我见到你眉宇之间的神情,我就知道了你的心事,现在你这么一说就更加证实了。你谋划来谋划去就如同丧失了父母一般地发愁,如同举起竿子来想到大海里探底。你是个迷失了真性的人,迷迷糊糊,想返回到自己的本性真情中来又找不到路,可怜呵!"南荣趎请求留在馆舍里受业。吸取想学的大道,抛弃不想要的仁义。冥思苦想了十天,又来见老子。老子说:"你自我洗刷了一番,熟练了,气色旺多了,不过看样子还是有些污浊的东西流露出来。人凡被声色等外相牵缠时,不可在杂乱中抓取,这样会使内心闭塞不通;内心被欲恶牵缠时,不可在缭乱中抓取,这样会使外部器官闭塞不通。外相与内心都被牵缠住,连道德都持守不住,更何况是想达到任由道去行动呢?"

南荣趎说:"村里人有了病,邻里的人去问候他,病人如果还能说出自己的病状,那就病得还不算严重。像我这样,已经听说了大道,就如同是吃了药反而添了病呵!我想听先生讲讲养生的方法。"老子说:"养生的方法,你能保守纯一吗?能不丧失天性吗?能不占卜就知道吉凶吗?能心境凝止吗?能熄灭虑念吗?能不求助别人而求自己吗?能无所牵挂吗?能顺畅无阻吗?能像婴儿一样天真吗?婴儿整天哭号,而嗓子不哑,这是因为纯和之气饱满;整天握着拳头而不拘挛,这是因为与天然的德性一致;整天注视而不眨眼皮,是因为不偏重外物。行动时不知要到哪里去,停下来也不知道要干什么,随外物宛转而随波逐流。这就是养生的方法了。"南荣趎说:"那么这就是至人的道德了吧?"老子说:"不是。这只是所说的消冰解冻的层次,你能做到吗?要说至人,那要同食于地,同乐于天,不被人物利害干扰。不相互作怪,不相互谋算,不相互生事。无所牵挂地去,顺畅无阻地来。这是养生的方法。"南荣趎说:"那么这是最高层次了吗?"老子说:"还没达到。我已经告诉你:'能像婴儿吗?'婴儿活动不知道要干什么,行走不知道要到哪里去,身体要像干枯的树枝,心灵要像死灰。像这样的人,灾祸不到,福祉不来。祸福都没有,哪里会有人害!"

【注释】 ①南荣趎(chú 除):庚桑楚的学生。成疏:"姓南荣,名趎,庚桑弟子也。"蹴然:惊悚的样子。 ②恶乎托业:依赖什么学业。南荣趎听到庚桑楚说尧舜之道是大乱的根源,不知该学什么了,故问恶乎托业。及:达到。此言:指庚桑楚说的道。 ③全汝形:保全你的形体。抱汝生:守住你的生命。庄子认为形体、生命都是得之于天的,得之于天的才是根本,是应当全力保全的。如果在得之于天的东西与人自己主观愿望要求的东西之间选择的话,应当毫不怀疑地选择前者,因为前者是无法改变的。而一般情况下人们却往往选择了后者。所以特别强调要"全汝形,抱汝生"。 ④营营:经营不息的样子。 ⑤目之与形:眼睛的好坏与眼睛的外形。异:不同。自见:自己看见。句谓,从外形上去看,好的眼睛与坏的眼睛,我看不出有什么不同,而盲人的眼睛却看不见。这是针对"全汝形"说的。　⑥自闻:自己听见。　⑦狂者不能自得:疯子不能自己思考。　⑧辟:分开。句谓,是形体与形体本来就不同呢?　⑨物或间之邪:还是有什么东西把它们分开了呢?以上两句是针对怎样"全汝形"提出的疑问。就是说,有没有支配形体的东西呢?该保全形体本身呢,还是该保全影响形体的东西呢?　⑩求:找到答案。不能相得:不能得到答案。　⑪勉闻道达耳矣:努力把先生说的道仅仅听到耳朵里。也就是说,不能心领神会。　⑫辞尽矣:话说完了。也就是说,我能讲的都告诉你了。　⑬奔蜂:细腰蜂。藿:豆子秧。蠋(zhú竹):大青虫。句谓,细腰蜂化育不了豆秧里的大青虫。古人认为细腰蜂自己不产卵,而是把桑虫(螟蛉)抱回去放在蜂房封起来,然后化育成自己的子孙。所谓"螟蛉有子,蜾蠃负之"《诗经·小雅·小宛》。而豆秧里生的大青虫,细腰蜂化育不了。　⑭越鸡:越地产的鸡,体型较小。伏:孵化。鹄:天鹅。　⑮鲁鸡:鲁地产的鸡,体型较大。句谓,鲁鸡能孵化天鹅蛋。　⑯德:德性。　⑰才:才能。巨小:大小。　⑱不足以化子:不能教化你,教化不了你。　⑲赢粮:带足干粮。　⑳楚:指庚桑楚。　㉑唯:应答声,犹言"嗯"。　㉒与人偕来:伴随人一起来。众:众多。老子的问话指的是带着很多问题一起来。　㉓顾:回头看。南荣趎以为老子问的是带着很多人一起来,故回头看还有谁。　㉔吾所谓:我所问的意思。　㉕吾忘吾答:这里是我理解错了的意思。忘:错了。答:反应。失吾问:忘了该问的问题。意思是说,把众多理解成人多,于是忘了众多的问题。　㉖不知:不智。朱愚:愚钝。朱:钝。　㉗愁我躯:使我躯愁。意思是说,如果聪明了,就得事事忧虑,愁坏身体。　㉘此:指以上提出的思想矛盾。　㉙所患:所焦虑的问题。　㉚愿:希望。因楚:凭借庚桑楚的关系。　㉛得汝:知道了你的心事。　㉜信之:证明了我的猜想。信:证实。　㉝规规然:用心忧虑的样子。　㉞揭竿:举竿。求诸海:探求海的深浅。　㉟女:汝,你。亡人:迷失的人。　㊱惝惘乎:茫茫然,心无所依的样子。　㊲就舍:住下来,指做老子的弟子。　㊳召:召来。去:去掉。句谓,吸取想要学的大道,抛弃不想要的仁义。　㊴洒濯(xǐzhuó喜卓):洗涤,指对内心的洗刷。　㊵孰:通"熟",精熟。郁郁乎:气色旺的样子。　㊶津津乎:流露出的样子。　㊷韄(hù护):系缚牵缠。繁:繁杂。捉:抓取。句谓,人被外界的声色系缚牵缠,不可在杂乱中抓取。　㊸揵:通"键",关闭。将内揵:这样会使内心闭塞不通。　㊹内韄者不可缪而捉:被内心的欲恶系缚牵缠住,不可在缭乱中抓取。缪:缭乱。　㊺放道:任由道。句谓,连道德都持守不住,更何况是想要达到任由道去行动呢?　㊻里人:村里人。　㊼病病者:得病的病人。犹未病:还病得不重。　㊽卫生:养生。经:常道。　㊾抱一:守住纯一之道。　㊿勿失:不失去真性。　㉛止:定。保持心境定止。　㊾已:止息,保持虑念止息。　㊿舍诸人而求诸己:放弃对别人的要求而要求自己,指心灵的完善。　㊾翛(xiāo肖)然:自由无牵挂的样子。　㊿侗(dòng动)然:通畅无阻碍的样子。　㊾能儿子乎:能像婴儿一样天真无邪吗?　㊿嗥:哭号。嗌:喉咙。嗄(shà霎):沙哑。和之至:非常纯和。　㊾掜(yì益):拘挛。共其德:合乎天德。　㊿瞚(shùn舜):眨眼。偏不在外:不偏重外物。　㊾所之:所去的地方。所为:所做的事情。　㊿委蛇(wēiyí逶迤):宛转。同波:随波逐流。　㊾已:同"矣"。　㊿已:止。句谓,这样说来,那么这就是圣人道德的止境了吧?　㊾冰解冻释:消冰解冻。指凡人内心的开化。　㉕交食乎地:与人们一同在大地上觅食,即一同生活在地上。交:同。交乐乎天,与万物一同快乐在天道里。　㉖撄:干扰。　㉗怪:作怪。　㉘谋:谋算。　㉙事:生事。　㉚是至乎:这就是最高的修养了吗?

宇泰定者①,发乎天光②。发乎天光者,人见其人,物见其物③。人有修者,乃今有恒④。有恒者,人舍之,天助之⑤。人之所舍,谓之天民;天之所助,谓之天子。

【译文】　天宇安定,就生出清朗光明。生出清朗光明,就能人见其人,物见其物。人能修炼这种安定光明,就会归正有常。归正有常的人,人们会来归附,上天会来佑助。人来归附的人叫做天民,上天佑助的人叫做天子。

【注释】　①宇:上下四方的空间,即天地之间。泰定:大定,非常安定。　②发:生出。天光:天的清朗光明。　③见:今作现。句谓,人显露出本来面目,物也显露出本来面目。"物见其物"原缺,据陈碧虚《庄子阙误》引张君房本及郭象注文补上。　④有修:有修炼,指修炼心灵的安定清朗。恒:常,指归正有常。《老子·十六章》:"归根曰静,静曰复命,复命曰常。"　⑤人舍之:人来归附。天助之:天来佑助。

学者,学其所不能学也①;行者,行其所不能行也;辩者,辩其所不能辩也。知止乎其所不能知,至矣②。若有不即是者,天钧败之③。备物以将形④,藏不虞以生心⑤,敬中以达彼⑥。若是而万恶至者⑦,皆天也,而非人也,不足以滑成⑧,不可内于灵台⑨。灵台者有持⑩,而不知其所持⑪,而不可持者也。不见其诚己而发,每发而不当⑫。业入而不舍,每更为失⑬。为不善乎显明之中者,人得而诛之⑭;为不善乎幽暗之中者⑮,鬼得而诛之。明乎人,明乎鬼者,然后能独行⑯。券内者,行乎无名⑰;券外者,志乎期费⑱。行乎无名者,唯庸有光⑲;志乎期费者,唯贾人也⑳。人见其跂㉑,犹之魁然㉒。与物穷者,物入焉㉓;与物且者㉔,其身之不能容,焉能容人㉕?不能容人者无亲,无亲者尽人㉖。兵莫憯于志㉗,镆铘为下㉘;寇莫大于阴阳㉙,无所逃于天地之间㉚。非阴阳贼之,心则使之也㉛。

【译文】　靠学习修道的人,实际都是在学自己学不到的东西;靠身体力行修道的人,实际都是在行自己身体力行行得不到的东西;靠论辩修道的人,实际都是在辩自己辩论不清的问题。人的心智要停止在自己所不能认知的范围面前,这就是认知的极端了。如果不这样去做,天的运转就会毁了他。备万物来滋养形体,收起杂念来安养心神,用诚敬之心与外物接触。如果做到这样,各种灾祸再降临的话,那就是天命了,而不是人的过错,这些就不值得扰乱自己天然形成的心性了,不可放在心里。心灵有所持守,但又感觉不出在持守,而且不能是有意的持守。自己还没有达到真诚就表现出来,表现出来的就常常不适当。把外来的事物放在心里不驱赶出去,往往会错上加错。在大庭广众中干坏事,人人都会责罚他;在阴暗角落干坏事,神鬼都会责罚他。知道人会怎么做,知道鬼会怎么做,然后就能独往独来了。要求与自己心性吻合,做事就不会追求外人眼里的名声;要求与外物吻合的,就会算计得到的回报。不追求名声的,做事就显现出心性的灵光;追求回报的,就是商人。人们见到他很了不起,还以为很高大。与万物始终相合的人,就会容纳万物;与万物苟且相合的人,连自身都不能相容,岂能容物?不能容人的人,就没人亲近,没人亲近的人,就被人弃绝了。兵器中没有比人的心志更毒了了,最锋利的镆铘剑还在其次;敌寇中没有比阴阳更大的了,在天地之间无处可逃。并不是阴阳来伤害你,而是你的心志造成的。

【注释】 ①学者:学习的人。这里指想学道的人。学其所不能学也:是在学习自己学不到的东西。庄子认为道不是靠学习得来的。 ②知止乎其所不能知:人的智慧要停止在它不能认知的范围面前。至矣:这就是它的极限了。也就是说,人的智慧是有限的,《养生主》篇:"吾生也有涯,而知也无涯。以有涯随无涯,殆已。" ③不即是:不这样做。天钧:天的运行。钧是陶工制造陶器所用的陶轮。天的运转与陶轮的运转相似,故称天的运行为天钧。句谓,如果有人不这样做,天的运行就会毁了他。 ④备:具备。将:将养、滋养。备物以将形:用万物来滋养形体。 ⑤藏:收。不虞:不可料。不可料而料,即为瞎猜。杂念。生心:养心。藏不虞以生心:收起杂念,安养心神。 ⑥敬中:内怀敬重。也就是说,保持真诚。达彼:到达外物。句谓,用真诚的心与外物接触。这几句是老子对养身修心方法的具体说明。 ⑦万恶:各种灾祸。 ⑧滑(gǔ骨):乱。滑成:扰乱自然形成的天性。 ⑨内:纳入。灵台:心。 ⑩有持:有所持守,即持守天性。 ⑪不知其所持:感觉不出在持守。不可持:不能有意识地去持守。庄子认为一带主观意识就改变了天然的本真。所以要保持心性的天然本真,就不可带意识地想着去持守它。 ⑫发:表现出来。句谓,不是出自真诚而表现出来的言行就常常不适当。 ⑬业:事,指外界的纷杂事物。业入而不舍:外界事物进入心里放不下,丢不开。每:常常。每更为失:常常会犯更严重的错误,离道更远。 ⑭显明之中:明显处,公开处。诛:责罚。 ⑮幽暗:阴暗处。"暗(闇)"原作"闲(閒)",《御览》六四五引"閒"作"闇",据改。 ⑯明乎人:知道人会怎样做。明乎鬼:知道鬼会怎样做。独行:独自去做。 ⑰券:券契,这里指符合。券内:与自己的内心相契合,即按真诚的内心去做。行乎无名:就会不按追求名声的目的去做。 ⑱券外者:与外界事物相契合。志乎期费:心里想着报酬的兑现,即不能白干。期:事前的约定。费:自己所花费的努力。 ⑲庸:常。唯庸有光:

常常会显现出心性的灵光,即心性清明,因为"宇泰定者,发乎天光"。 ⑳贾(gǔ古)人:商人。 ㉑跂(qì气):踮起脚踵。这里指翘出,了不起的样子。 ㉒犹之魁然:还以为很高。 ㉓穷:尽,到最后,引申为始终。郭象注"穷谓始终"。与物穷者:与万物始终相合的人。物入焉:外物就会来入舍。也就是说,就会容纳万物。 ㉔且:暂且,苟且。与物且者:与万物苟且相合的人。指前文的"券外者"。有券则合,无券则不合。 ㉕身:自身。句谓,连自身都不能相容,岂能容纳他人。 ㉖尽:绝。无亲者尽人:没有人亲近的人就成了被人们弃绝的人。 ㉗兵:兵器。憯:通"惨",毒。志:指人心。句谓,兵器里没有比人心更毒的了。 ㉘镆铘:古代宝剑名。 ㉙寇:敌寇。句谓,敌人中没有比阴阳更大的了。 ㉚无所逃于天地之间:在天地之间无处可逃,即阴阳充满天地。 ㉛贼:伤害。心则使之:是心志使阴阳造成伤害。

　　道通①,其分也,其成也,毁也②。所恶乎分者,其分也以备③。所以恶乎备者,其有以备④。故出而不反,见其鬼⑤。出而得,是谓得死⑥。灭而有实,鬼之一也⑦。以有形者象无形者而定矣⑧。出无本,入无窍⑨。有实而无乎处⑩,有长而无乎本剽⑪,有所出而无窍者有实⑫。有实而无乎处者,宇也⑬;有长而无本剽者,宙也⑭。有乎生,有乎死;有乎出,有乎入,入出而无见其形,是谓天门⑮。天门者,无有也,万物出乎无有。有不能以有为有,必出乎无有⑯。而无有一无有,圣人藏乎是⑰。

【译文】 大道是通同为一的,从大道中分离出来,就成了万物中的个体,同时也就失去了大道的统一性。所以要嫌弃这种分离,是因为分出的个体成为一个完备的个体。所以要嫌弃这种完备,是因为它有了个独立的完整个体的局限。所以说,分出的个体不能返回到大道中,就变成了鬼魂。从大道中分离出来得到了的个体,就有了死。形体灭了还有个个体存在,这就属于鬼魂了。通过有形体的物去显现没有形体的道,就可以认定道的实际状况了。万物化生出来却见不到出生的本源,归回去却见不到回去的门。确实有个出入的地方,但哪里也不存在。确实有个长度,这个长度又不见本末。万物所出的那个地方没有孔窍,但它又确实存在。确实存在的空间又找不到处所的就是宇,确实存在着流程长度但又见不到本末的就是宙。有个生的开始,有个死的终结;有个出的地方,有个入的孔窍,但又见不到出入的那个地方,那个地方就是天门。天门就是无有,万物都从无有中生出。最初的有不能从有中生出,有一定要从无有中才能生出来。无与有全没有,那就是圣人藏身之地。

【注释】 ①道通:大道是通同为一的。就是说,大道是一个统一的整体。 ②分:从大道中分离出来。成:成了一个物的个体。庄子认为万物都是从大道中化生出来的,万物只要一成形就从大道中分离出来了。毁:坏,指形成的物本身就失去了大道的统一性。　③恶(wù):嫌弃。备:完备。句谓,在认识中所以要嫌弃这种分离,是因为分离出来之后就成了一个完备的个体。也就是说,成了一个脱离了大道的独立个体。　④有以备:有了完整个体的局限。句谓,所以要嫌弃个体的完备,是因为个体完备就有了局限,即任何物相对道通来说都有局限。局限指大道是通的,独立完整的个体就不能通了。　⑤出而不反:从大道分离出来不能返回到大道中去。见其鬼:就变成了鬼。个体就有了死亡,死亡返不回大道中去就表现为鬼。　⑥出而得:从大道中分出来得到了物的独立个体。是谓得死:实际上就有了死。庄子认为道无生死,从道中分离出来的万物就同时得到了生死。　⑦灭而有实:形体灭了之后还有一个个体存在。鬼之一也:这就是鬼魂之一。　⑧有形者:有形象的物。无形者:无形象的道。句谓,通过有形象的物去显示没有形象的道,就可以认定它的实际状况了。象是作为它的象,即把有形之物的象作为无形之物的象。这一句是庄子向人们说明认识道的方法。道没有形象可据以认知,但可以通过有形象的物去认知,方法是把有形之物的象作为认识道的象,这样就可以有据可凭地去体悟了。下面就是具体的方法。　⑨出无本:万物生出来却见不到出生的本源。入无窍:回去没有门。这就是以有形之物的象作为无形之物的象的方法。现实中的物出入都有本源和门,这是物的象。相形之下,万物的生死出入没有本源和门就是道的象。以下几句与此同理。　⑩有实而无乎处:存在却哪里也没身影。实:存在。⑪有长而无乎本剽:有长度却没有根和梢,也就是说没有首尾。剽通"梢"。　⑫有所出而无窍者有实:产生出万物却没有出来的孔窍但它确又存在。　⑬有实而无乎处者,宇也:确实有四方上下的存在但又哪里也不是它,这就是宇。即空间就是宇。　⑭有长而无本剽者,宙也:确实有很长的过程但就是没有首尾,这就是宙。即时间就是宙。　⑮入出而无见其形:万物从那里出入但又见不到它。是谓天门:这就是天门。　⑯有不能以有为有:有不能从有中产生出来,指最初的有。必出乎无有:一定得从无有中产生出来。也就是说,有如果从有生出,那么有前还是有。故最初的有只能从无中生出。　⑰无有一无有:无与有全没有。前"无有"名词,后"无有"动词。一:全。圣人藏乎是:圣人藏身在这里。

古之人,其知有所至矣①。恶乎至②?有以为未始有物者③,至矣,尽矣④,弗可以加矣⑤。其次以为有物矣⑥,将以生为丧也⑦,以死为反也⑧,是以分已⑨。其次曰始无有⑩,既而有生,生俄而死⑪,以无有为首,以生为体,以死为尻⑫。孰知有无死生之一守者⑬,吾与之为友。是三者虽异,公族也⑭,昭、景也,著戴也⑮;甲氏也,著封也⑯,非一也。

【译文】　古时候的人,他们的认识有个顶点。哪儿是顶点呢?有认为宇宙原初是没有物的,这就是顶点了,到头了,无法再深入了。其次的认识,认为宇宙原初是有物存在的,生就是有所丧失,死就是又返回去了,这就有了区别。再次一等的认识,认为宇宙原初是无有,接着有了生,生接着又有了死,是把无有当成首,把生当成体,把死当成尾。谁如果懂得有无生死是一体的,我就和他做朋友。这三种认识虽然不同,但却是一本同宗的,就好比楚王公后来分为三姓,姓昭、姓景的,是以始封之祖举行冠礼时的赐姓著称,姓甲的是以封地屈著称,这才有了区分。

【注释】 ①知:认知。至:到了最彻底的顶端。句谓,古人对宇宙的认识有一种最彻底的理论。 ②恶:何。 ③以为未始有物:认为宇宙最初没有物。 ④至:到极端了。尽:到了尽头。 ⑤弗可以加:不能再彻底了。 ⑥其次以为有物:其次的一种认知理论,认为宇宙最初是有物存在的。 ⑦以生为丧:把物生出来看成是一种丧失。指个体失去了大道。 ⑧以死为反:把死亡看作是一种回归。 ⑨是以分已:这就有了不同。指对宇宙发生的认识有了不同。 ⑩其次曰始无有:再其次的认知理论认为,宇宙之初是无有。 ⑪既而有生,生俄而死:接着有了生,不久有了死。 ⑫尻(kāo):尾椎部,这里指尾。句谓,把无有认为是头,把生认为是体,把死认为是尾。即认为无生死三者为一体。 ⑬一守:一体。句谓,把无有与生死看成是一个整体,不要割裂。 ⑭是三者:指以上三种对宇宙初始的认知理论。公族:同族。意思是说,这三种理论是同一宗派的理论,即一致的理论。 ⑮昭、景:楚国王族分为三姓中的昭氏与景氏。著:著称。戴:古代的冠礼。古代贵族家的男子年满二十举行冠礼,王族子弟接受分封,并赐给姓氏,后代沿用。著戴也:以始封之祖举行冠礼时受封的姓氏著称。 ⑯甲氏:楚王族分为三姓的另一姓氏,即屈氏。三闾大夫屈原,王逸《楚辞注》:"三闾掌王族三姓,曰昭、屈、景。"《离骚》:"帝高阳之苗裔兮,朕皇考曰伯庸。"屈原自己说他的祖先是古帝颛顼高阳氏,颛顼的后代熊绎在周成王时封于楚。传国至楚武王熊通,生子瑕,受封于屈,遂以屈为姓氏。封指封地。著封也:以封地著称。可见屈氏一支的姓,受封之祖在冠礼时赐姓甲,但没有像昭景二姓那样叫开,而是以封地屈为姓。以上两句用熊绎的后代后来分为三姓,比喻对宇宙原初的三种不同说法是同一个体系,虽略有不同,但并无本质区别。

有生𪓿也①,披然曰移是②,尝言移是③,非所言也④。虽然,不可知者也⑤。腊者之有膍胲⑥,可散而不可散也⑦。观室者周于寝庙⑧,又适其偃焉⑨,为是举移是⑩。请常言移是。是以生为本,以知为师,因以乘是非⑪。果有名实,因以己为质⑫,使人以为己节,因以死偿节⑬。若然者,以用为知,以不用为愚⑭,以彻为名,以穷为辱⑮。移是⑯,今之人也,是蜩与学鸠同于同也⑰。

【译文】 人一具有了生命就堕入了黑暗之中,带上了局限。从大道分离出来成为独立的个体就叫做"移是"。我们来探讨一下这个移是。这个问题,其实是语言不能说清的。虽然说了,还是不能知道。腊祭时要供上牛胃、牛蹄等头蹄下水,从一样一样摆上去说是可以分开的,从全牲的要求上说又是不可分开的。在宗庙里观礼时,把宫殿、寝殿看遍之后,也得看看厕所合适不合适。这样做全都是"移是"。请来探讨一下这个移是。是非是以人的生出为出发点,以自己的认知为标准,这才有了是非的区别。果真有名实相符不相符的问题,也是以自己为实质,让别人来符合自己,甚至不惜以死来证明自己才是真的。像这样的人,是把被认可当成聪明,把不被认可当成愚蠢,把通达当成荣誉,把困顿当成耻辱。移是的做法是现在人们的行为,其实就如蝉和学鸠一样把它们的相同当成是万物共同的实质了。

【注释】 ①瞑(yǎn眼):黑。这里比喻在认识上的暗昧。有生瞑也:一有了生命,就堕入了黑暗之中,在认识上就受到局限。庄子认为一有了生命便从大道中分离出来,受到了个体的局限,在认知时就变得昏昧不清了。与前文说的"道通,其分也,其成也,毁也"意思贯通。佛家把这种情况人格化为:人是喝了迷魂汤才转世为人的。 ②披然:分开的样子。郭象注:"披然而有分。"指不同的个体从大道中分离出来,成了独立于大道之外的人。移:移动改变。是:对的,即真理。移是:各自改变了对真理的看法。郭象注:"各是其所是矣。" ③尝言:尝试着讨论一下。 ④非所言也:不是能讨论清楚的。⑤虽然:虽然说了。不可知者也:还是不能为人所知。 ⑥腊:腊祭。古代在腊月初八举行的重大祭祀活动。脾(pí皮):牛胃。胲(gǎi改):牛蹄。脾胲称代牛的头蹄下水。古代重大祭祀要求全牲,故要供上头蹄下水。 ⑦可散而不可散:既可以分散又不可以分散。成疏:"腊祭之时,牲牢甚备,至于四肢五脏,并皆陈设。"供祭时头蹄下水要与牛体分开摆设说明可散。但样样都不能缺少,说明不可分散,证明散与不散之间对立又统一的关系。 ⑧观室:到宗庙里观礼。周:遍。寝庙:殿堂。太庙里用以祭祀的大殿称为庙,用以藏先人衣冠的大殿称为寝。 ⑨适:去。偃:厕所。句谓,参观遍了寝庙,还要到厕所里去参观。 ⑩为是:这样做。指上举两例。举移是:全都是"移是"。举:全。意思是说,牛的部件或宗庙的各个建筑物虽然分开了,但还要放在整体里去认识,比喻个人与大道的关系。 ⑪以知为师:以自己的认知作为师法标准。乘:驾驭。乘是非:有是非的区别。 ⑫名实:名称与实质。名实之争是战国时期诸子争辩的重要话题。庄子认为,名不过是实的代号,无可无不可,根本用不着为此争执。各家的争辩不过是按自己的认识在争吵不休。"质"与下文的"节",是古代契约关系的称谓。质是实物,为实物立的契约为节。比如房子是质,房产证就是节。因以己为质:不过是把自己的认识当成实物,也就是当成是非的根据。 ⑬节:契约。《说文》:"节,竹约也。"契约是实物的证件,所以要与实物符合。使人以为己节:把别人的认识当成证明自己手中实物的证件,也就是说,让别人来符合自己。因以死偿节:于是不惜以死来兑现,也就是说,不惜以死来证明自己是真的。偿:兑现。 ⑭用:被社会认可选用。不用:不被社会认可选用。 ⑮彻:通。名:荣誉。穷:困塞。句谓,把通达当成荣誉,把不通达当成耻辱。⑯移是:指按移是的方法去做。即按个人的认知去做。 ⑰蜩与学鸠:参见《逍遥游》篇,喻指见识短浅的人。同于同:把它们认识的相同当成万物共同的实质了。

蹍市人之足①,则辞以放骜②,兄则以妪③,大亲则已矣④。故曰,至礼有不人⑤,至义不物⑥,至知不谋⑦,至仁无亲,至信辟金。

彻志之勃⑧,解心之谬⑨,去德之累,达道之塞⑩。贵富显严名利六者,勃志也⑪;容动色理气意六者,缪心也⑫;恶欲喜怒哀乐六者,累德也⑬;去就取与知能六者,塞道也⑭。此四六者不荡胸中则正⑮,正则静,静则明,明则虚,虚则无为而无不为也。

【译文】 踩了市人的脚,就会道歉说自己不小心;踩了兄弟的脚,就会抚慰一下;踩了父母的脚,就什么也无须说了。所以说,最亲近的礼仪是不把对方当外人,最公平的大义是不把别人当外物,最高的智慧是不用计谋,最大的仁爱是不分亲疏,最大的信用不用金钱做抵押。

消除意志的悖乱,解除心灵的束缚,去掉德性的牵累,打通入道的障碍。尊贵、富有、显达、威严、名誉、利禄这六样使意志悖乱;容貌、举动、颜色、情理、气息、意向这六样就是心灵的束缚;厌恶、欲望、喜悦、愤怒、悲哀、欢乐这六样就是德性的牵累;远离、靠近、索取、给予、智慧、技能这六样是入道的障碍。以上四种六样东西不在胸中激荡就能做到平正,平正就能宁静,宁静就能空明,空明就能虚寂,虚寂就自然无为而无不为了。

【注释】 ①蹍(niǎn):压,这里是踩的意思。市人:市场上的人,即不认识的生人。②辞:谢,道歉。放骜:狂傲,这里指不小心。 ③兄:这里是蹍兄之足的承前省略,即踩了哥哥的脚。妪(yù育):抚爱。 ④大亲:父亲。已矣:没有表示了。句谓,踩了父亲的脚则没有任何表示了。 ⑤至礼:最亲近的礼节。不人:不当外人,也就是说用不着讲礼貌了。 ⑥至义:最公平的大义。义:宜。不物:不当成外物,即看成与自己的事一样。 ⑦至信:最诚实的信用。辟:通"避"。辟金:不用金钱做抵押。 ⑧彻:通"撤",与下文"解、去"互文,去掉。勃:悖乱。 ⑨解:解除。谬:通"缪",缠结,束缚。 ⑩达道之塞:打通入道的障碍。 ⑪勃:通"悖"。勃志:使心志悖乱。 ⑫容:容貌。色:面色。理:情理。缪心:使心缪,使心受束缚。 ⑬恶:厌恶。累德:使德性受到牵累。⑭去:远离。就:靠近。取:索取。与:给予。知:智。塞道:使道塞。 ⑮四六:指上面提到的四个方面的六种情况。荡:激荡。

道者,德之钦也①;生者,德之光也②;性者,生之质也③。性之动,谓之为④;为之伪,谓之失⑤。知者,接也⑥;知者,谟也⑦。知者之所不知,犹睨也⑧。动以不得已之谓德⑨,动无非我之谓治⑩,名相反而实相顺也⑪。

羿工乎中微而拙乎使人无己誉⑫。圣人工乎天而拙乎人⑬。夫工乎天而俍乎人者,唯全人能之⑭。唯虫能虫,唯虫能天⑮。全人恶天,恶人之天⑯,而况吾天乎人乎⑰?

一雀适羿,羿必得之,或也⑱;以天下为之笼,则雀无所逃。是故汤以胞人笼伊尹⑲,秦穆公以五羊之皮笼百里奚⑳。是故非以其所好笼之而可得者,无有也。

介者拸画㉑,外非誉也㉒;胥靡登高而不惧,遗死生也㉓。夫复谐不馈而忘人㉔。忘人,因以为天人矣㉕。故敬之而不喜,侮之而不怒者,唯同乎天和者为然㉖。出怒不怒,则怒出于不怒矣㉗;出为无为,则为出于无为矣㉘。欲静则平气,欲神则顺心。有为也欲当㉙,则缘于不得已㉚。不得已之类,圣人之道。

【译文】 大道是德的靠山,生化是德性的光华,天性是生的本质。天性的活动叫做行为,行为活动夹杂了人为因素叫做失误。智是对外物的感知认识,智又是内心的谋虑。智力所不能认知的,就如同用眼去看所见有限一样。不得已而动叫做德,行动中没有不符合我的天性的地方叫做治,德与治名义上不同而实际上是一致的。

后羿善于射中微小的目标,但在使他人不赞誉自己方面却很笨拙;圣人善于顺应天,但在处理好人们的赞誉方面却很笨拙。既善于顺应天,又能被人们忘记,只有全人能做到。只有鸟兽才能做到是鸟兽,只有鸟兽能保持鸟兽的天性。全人厌恶知道什么是天性,是厌恶人分辨出的天性,更何况我自己是天性如此呢,还是人为如此呢?

一只麻雀飞向后羿,后羿肯定能射中它,但这只能是麻雀中的一个。如果把整个天下当成鸟笼,那么所有的麻雀就无处可逃而全入囊中了。因此商汤王用厨师笼络住伊尹,秦穆公用五张羊皮笼络住了百里奚。所以说不能投其所好地去笼络人,能笼络住的不会有。

断了腿的人就不注重打扮,是把别人对自己容貌的毁誉置之度外了;囚徒登在高处不害怕,是把生死忘记了。去掉了害怕,没有了羞耻心,忘记是人。连自己是人都忘记了,于是成为一个天人了。所以才会尊敬他也不喜悦,侮辱他也不发怒,这只有同于天和的人才能做到。怒不能生出怒来,怒是从不怒中产生出来的;为不能生出为来,为是从无为中产生出来的。想心静就要平气,要神安就要顺心。有所作为又想要行为适当,就要出于不得已。不得已之类的行为就是圣人之道。

【注释】 ①钦:仰仗,这里是仰仗为根本的意思。道所赋予的德为天德,故道是德的根本。 ②生:生化。生者,德之光也:生化是德的光华。《易·系辞下》:"天地之大德曰生。"故生化万物是德的光华。　③质:本质。句谓,性是生化出的本质。　④性之动,谓之为:随任天性的活动叫做为。　⑤伪:人为。句谓,为里加上了人为的因素就是失误。指错离了道。　⑥接:接触感知。句谓,智是对外物的感知认识。　⑦谟:谋。句谓,智是内心谋虑。　⑧睨:用眼看。句谓,智所不能认知的就如同用眼看不可能看全一样,即智的局限如同眼的局限。　⑨动以不得已:迫而后动,自然而动。　⑩动无非我:行动中没有不符合我天性的,即依天性而动。治:治理不乱。　⑪名相反:指德与治说法上相反。德是不由自己而动,治是由自己的天性而动。实相顺:实际是一致的,即都是按天性而动。　⑫羿:即后羿,古代神箭手。工:擅长。中微:射中微小的东西。使人无己誉:让人不夸奖自己。庄子认为,得道的人妙契自然,功侔造化,不显形迹,被人赞扬就是形迹显露,与自然不合了。　⑬圣人:指尧舜之类的圣人。拙乎人:在治理人民上笨拙,即不能无为而治,被后人称颂不已,显露形迹。　⑭俍(liáng良):擅长。成疏:"俍,善也……巧合天然,善能晦迹。"全人:全德之人。　⑮虫:鸟兽的通称。句谓,只有鸟兽能够做到就是鸟兽,只有鸟兽能够保持它的天性。指鸟兽没有人为成分保持了天性。　⑯全人恶天:全人厌恶知道什么是天性。恶人之天:厌恶人知道的天。意思是说,全人像鸟兽一样不知天性才能完全保持天性,当把天性人性分别清楚,对立起来,就失去天性了。《则阳》篇"圣人未始有天,未始有人",与此意同。　⑰而况吾天乎人乎:更何况我自己是天性如此呢,还是人为如此呢?　⑱雀:麻雀。适:到。或:有一个。原作"威",《释文》云:"崔本作或也",据改。句谓,一只麻雀飞到羿的跟前,羿肯定能射住它,但这只是千万麻雀的一只。　⑲汤:商汤王。胞人:庖人,厨师。伊尹:商汤的国相。伊尹本是有莘氏的媵臣,善于烹调。有莘氏灭后,商汤用他为厨师,后举拔为国相。　⑳百里奚:秦穆公的贤大夫。原是虞国人,虞灭后沦为奴隶,秦穆公用五张羊皮把他买回来。后举拔为大夫,成为穆公的谋臣。　㉑介者:只有一条腿的人。拸(chǐ尺)画:去除修饰打扮。即身体残疾,无心打扮。　㉒外:置之度外。非誉:非议和赞美。句谓,把别人的赞美和非议置之度外。　㉓胥靡:囚犯。遗:忘记。　㉔复:免除。谳(xí习):通"慴",惧怕。馈:《释文》:"元嘉作愧。"复谳:解除了惧怕心理,指胥靡那样的人。不馈:失去了羞耻心,指介者那样的人。忘人:忘记了自己是人,即忘了自身。　㉕天人:任由天命的人。　㉖天和:天所赋予的和顺之气。　㉗出怒不怒:不怒的时候才会生出怒。怒出于不怒:可见怒气是从不怒中产生的。　㉘出为无为:无为的时候才会生出为。为出于无为:可见为是从不为中产生的。　㉙有为也欲当:有所作为又想要作为适当,即作为合道。　㉚缘于不得已:出于不得已。缘:顺。

第二十四篇　徐无鬼

　　本篇是截取篇首的人名为题。全篇围绕如何认识道(也即真理)的整体性,选取了较多的例证展开论述。庄子认为道是一个广大无边的、无穷因素构成的综合完整体系,而人却和任何事物一样总是带着自身的局限,这就产生了认知道的矛盾,任何一种认知都不可避免地成为一种片面。解决这个矛盾的最根本办法就是排除嗜欲、是非、名利、功业等的干扰,返归本真,顺乎自然,立足于诚,以不用为用,以不知为知。所谓"以不知为知"并不是要把不知当知,庄子自己做了个形象的比喻,"足之于地也践,虽践,恃其所不蹍而后善博也;人之于知也少,虽少,恃其所不知而后知天之所谓也"。人的脚只有那么大,不可能把大地踩遍,但如果大地只有你踩到的那么大,人的行动就不可能取得自由。人的认知活动也是如此。人可以认知许多领域,但必须了解在你认知的领域之外尚有大量未知的东西存在,而且要知道人永远也不可能穷尽这些未知的东西,然后你的认知才是全面的、真实的,才能取得自由。大量未知的存在正是认知的基础和条件,这就是庄子所说的"以不知为知"。

　　徐无鬼因女商见魏武侯①,武侯劳之曰②:"先生病矣,苦于山林之劳③,故乃肯见于寡人。"徐无鬼曰:"我则劳于君,君有何劳于我④?君将盈耆欲,长好恶⑤,则性命之情病矣⑥;君将黜耆欲,掔好恶,则耳目病矣⑦。我将劳君,君有何劳于我?"武侯超然不对⑧。少焉,徐无鬼曰:"尝语君吾相狗也⑨。下之质,执饱而止,是狸德也⑩;中之质,若视日⑪;上之质,若亡其一⑫。吾相狗又不若吾相马也。吾相马,直者中绳,曲者中钩⑬,方者中矩,圆者中规⑭。是国马也,而未若天下马也⑮。天下马有成材⑯,若恤若失,若丧其一⑰。若是者,超轶绝尘,不知其所⑱。"武侯大悦而笑⑲。

徐无鬼出,女商曰:"先生独何以说吾君乎?吾所以说吾君者,横说之则以《诗》、《书》、《礼》、《乐》,从说之则以《金板》、《六弢》⑳。奉事而大有功者不可为数,而吾君未尝启齿㉑。今先生何以说吾君,使吾君说若此乎?"徐无鬼曰:"吾直告之吾相狗马耳。"女商曰:"若是乎?"曰:"子不闻夫越之流人乎㉒?去国数日,见其所知而喜㉓;去国旬月,见所尝见于国中者喜㉔;及期年也㉕,见似人者而喜矣。不亦去人滋久,思人滋深乎㉖?夫逃虚空者,藜藋柱乎鼪鼬之径㉗,踉位其空㉘,闻人足音跫然而喜矣㉙,又况乎昆弟亲戚之謦欬其侧者乎㉚?久矣夫,莫以真人之言謦欬吾君之侧乎!"

【译文】 徐无鬼由女商引见去拜见魏武侯,武侯慰劳他说:"先生受苦了,山林的生活困苦不堪,所以你才肯来见我。"徐无鬼说:"我是来慰劳大王的,大王有什么可慰劳我的?大王要满足嗜好、欲望,增长好恶之情,那么性命就会受到伤害。大王要是除去嗜好、欲望,减退好恶之情,那么就会耳目受不了。所以我来慰劳大王,大王有什么可慰劳我的呢?"武侯听后颇为意外不能回答。过了一会,徐无鬼说:"我试着给大王说说我的相狗术吧。下等的猎狗,只要逮得吃饱了,就不给抓猎物了,这与狸猫的德性差不多。中等猎狗的品质,就像是盯着太阳看似的。上等猎狗的品质,就好像忘了自身的存在。我的相狗术还比不上我的相马术。我相中的马,跑直路合墨线,跑弯路合曲钩,跑方角合方尺,跑圆圈合圆规。那才是国马,国马还比不上天下马。天下马有一种天生的才能,若亡若失,好像忘了自身的存在。这样的马,跑起来像飞离地面似的,顷刻之间便不见踪影了。"武侯听了非常高兴,哈哈大笑起来。

徐无鬼走了出来,女商问道:"先生是用什么说喜欢了我们大王的?我经常用来劝说我们大王的,横的说有《诗》、《书》、《礼》、《乐》,纵的说有《金板》、《六弢》。事奉起大王来,小的不说,有大功劳的情况也数不过来,可是我们大王从未开口笑过。今天先生是用什么来劝说的,使我们大王高兴成这个样子?"徐无鬼说:"我只不过是给他讲了讲相狗、相马的事而已。"女商说:"是这么回事吗?"徐无鬼说:"你没有听说过流亡到越国的人吗?离开国都几天,能见到自己认识的人就很高兴。离开国都十天到一个月,见到曾经在国都里见过的人也很高兴。等到流亡一年过去,见到像个人的都很高兴。这不是因为离开人群越久越思念人吗?逃亡到没有人烟的地方去的人,在田鼠、黄鼠狼出没的地方长满了荒草,长期住在那里,听到人的脚步声就会喜出望外,更何况是旁边听到兄弟亲戚的言笑咳嗽声呢?时间长了,没有真人的言笑咳嗽声响在大王的耳边了!"

【注释】 ①徐无鬼:人名。成疏:"姓徐,字无鬼,隐者也。"因:凭,通过。女商:人名。成疏:"姓女,名商,魏之宰臣。"魏武侯:成疏:"武侯,文侯之子,毕万十世孙。"句谓,徐无鬼通过女商的引见拜见魏武侯。 ②劳:慰劳。病:困苦。 ③山林之劳:在山林中生活的劳苦。 ④有何劳于我:对我有什么可慰劳的。 ⑤盈:满足。耆:嗜。长:增加。好恶:爱好厌恶。 ⑥情:真实。性命之情:性命之实。病:受到伤害。 ⑦黜(chù触):除去。挈(qiān千):减退。耳目病:耳目受病。 ⑧超然:感到意外的样子。 ⑨尝:试。相狗:根据狗的外貌判断优劣。 ⑩执饱而止:逮得猎物吃饱了肚子,就不给去抓猎物了。执:捕。狸:野猫。 ⑪若视日形:如同盯着太阳看似的,指神情专注。 ⑫一:指形躯。若亡其一:好像忘了自身的存在,指精神专一。 ⑬直者中绳,曲者中钩:跑出的直线合乎墨线,弯线合乎曲钩。参见《达生》篇:"东野稷以御见庄公,进退中绳,左右旋中规。" ⑭矩:木匠用的方尺。规:圆规。 ⑮国马:国家级的好马。天下马:天下级的好马。 ⑯成材:天生的材质。 ⑰恤:与"失"互文。若恤若失:犹言若亡若失。若丧其一:意同"若亡其一",指忘记了自身的存在。庄子认为形躯是外在的,忘了外在的形躯,精神才能专一。 ⑱轶(yì义):越过。绝尘:离开尘埃。指马跑得飞快,蹄子扬起的尘埃还未飞起,马已跑过去了。不知其所:看不见踪影。指按马扬起的尘土去寻,马已看不见了。 ⑲说:说高兴了。说后来分化为说和悦两个字。这里是说得高兴了的意思。 ⑳从:今作纵。金板、六弢:古书篇名,今不存。 ㉑奉事:指事奉魏武侯。不可为数:数不清。启齿:笑。 ㉒越之流人:流亡到越国的人。越代称边远之地。 ㉓去国:离开本国。所知:所认识的人。 ㉔旬:十天。句谓,离开本国十天或一个月,见到曾在国内见过的人就很高兴。 ㉕期(jī机)年:周年,即一年。 ㉖滋:越,更加。 ㉗藜藿(diào掉):丛生的蒿草。柱:撑拒。鼪鼬(shēngyòu生又):田鼠、黄鼠狼。句谓,丛杂的蒿草长满了田鼠、黄鼠狼出没的道路。 ㉘踉(liàng亮):踉踉跄跄。位:用如动词,住在。空:指杂草丛生的空处。句谓,长时间深一脚、浅一脚地住在杂草丛生的环境里。 ㉙跫(qióng穷):脚步声。 ㉚謦欬(qǐngkài请忾):这里指言笑声咳。

  徐无鬼见武侯,武侯曰:"先生居山林,食芧栗①,厌葱韭②,以宾寡人③,久矣夫!今老邪?其欲干酒肉之味邪④?其寡人亦有社稷之福邪⑤?"徐无鬼曰:"无鬼生于贫贱,未尝敢饮食君之酒肉,将来劳君也。"君曰:"何哉,奚劳寡人?"曰:"劳君之神与形。"武侯曰:"何谓邪?"徐无鬼曰:"天地之养也一⑥,登高不可以为长,居下不可以为短。君独为万乘之主,以苦一国之民⑦,以养耳目鼻口,夫神者不自许也⑧。夫神者,好和而恶奸⑨。夫奸,病也⑩,故劳之。唯君所病之何也⑪?"武侯曰:"欲见先生久矣。吾欲爱民而为义偃兵⑫,其可乎?"徐无鬼曰:"不可。爱民,害民之始也⑬;为义偃兵,造兵之本也⑭。君自此为之,则殆不成⑮。凡成美,恶器也⑯。君虽为仁义,几且伪哉⑰。形固造形⑱,成固有伐⑲,变固外战⑳。君亦必无盛鹤列于丽谯之间㉑,无徒骥于锱坛之宫㉒,无藏逆于得㉓,无以巧胜人,无以谋胜人,无以战胜人。夫杀人之士民,兼人之土地,以养吾私与吾神者㉔,其战不知孰善? 胜之恶乎在㉕? 君若勿已矣㉖,修胸中之诚以应天地之情而勿撄㉗。夫民死已脱矣㉘,君将恶乎用夫偃兵哉!"

【译文】 徐无鬼再去见魏武侯,武侯说:"先生住在山林荒野里,食野果,吃野菜,摈弃寡人很久了! 现在你是老了呢,还是想尝尝酒肉的味道呢,还是寡人有了江山社稷的福分了呢?"徐无鬼说:"我出生在贫贱的家庭里,从来也没有敢想过要尝尝大王的酒肉,我是要来慰劳大王的。"武侯说:"为什么? 我有什么可慰劳的?"徐无鬼说:"我是来慰劳大王的心神和身体的。"武侯说:"你是指什么说的?"徐无鬼说:"天地对万物的养育是一视同仁的,登在高处不能算是长,处在低处不能算是短。大王你自己做了大国的君王,剥削全国的老百姓,来满足你耳目鼻口的欲望,你的心神是不会满意的。心神喜欢平和,厌恶相互矛盾。相互矛盾导致生病,所以我是慰劳大王。大王你的心病究竟是什么呢?"武侯说:"我早就想见先生了。我想爱惜自己的百姓,为仁义而休兵罢战,先生认为可以吗?"徐无鬼说:"不可。爱民实际上是害民的开始。为仁义而休兵罢战,实际上是制造战争的根源。大王从这里入手,恐怕不会成功。凡是要形成一种美事,那都是凶恶之器。大王虽然是要实行仁义,但实行起来就近乎虚伪。有了一种形势必然会造成另外一种形势,两种形势形成,必然会各自夸耀,各自夸耀进一步发展,必然会形成外现的战争。大王想要罢兵休战,就决不要在城楼之下摆上大的阵式,撤去宫殿前的步兵、骑兵,不要在心里藏有贪得的邪念,不要用智巧去胜人,不要用谋略去胜人,不要用战争去胜人。屠杀别国的人民,兼并别人的土地,用来奉养自己的私欲和心神,这种战争有什么好处? 胜利在什么地方? 大王一定要做些什么的话,那就修养自己内心的真诚,顺应天地而不要去触犯它。百姓免去了死亡的灾患,大王哪里还用得着罢兵休战!"

【注释】 ①芋(xù 序):橡子。芋栗称代野果。 ②厌:通"餍",饱食。 ③宾:今作摈,摈弃。宾寡人:指不愿与我交往,即不愿出来做官。 ④干:求。酒肉之味:指代官职。 ⑤社稷之福:国家之福。句谓,还是我的江山社稷交上好运了呢? 这是对隐士出仕的客气说法。 ⑥天地之养:天地对万物的养育。一:一视同仁,不分高低贵贱。 ⑦苦一国之民:使一国之民苦。 ⑧耳目鼻口:指形。神:心神。不自许:不自得。 ⑨

和:平和。奸:乱,相互矛盾。　⑩奸,病也:心里相互矛盾导致生病。　⑪唯君所病之何也:大王你的心病究竟是什么呢?　⑫偃兵:休兵。　⑬爱民,害民之始也:爱民是造成害民的根源。庄子认为爱民与害民是相互依存的关系。有所爱就必然有所不爱。只有无所爱才能一视同仁。　⑭造兵之本:制造战争的根本。句谓,为仁义而休兵,实际上是制造战争的根源。庄子认为,为仁义而休兵是为争得荣誉而休兵,而争荣誉就是战争的根源。只有不带功利目的休兵才是真正的休兵。　⑮自此为之:以此为出发点去做。指以仁义为出发点。殆不成:恐怕办不成。　⑯成美:造成一种美好。恶器也:也就造成了一种恶的东西。这也是说美恶是相互依存的关系。　⑰几:差不多。且:将要。几且伪矣:差不多要造成虚伪了。　⑱形固造形:一种情势的出现就会造成另一种情势的出现。固:本来就。　⑲成固有伐:两种不同情势造成,必然就会各自夸耀。伐:矜伐,夸耀。　⑳变固外战:各自夸耀进一步发展,必然会形成外在的战争。变:发展。　㉑鹤列:兵阵。丽谯:城楼。句谓,大王想要休兵,就不要在城楼下排兵布阵。　㉒徒:步兵。骥:骑兵。锱(zī姿)坛:坛名。句谓,不要在锱坛之宫排列防守的步兵、骑兵。　㉓无藏逆于得:不要在贪得中埋伏下相反的因素。　㉔私:私利,指前文说的耳目鼻口形体上的享受。　㉕恶:何。　㉖勿已:不得已。　㉗撄:扰。　㉘脱:脱离,免除。

　　黄帝将见大隗乎具茨之山①,方明为御②,昌寓骖乘③,张若、谔朋前马④,昆阍、滑稽后车⑤。至于襄城之野⑥,七圣皆迷⑦,无所问涂⑧。适遇牧马童子,问涂焉,曰:"若知具茨之山乎?"曰:"然。""若知大隗之所存乎?"曰:"然。"黄帝曰:"异哉小童!非徒知具茨之山,又知大隗之所存。请问为天下⑨?"小童曰:"夫为天下者,亦若此而已矣⑩,又奚事焉⑪?予少而自游于六合之内⑫,予适有瞀病⑬,有长者教予曰:'若乘日之车而游于襄城之野⑭。'今予病少痊⑮,予又且复游于六合之外⑯。夫为天下亦若此而已,予又奚事焉?"黄帝曰:"夫为天下者,则诚非吾子之事⑰。虽然⑱,请问为天下?"小童辞⑲。黄帝又问。小童曰:"夫为天下者,亦奚以异乎牧马者哉?亦去其害马者而已矣⑳。"黄帝再拜稽首,称天师而退㉑。

【译文】　黄帝要到具茨山去见大隗,方明给驾驶车,昌寓陪乘,张若、谔朋为前导,昆阍与滑稽殿后。到了襄城的郊野,这七个圣人都迷了路,又找不到个能问路的人。这时,正好遇到了一个牧马的童子,就向他问路,说:"你知道去具茨山的路吗?"童子说:"知道。"又问他说:"你知道大隗住的地方吗?"童子说:"知道。"黄帝说:"不简单呵小童!不仅知道具茨山,还知道大隗住的地方。请问你知道如何治理天下吗?"童子说:"治理天下,也就像这样罢了,又何必去做什么呢?我小的时候遨游在天地四方,当时我有眼花的毛病,有一个老年人教给我说:'你乘上太阳的车子遨游在襄城的原野。'现在我的病稍好些了,又要到天地四方之外去遨游了。治理天下也像这样就行了,又有什么好做的呢?"黄帝说:"治理天下确实不是你的事。虽然如此,还是请你说说如何治理天下?"童子推辞不答。黄帝又问。童子说:"治理天下,与牧马有什么两样呢?也不过是去掉害马的东西罢了。"黄帝叩头拜谢,称童子为天师,然后告退。

【注释】 ①大隗(wěi 伟):人名。具茨:山名,在今河南密县。成疏:"大隗,古之至人也。具茨,山名也。在荥阳密县界,亦曰泰隗山。" ②方明:与下文中的昌寓、张若、谐(xí 习)朋、昆阍、滑稽,都是人名,下文称为七圣。御:驾驶车的人。 ③骖乘:陪乘侍卫人员。 ④前马:马前向导。 ⑤后车:车后随从。 ⑥襄城:地名,河南襄城县。 ⑦七圣:指黄帝等一行七人。迷:迷路。 ⑧涂:道路。 ⑨为天下:治理天下。 ⑩若此:像这样,据下文可知为像牧马一样。 ⑪奚事:何必去做什么呢? ⑫六合:上下四方。六合之内指人世间。 ⑬瞀(mào 冒)病:眼花的病,喻指看不清大道。 ⑭乘日之车:指随日而动。即日出而作,日入而息。 ⑮痊:病愈。 ⑯六合之外:尘世之外,喻大道的境界。 ⑰诚非吾子之事:确实不是你的事情。吾子:对人亲切尊敬的称呼。 ⑱虽然:即使如此。 ⑲辞:推辞。 ⑳去害马者:除去祸害马的东西。 ㉑天师:天道之师。

知士无思虑之变则不乐①,辩士无谈说之序则不乐②,察士无凌谇之事则不乐③,皆囿于物者也④。招世之士兴朝⑤,中民之士荣官⑥,筋力之士矜难⑦,勇敢之士奋患⑧,兵革之士乐战⑨,枯槁之士宿名⑩,法律之士广治⑪,礼教之士敬容⑫,仁义之士贵际⑬。农夫无草莱之事则不比⑭,商贾无市井之事则不比⑮,庶人有旦暮之业则劝⑯,百工有器械之巧则壮⑰。钱财不积则贪者忧,权势不尤则夸者悲⑱。势物之徒乐变⑲,遭时有所用,不能无为也。此皆顺比于岁,不物于易者也⑳。驰其形性㉑,潜之万物㉒,终身不反㉓,悲夫!

【译文】 有智慧的人,没有灵活应变的思维就不愉快;有辩才的人,没有逻辑有序的演说就不愉快;有明察能力的人,没有敏锐的质疑问难就不愉快,这都是被自身的能力所束缚。有号召能力的人振兴朝廷,有理民能力的人以当官为荣,有力量的人以排除困难而自豪,勇敢的人见到险患而奋起,武士喜欢打仗,隐士保持清名,以法治国的人热衷推广法治,讲礼教的人注重仪容,讲仁义的人重视交际。农民没有除草耕作的事就不努力,商人没有市场买卖的事就不使劲,普通人有日常工作才勤勉不息,工匠有制造器物的技巧就心气高。钱财不能积蓄,贪财的人就会发愁;权势不出众,爱吹嘘的人就悲伤。仗势欺人的人喜欢时势多变,遇到机会就能捞一把,不甘心默默无为呵!这都是投合时务,不能在变化中把握外物的人。身心驰骛,沉溺在外物之中,终身执迷不悟,可悲呵!

【注释】　①知士:智慧之士。思虑之变:灵活应变的思维。　②辩士:论辩之士。谈说之序:论辩的条理,犹言逻辑性。　③察士:明察之士。凌谇之事:凌厉的辞锋、机敏的问难。谇(suì岁):责问。事:一本作辞。　④囿(yòu又):局限,束缚。　⑤招世之士:能动员人才,有号召力的人。　⑥中民之士:合人民心意的人。中:符合。荣官:以做官为荣。　⑦筋力之士:身强力壮的人。矜难:以能解难而自豪。矜:夸。　⑧奋患:在险患时奋不顾身。　⑨兵革之士:持兵披革的武士。乐战:乐于征战。　⑩枯槁之士:隐士。隐士居山林面黄肌瘦如枯槁。宿名:保持名声。宿:久积。　⑪法律之士:主张以法治天下的人,即法家之类的人物。广治:使治广,推广法治。　⑫敬容:使容敬,注重仪容的敬重。　⑬贵际:以际为贵。把人际关系看得很贵重。　⑭草莱之事:耕田锄草之事。比:考,争。如同现在说的比赛、竞争。"不比"是不努力的意思。　⑮商贾(gǔ骨):行商坐贾,指商人。市井之事:市场买卖之事。　⑯劝:勉力。　⑰壮:旺盛。　⑱尤:长,出众。夸者:喜欢吹嘘的人。　⑲势物之徒:仗势欺人的人。乐变:喜欢多事。变则事多,事多则可渔利,故乐变。　⑳顺比于岁:按照自己与时代合拍的优势。比:合。岁:时代。即用自己的优势去投合时势。不物于易:不能在变化中摆脱外物的牵累,即在变化中被外物所左右。不物:不能主宰物。易:变化。　㉑驰其形性:形体心性在追逐名利势位中驰骋不息。　㉒潜:沉溺。潜之万物:沉溺在万物之中。　㉓反:通"返"。终身不返:终身不能返回到自己的心性中去。

庄子曰:"射者非前期而中谓之善射,天下皆羿也,可乎①?"惠子曰:"可。"庄子曰:"天下非有公是也,而各是其所是,天下皆尧也,可乎②?"惠子曰:"可。"庄子曰:"然则儒、墨、杨、秉四③,与夫子为五④,果孰是邪⑤?或者若鲁遽者邪⑥?其弟子曰:'我得夫子之道矣,吾能冬爨鼎而夏造冰矣⑦!'鲁遽曰:'是直以阳召阳,以阴召阴⑧,非吾所谓道也。吾示子乎吾道。'于是为之调瑟,废一于堂⑨,废一于室,鼓宫宫动⑩,鼓角角动,音律同矣。夫或改调一弦,于五音无当也⑪,鼓之,二十五弦皆动,未始异于声而音之君已⑫。且若是者邪⑬?"惠子曰:"今夫儒、墨、杨、秉,且方与我以辩,相拂以辞⑭,相镇以声⑮,而未始吾非也⑯,则奚若矣⑰?"庄子曰:"齐人蹢子于宋者⑱,其命阍也不以完⑲。其求铏钟也以束缚⑳。其求唐子也而未始出域㉑。有遗类矣㉒。夫楚人寄而蹢阍者㉓,夜半于无人之时而与舟人斗㉔,未始离于岑而足以造于怨也㉕。"

【译文】 庄子说:"射箭的人,如果没有事前设定的目标,射到什么地方都算射中,并把这叫做善射的话,天下都可以说是后羿那样的神箭手了,可以这么说吗?"惠子说:"可以。"庄子说:"天下没有公认的是非标准,都把自己认为对的当成对,那么天下人都成了尧那样的圣人了,可以这样说吗?"惠子说:"可以"。庄子说:"这样说来,那么儒家、墨家、杨朱、公孙龙四家,加上先生共五家,究竟是谁对呢?或者像鲁遽那样呢?鲁遽的弟子说:'我得到先生的道了,我能冬天用死灰烧热鼎,夏天用热水造出冰来!'鲁遽说:'这不过是用阳气召来阳气,用阴气召来阴气,并不是我说的道。我来给你演示一下我的道。'于是调好瑟弦,放一张在堂上,放另一张到屋里,然后弹宫音,另一张瑟的宫弦共鸣,弹角音,另一张瑟的角音共鸣,音律相同了。如果改调一根弦,与五音都不合,弹奏它,二十五根弦都发生共鸣,还是瑟发出的声音,那么改调的一弦可以算是众音的君主了。先生的观点也能像这样吗?"惠子说:"现在儒家、墨家、杨朱、公孙龙四家正在和我辩论,用言词相互反驳,用名声相互压制,而并不能证明我错了,你觉得如何呢?"庄子说:"齐国有一个人把孩子寄放在宋国关起来,他给看门人下令说,孩子如果要跑出院子,你可以打残他。买回乐钟来却用绳子捆绑起来。寻找丢失的孩子连门槛都不肯出。把重要的东西丢失了。楚国有一个人寄居在外,把守门人关住,自己跑了出来,半夜找不到人帮助逃脱时,又与船夫打起架来,还没离开岸就与惟一能帮助自己逃脱的船家结下了怨仇。(这就是你的学说。)"

【注释】 ①前期:事前约定好。这里指在射箭之前约定好以什么为靶子。中:射中。羿:古代神箭手。句谓,射箭的人,如果没有事前设定的靶子,射到个地方就算射中,天下人都可以说是羿那样的神箭手,可以这么说吗? ②公是:共同承认的正确,即公理、真理。各是其所是:各自把自己认为正确的道理作为公理。尧:指代圣人。天下皆尧也:天下人都可以说是尧那样的圣人了。 ③儒:儒家学派。墨:墨家学派,以墨翟为代表。杨:指杨朱,战国时形名学家。秉:指公孙龙,战国时的名辩家。 ④夫子:指惠施。参见《天下》篇。 ⑤孰是:谁的学说是公理。 ⑥鲁遽:人名。成疏:"姓鲁,名遽。周初人。" ⑦爨(cuàn窜):笼火做饭。鼎:炊器。冬爨鼎:冬天能用千年的死灰把锅烧开。造冰:制造出冰来。两者都是古代传统的一种法术。成疏:"云取千年燥灰以拥火,须臾出火,可以爨鼎;盛夏以瓦瓶盛水,汤中煮之,悬瓶井中,须臾成冰也。" ⑧以阳召阳:用阳气召阳气,同性相召引。指燥灰属阳,火也属阳,用灰召火属以阳召阳。以阴召阴:用阴气召阴气。井中为阴,冰也属阴,用井造冰属以阴召阴。 ⑨废:放置。堂:外屋。室:里屋。句谓,把一张瑟放在堂屋,另一张瑟放在里屋。 ⑩鼓:敲击。宫、角:都是五音,宫商角徵羽之一。句谓,敲外屋的宫弦,里屋的宫弦发生共鸣。敲外屋的角弦,里屋的角弦发生共鸣。　⑪于五音无当:不合五音中的任何一音。　⑫未始异于声:并没有不同于瑟的声音,即还是瑟发出的声音。音之君:众音的君主。这里是用众音之主比喻前文的"公是"。以鼓宫宫动、鼓角角动比喻前文的"自是其是"。　⑬若是:如此,意思是说,你的学说还是像众音之主一样是大家都承认的公理吗?　⑭拂:逆,这里是反驳的意思。　⑮镇:压。声:声望。　⑯未始吾非:不能说明我错了,即辩不倒我的意思。　⑰奚若:何若。句谓,你看怎么样?　⑱蹢(zhí直):行走困难。这里用如动词,蹢子是使子蹢,即关住自己的儿子,不让他随便走。句谓,齐国有一个人,把自己的儿子寄放在宋国关起来。　⑲命:发出的指令。阍:守门人。完:全。句谓,他给守门人的指令是看住自己的儿子。如果儿子硬要跑出来,守门人可以打他,不必保证儿子肢体的完整。　⑳铏(xíng形)钟:古代一种长颈的乐钟。句谓,买回来乐钟用绳子捆起来。　㉑唐:空。唐子:即亡子,丢失了的孩子。域:通"阈",门槛。句谓,寻找丢失了的孩子不走出门槛。以上都是比喻以文饰质或以形式禁锢内容的学说,指儒、墨、杨、秉四家。《庄子》一书的亡子都用以比喻迷失的本性。　㉒遗:失。类:种类,方面。有遗类矣:遗失了很多方面的内容,即不全面的意思。与前文说的"公是"、"音之君"的要求相矛盾,不能被各家认同。　㉓寄:寄居。句谓,楚国有一个寄居在外的人,把守门人关住,自己跑了出来。　㉔舟人:船家,划船的人。句谓,半夜没有人的时候,与划船的人打了起来。无人:指找不到人帮助。　㉕岑(cén):岸。句谓,还没有离开岸边就与能帮助自己逃走的划船人结下了怨仇。这两句比喻能突破形式束缚而又自相矛盾的观点,暗喻惠施的学说。以上这一段行文晦涩,旧注多不可从,可能原文有漏误,但庄子用来比喻各家的学说都不能成为"公是",都不符合公理的要求,这一点可以肯定。

　　庄子送葬,过惠子之墓,顾谓从者曰:"郢人垩慢其鼻端若蝇翼①,使匠石斲之②。匠石运斤成风③,听而斲之④,尽垩而鼻不伤⑤,郢人立不失容⑥。宋元君闻之⑦,召匠石曰:'尝试为寡人为之⑧。'匠石曰:'臣则尝能斲之。虽然,臣之质死久矣⑨。'自夫子之死也⑩,吾无以为质矣!吾无与言之矣。"

【译文】　庄子去送葬,走过惠子的坟墓,回过头来对跟随他的人说:"郢人在他的鼻头刷了一层如蝇翼一般薄的白灰,让匠石替他削下来。匠石轮起斧子像风一样快地转动,郢人任凭他来砍,结果把白灰全都刮了下去而鼻子一点都伤不着。郢人站在那里面不改色。宋元君听说后,把匠石召来说:'你试着给我也砍一次。'匠石说:'我过去确实能砍,虽然如此,但配合我的搭档早已死了。'自从惠子死了之后,我没有搭档了,我没有讨论的对手了。"

【注释】　①郢(yǐng影):楚国国都。垩(è恶):石灰。慢:通"漫",它本亦作漫,涂刷。蝇翼:苍蝇的翅膀,比喻刷的白灰非常薄。　②匠石:工匠名石,称为匠石。斲(zhuó斫):砍。指把鼻尖上刷的白灰削下来。　③运:轮动。斤:斧子。成风:比喻动作很快。

④听:听任,指不躲闪。 ⑤尽垩:使垩尽,即把白灰全从鼻尖上削下来。 ⑥不失容:脸色不变。 ⑦宋元君:参见《田子方》篇注。 ⑧为之:指砍削鼻尖上的白灰。 ⑨质:与自己配合的人,犹言搭当。 ⑩夫子:指惠施。这一句是庄子把惠子比喻为能与自己辩论的搭档。

管仲有病①,桓公问之,曰:"仲父之病病矣②,可不讳云③,至于大病④,则寡人恶乎属国而可⑤?"管仲曰:"公谁欲与⑥?"公曰:"鲍叔牙⑦。"曰:"不可。其为人洁廉,善士也。其于不己若者不比之⑧。又一闻人之过,终身不忘。使之治国,上且钩乎君⑨,下且逆乎民⑩,其得罪于君也将弗久矣!"公曰:"然则孰可?"对曰:"勿已,则隰朋可⑪。其为人也,上忘而下畔⑫,愧不若黄帝⑬,而哀不己若者⑭。以德分人谓之圣⑮,以财分人谓之贤。以贤临人⑯,未有得人者也;以贤下人⑰,未有不得人者也。其于国有不闻也,其于家有不见也⑱。勿已,则隰朋可。"

【译文】 管仲病重了,齐桓公问他说:"仲父的病情严重了,没有什么可避讳的了,如果真到不行了那一步,寡人该把国政托付给谁好呢?"管仲说:"主公想托付给谁呢?"桓公说:"鲍叔牙。"管仲说:"不行呵。鲍叔牙为人廉洁,是一个善士,他对那些比不上他的人从不亲近。另外,他一听到别人有了过错,就终身不忘。让他来管理国家,上面会拘束国君,下面会违背百姓,得罪国君的日子不会太长!"桓公说:"那么谁可以呢?"管仲回答说:"实在不行的话,隰朋可以。隰朋的为人,对上放得下心,对下放得开手,自愧比不上黄帝,怜惜那些比不上自己的人。能够把德行分给别人的人叫做圣人,能够把财物分给别人的人叫做贤人。如果用贤能的样子居高临下地待人,那就没有能得人心的。如果以贤能的身份谦下待人,就没有不得人心的。他对于国事有的能不闻不问,对于家事有的能不看不管。实在不行的话,隰朋可以。"

【注释】 ①管仲:姓管名仲,字夷吾,齐桓公国相。 ②仲父:桓公对管仲的敬称。病病:前"病"字为名词疾病,后"病"字为动词病重。 ③讳:避讳。古人避讳言死。"讳"原作"谓",据江南古藏本改。 ④大病:病得不行了,没救了。 ⑤属:托付。恶乎属国:把国家托付给谁来管理。 ⑥与:给。谁欲与:想要交给谁。 ⑦鲍叔牙:姓鲍,名叔牙。管仲的朋友。 ⑧不己若:不若己,即比不上自己的人。比:亲近。不比之:不与他亲近。 ⑨钩:拘束。《释文》:"亦作拘。"上且钩乎君:上面会拘束国君。 ⑩逆:忤逆。下且逆乎民:下面会不能容人违背百姓。 ⑪隰(xí习)朋:姓隰名朋,齐国贤人。 ⑫上忘:忘掉上边,即对上边放得下心。下畔:分开下边,即对下边放得开手。这是指隰朋能容人,对上边不吹毛求疵,对下边不搞察察之明,与下文"其于国有不闻也,其于家有不见也"意思贯通。"忘"、"畔"都意味着宽容。 ⑬愧不若黄帝:对自己要求很高,为赶不上黄帝的圣德而惭愧。 ⑭哀不己若者:可怜那些比不上自己的人。 ⑮以德分人:把高尚的道德分给他人共享。 ⑯以贤临人:摆出贤能的样子居高临下地对待人。 ⑰以贤下人:自身贤能但待人谦下。 ⑱不闻:不闻不问。有不闻、有不见:指自己不该管的事,允许人家自己去处理。

吴王浮于江,登乎狙之山①,众狙见之,恂然弃而走②,逃于深蓁③。有一狙焉,委蛇攫搔④,见巧乎王⑤。王射之,敏给搏捷矢⑥。王命相者趋射之⑦,狙执死⑧。王顾谓其友颜不疑曰⑨:"之狙也⑩,伐其巧,恃其便以敖予⑪,以至此殛也⑫。戒之哉!嗟乎!无以汝色骄人哉⑬!"颜不疑归而师董梧⑭,以锄其色⑮,去乐辞显⑯,三年而国人称之。

【译文】 吴王泛舟长江,登上猕猴山,众猕猴见到后,都惊慌地跑开了,逃进蓁杆林子里。有一只猕猴,闪转腾挪抓挠不止,在吴王面前显示技巧。吴王用箭射它,它敏捷地抓住了飞箭。吴王命令随从人员一齐乱射,猕猴抱着树死去了。吴王回头对他的朋友颜不疑说:"这只猕猴,夸耀它的灵巧,依仗自己的敏捷傲视我,以至于丢了小命。要引以为戒呵!唉!不要用你了不起的态度傲视人!"颜不疑回去后拜董梧为师,帮助他去掉傲气,撤去声色之娱,辞掉显贵荣华,三年以后得到国人的称赞。

【注释】 ①狙(jū居):猕猴。 ②恂(xún荀)然:惊怕的样子。弃:扔下,指离开这里。走:跑。 ③蓁(zhēn真):即榛,一种长榛子的丛生灌木。 ④委蛇:通作逶迤,宛转的样子。攫搔(jué sào 决臊):抓取。描写猴子跳来跳去抓挠不止。 ⑤见巧:现巧,显示自己的灵巧。 ⑥敏给:敏捷,反应快。捷矢:飞快的箭。搏捷矢:能抓住射向自己的飞箭。 ⑦相者:助手,指陪吴王来打猎的人。 ⑧执死:抱树而死。 ⑨颜不疑:人名。成疏:"姓颜,字不疑,王之友也。" ⑩之:这。 ⑪伐:夸耀。恃:依仗。便:便捷。敖:通"傲"。傲予:傲视我。 ⑫殛(jí棘):死。 ⑬色:气色,指傲气。骄人:瞧不起人。 ⑭董梧:人名。成疏:"姓董,名梧,吴之贤人也。" ⑮锄:去掉。原作"助",《释文》云:"士居反本亦作锄",据改。 ⑯去乐辞显:撤去声色之娱,辞掉显贵荣华。

南伯子綦隐几而坐,仰天而嘘①。颜成子入见曰②:"夫子,物之尤也③。形固可使若槁骸,心固可使若死灰乎④?"曰:"吾尝居山穴之中矣,当是时也,田禾一睹我,而齐国之众三贺之⑤。我必先之,彼故知之⑥;我必卖之,彼故鬻之⑦。若我而不有之,彼恶得而知之⑧?若我而不卖之,彼恶得而鬻之?嗟乎!我悲人之自丧者⑨,吾又悲夫悲人者⑩,吾又悲夫悲人之悲者⑪,其后而日远矣⑫。"

【译文】 南伯子綦靠在几案上坐着,仰天长嘘。颜成子进来拜见他说:"先生也是个出类拔萃的人物了,难道应当让形体像枯骨,心灵像死灰一般吗?"南伯子綦说:"我曾经隐居在山洞里,那时候,齐国国君田禾见了我一面,众人就三次祝贺他得到了贤人。我一定是先有名声传了出去,他所以能知道;我一定是有了想把名声卖出去的表现,他所以来买了。如果我没有传出名去,他怎么会知道?如果我没有想卖出名声的表现,他怎么会来买?唉!我悲怜那些丧失了自我的人,我又悲怜那些悲怜别人丧失自我的人,我又悲怜那些为悲怜别人而悲怜的人。从那以后,我就一天天地远离这种可悲的行为了。"

【注释】 ①南伯子綦:即《齐物论》篇里的南郭子綦。隐几:靠着几案。嘘:呼气。 ②颜成子:南伯子綦的弟子。 ③夫子:先生。物之尤:优秀人物。句谓,先生你也算是个了不起的人物了。 ④槁骸:枯骨。句谓,难道就应当让形体像一堆枯骨,心灵像死灰般寂灭吗? ⑤田禾:齐国国君齐太公的名子,史作田和。一睹:见了一次面。三贺之:多次祝贺他。指田禾能重德尊贤。 ⑥先之:先有这样的事,指表现出贤德的样子。彼故知之:所以他才能知道。 ⑦鬻:买。 ⑧恶得:何得,哪里能够。 ⑨自丧:丧失了自我。指为获取名声而丧失了天性。 ⑩悲夫悲人者:悲怜那些认为别人可悲的人。 ⑪悲夫悲人之悲者:悲怜那些为悲怜别人而悲怜的人。 ⑫日远:一天天深入。指先是悲怜自丧者,接着悲怜为自丧者而悲者,又进一步悲怜为自丧者悲而悲者,一天天深入下去,直到现在这种看什么都可悲,变成形如枯骸、心如死灰的样子。

仲尼之楚①,楚王觞之②,孙叔敖执爵而立③,市南宜僚受酒而祭④,曰:"古之人乎,于此言已⑤。"曰:"丘也闻不言之言矣⑥,未之尝言,于此乎言之。市南宜僚弄丸而两家之难解⑦,孙叔敖甘寝秉羽而郢人投兵⑧,丘愿有喙三尺⑨。"

彼之谓不道之道⑩,此之谓不言之辩⑪。故德总乎道之所一⑫,而言休乎知之所不知,至矣⑬。道之所一者,德不能同也⑭;知之所不能知者,辩不能举也⑮。名若儒墨而凶矣⑯。故海不辞东流,大之至也⑰。圣人并包天地,泽及天下,而不知其谁氏⑱。是故生无爵⑲,死无谥⑳,实不聚㉑,名不立,此之谓大人。狗不以善吠为良,人不以善言为贤,而况为大乎㉒?夫为大不足以为大㉓,而况为德乎?夫大备矣㉔,莫若天地。然奚求焉,而大备矣。知大备者,无求,无失,无弃,不以物易己也㉕。反己而不穷㉖,循古而不摩㉗,大人之诚㉘。

【译文】 孔子到了楚国,楚王设酒宴欢迎他,孙叔敖手执酒杯站着,市南宜僚接过酒来祝祭说:"古时候的人,在这种场合下都要请客人讲一讲话。"孔子说:"我听说过不言之言的道,从未曾说过,在这里讲一下吧。我听说你市南宜僚玩弄弹丸,解除了两家的仇杀;孙叔敖执扇酣睡,楚国人偃兵息武。(这不就是不言之言的道吗?)我倒愿意长出三尺长的嘴来,(可道又怎么说得清呢?)"

市南宜僚与孙叔敖的做法就是无为之道,孔子的话就是不言的辩。所以说,德归属在道的统一里,言要停止在智力不能达到的地方,这就是极限了。道的统一,德不能与它相等;智力不能达到的地方,辩说是包括不了的。像儒家、墨家那样争竞道在自己学说里的名声,实际上是很危险的。大海不会拒绝东流的河水,所以才广大至极。圣人包容天地,恩泽广被天下,但人们并不知道他是谁。因此,活着没有爵位,死了没有谥号,功业不显,也不建立名声,这才叫做大人。狗不能因为会叫就是好狗,人不能因为会说就是贤能,更何况要成就大的道德呢? 有意要做大成不了大,更何况是修养道德呢? 要说大,那就要全备,这就没什么可以比得上天地了。然而天地又求取过什么呢,它却能大而全备。知道大全的人,不求取,不失去,也不抛弃什么,总之是不用外物来改变自己。返回自己本身无穷无尽,遵循古来如此的大道而永不磨灭,就是大人的真诚。

【注释】 ①之:到。 ②觞:设酒宴欢迎。 ③孙叔敖:人名,见《田子方》篇注。《释文》:"案,《左传》孙叔敖是楚庄王相,孔子未生。哀公十六年,仲尼卒后,白公为乱。宜僚未尝仕楚。又宣十二年时,楚有熊相宜僚,则与叔敖同时,去孔子甚远。盖寄言也。"执爵:手里拿着酒杯。 ④市南宜僚:人名,参见《山木》篇注。受酒:接过酒来。祭:祭祀先人。成疏:"古人欲饮,必祭其先。" ⑤已:矣。句谓,古时候的人,在这种情况下都要发表一番言论。也就是说,按照古代的风俗习惯,在欢迎的宴会上,要请被欢迎的人讲一讲话。 ⑥丘:孔子自称其名。不言之言:没有言论的言论。指对道的说明。道不可言,故要说明道最好是不言。 ⑦弄丸:玩弄弹丸。两家:指白公胜和令尹子西。解:解除。据成疏说,当时白公胜作乱,要杀令尹子西。司马綦对他说,市南宜僚是个勇士,一人可敌五百人。如果得到他就能成就大事。白公胜派人去找市南宜僚。市南宜僚正在玩弄弹丸,见到白公胜派来的人理都不理。来人把剑架在他的脖子上,他神态自若,依然上下玩弄弹丸。白公胜得不到市南宜僚,杀令尹子西的计划只好作罢,免除了一场内乱。这里是用市南宜僚弄丸的事说明不言之言。 ⑧甘寝:酣睡。秉羽:手持羽扇。投兵:扔掉兵器,指没仗可打。孙叔敖作为楚国令尹,高枕逍遥,执扇而舞,修养道德,不事武功,楚国人就无须打仗了。这里是用孙叔敖的事说明不道之道。见下。　⑨喙:嘴。有喙三尺:长一个三尺长的嘴,也就是说长一个能说清"不言之言"的嘴。言外之意是说,既然没有长那么大的嘴,也就不用说了。　⑩彼:指市南宜僚和孙叔敖的做法。不道之道:即无为之道。　⑪此:指孔子说的话。不言之辩:不说而辩明了理。　⑫总:总括。道之所一:道的同一。句谓,道要总括在道的同一里。　⑬休:止。句谓,言要停止在智力不能认知的地方,这就到极限了。　⑭德不能同:德不能与它相等。德是个人从道中所得,受个体局限,虽然与道有同一性,但远不能和整个大道相比。　⑮辩不能举:辩论是说不全的。举:全。人的论辩受到个体局限,对未知的东西说不明白。　⑯名:名声。凶:危险。句谓,像儒墨两家竞争道在自己手里的名声是很危险的。　⑰辞:拒绝。东流:向东的流水,入海的水。　⑱不知其谁氏:不知道他是谁。　⑲生无爵:活着没有爵位。　⑳死无谥(shì示):死了没有谥号。古代人死之后,根据他的平生表现,给他议定一个封号,称作谥号。谥号一般是按平生的长处议定的,有谥号意味着有所长,有所长意味着有所短,圣人无长无短,故无谥号。　㉑实不聚:功业不显。"实"指一生的实绩,"聚"指集中被看出来。　㉒为大:成就大的道德。　㉓为大不足以为大:追求大反而不能成就大。　㉔大备:大而完备,指大的标准是全面。　㉕不以物易己也:不因外物而改变自己,即保持自己的完备。　㉖反己而不穷:返回自我的本然而无穷无尽。　㉗循古而不摩:遵循古来如此的大道而不磨灭。　㉘诚:真。指得之于道的真我。

　　子綦有八子①,陈诸前②,召九方歅曰③:"为我相吾子,孰为祥④?"九方歅曰:"梱也为祥⑤。"子綦瞿然喜曰:"奚若⑥?"曰:"梱也,将与国君同食以终其身。"子綦索然出涕曰⑦:"吾子何为以至于是极也⑧?"九方歅曰:"夫与国君同食,泽及三族⑨,而况父母乎?今夫子闻之而泣,是御福也⑩。子则祥矣,父则不祥?"子綦曰:"歅,汝何足以识之。而梱祥邪?尽于酒肉,入于鼻口矣,而何足以知其所自来?吾未尝为牧而牂生于奥⑪,未尝好田而鹑生于宎⑫,若勿怪,何邪?吾所与吾子游者,游于天地。吾与之邀乐于天⑬,吾与之邀食于地⑭。吾不与之为事⑮,不与之为谋,不与之为怪⑯。吾与之乘天地之诚而不以物与之相撄⑰,吾与之一委蛇而不与之为事所宜⑱,今也然有世俗之偿焉⑲。凡有怪征者必有怪行⑳。殆乎!非我与吾子之罪,几天与之也㉑!吾是以泣也。"

　　无几何而使梱之于燕㉒,盗得之于道,全而鬻之则难㉓,不若刖之则易㉔。于是乎刖而鬻之于齐,适当渠公之街㉕,然身食肉而终。

【译文】　南伯子綦有八个儿子,都叫到跟前,然后召来九方歅,说:"你给我相相我的孩子,看看谁吉祥?"九方歅说:"叫梱的孩子吉祥。"南伯子綦惊奇地说:"怎么个吉祥?"九方歅说:"梱这个孩子将会与国君一同饮食,一直到终身。"南伯子綦扫兴地流出泪说:"我的儿子怎么会到了这种地步?"九方歅说:"能与国君一同饮食,恩泽施及三族,更何况是父母呢?现在先生听说了反而哭起来,你这是要拒绝获福。儿子是吉祥的,父亲就不吉祥了?"南伯子綦说:"九方歅呵,你哪里相得出其中的道理。梱能算吉祥吗?饮酒吃肉,不过是进入口鼻,又怎么知道这些东西是从哪里来的?我不养羊屋里却生出羊羔来,我不打猎屋里却生出鹌鹑来,你不觉得奇怪,这是怎么回事?我与我的孩子生活,是生活在天地之间。我和他求乐于天,我和他求食于地。我不与他求什么事业,我不与他谋划什么,我不与他求什么怪异。我与他利用天地的真诚而不去攫取外物,我与他顺势宛转而不与他投合身外的事务,现在却忽然冒出来世俗的补偿。凡是有怪异的征兆,必然就会有怪异的事情发生。危险呵,这不是我和我儿子的过错,大概是上天给予的惩罚吧!我因此而哭泣。"

没过多久,梱被派往出使燕国,途中被强盗俘获,强盗认为身体完整地卖他为奴比较难,不如砍去脚好卖一些。于是就砍掉他一只脚卖到了齐国。正好卖在齐国渠公的大街上,不过他最后还是真的终身吃肉了。

【注释】 ①子綦:成疏:"楚司马子綦也。" ②陈:排列。 ③九方歅(yīn 因):古代相术家。成疏:"九方,姓也;歅,名也……善相人也。" ④祥:吉祥,有福。 ⑤梱(kǔn 捆):子綦儿子之一名。 ⑥瞿然:惊奇的样子。奚若:何若。 ⑦索然:扫兴的样子。 ⑧是极:这种地步。极:端。 ⑨泽及三族:恩惠施及到三族。"三族"指父族、母族、妻族。 ⑩御:抵御,拒绝。 ⑪牂(zāng 赃):母羊。奥:屋子的西南角。句谓,我不养羊,母羊却在家里生出了羊羔。 ⑫田:畋猎。宎(yǎo 咬):屋子的东北角。句谓,我不捕鸟,家里却生出鹌鹑来。 ⑬邀:遇到,得到。邀乐于天:只求得到天所给予的乐趣。也就是说,不追求天所赋予之外的东西。 ⑭邀食于地:只求得到大地所赋予的食物。 ⑮为事:去做人为之事。不与之为事:我不和我的孩子去谋取什么人们追求的事。子綦认为得到天地赋予的东西是正常的,除此之外再去谋求就是不正常的,故下文说:"不与之为谋,不与之为怪。" ⑯怪:怪异,指非正常的东西。 ⑰乘:凭借。诚:真实。攖:干扰。句谓,我和我的孩子凭借天地赋予的真诚生活,不让外物的引诱来干扰它。 ⑱委蛇:逶迤,顺势宛转。为事所宜:因为人事而决定适宜与不适宜。句谓,我与我的孩子一概都是顺势宛转,不因为人事而决定干什么。也就是说,我们的人生态度是该干什么就干什么,而不是想干什么就干什么。 ⑲然:然而。世俗之偿:世俗的回报,指带着个人的愿望去追求而得到的回报。句谓,我们不像世俗人那样带上个人的愿望去追求分外的东西,现在却忽然得到了回报。 ⑳怪征:怪异的征兆,指与国君同食酒肉。怪行:发生怪异的事,不正常的事。 ㉑几:近。几天与之也:这种不正常的事情的发生,也和上天给予的差不多。　㉒使:出使。使梱之于燕:派梱到燕国去出使。　㉓全:完整。这里指躯体。鬻之:把他当奴隶卖掉。句谓,强盗认为,把他躯体完整地卖出去为奴,不容易卖得出去。　㉔刖:砍掉一只脚的刑罚,这里指砍一只脚。句谓,不如砍一只脚卖起来容易。　㉕渠公:齐国贵族。《释文》:"渠公,齐之富室,为街正。买梱自代,(梱)终身食肉至死。"

啮缺遇许由①,曰:"子将奚之②?"曰:"将逃尧③。"曰:"奚谓邪?"曰:"夫尧畜畜然仁④,吾恐其为天下笑。后世其人与人相食与⑤!夫民不难聚也⑥,爱之则亲,利之则至,誉之则劝,致其所恶则散⑦。爱利出乎仁义,捐仁义者寡⑧,利仁义者众⑨。夫仁义之行,唯且无诚⑩,且假乎禽贪者器⑪。是以一人之断制利天下⑫,譬之犹一觊也⑬!夫尧知贤人之利天下也,而不知其贼天下也⑭。夫唯外乎贤者知之矣⑮。"

【译文】　啮缺遇见了许由,说:"你要到哪里去?"许由说:"我要躲开尧。"啮缺说:"为什么呢?"许由说:"尧处心积虑地推行仁爱,我担心他会被天下人嘲笑。后世恐怕会人吃人吧!百姓并不难团聚,爱他们就会来亲近,对他们有利就会到来,夸奖他们就会努力,造成他们讨厌的环境就会分散。爱与利都是出自仁义,人们拒绝接受仁义的人少,要从仁义中取利的人多。所以仁义推行起来,就没有多少人出自真心了,而且仁义正好成了贪取的人利用的工具。这是用一个人的决断制裁全天下的利益,如同是一面砍呵!尧只知道贤人对天下有利,不知道他们对天下的危害。所以,只有不是贤人的人才懂得这个道理。"

【注释】　①啮缺、许由:人名,见前。　②奚之:到哪里去?　③逃尧:逃避开尧。因为尧要把帝位禅让给许由(见《让王》篇),许由不愿为帝。　④畜畜然:处心积虑的样子。　⑤后世:指尧推行仁义之后。与:欤。　⑥聚:来归服。　⑦致其所恶:造成百姓厌恶的环境,即百姓不满意统治者的政策。　⑧捐:抛弃,拒绝。句谓,拒绝接受仁义的人少。　⑨利仁义:贪图仁义带来的利益。　⑩唯且无诚:不仅仅是没有诚意,不出自真心。　⑪假:借。禽贪:像禽兽一样贪婪。器:工具。句谓,而且还是像禽兽一样贪婪的人借用的工具。　⑫断:决断,决定。制:裁制。句谓,这是用一个人的决断来裁制天下的利益。　⑬一觊(piē 撇):意同俗语讲的木匠的斧子一面劈。郭象注:"觊,割也。万物万形,而以一剂割之,则有伤也。"　⑭贼:害。　⑮外乎贤者:贤者之外的人,即不以仁贤作为标准的人。

有暖姝者①,有濡需者②,有卷娄者③。所谓暖姝者,学一先生之言,则暖暖姝姝而私自说也④,自以为足矣,而未知未始有物也⑤。是以谓暖姝者也。濡需者,豕虱是也⑥。择疏鬣⑦,自以为广宫大囿⑧;奎蹄曲隈⑨,乳间股脚,自以为安室利处⑩。不知屠者之一旦鼓臂布草操烟火⑪,而己与豕俱焦也。此以域进,此以域退⑫,此其所谓濡需者也。卷娄者,舜也。羊肉不慕蚁,蚁慕羊肉,羊肉膻也⑬。舜有膻行⑭,百姓悦之,故三徙成都⑮,至邓之虚而十有万家⑯。尧闻舜之贤,举之童土之地⑰,曰:"冀得其来之泽⑱。"舜举乎童土之地,年齿长矣,聪明衰矣,而不得休归,所谓卷娄者也。

　　是以神人恶众至⑲,众至则不比⑳,不比则不利也。故无所甚亲,无所甚疏㉑,抱德炀和㉒,以顺天下,此谓真人。于蚁弃知㉓,于鱼得计㉔,于羊弃意㉕。以目视目,以耳听耳,以心复心㉖。若然者,其平也绳㉗,其变也循㉘。古之真人,以天待之㉙,不以人入天㉚,古之真人。

【译文】　有自以为美的人,有因循苟且的人,还有操劳过度的人。所谓自以为美的人,学了一个先生的学说,就自以为了不起私下里高兴的不得了。自认为很满足了,根本不知道实际上什么也没得到。所以说他是自以为美的人。因循苟且的人,就如同是猪身上的虱子。找了一处鬃疏毛长的地方,自认为就是广宫大园了;足蹄隐蔽之处,乳间、腿、脚上,自认为就是安居的好地方了。不知道杀猪的人一旦伸出胳膊,铺好草垫,烧好火,自己与猪一起被烧焦了。只知道在猪身上这个范围里进退,这就是所谓因循苟且的人。操劳过度的人就是舜这样的人。羊肉不喜爱蚂蚁,但蚂蚁喜爱羊肉,因为羊肉有膻味。舜就是有散发膻味的行为,百姓喜爱,所以迁移了三处地方,每个地方都成了都市。到了邓地时,追随他的百姓有十几万家。尧听说了舜的贤能,提拔他到不毛之地,说:"盼望他带来的恩泽。"提拔舜到不毛之地的时候,年龄已经很大了,聪明也衰退了,但还是不能回去休息,就是所谓的操劳过度的人。

　　因此神人不喜欢众人来归附,众人都来就不可能相互亲近,不亲近就不利了。所以不能过分亲近,也不能过分疏远,要守住自己的德性,保持温和,来顺应天下。这就叫做真人。对蚂蚁来说,要扔掉喜爱羊肉的心智;对鱼来说,要得水适意;对羊肉来说,要抛弃吸引他物的意念。要用眼睛看眼睛,用耳朵听耳朵,用心去养心。这样去做的人,平正如绳,变化起来顺乎自然。古代的真人,用天然对待人事,不把人事搀杂在天然里。这就是古代的真人。

【注释】 ①暖姝(shū枢):自以为美的样子。 ②濡(rú儒)需:因循苟且的样子。 ③卷娄:操劳过度的样子。 ④说:悦。 ⑤未始有物:什么也没得到。从得道的角度上说,得到一种学说就失去了众多的学说,故言"未始有物"。 ⑥豕虱:猪身上的虱子。 ⑦疏鬣(liè劣):稀疏的鬃毛。 ⑧大囿:大园子。 ⑨奎(kuí葵):通"跬"。奎蹄:足蹄。曲隈(wēi偎):深曲处,指猪身上股间腋下等弯曲隐蔽的地方。 ⑩利处:利于居住的地方。 ⑪鼓臂:奋起手臂。布草:铺上柴草。操烟火:点起烟火。以上说明人杀猪烤肉吃的情景。 ⑫域:境域,指豕虱的生存环境。进、退:指豕虱的存亡。句谓,这是依赖自己的生活环境存亡。 ⑬膻(shān煽):腥膻味。 ⑭膻行:指引人的行为。这里是比喻舜推行仁义吸引了众多的百姓,如同羊肉有腥膻味,吸引来众多的蚂蚁。 ⑮徙:迁徙。三徙成都:迁徙了三个地方,三个地方都变成了都市。《史记·五帝本纪》:"舜耕历山,历山之人皆让畔;渔雷泽,雷泽之人皆让居;陶河滨,河滨器皆不苦窳。一年而所居成聚,二年成邑,三年成都。" ⑯邓:地名。虚:通"墟",区域。邓虚即邓地。 ⑰童:秃。童土之地:不毛之地。 ⑱冀:期望。泽:恩泽。句谓,期望舜给邓这个不毛之地带来恩泽,把它开发出来。 ⑲众至:众人都来归服。句谓,神人并不愿意让众人都来归服自己。 ⑳比:亲合。句谓,众人都来归服,就难免要发生不能亲合的事情,即人多就要产生矛盾。 ㉑甚:特别。句谓,神人对谁既不过分亲近,也不过分疏远。 ㉒抱德:持守道德。炀(yàng样)和:温暖和煦。 ㉓于蚁弃知:对于蚂蚁来说,要去掉贪慕羊肉的心志。 ㉔于鱼得计:对于鱼来说,要生活在水里才算得意。 ㉕于羊弃意:对于羊来说,要抛弃散发膻味吸引蚂蚁的愿望。 ㉖以目视目:用眼睛看自己的眼睛。也就是说,用眼睛看自己能见到的东西。以耳听耳:用耳朵听自己能听到的东西。以心复心:用心思收回自己的心思。以上三句都是说,要守住自己的本分,不要去追逐分外之物。 ㉗绳:平直。 ㉘循:顺。其变也循:变化起来顺乎自然。 ㉙以天待之:用天然状态对待人事。"之"应作"人"。 ㉚入:搀入。不以人入天:不把人为搀入到天然中来。

得之也生,失之也死;得之也死,失之也生,药也①!其实堇也②,桔梗也③,鸡雍也④,豕零也⑤。是时为帝者也⑥,何可胜言⑦?

【译文】 得到它就活,失去它就死;有时候又得到它反而死,失去它反而活,这就是药呵!其实就是些紫堇、桔梗、鸡头草、猪苓等这些东西。(它们没有什么尊卑贵贱,得按病情去安排君、臣、佐使,)在不同时候,它们都可能成为主药,怎么能说得清呢?

【注释】 ①得之也生,失之也死:得到它就能救命,失去它就会死掉。得之也死,失之也生:得到它反而毒死了,失去它反而活了下来。药也:这是药的特点。 ②堇(jǐn谨):中药的一种,紫堇。 ③桔梗:中药的一种。 ④鸡雍(yōng壅):中药的一种,又名芡草。 ⑤豕零:中药的一种,即猪苓。 ⑥时为帝:不同的时候会用不同的主药。中医用药分君、臣、佐使。帝指君药,即主治的药物,与主药配合的药物为臣药、为佐使。⑦何可胜言:哪里会说得完,即变化无穷。

　　勾践也以甲楯三千栖于会稽①。唯种也能知亡之所以存②,唯种也不知其身之所以愁③。故曰,鸱目有所适④,鹤胫有所节,解之也悲⑤。故曰,风之过,河也有损焉⑥;日之过,河也有损焉。请只风与日相与守河,而河以为未始其撄也⑦,恃源而往者也⑧。故水之守土也审,影之守人也审,物之守物也审⑨。

　　故目之于明也殆,耳之于聪也殆,心之于殉也殆⑩。凡能其于府也殆⑪,殆之成也不给改⑫,祸之长也兹萃⑬,其反也缘功⑭,其果也待久⑮。而人以为己宝⑯,不亦悲乎?故有亡国戮民无已⑰,不知问是也⑱。

　　故足之于地也践,虽践,恃其所不蹍而后善博也⑲;人之于知也少,虽少,恃其所不知而后知天之所谓也⑳。知大一,知大阴,知大目,知大均,知大方,知大信,知大定㉑,至矣。大一通之,大阴解之,大目视之,大均缘之,大方体之,大信稽之,大定持之㉒。

　　尽有天㉓,循有照㉔,冥有枢㉕,始有彼㉖。则其解之也似不解之者㉗,其知之也似不知之也㉘,不知而后知之。其问之也,不可以有崖㉙,而不可以无崖。颉滑有实。古今不代㉚,而不可以亏,则可不谓有大扬攉乎㉛?阖不亦问是已,奚惑然为㉜?以不惑解惑,复于不惑,是尚大不惑㉝。

【译文】　　勾践带着披甲执盾的武士三千人退守在会稽山上,只有文种知道怎样在败亡中求得生存,也只有文种不知道该为自身发愁。因此说,猫头鹰的眼睛有它适用之处,(也有它不适用之处,)鹤的长腿有关节,但截断了就可悲。所以说,风从河上吹过,河水就会有所损失;太阳在河上晒过,河水也会有损失。如果让风与太阳一起在河上吹晒,而河水并不认为干犯了自己,这是因为靠着源头的水不断流过来。所以,水要守住土的道理很清楚,影子要守住人的道理很清楚,物要守住物的道理也很清楚。

　　所以眼睛一味地明察就危险,耳朵一味地灵敏就危险,心灵一味地追逐外物就危险。凡是能力对于它生发的器官来说都是危险的,危险形成来不及改正,灾祸的生长要渐渐积聚,要返回原初就得下苦功,取得成果就得旷日持久。而人们却把耳聪目明之类的才能看成是宝贝,不也太可悲了吗?所以不断地出现国灭民亡的事情,就是不懂得从这里寻找原因。

所以说，脚对于地来说只踩一小块，虽然只踩一小块，但要依赖没有踩着的地方存在才能通向广博；对于认知的世界来说人知道的东西确实很少，虽然少，但可依赖所不知的东西认识天道。知道天的大一，知道地的大阴，知道大的眼光，知道大的运转，知道大的方术，知道大的真实，知道大的安定，这才是最高境界。天的大一流通于万物，地的大阴分别化生万物，大的眼光全面洞彻，大的运转有规律可循，大的方术增广体悟，大的真实有据考稽，大的安定保常持守。

穷尽万有有天然存在，顺其天然有慧照存在，窈冥之中有枢机存在，开始之源有彼端存在。这样说来，那么解悟了又好像没有解悟一样，知道了又好像不知道一样，借助不知道然后才知道。认真追问下去，不可以有边际，但也不可以没有边际。虽然纷繁复杂，但又有实可考。古今不变，又不可以减损，那么能不说它有个粗略的法度吗？何不从这里寻找答案呢？为什么还要迷惑？用不迷惑去解释迷惑，回到不迷惑上来，这才是大的不迷惑。

【注释】①勾践：越国王名。甲楯三千：三千士兵。甲楯：指披甲执盾的人。会稽：越国山名。春秋时期，吴国战胜越国，勾践带着三千士兵困守会稽山上。　②种：人名，文种，越国大夫，帮助勾践复国的谋臣。亡之所以存：危亡的国家怎样才能求得生存。③其身：指文种自己的生命。所以愁：该为自己怎样发愁。文种帮助勾践复国之后，后来被吴王杀掉。所以说他不懂得为自身发愁。　④鸱：猫头鹰。适：适用。句谓，猫头鹰的眼睛有它适用的范围。猫头鹰的眼睛夜间可以看见跳蚤，白天什么也看不见。明察秋毫受到局限。　⑤胫：腿。节：关节。解：截去。句谓，鹤长着很长的腿，从关节处截下去就可悲了。以上两句是比喻万物的长处都是有局限的。　⑥损：损失，损减。句谓，风吹日晒都会使河水蒸发减损。　⑦撄：干扰。句谓，就是让风日不断地吹晒，河水也不会受到干扰。　⑧恃：依赖。句谓，是因为河水依仗有源头的活水不断地流进来然后流出去。　⑨审：清楚明白。句谓，可见，水要守住土是十分明白的道理，影子要守住人是十分明白的道理，物要守住自身的本性也是十分明白的道理。　⑩殆：危险。句谓，明察秋毫对眼睛来说是危险的。庄子认为眼睛也和任何事物一样，有它自身的局限，要求它超出局限地明察就会出错误。下几句意思相同。殉：殉于物，追逐外物。⑪能：能力。府：指产生能力的器官。句谓，超常的能力对于产生它的器官来说都是危险的。　⑫不给：来不及。句谓，危险的形成来不及改。　⑬兹：通"滋"。萃：聚。句谓，灾祸的增长是渐渐形成的。　⑭反：通"返"。缘功：依靠功夫。句谓，想返回到原来的样子就得依赖长久的功夫。　⑮果：见成效。句谓，想见到成效就得靠长时间的努力。　⑯人以为己宝：人们认为是自己宝贵的东西，指超常的能力，如目明耳聪之类。⑰戮民：被杀戮的百姓。无已：没完没了，不断。句谓，所以才不断产生国破家亡，人民受到杀戮的事情。　⑱问是：从这里询问，即从这里寻求根源。　⑲践：踩。蹍：走过去。博：广远。句谓，对于脚来说，地是可以踩踏的，虽然可以踩踏，但人不可能到处踩踏遍,要依赖有没有走过的地存在,然后才能走得广远。 ⑳天之所谓:所谓的天。句谓,人的认知是很少的,虽然认知得很少,但一定要依赖大量没有认知的东西做依托,才能知道天的自然之理。这两句是比喻以不用为用的道理,合理解决人自身认知局限的问题。 ㉑大一:天道的同一。大阴:地道的阴静。大目:大眼光,指万物各有各的视觉能力,把各种不同的视觉能力合在一起形成大目。大均:宇宙的运转状态。均通钧,运转。大方:大的方术,指万物各有各的本能,如蜘蛛会结网,鱼会游泳,猫头鹰夜间能见等等。把各种不同的本能合在一起形成大方。大信:最大的真实。即不仅是万物作为过程中的真实,而是终极的真实。大定:绝对的安定。指宇宙的均衡稳定。 ㉒通:流通。指天道流通于万事万物。解:解化。指地分别化生万物。视:看透洞彻。缘:依据沿用。体:体悟。稽:考察。持:持守。 ㉓尽有天:对万物穷尽性的认知有天道。 ㉔循有照:遵循的法则有客观的观照。 ㉕冥有枢:深奥难明的道理有枢要。 ㉖始有彼:万物的本原有那个东西存在。 ㉗解之也似不解之者:解悟了又好像没有解悟了似的。 ㉘知之也似不知之也:知道了又好像不知道似的。 ㉙崖:边界。 ㉚颉(xié鞋)滑:杂乱的样子。古今不代:古今不变。代:替换。 ㉛亏:损减。不可以亏:从古到今,道没有亏损。大扬榷(què确):粗略的法度。 ㉜阖:何。是:这。奚惑然为:为什么要迷惑不清呢? ㉝复:回到。是尚大不惑:这才是大的不惑。

第二十五篇　则阳

　　本篇是截取篇首的人名为题。全篇用十几个寓言故事，首先说明有道的人天性完整，所以才具有全面的无形感化力。接着论述人要修养这种完整的天性，最好的方法就是"得其环中以随成"，去掉人自身那些微不足道的种种追求，杜绝"遁其天，离其性，灭其情，亡其神"的愚蠢做法。世间的种种祸害都是这种追求和做法造成的，尤其是用智指导人生更不足取。最后通过少知与大公调的对话，说明了人们的共识与大道的区别，以及宇宙的发生、世界的主宰等有关道的问题。重点论述了道的全面性、整体性、统一性、永恒性，给人们指出了学道的内容。

　　则阳游于楚①，夷节言之于王②，王未之见。夷节归。彭阳见王果曰③："夫子何不谭我于王④？"王果曰："我不若公阅休⑤。"彭阳曰："公阅休奚为者邪？"曰："冬则擉鳖于江⑥，夏则休乎山樊⑦。有过而问者，曰：'此予宅也⑧。'夫夷节已不能，而况我乎？吾又不若夷节⑨。夫夷节之为人也，无德而有知⑩，不自许⑪，以之神其交⑫，固颠冥乎富贵之地⑬，非相助以德，相助消也⑭。夫冻者假衣于春⑮，暍者反冬乎冷风⑯。夫楚王之为人也，形尊而严，其于罪也，无赦如虎⑰。非夫佞人正德⑱，其孰能桡焉⑲？故圣人其穷也，使家人忘其贫；其达也，使王公忘爵禄而化卑⑳。其于物也，与之为娱矣㉑；其于人也，乐物之通而保己焉㉒。故或不言而饮人以和㉓。与人并立而使人化，父子之宜㉔。彼其乎归居，而一闲其所施㉕，其于人心者若是其远也㉖。故曰待公阅休。"

【译文】　彭阳到楚国去游说，夷节向楚王推荐了他，楚王不接见，夷节就回去了。彭阳对王果说："先生何不在楚王面前推荐推荐我？"王果说："推荐人我比不上公阅休。"彭阳说："公阅休是干什么的？"王果说："冬天他就在江里边叉鳖,夏天他就住在山脚下闲居。有路过的人问他,他就说:'这儿就是我的家。'要说夷节推荐你都不行,更何况是我呢?我还不如夷节呢。夷节的为人,德行虽然不怎么样,但聪明,能见风使舵,因此能在交际上大显神通,在富贵场里翻上覆下,他不是以德助人,而是使人丧德。但受冻的人总想借助春天的温暖当衣服,酷热的人总想得到冬天的冷风消消暑。(对你来说,夷节比我合适。)楚王的为人,仪容尊贵而威严,对犯了罪的人凶狠如虎从不宽恕。如果不是奸佞的人或有纯正道德的人,谁能说得动他?所以,圣人在穷困的时候,能使家里人忘记贫寒;在通达的时候,能使王公大人忘记爵位而变得谦卑。对于外物,公阅休愿意与万物共同娱悦;对于人,他乐意让别人通顺,从而更好地保全自己。所以能不说一句话就让人变得和顺。有时与人站在一起,就让人受到感化,就如同是父子之间那种默契。他虽然返归山林隐居,但能对万物毫无例外地从容施与,他与常人的心性差得就这么远。所以说,最好是要等公阅休来推荐你。"

【注释】 ①则阳:人名。成疏:"姓彭,名阳,字则阳,鲁人。游事诸侯,后入楚,欲事楚文王。" ②夷节:人名。成疏:"夷姓,名节,楚臣也。" ③王果:人名。成疏:"楚之贤大夫也。" ④谭:通"谈"。这里是介绍、推荐的意思。 ⑤公阅休:人名。楚国隐士。 ⑥搊(chuò 绰):通"戳",刺的意思。 ⑦休:闲居。山樊:山麓。 ⑧此予宅也:这就是我的家,指山麓。 ⑨不若:不如。句谓,夷节推荐你都不行,更何况我呢?我还比不上夷节。 ⑩无德而有知:缺少德行但有智慧。 ⑪自许:自我肯定。不自许:没有自己一定要坚持的意见,即见风使舵的意思。 ⑫神其交:使其交神,就是说在交际中神通广大。 ⑬颠冥:沉溺颠倒。句谓,沉溺在富贵场里能翻上覆下地折腾。 ⑭消:消减。句谓,他不能从道德上帮助人,而只能使人消损道德。 ⑮假衣于春:借春天的温暖当作衣服。 ⑯喝(yē 椰):中暑。反冬乎冷风:反而盼望用冬天的冷风来消暑。这两句是比喻人的情况不同,需求就不一样。你现在需要推荐,找像夷节那样有活动能力的人就比找我合适多了。 ⑰无赦如虎:如虎一般凶猛,从不宽恕人。 ⑱佞人:奸佞狡诈的人,暗指夷节。正德:道德纯正的人,暗指公阅休。 ⑲桡:通"挠",弯曲。孰能桡焉:谁能说服得了他?这两句的意思是说,只有两种人才可能说服他,一是夷节那样的佞人,二是公阅休那样的正德之人。现在夷节没有说服楚王,只能试一试公阅休了。 ⑳穷:不顺利的时候。达:顺利的时候。化卑:感化他,使他变得谦卑。 ㉑与之为娱:与外物一同娱悦。 ㉒乐物之通而保己:乐意让别人通顺,从而更好地保全自己。物指人物,这两句的意思是说,公阅休这样的圣人愿意别人好,会帮助推荐。 ㉓饮人以和:使别人变得和气。 ㉔化:感化。父子之宜:有如父子之间的和谐。 ㉕一闲其所施:对万物毫无例外地从容施与。一:全。闲:从容。 ㉖其于人心者若是其远也:与常人的心性比较起来,差得是这样远。

圣人达绸缪①,周尽一体矣②,而不知其然,性也。复命摇作而以天为师③,人则从而命之也④。忧乎知,而所行恒无几时⑤,其有止也,若之何⑥?生而美者,人与之鉴⑦,不告则不知其美于人也。若知之,若不知之,若闻之,若不闻之,其可喜也终无已⑧,人之好之亦无已,性也⑨。圣人之爱人也,人与之名⑩,不告则不知其爱人也。若知之,若不知之,若闻之,若不闻之,其爱人也终无已,人之安之亦无已⑪,性也。旧国旧都,望之畅然⑫。虽使丘陵草木之缗,入之者十九⑬,犹之畅然,况见见闻闻者也⑭?以十仞之台县众间者也⑮。

冉相氏得其环中以随成⑯,与物无终无始⑰,无几无时⑱。日与物化者,一不化者也⑲,阖尝舍之⑳?夫师天而不得师天,与物皆殉㉑。其以为事也,若之何㉒?夫圣人未始有天,未始有人㉓,未始有始,未始有物,与世偕行而不替,所行之备而不洫,其合之也㉔,若之何?

汤得其司御㉕,门尹登恒为之傅之㉖,从师而不圃,得其随成㉗,为之司其名㉘,之名嬴法㉙,得其两见㉚。仲尼之尽虑㉛,为之傅之。容成氏曰㉜:"除日无岁,无内无外㉝。"

【译文】 圣人能化解纠葛,周全方方面面为一体,然而又找不出为什么能这样的道理,这就是出自天性。他返回自己的天性顺着自然摇动,师法天地,人们就跟着称他为圣人。如果像常人那样都按自己的想法去忧虑,那他的所作所为常常会坚持不了几天就行不通了,又会怎么样?生来就长得美的人,人们对他做出评判,不告诉他就不知道比别人美,但是无论他知道还是不知道,无论他听说了还是没有听说,他的容貌让人喜欢并不改变,人们爱看他也不会中止,因为这是天生如此!圣人对人仁爱,人们给他一个称号,不告诉他,他也不知道自己对人仁爱,但无论是知道还是不知道,无论他听说了还是没有听说,他对人的仁爱并不改变,人们安于他的仁爱也不会中止,这也是因为天生如此!故国故乡,看见它就心里舒畅,即使是被丘陵草木遮住了十分之九,还是会心里舒畅,更何况是随处可见,随处能听到的呢?圣人对人本性回归的召唤就如同是十丈高的台子矗立在众人的面前。

冉相氏得到了大道的中心,所以能随顺大道而成功,与万物一起无始无终,无所谓多少也无所谓时间,每天都随万物在变化,但心中浑然一体的大道不变,什么时候舍离过它?要说那种着意想师法天道反而又师法不了天道的人,就只能是与万物一起殉葬了。用这种方法去处理事,又会怎么样?

圣人心里不分天性，也不分人性，也没有始终，也没有万物，只是伴随着世事的发展一起运行而不停止，所以运行得全而周备而没有缺漏，这种与天道的默契，又会怎么样？

商汤王选拔出了自己的官吏门尹登恒做自己的国师。放手让他去管理而不加束缚，从而顺应事物获得成功，治理国家的荣誉也归给他。这就是虚心之法，于是君与臣的政绩都显现出来。孔子说的"何思何虑"，也是用这种忘怀绝虑作为师法的。容成氏说："没有一天天的日子就积累不成年，没有内也就不会有外。"

【注释】 ①达：通，化解。绸缪：纠缠，指人心里想不开的疙瘩。 ②周尽一体：周全方方面面为一体，指圣人天性完整，对人的影响全面。周尽：包括全面。一体：整体。 ③复命：返回天性。摇作：自然运动。以天为师：师法自然。 ④从而命之：随着他的做法称呼他，即称他为圣人。命：命名称呼。 ⑤忧乎知：用自己的智慧去忧虑，即用智慧想办法去做事。恒：常。无几时：没有多少时间。句谓，用智慧办事，人的所作所为常常保持不了多久。 ⑥其有止也，若之何：有行不通的时候，又怎么样？止：止而不通。 ⑦鉴：照。这里是像照出来一样客观评判的意思。人与之鉴：人们对他做出评判。 ⑧若：这里作条件连词用，意同无论。无已：不止。 ⑨性：这里是天生如此的意思。 ⑩人与之名：人们称他为圣人。 ⑪安：安服。 ⑫畅然：畅快的样子。 ⑬缗(mín民)：合。这里指草木长得合拢在一起，把家乡的面目掩蔽起来。缗入者十九：被笼盖住十分之九。 ⑭见见闻闻者：见到的、听到的都是如此，指与圣人接触受到的影响。前一"见"、"闻"动词。后一"见"、"闻"名词，是"见见者，闻闻者"的省略式。 ⑮仞：八尺。县：通"悬"。以上是用家乡比喻人的本性，十仞之台比喻圣人对人本性感召力的显而易见。可参见《徐无鬼》篇"越之流人"一段。 ⑯冉相氏：古代帝王名号。环中：大道的中心。庄子认为道是周期性地运动，呈圆环状。无始无终，永恒不息。处在周期的中心，任随万物运动变化，叫做"得其环中"。随成：随顺大道的运行而成功。 ⑰无终无始：没有终结也没有开始，即永恒。 ⑱几：多少。无几时：没有了多少，也没有时间。 ⑲与物化者：随万物一同变化的。一不化者：有一样东西不变化。句谓，能随万物永恒变化不息的正是有一样不变化的东西。与物化者指随道的运行而变化，一不化者指环中。 ⑳阖尝舍之：何尝离开过它，指永不离开环中。阖通"盍"。舍：舍弃。 ㉑师天而不得师天：师法天道而又师法不了天道。与物皆殉：与万物一同灭亡。 ㉒以为事：用这种做法(指师天而不得师天)来处理事。若之何：又会怎么样？ ㉓未始有天，未始有人：不分什么是天性，什么是人性。庄子认为天人浑然一体，圣人就是浑然一体，这才是自然。只要有意地一分就破坏了自然而然。 ㉔替：衰败。备：全备。溢(xù序)：与"备"对举，遗漏。合之：合道。 ㉕司御：郭象注说是"司御之属"，即官吏。 ㉖门尹：官名。登恒：人名。成疏："门尹，官号也；姓登名恒。"为之傅之：让登恒做自己的国师。 ㉗囿：局限。句谓，放手让师傅登恒去管理而不加束缚，从而顺应万物获得成功。 ㉘为之：治理国家。司：主管，掌握。名：荣誉。句谓，治理国家的荣誉归给他。成疏：

"良臣受委,随物而成,推功司御,名不在己。" ㉙之:这。名:叫做。之名赢法:这就叫做赢法。赢法:郭象注认为是无心之法。依据上下文,无心之法即得其环中之法。 ㉚见:通"现"。得其两见:君与臣的作用都得到体现。 ㉛尽虑:杜绝思虑。孔子在《系辞传》里说:"天下何思何虑?日往则月来,月往则日来,日月相推而明生焉。寒往则暑来,暑往则寒来,寒暑相推而岁成焉……过此以往,未之或知也。"句谓,孔子用杜绝思虑作为自己的师法。以上几句,句子晦涩,疑有误漏。《庄子·让王》篇说商汤以伊尹为国师。门尹登恒史书无载,盖门尹登恒为伊尹之误。权据《庄子》的内在思想作以上注释。 ㉜容成氏:古代帝王名号。参见《胠箧》篇。 ㉝除日无岁:没有日的积累就没有年。无内无外:没有内就不会有外。这两句的意思是说,日与岁、内与外都是相对而统一的,相互依存而不能分开,只要一分开就破坏了统一的整体性,所以得道的圣人要把握整体不作分解的思虑。

　　魏莹与田侯牟约①,田侯牟背之②。魏莹怒,将使人刺之。犀首闻而耻之③,曰:"君为万乘之君也,而以匹夫从仇④。衍请受甲二十万⑤,为君攻之,虏其人民,系其牛马,使其君内热发于背,然后拔其国⑥,忌也出走,然后挟其背⑦,折其脊。"季子闻而耻之⑧,曰:"筑十仞之城,城者既十仞矣,则又坏之,此胥靡之所苦也⑨。今兵不起七年矣,此王之基也。衍,乱人,不可听也。"华子闻而丑之⑩,曰:"善言伐齐者,乱人也⑪;善言勿伐者,亦乱人也⑫;谓伐之与不伐乱人也者⑬,又乱人也。"君曰:"然则若何?"曰:"君求其道而已矣⑭。"

　　惠子闻之,而见戴晋人⑮。戴晋人曰:"有所谓蜗者,君知之乎?"曰:"然。""有国于蜗之左角者,曰触氏⑯;有国于蜗之右角者,曰蛮氏⑰。时相与争地而战,伏尸数万⑱,逐北旬有五日而后反⑲。"君曰:"噫!其虚言与⑳?"曰:"臣请为君实之,君以意在四方上下有穷乎㉑?"君曰:"无穷。"曰:"知游心于无穷㉒,而反在通达之国,若存若亡乎㉓?"君曰:"然。"曰:"通达之中有魏,于魏中有梁,于梁中有王,王与蛮氏有辩乎㉔?"君曰:"无辩。"客出而君惝然若有亡也㉕。客出,惠子见。君曰:"客,大人也,圣人不足以当之㉖。"惠子曰:"夫吹管也,犹有嗃也㉗;吹剑首者,吷而已矣㉘。尧、舜,人之所誉也。道尧、舜于戴晋人之前,譬犹一吷也㉙。"

【译文】　魏惠王魏莹与齐威王田侯牟签订了盟约,田侯牟背叛了盟约的规定。魏莹大怒,要派人去刺杀他。犀首公孙衍听到后觉得魏王的做法很可耻，对魏莹说："大王是万乘之国的君主，却用匹夫的手段来报仇。我请求大王让我带领二十万大军，替大王去攻打齐国，俘虏他的人民，掠取他的牛马，让齐国国君焦火攻心发背，然后攻下齐国，把齐国大将田忌赶出国外，然后抓住田侯牟，抽他的背，折断他的脊梁。"季子听到后，觉得公孙衍的做法更加可耻，说："筑起了十仞高的城墙，城墙十仞高了，又要毁坏，这可是筑城刑徒的血汗呵！现在已经有七年多不打仗了，这是大王立业的基础。公孙衍是个乱来的人，不能听呵！"华子听到季子的话，觉得季子的说法也可耻，说："认为伐齐好的人，是乱来的人；认为不伐齐好的人，也是乱来的人；说伐与不伐都是乱来的人，同样也是乱来的人。"魏惠王说："那么该怎么办？"华子说："大王按大道去做就行了。"

　　惠子听说了，去引荐戴晋人。戴晋人说："有一种蜗牛，大王知道吗？"魏惠王说："知道。"戴晋人说："有在蜗牛左角上建立国家的，叫触氏；有在右角上建立国家的，叫蛮氏。两国不断地争夺土地打仗，伏尸数万，追赶败亡十五天后才回来。"魏惠王说："噫！你说的是假话吧？"戴晋人说："那么我就给大王证实一下，大王认为上下四方有穷尽吗？"魏惠王说："没穷尽。"戴晋人说："心里知道天下无穷，再回头想想那些四通八达的大国，不觉得若有若无吗？"魏惠王说："是的。"戴晋人说："四通八达的大国中有一个魏国，魏国有个国都大梁，大梁中有一个大王您，大王您觉得这与蛮氏有什么不同？"魏惠王说："没什么不同。"戴晋人走出来，魏惠王惝然若有所失。客人走了，惠子来见，魏惠王说："这位客人可是个了不起的人物，就是圣人也难比得上他。"惠子说："吹起乐管，就会发出大的声音；吹一下剑尖，只会发出小的声音。尧和舜是大家都称赞的，要是在戴晋人面前说起尧舜来，就如同是发出小声音了。"

【注释】　①魏莹：魏惠王，名莹。田侯牟：齐威王，名牟。约：订立盟约。成疏："莹，魏惠王名也。田侯，即齐威王也，名牟，桓公之子，田恒之后，故曰田侯。齐魏之国，约誓之盟，不相征伐。盟后未几，威王背之，故魏侯嗔怒，将使人刺而杀之。其盟在齐威二十六年，魏惠八年。"　②背：背叛了盟约的规定。　③犀首：魏官号。指公孙衍。成疏："犀首，官号也，如今虎贲之类。公家之孙，名衍，为此官也。"耻之：以之为耻，认为是国家的耻辱。　④以匹夫从仇：用匹夫去报仇。　⑤受甲：领兵。　⑥内热发于背：内心羞愤之火扩散到背部，即极度羞愤。拔：攻下。　⑦忌：田忌，齐国大将。出走：逃亡。扶（chī）翅：抽打。　⑧季子：魏人。成疏："季，姓也。子，有德之称，魏之贤臣也。"　⑨胥靡：筑城的囚徒。　⑩华子：魏人。成疏："华，姓也。子，有德之称，亦魏之贤臣也。"　⑪善言伐齐者：以言伐齐为善者，即主张伐齐的人。乱人：胡来的人。　⑫善言勿伐者，亦乱人也：主张不伐齐的人也是胡来的人。　⑬谓伐之与不伐乱人也者：说伐齐与不伐齐都是胡来的人。 ⑭求其道:寻求道,即按道去做。 ⑮惠子:惠施,魏国相。见:引荐。戴晋人:人名。成疏:"梁(魏)之贤者也,姓戴,字晋人。" ⑯国于蜗之左角:在蜗牛的左角上建立国家。触:寓言中的国名,取顶触义。 ⑰蛮:寓言中的国名,取野蛮义。 ⑱伏尸:倒在地上的尸体。 ⑲逐北:追杀败军。旬:十天。反:返。 ⑳虚言:假话。㉑实之:证实它。以意:用心想来。 ㉒知游心于无穷:知道推想出来的无穷,即知道天下无穷。 ㉓反在通达之国:返回来再想想通达之国。若存若亡乎:还不是如有如无吗?即通达之国与无穷的天下比起来还不是如有如无吗?通达之国指大国。 ㉔梁:大梁,魏国国都。辩:分别。 ㉕惝然:失落的样子。若有亡:若有所失。 ㉖当之:与之相当,与之相比。 ㉗管:管乐器。嚆(xiāo 肖):象声词,高而长的声音。 ㉘剑首:剑尖。映(xuè 血):象声词,轻微而短的声音。 ㉙譬犹一映也:就如同映的一声微不足道了。

孔子之楚,舍于蚁丘之浆①,其邻有夫妻臣妾登极者②。子路曰:"是稷稷何为者邪③?"仲尼曰:"是圣人仆也④。是自埋于民,自藏于畔⑤。其声销⑥,其志无穷,其口虽言,其心未尝言⑦,方且与世违,而心不屑与之俱⑧,是陆沉者也⑨,是其市南宜僚邪⑩?"子路请往召之。孔子曰:"已矣⑪!彼知丘之著于己也⑫,知丘之适楚也,以丘为必使楚王之召己也⑬,彼且以丘为佞人也⑭。夫若然者,其于佞人也,羞闻其言,而况亲见其身乎?而何以为存⑮?"子路往视之,其室虚矣⑯。

【译文】 孔子到楚国去,途中住在蚁丘一个卖水人的家里,邻居的夫妻仆妇爬上屋顶围观。子路问孔子说:"这么多围观的人,都是些什么人呢?"孔子说:"这都是圣人的仆役。圣人隐居在民间,藏身在山野田畔之中,销声匿迹,志向远大,嘴里虽说些话,内心却未曾说什么,正要与世俗背道而驰,心里不屑与世人追逐名利,是位隐居在世间的人,这大概是市南宜僚吧?"子路向孔子请示,想去把市南宜僚召来。孔子说:"算了吧!他知道我十分了解他,知道我要到楚国去,以为我一定会让楚王来召请他,而且还把我看成是个投机取巧的佞人。如果是这样的话,他对佞人的话都羞于听,更何况亲自来相见?你以为他还会在家里吗?"子路到市南宜僚家里去看,果然家里没人了。

【注释】 ①舍:住。蚁丘之浆:蚁丘卖水人的家里。蚁丘:山丘名。 ②登极:登在屋顶上。这里指围观的人拣高顶处站着看热闹。成疏:"孔丘应聘,门徒甚多,车马威仪,惊异常俗,故浆家邻舍,男女群聚,共登卖浆,观视仲尼。" ③稷稷(zōng 总):围聚的样子。 ④仆:仆役。 ⑤自埋于民:隐居在民间。自藏于畔:藏身在田畔。 ⑥声销:销声匿迹。　⑦心未尝言：心未曾说什么,指无心之言。　⑧违：相背。与世违：与世俗相背。俱：一起。　⑨陆沉：沉没在陆地上,指隐居在世间。　⑩市南宜僚：楚国隐士。成疏："姓熊,字宜僚,居于市南,故谓之市南宜僚也。"　⑪已矣：算了吧,别去了。　⑫著于己：明于己。句谓,他知道我十分了解他。　⑬使楚王之召己：让楚王来召请自己。　⑭佞人：投机取巧的钻营之徒。　⑮存：在。何以为存：你怎么还以为他会在家里等着。　⑯虚：空。其室虚矣：家里没人,他早就走了。

长梧封人问子牢曰①："君为政焉勿卤莽②,治民焉勿灭裂③。昔予为禾④,耕而卤莽之,则其实亦卤莽而报予⑤；芸而灭裂之⑥,其实亦灭裂而报予。予来年变齐⑦,深其耕而熟耰之⑧,其禾蘩以滋⑨,予终年厌飧⑩。"庄子闻之曰："今人之治其形,理其心⑪,多有似封人之所谓,遁其天⑫,离其性,灭其情,亡其神,以众为⑬。故卤莽其性者,欲恶之孽⑭为性,萑苇蒹葭,始萌以扶吾形⑮,寻擢吾性⑯。并溃漏发⑰,不择所出。漂疽疥痈⑱,内热溲膏是也⑲。"

【译文】　长梧封人对子牢说："你执政不可马马虎虎,治理百姓也不要凑凑乎乎。过去我种庄稼,耕作时马马虎虎,收获时庄稼也用马马虎虎回报我；我锄地时凑凑乎乎,收获时庄稼也用凑凑乎乎回报我。第二年我改变了耕作方法,深耕细作,庄稼长得繁荣茂盛,我一年都能吃上饱饭。"庄子听说后说："现在人们保养身体,修养心性,很多都像长梧人说的那样,丧失天然,背离本性,损减真情,丢了心神,都按照众人的做法去做。所以对自己的心性马马虎虎,把好恶滋生出来的东西作为心性,就如同是芦苇一般,开始只是萌芽,还能扶助形体,不久就挤占了心性。脓水流溃,不择所出。脓疮疥癣,内热发作,尿血流脓了。"

【注释】　①长梧：地名。封人：守疆界的人。子牢：孔子的弟子。成疏："长梧,地名,其地有长树之梧,因以名焉。封人：即此地守疆之人。子牢：孔子弟子,姓琴,宋卿也。"　②卤莽：鲁莽。　③灭裂：草率不认真。　④为禾：种庄稼。　⑤报予：回报我。　⑥芸：通"耘",锄草。　⑦齐：通"剂",方法。变齐：改变了办法。　⑧熟耰（yōu 优）：认真细致地锄地。　⑨蘩以滋：繁荣茂盛。　⑩厌：足。飧（sūn 孙）：饭。　⑪治其形：保养身体。理其心：修养心性。　⑫遁其天：使天然丧失。　⑬以众为：按照大家的做法去做,即按别人的方法去做。　⑭欲恶之孽为性：把爱憎滋生出来的东西作为本性。孽：通"蘖",萌芽枝生。　⑮萑（huán 环）：芦荻。蒹葭（jiānjiā 兼家）：嫩芦苇。扶：助。句谓,这种好恶的感情,就像丛生的芦苇一般,刚开始萌芽时还能靠它养护自己的形体。　⑯寻：不久。擢：拔除。句谓,不久就把自己的天性拔除了。　⑰并：一起。发：发作。并溃漏发：毒性发作起来,上下一起淌水流脓。　⑱漂疽：毒疮。疥痈：疥疮,肿块。　⑲溲膏：尿精。

柏矩学于老聃①,曰:"请之天下游。"老聃曰:"已矣!天下犹是也②。"又请之,老聃曰:"汝将何始?"曰:"始于齐。"至齐,见辜人焉③,推而强之④,解朝服而幕之⑤,号天而哭之,曰:"子乎!子乎!天下有大菑⑥,子独先离之⑦。曰莫为盗⑧,莫为杀人,荣辱立,然后睹所病⑨;货财聚,然后睹所争。今立人之所病⑩,聚人之所争⑪,穷困人之身⑫,使无休时,欲无至此得乎⑬?古之君人者,以得为在民,以失为在己⑭;以正为在民,以枉为在己⑮。故一形有失其形者⑯,退而自责。今则不然。匿为物而愚不识⑰,大为难而罪不敢⑱,重为任而罚不胜⑲,远其涂而诛不至⑳。民知力竭,则以伪继之㉑。日出多伪,士民安取不伪㉒?夫力不足则伪,知不足则欺,财不足则盗。盗窃之行,于谁责而可乎㉓?"

【译文】 柏矩向老子学道,一天向老子请求说:"我想到天下去游历游历。"老子说:"算了吧!天下和这里一样。"柏矩又来请求,老子说:"你要先从哪里开始?"柏矩说:"从齐国开始。"到了齐国,见到一个暴尸街头的囚徒,他把僵尸推倒放平,脱下自己的朝服盖在尸体上,呼天嚎地地哭,说:"你呀!你呀!天下有大灾,偏偏让你先赶上了。人们说不要做强盗,不要杀人,这都是因为树立了荣辱的观念,然后才分出怎么做不好;财物聚敛在少数人手里,然后才发生争抢。现在的社会,树立了不好的观念,聚敛了争抢的财物,把人搞得穷困潦倒,使人们没个缓解的时候,想要人们不抢不杀可能吗?古代的统治者,把功劳都算在百姓身上,把失误都算在自己身上;把正确算在百姓身上,把过错算在自己身上。所以只要有一个人死了,就回去自责。现在却不是这样。掩盖事物的真相而指责愚民无知,制造困难而归罪人民不敢做,加重任务而处罚那些力不胜任的人,延长路程而诛杀那些走不到的人。百姓智慧力量用尽了,就只好弄虚作假。天天生活在虚假里,百姓怎么会不做伪?力量不足就会做伪,智慧不足就会欺诈,财物不足就会偷盗。盗窃成风,该责备谁好呢?"

【注释】 ①柏矩:人名。成疏:"柏姓,矩名。怀道之士,老子门人也。" ②犹是:如此。句谓,天下都和这里一样。 ③辜人:罪人,这里指被处死的因犯。 ④强:通"僵"。推而强之:推倒让他僵卧在地上。 ⑤幕之:覆盖上他。 ⑥菑:同"灾"。 ⑦离:通"罹",遭受。 ⑧曰:这里指人们常常说。 ⑨立:树立,形成。病:错。这两句是解释人的是非观念是怎样形成的。意思是说,人们常说的不要偷盗、不要杀人等等是非判断是怎么得出来的呢?先要在脑子里形成荣辱的观念,然后才有对与错;先要把财物聚集起来,然后才会有争抢。 ⑩立人之所病:树立了人们犯错误的基础,指形成了荣辱观念。　⑪聚人之所争:集聚了人们争抢的财物。　⑫穷困人之身:使人身穷困。　⑬得:能够。　⑭为:算作。句谓,古代的统治者,把功劳算在百姓身上,把过失算在自己身上。　⑮正:正确。枉:曲,错误。　⑯形:人身。一形有失其形:有一个人死了。⑰匿:藏匿。匿为物而愚不识:把事物的真相掩盖起来而指责愚民无知。这是指定出的法律掩盖了人生的真相。　⑱大为难:造成很大的困难。罪不敢:归罪于人民不敢做。⑲重为任:把任务规定得很重。不胜:不能胜任的人。　⑳涂:通"途"。句谓,把走的路规定得很长,诛杀那些走不到的人。　㉑知:智慧。力:力量。竭:用尽。以伪继之:继之以伪。　㉒日出多伪:天天生活在虚伪里。安取不伪:到哪里去找真的?　㉓于谁:对谁。句谓,究竟该责怪谁呢? 也就是说,究竟是谁的责任呢?

蘧伯玉行年六十而六十化①,未尝不始于是之②,而卒诎之以非也③。未知今之所谓是之,非五十九非也④。万物有乎生而莫见其根⑤,有乎出而莫见其门⑥。人皆尊其知之所知⑦,而莫知恃其知之所不知而后知,可不谓大疑乎⑧? 已乎! 已乎! 且无所逃⑨,此所谓然与? 然乎⑩?

【译文】　蘧伯玉六十岁认识上发生了六十次深化,每次深化都是从认为是对的开始,而最后总是发现原认为对的东西错了。不知道现在认为的对,不是五十九次发现的错吗? 万物都有它的产生,但却见不到它的根源;都有出处,但却见不到它出来的门。人们都看重自己智力所认识的东西,却不懂得要靠智力所不能认知的东西然后才能达到知,这能不说是一种大的迷惑吗? 罢了! 罢了! 谁都无法避免这种迷惑,这就是所谓的对吗? 真的对吗?

【注释】　①蘧伯玉:人名。成疏:"姓蘧,名瑗,字伯玉,卫之贤大夫也。"行年:活了多少年。化:变化。这里指认识上的深化。句谓,蘧伯玉活到六十岁认识上发生了六十次深化。　②始于是之:开始认为是对的。　③卒诎之以非:后来认为是错的应当改正。诎(qū屈):曲,不正直。　④今之所谓是之:现在认为是对的。五十九非:五十九次发现是错的。句谓,不知道现在认为对的是不是也会和五十九次发现是错的那样还会是错的呢? ⑤有乎生:有产生。莫见其根:见不到它产生的根源。　⑥有乎出:有出处。莫见其门:见不到它出来的门。　⑦尊:尊重。句谓,人们都看重自己的智力认知的知识。　⑧恃:依赖。句谓,却不知道要依赖自己的智力不能认知的东西,然后才能认知,这不是大的迷惑吗? ⑨逃:避。无所逃:谁都逃避不了。　⑩此所谓然与:这就是所谓的对吗? 与:欤。然乎:真的对吗?

仲尼问于大史大弢、伯常骞、狶韦曰①:"夫卫灵公饮酒湛乐②,不听国家之政③,田猎毕弋④,不应诸侯之际⑤,其所以为灵公者何邪⑥?"大弢曰:"是因是也⑦。"伯常骞曰:"夫灵公有妻三人,同滥而浴⑧,史鰌奉御而进所⑨,搏币而扶翼⑩。其慢若彼之甚也⑪,见贤人若此其肃也⑫,是其所以为灵公也。"狶韦曰:"夫灵公也,死,卜葬于故墓⑬,不吉,卜葬于沙丘而吉⑭。掘之数仞,得石椁焉⑮,洗而视之⑯,有铭焉⑰,曰:'不冯其子,灵公夺而里之⑱。'夫灵公之为灵也久矣,之二人何足以识之⑲?"

【译文】 孔子问太史大弢、伯常骞、狶韦三人说:"卫灵公沉湎在饮酒作乐里,不理国家朝政,打猎网鸟,诸侯来往也不应酬,为什么还给他个灵公的谥号?"大弢说:"正因为他灵呵!"伯常骞说:"灵公有三个妻子,他和她们在同一个浴池里洗澡,史鰌捧着御用的东西送进来,灵公忙让人接过他手里的币帛去搀扶史鰌。灵公平常傲慢放荡到如此地步,但见到贤人还能如此恭敬,这就是给他灵公谥号的原因。"狶韦说:"灵公死了以后,占卜安葬在原先准备好的墓穴里,不吉利,又占卜安葬在沙丘,吉利。在沙丘挖了几仞深,见到一具石椁,刷去沙土一看,上面有一段铭文,铭文上说:'靠不住的子孙,灵公夺占这里埋葬。'灵公所以加谥号为灵公,那是早成定局的事,他们两个人怎么会知道其中的道理?"

【注释】 ①大弢(tāo 滔)、伯常骞(qiān 千)、狶(xī 希)韦:都是人名。成疏:"太史,官号也。下三人,皆史官之姓名也。" ②卫灵公:卫国暴君,死后谥灵公。依据谥法"乱而不损曰灵","德之精明曰灵"。灵公寓有褒贬两义。 ③听:听理。 ④毕:网的一种。弋(yì 艺):用系着绳子的箭射。 ⑤应:应酬。际:交际。 ⑥其所以为灵公者何邪:因为什么谥为灵公。 ⑦因:按照。因是也:就是按照他的实际表现这样定的。 ⑧滥:洗澡池。句谓,在同一个浴池里洗澡。 ⑨史鰌(qiū 秋):人名。成疏:"姓史,字鱼,卫之贤大夫也。"奉:捧着。御:御用的东西。 ⑩搏:接取过来。币:帛。扶翼:用手搀扶。 ⑪慢:待人傲慢。甚:过分。 ⑫肃:严肃认真。 ⑬故墓:老坟。指卫灵公祖先葬的坟地。 ⑭沙丘:地名。成疏:"沙丘,地名也,在津河北。" ⑮石椁:石质的外棺。 ⑯洗:刷洗。 ⑰铭:石上刻的字。 ⑱冯:凭。不冯:靠不住。不冯其子:靠不住的卫王子孙。灵公夺而里之:卫灵公侵夺这个地方埋身于此。里:一本作埋。也就是说,将来卫国会有个靠不住的子孙卫灵公夺占这个地方埋身。 ⑲之二人:指大弢与伯常骞。何足以识之:哪里会知道其中的原因? 狶韦认为这是早有定数的事,根本不由人的所作所为来决定。

少知问于大公调曰①:"何谓丘里之言②?"大公调曰:"丘里者,合十姓百名而以为风俗也③,合异以为同,散同以为异④。今指马之百体而不得马,而马系于前者,立其百体而谓之马也⑤。是故丘山积卑而为高,江河合水而为大,大人合并而为公⑥。是以自外入者，有主而不执⑦；由中出者，有正而不距⑧。四时殊气，天不赐，故岁成⑨；五官殊职，君不私，故国治⑩；文武殊才，大人不赐，故德备⑪；万物殊理，道不私，故无名⑫。无名故无为，无为而无不为⑬。时有终始，世有变化，祸福淳淳⑭，至有所拂者而有所宜⑮。自殉殊面⑯，有所正者有所差⑰。比于大泽，百材皆度⑱；观于大山，木石同坛⑲。此之谓丘里之言。”

少知曰：“然则谓之道足乎？”大公调曰：“不然。今计物之数，不止于万，而期曰万物者⑳，以数之多者号而读之也㉑。是故天地者，形之大者也；阴阳者，气之大者也。道者为之公㉒，因其大以号而读之则可也㉓。已有之矣，乃将得比哉㉔？则若以斯辩，譬犹狗马，其不及远矣㉕。”

少知曰：“四方之内，六合之里，万物之所生恶起？”大公调曰：“阴阳相照相盖相治㉖，四时相代相生相杀㉗，欲恶去就，于是桥起㉘；雌雄片合，于是庸有㉙。安危相易㉚，祸福相生㉛，缓急相摩㉜，聚散以成㉝，此名实之可纪㉞，精微之可志也㉟。随序之相理㊱，桥运之相使㊲，穷则反，终则始㊳，此物之所有。言之所尽，知之所至，极物而已㊴。睹道之人，不随其所废㊵，不原其所起㊶，此议之所止㊷。”

少知曰：“季真之莫为，接子之或使㊸，二家之议㊹，孰正于其情，孰偏于其理㊺？”大公调曰：“鸡鸣狗吠，是人之所知，虽有大知，不能以言读其所自化㊻，又不能以意其所将为㊼。斯而析之㊽，精至于无伦，大至于不可围㊾。或之使，莫之为，未免于物，而终以为过㊿。或使则实，莫为则虚(51)。有名有实，是物之居；无名无实，在物之虚(52)。可言可意，言而愈疏(53)。未生不可忌，已死不可阻(54)，死生非远也，理不可睹(55)。或之使，莫之为，疑之所假(56)。吾观之本，其往无穷(57)；吾求之末，其来无止(58)。无穷无止，言之无也，与物同理(59)。或使莫为，言之本也，与物终始(60)。道不可有(61)，有不可无(62)，道之为名，所假而行(63)。或使莫为，在物一曲(64)，夫胡为于大方(65)？言而足，则终日言而尽道(66)；言而不足，则终日言而尽物(67)。道，物之极，言默不足以载(68)。非言非默，议有所极(69)。”

【译文】 少知问大公调说：“什么是丘里之言？”大公调说：“丘里就是合十姓

百人形成风俗,把不同的东西合成为一个共同的东西,把一个共同的东西分成不同的东西。比如说,现在要是指马身上的各个部分都不能叫做马,一匹马拴在你的面前,那是把马的各个部分都合在一起说的。因此,山丘要把一点一点低矮的东西聚累起来才成为高大,江河的水流在一起才成为大海,大人要容合众人才成为大公。所以从外面来的,自己虽然有主见,但不能固执;从内心里发出的,虽然正确,但不能排斥别人。四季气候不同,天不偏爱,年岁自然形成;五官职务不同,君王不偏心,国家才能治理得好;文武才能不同,大人不偏爱,德性才能完备;万物道理不同,道不偏私,所以无可名状。无可名状所以就自然无为,自然无为就会无不为。时序有终始,世事有变化,祸福流行出来,对有的东西不顺利,对有的东西就顺利。各自去追求不同的方面,对有的东西是合适的,对有的东西就极不合适。比如大泽,各种草木,各有各的用处,都合人们取用的要求。再看看大山,树木石头都长在上头。这就是所说的丘里之言。"

少知说:"那么把丘里之言叫做道,称得上吗?"大公调说:"不行,现在我们计算万物的数量,远不止一万种,大家都说是万物,是因为万是数量多,因此才这样说。所以说,天地是最大的空间形体,阴阳是最大的气,而道是它们的公共体,因为它大,用大来称呼它是可以的。但它已经有一个'道'的名称了,丘里之言能与它比得了吗?如果这样去区分,就如同是用狗和马相比,差得太远了。"

少知说:"东西南北之内,上下四方之中,万物是从哪里生出来的?"大公调说:"阴与阳相应相推相克,一年四季更替相生相杀,于是万物的爱憎取舍就像翘翘板似的起起落落了;雌雄交配,于是就生生不息了。安与危互变,祸与福相生,缓与急相推,聚与散相因而成,这都是名实中可见,精微处实有的。随着顺序有条理地发展,一起一落相互作用着推移,到了极端就返回来,终而复始,这都是万物所共有的。用语言能说清的,用智慧可以认知的,都在万物这个极限之内罢了。认识道的人,不去追寻道的终结,不去探求道的开始,这就是讨论要停止的地方。"

少知说:"季真主张没有个主宰者,接子主张有个主宰者,两家的理论,谁合乎真情,谁偏于实理?"大公调说:"鸡鸣狗叫,这是大家都知道的,即使有大智慧的人也不能说出它们由什么变化而来,也不能想出它们要干什么。按有没有主宰分析起来,精微到无可再分,大到无边无际。主张有个主宰和主张没个主宰,都未免受分析实物的局限而最终还是失当的。主张有个主宰,就说得实了;主张没有个主宰,那就说得虚了。有名有实,那是物的特点;无名无实,那是实物之外虚无大道的特点。大道可以说,可以意会,但越说越离大道远。未生无法躲避,已死阻挡不住,死生是身边常见的现象,但死生的道理却说不清。有个主宰,没有个主宰,这都是猜疑。我观察它的本原,其往无穷;我探求它的终末,其来无尽。无穷无尽,说它没有,那就与说物的道理相同了。有个主宰与没有个主宰,这是语言所需要的依据,又和物一样有了终始。大道不能实有,但它存在又不能没有,称它是道,那是借了个名称,(并不是真正的道路。)有个主宰,没有个主宰,都是局限于事物的一个片面,怎么能说得清大道?话说得周全,成天说的都是大道;话说得不周全,成天说的都是实物。大道是万物的顶点,说与不说都不足以表达。既不说又不沉默,人的议论是有极限的。"

【注释】①少知、大公调:都是虚拟的人名。 ②丘里之言:民谚俗语。成疏:"古者十家为丘,二十家为里。"丘里即乡里。丘里之言指的是被一乡一里的人共同认为正确的话,即形成共识的话。 ③十姓百名:十姓百人。名:个。 ④合异以为同:把不同人的意见合在一起形成一个共同的意见。散同以为异:把共同的意见分成不同人的意见。 ⑤马之百体:马身上的各个部位。句谓,分别指出马身上的各个部位,都不能叫做马。系:拴缚。立其百体而谓之马:把各个部位合在一起形成一个整体才能叫做马。 ⑥大人合并而为公:大人把众人的认识归纳在一起形成公论。 ⑦自外入者:外来的意见。主:个人的主见。执:固执。句谓,因此,遇到外来的意见,自己心里虽然有个人的想法,但并不固执己见。 ⑧由中出者:从自己内心里发表出来的意见。有正而不距:即使是正确的,也不拒绝采纳别人的意见。距:通"拒"。 ⑨赐:给。与"私"互文,这里是偏爱的意思。句谓,四季气候不同,天不偏爱,所以才能形成年岁。 ⑩五官:宰相领导下分管五个方面的部长,古代称作地官司徒,春官宗伯,夏官司马,秋官司寇,冬官司空。宰相称作天官冢宰。见《周礼》。私:偏心。句谓,五官职责不同,君王不偏心,所以国家才能得到治理。 ⑪文武:文才武艺。句谓,文才武艺才能不同,大人不偏爱,所以才能形成全面的德性。殊才:原缺,据上下文义当补。宣颖本"文武"下增"殊才"二字。 ⑫殊理:各有各的道理。句谓,万物各有各的道理,大道不偏向,所以不可名状。 ⑬无名:不可名状。《老子·一章》:"道可道,非常道,名可名,非常名。"道是不可名状的,可名状的就是物,称其为道,只不过是为了说明的方便,借用了一个名称,论它的实质是不能名状的。句谓,不可名状,所以纯任自然而无为,无为所以能够无不为。 ⑭淳淳:变化流行的样子。 ⑮拂:逆而不顺。宜:合适。句谓,祸福变化流动,对有的东西不顺利,对别的东西就可能正合适。 ⑯殉:追求。自殉殊面:万物各自去追求对自己合适的东西。 ⑰正:正合宜。差:不同。有所正者有所差:对有些东西正合适,对别的东西就不同了。也就是说,有人觉得正合适,有人觉得不合适。 ⑱度:合度。比于大泽,百材皆度:比如大泽里长的草木,都合人们取用的要求。也就是说,各有各的用处,就看你怎么使用了。不能因为你用不着就认为是废物。 ⑲坛:台基。句谓,再看一看大山,树和石头都长在上头。 ⑳期:约定。期曰万物:约定俗成地都称呼它万物。 ㉑号而读之:作为它的名号来称说它。读:称说。 ㉒道者为之公:道是天地、阴阳的共同体。

㉓因其大以号而读之则可也：按照它大的实际，把它称作大就合适了。　㉔已有之矣：不过已经有个大家习惯了的名称了。《老子·二十五章》："吾不知其名，字之曰道，强为之名曰大。"乃将得比哉：怎么能拿什么去与它相比呢？即道是大，什么也不能与道相比。乃：竟然。　㉕斯：这，指丘里之言。辩：区分。若以斯辩：如果用丘里之言与道比较它们的区别。譬犹狗马，其不及远矣：就如同是拿狗与马相比，差得太远了。这几句的意思是说，丘里之言只不过是相对的共识，而道是绝对真理。共识远不能与真理相比。　㉖相照：相应合。盖：推压。治：克。句谓，阴气与阳气相应合相推压相克治，即相生相克地运动。　㉗四时：四季。代：替。句谓，四季相互取代，相互生发，相互消灭。　㉘欲恶：爱憎。去就：取舍。桥：两头桥起，两头起落。犹如翘翘板一样，一头低下去另一头高起来的起落。　㉙片：半。片是木字的一半（爿，片）。片合：一半与另一半相合。庸：词头。于是庸有：于是万物就产生了。　㉚相易：相互转变。　㉛相生：互相产生。《老子》："祸兮福所伏，福兮祸所依。"　㉜摩：通"磨"，磨荡。　㉝聚散以成：聚与散互为条件形成。　㉞纪：整理归纳。名实之可纪：犹言从理论上或从实践上都可整理归纳出来。　㉟志：记。精之可志：精微的道理可以明确记写下来。　㊱随序之相理：阴阳四时顺序发展形成的治理。　㊲桥运之相使：此起彼落运动的使然。　㊳穷则反：物极必反。穷：极。终则始：终结之后又开始，即周期性的运动。　㊴极物而已：穷尽了物的道理罢了。句谓，语言的极限、智能的极限，就是彻底地认识物。也就是说，人只能认识、说明物这个层面的道理。道是无始无终，无彼无此，不能用物的道理来说明道。㊵睹道之人：认识道的人。不随其所废：不去追寻万物的终结。废与"起"对举，是止的意思。　㊶不原其所起：不推原万物的起始。　㊷此议之所止：这是议论要停止的地方。也就是说，人只能认识这些，说到这里就到头了，再往下说就是猜想了。　㊸季真、接子：人名。成疏："季真、接子并齐之贤人，俱游稷下。"稷下是战国时期百家讲学辩论的地方。莫为：没有个主宰者。或使：有个主宰者。　㊹二家之议：两家的观点。这里承上文讨论"万物之所生恶起"。季真主张万物的产生没有个主宰者，接子主张万物的产生有个主宰者，是两种完全不同的宇宙发生论。　㊺情：真。句谓，两家的学说，谁的观点合乎真实，谁的观点偏离了真理。　㊻以言读其所自化：用语言解读它们是从什么变化而来，即从哪里产生的。　㊼以意其所将为：用智慧推想出它们将要干什么，即成为什么。　㊽斯而析之：按照这种理论分析下去，即按照有没有主宰的理论去分析。㊾精至于无伦：精微到无可再分，即小到最小。无伦：无比。大至于不可围：大到无边无际。　㊿未免于物：还是未能免除分析物的方法。过：错。句谓，有个主宰或没个主宰都未能免除分析物的认识方法，这样去认识道最后还是失当的。　(51)或使则实：说有个主宰者就说实了。莫为则虚：说没个主宰者就说虚了。　(52)有名有实，是物之居：有名有实这是物的载体，即物才有个载体。无名无实，在物之虚：无名无实在万物的抽象里。这是指道说的，也就是说道没有载体。　(53)可言可意：可以说，可以意会。言而愈疏：越说越离得远。　(54)忌：避。阻：止。句谓，生躲避不了，死阻挡不住。　(55)死生非远：死生就在身边发生。理不可睹：生死的道理看不见。　(56)疑之所假：猜疑存身的地方，即都是猜疑。　(57)其往无穷：往前无穷。　(58)其来无止：往后无尽。　(59)言之无也，与物

同理:说它没有,那就与说物的道理相同了。也就是说,不能按理解物那样去说它无。

⑥⓪言之本也:语言所需要的依据。与物终始:又和物一样有了终始。　⑥①道不可有:道不是物,不能实有。　⑥②有不可无:但道又是客观存在,不能没有。　⑥③所假而行:借了个名称流传。　⑥④在物一曲:在事物的一个片面。　⑥⑤大方:大道。　⑥⑥言而足:言语圆满周全。终日言而尽道:成天说的都是道。　⑥⑦尽物:都是物。　⑥⑧言默不足以载:说与不说都不足以表达道。　⑥⑨议有所极:人的议论有它的极限。

第二十六篇　外物

外物就是外在事物。本篇截取篇首二字为题,主要论述人的道德修养问题。人的道德修养依赖什么? 一般情况下人们总是依赖对外在事物的把握和对内心世界的认识。作者用了十几个寓言故事,力图说明人对外在事物的把握是不可靠的,因为有的外在事物并不适合自己,有的外在事物则是随境而迁的,更有的外在事物是被人们扭曲了的。而人的内心世界因为受到自身的局限,则往往是闭塞不通,自以为是的。所以想要修养自己的道德,就必须看到并克服这些制约,努力做到内心的虚通,不受外物的诱惑,并逐步提高自己的认识,不断地向道靠近。

外物不可必①,故龙逢诛②,比干戮③,箕子狂④,恶来死⑤,桀、纣亡⑥。人主莫不欲其臣之忠,而忠未必信,故伍员流于江⑦,苌弘死于蜀⑧,藏其血,三年而化为碧。人亲莫不欲其子之孝⑨,而孝未必爱⑩,故孝己忧而曾参悲⑪。木与木相摩则然,金与火相守则流⑫。阴阳错行,则天地大绚⑬,于是乎有雷有霆,水中有火,乃焚大槐⑭,有甚忧两陷而无所逃⑮,螴蜳不得成⑯。心若县于天地之间⑰,慰暋沈屯,利害相摩⑱,生火甚多,众人焚和⑲,月固不胜火⑳,于是乎有僓然而道尽㉑。

【译文】　身外之物未必一定如此,所以关龙逢被杀,比干被害,箕子装疯,恶来送命,桀与纣灭亡。君王没有不愿意臣子忠心的,但忠心未必就能被信任,所以伍员浮尸钱塘江,苌弘死在蜀地,他的血藏起来,三年后化成碧玉。父母亲没有不希望儿女孝顺的,但孝顺未必就能得到父母的爱,所以孝己忧闷而死,曾参经常悲泣。木与木相磨擦就会燃烧,金放在火里就会熔化。阴阳错乱,天地震骇,于是有雷霆,雨中有闪电,焚毁大树,有大忧而阴阳失陷无可逃避,形不成彩虹。心像悬于天地之间,苦闷沉郁,利害相斗,心火上升,焚毁了常人的调和之气,清静平明的心性克制不住火气,于是就精神崩溃,道德丧失干净了。

【注释】 ①必:必然。不可必:未必。句谓,身外之物靠不住的。 ②龙逢:即关龙逢,夏桀王的贤臣,因多次忠谏,被夏桀杀害。 ③比干:即王子比干,商纣王的宗室贤臣,因多次忠谏,被商纣王挖心而死。 ④箕子:商纣王的宗室贤臣,因忠谏不用,惧祸而装疯。 ⑤恶来:商纣王的佞臣,曲奉纣王,最后与纣王一起灭亡。 ⑥桀、纣:夏桀王、商纣王,都是历史上的暴君,直接导致朝代的灭亡。 ⑦伍员(yún 匀):伍子胥,吴王夫差的大夫,因忠谏夫差遇害,尸体被扔到钱塘江。 ⑧苌弘:周王朝的贤大夫。成疏:"苌弘遭谮被放归蜀,自恨忠而遭谮,遂刳肠而死。蜀人感之,以柜盛其血,三年而化为碧玉,乃精诚之至也。" ⑨人亲:人的父母双亲。 ⑩爱:得到父母的慈爱。 ⑪孝己、曾参:都是历史上的著名孝子。成疏:"孝己,殷商宗之子也。遭后母之难,忧苦而死。而曾参至孝,而父母憎之,常遭父母打,邻乎死地,故悲泣也。" ⑫摩:通"磨",磨擦。然:今作燃,燃烧。相守:放在一起。流:熔化。 ⑬错行:乱序而行。大绕(hài 亥):即大骇,大惊动。 ⑭水中有火:大雨中有雷电。焚大槐:焚烧大槐树。 ⑮甚忧:过分忧伤。两陷:阴阳失陷。 ⑯鉴蝀:即螮蝀(dì dōng 帝东):彩虹。《尔雅》:"螮蝀,虹也。"《淮南子·说山》:"天二气则成虹。"古人认为,怨愁过甚能化为一股白气,贯日射斗,称为白霓,而彩虹则是阴阳二气和谐才能产生的。句谓,过分忧伤,阴阳失陷,无可逃避,就会化为一股白气而成不了彩虹。 ⑰县:悬。句谓,心好像是悬在半空里,上不去,下不来。 ⑱慰暋(mǐn 悯):苦闷。沈屯:沉郁。利害相摩:利与害在心里相斗。 ⑲众人:一般的人。焚和:烧毁阴阳的和谐。 ⑳月:这里指人的天性,人的天性清静平明属月。火:指心里的焦虑。心属火。 ㉑㥦(tuí 颓)然:崩溃的样子。

庄周家贫,故往贷粟于监河侯①。监河侯曰:"诺②。我将得邑金③,将贷子三百金④,可乎?"庄周忿然作色曰⑤:"周昨来,有中道而呼者⑥。周顾视车辙中,有鲋鱼焉⑦。周问之曰:'鲋鱼来,子何为者邪?'对曰:'我,东海之波臣也⑧,君岂有斗升之水而活我哉⑨?'周曰:'诺。我且南游吴越之王⑩,激西江之水而迎子⑪,可乎?'鲋鱼忿然作色曰:'吾失我常与,我无所处⑫。吾得斗升之水然活耳⑬。君乃言此,曾不如早索我于枯鱼之肆⑭!'"

【译文】 庄子家穷断炊,去向监河侯借粮。监河侯说:"好吧,我很快就能收来封地的税赋,到时候借给你三百两,行吗?"庄子生气地变了脸色,说:"昨天我到你这里来,半路上听到了呼救声,我回头看到,在车辙沟里有一条鲫鱼。我问它说:'鲫鱼过来,你是干什么的呢?'它回答说:'我是东海龙王的臣民,先生有升斗的水救我活命吗?'我说:'好吧,我正要到南边去游说吴越王,引来西江的水来迎接你,行吗?'鲫鱼生气地变了脸色说:'我失去了正常生活的条件,没有安身的地方,我只要得到升斗的水就能活下来,你却说出这些不当紧的话,那还不如趁早到卖鱼干的市场上去找我!'"

【注释】 ①贷:借。监河侯:官名,《说苑》作魏文侯。成疏:"监河侯,魏文侯也。"监河侯是魏文侯即位前的封号。 ②诺:应答词,犹言好吧。 ③邑金:从封地收取来的财物。古代贵族有封地称采邑,邑中租赋收入为邑金。 ④三百金:三百两银子。 ⑤忿然:生气的样子。作色:变了脸色。 ⑥中道:道中,路上。 ⑦车辙:车轮压出的沟印。鲋鱼:鲫鱼类的小鱼。 ⑧波臣:水族中的臣民。 ⑨岂:作"其"用,表示商量语气。斗升之水:比喻少量的水。活我:使我活。 ⑩且:将要。游:游说。 ⑪激:挡住使水改道而流。西江之水:西来的江水。句谓,挡住西来的长江水让它改道流过来接你。 ⑫常与:正常的生活条件。处:居处。 ⑬然:这样。然活耳:这样就能活了。 ⑭索:寻找。枯鱼之肆:卖鱼干的市场。

任公子为大钩巨缁,五十犗以为饵①,蹲乎会稽②,投竿东海,旦旦而钓,期年不得鱼③。已而大鱼食之④,牵巨钩,錎没而下骛⑤,扬而奋鬐⑥,白波若山,海水震荡,声侔鬼神,惮赫千里⑦。任公子得若鱼⑧,离而腊之⑨,自制河以东,苍梧已北⑩,莫不厌若鱼者⑪。已而后世辁才讽说之徒⑫,皆惊而相告也。夫揭竿累,趣灌渎,守鲵鲋⑬,其于得大鱼难矣!饰小说以干县令⑭,其于大达亦远矣⑮!是以未尝闻任氏之风俗⑯,其不可与经于世亦远矣⑰。

【译文】 任公子制造了一套大的钓具,大的鱼钩,粗的钓绳,用五十头牛做鱼饵,蹲在会稽山上,把鱼竿投向东海,天天等着钓鱼,过了一年却没钓上来。不久有大鱼来吃食,拉着大钩潜入水下到处乱窜,扬尾奋鬐,白浪如山,海水震荡,声如鬼神,震惊千里。任公子钓到这条鱼,切开制成鱼干,从浙江以东到苍梧山以北,人人都能饱餐这条鱼的肉。后来那些少见多怪、道听途说的人,都惊奇地奔走相告。举着小竿细绳,到小河沟里,去守候小鱼小虾,想钓到大鱼恐怕很难吧!修饰一些精巧的言论去追求高名,对于通达大道来说恐怕就太远了吧!因此,没有听说过任公子那种作风的人,他们的水平不可用来治理天下,相比之下,他们差得太远了。

【注释】 ①任公子:成疏:"任,国名。任国之公子。"大钩巨缁:大钓鱼钩、大钓鱼绳。犗(jiè介):犍牛,即阉牛。 ②会稽:山名。山临东海。 ③旦旦:天天。期年:一周年,整整一年。 ④已而:后来不久。 ⑤錎(xiàn陷):通"陷"。骛(wù务):奔跑。句谓,拉着大鱼钩潜进水里到处乱窜。 ⑥扬而奋鬐:扬起鱼鳍。 ⑦侔(móu谋):相比,相同。惮赫:震惊。 ⑧若鱼:这样一条鱼。 ⑨离:切开。腊(xī昔):制成腊肉。 ⑩制河:即浙江。苍梧:山名,即九嶷山。成疏:"浙,浙江也。苍梧,山名,在岭南,舜葬之所。"已:同"以"。　⑪厌:吃足,今作餍。　⑫辁(quán全)才:少见多怪。讽说:道听途说。　⑬揭:举。累:细绳。趣:通"趋"。灌渎:小水渠。守:守候。鲵鲋:小鱼。　⑭小说:浅薄的学说。县令:高名。县:悬。　⑮大达:通晓大道。　⑯风俗:作风,风格。⑰经:治理。不可与经于世:不可用来治理天下。

儒以《诗》、《礼》发冢①,大儒胪传曰②:"东方作矣③,事之何若?"小儒曰:"未解裙襦④,口中有珠⑤。""《诗》固有之曰⑥:'青青之麦,生于陵陂⑦。生不布施,死何含珠为⑧?'接其鬓⑨,压其顪⑩,儒以金椎控其颐⑪,徐别其颊⑫,无伤口中珠。"

【译文】 儒生打着《诗》、《礼》的招牌去盗墓,大儒在墓地上传话说:"天要亮了,你收拾得怎么样了?"小儒在墓里说:"还没有脱下衣服,尸体的嘴里还有珍珠没取出来。"大儒吩咐说:"《诗经》里早就说过,'青青的麦苗,长在山坡上,活着不施舍,死了为何要含珠?'挤压他的两鬓,按住下巴,用铁锥撬开他的嘴,慢慢分开两颊,千万别弄坏了口中的珠子。"

【注释】 ①儒:儒生。以《诗》、《礼》:打着《诗》、《礼》的旗号。发冢:盗墓。　②大儒:大儒生,负责指挥的儒生。胪(lú卢)传:传达意见。　③作:起。句谓,东方太阳要升起来了。　④襦(rú儒):上衣。裙:下衣。　⑤口中有珠:尸体嘴里含有珠子。古代富贵人家丧葬,在死者嘴里含上珠玉,以企不朽。　⑥《诗》:儒家奉为经典之一的著作,后来称作《诗经》。固:本来。　⑦陂(bēi碑):山坡。这两句是《诗经》常用的比兴,意为青青的麦子长在山坡上。　⑧死何含珠为:死了含珠干什么? 以上四句今本《诗经》里没有,可能是被孔子删掉的逸诗。　⑨接其鬓:挤压他的两鬓。　⑩顪(huì海):口下部位。压其顪:按住他的下巴。　⑪儒:王念孙:"《艺文类聚》宝玉部引此,儒作而,是也。而,汝也。"金椎:金属锥子。控:撬开。颐:嘴。句谓,你用锥子撬开他的嘴。　⑫徐:慢一些。别:分开。句谓,慢慢掰开他的嘴。

老莱子之弟子出薪①,遇仲尼,反以告②,曰:"有人于彼③,修上而趋下④,末偻而后耳⑤,视若营四海⑥,不知其谁氏之子。"老莱子曰:"是丘也,召而来。"仲尼至。曰:"丘,去汝躬矜与汝容知⑦,斯为君子矣。"仲尼揖而退⑧,蹙然改容而问曰⑨:"业可得进乎⑩?"老莱子曰:"夫不忍一世之伤,而骜万世之患⑪,抑固窭邪⑫? 亡其略弗及邪⑬? 惠以欢为⑭,骜终身之丑⑮,中民之行进焉耳⑯。相引以名⑰,相结以隐。与其誉尧而非桀,不如两忘而闭其所誉⑱。反无非伤也⑲,动无非邪也。圣人踌躇以兴事,以每成功⑳。奈何哉,其载焉终矜尔㉑?"

【译文】 老莱子的弟子出去打柴,遇到了孔子,回去对老莱子说:"那儿有一个人,上身长,下身短,伸头曲颈耳朵向后,目光高远,好像是在经营天下,不知道他是谁。"老莱子说:"肯定是孔丘吧,你把他叫来。"孔子来了,老莱子说:"孔丘啊,去掉你身上的骄气和你那付满有学问的面容,这就成为个真正的君子了。"孔子作揖领教,向后退了退,局促不安地问道:"我的道术还能进步吗?"老莱子说:"不忍心一代人的悲伤而忽视了万世的祸患,你是本来就弱智呢,还是始料不及呢?图当时欢心的好处,而忽视终身的耻辱,平常人也会高于这种做法。用虚名引诱人,用隐世的高尚固结人心。与其赞扬尧而指责桀,还不如把两者都忘掉,杜绝受到的毁誉。只要是向相反的方向运动,都会有伤损,都会有邪曲,这是谁也无法摆脱的。圣人都是从容、不生硬地办事,所以常常成功。你为什么总是要背着个自以为贤能的包袱呢?"

【注释】 ①老莱子:楚国人。成疏:"老莱子,楚之贤人隐者也。常隐蒙山,楚王知其贤,遣使召为相。其妻采樵归,见门前有车马迹。妻问其故,老莱曰:'楚王召我为相。'妻曰:'受人有者,必为人所制,而之不能为人制也。'妻遂舍而去。老莱随之,夫负妻戴,逃于江南。莫知所之。"出薪:出去打柴。 ②反:通"返"。 ③彼:那。于彼:在那里。 ④修:长。趋:促,短。句谓,上身长,下身短。 ⑤末偻:后背佝偻。后耳:耳朵向后贴。"末"、"后"互文。 ⑥营四海:经营天下,即为全社会奔忙。 ⑦躬矜:身上的骄矜之气。容知:满脸有学问的样子。 ⑧退:这里是退后几步的意思。在人面前退后几步说话,表示对对方的尊敬。 ⑨蹙然:局促不安的样子。 ⑩业:学业。孔子向老莱子学道。业指学的道。 ⑪鹜:通"傲",轻视,忽视。 ⑫抑:选择连词。窭:贫乏,指智力。 ⑬亡其:选择连词,还是。略弗及:谋略不及。句谓,你是智力贫乏呢,还是谋略不及呢? ⑭惠:有利,好。惠以欢为:即以欢为惠,是说,图当时欢心的好处。 ⑮鹜终身之丑:轻视终身的耻辱。 ⑯中民:平常人。进:超过。焉:于此。句谓,平常人也会高于这种做法。 ⑰相引以名:用名声相吸引。隐:隐世。相结以隐:用隐世的高尚固结人心。 ⑱非:非难指责。闭:杜绝。 ⑲反:向相反的方向转化。《老子》:"道者反之动。"反无非伤也,动无非邪也:向相反的方向运动都会有伤损,都会有邪曲,这是谁也无法抗拒的。 ⑳蹲踌:从容、不生硬。每:常常。 ㉑载:负,带着。矜:骄矜。句谓,你为什么总是要带着个比别人高明的样子呢?

宋元君夜半而梦人被发窥阿门①,曰:"予自宰路之渊②,予为清江使河伯之所③,渔者余且得予④。"元君觉,使人占之,曰:"此神龟也。"君曰:"渔者有余且乎?"左右曰:"有。"君曰:"令余且会朝⑤。"明日,余且朝。君曰:"渔何得?"对曰:"且之网得白龟焉,其圆五尺。"君曰:"献若之龟。"龟至,君再欲杀之,再欲活之⑥。心疑,卜之⑦,曰:"杀龟以卜吉⑧。"乃刳龟⑨,七十二钻而无遗筴⑩。

仲尼曰："神龟能见梦于元君⑪,而不能避余且之网;知能七十二钻而无遗筴,不能避剖肠之患。如是,则知有所困⑫,神有所不及也。虽有至知,万人谋之⑬。鱼不畏网而畏鹈鹕⑭。去小知而大知明⑮,去善而自善矣⑯。婴儿生,无硕师而能言⑰,与能言者处也。"

【译文】 宋元君半夜梦见有人披头散发在侧门探头探脑,对他说:"我从宰路深渊而来,我是清江的使者要到河伯那里去,路上被渔夫余且给捕获了。"宋元君醒来,让人占卜这个梦,说:"给您托梦的是只神龟。"宋元君说:"渔夫有个叫余且的人没有?"身边的人说:"有。"宋元君说:"让余且来见我。"第二天余且来朝见。宋元君说:"你打鱼捞到了什么?"余且回答说:"在我的网里捞到一只白龟,圆盖有五尺大。"宋元君说:"把你的龟献上来。"白龟送来后,宋元君一会想杀它,一会又想放生,心中犹豫不定,又来占卜。占卜的结果是"杀掉,用它的腹甲占卜吉利"。于是杀了龟,剥下它的腹甲用来占卜,占卜了七十二次,没有一次不灵验。孔子说:"神龟能给宋元君托梦,却不能逃脱余且的网;智慧能预知七十二次占卜结果,却不能逃脱杀身之祸。这样看来,智慧是有所局限的,神灵也有达不到的地方。即使有最高的智慧,也经不住万人谋算。鱼不害怕鱼网却害怕鹈鹕,可见去掉小智,大智才能明;去掉小善,自然就都善了。婴儿生下来,没有大师教就学会说话,这是因为他和会说话的人在一起的缘故。"

【注释】 ①宋元君:宋国国君。被发:披散头发。阿门:旁门。阿:曲。 ②宰路:渊名。 ③清江:江名。河伯:河神。句谓,我是清江派往河神那里出差的使者。 ④余且:打鱼人的名字。 ⑤会朝:赴朝拜见。 ⑥再欲杀之,再欲活之:两次想杀了它,两次想放了它。 ⑦卜之:用占卜决定是杀是放。 ⑧杀龟以卜吉:把龟杀了用它的腹甲占卜吉祥。这是指占卜的结果。 ⑨剖(kū枯):挖空。指剥开挖出肚子里的东西。 ⑩钻:占卜时钻灼龟甲。龟占时要在龟甲的背面钻槽,再用火灼烤,看正面的裂纹定吉凶。七十二钻是占卜了七十二次。筴:通"策",算。无遗筴:每次都算得对。 ⑪见:今作现。见梦即托梦。 ⑫知有所困:智慧有做不到的事。 ⑬至知:最高的智慧。万人谋之:意为,也经不住万人来谋算。 ⑭鹈鹕(tíhú题胡):捕鱼的水鸟。 ⑮小知:平常的智慧。大知:认识大道的智慧。 ⑯去善而自善:去掉对个别人的小善,自然就大善了。 ⑰硕师:大师。"硕"原作"石",《释文》云:"又作硕",唐写本正作"硕",据改。

惠子谓庄子曰:"子言无用。"庄子曰:"知无用而始可与言用矣。夫地非不广且大也①,人之所用容足耳②。然则厕足而垫之致黄泉③,人尚有用乎④?"惠子曰:"无用。"庄子曰:"然则无用之为用也亦明矣⑤。"

【译文】 惠子对庄子说:"你说的话没用。"庄子说:"知道无用然后才能讨论有用的问题。大地并非不广大,人所使用的不过是能放下脚的那么一块地方。然而,如果从黄泉垫起来一直垫高到地面上,就只有放得下脚那么大一块地方,还会有用吗?"惠子说:"没用了。"庄子说:"这样看来,那么,无用起着有用的作用是很清楚的道理。"

【注释】 ①夫:原本作"天",《续古逸丛书》本作"夫"。《徐无鬼》篇云:"足之于地也践,虽践,恃其所不蹍而后善博也。"作"夫"为是。　②容足:放得下脚。句谓,大地虽然广大,但对每个人来说,使用的仅仅是放得下脚那么大一块地方,其余的地方并不使用。　③厕:放置。垫:垫高。致:来自,从。句谓,从黄泉垫起来一直垫高到地面上就只有放下脚那么大一块地方。也就是说,地面只有放下脚那么大一块地方,其余的地方都是万丈深渊。　④尚:还。句谓,这块地方对人还有用吗?　⑤无用之为用:无用起着有用的作用。明矣:清楚明白。句谓,无用起着有用的作用,这是十分清楚明白的道理。

庄子曰:"人有能游,且得不游乎①?人而不能游,且得游乎?夫流遁之志,决绝之行②,噫,其非至知厚德之任与③!覆坠而不反,火驰而不顾④。虽相与为君臣,时也⑤。易世而无以相贱⑥。故曰至人不留行焉⑦。夫尊古而卑今,学者之流也⑧。且以狶韦氏之流观今之世,夫孰能不波⑨?唯至人乃能游于世而不僻⑩,顺人而不失己⑪。彼教不学,承意不彼⑫。"

目彻为明,耳彻为聪,鼻彻为颤⑬,口彻为甘,心彻为知,知彻为德。凡道不欲壅,壅则哽⑭,哽而不止则跈,跈则众害生⑮。物之有知者恃息,其不殷,非天之罪⑯。天之穿之,日夜无降⑰,人则顾塞其窦⑱。胞有重阆⑲,心有天游⑳。室无空虚,则妇姑勃谿㉑;心无天游,则六凿相攘㉒。大林丘山之善于人也,亦神者不胜㉓。

德溢乎名,名溢乎暴㉔,谋稽乎诞㉕,知出乎争㉖,柴生乎守㉗,官事果乎众宜㉘。春雨日时,草木怒生,铫鎒于是乎始修㉙,草木之倒植者过半而不知其然㉚。

静然可以补病㉛,眦搣可以休老㉜,宁可以止遽㉝。虽然,若是劳者之务也,非佚者之所未尝过而问焉㉞。圣人之所以骇天下㉟,神人未尝过而问焉;贤人所以骇世,圣人未尝过而问焉;君子所以骇国,贤人未尝过而问焉;小人所以合时㊱,君子未尝过而问焉。

【译文】 庄子说:"人能活动,能不活动吗?人不能活动,能去活动吗?逃避现实,与世决裂的做法,这都是至智厚德的人不采用的做法。跌倒掉下去也不返回,火速跑开誓不回头,实在是可悲。人们虽然与统治者有君臣的关系,但这是时世造成的。时世一换君臣尊卑的关系就变了。所以说,圣人不会让自己的行为固定在某种做法上。尊古卑今,厚古薄今,那是学者们的风气。如果用狶韦氏时代的风气来看待当今之世,谁能不波荡?只有至人才能活动在世上而不偏僻,顺应人事而不丧失自己的本性。用古代圣人的做法教导人,可以不死搬硬套地学,领会他的意思但不能学成那个样子。"

眼睛灵通叫做明,耳朵灵通叫做聪,鼻子灵通叫做膻,口舌灵通叫做甘,心眼灵通叫做智,智慧灵通叫做德。凡是道就不能堵塞,堵塞了就梗阻,梗阻不止就要挤压,挤压了就会产生种种危害。凡是有生命的物类都要依赖气息流通,流通不畅,那不是上天的罪过。上天给人长了七窍,日夜都一样畅通,是人自己堵塞了孔窍。人的脏腑有两层活动空间,心脏在上层胸腔也有自己的活动空间。住房里空间太小,婆媳之间就会发生吵架;胸腔里没有心脏的活动空间,心脏的六窍也会相互排挤。森林大山所以会让人心旷神怡,也是因为心神受不了长期空间的局促。

道德败坏在追求名声上,名声败坏在过分显露自己,计谋产生于应急,智慧产生于争夺,而滞塞产生于闭塞固执,公事成功在适合众人。春雨及时降下,草木怒长,于是修治好锄头来除草,长起来的草一大半被锄倒在地却不知道为什么会这样。

安静可以养病,眯缝两眼可以养老,宁静可以平息急躁。虽然如此,这是劳碌人干的事,并不是闲逸人过问的事。圣人用来警戒天下的那一套,神人不去过问;贤人用来警戒世人的那一套,圣人不去过问;君子用来警戒国人的那一套,贤人不去过问;小人用来应时而做的那一套,君子不去过问。

【注释】 ①游:活动。"游"在战国时期指游说,游说是士这个阶层谋求发展的活动,故引申为一切谋求发展的活动。这句话的意思是说,人如果能谋求发展的话,能够不出来谋求发展吗?也就是说,人能够为自己活动活动,谁都会出来活动。 ②流通:流亡逃遁,指做隐士的行为。决绝:坚决断绝,指与统治者彻底决裂,指不用于世的行为。 ③任:用。句谓,逃避现实去做隐士,这恐怕不是至智厚德的人所应当采用的做法吧。 ④覆坠:倾倒坠落。反:通"返"。火驰:火速奔跑。顾:回头。句谓,跌倒掉下去也不回头,火速跑开一去不回。这是指伯夷、叔齐那样的隐士,宁死也不愿与不正义的人合作。 ⑤相与为君臣:在一起为君臣。时也:这是时代造成的。也就是说,君与臣的关系,只不过是同在一个时代造成的。与个人的道德无关。 ⑥易世:换个世代。无以相贱:君王就没有条件把臣子看得比自己低贱了。 ⑦留行:停留在某种固定的做法上。 ⑧流:风气。 ⑨狶韦氏:远古帝王。参见《大宗师》篇注。波:波动。句谓,如果用狶韦氏时代的风气来看现在的世道,谁能不波动。也就是说,狶韦氏时代的做法,现在不适用了,谁都得变。 ⑩游于世:活动在人世间。僻:偏执。 ⑪顺人:顺应人,也就是顺应时世。不失己:不失去自己的天性真情。 ⑫彼:那,指狶韦氏时代的做法,也就是古代圣人的做法。彼教不学:用古代圣人的做法教导人可以不死搬硬套地学。承意不彼:领会接受它的意思但不能学成那个样子。 ⑬彻:灵通。颤:通"膻",辨味能力强,嗅觉好。 ⑭壅:堵塞。哽:通"埂",阻。 ⑮跈(jiàn 践):《释文》:"跈,女展切,郭云,践也。《广雅》云,履也,上也,本或作踐,同。"是相互挤压的意思。 ⑯恃:依赖。息:通气。殷:盛。 ⑰穿:穿透,通。降:减。句谓,上天给人长了通气的孔窍,日夜都一样畅通。 ⑱顾:反而。窦:孔窍。 ⑲胞:内腔。阆(làng 浪):楼室。古人称神仙住的琼楼玉宇为阆苑,阆指楼室。胞有重阆:人的内腔分为胸腔和腹腔两重楼室。人的内腔以隔膜为界分为上下,比喻为两层楼室。 ⑳天:上。心有天游:心在内腔的上层有自己的活动空间。 ㉑妇姑:媳妇和婆婆。勃豀(bóxī 脖希):争吵。 ㉒六凿:六窍。古人认为心有六窍,聪明人有七窍。《史记·殷本纪》:"纣怒曰:'吾闻圣人心有七窍。'剖比干,观其心。"攘:排挤。句谓,心脏如果没有楼上的活动空间,六窍就会互相排挤。 ㉓不胜:指不胜空间的局促。句谓,高山森林所以会令人赏心悦目,心旷神怡,也是因为心神受不了长期空间的局促。 ㉔溢:外流,引申为败坏。暴:外露。句谓,道德败坏在追求名声上,名声败坏在显露自己上。 ㉕稽:考察。这里是追查它产生的原因。弦(xián 弦):急。谋稽乎弦:计谋产生于应急。也就是说,人急了才想办法,于是产生了计谋。 ㉖知出乎争:智慧产生于争夺。 ㉗柴:蓬塞不通。守:闭塞。句谓,蓬塞不通产生于闭塞固执。 ㉘官事:公事。果:成功。句谓,公事成功在适合大家上。 ㉙怒生:猛长。铫(yáo 姚)、耨(nòu 耨):农民除草用的锄。修:修治,使用。句谓,草木怒长,于是才修治好锄头来除草。 ㉚倒植:锄倒在地。然:这样。句谓,长起来的草木多一半被锄倒在地却不知道为什么要这样。也就是说,这还不就是蓬塞造成的吗? ㉛补病:养病。 ㉜眦搣(zìmiè 字灭):眯缝起两眼闭目养神。休老:养老。 ㉝宁:安宁。遽:急躁不安。 ㉞佚:通"逸",闲逸。句谓,虽然如此,劳碌干的事,不是闲逸的人过问的事。 ㉟骇(hài 害):警戒。 ㊱合时:应合时势。

演门有亲死者①,以善毁爵为官师②,其党人毁而死者半③。尧与许由天下,许由逃之④;汤与务光,务光怒⑤。纪他闻之⑥,帅弟子而踆于窾水⑦,诸侯吊之⑧。三年,申徒狄因以踣河⑨。

【译文】 宋国演门那里,有个死了父亲的人,因为悲伤,形销骨立毁了面容,以善孝被封为官师,结果他的同乡死了亲人的,因毁容而死去的就出了一大半。尧把天下让给许由,许由逃跑了;商汤把天下让给务光,务光大怒。纪他听说了,带领弟子在窾水边伏藏起来,诸侯都去慰问他。三年以后,申徒狄为了追求清廉的好名声就跳河死了。

【注释】 ①演门:宋国东城门名。 ②善毁:毁容出众。古代为父母办丧事,孝子因悲伤过度而改变了原来形体的样子称作毁容。在提倡孝道的风气里,毁容是一种尽孝的标志。善毁是擅长毁容,也就是毁容很出众。爵:受封爵。官师:官名。句谓,宋国演门那里有个死了父亲的人,因为悲伤,形销骨立,尽孝出了名,被国君封为官师。　③党人:同乡人。　④与:让给。许由:尧时隐士。逃之:逃避尧禅让的帝位。　⑤汤:商汤王。务光:汤时隐士。　⑥纪他:人名。成疏:"姓纪,名他,并隐者。"　⑦踆(qūn逡):伏藏。窾(kuǎn款)水:水名。意思是说,纪他听说了汤要让天下,担心会让到自己头上,于是带着他的弟子在窾水旁伏藏起来。　⑧吊:慰问。　⑨申徒狄:姓申徒,名狄,汤时隐士。蹈(bó箔)河:跳河。

　　荃者所以在鱼①,得鱼而忘荃;蹄者所以在兔②,得兔而忘蹄;言者所以在意③,得意而忘言。吾安得夫忘言之人而与之言哉④?

【译文】　荃是用来捕鱼的,捕到鱼就可以忘了荃;蹄是用来套兔子的,套住兔子就可以忘了蹄;语言是用来表达意思的,懂得了意思就可以忘了语言。我怎么能够遇到忘了语言的人来和他讨论问题呢?

【注释】　①荃(quán全):通作筌,捕鱼的竹笼。句谓,荃是用来捕鱼的工具。　②蹄:捕兔的套子。　③言者所以在意:语言是用来表达意思的。　④吾安得夫忘言之人而与之言哉:我怎么能够遇到忘了语言的人来和他讨论问题呢?也就是说,我怎么才能找到不受语言束缚的人来交流呢?

第二十七篇　寓言

　　本篇截取篇首二字为题，是庄子讨论言的一篇重要论文。庄子认为语言总是不能完整地表达道，故一直主张不言而言，但脱离语言，道又无法传播，所以又不得不对语言的实际作用进行探讨。语言与真理的关系实际上是主观与客观如何统一的问题。任何语言其实都是一种抽象、一种分解，都不可避免地带有主观色彩，这就与真理的纯客观性产生了不可避免的矛盾。庄子在本文里提出了"齐与言不齐"，主观认识与客观的道之间存在着矛盾，解决矛盾的办法是以客观为标准，即存在的客观是主观认识的准则，而人对客观的认识是无穷的，只能日日加深。在加深的过程中应当剔除人自身利益和好恶的干扰，排除主观因素，努力与万有取得同一，这样才能接近道。而语言是人们表达认识的工具，带有不可避免的主观性。在现实的语言中，寓言有十分之九的可靠性，重言有十分之七的可靠性，卮言则是与日俱进，在不断加深对道的认识。

　　寓言十九①，重言十七②，卮言日出③，和以天倪④。寓言十九，藉外论之⑤。亲父不为其子媒⑥，亲父誉之，不若非其父者也⑦。非吾罪也，人之罪也⑧。与己同则应，不与己同则反⑨；同于己为是之，异于己为非之⑩。重言十七，所以已言也⑪，是为耆艾，年先矣⑫。而无经纬本末以期年耆者，是非先也⑬。人而无以先人，无人道也⑭。人而无人道，是之谓陈人⑮。卮言日出，和以天倪，因以曼衍⑯，所以穷年⑰。

　　不言则齐⑱，齐与言不齐，言与齐不齐也⑲。故曰：无言。言无言⑳，终身言，未尝言㉑；终身不言，未尝不言㉒。有自也而可，有自也而不可㉓；有自也而然，有自也而不然㉔。恶乎然？然于然㉕。恶乎不然㉖？不然于不然。恶乎可？可于可；恶乎不可？不可于不可。物固有所然,物固有所可㉗。无物不然,无物不可㉘。非卮言日出,和以天倪,孰得其久㉙?万物皆种也㉚,以不同形相禅㉛,始卒若环,莫得其伦㉜,是谓天均㉝。天均者,天倪也。

【译文】 有所寄寓的寓言可信性有十分之九,重复引用前人的重言可信性有十分之七,还有就是不断提高认识的卮言,与日俱进不断地说出来,逐步达到与自然和谐一致。寓言可信性十分之九,是因为借用别的话题来说明。父亲不给儿子说媒,父亲夸奖自己的儿子,不如别人来夸奖更能令人相信。这不是说话人的责任,而是听话人的责任。人们都是与自己的看法相同就应合,与自己的看法不同就反对;同于自己的意见就认为对,不同于自己的意见就认为错。重言可信性十分之七,是借用已经形成共识的老话,因为这都是经验之谈,长者之言。如果是些大理不通、本末颠倒、对后人没有启迪作用的话,虽然是前人说的,那也不算先人的话。老年人如果没有什么经验之处,那就是没有为人之道。没有为人之道的人,只能算是陈腐的人。(所以会有十分之三不可靠。)卮言与日俱进,逐步达到与自然和谐一致,是随着变化而变化,直到过完一生。

事物的道理与事物本身在没有抽象为语言之前是完全吻合一致的。这种吻合一致抽象为语言就不完全吻合了。因此一经说出来就和事物的道理与本身的吻合不一致。所以才说,不要说抽象的语言。说没有抽象为语言的道理,虽然一生都在说,却好像是未曾说过什么;一生都没有说,却未尝不是在说话。事物本身可以有它可以的原因,不可以有它不可以的原因;会这样有它这样的理由,不会这样有它不会这样的理由。为什么该这样? 就因为它这样。为什么不该这样? 就因为它不这样。为什么该可以? 就因为它可以。为什么不该可以? 就因为它不可以。事物本身本来就有它这样的地方,本来就有它可以的地方。没有什么事物不是这样,没有什么事物不可以。如果不是随着变化的卮言日日更新地去说,怎么能长久说得通? 万物都是物种之一,只不过是按不同的形式在新陈代谢,始终循环,分不出首尾次序,这就是天的运转。天的运转就是自然的消息变化。

【注释】 ①寓言:寄寓的语言,即借他事他物而寓有此意的语言。十九:十分之九。句谓,寓言有十分之九是真实可信的。 ②重(chóng 虫)言:引用重复他人的语言。十七:十分之七。句谓,引用重复他人的语言有十分之七是真实可信的。 ③卮言:随着变化而变化的语言。日出:与日俱进地说出来。"卮"是一种类似不倒翁的圆酒器,满则倾,空则仰,能随物变化。卮言比喻能随外物、随认识的变化而变化的语言,即不断提高认识的话。 ④和:和谐。倪:端倪,指消息变化。天倪即自然的消息变化。句谓,认识逐渐加深的卮言与日俱进地说出来,逐步达到与自然的和谐一致。　⑤藉:借。句谓,借用别的话题来说明,因为就事论事往往会陷进去,用别的事来证明出来的道理比较客观。　⑥媒:做媒人。　⑦非其父者:不是他父亲的人。　⑧吾:指说话的人。人:指听话的人。罪:原因,责任。句谓,造成这种现象,不是说话人的责任,而是听话人的责任。　⑨应:同意。反:反对。句谓,听话人都是与自己的意见相同就同意,与自己的意见不同就反对。　⑩是之:以之为是,认为是对的。非之:以之为非,认为是错的。　⑪已言:已经有了的言论。　⑫耆(qí奇):六十岁。艾:末,老年人。先:长。是为耆艾:这是老年人说的。年先矣:年龄比我们大。也就是说,这是经验之谈。　⑬经纬:伦理。本末:头尾。期:合。句谓,如果说的话没有伦理、没头没尾,与他老年的身份不相当,这不能算是经验之谈。　⑭人而无以先人:老年人如果比年轻人还没有经验。无人道也:这不合为人之道。　⑮陈人:陈旧、陈腐的人。　⑯曼衍:宛转,随着变化而变化。　⑰穷年:穷尽年寿。句谓,人随着变化而变化,才能穷尽年寿。　⑱齐:一致。不言则齐:事物本身和事物的道理如果不说出来那是吻合一致的。　⑲齐与言不齐:这种吻合一致和说出来的道理不一致。言与齐不齐:说出来的话就与这种吻合一致不一致了。庄子认为,任何理论都会受到认识个体本身的局限,所以都带有主观因素。　⑳言无言:要说没有语言说明的道理,就是说,要说客观事物本身与事物的道理之间的吻合一致。也就是说,人的语言要讲的是纯客观的道理。　㉑终身言,未尝言:说了一辈子的话,却好像是未曾说过话。　㉒终身不言,未尝不言:一辈子没说话,却未尝不是在说话。　㉓有自:有理由,有原因。句谓,可以有它可以的理由和原因,不可以有它不可以的理由和原因。　㉔然:这样。句谓,这样有它这样的理由和原因,不这样有它不这样的理由和原因。　㉕恶:何。恶乎然:为什么会这样?句谓,为什么会这样?因为就该这样所以这样。　㉖不然:不这样。　㉗固:本来。物固有所然:事物本来就有应当是这样的道理。物固有所可:事物本来就有应当是可以的道理。　㉘无物不然:没有什么事物不应当这样。无物不可:没有什么事物不应当不可以。就是说存在的事物都是客观的,客观存在的事物没有对与错的问题。对与错只不过是站在不同角度的人的不同看法。人的认识主观符合客观才是对的,主观不符合客观就是错的。也就是说,判断真理的标准是客观存在,而不是人的主观认识。人只能不断提高对客观的认识,而不是去歪曲客观事物来迁就自己的认识。　㉙孰得其久:谁能使自己的认识长久合理?　㉚种:物种。句谓,万物都是物种之一。　㉛禅:更替。句谓,只不过是按照不同的形体相互更替。庄子认为,万物都由元气所化的阴阳二气组合而成,不同形的事物不过是阴阳二气物化后相对稳定的不同状态,这种状态是不断转化的,故言"以不同形相禅"。　㉜伦:次序。莫得其伦:分不出首尾次序。　㉝天均:同天钧,天的运转。

庄子谓惠子曰:"孔子行年六十而六十化①。始时所是,卒而非之②。未知今之所谓是之非五十九非也③?"惠子曰:"孔子勤志服知也④。"庄子曰:"孔子谢之矣⑤,而其未之尝言⑥。孔子云:'夫受才乎大本⑦,复灵以生⑧,鸣而当律⑨,言而当法。'利义陈乎前⑩,

而好恶是非直服人之口而已矣⑪。使人乃以心服而不敢蘁⑫,立定天下之定⑬。已乎,已乎,吾且不得及彼乎⑭!"

【译文】 庄子对惠子说:"孔子活到六十岁,认识上经历了六十次深化。开始认为对的东西,后来又否定了。又怎么知道他现在认为对的就不是他五十九次否定过的那一类东西呢?"惠子说:"孔子是励志勤学运用智慧的。"庄子说:"孔子已经否定了这种做法,只是还没来得及再说出来。孔子说过,人从天那里禀受了才智,返归性灵而生活在世上,这才发音合乎韵律,说话合乎法度。一旦利义摆在面前,于是对事情好恶是非的评判就变了味,讲出来只不过是要服人的口而已。如果真的能使人心服而不敢去违逆,那才可以使天下安定。罢了,罢了,我还没有到达那一步!"

【注释】 ①行年六十而六十化:活了六十年,认识上产生了六十次深化。 ②是:认为对。卒:终。句谓,开始认为是对的,后来又否定了。 ③今之所谓是之:现在认为是对的。非五十九非也:不也是像五十九次否定过的那样也是错的吗? ④勤志:勤奋地实践自己的心志。服知:运用自己的智慧。惠子的意思是说,孔子可是按自己的真心去努力做的。也就是说,孔子的做法并不错,应当肯定。 ⑤谢:辞去,抛弃。句谓,孔子已经抛弃了自己勤志服知的做法。 ⑥而其未之尝言:但他却没有这样说出来。意思是说,孔子一生都在不断地否定自己,直到他死也是如此,所以这个意思还没有来得及说。 ⑦大本:天地。受才乎大本:从天地那里得到才智。 ⑧复灵以生:回复自然的灵性生存于世。 ⑨鸣:发出声音。律:音律。句谓,人只要是按天地所给予的才智灵性去做的话,就会发出声音合乎音律,说出话来合乎法则。 ⑩陈乎前:摆在面前。 ⑪好恶是非:喜爱与厌恶、对与错。这几句的意思是说,人按自己天生的灵性去做,本来是合乎道理的。可是一旦把利义摆在面前,那他对事情的看法,是喜欢还是不喜欢,是同意还是反对,态度就产生出来了,坚持自己的态度去说服别人,只不过是硬让人家口服罢了,其实是不合道理的。 ⑫蘁(wù务):违背。句谓,如果能让人心服而从心眼里真的不愿去违背。 ⑬立:立即。前"定",动词安定。后"定",形容词,稳定。句谓,那样就会马上安定人心的稳定。 ⑭吾且不得及彼乎:我还没有达到那种程度吧! 以上是庄子引用孔子的话。证明孔子没说,自己怎么会得出"孔子谢之矣"的结论,故引用了孔子说过的一段意思类似的话。孔子说自己还没达到那样的境界,又说按天生的灵性去做才合道理。可见他最后是抛弃勤志服知的。

曾子再仕而心再化①,曰:"吾及亲仕②,三釜而心乐③,后仕,三千钟而不洎④,吾心悲。"弟子问仲尼曰:"若参者,可谓无所县其罪乎⑤?"曰:"既已县矣⑥。夫无所县者,可以有哀乎⑦?彼视三釜,三千钟,如观雀蚊虻相过乎前也⑧。"

【译文】 曾子两次出来做官,心里的想法就变了两次。他说:"在我父母在世的时候,我出来当官能挣到三釜的薪俸就很高兴,后来父母去世了,再出来为官,薪俸增加到三千钟,但已经来不及奉养老人了,心里总觉得悲伤。"弟子们问孔子说:"像曾参这样,就可以说是心里不牵挂着计较多少的错误了吧?"孔子说:"他已经牵挂着了。要说无所牵挂的话,他能够有悲哀吗?那会把三釜、三千钟看得如同是鸟雀蚊虻从眼前飞过一样。"

【注释】 ①曾子:曾参,孔子弟子。仕:做官。化:变。 ②及亲:在父母活着的时候。 ③釜:古代量器单位,六斗四升为一釜。 ④后仕:父母去世之后再出来做官。钟:古量器单位,六斛四斗为一钟。洎(jì计):通作及。"不洎"指不及奉养双亲。 ⑤县:同"悬",牵挂。 ⑥既已县矣:已经牵挂上了。 ⑦可以有哀乎:可能产生悲哀的感情吗? ⑧彼:指无所县者。句谓,真正无所牵挂的人看待三釜或三千钟,就如同是鸟雀蚊虻从眼前飞过一样不动心。

颜成子游谓东郭子綦曰①:"自吾闻子之言,一年而野②,二年而从③,三年而通④,四年而物⑤,五年而来⑥,六年而鬼入⑦,七年而天成⑧,八年而不知死,不知生⑨,九年而大妙⑩。""生有为,死也⑪。劝公⑫,以其死也,有自也⑬,而生阳也,无自也⑭。而果然乎⑮?恶乎其所适?恶乎其所不适⑯?天有历数⑰,地有人据⑱,吾恶乎求之⑲?莫知其所终,若之何其无命也⑳?莫知其所始,若之何其有命也㉑?有以相应也,若之何其无鬼邪㉒?无以相应也㉓,若之何其有鬼邪?"

【译文】 颜成子游对东郭子綦说:"自从我听到了先生的教诲,一年时间我就返归质朴,两年就能顺从客观,三年就能通达,四年就能混同于万物,五年就能本性来归,六年就能鬼神来附,七年就能自然天成,八年就能不觉死生,九年进入了无所不适的玄妙化境。"东郭子綦说:"人生如果按照私意去追求,必然会走向死亡。我所以鼓励你要与万有大同,因为造成死亡是有来由的,而你的生存只不过是阳气在活动,是没有来由的。你果真能如此吗?那么何处是合适,何处又是不合适呢?天上有日月星辰,地下有人占据,我到哪里去寻求生命之源呢?不知道生命的归宿,怎么能说没有命运呢?不知道生命是怎么开始的,又怎么能说有命运呢?既然有相互感应的存在,怎么能说没有鬼神呢?有时又没有相互感应的存在,怎么能说有鬼神呢?"

【注释】 ①颜成子游、东郭子綦:都是人名,参见《齐物论》篇注。 ②野:质朴,即去掉浮华的意思。 ③从:顺从,即去掉主观己见,顺从客观的意思。 ④通:通达,即能与外物彼此相互沟通的意思。 ⑤物:能把自己当成万物之一,即混同于万物。 ⑥来:

能使本性归来,即回归本性的意思。　⑦鬼入:精神意识来附。鬼指非物质形体的精神意识。鬼入就是精神内敛,能以神主形。　⑧天成:自然而成。　⑨不知死,不知生:不觉生死,指冥合于道。生与死都是道的变化,人合于道就不在乎生死。　⑩大妙:无所不适的玄妙境界。　⑪生有为,死也:人生如果按照私意去追求必然会走向死亡。这是东郭子綦回答颜成子游的话。　⑫劝:鼓励。公:大同。句谓,所以鼓励你与万有大同。　⑬以其死也,有自也:因为造成死亡是有来由的,指人按私意去追求就会走向死亡。　⑭而生阳也,无自也:而你的生存只不过是阳气的活动,是没有来由的。也就是说,既不是命运,也不是鬼神主宰的,更不是人能左右的。人只能持守阳气,按万物大同的阳气去运动才能保住生存。　⑮而果然乎:你果真是这样的吗? 而:你。　⑯恶:何。句谓,那么何处是合适,何处是不合适呢? 也就是说哪里都合适,因为阳气是无处不合的。　⑰历数:日月星辰。句谓,天上有日月星辰。　⑱据:占据。句谓,地上有人占据。　⑲吾恶乎求之:我到哪里去寻求? 指寻求生命的来源。这几句的意思是说,生是一种阳气的活动,不由人创造。人要保有生命就只有按阳气去活动,生命又在哪里呢? 天上有日月星辰,地下有人占据,从什么地方能找到生命的来源呢? 但阳气就在万有之中,与万有大同就可以随阳气而动,就可获得生命。如果把生命当成私有,用私意去追求反而会走向死亡。　⑳莫知其所终:不知道生命的归宿。若之何其无命也:怎么能说没有命运呢? 也就是说,如果没有命运的话,人就应该可以把握自己的生命,既然把握不了,可见命运的存在。　㉑莫知其所始:不知道生命是怎么产生的。若之何其有命也:怎么能说有命运呢? 也就是说,命运总得有主宰者安排吧? 既然生命的开始都没个主宰者安排,命运就更无人安排,可见没有命运。庄子认为生死命运都是出于自然,既然是自然,就不必去寻求自然以外的东西。　㉒相应:精神上的相互感应。句谓,既然存在着精神上的相互感应,怎么能说没有鬼神呢?　㉓无以相应:有时精神上的相互感应又不存在。庄子认为鬼神感应也是出于自然,也无须去分外追求。

众罔两问于景曰①:"若向也俯而今也仰②,向也括撮而今也被发③,向也坐而今也起,向也行而今也止,何也?"景曰:"搜搜也④,奚稍问也⑤! 予有而不知其所以⑥。予,蜩甲也,蛇蜕也⑦,似之而非也。火与日,吾屯也⑧;阴与夜,吾代也⑨。彼,吾所以有待邪⑩,而况乎以无有待者乎⑪? 彼来则我与之来,彼往则我与之往,彼强阳则我与之强阳⑫。强阳者,又何以有问乎⑬?"

【译文】　众阴影问人的影子说:"你刚才还低着头,现在又抬起头;以前你束着头发,现在又披散头发;以前你还坐着,现在又站了起来;以前你还在走,现在又站住了。这是为什么?"人影说:"跟着动罢了,还有什么好问的! 我有这样的动作,但并不知道为什么。我是个蝉蜕、蛇皮之类的东西吗? 有点像但又不是。见到火光或日光我就聚成形了,遇到阴天或夜晚我就没有了。人的形体是我得以存在的依赖,更何况还有无所依赖的东西呢? (那就更不可知了。)人的形体来了,我就跟着来;形体走了,我就跟着走;形体运动起来,我就跟着运动。运动又有什么好问的?"

【注释】　①罔两:人影之外的阴影。景:今作影,指人的影子。　②若:你。向:刚才。　③括撮:头发束结来。"撮"原缺,据《阙误》引张君房本补。被发:披散头发。　④搜搜:跟着动的样子。　⑤奚:何。稍:小。句谓,跟着动而已,有什么好问的。　⑥予有而不知其所以:我有这样的动作但并不知道为什么。　⑦蜩(tiáo条)甲:蝉蜕,蝉蜕皮时留下的皮壳。蛇蜕:蛇皮。　⑧屯:聚。句谓,在火与日的光线下我就聚为形体。　⑨代:谢,消失。　⑩彼:指人的形体。待:依赖。句谓,人的形体就是我赖以存在的实体。　⑪无有待者:无所依赖的。指自由运动的道。"无"字原缺,据郭象注及他本补。　⑫强阳:运动。阳动阴静,阳强于阴则动。　⑬有问:有什么可问? 意思是说,阳气运动自然之理,有什么好问的?

　　阳子居南之沛①,老聃西游于秦,邀于郊②,至于梁而遇老子③。老子中道仰天而叹曰④:"始以汝为可教,今不可也。"阳子居不答。至舍⑤,进盥漱巾栉⑥,脱屦户外,膝行而前⑦,曰:"向者弟子欲请夫子,夫子行不闲,是以不敢。今闲矣,请问其过⑧?"老子曰:"而睢睢盱盱⑨,而谁与居⑩? 大白若辱⑪,盛德若不足⑫。"阳子居蹴然变容曰⑬:"敬闻命矣⑭。"其往也,舍者迎将其家⑮,公执席⑯,妻执巾栉⑰,舍者避席⑱,炀者避灶⑲。其反也,舍者与之争席矣⑳。

【译文】　阳子居南往沛地,老子西游秦地,约好在沛郊见面,到了梁遇见了老子。老子在途中仰天长叹说:"开始我以为你还可以教诲,现在看来不行。"阳子居没吭声。到了旅店,阳子居端着梳洗用具送了进来,把鞋子脱在户外,跪着走到跟前,对老子说:"刚才弟子想请教先生,先生忙着赶路,我没敢开口。现在休息了,请问我哪儿错了?"老子说:"你扬头张目,架子挺大,谁能跟你相处? 最大的白是像有污染的,道德高的人是像有不足的。"阳子居骤然变了面容说:"我知道先生的教诲了。"他去的时候,店里的人恭敬地把他迎接到店里,店主人亲自给安排座位,老板娘侍候他梳洗,住店的客人都给他让座,烤火的人让出灶前的位置。等他回来的时候,住店的人开始与他抢席位了。

【注释】　①阳子居:人名,成疏:"姓杨,名朱,字子居。"之:往。沛:地名,今徐州。　②邀:约定见面。　③梁:地名,今开封。　④中道:途中。　⑤舍:旅店。　⑥盥(guàn贯)漱:洗漱。巾栉(zhì至):毛巾梳子。　⑦屦(jù具):麻鞋。膝行:跪着向前走。　⑧过:过错。　⑨而:你。睢睢(suī虽)盱盱(xū虚):仰头张视的傲慢样子。　⑩而谁与居:谁能跟你相处？　⑪大白若辱:非常洁白的东西反而看起来如同有污染。　⑫盛德若不足:道德盛大反而像有所不足。　⑬蹴然:吃惊的样子。　⑭敬闻命:恭敬地领受教导。　⑮舍者:店主人。迎将:迎接。　⑯公:指男主人。执席:安排座席。　⑰妻:指店主人的妻子。执巾栉:递送洗漱用具。　⑱舍者:指住店的旅客。避席:让座。　⑲炀(yàng样)者:烤火的人。避灶:让出灶前的位置。　⑳争席:抢座位。

第二十八篇 让王

　　让王即推让王位。庄子是在战国时期各诸侯争夺天下的背景下提出这个主张的。本篇意在扭转人们不顾死活、争权夺利的社会风气。所以首先提出"重生"，接着提出治身为本，治天下为末，反对"危身弃生以殉物"。文中列举了古代大量圣贤的事例，歌颂安贫乐道、洁身自好的做法，与现实形成鲜明的对比，阐明自己坚持道义，不因权势利禄改变节操的主张。

　　尧以天下让许由，许由不受①。又让于子州支父②，子州支父曰："以我为天子，犹之可也。虽然，我适有幽忧之病③，方且治之，未暇治天下也。"夫天下至重也，而不以害其生，又况他物乎？唯无以天下为者可以托天下也④。舜让天下于子州支伯⑤，子州支伯曰："予适有幽忧之病，方且治之，未暇治天下也。"故天下大器也，而不以易生⑥。此有道者之所以异乎俗者也。舜以天下让善卷⑦，善卷曰："余立于宇宙之中，冬日衣皮毛，夏日衣葛絺⑧。春耕种，形足以劳动；秋收敛，身足以休食。日出而作，日入而息，逍遥于天地之间，而心意自得，吾何以天下为哉⑨？悲夫，子之不知余也！"遂不受，于是去而入深山，莫知其处。舜以天下让其友石户之农⑩，石户之农曰："捲捲乎，后之为人，葆力之士也⑪！"以舜之德为未至也⑫，于是夫负妻戴，携子以入于海，终身不反也⑬。

【译文】　尧把天下让给许由，许由不接受。又让给子州支父，子州支父说："让我来做天子也可以，虽然如此，但我患有深深的忧虑，正在想法排除，没有时间去治理天下。"天下是最重大的名器，还不因它伤害自己的生命，更何况是其他东西呢？只有那些不想拿天下干什么的人，才可以把天下交给他。舜又把天下让给子州支伯，子州支伯说："我患有深深的忧虑，正在想法排除，没有时间去治理天下。"所以说，天下是最重大的名器，也不会因它换取自己的生命。这是得道的人与俗人不同的地方。舜把天下让给善卷,善卷说:"我在大宇宙里,冬天穿皮毛,夏天穿葛布纱衣。春天耕种,足以劳动身体了;秋天收割,够吃喝休养了。日出而作,日入而息,自由自在地活在天地之间,心里挺满意,我要天下干什么?可悲呵,你太不了解我了!"于是不接受天下,离开舜进入深山,不知躲在何处。舜把天下让给石户的农夫,石户的农夫说:"活得太累呵,大王的为人,是个卖力肯干的人!"认为舜的道德修养还不成熟,于是丈夫背着行李,妻子顶着家什,领着孩子进入海岛,终身没有出来。

【注释】 ①许由:尧时隐士。受:接受。 ②子州支父:人名。成疏:"姓子,名州,字支父,怀道之人,隐者也。" ③幽:深。忧:忧虑。病:困。幽忧之病是说被深深的忧虑困扰着。指还有世俗的困扰,未达到下文指出的"养志者忘形,养形者忘利,志道者忘心"。 ④无以天下为:不想用天下去干什么,即不在乎有没有天下。托:托付,交给。 ⑤子州支伯:即子州支父。成疏:"支伯犹支父也。" ⑥大器:重大的名器。易:换取。 ⑦善卷:人名。成疏:"姓善,名卷,隐者也。" ⑧绤(chī吃):细葛布。 ⑨何以天下为:以天下为何,要天下干什么? ⑩石户之农:石户的一位农夫。石户:地名。 ⑪捲捲(quán拳):忙碌劳累的样子。后:君,指舜。葆力:精力饱满。指卖力肯干。 ⑫德为未至:道德修养还不成熟。 ⑬戴:顶。夫负妻戴:丈夫背着东西,妻子顶着东西。海:指海岛。反:返。

大王亶父居邠①,狄人攻之②。事之以皮帛而不受③,事之以犬马而不受,事之以珠玉而不受。狄人之所求者土地也。大王亶父曰:"与人之兄居而杀其弟,与人之父居而杀其子④,吾不忍也。子皆勉居矣⑤,为吾臣与为狄人臣奚以异?且吾闻之,不以所用养害所养⑥。"因杖策而去之⑦。民相连而从之,遂成国于岐山之下⑧。夫大王亶父可谓能尊生矣⑨。能尊生者,虽贵富不以养伤身⑩,虽贫贱不以利累形⑪。今世之人居高官尊爵者,皆重失之⑫。见利轻亡其身⑬,岂不惑哉?

越人三世弑其君⑭,王子搜患之⑮,逃乎丹穴⑯。而越国无君,求王子搜不得,从之丹穴。王子搜不肯出,越人薰之以艾⑰,乘以王舆⑱。王子搜援绥登车⑲,仰天而呼曰:"君乎,君乎⑳,独不可以舍我乎!"王子搜非恶为君也,恶为君之患也。若王子搜者,可谓不以国伤生矣,此固越人之所欲得为君也㉑。

【译文】 周太王亶父生活在邠地,狄人来攻打。送给狄人皮帛不要,送给狄人犬马不要,又送给狄人珠玉也不要。狄人想要的是周的土地。太王亶父说:"与人家的兄长生活在一起,却让人家的弟弟去送命;与人家的父母生活在一起,却让人家的孩子去送命,我不忍心这样做。你们都好好地住在这儿吧,做我的臣民与做狄人的臣民有什么不同呢?再说,我听说过,不能为了用以养人的东西反而害了人。"于是拄着手杖走了。百姓成群结队地跟着他,在岐山脚下创建了一个新的国家。太王亶父可以说是个能珍重生命的人。能珍重生命的人,即使富贵了,也不会为养尊处优而伤身;即使贫贱了,也不会因追求利禄而累坏身体。现在的人,得到了高官显位,都把失去它看得那么重。见到利益就轻易地舍出性命,岂不是太糊涂吗?

越国人杀了三代国王,太子王子搜很担心,逃到丹穴躲起来。越国没有国君了,人们找不到王子搜,跟踪到丹穴。王子搜不肯出来,越国人点起艾蒿,用烟薰他出来,用国王的车来接他。王子搜拉着拉手登上车,仰天大呼说:"王位呵,王位呵,为什么就不能放过我呢!"王子搜并不是厌恶当君王,而是厌恶当了君王的祸患。像王子搜这样的人,可以说是不为王位而伤害生命了,这也正是越国人愿意让他当国王的原因。

【注释】 ①大(tài 太)王亶(dàn 但)父:即古公亶父,周文王的祖父。邠(bīn 宾):地名,在今陕西省彬县,《诗经》作豳,周民族的始居地。 ②狄人:古代我国西北地区的少数民族。 ③事:侍奉。这里是奉送东西求和的意思。 ④居:处。句谓,与人家的兄长相处却让人家的弟弟去打仗送死,与人家的父亲相处却让人家的儿子去打仗送死。 ⑤勉:努力,好自为之。子皆勉居:你们好好地在这里住下去吧。 ⑥用养:用来养身的东西,指土地。所养:养的对象,指人民。 ⑦筴:同"策",杖。去之:离开邠地。 ⑧岐山:地名,在今陕西岐山县一带。周王朝的发祥地。 ⑨尊生:珍重性命。 ⑩不以养伤身:不因为养生之物而伤身。 ⑪不以利累形:不因为利益而拖累形体。 ⑫重失之:以失之为重,即把失去高官尊爵看得非常重要。 ⑬轻亡其身:以亡其身为轻,即把亡身看得很轻。 ⑭弑:下杀上为弑。越人三世弑其君:指越王翳及其继立的儿子和又继立的无余都被杀死。俞樾:"《史记·越世家·索隐》以搜为翳之子无颛。据《竹书记年》,翳为其子所弑,越人杀其子,立无余,又见弑而立无颛。是无颛以前三君皆不善终,则王子搜是无颛之异名无疑矣。" ⑮王子搜:即越王翳之子无颛。见上注。 ⑯丹穴:山洞名。成疏:"丹穴,南山洞也。" ⑰艾:艾蒿。薰之以艾:点燃艾蒿放烟把他从山洞里薰出来。 ⑱王舆:君王坐的车子。 ⑲绥:车上类似拉手的绳子。 ⑳君:国君,这里指王位。 ㉑固:本来。这里是正是的意思。

韩魏相与争侵地,子华子见昭僖侯①,昭僖侯有忧色。子华子曰:"今使天下书铭于君之前②,书之言曰:'左手攫之则右手废,右手攫之则左手废,然而攫之者必有天下③。'君能攫之乎?"昭僖侯曰:"寡人不攫也。"子华子曰:"甚善!自是观之,两臂重于天下也,身亦重于两臂。韩之轻于天下亦远矣。今之所争者,其轻于韩又远,君固愁身伤生以忧戚不得也④?"僖侯曰:"善哉!教寡人者众矣,未尝得闻此言也。"子华子可谓知轻重矣。

【译文】 韩国与魏国争夺土地,子华子去面见魏王昭僖侯,昭僖侯面带忧色。子华子说:"现在如果天下人与您立下誓约,誓约说:'左手来拿就砍断右手,右手来拿就砍断左手,但是来拿的人一定能得到天下。'大王您去拿吗?"昭僖侯说:"寡人不去拿。"子华子说:"很好!由此看来,两只手臂比天下重要,人的身体又比两臂重要。韩国比起全天下来那要轻得多了。现在争夺的土地又比整个韩国轻得多了,大王还会愁身伤生地去忧虑得到得不到这块土地吗?"昭僖侯说:"好呵!劝导我的人多了,但我还没听到这样的说法。"子华子可以说是知道轻重的人。

【注释】 ①相与:互相。子华子:韩国贤人。昭僖侯:韩国国君。 ②书铭:立下誓约。 ③攫(jué 决):抓取。废:砍下。有:得到。 ④固:本来,依然。这里引申为仍然还会的意思。

　　鲁君闻颜阖得道之人也,使人以币先焉①。颜阖守陋闾,苴布之衣,而自饭牛②。鲁君之使者至,颜阖自对之③。使者曰:"此颜阖之家与?"颜阖对曰:"此阖之家也。"使者致币。颜阖对曰:"恐听者谬而遗使者罪④,不若审之⑤。"使者还,反审之,复来求之,则不得已⑥。故若颜阖者,真恶富贵也。

　　故曰,道之真以治身,其绪余以为国家,其土苴以治天下⑦。由此观之,帝王之功,圣人之余事也⑧,非所以完身养生也。今世俗之君子,多危身弃生以殉物⑨,岂不悲哉?凡圣人之动作也,必察其所以之与其所以为⑩。今且有人于此,以随侯之珠,弹千仞之雀⑪,世必笑之。是何也?则其所用者重而所要者轻也⑫。夫生者,岂特随侯之重哉⑬?

【译文】 鲁国国君听说颜阖是得道的人,先派人送去聘礼致意。颜阖住在破败的巷子里,穿着麻布粗衣,正在喂牛。鲁君的使者来到门前,颜阖自己去接待。使者说:"这是颜阖的家吗?"颜阖说:"这是颜阖的家。"使者送上聘礼,颜阖说:"大概你是听错了国君的话,这样恐怕会连累你,不如回去核实一下。"使者回去进行了核实,回来又找颜阖,颜阖早就躲开了。所以像颜阖这样的人,那是真正厌恶富贵了。

所以说,真正的道是用来修身,多余的部分用来治国,其余的残渣用来治理天下。由此看来,帝王的功业,只是圣人有余才做的事,不是用来修身养生的。现在世俗的君子,多数都是危害身体舍弃生命去追求名利,难道不可悲吗?凡是圣人的行为,一定会看清楚用什么东西去达到什么目的。如果现在有一个人,用随侯之珠做弹丸,去打千仞高处的小雀,世人一定会嘲笑他。这是为什么呢?因为他使用的东西贵重,而要得到的东西太轻微了。人的生命难道仅仅是随侯之珠那么贵重吗?

【注释】 ①颜阖:鲁国隐士。币:币帛。古代聘请隐士的礼物。先:古代在正式聘请隐士之前的一种礼节,犹如后世的征求意见。 ②守:居住。陋闾:穷巷子。苴(jū苴)布:麻布。饭牛:喂牛。 ③对:应对,接待。 ④听者:指使者听到的命令。谬:听错。指使者错听了鲁君的命令。遗(wèi位):给。句谓,恐怕你听错了国君的命令,这样会给你造成麻烦。 ⑤审:审查核对。也就是说让使者回去再问清楚。 ⑥求:寻找。不得:找不到。已:通"矣"。 ⑦真:犹言精华。绪余:余剩的部分。为:治理。土苴(zhǎ眨):残渣。 ⑧余事:精力多余才做的事。 ⑨殉物:为追求外物而牺牲。 ⑩所以之:用什么去做。所以为:为什么去做。 ⑪随侯之珠:古代名珠。成疏:"随国近濮水,濮水出宝珠。即是灵蛇所衔以报恩,随侯所得者,故谓之随侯之珠。" ⑫要:求取。 ⑬特:仅仅。随侯:指随侯之珠。俞樾:"随侯下当有珠字……《吕氏春秋·贵生》篇作'夫生岂特随侯珠之重也哉',当据补。"

子列子穷①,容貌有饥色。客有言之于郑子阳者②,曰:"列御寇,盖有道之士也,居君之国而穷,君无乃为不好士乎③?"郑子阳即令官遗之粟④。子列子见使者,再拜而辞⑤。使者去,子列子入,其妻望之而拊心曰⑥:"妾闻为有道者之妻子,皆得佚乐⑦。今有饥色,君过而遗先生食⑧,先生不受,岂不命邪?"子列子笑,谓之曰:"君非自知我也,以人之言而遗我粟⑨。至其罪我也⑩,又且以人之言。此吾所以不受也。"其卒⑪,民果作难而杀子阳⑫。

【译文】 列子贫穷,脸上带着饥色。士客中有人对郑子阳说:"列御寇是个有道的人,住在您管辖的国度里很贫穷,您莫不是个不重视人才的人吧?"郑子阳随即下令把国库的粮食拿一些送给列子。列子见到使者,拜了两拜表示感谢,但拒不接受馈赠。使者走了,列子回到家里,他的妻子看着他,拍着胸口痛心地说:"我听说做了有道之人的妻子,都能过得心宽快乐。现在饥寒交迫,人家关心你送来粮食,你却拒不接受,这不是活受罪的命吗?"列子笑起来,对妻子说:"郑子阳并不是自己了解我,是听了别人的话才送给我粮食。等到他要治我罪的时候,他也会去听别人的。因此我不能接受他的东西。"到后来,果然百姓作难杀了郑子阳。

【注释】 ①子列子:即列子,名列御寇,郑国人。前一"子"字相当于夫子,后一"子"字是对男子的敬称,相当于先生。　②客:在郑国游历的士客。郑子阳:郑国国相。　③好(hào耗):爱好,重视。　④遗(wèi位):赠送。粟:粮食。　⑤辞:辞谢不接受。　⑥拊心:拍着胸口。　⑦佚乐:今作逸乐,安逸快乐。　⑧过:过访。这里是过问的意思。　⑨以人之言:因为听信别人的话。　⑩罪我:加罪于我。　⑪卒:最后。　⑫民果作难而杀子阳:据《史记·郑世家》、《吕氏春秋·适威》、《淮南子·氾论训》等记载,郑子阳在做国相期间,施政严酷,民怨很大。他的一个侍从人员有一次不小心把他的弓弄断了,害怕受到酷刑,于是借人赶逐疯狗的混乱而把郑子阳杀了。

　　楚昭王失国①,屠羊说走而从于昭王②。昭王反国③,将赏从者。及屠羊说④,屠羊说曰:"大王失国,说失屠羊⑤;大王反国,说亦反屠羊。臣之爵禄已复矣⑥,又何赏之有?"王曰:"强之!"屠羊说曰:"大王失国,非臣之罪,故不敢伏其诛⑦;大王反国,非臣之功,故不敢当其赏。"王曰:"见之!"屠羊说曰:"楚国之法,必有重赏大功而后得见。今臣之知不足以存国,而勇不足以死寇⑧。吴军入郢,说畏难而避寇,非故随大王也⑨。今大王欲废法毁约而见说,此非臣之所以闻于天下也⑩。"王谓司马子綦曰⑪:"屠羊说居处卑贱而陈义甚高⑫,子綦为我延之以三旌之位⑬。"屠羊说曰:"夫三旌之位,吾知其贵于屠羊之肆也⑭;万钟之禄,吾知其富于屠羊之利也。然岂可以贪爵禄而使吾君有妄施之名乎⑮?说不敢当,愿复反吾屠羊之肆。"遂不受也。

【译文】　楚昭王失国流亡的时候,屠羊说逃难出来跟随着他。后来楚昭王又复国当了国王,要奖赏随从他流亡的人。赏到屠羊说,屠羊说说:"大王失国,我也失去了宰羊的职业。大王复国,我也恢复了宰羊的职业。我的爵禄已经恢复了,还有什么好奖赏的呢?"楚昭王说:"强令他接受赏赐!"屠羊说说:"大王失国,不是我的罪过,所以我不敢接受惩处;大王复国,也不是我的功劳,所以我不敢接受赏赐。"楚昭王说:"让他来见我!"屠羊说说:"楚国的法令,一定要有大功重赏才能见国王。现在我的才智不能保国图存,也没有为抗拒强寇去死的勇气。吴军攻进郢都,我害怕遇害躲避灾寇,不是故意去随从大王。现在大王要破坏法令规定来接见我,这不是我愿意让天下传闻的事。"楚昭王对司马子綦说:"屠羊说地位低贱,而说出来的话道义却很高,子綦你替我用三公的职位去延请他。"屠羊说说:"三公的职位,我知道比宰羊的肉摊子高贵多了;万钟的俸禄,我知道比宰羊卖肉的收入多得多了。但是怎么可以贪图爵禄而让国王蒙受滥施赏赐的名声呢?我不敢当,希望重新恢复我宰羊的旧业。"最终也没有接受。

【注释】 ①楚昭王失国:成疏:"昭王名轸,平王之子也。伍奢、伍尚遭平王诛戮,(伍)子胥奔吴而耕于野,后至吴王阖闾之世,请兵伐楚,遂破楚入郢,以雪父之仇。其时昭王窘急,弃走奔随,又奔于郑。" ②屠羊说(yuè 悦):人名。名说,以杀羊为业,故名屠羊说。走:逃难跑出来。从:追随。 ③反国:复位。 ④及:到。这里是赏赐到的意思。 ⑤失屠羊:失去了杀羊的职业。 ⑥爵禄:职位。这里指职业。复:恢复。 ⑦伏其诛:伏法受诛。 ⑧死寇:为抗拒强寇而死。 ⑨故:故意,有意为了。 ⑩所以闻于天下:传闻于天下的事情。 ⑪司马子綦:人名。楚昭王的司马,名子綦。 ⑫陈义:讲的道理。 ⑬延:延请,聘任。三旌之位:即三公之位。旌:旌奖。 ⑭肆:市场。屠羊之肆:指市场上杀羊卖肉的摊位。 ⑮妄施:滥施赏赐。

原宪居鲁①,环堵之室②,茨以生草③,蓬户不完④,桑以为枢⑤,而瓮牖二室⑥,褐以为塞⑦,上漏下湿,匡坐而弦歌⑧。子贡乘大马⑨,中绀而表素⑩,轩车不容巷⑪,往见原宪。原宪华冠縰履⑫,杖藜而应门⑬。子贡曰:"嘻!先生何病⑭?"原宪应之曰:"宪闻之,无财谓之贫,学而不能行谓之病。今宪贫也,非病也。"子贡逡巡而有愧色⑮。原宪笑曰:"夫希世而行⑯,比周而友⑰,学以为人⑱,教以为己⑲,仁义之慝,舆马之饰,宪不忍为也⑳!"

【译文】 原宪住在鲁国,垒四堵墙做房子,顶子上盖着青草,蓬草编成的门子破烂不堪,用桑树条子捆住门的转轴,用破瓮口做窗户。隔开当两间使用,用破衣服塞住窟窿,上边漏雨下边潮湿,他却正坐在屋里弹琴唱歌。子贡骑着大马,在青红的官服外罩着白袍,大轿车宽得赶不进巷子里去,趾高气扬地来见原宪。原宪戴着桦树皮的帽子,趿拉着鞋,拄着藜杖来接待他。子贡说:"嘻!先生怎么会如此困难呢?"原宪回答他说:"我听说,没有钱财叫做贫穷,有学问而不能施行叫做困难。现在我是贫穷,不是困难。"子贡逡巡退了两步,羞得面带愧色。原宪笑着说:"见风使舵地行事,拉党结派地交朋友,为了让别人看重自己去学习,为了抬高身价去教人,以损害仁义为代价,换取高马大车的华饰,我不愿意去干这种事!"

【注释】 ①原宪:孔子的弟子,姓原,名思,字宪。 ②堵:一丈长的墙为一堵。环堵之室:垒四堵墙做房子。 ③茨:披草做屋顶。生草:青草。盖草房一般用干草。原宪没有干草,只好就地取材用打来的青草。 ④蓬户:用蓬草编成的门户。不完:破烂不完整。　⑤枢:门的转轴。桑以为枢:用桑树条绑住门的转轴。　⑥牖(yǒu有):窗户。瓮牖:用破瓮的瓮口嵌在墙上做窗户。　⑦褐:粗布衣。褐以为塞:用破烂衣服塞住窗口。二室:两间。　⑧匡坐:正坐。弦歌:弹琴唱歌。"歌"字原缺,据陈碧虚《庄子阙误》引张君房本补。　⑨子贡:孔子的弟子,原宪的同学。姓端木,名赐。　⑩绀(gàn干):深红带青的颜色。素:白色。中绀而表素:穿着深红的衣服外面罩着白色的斗篷。　⑪轩车:带顶盖的轿车。不容巷:车大巷子容纳不了。　⑫华冠:桦树皮做的帽子。纚(xǐ洗):通"屣",无跟的鞋。纚履形同今天的拖鞋。　⑬杖藜:拄着藜木做的手杖。应门:开门应接。　⑭病:病困。这里是困难的意思。　⑮逡巡:向后退步。　⑯希世而行:迎合世俗见风使舵地行事。希:望。　⑰比周而友:拉帮结伙地交朋友。比周:相互依附在一起。　⑱学以为人:为了让别人看重自己而学习。　⑲教以为己:为了抬高自己的身价去教人。　⑳慝(tè特):差错。这里是损害的意思。不忍为:不忍心去做。

曾子居卫①,缊袍无表②,颜色肿哙③,手足胼胝④,三日不举火⑤,十年不制衣。正冠而缨绝,捉衿而肘见,纳屦而踵决⑥。曳纚而歌《商颂》⑦,声满天地,若出金石⑧。天子不得臣,诸侯不得友。故养志者忘形,养形者忘利,致道者忘心矣。

【译文】　曾子住在卫国,破袍子没有外罩,脸色浮肿,手脚长茧,三天不做饭,十年不添置衣服。正一正帽子,帽带断了;拉一拉衣襟,露出了手肘;提一提鞋子,后跟掉了。还趿拉着鞋高唱《商颂》,歌声充满天地,如同钟磬发出的声音。天子不能使他做臣僚,诸侯不能使他做朋友。所以说,修养心志的人忘掉了形体,保养形体的人忘掉了利禄,学道的人忘掉了心志。

【注释】　①曾子:孔子的弟子,即曾参。　②缊(yùn运)袍:用乱麻做絮的袍子。　③哙(kuì溃):郭庆藩注:"通作㙓,肿决曰㙓。"肿哙是说浮肿流脓。　④胼胝(piánzhī骈支):手足上生的茧子。　⑤举火:生火做饭。　⑥纳屦:提一提鞋子。踵决:鞋后跟掉了。　⑦曳纚:趿拉着鞋。商颂:《诗经》里歌咏商先王的诗歌。　⑧金石:金石做的打击乐器钟磬。

孔子谓颜回曰:"回,来,家贫居卑,胡不仕乎①?"颜回对曰:"不愿仕。回有郭外之田五十亩,足以给飦粥②;郭内之田十亩,足以为丝麻。鼓琴足以自娱,所学夫子之道者足以自乐也。回不愿仕。"孔子愀然变容③,曰:"善哉,回之意!丘闻之:'知足者,不以利自累也;审自得者④,失之而不惧;行修于内者,无位而不怍⑤。'丘诵之久矣,今于回而后见之,是丘之得也⑥!"

【译文】　孔子对颜回说:"颜回,过来,你家里又穷,地位又低,为什么不出来做官呢?"颜回回答说:"我不想出来当官。我在城郭外有五十亩地,足够我喝粥了;城郭里边有十亩地,足够我种桑植麻,有衣服穿了。弹琴足以自娱,先生教给我的道也足以自乐。我不想出来当官。"孔子一下变了面容,说:"颜回,你的心愿好呵!我听说:'知足的人,不受利益的拖累;真正自我满足的人,有了损失不担忧;行为能合乎内心修养的人,没有地位不羞惭。'我念叨这些话很久了,今天在颜回身上看到了,这是我的收获呵!"

【注释】 ①居卑:处在卑下的地位。仕:出来做官。 ②郭:外城。饘(gān 干):稠粥。 ③愀然:这里是肃然起敬的样子。 ④审:真正。自得:自我满足。 ⑤行修于内:内心有修养。怍(zuò 作):惭愧。 ⑥诵:记诵念叨。得:收获。

中山公子牟谓瞻子曰①:"身在江海之上②,心居乎魏阙之下③,奈何?"瞻子曰:"重生④。重生则利轻。"中山公子牟曰:"虽知之,未能自胜也⑤。"瞻子曰:"不能自胜则从⑥,神无恶乎⑦!不能自胜而强不从者,此之谓重伤⑧。重伤之人,无寿类矣⑨。"魏牟,万乘之公子也⑩,其隐岩穴也,难为于布衣之士⑪。虽未至乎道,可谓有其意矣。

【译文】 中山公子牟对瞻子说:"身在江湖上闲隐,心里老想着朝廷,该怎么办?"瞻子说:"要看重生命。看重生命,利禄就轻了。"公子牟说:"虽然人们也知道这样,但自己控制不住。"瞻子说:"控制不住那就只好由着它了,精神上就不要烦恼了吧!控制不住还硬要不由着它,这就是双重的损伤。双重受伤,就活不长了。"公子牟是魏这个万乘大国的公子,他闲隐在山洞里,比一个布衣之士难得多了。虽然还不能算是得了道,但可以说是有点意思了。

【注释】 ①中山公子:魏牟。魏国公子,封地在中山。瞻子:魏国贤人。 ②身在江海之上:身体邀游在江海之上。指从朝廷退出来,在江湖上闲隐。 ③心居乎魏阙之下:心思却留在魏国宫廷里。指还想着国家的事。 ④重生:看重生命。 ⑤未能自胜:不能自己控制自己。 ⑥从:由着它,即顺其自然。 ⑦神无恶乎:精神上不要烦恼。 ⑧强不从:硬要不顺其自然。重伤:双重受伤。 ⑨无寿类:属不能长寿一类的人,即活不长。 ⑩万乘:有万辆战车的国家。指大国。 ⑪难为于布衣之士:比普通百姓难得多。

孔子穷于陈蔡之间①,七日不火食,藜羹不糁②,颜色甚惫,而弦歌于室。颜回择菜,子路、子贡相与言曰:"夫子再逐于鲁,削迹于卫,伐树于宋,穷于商周,围于陈蔡。杀夫子者无罪,藉夫子者无禁③,弦歌鼓琴,未尝绝音,君子之无耻也若此乎④?"颜回无以应,入告孔子。孔子推琴,喟然而叹曰:"由与赐,细人也⑤。召而来,吾语之。"子路、子贡入。子路曰:"如此者,可谓穷矣!"孔子曰:"是何言也! 君子通于道之谓通,穷于道之谓穷。今丘抱仁义之道以遭乱世之患,其何穷之为⑥? 故内省而不穷于道⑦,临难而不失其德。天寒既至,霜雪既降,吾是以知松柏之茂也。陈蔡之隘,于丘其幸乎⑧?"孔子削然反琴而弦歌,子路扢然执干而舞⑨。子贡曰:"吾不知天之高也,地之下也!"古之得道者,穷亦乐,通亦乐,所乐非穷通也⑩。道德于此,则穷通为寒暑风雨之序矣⑪。故许由娱于颍阳⑫,而共伯得乎共首⑬。

【译文】 孔子被围困在陈国、蔡国之间,七天不能生火做饭,野菜汤里见不着米粒,面色很疲惫,但仍在屋里弹琴唱歌。颜回在外边择野菜,子路、子贡在一起议论说:"先生两次被逐出鲁国,在卫国受到削迹的耻辱,在宋国受到伐树的欺负,在商、周陷入困境,在陈、蔡又受到围攻。杀了先生不犯法,凌辱了先生不犯禁,而先生弹琴唱歌,未曾停止过,君子能如此不知耻辱吗?"颜回无话回答,进屋告诉了孔子。孔子推开琴,长叹了一口气说:"子路与子贡真是见识短浅的小人。叫他们进来,我对他们说。"子路、子贡走了进来。子路说:"落到这般地步,可以说是穷困了吧!"孔子说:"这是什么话! 君子,其道通达才叫通,其道穷困才叫穷。现在我怀抱仁义之道,遭遇乱世的祸患,有什么穷困的呢? 所以说,内心省察,其道不困,面临险难就不会丧失德行。天寒冷了,下了霜雪,因此才知道松柏的强盛。陈、蔡的灾难,对我来说不是一件好事吗?"孔子断然地又回去弹琴唱歌,子路打起精神来拿着盾牌跳舞。子贡说:"我真是不知道天高地厚呵!"古代得道的人,在困境中也快乐,在通达中也快乐,快乐的并不是困境和通达。修道达到这一步,那么困境与通达就如同是正常遇到的寒暑风雨罢了。所以许由在颍阳活得很愉快,共伯在丘首山也逍遥自在。

【注释】 ①孔子穷于陈蔡之间:孔子被围困在陈国、蔡国之间。详见《天运》篇注。 ②藜羹不糁(sǎn 伞):用野菜煮菜汤吃,连米粒都没有。糁:碎米。 ③藉:践踏,凌辱。无禁:没人禁止,即无人管。句谓,孔子受人欺负也没人管。 ④无耻:不知道什么是羞耻。 ⑤细人:小人,指见识狭小的人。 ⑥何穷之为:怎么能算作受困? ⑦内省:自我省察。 ⑧隘:阻隘。这里指灾难。幸:幸事,好事。 ⑨削然:坚决的样子。反琴:又去弹琴。扢(qì 气)然:兴奋的样子。干:盾牌。 ⑩所乐非穷通也:快乐的原因并不是因为顺利还是不顺利。 ⑪德:俞樾曰:"德当作得,《吕览·慎人篇》作道得于此。"穷通为寒暑风雨之序:顺利还是不顺利不过是正常遇到的冷热风雨罢了。序:正常程序。
⑫许由:古代贤人。尧把帝位禅让给许由,许由不接受禅让,隐居在颍水北岸,因为是

按自己的愿望这样做，所以生活得很愉快。　⑬共伯：周朝时人，也称共伯和。食封于共地。据说周历王不道，遭遇国难，共伯被拥立为天子，史称共和。但共伯自己并不情愿，在位十四年，后召公立周宣王为天子，共伯回到共地的丘首山，逍遥自在而觉得心满意足。共首：共地的丘首山。

舜以天下让其友北人无择①，北人无择曰："异哉，后之为人也②！居于畎亩之中③，而游尧之门④，不若是而已，又欲以其辱行漫我⑤。吾羞见之。"因自投清泠之渊⑥。

汤将伐桀，因卞随而谋⑦，卞随曰："非吾事也。"汤曰："孰可？"曰："吾不知也。"汤又因瞀光而谋⑧，瞀光曰："非吾事也。"汤曰："孰可？"曰："吾不知也。"汤曰："伊尹何如⑨？"曰："强力忍垢⑩，吾不知其他也。"汤遂与伊尹谋伐桀，克之。以让卞随，卞随辞曰："后之伐桀也谋乎我，必以我为贼也⑪；胜桀而让我，必以我为贪也。吾生乎乱世，而无道之人再来漫我以其辱行，吾不忍数闻也⑫。"乃自投椆水而死⑬。汤又让瞀光，曰："知者谋之，武者遂之，仁者居之⑭，古之道也。吾子胡不立乎⑮？"瞀光辞曰："废上⑯，非义也；杀民，非仁也；人犯其难⑰，我享其利，非廉也。吾闻之曰：'非其义者⑱，不受其禄；无道之世，不践其土⑲。'况尊我乎⑳？吾不忍久见也。"乃负石而自沉于庐水㉑。

【译文】　舜把天下让给友人北人无择，北人无择说："怪呀，舜王的为人！身在田间地垅里，却活动在尧的门下，不仅如此罢了，又要用他可耻的行为来玷辱我。我羞于见他。"于是自投到清泠的深渊里。

商汤要去讨伐夏桀王，让卞随来出谋划策，卞随说："这不是我的事情。"商汤说："谁可以？"卞随说："我不知道。"商汤又让瞀光出谋划策，瞀光说："这不是我的事情。"商汤说："谁可以？"瞀光说："我不知道。"商汤说："伊尹怎么样？"瞀光说："他是个顽强忍辱的人，其他的我就不知道了。"商汤于是找到伊尹来谋划讨伐夏桀，灭了夏朝。商汤把天下让给卞随，卞随推辞说："大王讨伐夏桀时找我来出谋划策，一定以为我是个奸诈的人；胜了夏桀又让给我，一定以为我是个贪心的人。我生活在乱世里，无道之人两次用他的可耻的行为来玷污我，我不忍多次听到这样的事。"于是自己投到椆水里死了。商汤又把天下让给瞀光，说："有才智的人出谋划策，勇武的人来实现它，仁义的人居天子位，这是古来的道理。先生为什么不立为天子呢？"瞀光推辞说："废除君上，不义；屠杀人民，不仁；别人去赴难就险，我坐享其利，不廉。我听说：'认为不合于义的，不受其禄；无道之世，不踏上它的土地。'更何况来推尊我？我不忍心长期看到这样的世道。"于是抱着石头自己沉没在庐水里。

【注释】①北人无择：人名。成疏："北方之人，名曰无择，舜之友人也。" ②后：君主。这里指舜。 ③畎(quǎn犬)亩：田间地垄。 ④游尧之门：活动在尧的朝廷里。指接受了尧的禅让。 ⑤辱行：可耻的行为。漫：玷污。 ⑥清泠(líng玲)：浦名。成疏："清泠渊在南阳西崿县界。" ⑦卞随：人名。成疏："姓卞名随，姓务名光，并怀道之人，隐者也。汤知其贤，因之谋议。" ⑧瞀光：人名，即务光。 ⑨伊尹：商汤王的贤相。成疏："姓伊名尹，字贽，佐世之贤人也。" ⑩强力：顽强。忍垢：忍辱负重。 ⑪贼：奸诈。 ⑫数(shuò朔)闻：多次听到。 ⑬稠(chóu仇)水：水名。成疏："稠水，在颍川郡界。" ⑭知：智。遂：完成实现。把事办成为遂。居之：居天子位。 ⑮胡：何。立：立为天子。 ⑯废上：废除天子。指汤伐夏桀。 ⑰犯：赴。 ⑱非其义：认为他不合道义。 ⑲践：踏。不践其土：不踏上他的土地。 ⑳尊我：推尊我当天子。 ㉑庐水：水名。成疏："庐水，在辽西北平郡界。"

昔周之兴，有士二人处于孤竹①，曰伯夷、叔齐②。二人相谓曰："吾闻西方有人，似有道者，试往观焉。"至于岐阳③，武王闻之，使叔旦往见之④，与盟曰："加富二等，就官一列⑤。"血牲而埋之⑥。二人相视而笑，曰："嘻，异哉！此非吾所谓道也。昔者神农之有天下也，时祀尽敬而不祈喜⑦。其于人也，忠信尽治而无求焉⑧。乐与政为政，乐与治为治。不以人之坏自成也⑨，不以人之卑自高也⑩，不以遭时自利也⑪。今周见殷之乱而遽为政⑫，上谋而下行货⑬，阻兵而保威⑭，割牲而盟以为信，扬行以说众，杀伐以要利⑮，是推乱以易暴也⑯。吾闻古之士，遭治世不避其任，遇乱世不为苟存。今天下暗，周德衰，其并乎周以涂吾身也⑰，不如避之，以洁吾行。"二子北至于首阳之山⑱，遂饿而死焉。若伯夷、叔齐者，其于富贵也，苟可得已，则必不赖⑲。高节戾行，独乐其志，不事于世⑳，此二士之节也。

【译文】 周王朝当年兴起的时候，有两位贤士住在孤竹国，叫伯夷、叔齐。两个人商量说："我听说西方有个人，像是得了道的，我们不妨去看看。"到了岐阳，周武王听说了，派周公旦去见他们，与他们立下盟约说："伐纣成功后给你们加禄两级，授一等爵位。"然后杀牲取血涂在盟约上埋起来。两人相视而笑，说："嘻，真奇怪！这不是我们所说的道。当年神农氏统治天下，按时祭祀,竭尽诚敬而不祈求福禄。对于人民,满怀忠信尽力去治理而无所求。人们愿意让我当政就当政,乐意我来治理就治理。不以别人的失败作为自己成功的条件,不借别人的低能显示自己的高明,不因遇到机会就谋自己的私利。现在周人见到商王朝的动乱就急忙出来夺取政权,上面搞阴谋诡计,下面搞货利交易,拥兵自重,守住威势,杀牲盟誓,取信于人,显扬自己的德行来取悦百姓,攻战杀伐夺取利益,这是推翻动乱换上暴力。我听说古代的贤士,遇到太平治世不逃避责任,遇到乱世不苟且偷生。现在天下黑暗,周王道德衰败,与其归附周王朝玷污自己,还不如躲得远点,保持自身的清洁。"两个人离去,向北走到了首阳山,终于饿死在那里。像伯夷、叔齐这样的人,对于富贵来说,虽然迁就一下即可到手,但他们肯定不会这样做。高节亢行,独乐其志,不迎合世俗,这正是二人的节操。

【注释】 ①孤竹:古诸侯国名。封地在今辽宁省。 ②伯夷、叔齐:孤竹国君的两个儿子。父死之后,因互相让位而被称为贤士。 ③岐阳:岐山之阳。周王朝的发祥地。 ④武王:周武王姬发。叔旦:周武王的弟弟,周公旦。 ⑤加富:增加俸禄。就:就任。一列:一等。封建制,诸侯国分公侯伯子男五等。就官一列:把孤竹国提升为公国。 ⑥血牲而埋之:古代盟誓,用牲血涂在誓约上,埋在地下,表示信守不渝。 ⑦时祀:按季节逐个祭祀。尽敬:竭尽虔诚。祈喜:祈求福佑。 ⑧尽治:尽心尽意地治理。 ⑨人之坏:别人治理的失败。自成:成就自己治理得好的美名。 ⑩人之卑:别人的低能。自高:抬高自己。 ⑪遭时:遇到自己表现的机会。 ⑫遽(jù巨):急。 ⑬上谋:上面搞阴谋诡计。下行货:下面做货利交易。指用爵禄收买人心。 ⑭阻兵:拥兵,保持兵力。 ⑮扬行:显扬自己的德行。说众:取悦于众。要利:求利。 ⑯推乱以易暴:推翻乱政换上暴政。 ⑰并:归。孤竹国原为商的诸侯国,商灭后归附周,即"并乎周"。涂:玷污。 ⑱首阳:山名。成疏:"首山在蒲城南近河是也。" ⑲苟:苟且。赖:依赖。句谓,只要别太认真就可得到,二人却一定不会那样去做。 ⑳戾(lì立)行:不同于常人的行为。戾:乖戾。不事于世:不迎合世俗。

第二十九篇　盗跖

　　本篇取篇中主要人物的绰号为题,通过盗跖与孔丘、子张与满苟得、无足与知和三组人物的对话,抨击了争名逐利的世风,倡导了养命保性的主张。全篇采用寓言的方式,揭露了儒家提倡的仁义德行与养命保性之间不可调和的矛盾,争名逐利对养命保性的严重危害。强烈地表现了庄子倡导自然人权,倡导人的生存权的观点。篇中虽然盗跖与满苟得的观点占了上风,但这只是庄子借他们的口,用"彼也一是非"的方式来批判儒家提倡仁义的片面性,证明养命保性的正确性,他们的话并不全面代表庄子的思想。这从盗跖、满苟得名字的取义中便可看得出来。真正代表庄子主张的是知和的说法。

　　孔子与柳下季为友①,柳下季之弟,名曰盗跖②。盗跖从卒九千人③,横行天下,侵暴诸侯;穴室枢户④,驱人牛马,取人妇女;贪得忘亲,不顾父母兄弟,不祭先祖;所过之邑,大国守城,小国入保⑤,万民苦之⑥。孔子谓柳下季曰:"夫为人父者,必能诏其子⑦;为人兄者,必能教其弟。若父不能诏其子,兄不能教其弟,则无贵父子兄弟之亲矣。今先生,世之才士也,弟为盗跖,为天下害,而弗能教也,丘窃为先生羞之。丘请为先生往说之⑧。"柳下季曰:"先生言为人父者必能诏其子,为人兄者必能教其弟,若子不听父之诏,弟不受兄之教,虽今先生之辩⑨,将奈之何哉?且跖之为人也,心如涌泉⑩,意如飘风⑪,强足以距敌,辩足以饰非⑫。顺其心则喜,逆其心则怒,易辱人以言⑬。先生必无往!"孔子不听,颜回为驭⑭,子贡为右⑮,往见盗跖。

　　盗跖乃方休卒徒大山之阳⑯,脍人肝而铺之⑰。孔子下车而前,见谒者曰⑱:"鲁人孔丘,闻将军高义,敬再拜谒者。"谒者入通⑲,盗跖闻之大怒,目如明星,发上指冠⑳,曰:"此夫鲁国之巧伪人孔丘非邪㉑?为我告之,尔作言造语,妄称文武㉒,冠枝木之冠㉓,带死牛之胁㉔,多辞缪说㉕,不耕而食,不织而衣,摇唇鼓舌,擅生是非㉖,以迷天下之主,使天下学士不反其本㉗。妄作孝弟,而侥幸于封侯富贵者也㉘。子之罪大极重,疾走归㉙,不然,我将以子肝益昼铺之膳㉚。"

孔子复通曰:"丘得幸于季㉛,愿望履幕下㉜。"谒者复通,盗跖曰:"使来前!"孔子趋而进,避席反走㉝,再拜盗跖。盗跖大怒,两展其足,案剑瞋目,声如乳虎㉞,曰:"丘来前!若所言顺吾意则生,逆吾心则死。"

孔子曰:"丘闻之,凡天下有三德:生而长大㉟,美好无双,少长贵贱见而皆说之㊱,此上德也;知维天地㊲,能辩诸物㊳,此中德也;勇悍果敢,聚众率兵,此下德也。凡人有此一德者,足以南面称孤矣㊴。今将军兼此三者,身长八尺二寸,面目有光,唇如激丹㊵,齿如齐贝㊶,音中黄钟㊷,而名曰盗跖,丘窃为将军耻不取焉㊸。将军有意听臣㊹,臣请南使吴越㊺,北使齐鲁,东使宋卫,西使晋楚,使为将军造大城数百里㊻,立数十万户之邑,尊将军为诸侯,与天下更始㊼。罢兵休卒,收养昆弟,共祭先祖㊽,此圣人才士之行,而天下之愿也。"

盗跖大怒曰:"丘来前!夫可规以利而可谏以言者㊾,皆愚陋恒民之谓耳㊿。今长大美好,人见而悦之者,此吾父母之遗德也㉛。丘虽不吾誉,吾独不自知邪㉜?且吾闻之,好面誉人者,亦好背而毁之㉝。今丘告我以大城众民,是欲规我以利而恒民畜我也㉞,安可久长也?城之大者,莫大乎天下矣。尧、舜有天下,子孙无置锥之地㉟;汤、武立为天子,而后世绝灭。非以其利大故邪㊱?且吾闻之,古者禽兽多而人少,于是民皆巢居以避之。昼拾橡栗,暮栖木上㊲,故命之曰'有巢氏之民'。古者民不知衣服,夏多积薪,冬则炀之㊳,故命之曰'知生之民'。神农之世,卧则居居,起则于于㊴,民知其母,不知其父㊵,与麋鹿共处,耕而食,织而衣,无有相害之心。此至德之隆也㊶。然而黄帝不能致德㊷,与蚩尤战于涿鹿之野㊸,流血百里。尧、舜作,立群臣㊹,汤放其主,武王杀纣㊺。自是之后,以强陵弱,以众暴寡⑯。汤、武以来,皆乱人之徒也。今子修文、武之道,掌天下之辩⑰,以教后世,缝衣浅带⑱,矫言伪行⑲,以迷惑天下之主,而欲求富贵焉,盗莫大于子。天下何故不谓子为盗丘,而乃谓我为盗跖?子以甘辞说子路而使从之⑳,使子路去其危冠㉑,解其长剑,而受教于子。天下皆曰孔丘能止暴禁非㉒,其卒之也㉓,子路欲杀卫君而事不成,身菹于卫东门之上㉔,是子教之不至也㉕。子自谓才士圣人邪?则再逐于鲁㉖,削迹于卫,穷于齐㉗,围于陈蔡,不容身于天下。子教子路菹㉘。此患,上无以为身,下无以为人,子之道岂足贵邪?世之所高,莫若黄帝㉙,黄帝尚不能全德㉚,而战涿鹿之野,流血百里。尧不慈㉛,舜不孝㉜,禹偏枯㉝,汤放其主,武王伐纣,文王拘羑里㉞。此六子者,世之所高也。孰论之㉟,皆以利惑其真而强反其情性㊱,其行乃甚可羞也。世之所谓贤士,伯夷、叔齐㊲。伯夷、叔齐辞孤竹之君,而饿死于首阳之山,骨肉不葬。鲍焦饰行非世,抱木而死㊳。申徒狄谏而不听,负石自投于河㊴,为鱼鳖所食。介子推至忠也,自割其股以食文公㊵,文公后背之,子推怒而去,抱木而燔死。尾生与女子期于梁下㊶,女子不来,水至不去,抱梁柱而死。此六子者,无异于磔犬流豕、操瓢而乞者㊷,皆离名轻死㊸,不念本养寿命者也。世之所谓忠臣者,莫若王子比干、伍子胥㊹。子胥沉江,比干剖心。此二子者,世谓忠臣也,然卒为天下笑。自上观之㊺,至于子胥、比干,皆不足贵也。丘之所以说我者,若告我以鬼事㊻,则我不能知也;若告我以人事者,不过此矣,皆吾所闻知也。今吾告子以人之情㊼:目欲视色,耳欲听声,口欲察味,志气欲盈㊽。人上寿百岁,中寿八十,下寿六十,除病瘦死丧忧患㊾,其中开口而笑者,一月之中不过四五日而已矣。天与地无穷,人死者有时,操有时之具而托于无穷之间㊿,忽然无异骐骥之驰过隙也(101)。不能说其志意、养其寿命者,皆非通道者也。丘之所言,皆吾之所弃也。亟去走归,无复言之(102)!子之道,狂狂汲汲诈巧虚伪事也(103),非可以全真也(104),奚足论哉!"

孔子再拜趋走,出门上车,执辔三失(105),目芒然无见(106),色若死灰,据轼低头(107),不能出气(108)。归到鲁东门外,适遇柳下季。柳下季曰:"今者阙然(109),数日不见,车马有行色,得微往见跖邪(110)?"孔子仰天而叹曰:"然。"柳下季曰:"跖得无逆汝意若前乎⑪?"孔子曰:"然。丘所谓无病而自灸也⑫,疾走料虎头⑬,编虎须,几不免虎口哉⑭!"

【译文】 孔子与柳下惠是朋友,柳下惠的弟弟外号叫盗跖。盗跖手下有九千人,横行天下,侵夺诸侯;破墙撬门,抢人牛马,掠人妇女;贪利忘亲,不顾父母兄弟,不祭先祖;所过之处,大国闭城严守,小国入堡自卫,万民受到苦害。孔子对柳下惠说:"做父亲的,一定能管好孩子;做兄长的,一定能教导弟弟。如果父亲不能管教孩子,兄长不能教导弟弟,那父子兄弟之间的亲情关系就没有什么可贵之处了。现在,先生也是个当今的才智之士,弟弟却做了大盗头子,成了天下一大祸害,你却不能教导他,我都私下替你害羞。让我替先生去开导开导他吧!"柳下惠说:"先生说做父亲的一定能管教自己的孩子,做兄长的一定能教导自己的弟弟,如果孩子就是不服父母的管教,弟弟就是不听哥哥的教导,即使像先生这么会说,又能拿他怎么办呢?再说盗跖的为人,办起事来思想活跃得像喷泉,心意迅猛得像狂风,强辩足可以拒敌制胜,狡辩足以文过饰非。顺了他的心就高兴,逆了他的心就大怒,轻易地就用话侮辱人。先生可千万别去!"孔子不听,让颜回驾车,子贡做护卫,去见盗跖。

这时候,盗跖正在泰山之南休整兵卒,烹炒人肝下酒。孔子下了车,走上前来对通报的人说:"鲁国人孔丘,听说将军高义,恭敬地前来拜访。"通报人回去传了话,盗跖听后大怒,眼如明星,怒发冲冠,说:"这是鲁国那个巧伪人孔丘不是?替我告诉他,你编造花言巧语,吹捧周文王、周武王,戴上枝枝权权的帽子,系上死牛皮的腰带,喋喋不休,胡言乱语,不耕而食,不织而衣,摇唇鼓舌,拨弄是非,蛊惑天下的君主,使天下的学士迷失本性。又搞出孝悌的花样,是个妄图侥幸混个封侯富贵的人。你罪大恶极,赶快滚,不然的话,我就挖出你的心肝,给我的午餐再加盘菜。"

孔子再次让人通报说:"我有幸和你哥哥柳下惠是好朋友,希望能拜见足下。"通报的人又传了孔子的话,盗跖说:"让他进来。"孔子快步走进去,离开席位倒退了几步,向盗跖拜了两拜。盗跖大怒,伸开两腿,按剑瞪眼,声音像母老虎似的说:"孔丘过来!今天你说的话,顺我的心意就留你一条活命,逆我的心意,你就死定了。"

孔子说:"我听说,天下的人有三种天德:生得高大,美好无双,老少贵贱见了他都喜欢,这是上等天德;智慧能经纬天地,能辨清诸物的好坏,这是中等的天德;勇悍果敢,聚众帅兵,这是下等的天德。凡是有其中一德的人,就足够南面称王了。现在将军兼有三种天德,身高八尺二寸,面目有光,唇如鲜红的丹砂,齿如整齐的贝壳,声音合黄钟的韵调,而名称却叫盗跖,我私下里替将军的做法感到耻辱。将军如果有意听我的话,我可以替将军南使吴越,北使齐鲁,东使宋卫,西使晋楚,让它们给将军建造一个数百里大的城池,移置十万户的人口,尊将军为诸侯,给天下人重新树立形象。希望您能罢兵休卒,收养兄弟,供祭先祖,这是圣人才士的做法,也是天下人的共同愿望。"

盗跖大怒,说:"孔丘过来!凡是能用利禄劝得动、言语说得服的人,都是愚蠢浅陋的普通人。现在你说得高大美好,人们见了喜欢,这是父母遗传给我的形体。你就是不来夸奖,我难道就不知道了吗?再说,我听人说过,好当面说人好话的人,也就好背后说人坏话。现在你告诉我大城众民,是想用利禄来规劝我,把我当普通人看待,这怎么会长得了?城池大,没有比天下更大的了,尧和舜据有天下,他们的子孙连立锥之地都没有;商汤和周武王立为天子,他们的后代都灭绝了。难道不是因为占有天下的利禄太大了吗?而且我听说,古代禽兽多而人口少,于是人都巢居树上来躲避。白天拣橡子、栗子,晚上休息在树上,所以叫做'有巢氏之民'。古代人不知道穿衣服,夏天多多地打上柴草,冬天烧着取暖,所以叫做'知生之民'。神农时代,睡觉时安安稳稳,起来时从从容容,百姓只知道自己的母亲,不知道自己的父亲,与麋鹿共处,耕而食,织而衣,没有相害之心。这是道德最兴盛的时代。然而,黄帝不能做到至德,与蚩尤在涿鹿的田野里打仗,流血百里。尧、舜兴起之后,设立群臣百官,商汤王流放了他的君主,周武王杀了商纣王。从此以后,以强凌弱,以众欺寡,商汤、周武以来,都是些乱人之辈。现在你修习周文、周武之道,操纵天下的舆论,教导后世,大衣博带,巧言伪行,来迷惑天下的君主,想求取富贵,没有比你更大的盗贼了。天下人为什么不叫你盗丘,反而叫我是盗跖?你用甜言蜜语说服子路追随你,让他去掉高高的帽子,解下长剑,接受你的教育。天下人都说孔丘能止暴禁非,他最后的结果是子路想杀卫君没有成功,在卫国的东门外被剁成肉酱,这就是你教导的不成功之处。你自认为是个才士圣人吗?两次被赶出鲁国,在卫国蒙受削迹之辱,在齐国受困,在陈蔡被围攻,天下都不能容身了。你又教子路受到杀身之祸。你上不能保身,下不能为人,你的道还有什么可贵之处?世上所推崇的,莫过于黄帝,黄帝都不能道德完备,在涿鹿的田野里打仗,流血百里。尧不仁慈,舜不孝顺,禹劳累干枯,商汤流放国君,武王伐纣,周文王被关在羑里牢狱里。这六个人都是世人推崇的,认真说起来,他们都是被利禄迷惑了真性,硬去违背自己的情性,他们的行为是非常可羞的。世上所谓的贤士是伯夷、叔齐。伯夷、叔齐辞让孤竹国的君位,饿死在首阳山,骨肉不得安葬。鲍焦追求高尚的行为不满社会,抱着大树枯死。申徒狄谏君不听,抱着石头投河而死,喂了鱼鳖。介子推忠心耿耿,自己割下大腿上的肉来给晋文公吃,文公后来背弃了他,介子推一怒之下离开文公,抱着大树烧死了。尾生与一女子相约在桥下见面,女子没来,洪水冲来他不肯走,抱着桥柱子淹死了。这六个人,无异于祭襄用过的死狗、沉河的猪,形同持瓢要饭的乞丐,都是为了名声轻易送了命,不知珍惜根本、保养寿命的人。世上所谓的忠臣,莫过于王子比干、伍子胥。伍子胥沉尸在钱塘江,王子比干被挖了心。这两个人是世人所说的忠臣,然而成了天下人的笑柄。从以上的许多人看,一直到伍子胥和比干,都不值得尊贵。孔丘你用来劝说我,如果告诉我神鬼的事,那我不能知道;如果告诉我人的事,不过如此罢了,都是我听说过知道的。现在我来告诉你人的性情:眼睛就是想看美色,耳朵就是想听音乐,嘴就是想吃美味,志气就是要伸展。人活在世上,上等寿命也就是一百岁,中等寿命八十岁,下等寿命六十岁,除了病困死丧忧患的时间,能开口而笑的,一个月里边也不过四五天而已。天与地无穷无尽,人活的时间有限,把有限的生命寄托在无限的天地里,如同是白驹过隙稍纵即逝。不能使心意快活保养自己生命的人,都不算是通道的人。孔丘你所说的,都是我扔掉的东西。赶快回去,不要再说了!你的这一套,都是疯疯癫癫瞎忙乎的巧诈虚伪之事,不是能全真保性的,还有什么值得说的!"

　　孔子拜了两拜,慌忙快走,出门上车,掉了三次马缰绳,眼睛茫茫然什么也看不清,脸色如同死灰,抓住扶手低下头,大气也出不匀了。回到鲁国,在东门外正好遇上柳下惠。柳下惠说:"近来不在家,好几天没见面,车马风尘仆仆,该不是去见我弟弟了吧?"孔子仰天而叹,说:"是的。"柳下惠说:"他是不是像我以前说的那样冲撞了你?"孔子说:"是的。我这正是所说的没病自己针灸,急急忙忙地去撩虎头、捋虎须,差一点落入虎口呵!"

【注释】　①柳下季:鲁国人。封邑之地在柳下,故以柳下为姓。死后谥号为惠,故又称柳下惠。成疏:"姓展,名禽,字季。食采柳下,故谓之柳下季。亦言居柳树之下,故以为号。展禽是鲁庄公时(人),孔子相去百余岁,而言友者,盖寓言也。"　②盗跖:春秋时的绿林大盗。　③从卒:跟随盗跖的士卒。　④穴室:掏洞入室。枢户:破门入户。枢:开门的转轴。这里用做动词,是打开的意思。　⑤保:今作堡,小城堡。入保:防守。　⑥苦之:以之为苦。　⑦诏:教导。　⑧说(shuì 税):劝说。　⑨辩:善辩。　⑩心如涌泉:思想活跃如泉涌。　⑪意如飘风:想法变换得像风一样快,喻盗跖的思想非常敏捷。飘风:骤起的风。　⑫距敌:辩倒拒绝对方的意见。饰非:掩饰自己的错误。　⑬易辱人以言:轻易地就用语言来侮辱人。也就是说,动不动就会骂人。　⑭驭:驾车。　⑮

右:车右。车上护卫助手。 ⑯方休卒徒:正在休整士卒。大(tài泰)山:即泰山。阳:山的南面。 ⑰脍(kuài快):细切成丝。饷(bù步):当饭吃。 ⑱谒者:手下接待的人。 ⑲入通:进去通报。 ⑳发上指冠:头发竖起来上冲帽子。 ㉑非:用如否。句谓,这个人不就是鲁国那个巧伪人孔丘吗? ㉒作言造语:编造花言巧语。妄称文武:胡乱吹捧周文王、周武王。 ㉓冠枝木之冠:戴着装模作样的帽子。孔子戴的帽子装饰华丽。盗跖褒贬它像枝枝权权的树枝。 ㉔带:束。死牛之胁:牛皮制成的宽大腰带。 ㉕缪:通"谬"。缪说:胡言乱语。 ㉖擅:自专。 ㉗反:通"返"。本:本性。 ㉘孝弟:孝悌。侥幸:希望获得意外成功。 ㉙疾:快。 ㉚益:增加。昼饷:午餐。"益昼饷"犹言给午餐加一道菜。 ㉛丘得幸于季:孔丘我能幸运地与你哥哥柳下季做朋友。得:能够。幸:幸运。 ㉜望履幕下:在帐幕下望见您的鞋子。这是古人尊敬对方的一种说法,意思是见到您。 ㉝避席:离开席位。反走:倒退几步。表示谦恭。 ㉞瞋(chēn抻)目:瞪大眼睛。乳虎:哺乳期的母老虎。 ㉟长大:高大。 ㊱说(yuè悦):喜欢。 ㊲知:智。维:维系。知维天地:智慧能经天纬地。 ㊳辩:通"辨",分辨,分析。诸物:众多事物。 ㊴南面称孤:做国君。君王临朝坐北向南。孤是君王的自称。 ㊵激:鲜明。激丹:指鲜红的丹砂。 ㊶齐贝:整齐的贝壳。 ㊷中:合。黄钟:古代六律之一,是六律中最宏大的音调。 ㊸不取:不选择。句谓,我私下里替将军的做法感到耻辱,觉得不应当做出这样的选择。 ㊹臣:这里是孔子自称。听臣:听从我的意见。 ㊺使:出使。 ㊻使为:让他们给。 ㊼更始:重新开始。指改变盗跖原来的做法,重新有一个好的开始。 ㊽共祭:供祭。 ㊾规:规劝。谏:劝谏。句谓,能用利禄劝得动,用语言说得服的人。 ㊿恒民:常人,一般的人。 ㉛遗德:遗传得到的形体。德:得。 ㉜不吾誉:不夸奖我。不自知:不知道自己。 ㉝面誉:当面夸奖人。背而毁之:背后说人坏话进行毁谤。 ㉞畜:待。句谓,你这是想用利禄引诱我,把我当成常人看待。 ㉟置锥之地:放置锥尖的地方。极言地方小。 ㊱以:因为。句谓,难道不是因为得到天下的利禄太大了才造成这样的后果吗? ㊲橡栗:橡子、栗子,都是野果。木上:树上。 ㊳炀(yàng样):烧火取暖。 ㊴居居:安稳的样子。于于:自足自得的样子。 ㊵句谓,人们只知道自己的母亲是谁,不知父亲是谁。指人类处在母系氏族社会。 ㊶至德:最高的道德。隆:盛。 ㊷致德:做到至高的道德。 ㊸蚩尤:与黄帝同时的原始部落首领。涿鹿:地名,在今河北涿鹿县境。 ㊹立群臣:设立百官。尧舜时进入设官分职的阶段。 ㊺汤放其主:商汤王起兵灭掉夏朝。夏朝的最后一代帝王夏桀王流窜于南巢,等于被流放。武王伐纣:周武王起兵灭掉商纣王。 ㊻以众暴寡:人多的欺负人少的。 ㊼掌天下之辩:操纵着天下辨别是非的标准。即掌握着辨别是非的舆论导向。 ㊽缝衣:逢衣,即大衣。指儒家穿的宽大的衣服。《释文》:"缝衣,大衣也。或作逢。《书·洪范》:'子孙其逢,吉。'马注:'逢,大也。'《礼·儒行》:'逢掖之衣。'郑注:'逢犹大也。'浅带:宽薄的腰带。 ㊾矫言伪行:造作的语言,虚伪的行为。 ㊿甘辞:甜言蜜语。说:劝说。子路:即仲由。孔子的徒弟,以勇武著称。 ㉛危冠:高帽子。 ㉜止暴禁非:禁止暴乱、错误的行为。 ㉝卒:最后。 ㉞身菹于卫东门之上:在卫国东门之外身体被剁成肉酱。卫灵公立公子辄为继承人。灵公死后,蒯聩回国篡夺王位,子路攻击骩骳,被骩骳杀死碎尸。菹(zū租):菹醢,肉酱。　⑦⑤教之不至:教育得不成功。　⑦⑥再逐于鲁:两次被从鲁国赶出来。　⑦⑦削迹于卫,穷于齐:见《天运》篇注。　⑦⑧子教子路菹:见注⑦④。　⑦⑨高:推崇。黄帝:轩辕氏。　⑧⑩全德:完美的道德。　⑧①尧不慈:下文说"尧杀长子",故言不慈。　⑧②舜不孝:舜一直受到父母的猜忌和陷害,故从做儿子的角度上说舜不孝顺。　⑧③禹偏枯:大禹身体干枯。大禹治水劳苦过分,大腿无肉,小腿无毛,故言偏枯。　⑧④文王拘羑(yǒu有)里:周文王被关在羑里的监狱里。羑里:商朝的监狱名,在今河南牖城。　⑧⑤孰:今作熟。孰论之:认真说起来。　⑧⑥真:真性。句谓,他们都是被利禄迷惑了真性,硬是违背了天生的性情。　⑧⑦伯夷、叔齐:孤竹国君的二子。参见《让王》篇注。　⑧⑧鲍焦:周朝时隐士。成疏:姓鲍名焦,周时隐者也。饰行非世,廉洁自守,荷担采樵,拾橡充食,故无子胤。不臣天子,不友诸侯。子贡遇之,谓之曰:'吾闻非其政者不履其地,污其君者不受其利。今子履其地、食其利,其可乎?'鲍焦曰:'吾闻廉士重进而轻退,贤人易愧而轻死。'遂抱木立枯焉。"　⑧⑨申徒狄:殷商时代的隐士。《外物》篇说商汤王要把天子位让给务光,务光大怒。纪他听说了,带领弟子在窾水边伏藏起来,诸侯们担心他会跳水而死,都去慰问。三年之后,申徒狄为了追求清廉的名声,跳河死了。这里说他是因为"谏而不听"投河自尽。《释文》:"申徒狄将投于河,崔嘉止之曰:'吾闻圣人仁,士民父母,若濡足故不救溺人,可乎?'申徒狄曰:'不然。昔桀杀龙逢,纣杀比干,而亡天下;吴杀子胥,陈杀泄冶,而灭其国,非圣人不仁,不用故也。'遂沉河而死。"据以上材料,申徒狄曾劝说过商汤王,商汤王没有听从他的意见,申徒狄就去投河自尽。崔嘉劝他说:"你是个圣人,我听说圣人仁爱是万民父母。如果就因为怕湿了脚,不去救落水的人,这怎么可以?"也就是说,你不能死,人民处在水深火热之中,你不能仅仅怕玷污了自己就去自杀。申徒狄说:"不是我怕玷污了自己。当年桀杀关龙逢,纣杀比干,把天下葬送了;吴王杀伍子胥,陈王杀死泄冶,都国破家亡了。并不是圣人不仁爱,是帝王们不听圣人的劝告。"于是抱着石头跳河而死。　⑨⑩介子推:晋文公功臣。曾随晋文公重耳流亡国外。在晋文公受饿时,把自己大腿上的肉割下来给晋文公吃。后晋文公回国当了国君,封赏他的功臣,把介子推忘了。介子推认为保君复国是臣子应尽的义务,对接受封赏看不惯,于是逃隐到绵山藏起来。后来晋文公想起了他,搜寻绵山找不到,下令焚山,想迫他出来。介子推不肯出来,抱着大树烧死了。晋文公非常痛心,用烧枯的树做了一双鞋子穿在脚上,时时提醒自己不要忘记介子推的高义。　⑨①尾生:人名。《释文》:"尾生,一本作微生。《战国策》作'尾生高',高诱以为鲁人。"尾生与自己的女友约定在桥柱下见面。女友失约,尾生信守约定死等,洪水袭来也不走,抱着桥柱淹死。　⑨②磔(zhé折)犬:用以祈禳时被碎尸了的狗。流豕:祈禳时被沉河的猪。操瓢而乞:拿着瓢讨饭吃。　⑨③离:通"罹",遭受得到。离名轻死:为了追求得到好名声轻易地就送了命。　⑨④王子比干:人名。见《人间世》篇注。伍子胥:人名。见《胠箧》篇注。　⑨⑤自上观之:从以上所说的这些人看来。　⑨⑥鬼事:鬼神之事。　⑨⑦吾告子:我告诉你。　⑨⑧志气欲盈:志气想要旺盛。也就是说,志气要伸展,不想受挫折。　⑨⑨瘦:"瘐"字之讹。受困而病。王念孙:"案瘦当为瘐,字之误也。瘐亦病也。病瘐为一类,死丧为一类,忧患为一类。瘐字本作瘉。《尔雅》曰'瘉,病也'。《小雅·正月》篇,

'胡俾我瘉',毛传与《尔雅》同。《汉书·宣帝纪》:'今系者或以掠辜若饥寒,瘐死狱中。'苏林曰:'瘐,病也。囚徒病,律名为瘐。'师古曰:'瘐音庾,字或作瘉。《王子侯表》曰:'富侯龙下狱庾(瘐)死。'" ⑩具:条件。操有时之具:凭着自己生命有限的条件。托:寄托。 ⑩忽然:瞬间,指时间非常短暂。骐骥:良马名。句谓,时间短得像从隙缝里看到良马跑过去那样快。 ⑩亟(jí急):急。去:离开。无复言之:不要再说了。 ⑩狂狂:失去真性的样子。汲汲:不懈追求的样子。 ⑩全真:保全真性。 ⑩执辔三失:抓住的马缰绳从手里掉下去三次。 ⑩芒然:茫然。 ⑩轼:车前用作扶手的横木。据轼:抓着扶手。 ⑩不能出气:气喘不上来。 ⑩阙然:缺然。指不在家一段时间没见面。 ⑩得微:得无,莫不是。 ⑪逆汝意:冲撞了你的意见。若前:像我前面告诉你的那样。 ⑫无病而自灸:没有病自己去针灸。意思是自讨苦吃。 ⑬料:通"撩",挑弄撩拨。 ⑭几:差一点。不免虎口:落入虎口。

子张问于满苟得曰①:"盍不为行②?无行则不信③,不信则不任④,不任则不利⑤。故观之名,计之利⑥,而义真是也⑦。若弃名利,反之于心⑧,则夫士之为行,不可一日不为乎⑨!"满苟得曰:"无耻者富,多信者显⑩。夫名利之大者,几在无耻而信。故观之名,计之利,而信真是也。若弃名利,反之于心,则夫士之为行,抱其天乎⑪!"

子张曰:"昔者桀、纣贵为天子,富有天下,今谓臧聚曰⑫'汝行如桀、纣',则有怍色⑬,有不服之心者⑭,小人所贱也⑮。仲尼、墨翟,穷为匹夫,今谓宰相曰'子行如仲尼、墨翟',则变容易色,称不足者⑯,士诚贵也⑰。故势为天子,未必贵也;穷为匹夫,未必贱也。贵贱之分,在行之美恶。"满苟得曰:"小盗者拘⑱,大盗者为诸侯。诸侯之门,义士存焉⑲。昔者桓公小白杀兄入嫂⑳,而管仲为臣㉑;田成子常杀君窃国㉒,而孔子受币㉓。论则贱之,行则下之㉔,则是言行之情悖战于胸中也㉕,不亦拂乎㉖?故书曰:'孰恶孰美,成者为首,不成者为尾㉗。'"

子张曰:"子不为行,即将疏戚无伦㉘,贵贱无义,长幼无序。五纪六位㉙,将何以为别乎?"满苟得曰:"尧杀长子㉚,舜流母弟㉛,疏戚有伦乎?汤放桀,武王杀纣,贵贱有义乎?王季为适㉜,周公杀兄㉝,长幼有序乎?儒者伪辞㉞,墨者兼爱,五纪六位,将有别乎?且子正为名㉟,我正为利,名利之实,不顺于理,不监于道㊱。吾日与子讼于无约㊲,曰:'小人殉财,君子殉名㊳。其所以变其情、易其性则异矣㊴,乃至于弃其所为而殉其所不为则一也㊵。'故曰,无为小人,反殉而天㊶;无为君子,从天之理㊷。若枉若直,相而天极㊸。面观四方,与时消息㊹。若是若非,执而圆机㊺,独成而意。与道徘徊㊻,无转而行,无成而义㊼,将失而所为㊽。无赴而富,无殉而成㊾,将弃而天㊿。比干剖心,子胥抉眼㉛,忠之祸也;直躬证父㉜,尾生溺死㉝,信之患也;鲍子立干㉞,申子不自理㉟,廉之害也;孔子不见母㊱,匡子不见父㊲,义之失也。此上世之所传、下世之所语以为士者㊳,正其言,必其行㊴,故服其殃,离其患也㊵。"

【译文】 子张问满苟得说:"为什么不修养自己的德行?没有德行就没人信任,没人信任就没人任用,没人任用就不能得利禄。所以,从图名得利的角度去看,仁义才是修德的核心。如果抛开名利,返归到内心修养上来,那么士人的德行,不可一日不修养啊!"满苟得说:"无耻的人富有,受信任才能显贵。大名大利,差不多都在无耻和受信任上。所以,从图名得利的角度去看,受信任才是修养的核心。如果从抛开名利,返归到内心修养上来说,那么士人的德行,应当是保住天性啊!"

子张说:"当年夏桀、商纣贵为天子,富有天下,现在你就是对奴仆小偷去说'你们的德行如同桀、纣',他也会觉得羞耻,有不服之心,可见连小人都瞧不起桀、纣。孔子、墨子一辈子困顿得如同匹夫,现在你就是对宰相说'你的德行如同孔子、墨子',他也会变容改色,说自己不敢和他们高比,可见连士大夫也确实尊重孔子、墨子。所以说,权势如天子,未必尊贵;穷困如匹夫,未必低贱。贵贱的分别,在于德行的好坏。"满苟得说:"小偷被抓起来,大盗当了诸侯。诸侯的朝廷里,就有大量的义士。当年齐桓公小白,杀了哥哥,娶了嫂子,管仲就做他的臣下;田成子陈恒杀了国君,窃取王位,孔子就接受了他的礼品。口头上鄙视他,行为上又承认屈从他,言与行的不同就在自己的心里打起来,岂不是自相矛盾吗?所以古书里说:'什么是好,什么是坏,成者王侯败者贼。'"

子张说:"你不修养德行,将会亲疏失理,贵贱不当,长幼无序。人伦大礼的五纪六位又怎么分别呢?"满苟得说:"尧杀了长子,舜流放了母弟,亲疏有理吗?商汤流放夏桀,武王杀死纣王,贵贱适当吗?王季占据了嫡长的王位,周公杀了兄长,长幼有序吗?儒家不讲真话,墨家提倡兼爱,五纪六位有分别吗?再说,你是在求名,我是在求利,争名逐利的实质,既不顺于理,也不见于道。正如以前我们在无约面前常常争论时说的那样:'小人追求财,君子追求名。改变了他们天性的东西不同,至于说他们放弃了该做的而去追求不该做的则是相同的。'所以说,不要做小人,否则会丧失天性;不要做君子,要顺从天理。曲也罢,直也罢,要按照天道的准则去做。面观四方,随时令消长。是也罢,非也罢,要掌握住循环变化的枢纽,独立成就你的真意。与天道一起徘徊,不要按品行的标准去运转,不要去成全仁义,这将会失去你该做的事。不要追逐富贵,不要追求成名成义,这将会丢失你的天性。比干被挖了心,伍子胥被挖了眼,这是忠心的祸害;直躬证明自己的父亲是偷羊贼,尾生淹死在桥柱下,这是诚信的祸患;鲍焦立着干枯而死,申生不申辩而自杀,这是清廉的灾害;孔子不见母,匡子不见父,这是道义的错误。这都是上古所传,后世津津乐道的士人标准行为,按照这个标准去纠正自己的言论,要求自己的行为,所以会跟着遭殃,蒙受祸患。"

【注释】①子张:孔子的徒弟,姓颛孙,名师,字子张。满苟得:庄子假托的人名,意思是满足于苟且得到的实惠利益。在这里是说,子张是个圣人弟子,满苟得是个认为得到实惠才是真实的人。然后两者之间争论孰是孰非的问题。也就是说,孔子的仁义道德主张与获得实惠主张两者,人究竟应该以什么为标准去生活。 ②盍:何不。行:德行。句谓,为什么不去修养自己的德行? ③信:信任。句谓,没有德行就得不到人们的信任。 ④任:任用。句谓,得不到人们的信任就没人任用。 ⑤利:利禄。句谓,得不到任用就得不到利禄。 ⑥观之名,计之利:从图名计利的角度去看,也就是说,仅仅从为达到获得名利的目的去看。 ⑦义:仁义。是:正确。句谓,人应当加强仁义德行的修养才真是对的。 ⑧反:返。句谓,如果抛开对名利的考虑,返回到人的心性修养上来说。 ⑨士之为行:士人对德行的修养。句谓,那么士人对自己的德行,不可一日不进行修养。 ⑩多信者显:受信任多的人显贵。 ⑪抱其天:保持自己的天性。天性具体指上文提到的人之情:目欲视色,耳欲听声,口欲察味,志气欲盈,悦其志意,养其寿命等。 ⑫臧:臧获,古代奴仆之称。聚:窃聚,小偷小摸之称。下文称之为"小人"。成疏:"臧谓臧获也,聚谓揽窃,即盗贼小人也。" ⑬怍(zuò作):惭怍,羞愧。 ⑭不服:不愿承认。 ⑮小人所贱:小人认为是下贱的。即小人认为桀纣是下贱的。 ⑯称不足:宣称自己配不上。 ⑰士诚贵:士人认为是真正高贵的。即士人认为孔子、墨子是高贵的。 ⑱拘:被抓起来。 ⑲诸侯之门:诸侯的朝廷里。存焉:存身于此。 ⑳桓公小白:齐桓公,春秋五霸之一,名小白。杀兄指齐桓公杀掉他的哥哥子纠夺得王位。入嫂:纳嫂。即把子纠的王妃做了自己的王妃。 ㉑管仲:春秋时期著名的政治家。先辅佐子纠,后归桓公,辅助齐桓公成就霸业,九合诸侯,成为一代名相。 ㉒田成子:陈恒。田成子的前人原是陈国人,流落到齐国做了大夫,后来陈氏势力越来越大,传到陈恒,杀了齐简公自立为齐王。 ㉓币:币帛礼物。句谓,孔子接受了田成子的礼物。接受礼物等于默认了田成子篡位的合法性。 ㉔论则贱之:理论上认为是卑贱的。行则下之:行为上却屈从其下。 ㉕悖战:认识不一致地斗争。 ㉖拂:矛盾。 ㉗书:古书。具体所指不详。孰恶孰美:什么是坏,什么是好。成者为首:成功了就是头。不成者为尾:失败了就是尾。意同成者王侯败者贼。 ㉘疏戚:指有宗族关系与没有宗族关系。伦:人伦秩序。　㉙五纪:五种维系人际关系的纲纪。即:父子、君臣、夫妇、长幼、朋友。六位:即六纪,一般指君、臣、父、子、夫、妇。　㉚尧杀长子:史无明载。《释文》:"崔云:'尧杀长子考监明。'"　㉛舜流母弟:舜封同母弟象到有库之国,象不会治理,舜又派官吏替他治理,让象收取贡赋。象在有库有职无权,故被人说成是变相地流放。　㉜王季:周文王的父亲季历。他的两个哥哥太伯、仲雍知道周太王想把王位传给季历,于是逃到吴国躲了起来。季历超越了嫡长子继承了王位。适:通"嫡"。　㉝周公杀兄:周公姬旦为辅助侄儿成王而摄政,其间他的哥哥管叔、蔡叔起兵作乱,被周公杀死。　㉞伪辞:不按实际说话。　㉟子正为名:你是为了名。　㊱监:通"鉴"。不监于道:不合于道。　㊲日:每日,常常。讼:争讼,争论。无约:假托人名,是没有统一标准的意思。　㊳殉财:为追求财而葬送自己。句谓,小人追求财,君子追求名。　㊴异:不同。句谓,变情异性的原因不同。　㊵一:一致。句谓,在抛弃应该做的、追求不应该做的这一点上是一致的。也就是说,变情异性是相同的。　㊶天:天性。句谓,否则会葬送了天性。　㊷从天之理:顺从天性的道理。　㊸若枉若直:或曲或直。相:看。而:你。天极:天道的准则。　㊹与时消息:随着四季的变化去消退、生长。　㊺圆机:即环中,周期变化的枢纽。庄子认为,事物都是周期性地在变化,人不应该被变化左右,而是要掌握住变化周期性的枢纽,即掌握周期性的规律去活动。　㊻与道徘徊:与天道一致地去运动。　㊼无转而行:不要按你的德行标准去运转。无成而义:不要去成就你的仁义。　㊽而所为:你应当做的事情,即养性全生。　㊾赴:趋赴,追求。成:指成名成义。　㊿天:天性。　㊼抉眼:挖眼。伍子胥被赐死前说,你们把我的眼睛挖出来,悬挂在东城的城门上,我要亲眼见到证实一下越国军队会攻进来灭亡吴国。　㊽直躬:人名。《论语·子路》篇里说,他的父亲偷了羊,他去证明偷羊的事实。认为他是个诚实但不孝的人。　㊾尾生溺信:尾生为忠守信用淹死。见本篇尾生注。　㊿鲍子:即鲍焦。见本篇鲍焦注。　㊼申子:申生,晋献公太子。献公宠妃骊姬诬告他要谋杀献公,他为了不让父亲伤心,不去申辩,上吊自杀。不自理:不为自己去申辩。　㊽孔子不见母:此事史无明载。孔子的母亲徵在与父亲野合而生孔子。孔子觉得不合道义而不见母。庄子大概说的是这件事。　㊾匡子:匡章,齐国人。据《孟子》记载,他曾劝谏其父,其父不从,对他十分厌恶。他外出游学,见不到父亲。　㊿以为士:认为是好的士人。　㊼必其行:一定要按士人的标准要求自己的行为。　㊽服:受。离:通"罹",遭受。

无足问于知和曰①:"人卒未有不兴名就利者②。彼富则人归之③,归则下之④,下则贵之⑤。夫见下贵者⑥,所以长生安体乐意之道也⑦。今子独无意焉⑧,知不足邪⑨?意知而力不能行邪⑩?故推正不忘邪⑪?"知和曰:"今夫此人,以为与己同时而生、同乡而处者,以为夫绝俗过世之士焉⑫,是专无主正⑬,所以览古今之时,是非之分也⑭,与俗化世⑮,去至重,弃至尊⑯,以为其所为也。此其所以论长生安体乐意之道,不亦远乎?惨怛之疾⑰,恬愉之安⑱,

不监于体⑲;怵惕之恐⑳,欣欢之喜,不监于心㉑。知为为而不知所以为㉒。是以贵为天子,富有天下,而不免于患也。”

无足曰:“夫富之于人,无所不利。穷美究执㉓,至人之所不得逮㉔,贤人之所不能及㉕。侠人之勇力而以为威强㉖,秉人之知谋以为明察㉗,因人之德以为贤良㉘,非享国而严若君父㉙。且夫声色滋味权势之于人,心不待学而乐之,体不待象而安之㉚。夫欲恶避就,固不待师㉛,此人之性也。天下虽非我,孰能辞之㉜?”知和曰:“知者之为,故动以百姓㉝,不违其度㉞,是以足而不争㉟,无以为故不求㊱;不足故求之,争四处而不自以为贪㊲;有余故辞之,弃天下而不自以为廉。廉贪之实,非以迫外也㊳,反监之度㊴。势为天子,而不以贵骄人;富有天下,而不以财戏人㊵。计其患,虑其反㊶,以为害于性,故辞而不受也,非以要名誉也㊷。尧、舜为帝而雍㊸,非仁天下也,不以美害生也;善卷、许由得帝而不受㊹,非虚辞让也,不以事害己。此皆就其利,辞其害㊺,而天下称贤焉,则可以有之㊻,彼非以兴名誉也㊼。”

无足曰:“必持其名㊽,苦体绝甘㊾,约养以持生,则亦久病长厄而不死者也㊿。”知和曰:“平为福,有余为害者(51),物莫不然,而财其甚者也(52)。今富人,耳营钟鼓管籥之声(53),口嗛于刍豢醪醴之味(54),以感其意(55),遗忘其业(56),可谓乱矣;侅溺于冯气(57),若负重行而上坂也(58),可谓苦矣;贪财而取慰(59),贪权而取竭(60),静居则溺(61),体泽则冯(62),可谓疾矣;为欲富就利(63),故满若堵耳而不知避,且冯而不舍,可谓辱矣;财积而无用,服膺而不舍(64),满心戚醮(65),求益而不止,可谓忧矣;内则疑劫请之贼(66),外则畏寇盗之害,内周楼疏(67),外不敢独行,可谓畏矣。此六者,天下之至害也,皆遗忘而不知察。及其患至,求尽性竭财,单以反一日之无故(68),而不可得也。故观之名则不见,求之利则不得。缭意体而争此(69),不亦惑乎?”

【译文】 无足问知和说:“人们没有不扬名趋利的。人只要一富起来,大家就会来归附,归附了就会服从他,有人服从就自然尊贵了。被人服从受人尊敬,这就是健康长寿、身体舒适、心情愉快之道了。现在你却无意追求这些,是智慧不足呢,还是有智力而力量不足呢?还是要追求正道不愿舍弃呢?”知和说:“你现在说的这种人,认为与自己同时而生、同乡而居的人们都服从尊敬他,于是就认为自己是超世脱俗的高人了,其实他是完全不懂养生的正道,不过是用他的认识去看待古往今来的变化,是是非非的分别,按照世俗的想法在世上混,舍弃了最重要的生命,扔掉了最尊贵的天道,干他们认为该干的事。拿这种做法来讨论健康长寿、身体舒适、心情愉悦之道,差得不是太远了吗?痛苦的疾病,舒适的安逸,不是按照自己身体去感受;惊吓的恐惧,欢欣的喜悦,不是按照自己的心灵去感受。只知做要做的事,不知道为什么去做。所以,虽然贵为天子,富有天下,仍免不了祸患。"

　　无足说:"财富对于人来说,无所不利。可以享尽天下的美事到达势力的顶端,圣人也做不到,贤人也赶不上。可以买武士的勇力成为自己的威强,借人的智谋作为自己的明察,把别人的德行用作自己的贤良,不当国王而威严如君父。再说,声色、滋味、权势对人来说,不用学心里就喜欢,形体用不着像模像样就能享受。本来么,人会讨厌什么、喜欢什么、避开什么、靠近什么,这用不着人教谁都知道,这是人的天性。即使天下人都认为我说的不对,但谁又能不这样做呢?"知和说:"有智慧的人办事,要按常人的愿望来行动,不超过分寸,因此够用了就不争,不需要所以不求;不够用才去求取,四处去争,自己也不认为是贪婪;有剩余就让给别人,舍弃了天下自己也不认为是清廉。究竟是清廉还是贪婪,并不是受外界影响决定的,而是取决于自己需求的多少。势为天子也不以贵骄人,富有天下也不以财富欺负人。要衡量它的祸患,考虑它的反作用,认为这会伤害自己的本性,所以推辞而不接受,并不是要获取名誉。尧、舜做帝王而祥和,不是要对天下仁爱,而是不为得天下的美名伤害自己的生命;善卷、许由得到帝位而不接受,并不是虚情假意地辞让,而是不为身外的事伤害自己。这都是取其有利的一面,舍去有害的一面,因为这些,天下人才称赞他们是圣贤,要说他们有这样的考虑那是可以承认的,但他们并不是为了扬名。"

　　无足说:"一定要固守名分,身受劳苦,弃绝甘美可口,节俭奉养维持生命,那也就如同长久病困而死不了的人一样。"知和说:"平安是福,多余是个祸害,万物莫不如此,而财富是最厉害的。现在的富人,耳朵要听钟鼓笙管的声音,嘴里要尝美酒大肉的滋味,来满足自己的欲望,遗忘了自己的正业,可以说是昏乱;沉溺在蓬懑的心气里,如同背着重物爬山坡,可以说是辛苦;贪取钱财寻求安慰,贪取权势心神疲竭,静居则沉溺不振,体肥则蓬懑不畅,可以说是带病;为了求得富有而趋利,堆满屋子还不知退避,满怀贪婪而不舍,可以说是屈辱;积聚钱财而无用,心里念念舍不得,满心焦虑,贪求不止,可以说是忧愁;家里边担心亲友来求告劫取的谋算,家外边害怕寇盗偷抢的祸害,里边打墙布网,外边不敢独自出门,可以说是害怕。这六种情况,是天下最大的祸害,却都忘记它的危害而不知道细想。等到灾祸来临,就是想用尽钱财换取一天的平安都办不到了。所以,从扬名的角度去看,见不到名;从求利的目的去看,得不到利。心烦意乱、不要性命去争取这些东西,不也太糊涂了吗?"

【注释】 ①无足、知和:假托人名。无足取意不知足。知和取意知天和,即与天道和谐。 ②人卒:人众。兴名:树立名声。就利:趋利。 ③归:归附。 ④下之:处在他的下面,即服从他。 ⑤贵:尊贵。贵之:尊敬他。 ⑥见:被。句谓,被人服从尊敬的人。 ⑦安体:身体舒适安逸。乐意:心情愉快。 ⑧无意:没有这种想法。 ⑨知:智。知不足:智慧不足。 ⑩意知而力不能行:有这种想法又有足够的智慧,但力量不足。 ⑪推正:推求正道。句谓,还是有意地要念念不忘地追求正道呢? ⑫此人:这样的人。指以上说的"见下贵者"。句谓,因为人们都服从他、尊敬他,他就认为与自己同时而生、同乡而处的人都比不上自己。绝俗过世:超越了世俗。 ⑬无主正:没有正确的养生之道。 ⑭览:看待。句谓,是用这种认识来看待古今的变化、是非的区别。 ⑮与俗化世:按世俗的看法处世。 ⑯至重:最重要的,指生命。至尊:最尊贵的,指天道。 ⑰惨怛(dá达):悲惨痛苦。 ⑱恬愉:安逸,舒适。 ⑲监:察。不监于体:不根据自己的身体去感受。 ⑳怵惕:恐惧害怕。 ㉑不监于心:不根据自己的内心去感受。也就是说,是按别人的看法去感受。 ㉒为:做自己要做的事,指追逐名利。所以为:为什么要这样做,指追逐名利到底对自己的生命有什么好处。 ㉓穷美:享尽美好。究执:占有最大限度的势力。执:今作势。 ㉔逮:及,达到。 ㉕及:达到,赶得上。 ㉖侠:挟字之误,带着。与下文"秉"、"因"互文,都有凭借、依靠的意思。句谓,有钱的人可以买到勇士的武力作为自己的威强。 ㉗秉:拿着。句谓,可以拿着别人的智谋作为自己的明察。 ㉘因:凭借。句谓,可以凭借他人的德行作为自己的贤良。 ㉙享国:享有国家,即做国王。严若君父:尊严如同是君父。 ㉚象:像个该享受荣华富贵的样子。 ㉛欲恶:喜爱与讨厌。避就:避开与靠近。师:教。句谓,人喜欢什么讨厌什么,要避开什么靠近什么,用不着教自己就知道。 ㉜非我:认为我是错的。孰能辞之:谁又能不这样做呢? ㉝知:智。动以百姓:按常人的心愿要求办事。百姓指普通人、常人。 ㉞度:分寸,尺度。不违其度:不违背普通人正常生存所需条件这个尺度。 ㉟足:因为要求不高,所以感到满足。 ㊱无为:自己没有什么特别的需求要去做。也就是说,不需要什么名利。 ㊲争四处:四处去争,到处去争。 ㊳迫外:受自身以外的原因所逼迫。 ㊴反监之度:反而是按自身的需求这个尺度去做。 ㊵戏:戏弄,侮辱。 ㊶反:与"患"对文,指反作用。 ㊷要:求。 ㊸雍:和。融洽和睦。 ㊹帝:指帝位。 ㊺就其利:取其有利的一面。辞其害:舍其有害的一面。 ㊻则可以有之:那么可以说是有的。即要说这些贤人,他们看到事物总是具有利与害的两面性,所以在选择时总是取有利,舍有害,这个因素是有的。也就是说,并不是为了争名夺利。 ㊼兴名誉:树立名誉。 ㊽必持其名:一定要固守名声。 ㊾苦体:身受劳苦。绝甘:弃绝甘美食物。 ㊿约养:养身的东西简约。持生:维持生命。长厄:长期受困厄。 ㊿¹有余为害:多余过度为害。 ㉒甚:尤其厉害。 ㉝营:谋求。管龠(yuè月):箫与笙,管状乐器。 ㉞嗛(qiè切):吃得甘香。刍豢:家养的动物,这里指肉食。醪(láo牢):淳酒。醴(lǐ礼):甜酒。 ㉟感其意:引起享受的欲望。 ㊱业:事业。 ㊲侅(gāi该)溺:深深地沉溺。《庄子集释》:"《说文》:奇侅,非常也。"扬子《方言》:"非常曰侅事。侅溺犹言沉溺之深也。"冯(píng凭)气:蓬濞之气。指满怀心事丢不下。《庄子集释》:"言愤畜不通之气也。"冯:满盛。 ㊳坂(bǎn版):同"阪",山坡。"坂"字原缺,据陈碧虚《阙误》引张君房本补。 ㊴取慰:求得安慰。 ㊵竭:心神疲竭。 ㊶溺:沉溺不振。 ㊷体泽:犹言油光满面。冯:蓬濞不通。 ㊸就:趋。 ㊹服膺:满怀。《庄子集释》:"服膺而不舍,即上文冯而不舍之义。服膺即凭(冯)也。" ㊺戚醮(jiào教):焦虑烦恼。 ㊻劫请:强求。指亲友的求告劫取。 ㊼楼疏:网状围墙。作用同于今天的防盗网。 ㊽单:仅仅。反一日之无故:返回到一天的平安。 ㊾缭意体:心情缭乱,弃绝身体,不顾性命。

第三十篇　说剑

　　说剑是论剑的意思。庄子在这篇文章里,用与赵文王论剑的寓言,表现自己反对崇尚暴力的观点,对当时那种好勇斗狠的世风作了辛辣的讽刺,指出它"无异于斗鸡"的小玩闹实质,与法天地、明阴阳、顺四时、和民意的治国平天下的大道形成鲜明的对比。

　　昔赵文王喜剑①,剑士夹门而客三千余人②,日夜相击于前,死伤者岁百余人,好之不厌。如是三年,国衰,诸侯谋之③。太子悝患之④,募左右曰⑤:"孰能说王之意止剑士者⑥,赐之千金。"左右曰:"庄子当能⑦。"太子乃使人以千金奉庄子。庄子弗受,与使者俱往见太子,曰:"太子何以教周,赐周千金?"太子曰:"闻夫子明圣,谨奉千金以币从者⑧。夫子弗受,悝尚何敢言?"庄子曰:"闻太子所欲用周者,欲绝王之喜好也。使臣上说大王而逆王意⑨,下不当太子⑩,则身刑而死,周尚安所事金乎⑪?使臣上说大王,下当太子,赵国何求而不得也?"太子曰:"然。吾王所见,唯剑士也。"庄子曰:"诺。周善为剑。"太子曰:"然吾王所见剑士,皆蓬头突鬓⑫,垂冠⑬,曼胡之缨⑭,短后之衣⑮,瞋目而语难⑯,王乃说之⑰。今夫子必儒服而见王,事必大逆⑱。"庄子曰:"请治剑服⑲。"治剑服三日,乃见太子。太子乃与见王。王脱白刃待之⑳。庄子入殿门不趋㉑,见王不拜。王曰:"子欲何以教寡人,使太子先㉒。"曰:"臣闻大王喜剑,故以剑见王。"王曰:"子之剑何能禁制㉓?"曰:"臣之剑,十步一人,千里不留行㉔。"王大悦之,曰:"天下无敌矣!"庄子曰:"夫为剑者㉕,示之以虚,开之以利㉖,后之以发,先之以至㉗。愿得试之。"王曰:"夫子休,就舍待命,令设戏请夫子㉘。"

　　王乃校剑士七日㉙,死伤者六十余人,得五六人㉚,使奉剑于殿下,乃召庄子。王曰:"今日试使士敦剑㉛。"庄子曰:"望之久矣!"

王曰："夫子所御杖㉜，长短何如？"曰："臣之所奉皆可㉝。然臣有三剑，唯王所用，请先言而后试。"王曰："愿闻三剑。"曰："有天子剑，有诸侯剑，有庶人剑。"王曰："天子之剑何如？"曰："天子之剑，以燕谿、石城为锋，齐岱为锷㉞，晋魏为脊，周宋为镡，韩魏为夹㉟，包以四夷，裹以四时，绕以渤海，带以常山㊱，制以五行㊲，论以刑德㊳，开以阴阳㊴，持以春夏，行以秋冬㊵。此剑，直之无前，举之无上，案之无下㊶，运之无旁，上决浮云，下绝地纪㊷。此剑一用，匡诸侯㊸，天下服矣。此天子之剑也。"文王芒然自失㊹，曰："诸侯之剑何如？"曰："诸侯之剑，以知勇士为锋，以清廉士为锷，以贤良士为脊，以忠圣士为镡，以豪桀士为夹。此剑，直之亦无前，举之亦无上，案之亦无下，运之亦无旁。上法圆天，以顺三光；下法方地，以顺四时；中和民意，以安四乡㊺。此剑一用，如雷霆之震也，四封之内，无不宾服而听从君命者矣。此诸侯之剑也。"王曰："庶人之剑何如？"曰："庶人之剑，蓬头突鬓，垂冠，曼胡之缨，短后之衣，瞋目而语难，相击于前，上斩颈领，下决肝肺。此庶人之剑，无异于斗鸡，一旦命已绝矣，无所用于国事。今大王有天子之位而好庶人之剑，臣窃为大王薄之㊻。"王乃牵而上殿㊼，宰人上食㊽，王三环之㊾。庄子曰："大王安坐定气，剑事已毕奏矣㊿。"于是文王不出宫三月，剑士皆服毙其处也(51)。

【译文】 从前赵文王喜欢剑术，剑士盈门，收在门下的剑客有三千多人，白天黑夜地击剑比武，每年死伤的人数有一百多人，文王还是好之不厌。就这样过了三年，国家逐渐衰落，别的诸侯国图谋攻打赵国。太子悝深为忧虑，召集左右的人说："谁能够说服大王回心转意，停止剑士们相互残杀，赏给他千金。"左右的人说："庄子能做到。"太子就派使者带着千金奉送给庄子。庄子不肯接受，随着使者一起来见太子，对太子说："太子有什么吩咐庄周的，为什么要赐给我千金？"太子说："听说先生圣明，敬奉千金赐给先生的随从。先生不愿接受，我还敢提什么要求呢？"庄子说："听说太子找我，是想要说服大王断绝对剑术的爱好。假如我去劝说大王，上边违背了大王的心意，下边又不合太子的心愿，我就会受到刑戮而死，那还要千金干什么？假如我上边说服了大王，下边又合了太子的心愿，我在赵国想要什么会没有呢？"太子说："对，是这样。不过大王现在肯接见的，只有剑士。"庄子说："好吧。我会使剑。"太子说："可是大王接见的剑士都是头发蓬乱，连鬓胡子，戴着面罩，系着粗壮的帽带,穿后短的衣服,瞪着眼睛,说话总是挺冲的人,这样大王才高兴。现在先生要穿着儒服去见,肯定会坏了事的。"庄子说:"那就先置备剑士的服装。"制备了三天剑服,于是来见太子。太子带着他一同去见赵文王。文王拔出剑来等着他。庄子进了殿门也不快步走,见了赵王也不下拜。赵文王说:"你对我有什么指教,还让太子给你引见?"庄子说:"下臣我听说大王喜欢剑术,所以用剑术来进见大王。"赵文王说:"你的剑能禁制什么?"庄子说:"我的剑十步之内能杀一人,千里没有阻拦。"赵文王很高兴,说:"天下无敌了!"庄子说:"用剑之法,显示给对方的是空子,让他看见的是便宜,后发制人,先机而至。我愿意为大王试试。"赵文王说:"先生不要忙,先到客舍休息,等待我的命令,让他们安排好比赛再来请先生。"

  赵文王较量剑士,挑选了七天,死伤了六十多人,选拔出五六个来,让他们带着剑在殿下等候,然后请来庄子。赵文王说:"今天让剑士们与先生切磋剑术。"庄子说:"我盼望很久了!"赵文王说:"先生使用的剑,长短如何?"庄子说:"我使的剑长短都行。不过,我有三种剑,任凭大王选用,请允许我先说明白了再试。"赵文王说:"愿意听听你的三种剑。"庄子说:"有一种天子剑,有一种诸侯剑,有一种庶人剑。"赵文王说:"天子剑什么样?"庄子说:"天子剑用燕豁石城做剑尖,齐国泰山为剑刃,晋国卫国做剑背,周地宋国做剑环,韩国魏国做剑柄,外包四方的蛮夷,裹上一年四季,渤海环绕,常山做带,用五行制衡,用赏罚论断,用阴阳开劈,春夏掌握在手,秋冬运行。这种剑直往无前,举起来上无可挡,按下去下无可拦,运动起来四旁无物,上断浮云,下斩地维。此剑一用,匡定诸侯,天下顺服。这就是天子剑。"赵文王茫然自失,说:"诸侯剑什么样?"庄子说:"诸侯剑用智勇之士为剑尖,用清廉之士为剑刃,用贤良之士为剑背,用忠圣之士为剑环,用豪杰之士为剑柄。这种剑也能直往无前,举起来上无可挡,按下去下无可拦,运动起来四旁无物。上效法圆天,随顺日月星之光;下效法方地,随顺春夏秋冬四季;中和协民意,安定四方。此剑一用,如雷霆震动,四境之内人人宾服,来听从君王的命令。这就是诸侯剑。"赵文王说:"庶人剑什么样?庄子说:"庶人剑,就是头发蓬乱,连鬓胡子,戴着面罩,系上粗壮的帽带,穿上后短的剑衣,瞪着眼睛,说话顶呛人,在大王面前击剑比试,上可以斩断脖子,下可以刺出肝肺。这就是庶人剑,跟斗鸡没什么不同,一旦丧命,对国事丝毫无补。现在大王有天子的地位却爱好庶人剑,我私下替大王觉得浅薄。"赵文王于是拉着庄子的手走上殿来,御食官端上饭菜,赵文王围着餐桌绕了三圈。庄子说:"大王坐下来安定一下,剑术的事我都已经上奏完了。"于是赵文王三个月不出宫门,剑士都在住所里自杀了。

【注释】 ①赵文王:即赵惠文王,名何,赵武灵王之子。 ②夹门而客:客居在宫门周围。 ③谋:图谋。句谓,各国诸侯图谋攻打赵国。 ④悝(kuī ㄎㄨㄟ):太子名。患之:担心这件事。 ⑤募:招募。左右:身边的人。 ⑥孰:谁。说:劝说。句谓,谁能劝说大王,让他不再爱好剑术,停止剑士们的自相残杀。 ⑦当能:能够做到。 ⑧币:礼物。币从者:送给你的随从做礼物。古人为了表示对人的尊敬,一般不直接指称对方,而是用对方的左右从者代替,表示自己只配得上与对方的手下人往来。所以这句话的意思是,敬奉千金给您。 ⑨逆王意:触恼了大王的心意。 ⑩不当太子:不合太子的心意。 ⑪安所事金:用金子干什么,即千金对我没有用。 ⑫蓬头:头发如蓬草散乱。突鬓:鬓须突显,即长着连鬓胡子。 ⑬垂冠:下垂的帽子。指剑士戴的面罩。 ⑭曼胡:不精细貌。与麻胡、模胡并一声之转。曼胡之缨:粗壮的帽带。《释文》:"司马云:曼胡之缨,谓粗缨无文理也。" ⑮短后之衣:后身短的衣服。古人穿长衣,赵武灵王胡服骑射,武王开始穿短衣,便于格斗。 ⑯瞋目:瞪大眼睛。难:辩难。语难:说话令人难堪,即说话顶呛人。 ⑰说:通"悦"。 ⑱逆:碰壁。 ⑲治剑服:制备剑士的服装。 ⑳脱白刃:拔出剑露出白刃。 ㉑趋:快步走。入殿门而趋是不让人等时间长,不趋就成了一种傲慢。 ㉒使太子先:让太子先作引见。 ㉓禁制:制服。 ㉔十步一人:十步之内杀一人。千里不留行:千里之内谁也挡不住,即所向无敌。 ㉕为剑:用剑。 ㉖示之以虚:显示给对方的是有空可入。开之以利:让对方看到的是有利可图。 ㉗后之以发:后发制人。先之以至:先机而至。 ㉘就舍待命:先住下等待命令。设戏:举办比剑大赛。 ㉙校:较量。校剑士指挑选剑士。 ㉚得五六人:选拔出五六人。 ㉛敦:切磋。 ㉜御杖:杖持,使用。 ㉝奉:用。句谓,用什么剑都可以。 ㉞锋:剑尖。锷:剑刃。燕谿、石城皆地名,在今燕山一带。齐岱:齐国泰山一带。 ㉟脊:剑背。镡(xín):剑环。夹:剑柄。 ㊱常山:恒山。在今河北正定以北。 ㊲五行:金木水火土。句谓,用五行制衡。 ㊳刑德:刑罚与德化。句谓,用刑罚与道德教化来论断,即刑德并用。 ㊴开以阴阳:用阴阳之道开劈。 ㊵持以春夏,行以秋冬:春夏掌握在手,秋冬使用。古人认为春夏是万物生长的季节,秋冬是万物肃杀的季节。顺应天时,故春夏握在手,秋冬砍杀,助成天地的生杀。 ㊶直之无前:一往无前。案:今作按,下按。 ㊷决:裂。绝:断。地纪:维系大地的纲绳。 ㊸匡:正。匡诸侯:使诸侯正。 ㊹芒然:今作茫然。 ㊺法:效法。三光:日月星三光。四时:四季。四乡:四方各乡。 ㊻薄:轻。为大王薄之:替大王觉得,你选择得不重要。 ㊼牵:牵手。 ㊽宰人:负责君王膳食的官员。上食:摆饭。 ㊾王三环之:赵惠文王绕着桌子转了三圈。说明赵王心情激动,不能安坐就餐。 ㊿毕:全部。毕奏:都说了。 51服毙:犹言自杀。

第三十一篇　渔父

　　本篇以篇中主要人物为题,意在说明道家思想与儒家思想根本上的区别。篇中借渔父之口,批评孔子不崇尚天理,热衷于人伦世俗,不可为而为之的做法。并按儒家倡导的理论,指出孔子不在其位而谋其政的自相矛盾。认为孔子的做法禁锢了人的天性真诚,是一种渗入了世俗观念的有心之为,违背了法天贵真的大道,遗患流毒会造成八疵四患的严重后果,甚至会葬送自己。

　　孔子游乎缁帷之林,休坐乎杏坛之上①,弟子读书,孔子弦歌鼓琴。奏曲未半,有渔父者,下船而来,须眉交白②,被发揄袂③,行原以上④,距陆而止⑤,左手据膝⑥,右手持颐以听⑦。曲终而招子贡、子路,二人俱对。客指孔子曰:"彼何为者也?"子路对曰:"鲁之君子也。"客问其族⑧。子路对曰:"族孔氏。"客曰:"孔氏者何治也⑨?"子路未应,子贡对曰:"孔氏者,性服忠信⑩,身行仁义,饰礼乐⑪,选人伦⑫,上以忠于世主,下以化于齐民⑬,将以利天下⑭,此孔氏之所治也。"又问曰:"有土之君与⑮?"子贡曰:"非也。""侯王之佐与⑯?"子贡曰:"非也。"客乃笑而还行⑰,言曰:"仁则仁矣,恐不免其身⑱。苦心劳形以危其真⑲。呜呼,远哉,其分于道也⑳!"
　　子贡还,报孔子。孔子推琴而起,曰:"其圣人与㉑!"乃下求之,至于泽畔,方将杖拏而引其船㉒,顾见孔子,还乡而立㉓。孔子反走㉔,再拜而进。客曰:"子将何求?"孔子曰:"曩者先生有绪言而去㉕,丘不肖,未知所谓,窃待于下风㉖,幸闻咳唾之音以卒相丘也㉗。"客曰:"嘻!甚矣,子之好学也!"孔子再拜而起,曰:"丘少而修学㉘,以至于今,六十九岁矣,无所得闻至教㉙,敢不虚心!"客曰:"同类相从,同声相应,固天之理也㉚。吾请释吾之所有,而经子之所以㉛。子之所以者,人事也㉜。天子、诸侯、大夫、庶人,此四者自正，治之美也，四者离位而乱莫大焉㉝。官治其职，人忧其事，乃无所陵㉞。故田荒室露㉟，衣食不足，征赋不属㊱，妻妾不和，长少无序，庶人之忧也。能不胜任，官事不治㊲，行不清白，群下荒怠㊳，功美不有㊴，爵禄不持㊵，大夫之忧也。廷无忠臣㊶，国家昏乱，工技不巧㊷，贡职不美㊸，春秋后伦㊹，不顺天子，诸侯之忧也。阴阳不和，寒暑不时，以伤庶物㊺，诸侯暴乱，擅相攘伐㊻，以残民人，礼乐不节，财用穷匮㊼，人伦不饬㊽，百姓淫乱，天子有司之忧也㊾。今子既上无君侯有司之势，而下无大臣职事之官，而擅饰礼乐，选人伦，以化齐民，不泰多事乎㊿？且人有八疵(51)，事有四患，不可不察也！非其事而事之，谓之摠(52)；莫之顾而进之，谓之佞(53)；希意道言，谓之谄(54)；不择是非而言，谓之谀(55)；好言人之恶，谓之谗(56)；析交离亲，谓之贼(57)；称誉诈伪以败恶人，谓之慝(58)；不择善否，两容颊适，偷拔其所欲，谓之险(59)。此八疵者，外以乱人，内以伤身，君子不友，明君不臣。所谓四患者，好经大事，变更易常，以挂功名，谓之叨(60)；专知擅事，侵人自用，谓之贪(61)；见过不更，闻谏愈甚，谓之很(62)；人同于己则可，不同于己，虽善不善，谓之矜(63)。此四患也。能去八疵，无行四患，而始可教已(64)。”

【译文】 孔子游历到缁帷林，坐在杏坛上休息，弟子们读书，孔子弹琴唱歌。乐曲还未奏到一半，有一个渔父下船走来，胡须眉毛都白了，披散着头发，挥动着袖子，走上原野，在高地停了下来，左手按住膝头，右手托着下巴听孔子弹琴。乐曲完了之后，招呼子贡、子路二人过来问话。渔父指着孔子说：“那个人是干什么的？”子路回答说：“是鲁国的君子。”渔父问孔子的家族。子路回答说：“姓孔。”渔父说：“孔氏干什么行业？”子路没有回答，子贡说：“孔氏讲忠信，身行仁义，修治礼乐，制定人伦，上忠于君王，下教化平民，要为天下谋福利，这就是孔氏从事的行业。”渔父又问道：“他是个有国土的君王吗？”子贡说：“不是。”渔父接着问：“是侯王的辅臣吗？”子贡说：“不是。”渔父于是笑了笑，回头而走，说道：“仁爱倒是仁爱，恐怕难免危及自身。苦心劳身危害真性。唉，离开大道太远了！”

子贡回来告诉了孔子。孔子推开琴站起来，说：“是个圣人吧！”于是走下来去找他，到了湖畔见渔父正要撑桨推船，回头看见孔子，扭过身来站住。孔子退了两步，拜了两拜走上前来。渔父说：“你有什么要求？”孔子说：“刚才先生说了个开头就走了，孔丘我不才，不知先生要说些什么，我愿下风拜领,有幸听听先生的指教,让我以后得些教益。" 渔父说:"嘻,你太好学了!"孔子拜了两拜,站直身子说:"我从少年时期修学,直到现在,六十九岁了,还没有听到至道的教导,怎敢不虚心!"渔父说:"种类相同就会相从,声律相同就会相应,这是天地的大理。我来说说自己知道的道理,帮助你分析一下你所做的事。你所干的都是社会的事。天子、诸侯、大夫、庶人这四个等级的人都能各自摆正自己的地位,天下就会得到很好的治理。这四个等级的人错乱了地位,天下就会大乱。当官的都尽其职守,百姓都操心自己的事,就不会出现以下凌上的事。所以说,田地荒芜,房子倒塌,衣食不足,拖欠赋税,妻妾不和,长少无序,这是老百姓该操心的事。不能胜任,公事处理不当,行为不清廉,部下疏懒,没有政绩,保不住爵禄,这是大夫该操心的事。朝廷里没有忠臣,国家昏乱,工艺不高,贡品不精美,春秋朝见不及时,不顺从天子,这是诸侯该操心的事。阴阳不和,寒暑不时,伤及众物,诸侯暴乱,擅自互相攻伐,残害人民,礼乐不合制度,财用匮乏,人伦失序,百姓淫乱,这是天子及其主管人员该操心的事。现在你上无君侯和主管人员的权势,下无大臣任职的官位,而擅自修治礼乐,制定人伦,教化平民,这不是过分多事了吗?再说,人有八种毛病,事情有四种祸患,不能不注意呵!不属于自己的事自己非要去管,叫做'总';没人理睬却偏要往跟前凑,这叫做'佞';迎合他人的心意,专说人家爱听的话,这叫做'谄';混淆是非地说,这叫做'谀';好说人家的坏话,这叫做'谗';挑拨离间人家的亲友关系,这叫做'贼';怀着诡诈的心思,当面奉承人,从而把人引向邪路去坑人,这叫做'慝';不分好坏,两面讨好,暗中破坏人家的好事,这叫做'险'。这八种毛病,对外扰乱他人,对内伤害自身,君子不与他为友,明君不用他为臣。所谓的四种祸患,喜欢做惊天动地的大事,标新立异,邀取功名,这叫做'叨';独断专行,仗势欺人,刚愎自用,这叫做'贪';知过不改,听到劝谏反而变本加厉,这叫做'狠';人家同意自己的意见就行,不同意自己的意见,虽然好也是不好,这叫做'矜'。这就是四种祸患。能够去掉八种毛病,不犯四种祸患的错误,这样的人才可以教导。"

【注释】 ①游:游历。指孔子周游于外。缁帷、杏坛:都是假托的地名。从取义上说,缁(zī资)是黑,帷是帷幕,犹言浓密。缁帷之林指黑森森浓密如帷幕的树林。杏是杏树,坛是高地。杏坛指长满杏树的高地。休坐:在所经历之地坐下休息。 ②交:一起,皆。句谓,眉毛胡子都白了。 ③被发:披散头发。揄(yú于):挥。袂(mèi妹):袖子。 ④原:广平之地。 ⑤距:至。陆:高平之地。《尔雅·释地》:"广平曰原,高平曰陆。"渔父从岸边上来,先走在平地上,后在高地上停下来。 ⑥据膝:手按在膝头上。 ⑦持颐:手托着下巴。 ⑧族:家族。 ⑨何治:治何。干什么?做什么? ⑩服:用。句谓，用忠信治性，即讲究忠信。　⑪饰：修饰。饰礼乐是说修治礼乐。　⑫选：制定。人伦：人与人之间关系的正常秩序。　⑬齐民：平民。　⑭利天下：造福于天下。　⑮有土之君：有国土的君王。与通"欤"。　⑯侯王之佐：侯王的大臣。佐：辅佐。　⑰还行：往回走。　⑱不免其身：自身受到伤害。　⑲真：天然本性。　⑳远哉，其分于道也：即分于道也远哉。离开道太遥远了。分：离。　㉑其：表推测的语气词。莫非是。　㉒方将：正要。杖拏：拿起船桨。成疏："拏，桡也。"引：拉。句谓，渔父正要拿起桨拉过船来上船。　㉓顾：回头看。还乡而立：转过身来站着。乡通"向"。　㉔反走：倒退着走。退后几步表示对人恭敬。　㉕曩（nǎng 囊上）：先前。绪言：开端的话。句谓，刚才先生说了个开头就走了。　㉖窃：私心里。下风：低位。　㉗咳唾之音：随随便便说的话。卒：终。相：助。句谓，我想有幸地听先生随便说上几句，使我今后能受到教益。　㉘修学：学习。　㉙至教：最好的教导。　㉚同类相从：类别相同就会相互追随。同声相应：声律相同就会发生共鸣。固：本来。天之理：天的通理。《易·文言》："同声相应，同气相求；水流湿，火就燥；云从龙，风从虎；圣人作而万物睹。本乎天者亲上，本乎地者亲下，则各从其类也。"　㉛释：说解。吾之所有：指我所知道的东西。经：理。子之所以：指支配你干事的道理。句谓，我来说明一下自己知道的道理，帮助你分析一下你所干的事。　㉜人事：社会的事。　㉝离位：错乱地位。　㉞陵：侵陵。　㉟室露：房子破损露孔。　㊱不属：交不上。　㊲不治：治理得不好，处理得不当。　㊳荒怠：荒废疏懒。　㊴功美：政绩。　㊵不持：保持不住。　㊶廷：朝廷。　㊷工技不巧：工艺技术不够精巧。　㊸贡职不美：进贡的东西不精美。职：任务。　㊹春秋后伦：春朝秋觐不及时。古时诸侯朝见天子，春天朝见称朝，秋天朝见称觐。伦：次序。后伦是指没有按次序去朝觐。　㊺庶：众。　㊻擅相攘伐：擅自互相攻伐。攘：除去。　㊼匮：匮乏。　㊽饬（chì 斥）：整顿。　㊾有司：有关主管的部门。　㊿泰：太。　(51)疵：病。指缺点。　(52)非其事而事之：不是该管的事而去管。揔：总，越权包揽。　(53)莫之顾而进之：没人理还要进身靠近。佞：佞幸。　(54)希意道言：揣摸人的心思说迎合的话。谄：谄媚。　(55)不择是非而言：不按对错的标准而混淆是非拣有利的去说。谀：阿谀奉承。　(56)好言人之恶：好说人的坏话。谗：诬陷。　(57)析交离亲：离间拆散别人的亲友关系。贼：坏。　(58)称誉诈伪以败恶人：心怀诡诈，无原则地夸奖人，从而把人引向邪路来坑害人。慝（tè 忒）：邪恶。　(59)否：坏。两容颊适：两面讨好。偷拔其所欲：暗中破坏人家的好事。险：阴险。　(60)好经大事：好做重大的事。变更易常：标新立异改变常规。叨：占便宜。　(61)专知擅事：独断专行。侵人自用：侵犯他人的职权，自作主张。　(62)更：改。闻谏愈甚：听到别人的意见更加变本加厉。很：狠，固执。　(63)虽善不善：虽然好也说他不好。矜：骄傲。　(64)已：通"矣"。

孔子愀然而叹①，再拜而起，曰："丘再逐于鲁，削迹于卫，伐树于宋，围于陈蔡。丘不知所失，而离此四谤者何也②？"客凄然变容曰："甚矣，子之难悟也③！人有畏影恶迹而去之走者④，举足愈数而迹愈多，走愈疾而影不离身⑤，自以为尚迟，疾走不休，绝力而死。不知处阴以休影,处静以息迹⑥,愚亦甚矣!子审仁义之间,察同异之际⑦,观动静之变,适受与之度,理好恶之情⑧,和喜怒之节,而几于不免矣⑨。谨修而身,慎守其真⑩,还以物与人⑪,则无所累矣。今不修之身而求之人,不亦外乎⑫?"

孔子愀然曰:"请问何谓真?"客曰:"真者,精诚之至也。不精不诚,不能动人。故强哭者,虽悲不哀;强怒者,虽严不威;强亲者,虽笑不和。真悲无声而哀,真怒未发而威,真亲未笑而和。真在内者,神动于外⑬,是所以贵真也⑭。其用于人理也,事亲则慈孝,事君则忠贞,饮酒则欢乐,处丧则悲哀。忠贞以功为主⑮,饮酒以乐为主,处丧以哀为主,事亲以适为主⑯。功成之美,无一其迹矣⑰;事亲以适,不论所以矣⑱;饮酒以乐,不选其具矣⑲;处丧以哀,无问其礼矣⑳。礼者,世俗之所为也;真者,所以受于天也㉑;自然不可易也㉒。故圣人法天贵真㉓,不拘于俗。愚者反此。不能法天而恤于人㉔,不知贵真,禄禄而受变于俗㉕,故不足。惜哉,子之蚤湛于人伪而晚闻大道也㉖!"

孔子又再拜而起曰:"今者丘得遇也,若天幸然㉗。先生不羞而比之服役而身教之㉘,敢问舍所在,请因受业而卒学大道。"客曰:"吾闻之,可与往者㉙,与之至于妙道;不可与往者,不知其道,慎勿与之,身乃无咎。子勉之,吾去子矣㉚,吾去子矣。"乃刺船而去,延缘苇间㉛。

颜渊还车,子路授绥㉜,孔子不顾,待水波定,不闻拏音而后敢乘㉝。子路旁车而问曰㉞:"由得为役久矣,未尝见夫子遇人如此其威也㉟。万乘之主,千乘之君,见夫子未尝不分庭伉礼,夫子犹有倨敖之容㊱。今渔父杖拏逆立㊲,而夫子曲要磬折㊳,言拜而应㊴,得无太甚乎㊵?门人皆怪夫子矣,渔人何以得此乎?"孔子伏轼而叹㊶,曰:"甚矣,由之难化也!湛于礼义有间矣㊷,而朴鄙之心至今未去。进,吾语汝,夫遇长不敬,失礼也;见贤不尊,不仁也。彼非至人,不能下人㊸;下人不精㊹,不得其真,故长伤身。惜哉,不仁之于人也,祸莫大焉,而由独擅之!且道者,万物之所由也㊺,庶物失之者死,得之者生㊻。为事逆之则败,顺之则成㊼。故道之所在,圣人尊之。今渔父之于道,可谓有矣,吾敢不敬乎?"

【译文】 孔子愀然变色,叹了口气,拜了两拜,站起来说:"我两次被逐出鲁国,在卫国受到削迹之辱,在宋国受到伐树之耻,在陈蔡遭受围攻。我不知道有什么过失,为什么会遭受到这四次侮辱?"渔父凄然变色说:"你太难醒悟了!有个人害怕自己的影子,厌恶自己的足迹,想快跑摆脱它们,抬腿越快足迹越多,跑得越快影子跟得越紧,自认为跑得还慢,于是不停地加快脚步,最后力气使尽死去了。他就不知道躲在阴暗处就没有了影子,停住脚步静止下来就没有了足迹,愚蠢得太过分了!你在仁义之间审度,在同异之间辨析,审察动静的变化,在给予和接受之中找合适的分寸,在爱好和厌恶之间理顺情理,在喜怒之间调节合适界限,恐怕免不了祸患。如果你能谨慎地修身,守住本真,与物无争,就没有拖累了。现在你不去反省修身,却在身外的人身上找答案,不也太外道了吗?"

孔子肃然起敬地说:"请问什么叫真?"渔父说:"真是精诚之至。不精不诚,不能感动人。所以说,勉强去哭的人,虽然哭泣但并不哀痛;强装发怒的人,虽然严厉但并无威势;强装亲近的人,虽然笑容满面但并不和悦。真正的悲痛不哭出声来也哀痛,真正的发怒不发作也威严,真正的亲近不笑也和悦。内心真诚,神气就会表现在外,所以真诚才可贵。真诚用在人伦事理上,事亲就会慈孝,事君就会忠贞,饮酒就会欢乐,处丧就会悲哀。忠贞要以功绩为主,饮酒要以欢乐为主,处丧要以悲哀为主,事亲要以安适为主。功绩的完美,不局限于一种模式;事亲安适,不论是干什么都一样;饮酒快乐,不在乎酒器好坏;处丧悲哀,不拘泥于礼仪制度。礼仪制度是世俗人的规定,真诚是天所赋予的本性,自然而然的东西是不可以改变的。所以圣人要效法天道而以真诚为贵,不受世俗的局限。愚蠢的人与此相反。不能效法天道而担忧俗人的看法,不知道以真诚为贵,庸庸碌碌随世俗而变化,所以真诚不足。可惜呀,你过早地陷进人情世故里,听到大道太晚了!"

孔子又拜了两拜,站起身说:"今天我得遇先生,真是天幸。先生如果不觉得委屈把我当徒弟看待,愿意亲自教我,请问先生住在什么地方,我好去登门受业,最后能学成大道。"渔父说:"我听说,能一起走的,就和他一起走向妙道;不能一起走的,不会了解你的道,千万不要传给他,自身才会不受咎害。你自己努力吧,我走了,我要离开你了。"于是撑开船走了,沿着芦苇丛的边缘远去了。

颜渊掉转车头,子路递过车上的拉手,孔子不顾,等到水面上波纹平息了,听不见划桨的声音,才敢登上车子。子路靠近车子问道:"我事奉先生很久了,从没见过先生遇到人如此肃然起敬。就是万乘国家的国王,千乘国家的君主,先生见到了也会与他们分庭抗礼平起平坐,先生的脸上还有傲视的神色。现在渔父手拄船桨对面站着,先生却弯腰曲背,说起话来,先拜了又拜才唯唯应声,这不是太过分了吗?弟子们都怪先生于礼不当,一个渔夫为什么要受到先生如此尊敬呢?"孔子把手放在扶手上,伏下身子,叹了口气说:"你真是难以教化呵!"按说你受礼义的熏陶时间也不短了,而粗鄙的心至今也没改掉。过来,我告诉你,遇到长辈不尊敬就是失礼,见到贤人不尊敬就是不仁。他如果不是圣人,就不会让人谦下;对人谦下不精诚,就得不到真性,所以会常常伤身。可惜啊,对人来说,不仁带来的祸患是最大的,而你却偏偏正是这样!再说,道是万物的根源,万物失去它就会死亡,得到它就会充满生气。办事的时候,逆着它就会失败,顺着它就会成功。所以,道存在的地方,圣人也要尊敬。现在这个渔父,可以说是身上有道,我怎敢不尊敬呢?"

【注释】 ①愀(qiǎo巧)然:竦动的样子。 ②离:通"罹",遭受。四谤:指上面提到的四次挫折。 ③难悟:难以醒悟。 ④畏影:害怕自己的影子。恶迹:厌恶自己留下的足迹。去:离开。走:跑。 ⑤数(shuò朔):频繁多次。疾:快。 ⑥处阴:躲在阴暗处。休:止。处静:处于静止状态不动。息迹:消灭了足迹。 ⑦审、察:互文,都是审察的意思。 ⑧适、理:互文,都是调理的意思。受与:接受,给与。 ⑨而:你。几:差不多,几乎。不免:不免于伤害。 ⑩谨修而身:谨敬地修养你的自身。慎守其真:慎重地守住自己的真诚。 ⑪还以物与人:把东西还给别人,即不要给别人包办代替,让人家自己去处理。 ⑫外:外行,外道。 ⑬真在内:真情从内心发出。神动于外:神态在外表上表现出来。 ⑭贵真:以真诚为贵。 ⑮功:功效实绩。 ⑯适:安适。句谓,事奉父母要以让父母安适为标准。 ⑰无一其迹:不要按一种模式,即按需要去做。 ⑱不论所以:不管用哪种办法,即什么办法合适就用什么办法。 ⑲不选其具:不在乎酒器的好坏,故不挑选。 ⑳无问其礼:不拘泥于礼仪规定。 ㉑受于天:禀受于自然。 ㉒易:改。句谓,出自自然的东西不可变。 ㉓法天贵真:效法天然以真诚为贵。 ㉔恤于人:担心别人会怎么看。 ㉕禄禄:碌碌。受变于俗:随世俗而变化。 ㉖蚤:通"早"。湛:沉溺。人伪:人的造作。 ㉗天幸:上天赐给的幸运。 ㉘服役:执役的人。这里指弟子。比之服役是说把我当弟子对待。 ㉙可与往者:能够和他一同前进的人。指可以一同修道的人。 ㉚去子:离开你。 ㉛刺船:撑开船。延缘:沿着边缘。 ㉜授绥:把上车拉的绳子递给孔子。 ㉝不闻拏音:听不到划桨声。 ㉞旁:傍。 ㉟为役:做徒弟。遇人:对待人。威:敬畏。 ㊱分庭伉礼:古代宾客与主人分别站在庭中的两边,相对行礼,以平等地位相待。《史记·货殖列传》作分庭抗礼。伉:对等,相当。倨敖:倨傲。 ㊲逆立:迎面而立。 ㊳曲要:曲腰。磬折:像磬一样弯腰。古代打击的石磬形状为折腰形。 ㊴言拜而应:听人说话先拜而后应答。 ㊵得无:莫不是。太甚:太过分。 ㊶伏轼:伏身在车前的扶手上。孔子在车上,子路在车下,故伏身对话。 ㊷湛于礼义:受礼义的熏陶。有间:经过了相当长的时间。 ㊸下人:使人谦下。 ㊹下人:对人谦下。不精:不诚。 ㊺由:根源。 ㊻庶物:众物。之:指道。 ㊼为事:做事情。

第三十二篇　列御寇

　　本篇截取篇首人名为题。篇中罗列了十几个故事,说明了养生与人为之间不可调和的矛盾。世人对功利的追求都是以牺牲真性作为代价,无一不是对天性的戕害。庄子不仅从认识上而且从感情的层面上,指出了矫情忍性、自以为是、浮华虚荣、热衷功名等世俗的做法,都不是正道,无疑会受到内刑的惩罚。

　　列御寇之齐①,中道而反②,遇伯昏瞀人③。伯昏瞀人曰:"奚方而反④?"曰:"吾惊焉。"曰:"恶乎惊?"曰:"吾尝食于十浆,而五浆先馈⑤。"伯昏瞀人曰:"若是,则汝何为惊已?"曰:"夫内诚不解,形谍成光⑥,以外镇人心⑦,使人轻乎贵老⑧,而齑其所患⑨。夫浆人特为食羹之货⑩,无多余之赢⑪,其为利也薄,其为权也轻,而犹若是,而况于万乘之主乎?身劳于国而知尽于事⑫,彼将任我以事,而效我以功⑬。吾是以惊!"伯昏瞀人曰:"善哉观乎⑭!女处己⑮,人将保女矣⑯。"

　　无几何而往⑰,则户外之屦满矣⑱。伯昏瞀人北面而立,敦杖蹙之乎颐⑲。立有间,不言而出。宾者以告列子⑳,列子提屦,跣而走㉑,暨乎门㉒,曰:"先生既来,曾不发药乎㉓?"曰:"已矣,吾固告汝曰,人将保汝,果保汝矣。非汝能使人保汝㉔,而汝不能使人无保汝也㉕。而焉用之感豫出异也㉖?必且有感,摇而本才,又无谓也㉗。与汝游者㉘,又莫汝告也㉙。彼所小言,尽人毒也㉚。莫觉莫悟,何相孰也㉛?巧者劳而知者忧㉜,无能者无所求㉝,饱食而敖游,泛若不系之舟㉞,虚而敖游者也㉟。"

【译文】　列御寇到齐国去应聘,半路上又返了回来,遇到了伯昏瞀人。伯昏瞀人说:"你为什么又返回来了?"列御寇说:"我感到吃惊。"伯昏瞀人说:"你吃惊什么?"列御寇说:"我走过十家卖水的饮食店,有五家白送给我饮食。"

伯昏瞀人说："就算这样,你为什么要吃惊呢?"列御寇说:"真诚不能融化于内,矜饰体面溢于言表,以此来镇服人心,让人尊敬我而轻视贵人、老人,必会酿成祸患。你看卖饮食的人家只不过是做点卖汤水的小生意,没多大赚头,利润很小,也没有什么权势,还要这样对待我,更何况是万乘大国的君王呢?身体为国家操劳,智力为政事耗尽,他将会委任我国家大事,盼望我做出实绩。我因此而吃惊!"伯昏瞀人说:"观察得好啊!保持住你自己,人们要来归附你。"

没过了多久,伯昏瞀人又来看列御寇,见他的门外摆满了鞋子。伯昏瞀人面向北站着,把下巴拄在手杖上。站了一会,没说什么就走了。宾客们告诉了列御寇,列御寇提起鞋子,光着脚追出来,到了门口,说:"先生既然来了,竟然不告诉我几句药石之言吗?"伯昏瞀人说:"算了,我已经告诉过你了,人们要来归附你,果然都来归附了。但我的意思不是要你能让人来归附你,而是说你不能让人不来归附你。你这种为出风头而感到高兴的做法有什么好处呢?有所感动,就必定会摇动你的本性,又成为没价值的事了。与你一起来往的人,又不会给你带来忠告。他们说的那些小道理,都是对人有害的。对大道不觉不悟,怎么可能帮你认识大道呢?手巧的人多受累,聪明的人多忧虑,无能的人无所求取,吃饱肚子而遨游,如同没有拴着随便漂荡的小船,才是内心空静自由自在遨游的人。"

【注释】　①列御寇:即列子。道家重要的思想家之一,传世有《列子》八篇。之:到。　②中道:半路。反:今作返。　③伯昏瞀(wù 务)人:《德充符》篇作伯昏无人,楚国隐士。　④方:道理。奚方而反:是什么原因又返回来了?　⑤浆:饮食店铺。馈:赠送。　⑥诚:真诚。不解:不能化解。形:外形修饰。谍:自然流露。光:流露出来的神采。内诚不解,形谍成光:内心的真诚不能化解,流露在外的都是矜饰装体面的神采。郭象注:"外自矜饰,内不释然。"(见《庄子集解》)。　⑦以:用来。镇:镇服。句谓:用这种外露的神采去镇服人心。　⑧贵老:贵人、老人。使人轻乎贵老:让人尊敬自己而轻视贵人、老人。　⑨齎(jī 跻):通"赍"。意为带来招致。患:祸患。而齎其所患:反而会招致祸患。　⑩特:只不过。为食羹之货:做点饮食的小买卖。　⑪"无"字原缺,据《阙误》引江南古藏本及文如海、张君房本补。无多余之赢:无多大的赢利。　⑫身劳于国:为国事操劳伤身。知尽于事:为国事而用尽智慧。知:智。　⑬彼:指齐国国王。任我以事:把国事委任给我。效我以功:用实绩来要求我。　⑭善哉观乎:即观乎善哉。句谓:你的观察好啊!　⑮女:汝。处己:保持住你自己。　⑯保:守。保女:聚守在你身边。　⑰无几何:没过多久。　⑱屦:鞋子。句谓:列子门外边的鞋子摆满了。古人席地而坐,把鞋子脱在门外。　⑲敦:戳在地上。鳌:拄。颐:下巴。句谓:伯昏瞀人把手杖敦到地上,拄在自己的下巴下边。　⑳宾者:指聚守在列子身边的宾客。　㉑提屦:手提着鞋子来不及穿。跣:光着脚。　㉒暨:及,到。　㉓药:药石之言。发药:说几句有益的话。

㉔非汝能使人保汝:意思是说,我以前告诉你"人将保汝矣",不是指你能使人聚守在你的身边。 ㉕而汝不能使人无保汝也:而是指你不能使别人不聚守在你身边。伯昏瞀人认为,和光同尘才进入道的境界,大家围着你转,说明还没有达到和光同尘。 ㉖豫:高兴。出异:与众不同。感豫出异:因与众不同而感到高兴。句谓,你这种把出风头当成高兴的做法有什么好处呢? ㉗才:《释文》:"一本才作性。"无谓:没有价值。 ㉘与汝游者:与你来往的人。 ㉙莫汝告:即莫告汝。句谓,没有人能告诉你大道。 ㉚小言:讲小道理的话。尽人毒也:都是对认识大道有毒害的话。 ㉛孰:通"熟",熟悉,认识。句谓,没有人能启发你的觉悟,你怎么会认识大道呢? ㉜巧者劳:手巧的人操劳多。知者忧:智力高的人忧虑多。 ㉝无能者无所求:无能的人无所求取。这两句是劝列子不要做与众不同的人。 ㉞泛若不系之舟:像一只没有拴着随便漂浮的小船。 ㉟虚:指无所执著,内心空静。敖游:即逍遥游。

　　郑人缓也①,呻吟裘氏之地②,只三年而缓为儒③。河润九里④,泽及三族⑤,使其弟墨⑥。儒墨相与辩,其父助翟⑦。十年而缓自杀。其父梦之曰:"使而子为墨者,予也⑧。阖胡尝视其良⑨,既为秋柏之实矣⑩?"夫造物者之报人也⑪,不报其人而报其人之天⑫。彼故使彼⑬。夫人以己为有以异于人⑭,以贱其亲⑮。齐人之井饮者相捽也⑯。故曰,今之世皆缓也⑰。自是⑱,有德者以不知也,而况有道者乎?古者谓之遁天之刑⑲。圣人安其所安⑳,不安其所不安㉑;众人安其所不安,不安其所安。

　　庄子曰:"知道易,勿言难㉒。知而不言,所以之天也㉓;知而言之,所以之人也㉔。古之人,天而不人㉕。"

　　朱泙漫学屠龙于支离益㉖,单千金之家㉗,三年技成而无所用其巧㉘。圣人以必不必㉙,故无兵㉚;众人以不必必之,故多兵。顺于兵,故行有求㉛。兵,恃之则亡㉜。小夫之知㉝,不离苞苴竿牍㉞,敝精神乎蹇浅㉟,而欲兼济道物㊱,太一形虚㊲。若是者,迷惑于宇宙,形累不知太初㊳。彼至人者,归精神乎无始㊴,而甘冥乎无何有之乡㊵。水流乎无形㊶,发泄乎太清㊷。悲哉乎!汝为知在毫毛,而不知大宁㊸。

【译文】　郑人缓在裘氏之地诵读,只用了三年就成了一个儒学家。他的学问像黄河水似的滋润九里,恩泽施及三族,又培养他的弟弟成为墨家学者。后来儒墨兄弟辩论,他的父亲站在弟弟墨家一边。十年之后郑人缓愤愤不平自杀了。给他的父亲托梦说:"把你儿子造就成墨家学者的是我,(你却支持他,反对我,这实在冤枉。)你何不到我的坟地上去看看,我的真诚已经在秋柏上结成子实了。"要说造物主回报给人的,不是回报给人的造作,而是回报给人的天性。天性是那样就让他变成那样。而人却认为是自己做了点什么不同于常人的贡献,就责怪自己的父亲。正如齐国人和饮用井水的人扭打起来一样,(认为井水不是天生的,而是自己挖出来的。)所以说,现在世上的人都是郑人缓一类的人。自以为是,连有德性的人也不会这样理解,更何况是有道的人呢?古人把这种人叫做违背天性受到惩罚的人。圣人安于自己该安的天性,不安于自己所不该安的人为,而一般人是安于自己所不该安的人为,不安于自己所该安的天性。

庄子说:"知道大道容易,不说出来困难。知道而不说,所以才能达到天然;知道而说出来,所以才走向了人为。古时候的人要的是天然而不求人为。"

朱泙漫向支离益学习屠龙,耗尽千金家产,三年学成了屠龙的技术,却没有龙可杀,技术用不上。圣人是把不必然当成必然,所以不去争战;一般人是把不必然当成必然,所以争战就多。顺着争战的道理去想问题,所以行动上有所贪求。争战,依赖它解决问题就会走向灭亡。匹夫的智慧,离不开那些送人情、拉关系方面的考虑,把精神都耗费在浅陋无聊的琐事上,还想要用这些小伎俩去兼济天下、指导万物,达到形体清虚与万物同一。像这样去做,只能是在广大的宇宙面前迷迷惑惑,劳身受累而理解不了宇宙的本始。而圣人却是让精神返归到宇宙的本源,酣眠在虚无的境界。让思想像水一样从太虚中发泄出来,随高就低地自然流动。可悲呀!你把心智耗费在毫毛小事上,而不知大宁静的境界。

【注释】 ①缓:郑人名。　②呻吟:诵读。《释文》:"谓吟咏学问之声也。"裘氏:地名。　③为儒:成为儒家学者。　④河润九里:像黄河水一样能浸灌附近九里之内的田地。比喻缓的学问带给乡人的好处。　⑤泽及三族:恩泽施及三族。三族指父族、母族、妻族。　⑥墨:墨家。句谓,使他的弟弟攻读墨家的学问,成为墨家学者。　⑦翟:墨翟。墨家的代表人物。句谓,缓和他的弟弟在一起争辩,他的父亲支持墨家的观点。　⑧而:你。予:我。使而子为墨者,予也:把你儿子造就成墨家学者的人是我。　⑨阖胡:何不。良:坟墓。《释文》:"良或作埌,音浪,冢也。"俞樾:"良或作埌,冢也。此说近之。埌犹圹也。圹埌本叠韵字。《应帝王》篇'以处圹埌之野'是也。故圹亦得谓之埌。"　⑩秋柏之实:秋天柏树结的子实。以上几句的意思是说,他的父亲支持他弟弟,把他气得自杀了,怨愤不解,给他父亲托梦说:"把你儿子造就成墨家学者的是我,而你却不看根源去支持他,否定我。这实在冤枉,你何不到我的坟墓上去看看,我的真诚已经在秋柏上结成子实了。"　⑪造物者:自然洪炉。报人:回报人。　⑫报其人之天:回报给其人的天性,即有什么样的素质就把它造就成什么样的人。　⑬彼故使彼:他是那样的人,就让他成为那样的人。　⑭以己为有以异于人:认为自己的作用不同于人,即认为不是天性造成的而是自己的作用造成的。　⑮贱其亲：责怪他的父亲。　⑯捽（zuó 昨）：揪扯，扭打。句谓，正如齐国人和饮用井水的人扭打起来一样，不知道井水是天生的，而认为是自己挖出来的。　⑰皆缓也：都是郑人缓之类贪天之功以为己有的人。　⑱自是：自以为是，认为是自己的功劳。　⑲遁：违背。遁天之刑：违背天理得到的刑罚。　⑳安其所安：以该安的为安，即安于天性。　㉑所不安：不该安的。指人为的安排。　㉒勿言难：达到说不出的境界很难。老子说："道可道，非常道。"大道自然，一说出来就走样，故要达到不能说出来的境界很难。　㉓之天：达到天然的境界。　㉔之人：走向了人为。　㉕天而不人：求天然而不求人为。　㉖朱泙（pēng 烹）漫：人名。成疏："姓朱，名泙漫。"一说朱泙为复姓，盖因支离而误。泙漫，水盛貌，不当拆归姓名两属。支离益：姓支离，名益。屠龙：杀龙。　㉗单：借为殚，尽。句谓，耗尽千金家产。　㉘巧：指屠龙的技巧。　㉙以必不必：把不必然当作是必然。即不认死理，承认事物的多种可能性。　㉚兵：争战。　㉛顺于兵：顺着争战的理由去想问题。行有求：行动上有所贪求。　㉜恃：依靠。　㉝小夫：犹言匹夫。知：智。　㉞苴（jū 居）：馈赠的礼物。古人送人鱼肉时常用新鲜的草叶包裹着称为苴。竿牍：简牍，互相酬答的书信。苴竿牍指送人情、拉关系之类的活动。　㉟敝精神：使精神敝，即耗费精神。寒浅：浅陋，无聊。　㊱道：今作导。兼济道物：全面成就指导万物。　㊲太一：与万物同一。形虚：形体清虚。以上几句是说，用这些人情世故的小伎俩，还想要兼济天下，指导万物，理解与万物同一、形体清虚的大道。　㊳形累：身形劳累。太初：宇宙的本始。句谓，如果这样去做，必然会对无边的宇宙迷惑不清，劳心费力，不会了解宇宙的本始。　㊴无始：还没有万物的混沌状态。句谓，让精神回归到天地的本源。　㊵甘冥：酣睡。冥：通"瞑"，今作眠。《释文》："甘冥，如字，本亦作瞑，又音眠。"　㊶水流乎无形：让思想像水一样自然流动。无形指水随遇到的地势高就低地流动，没有固定的形态，也即顺其自然的意思。　㊷发泄乎太清：从太虚中流泄出来。太清指清虚之境。　㊸大宁：非常宁寂的境界。

　　宋人有曹商者①，为宋王使秦。其往也，得车数乘②。王说之③，益车百乘④。反于宋⑤，见庄子，曰："夫处穷闾厄巷⑥，困窘织屦⑦，槁项黄馘者⑧，商之所短也⑨；一悟万乘之主而从车百乘者⑩，商之所长也⑪。"庄子曰："秦王有病召医，破痈溃痤者得车一乘⑫，舐痔者得车五乘⑬，所治愈下，得车愈多⑭。子岂治其痔邪？何得车之多也？子行矣！"

【译文】　宋国有个叫曹商的人，替宋王出使秦国。去的时候，宋王赐给他几辆车，到秦国后，说得秦王高兴，又加赐了百辆车。在返回宋国的路上，见到庄子，对庄子说："住在穷里破巷，靠打草鞋艰难度日，苦熬得脖子干枯，面目黄瘦，这是我曹商干不了的；一下子就能说动万乘大国的君王，获得百辆车子的随从，这才是我曹商擅长的。"庄子说："秦王有病召请医生，拉开疮疖清除脓血的赏车一辆，给他舔痔疮的赏车五辆，医治的方法越是下贱，赏给的车子越多。你莫不是给他治痔疮去了吧,怎么会得到这么多车呢? 走你的吧!"

【注释】 ①曹商:人名。姓曹名商。 ②数乘:几辆。句谓,宋王赐给他几辆车。 ③王:指秦王。说:今作悦。 ④益:加。句谓,秦王又加赐给他百辆车。 ⑤反:返。 ⑥穷闾厄巷:穷困破烂的小巷子。厄:隘,狭窄。 ⑦困窘:生活困苦。织屦:编草鞋。 ⑧槁项:干枯的脖子。黄馘(guó 国):面黄肌瘦的脑袋。 ⑨短:不擅长。 ⑩悟万乘之主:使万乘之主醒悟,即给大国君主讲明白道理。从车:随从的车辆。 ⑪长:擅长。 ⑫破痈溃痤(cuó 瘥):拉开疖疮取出脓水。 ⑬舐(shì 市):舔。痔:痔疮。 ⑭下:下贱。句谓,治的方法越下贱,得到赏赐的车子越多。

鲁哀公问乎颜阖曰①:"吾以仲尼为贞干②,国其有瘳乎③?"曰:"殆哉圾乎④! 仲尼方且饰羽而画⑤,从事华辞⑥。以支为旨⑦,忍性以视民⑧,而不知不信⑨,受乎心,宰乎神⑩,夫何足以上民⑪? 彼宜女与,予颐与⑫,误而可矣⑬,今使民离实学伪⑭,非所以视民也。为后世虑,不若休之,难治也⑮。"

【译文】 鲁哀公问颜阖说:"我如果任命孔子做国家重臣,国家会有救吗?"颜阖说:"危险呵! 孔子追求表面上的修饰,讲究华丽文辞,把次要当成主要,压抑天性,显示给百姓,既不明智,又不真实,都是按个人的心思想出来,用自己的心神去主宰,怎么可以领导人民? 这些如果仅仅是适用于你或适用于我个人的颐养,倒也错就错了吧,现在问题是让百姓脱离真实,学习虚伪,这可不是教化百姓的好东西。为后世考虑,不如算了吧,否则,将会更难治理。"

【注释】 ①颜阖:人名。 ②贞干:国家的栋梁大臣。《易·文言》:"贞者,事之干也。" ③瘳(chōu 抽):病愈。句谓,国家可以治好吗? ④圾:通"岌",危。殆哉圾乎:太危险了。 ⑤饰羽:用羽毛装饰。画:彩画。指孔子注重装饰美画。 ⑥华辞:华丽的文辞。 ⑦支:非主干的支脉。指次要的东西。旨:要。句谓,孔子舍本逐末。 ⑧忍性:压抑天性。视民:使百姓看,即给百姓树立样板。 ⑨知:智,明智。信:真实。 ⑩受乎心:从自己心里想出来。宰乎神:用自己的思想判断是非。心、神互文。 ⑪上民:领导人民。 ⑫宜:适合,适用。女:汝。予:我。颐:养。本句"宜"字贯下。意思是说,他的那一套如果仅仅是适用于你或适用于我个人的颐养也还罢了。 ⑬误而可矣:错就错了吧。 ⑭离实学伪:脱离真实,学得虚伪。 ⑮休:止,止而不用。难治:人民更难治理。

施于人而不忘,非天布也①,商贾不齿②。虽以事齿之③,神者弗齿④。

【译文】 施恩图报,这不像大自然的无私恩赐,商人也会瞧不起。虽然在一些必不得已的事情上不得不与他来往,但内心里还是瞧不起他。

【注释】 ①天布:大自然的无私布施。这里指人不求回报的布施。 ②商贾(gǔ古):买卖人。不齿:即不愿与之并列,不愿与之来往,瞧不起的意思。 ③以事齿之:因为某些必不得已的事情只好与他交往。 ④神者弗齿:内心里还是瞧不起他。

为外刑者,金与木也①;为内刑者,动与过也②。宵人之离外刑者,金木讯之③;离内刑者,阴阳食之④。夫免乎外内之刑者,唯真人能之⑤。

【译文】 施加在体外的刑具,是铁锁木枷之类;施加在内心的刑具,则是内心的不安与自责。小人遭受外刑,用铁锁木枷来拷问他;遭受内刑的人,是阴阳不调来咬食他。能免除遭受外刑和内刑的人,只有真人才能做到。

【注释】 ①金与木:用金属与木材做的刑具,锁镣木枷之类。 ②动与过:指内心的不安和自责。过:过错。 ③宵人:小人。离:通"罹",受。讯:审问。 ④阴阳食之:阴阳不调来咬食他。 ⑤真人:得道的人。

孔子曰:"凡人心险于山川,难于知天①。天犹有春秋冬夏旦暮之期②,人者厚貌深情③。故有貌愿而益④,有长若不肖⑤,有顺懁而达⑥,有坚而缦⑦,有缓而钎⑧。故其就义若渴者,其去义若热⑨。故君子远使之而观其忠⑩,近使之而观其敬⑪,烦使之而观其能⑫,卒然问焉而观其知⑬,急与之期而观其信⑭,委之以财而观其仁⑮,告之以危而观其节⑯,醉之以酒而观其则⑰,杂之以处而观其色⑱。九征至,不肖人得矣⑲。"

【译文】 孔子说:"人心比高山大川还险恶,比天还难了解。天还有春夏秋冬、早晨晚上的规律可循,人却在看不透的外貌里藏着难测的心机。所以,有的人外表谦恭老实而实际上却骄横跋扈;有的人心里是厚道长者而外表上却又不像;有的人内心狡猾而表面上却通情达理;有的人外表上坚贞不屈而内心却十分软弱;有的人外表上宽缓从容而内心却十分凶悍。所以,如饥似渴趋赴大义的,往往又会避火似的抛弃大义。因此,君子要派他到远离自己的地方办事,观察他是否忠实;派他到自己的身边办事,观察他是否恭敬;派他去办繁杂的事情,观察他是否有能力;突然间提出问题,观察他的智力如何;在危急情况下与他相约,观察他是否守信用;委任他处理财物,观察他是否廉洁;告诉他危险的情况,观察他是否有节操;在他喝醉酒时,观察他是否守规则;让他男女杂处,观察他是否好色。经过这九项检验,就可以检查出不肖的人了。"

【注释】①险:险恶。难于知天:比天还难知。 ②期:定期,规律。 ③厚貌:看不透的外貌。深情:隐藏很深的真情。 ④愿:老实厚道。益:骄横跋扈。 ⑤长:长者宽厚的样子。不肖:不像。 ⑥顺懁(xuān 喧):狡猾。懁:通"儇"。达:通情达理。 ⑦坚:坚强。缦:与"坚"对文,软弱。 ⑧缓:宽缓。钎(hàn 悍):强悍。 ⑨就义:趋赴大义。若渴:像干渴思饮一样急不可耐。若热:如同被烫着一样退缩得快。 ⑩远使之:派到远处去办事。 ⑪近使之:安排到身边办事。 ⑫烦使之:派他去办繁难的事。 ⑬卒:通"猝"。卒然问焉:突然提出问题问他。 ⑭急与之期:在危急情况下和他相约。信:守信用。 ⑮委之以财:把财物交给他去处理。仁:廉洁自律。 ⑯告之以危:告诉他危险。节:节操。 ⑰则:礼仪规则。"则"原作"侧",《释文》云:"侧不正也……侧或作则。"据改。 ⑱杂之以处:男女混杂相处。 ⑲征:检验,考察。

正考父一命而伛①,再命而偻②,三命而俯③,循墙而走④。孰敢不轨⑤?如而夫者⑥,一命而吕钜⑦,再命而于车上舞⑧,三命而名诸父⑨。孰协唐、许⑩?

【译文】 正考父第一次提升,低下了身子;第二次提升,弯腰曲背;第三次提升,俯伏在地,沿着墙边走路。如此谦恭的人,谁敢在他面前不守法度?而你们这些人,第一次提升就腰板直起来,第二次提升就在车上手舞足蹈起来,第三次提升就要给国王当诸父了。谁能像唐尧、许由那样谦让呢?

【注释】①正考父:人名。宋国大夫,孔子的远祖。一命:第一次任命。封建制的规定,官爵的等级按士、大夫、卿排列,一命任命为士。成疏:"士一命,大夫再命,卿三命也。"伛(yǔ宇):低身曲背,表示谦恭。 ②偻(lóu 楼):弯腰。参见上注。 ③俯:身伏在地上。 ④循墙而走:沿着墙根走。把路让给别人,表示谦恭。 ⑤轨:法。句谓,谁敢不守法? ⑥而夫:你们这些人。 ⑦吕:《浅注》:"膂本字,脊骨。钜,强大。吕钜,意犹今说腰板硬。与伛偻相反,是一种自恃的表现。《说文》:"吕,脊骨也,象形。" ⑧舞:手舞足蹈。 ⑨名:称。诸父:指叔伯的父辈。古代国王任命自己的长辈辅政称诸父。 ⑩孰:谁。协:合,同。唐:唐尧。许:许由。句谓,谁能像尧和许由那样谦让呢?

贼莫大乎德有心而心有睫①,及其有睫也而内视②,内视而败矣③。凶德有五,中德为首④。何谓中德?中德也者,有以自好也而吡其所不为者也⑤。穷有八极⑥,达有三必⑦,形有六府⑧。美、髯⑨、长、大、壮、丽、勇、敢,八者俱过人也,因以是穷⑩。缘循⑪、偃佒⑫、困畏不若人⑬,三者俱通达。知慧外通⑭,勇动多怨⑮,仁义多责⑯。达生之情者傀,达于知者肖⑰,达大命者随,达小命者遭⑱。

【译文】 最大的贼害莫过于有心为德还长着心眼,长上心眼就会以意度事,以意度事就会德行败坏。招致凶祸的德行有五种,最大的是中德。什么叫做中德?中德就是自以为是而诋毁异己的做法。困阻有八端,通达有三项必然,刑害有六种来源。长得美貌、浓密的胡须、个高、粗大、健壮、华丽、勇武、果敢,这八个方面都超过常人,就会因此而困阻。顺其自然,随事俯仰,懦弱不如人,具备这三项就能通达。智慧外露,勇武妄动就会结怨多,行仁义就会招致责难。通达性命之情的人伟大,通达心智的人渺小,通达天命的人随遇而安,通达小命运的人到处去碰争机遇。

【注释】 ①德有心:有企图地施布恩德。心有睫:心里长着眼睛,即动心眼办事。 ②内视:主观臆断地看待事物,即以意度事。 ③败:坏。指德行被败坏了。 ④凶德:招致凶祸的德行。中德:自以为是的德行。 ⑤自好:总认为自己的想法是对的。吡(bǐ比):诋毁。所不为者:不同于己的。 ⑥穷:困。八极:八端,即下文提到的:美、髯、长、大、壮、丽、勇、敢。 ⑦达:通达。三必:必然的三项,即下文提到的:缘循、偃佒、困畏。 ⑧形:当为刑,刑害。参见下注⑯。府:府库,这里指来源。句谓,刑害有六种来源。六府指下文提到的智、慧、勇、动、仁、义。 ⑨髯:胡须。在颊的称髯。古人认为胡须浓密是一种美。 ⑩以是穷:因此才受到困阻。自身条件优于常人,自恃而不努力,故导致困阻。 ⑪缘循:顺其自然。 ⑫偃佒(yǎng养):俯仰。佒用如仰。指随事俯仰,顺应而不逆拒。 ⑬困畏:懦弱。不若人:不如人。表示为人谦下。 ⑭知慧外通:智慧显露在外。 ⑮勇动多怨:勇武好动伤人多,故结怨就多。 ⑯仁义多责:推行仁义就会招致责难。郭象注:"天下皆望其爱,然爱之则有不周矣,故多责。"《庄子集释》:"《阙误》引刘得一本,'责'下有'六者所以相刑也'七字。" ⑰傀(guī龟):与下文"肖"对举,大也。肖:小。 ⑱随:随顺。遭:与"随"对举,义为不随,争机遇到处去碰。

人有见宋王者,锡车十乘,以其十乘骄稚庄子①。庄子曰:"河上有家贫恃纬萧而食者,其子没于渊②,得千金之珠。其父谓其子曰:'取石来锻之③!夫千金之珠,必在九重之渊而骊龙颔下④。子能得珠者,必遭其睡也⑤。使骊龙而寤,子尚奚微之有哉⑥?'今宋国之深,非直九重之渊也⑦;宋王之猛,非直骊龙也。子能得车者,必遭其睡也。使宋王而寤,子为齑粉夫⑧!"

【译文】 有人去拜见宋王,宋王赐给他十辆车,他用这十辆车向庄子显耀。庄子说:"河边上有一户穷人,靠打席子为生,他的儿子潜入深渊,摸到一颗价值千金的宝珠。他父亲对他说:'取石头来砸了它!价值千金的宝珠,一定是在九重深渊黑龙的嘴下才有。你能摸到它,肯定是遇上了黑龙睡觉。假如黑龙醒着,你还能留一点骨肉残渣吗?'现在宋国比九重的深渊还深,宋王的凶猛,更甚于黑龙。你能得到车子,肯定是赶上宋王正在睡觉。假使宋王醒来,你就会成为粉末了!"

【注释】 ①锡:赐予。骄稚:傲视。《庄子集释》:"稚亦骄也。《集韵》:'稚陈尼切,自骄矜貌。'《管子·军令》篇'工以雕文刻镂相稚',尹知章注:'稚,骄也。'王引之《经义述闻》云:《诗·载驰》篇'众稚且狂',谓既骄且狂也。"　②纬萧:用芦荻打席子。没:潜水。③锻之:砸烂它。　④骊龙:黑龙。颔(hàn憾):下巴。　⑤遭:遇上。　⑥寤:醒着。奚微:何微。奚微之有:即有何微? 微指身体微小的残渣。　⑦直:只,仅仅。　⑧齑(jī跻)粉:粉末。

或聘于庄子①。庄子应其使曰②:"子见夫牺牛乎③? 衣以文绣,食以刍叔④,及其牵而入于大庙⑤,虽欲为孤犊⑥,其可得乎?"

【译文】 有人来聘请庄子。庄子对使者说:"你见过祭祀用的牺牛吗? 披上绣花的衣巾,喂给它谷草料豆,等到把它牵到太庙要杀的时候,即使想做一头没人豢养的小牛,还能办得到吗?"

【注释】 ①或:有人。聘:聘请出仕。　②应其使:应答他的使者。　③牺牛:用来祭祀的牛。　④衣:穿。文绣:有花纹的锦绣。食:饲,喂。刍叔:草料。刍:草。叔:豆。　⑤大庙:太庙,帝王的祖庙。　⑥孤犊:没人豢养的小牛。

庄子将死,弟子欲厚葬之。庄子曰:"吾以天地为棺椁,以日月为连璧,星辰为珠玑,万物为赍送①。吾葬具岂不备邪②? 何以加此③?"弟子曰:"吾恐乌鸢之食夫子也④。"庄子曰:"在上为乌鸢食,在下为蝼蚁食,夺彼与此,何其偏也⑤?"以不平平,其平也不平⑥;以不征征,其征也不征⑦。明者唯为之使⑧,神者征之⑨。夫明之不胜神也久矣⑩,而愚者恃其所见入于人,其功外也⑪,不亦悲乎?

【译文】 庄子快要死的时候,弟子们想要厚葬他。庄子说:"我用天地做棺椁,用日月做连璧,用星辰做珠玑,用万物来陪葬。我的葬具还不完备吗? 还有什么会比这更好?"弟子说:"我们担心乌鸦老鹰来啄食你的尸体。"庄子说:"在地上被乌鸦老鹰吃,在地下被蝼蚁吃,夺过乌鸦老鹰的食物给蝼蚁吃,为什么要这么偏心呢?"用不平做标准去平均,平均了也是不平;用没有验证的事情去证明,证明了也不能证实。人的明智只能供人们去使用,人的精神才能加以验证。明智比不上精神由来已久,而愚昧的人却依赖自己的见识,沉溺在智力理解的人事里,全是些表面功夫,不也太可悲了吗?

【注释】　①连璧:双璧。珠玑:珍珠。圆为珠,不圆为玑。赍送:赠送,指殉葬品。　②备:完备。　③何以加此:有什么比这更好？　④乌鸢(yuān 冤):乌鸦、老鹰。　⑤夺彼与此:从那些乌鸦老鹰的嘴里夺出来送给这些蝼蚁去吃。偏:不公平。　⑥以不平平:用不平做标准去平均。平也不平:平均了也不公平。　⑦以不征征:用没有验证的事情去证明。征也不征:证明了也不能证实。　⑧明:指人的明智。明者唯为之使:人的明智只能供人去使用。　⑨神:指人的精神。神者征之:人的精神才能加以验证。　⑩明之不胜神:明智比不了精神。　⑪入于人:沉溺在人智力理解的人事里。外:表面。

第三十三篇　天下

　　本篇截取篇首二字为题，试图论证大道的整体性与周遍性。作者从古代道术在流传过程被割裂的现状中，评述了儒家学派、墨家学派、宋尹学派、法家学派、名家学派，指出它们虽然都撷取了一些古代道术的内容，也时有可用之处，但并不全面，都带有片面性。只有道家学派的关尹、老子才是大道的正宗，尤其是庄子，把道家的学说发展到天人合一、融古贯今，取之不尽、用之不竭的境界。

　　天下之治方术者多矣①，皆以其有为不可加矣②。古之所谓道术者，果恶乎在③？曰："无乎不在④。"曰："神何由降？明何由出⑤？""圣有所生，王有所成，皆原于一⑥。"不离于宗，谓之天人⑦。不离于精，谓之神人⑧。不离于真，谓之至人⑨。以天为宗⑩，以德为本⑪，以道为门⑫，兆于变化⑬，谓之圣人。以仁为恩⑭，以义为理⑮，以礼为行⑯，以乐为和⑰，薰然慈仁⑱，谓之君子。以法为分⑲，以名为表⑳，以参为验㉑，以稽为决㉒，其数一二三四是也㉓，百官以此相齿㉔。以事为常㉕，以衣食为主，蕃息畜藏㉖，老弱孤寡为意㉗，皆有以养，民之理也㉘。

　　古之人其备乎㉙！配神明㉚，醇天地㉛，育万物，和天下，泽及百姓，明于本数㉜，系于末度㉝，六通四辟㉞，小大精粗，其运无乎不在㉟。其明而在数度者㊱，旧法、世传之史尚多有之㊲。其在于《诗》、《书》、《礼》、《乐》者㊳，邹鲁之士、搢绅先生多能明之㊴。《诗》以道志㊵，《书》以道事，《礼》以道行，《乐》以道和，《易》以道阴阳，《春秋》以道名分㊶。其数散于天下而设于中国者㊷，百家之学时或称而道之㊸。

　　天下大乱，贤圣不明，道德不一，天下多得一察焉以自好㊹。譬如耳目鼻口，皆有所明㊺，不能相通。犹百家众技也，皆有所长，时有所用㊻。虽然，不该不遍㊼，一曲之士也㊽。判天地之美㊾，析万物之理㊿，察古人之全(51)。寡能备于天地之美，称神明之容(52)。是故内圣外王之道(53)，暗而不明，郁而不发(54)，天下之人各为其所欲焉以自为方(55)。悲夫，百家往而不反，必不合矣(56)！后世之学者，不幸不见天地之纯，古人之大体(57)，道术将为天下裂(58)。

【译文】 天下研究方术的人很多，都认为自己的学说是无以复加了。那么，古代的道术究竟在哪里呢？可以说无处不在。人的精神从哪里来？人的明智从哪里来？圣人有生成之处，明王有生成之处，都是来源于大道。不离本宗，叫做天人。不离精纯，叫做神人。不离真诚，叫做至人。以天为本宗，以德性为根本，以道为门径，预见变化，叫做圣人。以仁爱为恩德，以大义为通理，以礼仪为行为规范，以乐为谐和，温和仁慈，叫做君子。用法律正名分，用名分定标志，用比较来检验，用考核来判断，用一二三四做量化分析，百官以此划分等级。以生理之事为常务，以衣食温饱为主要目的，繁殖生息，积聚收藏，关心老弱孤寡，让他们都得到养育，这是百姓的常理常情。

古代的人道德全面吧！他们的道德与神明相合，与天地的精醇一致，养育万物，和谐天下，泽及百姓，懂得基本的运数，以及细小的分度，通达四面八方，大到天地，小到万物，精到神智，粗到形体，道术的运行无处不在。他们通晓的道术有关运数分度方面的内容，在传统的法术和历史文献里还多有流传。记载在《诗经》、《尚书》、《三礼》、《乐记》中的，邹鲁一带的学子和搢绅先生们很多人都还能说明。《诗经》用来疏导情志，《尚书》用来指导政事，《三礼》用来指导行为，《乐记》用来引导性情和谐，《周易》用来疏导阴阳变化，《春秋》用来指导正定名分。运数分度散见在天下各地、设立在中国的，在诸子百家的学说里还不时有所称道。

后来天下大乱，圣贤之道隐而不显，道德就不统一了，天下人大多把自己得到的一孔之见看作是最好的。比如耳目口鼻，各有一种功能可以知觉，但又各自不能相通。这就如同是百家的各种技能，虽然都有自己的一技之长，也时有自己的用处。尽管如此，但并不完备全面，都是偏于某个方面的学说，割裂了天地一致的完美，分裂了古人的整体理论，把自己的一方面见解当成是全面适用的理论。很少能具备天地的完美，与神明的面目相称。因此内圣外王的大道，暗而不明，闭塞而不得发挥，人们各按自己的目的取为自己的方术。可悲呵，百家各自走下去不回头，肯定就合不到一起了！后世的学者，不幸见不到天地的真纯，又见不到古人的整体学说，道术要被天下人割裂了。

【注释】　①治：研究。方术：一方之术，即解决某一个方面问题的法术。　②其有：他所有的学说。不可加：无以复加。以……为：认为是。句谓，都认为自己的学说是最高的了。　③道术：大道之术。与"方术"对举，指全面的大道。果：真。恶：何。恶乎在：在恶乎，即在哪里呢？　④无乎不在：无所不在。　⑤神：人的精神。明：人的明智。句谓，人的精神与明智是从哪里来的呢？　⑥圣：圣者。王：王者。一：大道。句谓，圣人明王都有生成之处，都来源于大道。　⑦宗：本宗。指大道。天人：与天道合一的人。　⑧精：精神，即上天赋予人的非物质性的精神。神人：神圣的人。　⑨真：真性。至人：至高无上的人。　⑩以天为宗：以天道为本宗。天道指自然之道。　⑪以德为本：以德性为根本。德指人得之于天的天性。　⑫以道为门：以道为门径。道指人所认识到的天道。　⑬兆于变化：预知变化。兆：变化前的先兆，这里用如动词，是了解先兆的意思。　⑭仁：仁爱。恩：恩德。　⑮义：大义，古人以合宜为义，即对万物都合适的做法为义。　⑯行：指行为规范。　⑰和：调和性情。　⑱薰然：温和的样子。　⑲分：名分职位。　⑳表：标志。　㉑参：比较。验：检查。　㉒稽：考核。决：判断。　㉓其数一二三四是也：犹今天所言进行量化处理。句谓，它的数就是用一二三四这样量化分析。　㉔相齿：相列。齿指序列等级。　㉕常：常务。句谓，以做事劳作为常务。　㉖蕃息：繁殖生息。畜藏：蓄积收藏。　㉗为意：作为关心的事。　㉘民之理：百姓的常情。　㉙备：全面。　㉚配神明：与神明一致。配：合。　㉛醇天地：同于天地的精醇。醇：浓厚。这里作动词用。　㉜本数：大的运数。本数即天地运行的大数，如360日为一年等。　㉝末度：细小的分度，如除360日外每年还有5¼日。　㉞六通四辟：通达四面八方。四指东西南北四面，六指加上上下的六合。通、辟互文，都是开通的意思。　㉟其：指古人的道术。　㊱数度：即前文的本数末度。　㊲旧法：传统的法术。世传之史：历史文献。　㊳诗：《诗经》。书：《尚书》。礼：三礼，即《周礼》《仪礼》《礼记》。乐：《乐记》。　㊴邹鲁：古代的邹国、鲁国，在今山东邹县与曲阜一带。属姜太公的封地，孔、孟的故乡。搢绅：士大夫阶层。搢：也作缙，插上朝见用的笏版。绅：大带。都是士大夫的服饰。　㊵道：今作导。句谓，《诗经》是用来疏导人的情志的。下"以道"皆同。　㊶名分：名分职位。句谓：《春秋》是用来指导人应该遵守的名分职位的。　㊷数：指上文提到的数度。设：立。　㊸时或：有时。称而道之：说到它。　㊹一察：一个方面的见解。自好：自我欣赏。　㊺明：官能。　㊻时有所用：有时也有用。　㊼该：通"赅"，完备。遍：全面。　㊽一曲之士：通晓某一局部的人。　㊾判：割裂。美：完美。　㊿析：离析，分裂。　㉛察：看。察古人之全：以自己的一得之见来看待古人全面的大道。即把自己的一得之见当成古人的大道。　㉜称：合。容：面目。　㉝内圣外王之道：指大道。内圣：个人本身有圣人的道德。外王：用于身外有做帝王的素质。　㉞郁：闭塞。　㉟为其所欲：按照他个人的欲望。以自为方：用来做自己的道术。　㊱反：返。合：合在一起。　㊲纯：纯真，本然。大体：整体。　㊳裂：割裂。

不侈于后世①，不靡于万物②，不晖于数度③，以绳墨自矫④，而备世之急⑤。古之道术有在于是者，墨翟、禽滑厘闻其风而说之⑥。

为之大过,已之大循⑦。作为《非乐》⑧,命之曰《节用》⑨。生不歌,死无服⑩。墨子泛爱兼利而非斗⑪,其道不怒。又好学而博⑫,不异⑬,不与先王同,毁古之礼乐。黄帝有《咸池》,尧有《大章》,舜有《大韶》,禹有《大夏》,汤有《大濩》,文王有《辟雍》之乐,武王、周公作《武》⑭。古之丧礼,贵贱有仪⑮,上下有等。天子棺椁七重⑯,诸侯五重,大夫三重,士再重⑰。今墨子独生不歌,死不服,桐棺三寸而无椁⑱,以为法式。以此教人,恐不爱人;以此自行,固不爱己⑲。未败墨子道⑳。虽然,歌而非歌,哭而非哭,乐而非乐,是果类乎㉑?其生也勤,其死也薄㉒,其道大觳㉓。使人忧,使人悲,其行难为也㉔。恐其不可以为圣人之道,反天下之心㉕,天下不堪。墨子虽独能任㉖,奈天下何。离于天下,其去王也远矣㉗!

墨子称道曰:"昔者禹之湮洪水㉘,决江河而通四夷九州也㉙。名川三百,支川三千㉚,小者无数。禹亲自操橐耜而九杂天下之川㉛,腓无胈,胫无毛㉜,沐甚雨,栉疾风㉝,置万国㉞。禹大圣也,而形劳天下也如此㉟。"使后世之墨者,多以裘褐为衣㊱,以跂蹻为服㊲,日夜不休,以自苦为极㊳,曰:"不能如此,非禹之道也,不足谓墨㊴。"

相里勤之弟子㊵,五侯之徒㊶,南方之墨者苦获、己齿、邓陵子之属㊷,俱诵《墨经》,而倍谲不同㊸,相谓别墨㊹。以坚白同异之辩相訾㊺,以觭偶不仵之辞相应㊻。以巨子为圣人㊼,皆愿为之尸㊽,冀得为其后世,至今不决㊾。

墨翟、禽滑厘之意则是㊿,其行则非也。将使后世之墨者,必自苦以腓无胈、胫无毛相进而已矣㉛。乱之上也,治之下也㉜。虽然,墨子真天下之好也㉝,将求之不得也㉞,虽枯槁不舍也㉟,才士也夫㊱!

【译文】 不以奢侈误导后世,不浪费万物,不宣扬天命,用规矩自我约束,为社会的急难储备积累。古代的道术形成的这种学说,墨翟、禽滑厘听到后很欣赏。但按墨家的主张去做太过分,禁止实行又太顺任人欲。墨子写出了《非乐》和命名为《节用》的文章。主张活着不歌乐,死了不厚葬。墨子宣传博爱、同利和反对战争,他主张不要相互怨怒。他又好学,知识广博,不主张立异,这些与先王不同,破坏了古代的礼乐。黄帝有《咸池》的乐曲,尧有《大章》的乐曲,舜有《大韶》的乐曲,禹有《大夏》的乐曲,商汤有《大濩》的乐曲,周文王有《辟雍》的乐曲,周武王、周公制作了《武》的乐曲。古代的丧礼,贵贱有不同的礼仪规定,上下有等级的差别。天子的棺椁七层,诸侯五层,大夫三层,士两层。现在墨子自己主张生不歌乐,死不厚葬,桐木棺材三寸厚不要外椁,作为装殓的标准。用这一套去教人,恐怕不算爱人;用来自己实行,实在是不爱惜自己。这些虽然还不是墨子学说的致命弱点,但该歌不歌,该哭不哭,该乐不乐,就真得与古人的道术相合吗?生前辛勤劳苦,死后草草薄葬,这种主张太苛刻了。使人忧,使人悲,实行起来很困难。恐怕不能当成圣人之道,违反天下人的心愿,天下人不堪忍受。墨子虽然自己能够做到,但对全天下人又怎么办。背离了天下的人,离开王道也就远了吧!

　　墨子称道说:"当年大禹治理洪水,疏导江河,沟通四夷九州,修成大川三百条,支流三千条,小河毛渠不计其数。大禹亲自负土操铲,汇聚天下之水导入大海,辛苦得小腿无毛、腿肚无肉,冒大雨、顶大风,安置天下万国。禹是个大圣人,为天下的事如此劳累。"让后世的墨者服兽皮粗布衣,穿木屐草鞋,日夜不休,以自苦为准则,说:"不能如此,就不是大禹的圣人之道,不配称为墨者。"

　　相里勤的弟子,五侯的门徒,南方的墨者苦获、己齿、邓陵子之流,都诵读《墨经》,却意见背异不同,相互称为非正统的墨家。他们用"坚白、同异"的辩论相互诋毁,用奇偶不合的言辞互相答对。推选巨子当墨家的圣人,都想做主持,希望成为墨家的继承人,至今也决定不下来。

　　墨翟、禽滑厘的心意是好的,但做法就不对了。定然会让后世的墨者都自己苦自己,劳累得腿肚没肉、小腿没毛去相互争进罢了。这种做法是乱国的上策,治国的下策。虽然如此,墨子还是真心爱天下的人,要找到治天下的道术没有找到,虽然形容枯槁也不舍弃,是个有才志之士吧!

【注释】①侈:奢侈。不侈于后世:即不使后世侈。也就是说,提倡节俭,不以奢侈影响后世。《墨子》有《节用》篇。　②靡(mí糜):浪费。《墨子》有《节葬》等篇。　③晖:炫耀,宣扬。数度:用数度计算出来的周期、天运、天命等。古人用数度计算天地运行的周期,按周期确定未来的祸福,如阳九之厄等等。认为这就是天命。《墨子》既讲《天志》,又讲《非命》,这本身就是矛盾。不晖于数度:不宣扬天命。　④绳墨:木匠取直的墨线。这里是规矩的意思。自矫:自我矫正,即自我约束。　⑤备世之急:为社会的急难储备积累。　⑥墨翟:即墨子。墨家学派的创始人。鲁国人。有《墨子》一书传世。禽滑厘:墨子的弟子。风:流传。闻其风:听到这种流传。说:喜悦,欣赏。　⑦大:太。为之大过:按墨子的主张去做太过分。已之:禁止实行它。循,顺,指顺任人们的欲望。已之大循:意思是说不按墨子的主张去做,又太顺任人欲了。人们没有节制要求,会想干什么就干什么。　⑧非乐:《墨子》书中的一篇。　⑨节用:《墨子》书中的一篇。命:命名。　⑩无服:没有装敛的衣服。《墨子》反对厚葬。　⑪非斗:反对不义战争。《墨子》有《非攻》一篇。　⑫博:博学。　⑬不异:不立异。《墨子》有《尚同》一篇。　⑭咸池、大章、大韶、大夏、大濩(huò 获)、辟雍、武:都是不同时代的乐曲名。　⑮仪:礼仪规定。　⑯椁:外棺。重:层。　⑰再重:两层。再:二。　⑱桐棺:桐木做的棺。三寸:指棺材板的厚度。　⑲固:实在是。　⑳未败墨子道:还不足以损害墨子之道的好处。就是说,以上的缺点,还不是墨子学说的致命弱点。　㉑类:相似,相合。是果类乎:这真得与古人的道术相合吗?　㉒薄:简约,指送葬太简单。　㉓大觳(què 确):太苛刻。　㉔其行难为:难以推行。　㉕反:违背。　㉖任:承受。　㉗去王:离开王道。　㉘湮(yīn 因):通作堙,堵塞。　㉙四夷:华夏民族外围的四方少数民族地区。九州:中国古代的九个行政区划,即:冀、兖、青、徐、扬、荆、豫、梁、雍九州。　㉚名川:知名的大川。"名川"原作"名山",据赵谏议本改正。支川:支流之川。　㉛橐(tuó 驼):盛土的袋子。耜(sì 似):挖土的铲子。九:一作鸠,聚合。杂:汇集在一起。九杂天下之川:是说把天下川流的水汇集到江河导入大海。　㉜腓(féi 肥):腿肚。胈(bá 拔):字从月,当释为肉。胫(jìng 径):小腿。句谓,腿肚上无肉,小腿上磨光了汗毛。　㉝甚雨:大雨。栉(zhì 至):梳头发。　㉞置万国:安置好万国。　㉟形劳天下:为天下形劳。　㊱裘:兽皮。褐:粗布。　㊲跂(jī 屐):木板鞋。蹻(jué 绝):草鞋。服:服用。　㊳极:准则。　㊴不足谓墨:不能称作墨家。　㊵相里勤:墨子的后学。墨子死后墨家分为三派:相里氏、相夫氏、邓陵氏。相里勤是相里氏墨派的开山人物,姓相里,名勤。《韩非子·显学》:"有相里氏之墨,有相夫氏之墨,有邓陵氏之墨。"　㊶五侯:人名,相里勤的弟子。　㊷苦获、己齿、邓陵子:都是墨子后学的人名。庄子认为,都是相里勤的再传弟子。　㊸倍:背。谲(jué 决):怪。倍谲不同:是说他们的学说出现了分歧。　㊹别墨:非正统的墨家学说。　㊺坚白、同异:战国时期名家争辩的两个命题。坚白可参见《齐物论》注。同异是就世界万物的同一性与差异性的关系展开的争论。比如种属于类,从类上说是同,从种上说是异。犬羊同属动物,犬羊相同。犬羊各为一种动物,犬羊相异。故有合同异的说法。相訾:互相攻击、诋毁。　㊻觭:通作奇(jī 基),单数。偶:双数。仵:通作迕。不仵:不合。句谓,用奇偶不合的言辞互相答对。　㊼巨子:墨家学派称学术权威为巨子。　㊽尸:主。　㊾冀:希望。后世:继承人。　㊿意:用意,愿望。是:对的,好的。　(51)相进:互相争进。　(52)乱之上也,治之下也:乱国有余,治国不足。　(53)好:热爱。　(54)求之不得:寻求热爱天下之道不得。　(55)不舍:不放弃。　(56)才士:有才能的人。夫:句末语气词。

不累于俗①,不饰于物②,不苟于人③,不忮于众④。愿天下之安宁以活民命,人我之养⑤,毕足而止⑥,以此白心⑦。古之道术有在于是者,宋钘、尹文闻其风而悦之⑧。作为华山之冠以自表⑨,接万物以别宥为始⑩。语心之容⑪,命之曰心之行⑫。以聏合驩⑬,以调海内,请欲置之以为主⑭。见侮不辱⑮,救民之斗。禁攻寝兵,救世之战。以此周行天下,上说下教⑯,虽天下不取,强聒而不舍者也⑰。故曰,上下见厌而强见也⑱。

虽然,其为人太多,其自为太少,曰:"请欲固置五升之饭足矣⑲。"先生恐不得饱,弟子虽饥⑳,不忘天下,日夜不休。曰:"我必得活哉!"图傲乎救世之士哉㉑!曰:"君子不为苛察㉒,不以身假物㉓。"以为无益于天下者,明之不如已也㉔。以禁攻寝兵为外,以情欲寡浅为内。其小大精粗,其行适至是而止㉕。

【译文】 对于世上的俗务不怕受累,对事物不做矫饰装扮,对人不做苛刻的要求,对众人不忌恨。希望天下得到安宁,百姓能够活命,他人与自己的给养都能满足就可以了,以此来表明自己的心愿。古代的道术形成的这种学说,宋钘、尹文听到后很欣赏。制作了华山冠戴在头上,显示自己上下均平的主张,与万物的来往,以谅解不同意见为首。表明心中的宽容,称之为内心的修养。用柔顺态度取得皆大欢喜,来调和海内人际关系,希望请这样的人立为共同主宰。受到欺侮也不以为耻辱,解救人们之间的争斗。主张禁止攻伐,寝息兵祸,把人民从世间的战争中拯救出来。用这些主张周行天下,对上劝说君王,对下教化百姓,即使不被天下接受,还是不停地在耳边聒噪不止。所以说,就是被上上下下讨厌,还是要固执地表白自己的观点。

虽然如此,他们还是为别人考虑得太多太多,为自己考虑得很少很少,说:"我们只想让你给安排五升米的饭就足够了。"先生恐怕也难吃饱,弟子们虽然饿着肚皮,还是不忘天下,日夜辛苦不休。说什么:"我肯定能活下去!"真是高大救世的人物呵!又说:"君子不去苛求别人,不借用外物替代自身。"认为对天下无益的说法,辨别明白还不如就此为止。把禁止攻伐、寝息兵祸作为对外的要旨,把清心寡欲作为对内的要求。无论是大的方面还是小的方面,他们的做法,只不过到此为止罢了。

【注释】 ①不累于俗:即于俗不累。此句与下三句并列,"于"不可解为"被"。成疏"于俗无患累",是说对于世上的俗事不怕受累。 ②不饰于物:即"于物不饰",对物不做矫饰。 ③苟:苟字之误,下文有"君子不为苛察"可证。不苟于人:对人不做苛刻的要求。 ④忮(zhì至):忌恨。不忮于众:不忌恨他人。 ⑤人:他人。 养:给养。 ⑥毕:都。毕足而止:都能满足就可以了。 ⑦白:表白。 ⑧宋钘(xíng 刑):《逍遥游》篇作宋荣子。《汉书·艺文志》著录《宋子》十八篇,属小说家,其书不传。尹文:《汉书·艺文志》著录《尹文子》一篇,属名家。今有《尹文子》一卷收入《诸子集成》。依据庄子的说法,宋钘与尹文的学说,主张柔顺退让,躬行救世,对人宽容,上下平等,反对战争,清心寡欲,使天下得到调和。 ⑨华山冠:上下平均的帽子。郭象注:"华山上下均平。"《释文》:"华山上下均平,作冠象之,表己心均平也。" ⑩别宥:即宥别,宽容。宥:宽恕,谅解。别:不同于自己的意见。 ⑪容:能谅解别人而宽容。 ⑫心之行:内心的修养。成疏:"每令心容万物,即名此容受而为心行。" ⑬胹(ér而):柔软。《庄子集解》:"《庄子阙误》引作胹。《说文》肉部:'胹,烂也。'《方言》:'胹,熟也。''以胹合驩',即软熟之意……《司马光集》注:奭字与软同,亦正此意。《阙误》作'胹'字者是也。驩:同"欢"。 ⑭请欲置之以为主:希望请这样的人立为万物主宰。 ⑮见:被。不辱:不以为耻辱。 ⑯上说:劝说在上位的君王。下教:教化在下位的百姓。 ⑰强聒(guō郭):硬在耳边聒噪。 ⑱见厌:被人讨厌。强见(xiàn现):执拗地表白自己的观点。 ⑲置:设置安排。 ⑳先生:指学派中的年长老师。 ㉑图傲:高大。傲也作謷。《德充符》:"謷乎大哉。"成疏:"图傲,高大之貌也。" ㉒苛察:苛求挑剔。 ㉓不以身假物:不借用外物来替代自身。郭象注:"必自出其力也。" ㉔明:辨明。已:止。句谓,对天下无益的说法,辨别明白还不如就此而止。 ㉕适:正好,只不过。

公而不党①,易而无私②,决然无主③,趣物而不两④,不顾于虑⑤,不谋于知⑥,于物无择,与之俱往⑦。古之道术有在于是者,彭蒙、田骈、慎到闻其风而悦之⑧。齐万物以为首⑨,曰:"天能覆之而不能载之,地能载之而不能覆之,大道能包之而不能辩之⑩。"知万物皆有所可,有所不可⑪。故曰,选则不遍⑫,教则不至⑬,道则无遗者矣⑭。

是故慎到弃知去己⑮,而缘不得已。泠汰于物⑯,以为道理。曰:"知不知⑰,将薄知而后邻伤之者也⑱。"謑髁无任⑲,而笑天下之尚贤也⑳。纵脱无行㉑,而非天下之大圣㉒。椎拍辁断㉓,与物宛转㉔。舍是与非,苟可以免㉕。不师知虑㉖,不知前后㉗,魏然而已矣㉘。推而后行,曳而后往㉙。若飘风之还㉚,若羽之旋㉛,若磨石之隧㉜,全而无非㉝,动静无过,未尝有罪。是何故?夫无知之物,无建己之患㉞,无用知之累,动静不离于理㉟,是以终身无誉㊱。故曰:"至于若无知之物而已。无用贤圣,夫块不失道㊲。"豪桀相与笑之曰:"慎到之道,非生人之行而至死人之理㊳,适得怪焉㊴。"

田骈亦然,学于彭蒙,得不教焉㊵。彭蒙之师曰:"古之道人,至于莫之是、莫之非而已矣㊶。其风窢然,恶可而言㊷?"常反人,不见观㊸,而不免于鲵断㊹。其所谓道非道㊺,而所言之韪不免于非㊻。彭蒙、田骈、慎到不知道㊼。虽然,概乎皆尝有闻者也㊽。

【译文】 公正不偏,平易无私,断然去掉主观意见,用同一标准随物而趋,不用思虑盘算,不用心智谋划,同等对待万物,随着万物而行。古代的道术形成的这种学说,彭蒙、田骈、慎到听到后很欣赏。以一视同仁为主要观点,说:"天能覆盖万物却不能承载,地能承载万物却不能覆盖,大道能包容万物却不能分辨。"所以知道,万物都是有它能的一面,也有它不能的一面。所以说,一有挑选就不能全面,有所教育就会有教育不到的方面,而大道则是无所不包没有遗漏。

因此慎到主张不用智虑,抛开己见,一切出于不得已。随物而定作为道理。说:"智虑不能了解万物,稍一用智,而后就近乎伤害了道理。"不约束自己,无以为能,反而耻笑天下崇尚贤能。放纵不羁,无以为行,反而批评天下信奉圣人。笞挞行刑,随外物周旋。只有抛弃是非,才可免去世俗的患累。不用智虑,不瞻前顾后,巍然独立罢了。受到推动然后前走,受到拖曳然后后退。如旋风一样回转,像鸟儿一样盘旋,像推磨一样环转,就会完美无缺,动静无过,未曾有罪。这是为什么呢?没有知觉的东西,就不会有树立自己的祸患,也没有用智虑的牵累,动静就合乎自然之理,因此终身没有毁誉。所以说:"达到像没有知觉的东西一样就可以了。用不着圣贤,土块才真正不离开道。"豪杰之士一起嘲笑他说:"慎到的道,不是活人行为,而是走向死人的道理,十足的怪论。"

田骈也是如此,他受教于彭蒙,得到了不教的教育。彭蒙的老师说:"古时候得道的人,达到不肯定什么也不否定什么就行了。他们的风教像风吹过一样没有痕迹,又如何能言传呢?"这种学说违背人心,得不到人们的认可,像古代的道术又不太像。他们所说的道,并不是真正的道,他们所说的对又免不了错。彭蒙、田骈、慎到不懂得道。尽管如此,他们似乎还曾听到过一些古代的道术。

【注释】 ①公而不党:公正不偏。党:偏私。"党"原作"当",《释文》曰"崔本作党",据改。 ②易:平易。 ③决然:断然。无主:不带主观意见。句谓,断然去掉主观意见。 ④趣物:即趋物,随物而趋。不两:一视同仁,不用两种标准。 ⑤顾:与"谋"互文。不顾于虑:不用思虑去盘算。 ⑥不谋于知:不用心智去谋划。 ⑦择:选。句谓,同等对待万物,随着万物而行。 ⑧彭蒙:人名。成疏:"姓彭名蒙。"俞樾曰:"据下文,彭蒙当是田骈之师。《意林》引《尹文子》有彭蒙曰:'雉兔在野,众皆逐之,分未定也;鸡豕满布,莫有志者,分定故也。'"田骈:即陈骈。俞樾曰:"《汉书·艺文志》道家《田子》二十五篇,名骈,齐人,游稷下,号天口骈。《吕览·不二》篇'陈骈贵齐',即田骈也。《淮南子·人间》篇'唐子短陈骈子于齐威王'云云,即田骈之事实,亦可见贵齐之一端矣。"其书不传。慎到:赵人。成疏:"姓慎名到,并齐之隐士,俱游稷下,各著书数篇。"《汉书·艺文志》著录《慎子》四十二篇,属法家。原书不传。今本《慎子》为后人所辑。 ⑨齐万物:平等对待万物。⑩包:包容。辩:分辨。以上几句的"之"都指万物。⑪有所可:有可以认可的一面。有所不可:有不可以认可的一面。⑫遍:普遍,全。句谓,有所选择就不能全面而出现了遗漏。⑬教则不至:有所教就会有教不到的方面。⑭无遗:没有遗漏,无所不包。⑮弃知:不用心智。去己:去掉私心。《慎子》认为:"全大体者,望天地,观江海,因山谷,日月所照,四时所行,云布风动。不以智累心,不以私累己,寄治乱于法术,托是非于赏罚,属轻重于权衡,不逆天理,不伤情性。"弃知去己:按制定的法规标准去执行,不能按个人的想法愿望去改变。⑯泠汰:顺物而定。《慎子·因循》:"天道因则大,化则细。因也者,因人之情也。"郭象注:"泠汰犹听放也。"听放言其因循。成疏:"泠汰犹拣炼也。"拣炼言其筛选,即顺着万物的情理筛选出一个统一的标准。比如万物都有重量,就按着它固有的重量用权衡做统一标准。⑰知不知:智虑不能了解万物。⑱薄:稍微。薄知:稍一用智。邻:近。之:指道理。句谓,稍一用智,而后就近乎伤害了道理。⑲謑髁(xíkē 习科):与后文"纵脱"互文,都是随便不受约束的意思。无任:无用,无能。⑳尚贤:崇尚贤能的人。㉑纵脱:放任不羁。无行:不修德行。㉒非:非议,认为不对。㉓椎:今作捶,捶打。成疏:"椎拍,笞挞也。"轹断:用刑具截断人的肢体。《释文》:"椎拍轹断,皆刑截者所用。" ㉔宛转:随物变化。㉕苟:如果。苟可以免:如果这样,就可以免去世俗的患累。见下"无建己之患,无用智之累"。㉖师:师法,用。㉗前后:前因后果。㉘魏然:巍然独立的样子。㉙曳:拉。㉚飘风:旋风。还:转。㉛羽:鸟。旋:旋转。㉜隧:转圈。㉝全:完美。无非:没有错。㉞建:树立。建己之患:树立自己造成的祸患。㉟不离于理:即合理。㊱无誉:没有毁誉。㊲块:土块。㊳生人:活人。㊴适:合,应当。得怪:得到怪的评价,即被看作怪论。㊵得不教:得到以不教为教的传授,即会心的传授。彭蒙认为"教则不至",故用不言之教来教弟子。㊶莫之是、莫之非:不肯定什么,也不否定什么。 ㊷窅(xū 虚)然:风迅速吹过的声音。其风窅然:意思是说,他们的风教像风吹过一样没有痕迹。恶:何。㊸反人:违背常人的心意。不见观:不被人们瞻望,即不被人们承认。㊹鮀(wǎn 挽)断:成疏:"无圭角貌也。"谓模棱两可。指与古代的道术有点像又不太像。见下。㊺其所谓道非道:他们所说的道并非真正的道。㊻韪(wěi 伟):与"非"对举,义为是。句谓,他们所说的对恐怕免不了错。㊼不知道:不懂古代的道术。㊽概乎:大概。皆尝有闻:都还曾听说过一些古代的道术。

以本为精,以物为粗①,以有积为不足②,澹然独与神明居③。古之道术有在于是者,关尹、老聃闻其风而悦之④。建之以常无有⑤,主之以太一⑥,以濡弱谦下为表⑦,以空虚不毁万物为实⑧。

关尹曰:"在己无居,形物自著⑨。"其动若水⑩,其静若镜⑪,其应若响⑫。芴乎若亡⑬,寂乎若清⑭。同焉者和,得焉者失⑮。未尝先人而常随人⑯。

老聃曰:"知其雄,守其雌⑰,为天下谿⑱;知其白,守其辱⑲,为天下谷⑳。""人皆取先,己独取后㉑。"曰:"受天下之垢㉒。"人皆取实,己独取虚㉓。无藏也故有余㉔,岿然而有余㉕。其行身也,徐而不费㉖,无为也而笑巧㉗。人皆求福,己独曲全㉘。曰:"苟免于咎㉙。"以深为根㉚,以约为纪㉛。曰:"坚则毁矣,锐则挫矣㉜。"常宽容于物,不削于人㉝。可谓至极㉞。

关尹、老聃乎,古之博大真人哉!

【译文】 以大道为精华,以万物为粗杂,以有积蓄为不足,心地恬淡只与神明在一起。古代的道术形成的这种学说,关尹、老聃听到后很欣赏。把学说建立在常无有的基础上,以太一的大道为核心,以懦弱谦下为外在形式,以空虚不毁损万物为内在实质。

关尹说:"不要自居有功于物,有形之物是自己本身形成的。"行动起来像水一样顺势流动,静止下来如止水形成的镜面,对外界的反应如同是回声对声源的反应。恍恍忽忽如同没有自己,宁静如同虚空。与万物混同取得和谐,有所得则会有所失。未曾抢先而常常随在人后。

老聃说:"知道什么是雄强,自己却守住雌弱,做天下的溪谷;知道什么是洁白,自己却守住污辱,做天下的低谷。""人们都选取争先,我只选取落后。"又说:"要承受天下的污垢。"人们都选取实惠,自己只选取虚无。没有蓄藏所以有余,像矗立的大山一样有余。立身行事从容不迫,不耗损精神;无所作为,耻笑用心机巧的做法。人人都求福,自己只是委曲求全。说:"只要不遭受灾祸就行了。"以深厚的道德为根本,以行为简约为纲纪。说:"坚强就会毁损,尖锐就会挫断。"经常以宽大的心胸容纳万物,不侵削他人。可以说是最高的道术了。

关尹、老聃呵,真是古代博大的真人!

【注释】 ①本:大道。前文"圣有所生,王有所成,皆原于一"。《老子·四十三章》:"道生一,一生二,二生三,三生万物。"大道为本,为精华,万物为粗杂。 ②有积:有积蓄。句谓,认为有积蓄反而会不足。《老子·四十二章》:"甚爱必大费,多藏必厚亡。故知足不辱,知止不殆,可以长久。" ③澹然:淡然。句谓:心地恬淡只与神明在一起。 ④关尹:道家学派的重要人物。据说是周平王时的函谷关令,故以官职为姓,称作关尹,名喜,字公度。老子西出函谷关,应关尹之请,写出《道德经》八十一章。《汉书·艺文志》著录《关尹子》九篇,今不传。老聃即老子。成疏:"姓李,名耳,字伯阳,外字老聃。" ⑤建之以常无有:把学说建立在常无有的基础上。《老子·一章》:"故常无,欲以观其妙;常有,欲以观其徼。两者同出而异名,同谓之玄,玄之又玄,众妙之门。"《四十章》又说:"天下之物生于有,有生于无。"故以无为常。 ⑥太一:万物产生前最初的混一。太一即生天地、生万物的大道。句谓,以大道的太一为核心。《老子·三十九章》:"天得一以清,地得一以宁,神得一以灵,谷得一以盈,万物得一以生,侯王得一以为天下贞。" ⑦濡弱:懦弱。表:外在形式。 ⑧实:内在实质。 ⑨在己无居:在自己这一方面不自居有功于物,即不认为个人起了什么作用。形物自著:有形之物都是自身形成的。 ⑩其动若水:行动起来像水一样流动。水的流动完全顺应地势,比喻人的行为顺应自然。 ⑪其静若镜:平静下来如止水形成镜面。比喻内心平静如镜子,只对外物做纯客观地观照,不加任何主观成分。 ⑫响:回声。其应若响:对外界的反应就如同是回声对声源的反应。 ⑬芴:今作忽,恍忽不清的样子。亡:无。句谓,恍恍忽忽如同没有自己。 ⑭寂乎若虚:静寂如同虚空。 ⑮同焉者和:与万物混同取得和谐。得焉者失:有所得就会有所失。 ⑯先人:抢在人前。随人:随在人后。 ⑰知其雄:知道什么是雄强。守其雌:以雌弱自守。 ⑱豀:通作溪。与下文"谷"互文,指低谷。《老子·二十八章》:"知其雄,守其雌,为天下豀;为天下豀,恒德不离,复归于婴儿。知其白,守其黑,为天下式。为天下式,恒德不忒,复归于无极。知其荣,守其辱,为天下谷。为天下谷,恒德乃足。"为天下豀意为,把自己摆在低下的位置上。 ⑲白:洁白。句谓,知道什么是洁白。守其辱:以污辱自守。 ⑳谷:低谷。参见注⑱。 ㉑取:选取。 ㉒受:承受。垢:污垢。 ㉓实:实惠。虚:虚空。 ㉔藏:收藏。句谓,不收藏所以有余。《老子·八十一章》:"圣人不积,既以为人,己愈有;既以与人,己愈多。"为人、与人,人愿其多,故有余。 ㉕岿然:高大的样子。 ㉖徐:从容不迫。费:损。句谓,立身行事从容不迫,故不损伤精神。 ㉗笑巧:耻笑机巧。 ㉘曲全:委曲求全。 ㉙咎:咎祸。 ㉚以深为根:以深厚的道德为根本。 ㉛以约为纪:以行为简约为纲纪。 ㉜坚则毁:坚强就会损毁。锐则挫:尖锐就会挫折。《老子·七十六章》:"人之生也柔弱,其死也坚强。万物草木之生也柔脆,其死也枯槁。故曰,坚强,死之徒也;柔弱,生之徒也。是以兵强则不胜,木强则折。" ㉝不削于人:不侵削他人。 ㉞至极:最高的道术。

芴漠无形①,变化无常,死与生与,天地并与②,神明往与③。芒乎何之④?忽乎何适⑤?万物毕罗⑥,莫足以归⑦。古之道术有在于是者,庄周闻其风而悦之。以谬悠之说⑧,荒唐之言⑨,无端崖之辞⑩,时恣纵而不傥⑪,不以觭见之也⑫。以天下为沈浊,不可与庄语⑬。以卮言为曼衍⑭,以重言为真⑮,以寓言为广⑯。独与天地精神往来⑰,而不敖倪于万物⑱。不谴是非⑲,以与世俗处。其书虽瑰玮⑳,而连犿无伤也㉑。其辞虽参差㉒,而諔诡可观㉓。彼其充实㉔,不可以已。上与造物者游㉕,而下与外死生、无终始者为友㉖。其于本也,宏大而辟㉗,深闳而肆㉘;其于宗也,可谓稠适而上遂矣㉙。虽然,其应于化而解于物也㉚,其理不竭,其来不蜕㉛,芒乎昧乎㉜,未之尽者。

【译文】 幻化无形,变化无常,也生也死,与天地共存,伴随神明一起运动。茫茫然要到哪里去?恍恍忽忽要去干什么?万物都包罗在内,不足它的容纳。古代的道术所形成的这种学说,庄周听到后很欣赏。他用玄远超常的语言,意外广大的话语,没有崖界的言辞,时时放纵不受拘束,又不带任何倾向的文章来表现它。他认为天下人昏沉污浊,无法讲庄重的话。用随机而变的话随物宛转,借用前人的语句说明真理,用有所寄寓的语言加以阐发。独自与天地精神相往来,但又不轻视万物。不指责是非,来与世俗相处。他的书虽然雄奇瑰丽,却宛转圆通。他的话虽然错落变化,却奇异幽默可观。他内心充实,思想奔放,不可抑止。上与造物者往来,下与置生死于度外、不分终始的人为友。他的道宏大开放,深广恣肆;他的理可说是和谐妥当,上合天道。虽然如此,他反应事物的变化,分析事物的道理,理论无枯竭,源源不绝,窈冥难测,没有穷尽。

【注释】 ①芴漠:幻化模糊的样子。 ②死与生与:是死的呢,还是活的呢?指道生死任化的特点。天地并:与天地共存。指道的永恒特点。 ③神明往与:伴随神明一起运动。指道具有的精神特点。 ④芒乎何之:茫茫然要到哪里去? ⑤忽乎何适:恍恍忽忽要去干什么? ⑥毕罗:都包罗在内。 ⑦莫足以归:不足它的容纳。指道容纳极大。 ⑧谬悠:玄远超常。 ⑨荒唐:广大意外。 ⑩无端崖:没边界。 ⑪不傥:一本作"不党",不受拘束。 ⑫觭(jī基):奇。单方面为奇。句谓,用不带任何倾向的语言来表达。 ⑬庄语:严肃庄重的语言。 ⑭卮言:随机而变的语言。见《寓言》篇注。 ⑮重言:引用前人权威的语言。见《寓言》篇注。 ⑯寓言:有所寄寓的语言。见《寓言》篇注。 ⑰天地精神:即上文说的神明。 ⑱敖倪:傲倪,轻视。 ⑲不遣是非:不指责是非。 ⑳瑰玮:奇伟。 ㉑连犿(fān翻):宛转圆通。 ㉒参差:错落变化。 ㉓諔(chù触)诡:奇异幽默。成疏:"諔诡犹滑稽也。" ㉔充实:饱满。指思想充实。 ㉕造物者:大道。游:来往。 ㉖无终始:不分首尾,都当成是道的循环。 ㉗辟:开通。 ㉘深闳(hóng宏):深广。肆:恣肆。 ㉙稠适:一本作调适。和谐妥当。上遂:上达天道。 ㉚应于化:反应事物的变化。解于物:分析事物的道理。 ㉛蜕:绝。其来不蜕:源源不绝。 ㉜芒乎昧乎:指庄子的学说窈冥难测。

惠施多方①,其书五车②,其道舛驳③,其言也不中④。历物之意⑤,曰:"至大无外,谓之大一⑥;至小无内,谓之小一⑦。无厚,不可积也,其大千里⑧。天与地卑,山与泽平⑨。日方中方睨⑩,物方生方死⑪。大同而与小同异,此之谓小同异⑫。万物毕同毕异⑬,此之谓大同异。南方无穷而有穷⑭。今日适越而昔来⑮。连环可解也⑯。我知天下之中央,燕之北、越之南是也⑰。泛爱万物,天地一体也。"

惠施以此为大,观于天下而晓辩者⑱,天下之辩者相与乐之⑲。卵有毛⑳。鸡三足㉑。郢有天下㉒。犬可以为羊㉓。马有卵㉔。丁子有尾㉕。火不热㉖。山出口㉗,轮不蹍地㉘。目不见㉙。指不至,至不绝㉚。龟长于蛇㉛。矩不方㉜。规不可以为圆㉝。凿不围枘㉞。飞鸟之景未尝动也㉟。镞矢之疾,而有不行、不止之时㊱。狗非犬㊲。黄马骊牛三㊳。白狗黑㊴。孤驹未尝有母㊵。一尺之捶,日取其半,万世不竭㊶。辩者以此与惠施相应㊷,终身无穷。

桓团、公孙龙辩者之徒㊸,饰人之心,易人之意㊹,能胜人之口,不能服人之心,辩者之囿也㊺。惠施日以其知与人之辩㊻,特与天下之辩者为怪㊼,此其柢也㊽。

然惠施之口谈㊾,自以为最贤,曰:"天地其壮乎!"施存雄而无术㊿。南方有倚人焉,曰黄缭○51,问天地所以不坠不陷○52,风雨雷霆之故。惠施不辞而应,不虑而对○53,遍为万物说○54,说而不休,多而无已。犹以为寡,益之以怪○55。以反人为实○56,而欲以胜人为名○57,是以与众不适也○58。弱于德,强于物○59,其涂隩矣○60。由天地之道观惠施之能,其犹一蚉一虻之劳者也○61。其于物也何庸○62?夫充一尚可○63,曰愈贵道,几矣○64。惠施不能以此自宁○65,散于万物而不厌○66,卒以善辩为名。惜乎!惠施之才,骀荡而不得○67,逐万物而不反○68,是穷响以声,形与影竞走也○69,悲夫!

【译文】 惠施有多种方术,家有五车书,道术乖舛驳杂,说话多有不当。他说明事物的道理时,说:"最大的东西无限大,叫做大一;最小的东西无限小,叫做小一。没有厚度的平面不能积累出厚来,但能扩大到方圆千里。天与地一样低,山与泽一样平。太阳正中也同时是偏斜,万物刚刚产生同时也在走向死亡。大同与小同的差异叫做小同异。全同或全异叫做大同异。南方没有穷尽又有穷尽。今天到越国去昨天到来。连环可以解开。我知道天下的中央在燕国的北边、越国的南边。主张泛爱万物,天地是一个整体。"

惠施把这些看成是大道理,展示给天下通晓论辩的人,天下的辩士都津津乐道。说:蛋长着毛。鸡有三条腿。郢都包有天下。犬可以叫做羊。马有蛋。虾蟆有尾巴。火不热。山长着嘴。车轮子不蹍在地上。眼睛看不见。概念定义不能完全反映实物,完全反映实物是没有止境的。龟比蛇长。方尺不方。圆规划不出圆。卯孔围不住榫头。飞鸟的身影未曾移动。疾飞的箭有不行、不止的时候。狗不是犬。黄马黑牛为三。白狗是黑的。孤驹不曾有母。一尺长的马鞭,每天截下去一半,万世截不完。辩士们以这些论题与惠施相呼应,终身无穷。

桓团、公孙龙都是辩士一类的人,蒙蔽人心,改变人的意思,能服人的嘴,不能服人的心,这是辩士们的局限。惠施天天靠他的机智和驳人的辩才,专门与天下的辩士一起制造奇谈怪论,这就是他们的根柢。

然而,惠施的口才自以为最好,说:"我的雄辩可与天地相比吧!"惠施只不过是要逞雄,实际上并没有道术。南方有一个奇人叫黄缭,问惠施天为什么不会掉下来,地为什么不会陷下去,风雨雷霆是怎么回事。惠施毫不推辞,应声回答,不加思考张嘴就说,广泛地解说天地万物,滔滔不绝,没完没了。自己还觉得说得少,又补充了许多怪异的神话。把违反人情常理的事情当作真实的论据,想通过辩胜对方获取名誉,因此与众不合。道德不足,逞强于物,这种路子太隐曲了。从天地的大道看惠施的才能,就如同是一只蚊子、一只牛虻那么两下子。这对万物有什么用处?要说充当一种学说还可以,如果说(看到这些悖论)更加认识到大道的可贵,那还差不多。然而惠施不能因此冷静下来,把精力耗散在应对万物上,乐此不疲,最后落了个善辩的名声。可惜呵!惠施的才能放荡无羁而没有用在正道上,追逐万物不知回头,就像是想用声音去消除回声,用快跑消除影子,可悲啊!

【注释】 ①惠施:即惠子。战国时期的名辩家。宋人,曾在魏国任相十五年。多方:多种方术。　②其书五车:有五车书。古代以竹简为书,故以车计量。　③舛(chuǎn 喘)驳:乖舛驳杂。　④不中:不恰当。　⑤历:历数,说明。历物:说明事物。　⑥至大无外:最大没有边界。这是惠施对宇宙空间无限性的说明。谓之大一:叫做大一,即宏观的无限大。　⑦至小无内:最小的东西无限小。这是惠施对微观的说明。这个命题是惠施说明道的作用既是无限大,又是无限小,无处不在。　⑧无厚:没有厚度。不可积:不可积累为高度,即没有高。其大千里:面积可以达到千里。这是惠施对空间厚度与广度相对性的论述。　⑨卑:低。句谓,天与地一样低,山与泽一样平。这是惠施对空间高低相对性的论述。如果改变了平面的标准,高低就会发生变化。　⑩睨(nì 匿):本指斜视,这里是斜的意思。句谓,太阳正中的时候也是偏斜的时候。指运动着的物体没有绝对正中的位置。　⑪方:正在。句谓,正产生着的时候也就正在走向死亡。　⑫大同而与小同异,此之谓小同异:大同与小同的差异这叫做小同异。这是惠施对同异相对性的论述。比如犬和羊都是动物是大同,犬和羊都是家畜这是小同。但犬还是犬,羊还是羊,这样的异就是小同异。　⑬毕:完全。　⑭南方无穷而有穷:南方没有穷尽又有穷尽。这是惠施对方向相对性的论述。方向可以无限延伸故无穷,但在一定范围里又是有止境的,故有穷。　⑮今日适越而昔来:今天到越国去昨天就到达了。这是惠施从时间相对性推出的悖论。从出发的当天说是今天到越国去。从到达越国的第二天说是昨天就到了。　⑯连环可解:连环可以解开,连环是一环套一环不能解开,但环与环之间可以相离,露出空间距离,各自转动,故为可解。这是惠施从解与不解相对性推出的悖论。成疏:"夫环之相贯,贯于空处,不贯于环也。是以两环贯空,不相涉入,各自通转,故可解者也。" ⑰天下之中央,燕之北、越之南:天下的中央在燕国的北面、越国的南面。这是惠施从中央与四方的相对性推出的悖论。燕国的南面无穷,越国的北方无穷,反方向一推,故知天下的中央在燕北越南。 ⑱大:大道理。观:展示。 ⑲相与:一起。乐之:以之为乐。 ⑳卵有毛:蛋里有毛。卵生的动物都有毛羽,故知卵里有毛。 ㉑鸡三足:鸡有三条腿。《公孙龙子·通变论》:"谓鸡足一,数足二,二而一故三。"是说,鸡都长着鸡的一种腿,但具体到每只鸡上,一数是两条腿,两条腿,再加上都是一种鸡腿,故有三条腿。 ㉒郢:楚国的国都。在今湖北江陵。句谓,郢都含有天下。说天下就包括郢,郢有天下的成分,故言郢有天下。这是惠施从局部与全体关系推出的悖论。就是说,一个个局部组成全体,全体存在于局部之中。 ㉓犬可以为羊:犬也可以叫做羊。这是惠施从名实关系推出的悖论。名都有人为的规定性,如果当初规定犬的名称是羊,犬也可以叫羊。 ㉔马有卵:马有蛋。这也是惠施从同异关系上推出的悖论。从相异的角度看,动物可分为胎生与卵生,从相同的角度看,胎生卵生都是结胎生育。马的胎生与鸡的卵生相同,故可说马有卵。 ㉕丁子:楚人称虾蟆为丁子。丁子有尾:虾蟆长着尾巴,是因为虾蟆的幼虫蝌蚪长着尾巴。 ㉖火不热:冷与热都是相对的,对于比火更热的东西而言火不热。一说冷热是人对温度的感受,火本身并不感受热。 ㉗山出口:山长着口。《释文》:"司马云:'呼于一山,一山皆应……是山犹有口也。'"山能发出回声,故说山出口。 ㉘轮不蹍地:车轮不蹍在地上。车轮转动时只有一部分着地,对整个车轮来说轮不蹍地。 ㉙目不见:眼睛看不见。在黑暗中眼睛什么也看不见,故知能见的是光,眼睛不能发光,故云眼不见。 ㉚指不至:概念定义不能完全反映实物。至不绝:完全反映实物是没有止境的。比如给人下的定义是"能制造并使用工具进行劳动的高等动物"。这只是说明了人的主要特点。其他如人的性别、肤色、机体、情感、过去、未来等都没有涉及。故云指不至,至不绝。指是概念定义,即名辩家在名实之争中讨论的名。名是对实物指称,故称作指。 ㉛龟长于蛇:龟比蛇长。大龟可以长于小蛇。 ㉜矩不方:方尺不方。矩是木匠用来画方的工具。从绝对的角度去要求,直线都不是绝对的直,用直线画出的方就更不是绝对的方。 ㉝规不可以为圆:圆规画不出绝对的圆形。因为没有绝对的圆。 ㉞凿不围枘(ruì 锐):卯孔围不住榫头。卯孔与榫头之间都有间隙。凿:凿的卯孔。枘:榫头。 ㉟飞鸟之景未尝动:飞鸟的身影没有移动。物体的移动是由一点一点的到达组成的,从某一点上说飞鸟并没有移动。 ㊱镞矢之疾,而有不行、不止之时:疾飞的箭镞有停止的时候,也有不停止的时候。不射时不行,射时不止。 ㊲狗非犬:狗不是犬。狗与犬虽然都是一物,但名称不同,故说狗非犬。 ㊳黄马骊牛三:黄马黑牛是三个。黄马是一种,黑牛是一种,黄马黑牛合在一起成为一个共同的大概念。正如庄子所说的二生三。 ㊴白狗黑:白狗是黑色的。白狗的眼睛更显得黑,故可说白狗黑。 ㊵孤驹未尝有母:孤驹不曾有母。没母的小马称孤驹,循名责实,孤驹不应有母。 ㊶捶:马鞭。句谓,一尺长的马鞭,每天截去一半,万世截不完。按形式逻辑推论理当如此。 ㊷相应:相呼应。 ㊸桓团、公孙龙:人名。成疏："姓桓名团,姓公孙名龙,并赵人,皆辩士也。"《汉书·艺文志》著录《公孙龙子》十四篇,今存六篇。 ㊹饰:蒙蔽。易:改变。 ㊺囿:局限。 ㊻知:智。 ㊼特:只是。为怪:制造奇谈怪论。 ㊽柢(dǐ底):根本。 ㊾口谈:口才。 ㊿天地其壮乎:自己的雄辩可与天地相比吧！存雄:保持雄壮。无术:没有道术。 ㉛倚人:奇人。黄缭:人名。成疏："住在南方,姓黄名缭,不偶于俗,羁异于人,游方之外,贤士者也。" ㉜不坠不陷:指天不掉下来,地不陷下去。 ㉝不辞:不推让。不虑:不思考。 ㉞遍:广泛。说:解说。 ㉟益:加。怪:怪异。 ㊱反人为实:把违反人情常理的事当作真实论据。 ㊲胜人:辩倒别人。 ㊳不适:不合。 ㊴强于物:逞强于物。 ㊵涂:途。隩(yù育):隐曲。 ㊶劳:功能。 ㊷庸:用。 ㊸充一:充当一种学说。 ㊹愈:更加。贵道:以大道为贵。句谓,如果说看到这些悖论,更加认识到大道的可贵,那还差不多。 ㊺自宁:自安,自我冷静。 ㊻散:精力分散。厌:满足。 ㊼骀(dài代)荡:放荡。 ㊽不反:不回头。 ㊾穷:尽,消除。穷响以声:用声音去消除回声。形与影竞走:用快跑来消除影子。比喻愈搞愈乱。